ISBN 978-1-5279-3354-5
PIBN 10381770

This book is a reproduction of an important historical work. Forgotten Books uses
state-of-the-art technology to digitally reconstruct the work, preserving the original format
whilst repairing imperfections present in the aged copy. In rare cases, an imperfection in
the original, such as a blemish or missing page, may be replicated in our edition. We do,
however, repair the vast majority of imperfections successfully; any imperfections that
remain are intentionally left to preserve the state of such historical works.

1 MONTH OF
FREE
READING

at
www.ForgottenBooks.com

By purchasing this book you are eligible for one month membership to ForgottenBooks.com, giving you unlimited access to our entire collection of over 1,000,000 titles via our web site and mobile apps.

To claim your free month visit:
www.forgottenbooks.com/free381770

English
Français
Deutsche
Italiano
Español
Português

www.forgottenbooks.com

Mythology Photography **Fiction**
Fishing Christianity **Art** Cooking
Essays Buddhism Freemasonry
Medicine **Biology** Music **Ancient**
Egypt Evolution Carpentry Physics
Dance Geology **Mathematics** Fitness
Shakespeare **Folklore** Yoga Marketing
Confidence Immortality Biographies
Poetry **Psychology** Witchcraft
Electronics Chemistry History **Law**
Accounting **Philosophy** Anthropology
Alchemy Drama Quantum Mechanics
Atheism Sexual Health **Ancient History**
Entrepreneurship Languages Sport
Paleontology Needlework Islam
Metaphysics Investment Archaeology
Parenting Statistics Criminology
Motivational

REVUE INTERNATIONALE

DE

L'ENSEIGNEMENT

·VUES D'ENSEMBLE SUR L' « ÉNÉIDE »

Virgile a dirigé toute son existence vers la poésie. Déjà ses biographes anciens avaient divisé sa carrière d'écrivain en trois. périodes : la période des *Bucoliques*, celle des *Géorgiques*, celle de l'*Énéide*. Sans cesse en effort, en travail, en progrès, c'est dans cette dernière œuvre — l'œuvre définitive — qu'il a concentré tout ce qu'il trouvait en lui de poésie et tout ce qu'il en avait recueilli chez ses prédécesseurs patiemment médités. C'est dans ce poème — laissé malheureusement inachevé et ce fut une douleur cruelle pour l'auteur — qu'il faut aller chercher l'expression suprême de l'art virgilien.

Le poète de l'*Énéide* n'est plus celui des *Bucoliques* ou des *Géorgiques;* l'homme aussi a changé. Les pensées de l'âge mûr ont une autre couleur que celles de la jeunesse. Dans les *Bucoliques*, Virgile paraît considérer le plaisir d'écrire comme une occupation qui emplit suffisamment l'existence. Ses bergers n'ont d'autre idée que de se mesurer les uns avec les autres dans des concours poétiques, d'autre ambition que d'emporter le prix. Dans les *Géorgiques* ses paysans sont assujettis à la loi sérieuse de l'humanité, le travail ; ce sont des gens robustes, de cœur simple, qui déploient une infatigable activité pour élever leur famille, pour avoir le droit de se reposer et de jouir d'une aisance honnêtement acquise. Il y a quelque chose de plus dans l'*Énéide*. Horace est devenu moraliste en vieillissant ; de même Virgile : les personnages de l'*Énéide* ont une élévation morale qui est la qualité maîtresse de l'œuvre. A travers des aventures, qui les mettent parfois dans une situation embarrassante, ils cherchent à accomplir leur devoir ; ils ne poursuivent ni leurs aises, ni leur intérêt ; tous ont des sentiments nobles, élevés. Ils peinent, ils se dévouent, ils se sacrifient. Cette pureté morale, ils l'ont puisée dans l'âme même de Virgile tournée de plus en plus vers le bien par la réflexion et par la vie.

Mais Virgile n'est pas seulement un écrivain qui se perfectionne par l'étude, un penseur de plus en plus attiré par l'attrait de la vertu, c'est un homme passionné pour le bonheur et pour la gloire de son pays. S'il ne sort point de la solitude où le confine sa timidité rêveuse, il y ressent très vivement tout ce qui intéresse Rome, dont les destinées anciennes et présentes le préoccupent. Dans les *Bucoliques* il lui souhaitait le retour de l'âge d'or ; dans les *Géorgiques* il protestait contre les guerres civiles et célébrait Octave le restaurateur de la paix. Dans l'*Énéide* il considère l'histoire de Rome comme le pivot de l'histoire du monde. L'empire romain est l'assiette d'un ordre de choses définitif ; il est la résultante de la volonté des dieux ; il a ses racines immuables dans le passé ; il est fort, glorieux, éternel, bienfaisant. L'amour magnifique de la grandeur romaine, tel est le sentiment qui vivifie l'*Énéide*.

Le cadre de l'*Énéide* est ambitieux. Les anciens avaient déjà remarqué que Virgile réunit en un seul poème l'action des deux poèmes homériques l'*Iliade* et l'*Odyssée*. Ce n'est pas dire assez : indépendamment des poèmes homériques, il y avait les épopées postérieures à Homère et l'épopée Alexandrine. Sans parler ici de la tragédie qui plonge des racines si profondes dans l'épopée primitive, et à qui Virgile a fait des emprunts partiels, il paraît avoir envisagé l'épopée hellénique des diverses époques comme un vaste ensemble, dont il voulait faire passer d'un coup dans la poésie latine tous les traits saillants. C'était bien là un travail romain : les Romains, qui n'ont jamais compris l'infinie variété et la délicatesse de la pensée grecque, ont eu la prétention de la concentrer et de la résumer à leur usage. Ils ont été le peuple des manuels et l'*Énéide* est un manuel épique. Je ne sais si Virgile s'est flatté qu'elle dispenserait de recourir aux œuvres originales, mais tout ce qu'il trouvait d'intéressant dans ces œuvres il se l'est approprié. Outre qu'il a imité la double action traditionnelle passant continuellement de la terre au ciel et du ciel à la terre, des dieux qui interprètent le destin et le secondent

ou le contrarient aux hommes qui luttent avec leur appui ou
contre leur mauvais vouloir, il a composé son poème de tous les
motifs épiques consacrés. Au premier livre nous trouvons la
tempête, l'exploration d'un pays inconnu, l'hospitalité offerte et
acceptée, qui nous rappellent l'*Odyssée* ; au second, la destruction
de Troie qui nous semble plus nouvelle, mais dont nous avons
perdu les originaux ; au troisième, les voyages d'Énée sur mer qui
nous ramènent à l'*Odyssée* tout en nous faisant songer anx Argo-
nautiques d'Apollonios ; au quatrième le drame de la passion de
Didon, inspiré par Apollonios et par la tragédie ; au cinquième, les
jeux funèbres en l'honneur d'Anchise analogues aux jeux de
l'*Iliade* en l'honneur de Patrocle ; au sixième, la descente aux
enfers qu'il faut mettre en parallèle avec la *nékuia* de l'*Odyssée*.
Les six derniers chants se rattachent plus intimement à l'*Iliade*,
bien que l'arrivée sur la terre latine fasse penser aux débarque-
ments de l'*Odyssée*. Nous avons au septième livre une énumération des combattants qui s'appuie sur le catalogue de l'*Iliade ;* au
huitième, le bouclier d'Énée, imitation des boucliers homérique
et hésiodique ; au neuvième, le dévouement de Nisus et d'Euryale
qui provient de la Dolonie et l'assaut infructueux du camp des
Troyens par Turnus, pareil à l'assaut du camp des Grecs par
Hector. Le dixième chant contient un nouveau catalogue et des
combats qui ressemblent beaucoup aux batailles homériques,
avec l'*aristie* des différents chefs ; Pallas et Lausus, les jeunes
guerriers imprudents, sont la monnaie de Patrocle, Mézence le
contempteur des dieux est le reflet du Capanée de l'épopée
Thébaine. Au onzième livre, c'est l'ensevelissement des morts
comme dans l'*Iliade*, puis de nouvelles batailles ; au douzième,
les préparatifs du combat singulier entre les deux principaux
chefs, préparatifs interrompus comme dans l'*Iliade* par la trahison, et enfin la rencontre décisive où Énée et Turnus jouent
réciproquement le rôle d'Achille et d'Hector.

Tout en rendant justice aux belles intentions de Virgile et à son
généreux courage, il faut bien avouer que l'erreur est profonde :
le cadre de l'*Énéide* est d'une déplorable banalité ; cette construction faite pièce à pièce de vieux matériaux lasse la patience. Mais il
y a autre chose que le cadre et, lorsqu'on regarde de près, on voit
que tout a été renouvelé avec plus ou moins de succès, en tout
cas avec une industrie infinie. Quand Ulysse aborde dans les
pays étrangers, il y découvre bien des choses curieuses, mais il
n'assiste pas à la fondation d'une grande ville historique comme
Carthage, qui sera la rivale de Rome elle-même ; les merveilles

du palais d'Alkinoos sont toutes différentes de la somptueuse hospitalité de Didon, image du grand luxe romain. Nous n'avons pas le modèle du second livre ; mais ce n'est pas là le tableau quelconque d'une ville prise d'assaut ; l'habileté consommée avec laquelle Sinon joue son rôle et la très honorable confiance des Troyens, le parti pris qui ne nous met sous les yeux dans l'épouvantable désastre que ce que fait et ce que voit Énée, qui sépare des ruines amoncelées l'élément qui doit survivre et perpétuer la race des Troyens sont des traits qui appartiennent sûrement à Virgile. Les voyages d'Énée n'ont pas l'imprévu de ceux d'Ulysse, et ne nous présentent pas les mêmes curiosités archéologiques que ceux de Jason ; ils ont un caractère plus nettement religieux ; les Troyens vont d'oracle en oracle à la recherche de la patrie lointaine. La passion de Didon se développe avec une vérité humaine, une profondeur d'analyse psychologique, une éloquence d'expression qui laissent bien loin la passion de Médée. Au cinquième livre les jeux sont agrémentés par un divertissement qui ne se trouve pas dans Homère, une course de navires. La descente aux Enfers avec ses idées philosophiques sur la constitution de l'univers, sur la distribution morale des peines, est bien différente de la *nékuia* et la revue des futures générations romaines passée par Anchise ne ressemble pas au pâle défilé des morts que contemple Ulysse. Au septième livre commence la peinture des antiquités italiennes qui est si saisissante. Les vieilles populations latines, avec leurs armes et leur aspect si particulier, les noms de lieux pleins de souvenirs, n'ont que peu de rapport avec les guerriers de l'*Iliade :* la forme seule du catalogue est empruntée. La visite à Évandre nous transporte aux âges primitifs du Latium et, sur le bouclier d'Énée, la bataille d'Actium n'a rien de commun avec les tableaux des boucliers qui ont servi de modèle. Dans la Dolonie, Ulysse et Diomède sont de hardis aventuriers, mais cruels sans nécessité et fort ingénieux à ramener leur butin ; il n'y a là rien d'analogue à l'amitié d'Euryale et de Nisus, à la mort du premier, au désespoir de sa mère, au dévouement héroïque du second. La plupart des batailles homériques se ressemblent ; Virgile varie les siennes. La rencontre de cavalerie où périt Camille n'a pas été inventée par Virgile ; la littérature et les monuments lui fournissaient de nombreux modèles de combats d'amazones : mais il n'y a rien de pareil dans l'*Iliade*. Ainsi Virgile renouvelle tout ce qu'il touche ; il n'est pas le poète créateur par excellence, c'est un *démiurge* très habile qui, opérant sur une matière préexistante, lui donne une forme propre par la disposition des parties et l'exécution du détail.

Virgile n'avait pas cette énergie de compréhension qui domine un sujet : il ne composait pas d'ensemble ; mais il savait combien l'unité est nécessaire dans les œuvres de l'esprit ; il connaissait les lois de la composition et il les appliquait. Suétone-Donat nous apprend qu'il prenait selon sa fantaisie telle ou telle partie de son œuvre pour l'appeler à la vie ; on ne sait dans quel ordre il a écrit les différents livres de l'*Énéide*, bien qu'on l'entrevoie pour quelques morceaux. On a signalé çà et là des contradictions : il suivait des sources diverses ; il n'a pas eu le temps de faire disparaître toutes les inégalités. Mais Suétone-Donat nous apprend aussi que, se défiant des résultats d'un travail fragmentaire et des écarts de l'imagination, il avait établi un plan en prose de l'*Énéide* qu'il ne perdait pas de vue.

Il est certain qu'une pensée maîtresse circule dans le poème et en fait un corps organisé : c'est l'idée de la grandeur future de Rome. Dès le début, par la révélation des secrets du destin, par les entretiens des dieux et par les conversations des hommes nous sommes avertis que la tâche d'Énée est de préparer la fondation de Rome. Au deuxième livre Troie ne disparaît pas tout entière ; du milieu même du sang et des flammes sortent des paroles d'espérance et d'avenir. Incertaine au commencement du troisième livre par une contradiction assez forte avec le précédent, la navigation d'Énée se dirige avec une précision de plus en plus grande vers le but fatal. Si la colère de Junon le détourne un instant de sa route, s'il s'oublie dans les délices de Carthage, Jupiter ne tarde pas à secouer sa torpeur. Il revient en Sicile et de là en Italie ; alors les allusions au peuple-roi se multiplient. Déjà dans les Enfers ceux qui doivent porter sur leurs épaules le poids de la grandeur romaine sont prêts à venir au jour. Ce n'est pas seulement pour chercher des alliés qu'Énée parcourt une partie de l'Italie ; il visite les peuples qui vont se fondre avec le sien et il nous fait voir le théâtre que la nature a préparé pour le développement de l'histoire de Rome. Il porte avec lui sur le bouclier merveilleux un superbe fragment de cette histoire et enfin, au moment du dernier combat, Jupiter et Junon arrêtent les termes mêmes du contrat authentique sur lequel s'édifieront l'unité et la puissance de l'Italie.

On a souvent signalé l'habileté avec laquelle Virgile, à l'imitation de l'*Odyssée*, avait jeté le lecteur au milieu des faits, en réservant pour le récit d'Énée les événements préliminaires. On a remarqué que par un savant équilibre l'*Énéide* se composait de deux parties distinctes : les aventures d'abord, les combats ensuite (bien qu'il y ait déjà des combats au second livre). Ces deux parties ne sont pas réduites à une parfaite unité; car le septième livre est une sorte de recommencement du premier : des deux côtés débarquement dans un pays étranger, voyage à la découverte, hospitalité reçue — avec cette différence que dans le premier livre l'intervention de Vénus aboutit à la paix; dans le septième celle de Junon à la guerre. La seconde moitié de l'*Énéide* paraissait à Virgile plus importante que la première : VII, v. 44 sq. *Maior rerum mihi nascitur ordo, Maius opus moveo :* les modernes s'intéressent davantage à la première. Cela tient à ce que l'action de l'*Énéide* nous est devenue indifférente, tandis qu'elle était capitale pour Virgile. L'*Énéide* est conçue comme un drame au moins autant que comme une épopée et l'allure de l'action n'est pas la même dans les deux parties : plus lente au début, elle s'accélère à mesure qu'on approche du dénouement. Sauvé des flammes de Troie, Énée lutte d'abord contre les difficultés de la nature, — les dangers d'une longue navigation dans des parages inconnus, — contre l'hostilité de Junon qui déchaîne les éléments, puis contre les entraînements de la passion; il y a là une péripétie qui menace de tout arrêter. Après cette épreuve, l'action se ralentit dans des épisodes : c'est d'abord la célébration des jeux funèbres, puis la descente aux Enfers avec ses développements pittoresques, philosophiques, patriotiques. Tout cela n'est que le prologue de la tragédie : la véritable *Énéide* commence au septième livre ; ce qui précède en est le préambule. Une fois en Italie, il semble que nous touchions au but : la paix va se conclure et l'établissement des Troyens aura lieu paisiblement ; mais un revirement se produit par la volonté de Junon ; la guerre éclate et, comme les destinées de Rome avaient été menacées par la passion de Didon, elles le sont ici par la brusque attaque de Turnus qui manque d'emporter le camp troyen. Ce qui est remarquable, ce sont les efforts de Virgile pour donner au douzième livre, en poussant le pathétique aussi loin que possible, le caractère d'un dénouement dramatique. Turnus est acculé au duel avec Énée, dont tout le monde prévoit l'issue : les deux adversaires sont mis en présence : il semble que le moment fatal soit arrivé ; l'intervention de Juturne, la blessure d'Énée le reculent. Turnus a le dessus ; Énée blessé, stoïque, est retenu par les médecins ; le danger s'approche. Alors Vénus guérit son fils miraculeusement et il apparaît grandi, dans toute la majesté de sa mission divine :

v. 441 sq., *portis sese extulit ingens Telum immane manu quatiens.*
Les ennemis sont épouvantés ; c'est une mêlée terrible où les
deux rivaux versent le sang à flots. Cependant Amata désespérée
s'est pendue ; Turnus se sent condamné, il court à la mort,
v. 724, *Concurrunt clipeis : ingens fragor aethera complet.* Le duel
se poursuit et l'attention est portée à son comble, savamment
tenue en haleine jusqu'au coup d'épée final. Au fond les moyens
employés dans ce dernier acte sont artificiels ; mais il est certain
que Virgile y a déployé toutes ses ressources : ce n'est pas pour
nous — il s'en faut — le meilleur chant de l'*Énéide*, c'est celui
que Virgile a voulu rendre solennel, émouvant, pathétique par
excellence.

Une autre préoccupation du poète a été de donner à chaque
livre sa physionomie propre. Sans doute, tous les chants de
l'*Iliade* et de l'*Odyssée* ne se ressemblent pas ; il y en a qui émer-
gent de la longue monotonie du récit, et qui se gravent dans la
mémoire : le sixième chant de l'*Iliade*, avec l'entrevue d'Andromaque et d'Hector, le neuvième, avec l'ambassade à Achille, le
dix-huitième avec la fabrication des armes, le vingt-deuxième
avec la mort d'Hector, le vingt-troisième avec les jeux, le vingt-
quatrième avec l'entrevue d'Achille et de Priam, etc. ; mais cela
tient au sujet même plus qu'à la volonté de l'auteur. Virgile, qui
a réduit à douze le nombre des livres de son épopée, a fait de
chacun d'eux un tout, qui a sa vie à part et qui contraste avec les
autres. Cela est surtout sensible dans la première moitié de
l'*Énéide ;* la seconde est plus uniforme, parce que le sujet se prê-
tait moins à la variété , mais là encore chaque livre a ses épisodes
distincts et son caractère. Cet effort vers la variété se retrouve si
l'on examine chaque livre en lui-même. Il est fait d'un certain
nombre de morceaux qui s'opposent. Au troisième, par exemple,
les aventures d'Énée ont été choisies avec soin pour qu'aucune
ne fasse double emploi avec une autre ; nous avons d'abord l'épisode romantique de Polydore réveillé dans son tombeau et des
arbustes dont les racines pleurent le sang, — impression d'horreur ; — la visite à Délos, avec l'oracle d'Apollon rendu selon
toutes les règles de la *mantique*, — impression religieuse ; — le
séjour en Crète avec la joie fugitive de la fondation d'une ville,
puis la peste et l'apparition des pénates, — nous acquérons la certitude du but ; — les hostilités avec les Harpyes, — impression de
dégoût et en même temps de crainte à la prédiction de Cé-
læno : en même temps plaisir d'une comparaison littéraire avec
Apollonios ; — l'entrevue avec Andromaque et la prophétie

d'Hélénus, qui ressemble à une confidence amicale, — scènes de famille, mélancolie profonde avec un retour de pitié sur les malheurs de Troie ; — l'épisode d'Achéménide et des Cyclopes, — Virgile a voulu donner une suite à la narration d'Homère, nous mettre sous les yeux la pittoresque apparition des monstres, et en même temps opposer la bonté des Troyens, leur pitié pour un de ces Grecs si coupables envers eux, à l'imprudence et à la sauvage énergie d'Ulysse. C'est ainsi que le troisième livre, un des plus insignifiants en apparence, se divise en une série de tableaux de tons très différents ingénieusement rapprochés.

Je ne saurais noter ici tous les traits saillants de l'*Énéide*. Déjà dans les *Bucoliques*, la passion se développe avec logique et s'exprime avec sûreté ; ces qualités ne pouvaient se faire jour dans les *Géorgiques ;* elles atteignent leur point culminant dans l'*Énéide*. Mais ce qui frappe surtout dans l'*Énéide*, c'est l'expérience de l'art oratoire : on parle beaucoup dans les poèmes homériques, d'une façon verbeuse, remplie d'anecdotes, souvent artificieuse dans son apparente naïveté. L'art oratoire chez Virgile est un art conscient de ses moyens ; nul doute que l'auteur n'ait étudié la rhétorique : il l'a poussée jusqu'à l'éloquence. Lorsqu'on l'entend dire dans le sixième livre, v. 847-49 : *alii...* *Orabunt causas melius*, on est étonné en songeant à Cicéron ; on ne l'est pas moins en songeant à Virgile lui-même.

Il y a chez lui un certain nombre de types de discours qui sont la perfection.

Au premier chant, le récit des malheurs de Didon par Vénus n'est pas seulement la netteté même, — il n'y a pas un mot de trop, — il est dramatique, pathétique, la fin surtout est d'une rapidité merveilleuse, jusqu'au trait héroïque : *dux femina facti*.

Comme type du discours de demande, on peut prendre celui de Vénus également au premier livre, v. 220 sq. Vénus est caressante, elle se fait humble et s'insinue, mais elle ne tarde pas à devenir pressante. C'est bien là la femme qui ne dit pas tout ce qu'elle pense, qui procède par allusions, qui semble ne parler qu'avec son cœur, mais qui raisonne et qui, à la fin, laissant éclater sa passion, pousse son adversaire dans ses derniers retranchements.

La réponse de Jupiter est celle qui convient au maître du monde ; elle est souverainement calme. Elle expose sans émotion apparente, dans des termes d'une noblesse magnifique, ce qui doit être. Et en même temps, à quelques inflexions du début, on sent le père tendre et attentif qui console sa fille.

Veut-on des plaidoyers d'attaque et de défense, des duels oratoires? Le dixième et le onzième livre en contiennent de superbes. C'est Vénus qui raconte ses douleurs et celles de son peuple, en les exagérant avec amertume. Ces souffrances sont imméritées; les Troyens ont pour eux le droit, l'acquiescement des dieux; mais ils sont persécutés par quelqu'un que Vénus ne nomme pas; l'allusion n'en est pas moins directe. En présence de ces injustices, que réclame Vénus? Rien que de pouvoir au moins sauver son petit-fils. Grandeur, puissance, elle feint de tout abandonner. Mais alors il aurait mieux valu pour les malheureux Troyens périr avec leur patrie!

Perfidement touchée, Junon réplique avec plus de véhémence et autant d'artifice. Énée n'a que ce qu'il mérite; c'est lui l'agresseur; c'est lui qui, par son imprudence, a tout compromis. Ne sera-t-il pas permis aux Latins de se défendre, à Junon d'intervenir, quand Vénus intervient à chaque instant? Elle est la déesse de Cythère, soit! qu'elle laisse en paix des peuples belliqueux. N'est-ce pas elle qui par un infâme adultère a mis aux prises les Troyens et les Grecs? Qu'elle renonce donc à ses plaintes et à ses inutiles récriminations?

Il faudrait citer également l'attaque virulente de Drancès contre Turnus et l'héroïque réponse de ce dernier. Cela va plus loin que les exercices d'école; on ne saurait manier plus éloquemment la parole, et il est curieux de trouver chez Virgile non seulement un grand poète, mais encore un grand orateur.

Après les *Géorgiques*, il ne semblait pas qu'il lui fût difficile de mettre ses héros au milieu de la nature vraie; il l'avait suffisamment étudiée, aimée, décrite. Et en effet, il y a chez lui quelques paysages italiens d'une grande précision, par exemple VII, 565 sq., la vallée d'Ampsanctus est bien une gorge des Apennins : « Des deux côtés, elle est resserrée entre l'épais et noir feuillage des bois; au milieu, un torrent fait entendre avec fracas autour des roches les remous de ses tourbillons. » La description de l'embouchure du Tibre, VII, 29 sq., est peinte avec autant de vérité : « Du large, Énée aperçoit une forêt immense; au milieu, le cours ombragé du Tibre, dont les eaux rapides et tournoyantes, jaunes d'un sable épais, se précipitent dans la mer. Autour et au-dessus, des oiseaux variés habitués aux rives et au cours du fleuve charmaient l'air de leur chant et volaient parmi les arbres. » De même plus loin la navigation, VIII, 95 sq. « Ils remontent les longs détours du fleuve, ils passent sous des arbres au feuillage varié et coupent les vertes forêts qui se reflètent dans l'eau calme. »

Pourtant bien des raisons empêchaient Virgile de se tenir dans les limites du paysage vrai; s'il connaissait l'Italie — et c'est là qu'il a été le plus exact — il n'avait pas vu la plupart des pays que parcourt Énée. La Libye, par exemple, est pour lui une contrée quelconque : il l'avait peinte avec plus de vérité dans les *Géorgiques* et ici il n'est pas en progrès.

En outre il avait pris l'habitude de voir la nature avec les yeux d'autrui. Il y a dans les *Géorgiques* des traits pittoresques qui paraissent pris sur le vif et qui ne sont que de seconde main ; ils proviennent d'une comparaison homérique. Après les avoir ornés et développés à sa façon dans les *Géorgiques*, Virgile les a restitués à leur dignité épique primitive en les insérant à son tour dans les comparaisons de son *Énéide*. Tout en admirant la nature vraie, il aimait aussi la nature idéale arrangée pour le plaisir des yeux. Déjà dans les *Bucoliques*, à côté des paysages lombards, nous en trouvons d'autres qui, conçus d'après Théocrite, sont vaguement siciliens et qui sentent la convention ; cette tendance, étouffée momentanément par le travail d'observation des *Géorgiques*, reparaît dans l'*Énéide*. Ainsi, lorsque après la tempête les Troyens se réfugient sur la côte d'Afrique, ils y trouvent la baie la plus paisible que puisse rêver un navigateur battu par les flots; elle est faite à souhait pour le repos et la sécurité; mais elle n'éveille pas en nous l'idée de quelque chose de vu, elle appartient au monde de la fiction. Le chef-d'œuvre du genre, ce sont les Champs-Élysées.

Du reste, Virgile n'est pas un poète réaliste. Son imagination a quelque chose de romantique. Aux contours précis des paysages italiens inondés de soleil il préfère parfois le vague mystérieux de la nuit, ou cette pénombre qui, dénaturant les objets, étreint l'âme d'une sorte d'angoisse. Ainsi, lorsque la flotte d'Énée double le promontoire de Circé, VII, 809. « La brise s'élève à l'approche de la nuit; la blanche lumière de la lune favorise la route; sous ses reflets tremblants la mer étincelle. On longe de très près*les bords du pays de Circé, où la fille opulente du Soleil fait retentir assidûment de son chant les bois inaccessibles et où dans son palais superbe elle brûle pour s'éclairer la nuit le cèdre odorant, tout en faisant courir dans la toile ténue sa navette sonore. De là on entendait les grognements de colère des lions révoltés contre leurs chaînes et rugissant très tard dans la nuit; des sangliers porteurs de soies, des ours grondaient dans les étables et les formes des grands loups hurlaient. »

II

Nous venons de voir ce que le poète a voulu faire dans l'*Énéide*; comment l'homme s'y révèle-t-il ? Dans les *Géorgiques* la vie réelle est triste; la vie héroïque dans l'*Énéide* l'est encore davantage. Ce n'est point là un simple effet de la mélancolie virgilienne; l'épopée homérique n'est pas gaie. Dans l'*Iliade* Achille outragé perd son ami Patrocle et, s'il le venge, il sait que lui aussi il marche vers la mort. Agamemnon est sur le point de renoncer à son entreprise ; Hector ne se fait pas d'illusion sur le sort qui l'attend; Priam voit périr tous ses enfants et sait bien qu'Ilios, la ville sacrée, doit succomber. Dans l'*Odyssée*, il faut pour supporter tant de maux toute l'énergie du πολυτλὰς δῖος Ὀδυσσεύς, qui finit par se sauver tout seul et tout nu. Virgile trouvait donc dans l'épopée d'Homère une ample matière à s'affliger ; il semble pourtant qu'il ait encore enchéri en accumulant les désastres et les douleurs. Énée a bien raison de répandre sans cesse d'abondantes larmes; il ne pleure du reste guère plus que les héros d'Homère. Assujetti au *fatum*, il n'en obtient communication que partiellement par ses prières et sa piété. Il peut être trompé par des révélations incomplètes ou fausses : il lutte contre les dieux contraires: il lui faut une endurance exceptionnelle et l'on comprend qu'il trouve le fardeau lourd à porter. Il assiste à la destruction de sa patrie par le mensonge et la violence; il faut qu'il en cherche une nouvelle. Il est assailli par une tempête contre laquelle les efforts humains seraient vains : une divinité l'a déchaînée; une divinité seule peut l'apaiser. Il est jeté sur une terre sauvage, où il y a bien des chances pour qu'il périsse. Didon qui le reçoit n'est pas moins malheureuse que lui : son mari qu'elle aimait a été assassiné par son frère; femme, elle amène son peuple dans une contrée inhospitalière où elle est entourée d'ennemis. Sa nouvelle passion la conduit à la mort et les Troyens en quittant la ville voient les flammes de son bûcher. Leur flotte risque d'être anéantie par la malignité de Junon; après Anchise, Palinure et Misène meurent. Énée est obligé d'affronter les terreurs des Enfers ; puis malgré lui la guerre furieuse éclate ; pendant son absence son camp manque d'être pris d'assaut. Alors ce sont les batailles épuisantes, les vastes égorgements d'inconnus qui sont de style dans l'épopée et ne doivent pas nous émouvoir outre mesure ; mais il y a les morts touchants, Euryale, Pallas, Lausus, Camille.

Les Latins ne sont pas moins éprouvés que les Troyens : Latinus voit sa maison bouleversée ; sa femme se pend. Turnus, à qui l'on vient enlever sa fiancée, se sacrifie en vain pour défendre ses droits et l'indépendance de son pays. L'âme navrée il s'offre au glaive d'Énée. C'est au prix de toutes ces désolations que se prépare la grandeur de Rome.

Ces maux épiques paraissent moins accablants lorsqu'ils tombent sur des hommes rudes et primitifs comme les héros d'Homère. Mais les personnages de Virgile ont une sensibilité raffinée et une délicatesse qui les rend particulièrement propres à souffrir.

Les héros d'Homère semblent plus réels que ceux de Virgile, parce qu'ils sont pour nous un type de l'humanité à un certain moment de son développement et chez un peuple donné. Ceux de Virgile sont factices à cause de l'anachronisme du milieu ; et pourtant eux aussi représentent un stage de l'humanité, non pas telle qu'elle existait chez les aborigènes du Latium longtemps avant la fondation de Rome, mais telle qu'elle était au siècle d'Auguste dans quelques âmes d'élite façonnées par la philosophie.

L'attachement au devoir, la pitié pour le malheur, l'amour de la famille, la générosité, la bonté et jusqu'à la politesse, tels sont les sentiments dont l'expression est perpétuelle dans l'*Énéide* et qui donnent au poème un grand caractère de moralité.

Jetés en Libye par la tempête, les Troyens s'étonnent, s'indignent qu'on les considère comme suspects, qu'on prenne à leur égard des mesures de précaution ; ils invoquent les droits de l'humanité, la justice. Ils ne paraissent point se douter que l'époque où ils vivent est l'époque de la piraterie sans merci et du traitement barbare des étrangers. Didon leur fait presque des excuses de la brutalité de ses gens et déplore les nécessités de la politique. Elle leur dit des choses aimables ; elle les aidera à reprendre la mer, ou les admettra parmi ses sujets ; elle enverra une expédition à la recherche d'Énée. On n'est vraiment pas meilleur ni plus accueillant.

Énée se confond en remerciements ; et, en acceptant l'hospitalité de Didon, sa première pensée est d'y associer son fils. Il ne saurait se passer de lui ; son cœur paternel souffre de la séparation. En même temps il fait venir de magnifiques cadeaux pour sa généreuse bienfaitrice.

Si Troie est détruite au deuxième livre, c'est à cause de la loyauté compatissante des Troyens ; pouvait-on supposer une fourberie pareille à celle de Sinon ? Dans la catastrophe Énée

voudrait mourir et il fait tout ce qu'il peut pour cela. Au dernier
moment il ne consent à vivre que pour sauver sa famille, son père,
son fils, sa femme. Son père refuse d'abord de le suivre ; il déclare alors qu'il ne partira pas et qu'il saura se faire tuer. S'il
perd sa femme, ce n'est pas sa faute (il s'expose à tous les dangers pour la retrouver) ; il est victime des nécessités épiques qui
exigeaient la disparition de Créuse. On a eu tort de le plaisanter
sur son malheur, car ses intentions sont pures.

Il témoigne à son père Anchise, pour ce qui est de la recherche
d'une nouvelle patrie, une déférence d'autant plus méritoire
qu'Anchise se trompe quelquefois ; ni lui ni ses compagnons n'ont
l'air de lui en vouloir ; ce sont des gens excellents. Excellents
aussi le devin Hélénus qui comble les Troyens de bons conseils
et de cadeaux, Andromaque qui témoigne à Iule une si touchante
affection ; excellents Anchise, Énée et ses compatriotes qui, à
peine échappés aux perfidies et aux armes des Grecs, recueillent
un Grec éploré et le sauvent de la cruauté des Cyclopes. Avec
quelle douleur Énée pleure son père — *pater optime* — sa consolation dans ses soucis et ses épreuves !

Didon est l'âme la plus noble qu'on puisse concevoir. Elle ne
succombe qu'à une force supérieure, à l'irrésistible volonté des
dieux, et quels combats elle livre pour rester fidèle au souvenir
de son époux, pour ne point transgresser les bornes de la pudeur !
elle appelle sa faute un hymen commencé — *per inceptos hyme-
naeos* — et elle la paie de sa vie. C'est une victime, ce n'est pas
une coupable. Quant à Énée, Virgile n'a pas voulu qu'il fût même
effleuré par la passion ; il en résulte au point de vue dramatique
une attitude inexplicable et ridicule ; Énée ne semble avoir cédé
que par excès de complaisance. Il voudrait se séparer en bons
termes par une rupture amicale, — il ne peut vraiment pas compromettre l'avenir de son fils ! — et il demeure plein de reconnaissance pour Didon. Plus tard il essaie de lui faire agréer ses
excuses, en l'assurant qu'il ne croyait pas à un dénouement si
funeste. Tout cela est parfaitement maladroit, mais Énée ne cesse
pas d'être un homme du monde, un représentant très correct de
l'urbanité romaine.

Au cinquième livre il est accueilli par le bon Aceste — *bonus
Acestes*, I, 195, — celui qui lui avait donné une ample provision de
vin pour le voyage ; les Troyens trouvent ainsi dans les diverses
parties du monde des parents dévoués qui ne les oublient pas.

Énée rend de nouveaux hommages à son père. Comme président des jeux funèbres, il témoigne une touchante compassion

pour les concurrents malheureux ; il adoucit leur sort sans porter atteinte à la justice.

C'est surtout pour revoir son père qu'il descend aux Enfers et, dans leur entrevue pleine de tendresse, celui-ci l'assure qu'il n'a jamais douté de son dévouement. Le père et le fils sont sûrs l'un de l'autre.

Arrivé dans le Latium il ne songe à s'y installer — puisque c'est son devoir — que par des moyens pacifiques. Ses demandes sont fort modérées. Il conclut un traité en bonne et due forme et ce n'est pas lui qui le rompt. Le bon Latinus serait incapable de retirer sa fille à Turnus, s'il n'y était contraint par les oracles. Il déplore les terribles événements qui suivent ; il refuse d'en assumer la responsabilité et se voile la face. Amata prend plus vivement les choses ; mais elle ne veut après tout que faire respecter la parole donnée ; c'est une belle-mère loyale et dévouée, bien qu'un peu violente dans ses manifestations.

Le vieil Évandre est le meilleur des hommes — *optime Graju-genum,* — Énée lui découvre une parenté lointaine avec lui et, loin de protester, Évandre s'étend sur ses souvenirs d'amitié avec les Troyens ; il reçoit Énée avec un empressement cordial. C'est en même temps le plus tendre des pères et s'il confie son fils aux Troyens c'est sous le bénéfice de recommandations émues.

Nisus et Euryale sont guidés par un dévouement très pur et par l'amour de la gloire. Euryale n'ose pas prendre congé de sa mère de peur de l'effrayer ; celle-ci, seule de toutes les mères troyennes, a suivi son fils. Nisus se sacrifie pour essayer de sauver son ami. Les plus beaux sentiments animent tout cet épisode.

Malgré son impiété Mézence est un excellent père et Lausus un excellent fils qu'Énée ne tue qu'à regret. Métabus, roi détesté et détrôné, a emporté en exil sa fille toute petite ; il l'a élevée avec amour. Turnus n'est pas seulement un jeune héros bouillant et courageux ; il dispute sa fiancée et sa patrie à des intrus. Il aime mieux mourir que de manquer à son devoir et de faillir à l'honneur.

Quant à Énée, il conserve jusqu'au bout le beau rôle. Après la rupture de la convention suprême il persiste dans sa loyauté et en s'interposant entre les combattants il risque de se faire tuer. Il ne se résout à porter le coup fatal à Turnus vaincu qu'en souvenir de la mort de Pallas. Que l'on compare la brutalité d'Achille à l'égard d'Hector !

L'*Énéide* est une véritable morale en actions et Énée une sorte de saint Louis païen, juste et pieux en toute circonstance. Si les

héros d'Homère sont plus amusants dans leur spontanéité primitive, ceux de l'*Énéide* commandent notre respect. Ils ont reçu une
haute éducation morale ; ce sont des *gentlemen* parfaitement honorables.

Chose singulière ! quoique les dieux de l'*Énéide* soient supérieurs à ceux des poèmes homériques, ils sont moins avancés
que les hommes dans la voie du perfectionnement moral : ils sont
en retard et en plus d'un endroit Virgile signale cette anomalie.
Junon ne poursuit les Troyens que pour des motifs intéressés et
elle les poursuit sans miséricorde. Elle déchaîne une effroyable
tempête, elle essaie de brûler leur flotte, elle excite la furie
Allecto à tout bouleverser ; elle s'abandonne aveuglément à sa fureur : VII, 312, *Flectere si nequeo superos, Acheronta movebo.* Elle
devine bien que finalement ses efforts seront impuissants ; mais
elle aura eu le plaisir de faire du mal. Elle encourage Juturne qui
au dernier moment rompt l'accord entre les Troyens et les Latins
et rallume la guerre. Quant à Vénus, si elle remplit avec dévouement ses devoirs de mère, elle a pourtant gardé quelque chose
de l'indifférence hautaine d'Aphrodite ; elle sacrifie en souriant la
malheureuse Didon et s'applaudit de sa ruse.

D'où vient ce manque de proportions ? C'est que Virgile était
libre de faire des hommes ce qu'il lui plaisait ; pour les dieux, il était
retenu par des traditions fixes qu'il ne pouvait modifier absolument. Les dieux épiques avaient leur caractère tracé qu'il fallait
respecter. C'est ainsi que de tout temps le perfectionnement de
la moralité humaine a précédé le perfectionnement de l'idéal
divin ; après avoir prêté à la divinité les pensées et les actes qui
avaient cours parmi les hommes, on les lui a conservés quand
une conscience plus élevée les avait condamnés sur la terre. C'est·
là un trait qui se retrouve dans toutes les religions et qui explique
l'infériorité morale relative des dieux dans l'*Énéide ;* ils ne sont
pas de la même époque que les hommes.

III

Écrire un beau poème rempli de bonnes intentions morales,
ce n'était pas là toute l'ambition de Virgile. Il a voulu faire une
œuvre nationale. Qu'entendait-il par là et jusqu'à quel point
a-t-il réussi ?

L'*Énéide* a nettement le caractère d'une revanche contre les
Grecs. Les Romains n'ont jamais aimé les Grecs. Si Horace accepte

franchement leur supériorité littéraire et artistique, Virgile ne la
constate que pour mettre en regard quelque chose de plus grand
à ses yeux, le gouvernement des hommes, sans paraître s'apercevoir que la suprématie intellectuelle est plus haute que la domination, sans deviner que l'esprit grec n'a pas dit son dernier
mot, ni achevé ses conquêtes.

Les Grecs dans l'*Énéide* jouent un vilain rôle. On sent bien
dans l'*Iliade*, où Achille triomphe d'Hector, que les Troyens seront
définitivement vaincus. Dans l'*Énéide* ils ne le sont que par surprise. Sinon est un traître et un abominable coquin ; il nous donne
l'impression que si les Grecs recourent à ces moyens, c'est qu'ils
ne sont ni les plus vaillants ni les plus forts. Les Troyens qui
le plaignent et qui l'accueillent parmi eux ont le beau côté. Du
reste pour eux le type du Grec ce n'est pas Achille, ce n'est pas
Agamemnon, c'est Ulysse — *divus Ulyxes.* La loyauté troyenne
est opposée à la ruse hellénique comme le sera dans l'histoire la
foi romaine à la foi punique.

Dès le troisième livre les Troyens prennent leur revanche ;
Énée consacre à Actium un bouclier argien avec cette inscription :
III, 288, *Aeneas haec de Danais victoribus arma;* et plus tard c'est
un compagnon d'Ulysse lui-même, le malheureux Achéménide,
voué à une fin cruelle, à demi mort de faim, en haillons, qu'ils
prennent à leur bord et qu'ils réconfortent. C'est ainsi qu'ils se
vengent.

Lorsque dans l'*Énéide* Virgile fait parler l'opinion publique,
elle est toujours favorable aux Troyens; si ceux-ci ne sont des
inconnus nulle part, s'ils trouvent une hospitalité facile, c'est
que le bruit de leurs malheurs immérités s'est répandu dans le
monde entier; ce n'est pas la gloire des Grecs, c'est l'infortune
des Troyens qui emplit l'univers ; ils sont le peuple sympathique
par excellence; il semble que la ruine d'Ilion ait été la grande
injustice de l'époque héroïque.

Et pourtant l'*Énéide* n'est pas uniquement la glorification des
Troyens. Si les Romains ont accepté l'opinion antérieure à Virgile,
généralement admise au siècle d'Auguste, de la parenté avec eux,
c'était peut-être surtout pour faire de la peine aux Grecs. On voit
dans Horace qu'ils veulent bien respecter Troie comme métropole, à condition qu'on ne la reconstruise point. On reconnaît
l'aveu d'un certain dégoût des Asiatiques efféminés dans les in-
jures dont Turnus, IX, 599 sq., accable les Phrygiens « deux fois
captifs... dont les vêtements sont teints de safran et de pourpre
éclatante, qui n'aiment que l'indolence, qui se plaisent aux

danses, dont les tuniques ont des manches et les bonnets des mentonnières », tandis que les Italiens sont des gens virils, « endurants, habitués à vivre de peu, qui domptent la terre avec la pioche, ou ébranlent les cités par la guerre ».

A ce point de vue le pacte final qui conclut l'*Énéide* est intéressant : XII, 824 sq. Les anciens Latins indigènes ne changeront pas leur nom : ils ne deviendront pas des Troyens ni des Teucriens ; ils ne modifieront ni leur langue ni leur costume. Le Latium subsistera ; il y aura des rois albains à travers les siècles. La puissance de la race romaine reposera sur le courage des Italiens ; Troie est anéantie ; elle restera anéantie avec son nom. Les Troyens se fondront dans la nationalité italienne ; ils apporteront seulement les coutumes et les rites de leurs sacrifices. Virgile avait préparé cette fusion en faisant remonter l'origine de Dardanus à l'Italie, tandis que Turnus est un Grec dont les aïeux ont régné à Mycènes.

C'est que Virgile est un Italien ; c'est pour l'Italie qu'il travaille. Déjà dans les *Géorgiques* il avait témoigné de son amour pour sa chère patrie ; il avait chanté ses moissons abondantes, ses riches troupeaux, son climat merveilleux, ses villes pittoresquement bâties sur les collines, ses fleuves, ses lacs, sa population laborieuse et ses grands hommes. C'est là le *motif* qu'il développe dans son *Énéide* et ici son attention se porte surtout sur le Latium. Il célèbre les anciens dieux Janus, Faunus avec son culte au fond des bois et ses sanctuaires prophétiques ; les rois mythiques Italus, Sabinus, Picus, le vieux Saturne. Il parcourt des yeux les collines et il y place les villes, ruinées de son temps, mais autrefois fameuses. Il fait pittoresquement défiler toutes les populations de l'Italie centrale : avec les Latins, les Herniques, les Èques, les Sabins, les Aurunques, les Rutules, beaucoup d'autres encore. Il y joint la puissante Étrurie de Cæré, de Populonia, de Mantoue, les Ombriens, les Ligures. Déjà dans les *Géorgiques* il avait associé ainsi aux peuplades du centre celles de l'Étrurie : II, 532, *Hanc olim veteres vitam coluere Sabini... sic fortis Etruria crevit.* Il avait appris à connaître et à aimer ces hommes du passé en pratiquant les paysans de son temps ; il s'était dit que ces robustes laboureurs et ces hardis soldats n'avaient pas dû changer beaucoup avec le cours des âges et c'est par eux qu'il s'était fait une idée des anciens Italiens.

Il semblerait naturel que Virgile eût conservé quelques rancunes provinciales contre Rome. En somme les Italiens ne s'étaient pas soumis volontairement ; avant de former la base de la

puissance romaine, ils avaient tout fait pour la détruire. De ces
guerres d'autrefois, de ces rivalités, Virgile n'a gardé nul souvenir ; les Italiens ne sont pas pour lui des vaincus assujettis malgré
eux à la domination d'autrui ; le culte de Rome et le culte de l'Itatie
se confondent dans son âme et dans son œuvre ; Rome est déjà
pour lui l'expression nécessaire de l'Italie, la capitale intangible.
Dans les *Bucoliques*, I, 24 sq., il la montrait dépassant de la tête
les autres villes autant que les cyprès dépassent d'humbles arbris-
seaux et, dans les *Géorgiques*, II, 534 sq., après avoir dit comment s'étaient formés les Sabins et les Étrusques, il ajoutait :
c'est ainsi que Rome est devenue la merveille du monde.

Que met-il en relief, que glorifie-t-il de son histoire ? Il n'embrasse pas cette histoire dans son ensemble : mais il nous en
donne des fragments dont le choix est instructif. Au premier
livre, v. 24 sq., il la pousse depuis la construction de Lavinium
en passant par la naissance d'Albe, jusqu'à la double postérité de Mars et d'Ilia nourrie par la louve et à la fondation
de Rome par Romulus. De là, franchissant les intermédiaires, il
nous montre les Romains maîtres du monde, la nation qui porte
la toge conquérant la Grèce, et enfin Auguste vainqueur de l'Orient
et rétablissant la paix.

Un peu plus loin, v. 530 sq., il célèbre l'Œnotrie, « cette terre
antique, puissante par les armes et par la fertilité du sol ».

· Les terribles imprécations de Didon font prévoir la rivalité de
Carthage et la guerre sans merci conduite par Annibal, mais
ce n'est qu'une allusion, soit que Virgile ne voulût pas revenir
sur un sujet traité par Ennius, soit qu'il lui répugnât d'entrer
dans le détail des maux de sa patrie.

Au sixième livre l'histoire romaine recommence avec les
successeurs immédiats d'Énée et les rois d'Albe, les fondateurs
des villes de l'Italie centrale ; puis c'est Romulus et, comme s'il
fallait devancer pour lui l'ordre des temps, César Auguste, qui
ramènera l'âge d'or et reculera les frontières de l'empire ; nous
revenons aux rois de Rome nettement caractérisés, aux premiers
héros républicains, à Brutus, puis aux Décius, aux Drusus, à
Torquatus, à Camille, — chacun n'obtient qu'un mot. Franchissant
la suite des temps, nous voici aux guerres civiles entre César et
Pompée, que Virgile déplore. Puis nous retournons à la conquête
de la Grèce. Le grand Caton, Cossus, Gracchus et les Scipions
sont cités comme en passant ; nous remontons jusqu'à Fabius
Cunctator et, à la suite du Marcellus des guerres Puniques, nous
revenons à la famille d'Auguste cruellement frappée par la mort

du jeune Marcellus. C'est là le tableau le plus complet que Virgile nous ait donné de l'histoire romaine. Si l'on en juge par l'étendue des développements, on voit que les deux époques importantes pour lui sont toujours les temps anciens, jusqu'aux rois de Rome, et les temps modernes représentés par Auguste. Le reste n'est l'objet que d'une courte mention.

Les livres suivants, nous l'avons vu, sont consacrés à la peinture des peuples antiques de l'Italie, à l'archéologie religieuse et militaire : le bouclier d'Énée est une sorte de recommencement ; nous retrouvons la louve de Mars et les deux jumeaux ; puis viennent l'enlèvement des Sabines, la lutte avec Tatius, la trahison de Mettus, les guerres qui ont suivi l'expulsion des Tarquins, avec quelques figures héroïques, Coclès et Clélie. Nous passons au siège du Capitole par les Gaulois, et après un mot sur Catilina et sur Caton, à une longue et magnifique description de la bataille d'Actium et du triple triomphe d'Auguste.

C'est toujours le même système : la glorification du passé le plus reculé et du présent le plus actuel avec, çà et là, quelques vues brillantes mais sans suite sur les époques intermédiaires. Virgile fait un perpétuel effort pour rejoindre la Rome légendaire à la Rome impériale, le pieux Énée et Romulus-Quirinus à Auguste.

L'idée nationale est donc réduite à un point de vue très spécial. Mais ce qui manque surtout sous ce rapport à l'*Énéide*, c'est un héros vraiment national.

Énée ne porte en lui le germe du caractère romain à aucune époque. Ce n'est pas un de ces anciens consuls de la république primitive comme les Décius, les Fabius, les Cincinnatus, hommes austères, laboureurs et soldats, qu'on révérait au temps d'Auguste sans les bien connaître et qu'on plaisantait sur leur longue chevelure — *intonsi*. Il ne ressemble pas aux Scipions, grands généraux tout imprégnés de la culture grecque, qui conduisaient les Romains à d'étonnantes victoires et les scandalisaient par leurs mœurs. Si l'on a voulu trouver en lui quelques traits du caractère d'Auguste, c'est un rapprochement assez factice. Le restaurateur des temples et de la religion pouvait se recommander du pieux Énée, mais le pieux Énée eût désavoué le complice des proscriptions et le froid politique qui étouffait à son profit la liberté.

Virgile a voulu mettre trop de choses dans le personnage d'Énée. Énée a en lui les traits des deux types de héros homériques, Ulysse et Achille. Comme Ulysse il est endurant et tenace ; comme Achille il fait dans la mêlée son métier de tueur infatigable, et jette cadavres sur cadavres frappés avec une ingénieuse variété de coups. Le rapprochement s'impose surtout au douzième livre lorsque nous le voyons, de taille gigantesque, brandissant une lance énorme, comme s'il était vraiment de cette race primitive dont les hommes plus récents ne sont que les descendants dégénérés. Mais d'autre part Énée est aussi l'homme moderne avec sa conscience scrupuleuse, son humanité : il est bon fils, bon père, mari dévoué. Il est juste et compatissant. Virgile a fait passer en lui quelque chose de sa délicatesse morale et cela est incompatible avec la sauvagerie farouche du héros épique. Énée porte en lui deux époques et résume deux civilisations, ce qui est bien embarrassant pour un homme seul.

On a voulu en faire un grand prêtre — c'est surtout le *Serv. Daniel*, qui le compare soit à un pontife, soit à un flamine. Sans doute il est pieux, il est en communication avec les dieux, il prie, il fait des sacrifices ; mais sa mission est de transporter les pénates et non d'accomplir les rites d'une religion. Cette mission est toute temporaire et toute spéciale ; avant l'apparition d'Hector il ne songeait pas aux pénates. Il y a des prêtres dans l'*Énéide* et les mots qui les désignent ne sont jamais appliqués à Énée. Il n'est pas un pontife pendant sa vie : en revanche, après sa mort, il sera davantage, puisqu'il devient un dieu indigète.

Énée est en somme une figure très complexe qui n'est pas vivante parce qu'elle n'a pas d'unité. Lorsqu'on a voulu le caractériser on a saisi un trait saillant et on l'a fait prédominer. Mais il y en a plusieurs et ils sont inconciliables. L'*Énéide* est un poème national sans héros national ; c'est là sa principale faiblesse.

                                                        A. CARTAULT.

LES UNIVERSITÉS DE BRUXELLES[1]

La loi sur les Universités sera très prochainement discutée dans les Chambres. Tout a été dit sur cette loi, et tout sera redit dans cette discussion. D'autre part, une école d'enseignement supérieur — le Collège libre des sciences sociales — vient d'être ouverte par l'initiative privée en marge de l'Université de Paris, et en concorde avec l'Université de Paris. Peut-être, entre la fondation et la discussion, ne serait-il pas mauvais de placer un peu d'histoire, et de rappeler comment l'action et la générosité des particuliers, éclairées par l'esprit de sagesse, ou pressées par un désir de science et le besoin d'innover, ont pu créer à cinq heures de Paris deux Universités viables, robustes, constituées pour durer et se développer.

C'est à dessein que j'ai employé le mot *créer*. Les Universités de Bruxelles sont presque des créations *ex nihilo*. Il y a de la gageure, de l'audace et beaucoup de simplicité dans la courte histoire de ces établissements fondés sans le concours de l'État, en dehors des secours et de la volonté de l'État; — il y a peu de variété. En tenant compte de la différence des temps, l'institution de l'Université nouvelle, en 1894, reproduit à peu de chose près le mouvement d'opinion d'où sortit l'institution de l'Université libre, en 1834.

I. — L'UNIVERSITÉ LIBRE

La fondation de l'Université libre, en 1834, ouvrit pour la première fois une école d'enseignement supérieur à Bruxelles. Plusieurs essais avait abouti à autant d'échecs depuis le xv⁰ siècle, où le duc Jean IV eut affaire à l'opposition de sa bonne ville. Le duc avait des ambitions libérales. Il songeait à doter sa capitale d'une belle Université, où toutes les provinces belges enverraient leurs enfants se former dans l'étude de la théologie catholique et du droit romain.

Les bourgeois de Bruxelles avaient peur du tapage. Ils ne

(1) Nous avons déjà fait observer à maintes reprises, et nous croyons devoir rappeler ici, que la *Revue* laisse à ses rédacteurs l'entière responsabilité des opinions émises dans leurs articles. (*Note de la rédaction.*)

voulaient pas d'étudiants chez eux. — Les étudiants sont plutôt demandés aujourd'hui. Peut-être sont-ils moins tapageurs? Peut-être aussi les préoccupations économiques ont-elles pris le pas sur le souci du repos... — Louvain se montra plus entreprenant que Bruxelles, ou plus hardi ; la célèbre Université wallonne y florit pendant près de trois siècles, puis elle s'épuisa, comme tous les corps qui vivent sans se renouveler sur leur propre fonds. Louvain ne puisait que dans ses vieux programmes. Son appareil scolastique était hors d'usage au xviiie siècle. L'empereur Joseph II pensa la régénérer en la changeant d'air. Transportée à Bruxelles en 1788, l'Université de Louvain n'eut pas le temps d'y faire du bruit ; la révolution du Brabant la réexpédia sur Louvain, où le Directoire la trouva, et la supprima, purement et simplement.

Le régime des sénatus-consultes remplaçait la discipline des décrets. La Belgique passa d'autorité sous le beau cadastre où venaient se ranger, par numéros d'ordre, les catégories de l'enseignement impérial. Une école de droit était installée dès 1806 ; la Faculté des lettres et la Faculté des sciences ne le furent qu'en novembre 1810. La Belgique restait sans école de médecine. Elle réclama, n'obtint rien, consulta ses ressources, et se tira d'affaire comme elle put. Un système de cours médicaux, organisé dès 1798 pour un citoyen nommé Terrade, fut repris, élargi, pourvu d'une clinique à l'hôpital Saint-Pierre, autorisé enfin et patroné par le gouvernement. L'école donnait en 1813 des cours de pathologie interne et anatomie, — physiologie et médecine opératoire, — chimie pharmaceutique et pathologie externe, — accouchements et maladies des femmes et des enfants, — matière médicale, — histoire naturelle, minéralogie et botanique. Elle traversa la bourrasque de 1815, prospéra sous la prépondérance hollandaise et devint en 1834 un excellent appoint de l'Université, qu'elle reliait, par une série continue de progrès, à la première tentative heureuse de l'enseignement supérieur libre dans la Belgique affranchie.

L'orage, qui épargnait l'école particulière de médecine belge, ne laissa rien debout des trois Facultés impériales. Le gouvernement des Pays-Bas restait avec un enseignement supérieur à fonder. Des Universités furent ouvertes simultanément à Gand, à Liège, à Louvain. Le personnel enseignant était bien composé, recruté avec soin, consciencieux et éclairé. Le gouvernement du roi Guillaume avait témoigné de beaucoup d'intelligence et de loyauté dans toute cette œuvre, sur laquelle M. Vanderkindere, l'historien de l'Université libre, a prononcé ce jugement curieux,

— sincère, au surplus, — et très joli: « Les Universités hollandaises ont formé la forte génération de 1830... »

La « forte génération » commençait par rester au-dessous de sa tâche, en matière d'enseignement. Le gouvernement provisoire avait tout détruit. Le gouvernement du roi Léopold ne se pressait point de reconstruire. Les Universités restaient désorganisées. Le monopole d'État paraissait abandonné, par esprit d'économie. Liège vivotait avec neuf professeurs. Gand n'avait sauvé que ses Facultés de médecine et de droit. Bruxelles était dénué de toute espèce d'études supérieures. Les commissions spéciales discutaient avec ampleur sur la nécessité de reconstituer l'enseignement.

Pendant qu'elles se formaient une opinion, en trois ans, sur l'urgence d'agir, le clergé mit la main sur l'enseignement supérieur du royaume.

*
* *

Le clergé belge usait correctement d'un droit tombé dans le domaine public. L'enseignement supérieur, n'étant plus à personne, était à qui voulait le prendre. L'épiscopat n'outrepassait nullement ses pouvoirs en ouvrant l'Université de Malines (le 4 novembre 1834). L'irritation témoignée par les libéraux n'aurait pris aucune justification, en dehors de l'esprit de parti, si la défiance n'avaient été nourrie, comme à plaisir, par certaines intempérances de langage :

« Nous lutterons de toutes nos forces, de toute notre âme, pour défendre la religion et les saines doctrines, disait le recteur magnifique dans son discours d'ouverture, — pour dévoiler les hérésies et les aberrations des novateurs, pour faire accueillir toute doctrine émanant du Saint-Siège apostolique, pour faire répudier tout ce qui ne découlerait pas de cette source auguste... »

La « lutte » annoncée par le recteur magnifique était patronée par les évêques, homologuée par lettres pastorales; et le style des évêques était aussi clair que l'éloquence du recteur magnifique.

La Belgique rua toute sous l'éperon. Si proche des journées de 1830, ce pays demeurait susceptible, méfiant, presque nerveux; émanée de la conquête, la liberté n'entrait pas encore dans la coutume; le peuple veillait en armes sur l'indépendance qu'il venait de se décerner. Une chronologie très large mêlait des rappels de la domination espagnole·et du XVIᵉ siècle aux récents souvenirs du Néerlandais et de la libération. Des émeutes éclataient dans les villes. Les libéraux firent mieux que de se révolter; ils se recueillirent, mirent en commun leurs ressources, ouvrirent une souscription, et inaugurèrent, le 20 novembre de la même année 1834, l'Université libre de Bruxelles.

« Chacun comprenait que le parti libéral, que la liberté même étaient compromis à jamais si on laissait les évêques maltres de l'enseignement. » Ces lignes sont écrites de 1884. Je les emprunte, avec la plus grande partie de ces détails, à l'excellente *Notice historique* (1) rédigée par M. Vanderkindere pour les noces d'or de son Université. Toute la colère de 1834 semble se conserver et sourdre dans ce mémoire composé, cinquante ans plus tard, par un érudit. M. Vanderkindere ne fut ni acteur ni témoin de la « grande lutte ». L'impression subsiste telle quelle. On la croirait d'hier. Elle n'est pas près de s'atténuer. C'est la force de l'Université libre. Les dissidences idéalistes sont le plus souple ressort du mouvement, de la patience et de l'action. Les divergences sociales, seules, sont aussi fécondes. Elles feront soixante ans plus tard la fortune de la seconde Université bruxelloise.

**

Le nom de Théodore Verhaegen reste lié à la fondation de 1834. Libéral passionné, affilié à une loge maçonnique, où il trouvait des cadres tout prêts pour la propagande, il réussit à grouper autour de lui tous les courages qui hésitaient, depuis 1831, entre la honte infligée par la ruine de l'enseignement supérieur à la Belgique, et le péril d'une aventure où le libéralisme, sûr d'oppositions puissantes, mal assuré de concours incertains ou médiocres, pouvait compromettre par un échec ridicule ses justes espérances de participation à l'éducation nationale.

Les fêtes de Malines, l'ouverture de l'Université épiscopale et le discours du recteur magnifique avaient secoué toutes les circonspections. Un bel élan serra les enthousiasmes autour de Verhaegen. La création de Facultés libérales, résolue en juin, était garantie en deux mois. Des listes de souscription avaient couru la province; Bruxelles fournit la plus grosse partie des cotisations. Le « tapage » des étudiants n'effrayait plus la métropole de la nouvelle Belgique; les fondateurs de la future Université ne craignirent pas davantage les tentations de la grande ville; on oublia la superstition des petites « résidences » à la mode

(1) *1834-1884 : L'Université de Bruxelles, Notice historique faite à la demande du Conseil d'administration*, par L. Vanderkindere, professeur à la Faculté de philosophie et lettres. Bruxelles, P. Weissenbruch, imprimeur du Roi.

allemande; c'est au cœur même du pays qu'il fallait installer la grande école libre de rénovation scientifique et patriotique.

Quand la souscription atteignit, et assura pour cinq années un revenu de 45 000 francs, Verhaegen et ses amis se sentirent très forts, munis suffisamment, pourvus et prêts pour se constituer en Conseil d'administration, nommer des professeurs, et annoncer l'ouverture de leur Université.

Le Conseil se réunit pour la première fois le 3 août 1834, moins de six semaines après le début de la souscription. De précieux concours lui arrivaient avec le rapide succès de la collecte. La régence de Bruxelles, intéressée en première ligne à la création de Facultés métropolitaines, donnait à l'Université libre un immeuble et un subside annuel de 30 000 francs. Le Conseil général des hospices ouvrit ses hôpitaux à la Faculté de médecine. Les professeurs étaient choisis, nommés, prêts à ouvrir leurs cours en trois mois. Le Conseil avait « réalisé une œuvre sans pareille en Europe, dit avec un légitime orgueil M. Vanderkindere : la constitution d'une Université due tout entière à l'initiative privée et à laquelle la loi refusait la personnalité civile... » Cette personnalité virtuelle prit en séance solennelle du 20 novembre 1834 le nom d' « Université libre de Belgique ». Ce titre n'était exact qu'en partie. Bruxelles avait adopté le corps nouveau dès son premier geste; elle l'avait reçu dans son hôtel de ville, sous la présidence de son bourgmestre, assisté par le gouverneur du Brabant; soutenue ou non par la totalité de la Belgique, l'Université libre appartenait à la métropole: elle changea de nom après quelques années d'exercice, et devint l' « Université libre de Bruxelles » en 1842.

Sa première parole était une déclaration de principes.

« Les évêques belges ont voulu suspendre tous les chaînons des sciences humaines à l'anneau scellé par le catholicisme dans la pierre antique de l'apostolat, — disait M. Baron, secrétaire du Conseil, à la séance d'inauguration...

« Mais une autre opinion s'élève parallèlement à la leur, et les encouragements donnés à notre institution prouvent jusqu'à quel point elle est partagée, c'est que les sciences purement humaines, sous peine d'être imparfaites et tronquées, doivent rester entièrement en dehors du catholicisme... Ce n'est donc point être hostile au catholicisme que de tracer d'abord une puissante ligne de démarcation entre ses doctrines et les sciences mondaines, et... de poursuivre dans toutes ses veines cette mine inépuisable, laissant à Dieu, comme disait un éloquent jésuite du dernier siècle, la nuit profonde où il lui plaît de se retirer avec sa foudre et ses mystères... »

M. Verhaegen ajoutait, quelques années plus tard, et je regrette de ne pouvoir tout citer :

« Nous avons expliqué ce *qu'en théorie* nous entendons par liberté d'enseignement, c'est *son indépendance tant à l'égard du pouvoir religieux qu'à l'égard du pouvoir politique.*

« Indiquons maintenant comment nous comprenons cette indépendance dans l'application pratique. En ce qui regarde l'enseignement, — en ce qui regarde la direction, en matière d'administration..., elle a pour limite les inspirations de la conscience, les prescriptions des lois, le sentiment du bon ordre, et les justes exigences de l'opinion publique.

« ... Placée en dehors de tous les débats politiques, de toutes les discussions religieuses, l'Université libre fut toujours inaccessible à l'esprit de parti. »

M. Verhaegen avait le droit de tenir ce beau langage. Son inspiration personnelle était parfaitement haute, vraiment libérale, pure de tout intérêt particulier. Le groupe de dissidents, qui fondaient il y a quelques mois la seconde Université de Bruxelles, a prétendu recueillir un héritage en déshérence, et retrouver la primition inspiration de Verhaegen ; il serait téméraire de faire une part au paradoxe et à la vérité dans cette affirmation.

*
* *

Cinq Facultés figuraient dans les projets primitifs. Ce chiffre, à lui seul, attestait un désir de différence et de nouveauté. Le cinquième titre déterminait la différence, Aux Facultés normales : lettres (philosophie et lettres en Belgique), sciences, médecine et droit, le Conseil d'administration voulait joindre une *Faculté des sciences politiques et administratives.* M. Vanderkindere fait cette jolie remarque : « Il avait paru que dans un pays libre, où les hommes voués aux professions libérales tiennent les rênes du gouvernement, les connaissances ordinaires de l'avocat, du professeur, du médecin ne donnent pas une initiation suffisante à la vie politique... » Cela « paraît » peut-être toujours ; d'ailleurs, nous avons mis soixante ans de plus à nous en apercevoir ; en France, « pays libre », où tout le monde fait, ou se croit apte à faire de la politique, il a fallu attendre l'année 1895, le besoin de faciliter les dispenses du service militaire, et l'exemple de fondations privées pour organiser, avec une moitié de l'ancien doctorat en droit, ce « doctorat des sciences politiques et administratives » dont les programmes de Bruxelles motivaient, dès 1834, l'immédiate nécessité.

Le grade seul, au reste, fut constitué. Il subsistait après l'échec de la Faculté, qui ne put être organisée totalement, en pleine période de tâtonnements et de pénurie, pénurie de personnes et pénurie de fonds. La Faculté des sciences politiques et administratives se confondit, bon gré mal gré, avec la Faculté de droit. Mais, par une implicite acceptation du principe, et par une anomalie d'ailleurs singulière, le grade survivait à la Faculté ; il fut reconnu valable, en 1857, par la troisième loi « organique » imposée depuis 1835 à l'enseignement supérieur des Belges.

Le recrutement des professeurs était la grosse difficulté de la première heure. Ce n'était pas tout de constituer en bloc, dans un milieu dépourvu de précédents universitaires, le personnel enseignant de quatre et même de cinq Facultés. Le titulaire trouvé, le choix contrôlé, la nomination signée, — il fallait décider le professeur à commencer son cours. Quelques-uns, regrettant leur consentement, incertains du succès, ne donnèrent jamais leur première leçon. D'autres se décourageaient aux premiers essais. Le succès même de quelques maîtres, découverts par Verhaegen et ses amis, faillit tourner à désastre pour la jeune Université. Le gouvernement ne se faisait aucun scrupule de séduire, par des surenchères, quelques professeurs acclamés, au bénéfice des Universités de l'État. Le gros restait fidèle, conscient de son importance, et n'avait la modestie ni de son importance ni de sa fidélité. La discipline était irrégulière, l'ordre élastique, l'exactitude intermittente ; les susceptibilités étaient excessives.

Le Conseil d'administration fit face à tout. Trois de ses membres, — MM. Henri de Brouckere, Verhaegen, Van Meenen, — prirent possession des chaires vides dans les Facultés de philosophie et de droit. L'ancien école de médecine était passée tout entière à l'Université libre, avec ses cadres formés, ses cliniques, ses collections. Chacun reconnaissait la nécessité de s'unir « en face des évêques ». Il fallait agir, et réussir, ou renoncer à l'action.

L'ouverture des Universités libres — l'Université catholique de Malines et l'Université libérale de Bruxelles — avait eu son effet logique, qui fut d'émouvoir le gouvernement. Après cinq années de tâtonnements, de méfiance et d'indolence ou de distraction, le ministre de l'intérieur (1) se décidait à présenter au

(1) M. de Theux. Le projet de loi avait été préparé, sous le précédent ministère, par M. Rogier. M. de Theux ne fit que le modifier.

Parlement un projet de réorganisation ou plutôt, car il restait peu de chose à réorganiser, le plan complet d'un nouvel enseignement supérieur. Le projet ministériel fut voté en septembre 1835. Il respectait les droits acquis. Et ce fut une très belle démonstration de sagesse et de tolérance. Mais le fait accompli, accepté par le gouvernement, consacré par la loi, était contourné par la loi, avec une stratégie délicate, où les libéraux n'hésitèrent pas à reconnaître le travail des évêques.

L'État ne gardait à lui que deux des Universités hollandaises : c'était reconnaître implicitement le service rendu par l'Université libre à Bruxelles et à la province de Brabant. Liège et Gand d'ailleurs étaient à reconstituer de toutes pièces. — Louvain était supprimé, purement et simplement. C'était le triomphe de l'Université catholique. Elle n'avait jamais vu, dans l'installation de Malines, qu'une façon de camper ; elle s'était contentée de provisoire, faute de mieux et elle guettait Louvain, son passé universitaire, sa vieille réputation, ses amphithéâtres, ses galeries, sa bibliothèque ; elle guettait encore les bourses attachées par des fondations particulières à la résidence de l'ancienne Université. Le tout fut rétrocédé par une convention officielle du 15 octobre 1835 à l'Université catholique ; quinze jours avaient passé sur le vote de la loi ; Malines, sur l'heure, déménagea sur Louvain. L'Université de Bruxelles restait avec la sympathie publique et l'antipathie de l'État, très pauvre, sans assises dans une capitale dénuée d'histoire et d'instituts scolaires, sans secours entre les Universités officielles et la puissante corporation de Louvain, isolée, faible, et d'une vitalité aussi précaire que l'année précédente, aux premiers jours de sa fondation. Tout était à faire en 1834. Il semblait que tout fût à recommencer en 1835 ; et il s'agissait encore une fois de sauver la liberté de l'enseignement supérieur ; or, cette fois, la menace ne venait pas seulement des évêques ; à Gand ou à Liège, le danger n'était pas moindre qu'à Louvain ; le cabinet de Bruxelles paraissait aussi inquiétant que la cour de Rome.

Les libéraux serrèrent les coudes. On fit front de tous les côtés. Le péril activait l'énergie. Luttant pour l'existence, et toujours en posture de combat, l'Université de Bruxelles n'avait garde de s'endormir ; ses succès n'avaient pas de lendemain ; toute victoire n'était que l'échelon d'une autre victoire, nécessaire à la défense et à la subsistance. L'offensive même, — et l'Université libre ne s'en priva jamais, — n'était qu'une forme plus savante, ou plus hardie, de ce travail appliqué, en permanence, à la pré-

servation de l'acquis. — L'Université de Bruxelles cessa d'attaquer lorsqu'elle n'eut plus de bénéfice à se défendre. Toujours
armée du côté de Louvain, elle renonçait à se garder de l'État,
en se posant comme un corps important, considéré de l'État.
L'heure du triomphe promettait l'heure du repos, dans le respect
général, dans la reconnaissance publique, dans la superbe des
noces d'or, dans la grande sérénité du stable et du consolidé...

Et les oppositions passionnées, qui avaient porté le berceau
de l'Université débile, se retournèrent alors contre l'Université
triomphante, et imposèrent à la fondation de Verhaegen à peu près
les mêmes condamnations que Verhaegen et ses amis avaient
fulminées, soixante ans auparavant, contre l'« obscurantisme » et
la grande trahison des cléricaux. Un groupe de dissidents, plus
jeunes, plus ardents, plus « scientifiques », plus impatients ou
dévots du progrès, se sépara de l'Université mère et s'en alla
fonder sur un autre point de Bruxelles l' « Université Nouvelle », —
comme le groupe libéral de 1834 s'était séparé de l'enseignement
national et cantonné à Bruxelles pour créer l'enseignement « scientifique » et « progressiste » de l' « Université libre ». C'est l'histoire d'hier. Elle fait le prix de l'histoire antérieure. Et, au bout
du compte, ce progrès tant attesté, poussé par tant de raquettes,
— l'insaisissable progrès que tant de programmes s'imaginent
définir et qui mourrait de subir une définition, — reste le triom-
phateur, finalement, des erreurs et des fautes comme des efforts
accumulés en son nom.

∗∗∗

Je n'ai pas voulu raconter l'histoire de l'Université libre. Cette
histoire se confond à partir de la période héroïque avec l'histoire de l'enseignement supérieur en Belgique, qui se concentre
elle-même autour de la patiente élaboration d'une loi, d'une juste
loi sur la collation des grades et la formation des jurys d'examen.
Depuis la règle étroite de 1835, le « jury central » et les « jurys
combinés », jusqu'à la règle large de 1876 et au régime de la
liberté absolue, l'Université libre a constamment réclamé plus de
justice dans la composition des jurys; et le Parlement belge, en
quête de perfection, a constamment repris, défait ou retouché sa
charte organique des Universités.

Cette pauvre charte mécontentait toujours quelqu'un, — les
libéraux, les catholiques ou l'État, — et d'étape en étape cependant elle avançait toujours dans la direction d'une justice plus
mûre et d'une liberté plus nettoyée d'anciens privilèges. En 1876,

personne n'avait plus rien à réclamer. Libres ou officielles, libérale ou catholique, les Universités entraient, chacune, en possession d'une autonomie sans restriction. Bruxelles et Louvain,
comme Liège et Gand, formaient leurs jurys particuliers, exami-
naient leurs propres élèves, conféraient des diplômes, adminis-
traient des titres et des grades ; — à chaque Université, en pleine
indépendance, appartient de veiller sur sa sincérité, sur la probité de ses jurys, sur la valeur de ses études et sur le bon renom
de ses diplômes (1). — La même loi de 1876 supprimait le « graduat en lettres », examen d'admission à l'entrée des Universités.

L'impression, du moins, vaut la peine d'être notée.

Les Universités se dévisagèrent. Le don de l'État paraissait
excessif. On se méfiait, entre écoles. L'affranchissement personnel était compté pour rien en comparaison des affranchissements
latéraux. Résolu à être probe, on se gardait du rival moins scrupuleux. La suppression du graduat déplaisait ou inquiétait. Le haut
enseignement belge, abandonné à lui-même, soupirait pour les
jurys d'État, les commissions officielles et le baccalauréat.

L'Université de Bruxelles n'avait ni désiré, ni recherché l'élastique présent de la liberté. Son ambition se calmait en se rassa-
siant. Hors de page depuis quelques lustres, elle commençait,
semble-t-il, à estimer le bénéfice d'une prudente réglementation.
Sa fortune était faite : j'entends sa fortune impersonnelle, patriotique, universitaire, légitime et très belle à tous les points de vue.
Elle ne demandait plus grand'chose. Elle avait surtout besoin
d'assiette, de barrières, et de repos pour développer, à l'abri des
accidents extérieurs, à l'abri des lourdes responsabilités, son
enseignement ordinaire et extraordinaire avec tout un système
d'écoles annexes, — cours préparatoires au notariat (ouverts en
1836), — École de pharmacie (1842), — École polytechnique (1873) ;
Bruxelles, innovant par la fondation des deux premiers établissements, avait entraîné par la suite l'imitation de l'État ; Louvain seul avait pris les devants par la création d'une première
École polytechnique. — L'Université libérale ne demandait plus
qu'à continuer dans la paix, sous le contrôle du gouvernement,
sa besogne féconde et persévérante. Une École des sciences
sociales se constituait sans bruit, par l'ouverture ou le rapprochement de cours consacrés à « l'étude approfondie de questions se
rattachant à diverses sciences, au point de vue de leur application

---

(1) Un « jury central » interrogeait les jeunes gens ayant suivi des cours
d'enseignement supérieur en dehors des Universités.

à l'organisation sociale » (1). M. Guillaume de **Greef** est sorti de cette École; il y a professé le cours de sociologie; l'Université libre travaille aujourd'hui à reconstituer, autour de ce noyau, la « cinquième Faculté » de 1834.

On avait pu, dès 1847, renoncer au système des souscriptions quinquennales. L'Université vivait de ses revenus, des rétributions payées par les étudiants, des bourses fondées par les communes suburbaines, de la rente allouée par la province de Brabant, et des allocations fournies par l'Hôtel de Ville. Des quatre-vingt-seize élèves de 1834 aux quatorze cents inscrits que je relève sur les derniers tableaux, — avec la population scolaire le budget suit une courbe régulièrement ascendante (2).

La générosité de la ville a crû dans des proportions parallèles. L'alliance de la première heure se resserrait par cinquante années de bons rapports et de réciproques services. Les temps sont loin, où les bourgeois de Bruxelles refusaient de recevoir en don gratuit l'Université du duc Jean. La capitale des Belges, devenue par l'aventure des révolutions le refuge européen de la libre pensée, a très vite apprécié le bienfait de l'Université libre, l'utilité d'un foyer ouvert aux courants intellectuels de l'Occident, l'attraction de chaires hospitalières, la vie répandue par une population d'étudiants, tout l'avantage économique et intellectuel conféré à la métropole par l'initiative de quelques citoyens dévoués.

L'Université libre, de son côté, n'était point ingrate. Elle n'était pas pédante. Elle n'avait jamais prétendu se suffire par ses seules facultés. L'étranger, qui lui envoyait des étudiants, lui donnait aussi les maîtres que n'auraient pu fournir immédiatement Bruxelles ni la Belgique.

« Né à Lausanne, mais élève des Universités allemandes, ancien *privat docent* à Berlin et professeur à Berne, il avait l'avantage de joindre à la clarté et à la méthode françaises la profondeur et l'érudition allemandes... »

Les mentions de cette espèce ne sont pas rares dans la notice de M. Vanderkindere. Bancel, exilé par l'Empire, trouvait une chaire, un auditoire et des ovations à l'Université de Bruxelles. Cet éclectisme international — d'ailleurs très pondéré, assagi, veillé par la prudence du terroir — contribua largement à la définition de Bruxelles-terre d'asile aux épaves des sociétés contemporaines. Quelques-unes de ces épaves étaient ou se révélaient

(1) *Université libre de Bruxelles. Rapport sur l'année académique* 1892-1893.
(2) L'État, depuis 1857, répartit entre les quatre Universités les bourses de l'enseignement supérieur.

illustres. C'est d'une illustration étrangère, et d'un désaccord sur
la règle d'hospitalité, que l'Université libre a failli périr en pleine
paix.

Les événements de mars 1894 n'ont point altéré l'amitié plus
d'à demi centenaire de Bruxelles et de sa première Université.
L'Université doit mieux que des secours pécuniaires à la ville. Par
une de ces fictions chères au législateur moderne, la loi belge ne
reconnaît point la personnalité civile aux Universités libres. Elle
en accepte le principe « en leur refusant les moyens légaux d'exis-
ter », dit très justement le *Rapport* de 1893. La même loi confère
à l'Université de Bruxelles des droits régaliens en matière de grades, et refuse l'existence légale à cette Université ; l'État délègue
un être inexistant dans une essentielle fonction de sa souveraineté.

La ville de Bruxelles, par un accord intime, substitue sa personne légale à l'entité mineure en matière d'héritage et de donations. C'est par cet intermédiaire officieux que l'Université s'enrichit aujourd'hui d'importantes annexes, fondées par la munificence
privée : institut de physiologie, par M. Ernest Solvay, — en
attendant le beau laboratoire de sociologie créé en 1894, —
institut d'hygiène et de bactériologie créé par M. Alfred Solvay
(avec le concours de MM. Georges Brugman, Fernand Jamar et
Léon Lambert), — institut d'anatomie par M. Raoul Warocqué,
— institut de botanique, réservé à l'Université par l'organisateur,
M. Léo Errera, professeur à la Faculté des sciences, — l'Université
de Bruxelles, par une admirable série de dons, s'est trouvée en
très peu de temps à la tête d'un outillage absolument neuf,
excellent, considérable, et gagné, si je puis dire, sur les lenteurs
ou les hésitations, sur la parcimonie forcée des communes et de
l'État. Peu d'exemples, je crois, pourraient être meilleurs à connaître, à propager, — et à imiter.

II. — L'UNIVERSITÉ NOUVELLE

Pour subite et imprévue qu'elle était, la scission de 1894 ne
fut pas le résultat d'un simple accident. Les séparatistes eux-mêmes,
au surplus, s'y étaient trompés. Ils n'avaient ni prémédité ni, probablement, désiré le conflit. Les plus ardents gardaient au cœur le
souvenir de l'Université libérale, de sa belle jeunesse, de sa pauvreté glorieuse, de sa féconde maturité, du « miracle permanent »
réalisé par l'œuvre de Verhaegen. Quelques-uns, des plus qualifiés, approuvant la résistance, directement offensés par le Conseil d'administration, attirés vers la « plus libre » école par des

affinités de doctrine ou de tempérament, l'esprit inquiet, le cœur meurtri, revinrent pourtant à « notre mère commune », comme il est dit avec simplicité dans une lettre intime que j'ai sous les yeux.

La séparation existait en germe depuis qu'une insensible désagrégation, par une série de petits chocs indiscernables, altérait le beau tout harmonieux que Théodore Verhaegen doua d'une âme simple et d'un but unique sous deux formes parallèles : le progrès de l'enseignement supérieur et la liberté de penser.

Les distances étaient courtes, dans la vie étroite de l'ère militante. Les distinctions se posaient surtout par le départ des tâches. La division du travail remplaçait la différence des rangs. Professeurs, étudiants, conseil et direction, menacés de la même ruine, cherchaient dans une communion volontaire le salut de l'enseignement affranchi.

« Ce fut un beau temps agité, dit avec un regret naïf un fondateur de l'Université nouvelle (1). Par le cours des années et l'augmentation des biens matériels, il se transforma en une paix décente... A la tête de l'Université se trouvait un Conseil d'administration qui s'était, en quelque sorte, formé de lui-même, au hasard des circonstances. Au début, il était animé de l'esprit remuant de Verhaegen... Mais... il fléchit vers une conception de l'Université qui en faisait plutôt une exploitation lucrative qu'une institution n'ayant en vue que la défense des idées et la formation des caractères... Le Conseil, qui se formait en général par cooptation, se laissa aller à des préférences politiques : comptant surtout des personnalités appartenant à cette fraction conservatrice, arriérée, défiante du progrès, utilitaire et ayant « la haine des « cimes » qui porte en Belgique le nom de Doctrinarisme, il appela à lui des doctrinaires... Les cours prirent une allure craintive et neutre... »

Le Conseil ne méritait pas ces graves reproches. Il gérait les affaires de l'Université libre avec sagesse, avec méthode, selon sa capacité ; et sa gérance était bonne, puisque l'Université marchait toujours élargissant ses amphithéâtres, développant ses programmes et travaillant à son École sociale, persévérante, active, — tolérante et probe, et prouvant sa tolérance et sa probité par le choix de maîtres comme M. Guillaume de Greef ou M. Hector Denis. — La sincérité, de part et d'autre, était absolue. Il y avait autant de vérité dans la défense du Conseil que dans les réquisitoires de l'opposition. Les actions de l'Université restaient lo-

(1) M. Edmond Picard, dans la *Société Nouvelle*, numero de mai 1894.

giques et bien coordonnées ; l'inspiration seule était différente ; l'âme ancienne, l'âme de Verhaegen était descendue peu à peu du Conseil au corps professoral, puis à la « remuante » population des étudiants, où le Conseil s'étonnait un beau jour de la retrouver jeune, turbulente et volontaire comme en 1834 ; la scission naquit de l'anachronisme, — ou de la régénération.

⁎

Voici comment l'explique M. Edmond Picard, — et j'ai mes raisons (qui ne sont pas toutes littéraires) pour le citer encore une fois :

« L'Université nouvelle est sortie de la nécessité, déjà depuis longtemps ressentie et tout à coup devenue intense, de multiplier les expressions sociales de la science dans l'Enseignement, d'empêcher que celui-ci ne s'indure dans une forme isolée et stationnaire, d'arrêter une ankylose funeste...

« ... Ce qui fut, dès le début, notre cri de révolte et de ralliement, c'est que l'Enseignement ne se borne pas à accumuler des notions sèches dans le cerveau de l'étudiant, des notions anémiques, dégraissées de toute répercussion sociale (1)... »

Ce style nous met très loin de 1834. Verhaegen et ses amis parlaient d'une autre langue, et qui déjà retardait sur la langue de leur temps. Il y a plus de la manière de Royer-Collard que de Laffitte ou de Thiers dans l'éloquence de M. Van Mesnen et de M. Baron.

Le cas de M. Picard est un peu plus compliqué. Il retarde, comme les libéraux de 1834 ; mais il « devance », comme tous les réformistes de 1894 ; son style, formé à Médan, subit l'étrange adaptation du symbole ; et de même l'impatience du progrès devance tumultueusement la réalité contemporaine, — mais l'amour du progrès retourne de préférence aux sources, où il retrouve l'inspiration perdue de Verhaegen. « Doctrinaires » ou cléricaux, le titre n'est qu'une étiquette. Le blason change, l'objet de la querelle est, ou paraît immuable. Il s'agit toujours de la liberté de l'enseignement, du but de l'enseignement supérieur, de la libre pensée, de la tolérance et du progrès scientifique. — L'orthographe seule est différente. M. Picard écrit Enseignement, avec une majuscule ; Progrès de même ; et Liberté pareillement. — D'ailleurs, les déclarations ne sont pas moins précises, ni les affirmations moins résolues.

(1) *Le But, les tendances, l'organisation de l'Université nouvelle.* Discours prononcé par M. Edmond Picard à la séance solonnelle d'ouverture, le 25 octobre 1894.

« L'Université libre fut toujours inaccessible à l'esprit de parti », dit l'ancienne institution, — et la nouvelle :

« Nous ne voulons pas d'un enseignement sectaire. »

« Il était admis, expliquait l'ancienne Université, que les privilégiés de la féodalité naissaient hommes d'État, que la science coulait dans les veines avec le noble sang des ancêtres ; alors, le roturier publiciste n'était qu'un songe-creux ou un folliculaire impertinent ; et, cela posé, où trouver, chez un peuple sans mandataire, cet aiguillon qui lance vers les hautes régions du droit public ou à la recherche des améliorations sociales ? »

De même, l'Université nouvelle, avec une énergie juvénile :

« Avant tout, créer à Bruxelles... un enseignement supérieur hardi, vivant, viril, qui ne soit plus uniquement une éducation pour les jeunes gens en quête d'une situation lucrative, pour les gommeux candidats au conseil judiciaire, pour les fils de banquiers dont l'idéal est l'argent gagné sans un service rendu à la communauté. »

Enfin la première Université, représentée par Verhaegen, avait déclaré :

« Par ce mot *indépendance* nous entendons le droit laissé à tout corps enseignant d'exposer, d'enseigner sa doctrine *scientifique* d'après les seules prescriptions de la science », et la seconde, plus brièvement (par la voix de M. De Greef) : « Il s'agit du *libre examen*; il s'agit de *liberté scientifique*. »

Au fond, les libéraux de 1834 demandaient surtout la liberté de penser, et subsidiairement la liberté de formuler la pensée. Les progressistes de 1894 réclament en première ligne la liberté d'exprimer *toute* leur pensée. Ce n'est qu'une différence de degré. Mais toute l'évolution du siècle tient peut-être dans cette différence.

Les libéraux de 1834 demandaient encore, avant toutes choses, la liberté *individuelle* de s'instruire et d'enseigner. Et les progressistes de 1894 revendiqueraient d'abord la liberté *sociale* d'appliquer à leur propagande les facultés du groupe et de l'association.

Enfin les libéraux de 1834 se défendaient au nom de la science éclairée par la raison contre la congrégation des évêques. Les progressistes de 1894 attaquent les fils des libéraux et l'héritage de 1834 au nom de la science dirigée par le fait, impératif et souverain. Et il en sera ainsi jusqu'au jour où de « plus nouveaux » progressistes, saturés de science et de phénomènes, découvriront la métaphysique et fulmineront, sur les derniers nouveaux-progressistes, l'excommunication majeure : DOCTRINAIRES... Discussions de principe, au surplus, querelles de mots, sociologie, doctrine, idéalisme ou phénoménisme, la foi reste pareille; comme en 1834, en présence d'autorités pourvues et hostiles ou paresseuses, quelques hommes de cœur, avec une sincérité parfaite, avec un très grand désintéressement, se dévouent à la liberté scientifique et au progrès de l'enseignement supérieur...

Le rapide succès de 1834 garantissait en partie le surprenant succès de 1894.

*
* *

On n'a pas oublié, et pour ceux qui les auraient oubliés il suffit de rappeler en quelques mots les événements d'où sortit l'institution de la nouvelle Université.

A l'Université libre de Bruxelles, les esprits étaient troublés depuis la rentrée de 1893 par une série de dissentiments et de malentendus. Il y avait discorde, en permanence, entre les étudiants et le Conseil d'administration. Le corps professoral s'abstenait. Le conflit, dans l'origine, était motivé par le pourvoi présumé de la chaire de psychologie. Le titulaire, vieilli dans la discipline de Krause, cherchait ou se formait un successeur à son image, avec le consentement de l'administration. Les étudiants demandaient un cours de psychologie expérimentale. Ils eurent le tort de faire du bruit à la séance de rentrée. La police intervint, probablement avec maladresse. L'irritation s'accrut; le recteur donna sa démission ; les étudiants ne se calmèrent pas assez pour supporter avec patience une attaque excessive, semble-t-il, portée contre MM. Hector Denis et Guillaume de Greef, dans une soutenance de thèse, par un candidat à l'agrégation. L'imprudent postulait précisément la chaire de psychologie, et passait pour le candidat in petto de l'administration. Son éviction ne parut pas une réparation suffisante. Abandonné par ses protecteurs, le nouvel agrégé se déroba, quitta Bruxelles; et, comme toujours en pareil cas, les esprits restèrent inquiets, agités par la victoire autant qu'excités, auparavant, par l'émeute.

Le Conseil paraissait surpris. Il agissait sous le coup d'inspirations brusques, déterminées par des crises. Il n'avait pas prévu, et peut-être ne comprenait-il pas très exactement l'état nerveux des étudiants. Un incident plus grave mit le feu aux poudres.

L'Université de Bruxelles s'adjoignait une chaire de géographie comparée dans le premier semestre de 1894. Le cours devait être professé par M. Élisée Reclus; l'ouverture, annoncée

avec éclat, était attendue avec impatience, et la date fixée, quand
survinrent à Paris les attentats anarchistes de 1894. Certaines
théories chères à M. Reclus passaient pour avoir agi, pratiquement, sur l'éducation « scientifique » d'un Vaillant ou d'un Émile
Henry. La complicité effective du grand géographe n'était pas en
cause. Sa sympathie ne pourrait être récusée en doute. Un membre
de sa famille était impliqué dans l'instruction ouverte sur les
attentats. Restait à établir le départ des facultés, des actes, et à
distinguer — ou à confondre le théoricien politique, et le savant
justement admiré par tous ceux qu'intéresse le progrès des
sciences descriptives. Le Conseil n'essaya pas de la distinction.
La confusion s'imposait aux débats. Le Conseil n'avait ni l'habitude ni le goût des tumultes universitaires. Les derniers conflits
avaient laissé sa conscience plus timorée. Il semblait préférable
de supprimer tout prétexte aux « manifestations ». Le cours de
M. Reclus fut ajourné *sine die;* et la révolte éclata presque instan-
tanément. L' « esprit remuant » de Verhaegen semblait rendu au
vieil établissement pacifié par l'âge, l'opulence et le désir du repos.
L'Université clamait comme une réunion publique. Les couloirs
grouillaient de collisions. Suspects de connivence avec le Conseil,
quelques professeurs furent insultés à leurs cours. Des acclamations bruyantes accueillaient les maîtres populaires et entouraient
le nouveau recteur, M. Hector Denis, qui réclamait le maintien de
la chaire et l'ouverture des leçons, après avoir proposé, auparavant, le choix de M. Élisée Reclus.

Une partie de la presse paraissait sympathique à la sédition.
L'Europe discutait le principe du conflit. Le Conseil d'administration, étonné par les troubles, ému de sa responsabilité, s'en tint
cette fois à la résistance. M. Hector Denis, d'accord avec les étudiants, hostile à la répression, refusa de sévir, se démit, et fut
remplacé par un recteur de combat. Il y eut guerre ouverte entre
le Conseil et les étudiants, guerre à coups de tactique, de tapage,
de meetings, de menaces, d'éloquence et d'exclusions. Finalement,
l'Université dut fermer ses portes. Quand elle les rouvrit (au
mois de mars), avec un quatrième recteur à sa tête (1), et un
désir de conciliation dans ses promesses de réorganisation et
d'amnistie, des cours provisoires s'étaient établis en dehors des
Facultés ; une expérience d'enseignement supérieur « plus libre »
s'instituait d'urgence ; l'idée de constituer à côté de l'Université
« conservatrice » un nouveau corps universitaire « affranchi de
tout préjugé », restait sous la forme d'un juste et réalisable désir

(1) Depuis le commencement des troubles.

dans quelques esprits blessés par l'élimination de M. Reclus. —
Elle n'y demeura pas longtemps sous cette forme.

.*.

Les professeurs, pris en masse, se rangeaient sous l'hégé-
monie du Conseil ; ils adoptaient ou approuvaient le principe du
dissentiment, et en même temps les mesures d'autorité prises
pendant la révolte. Conseil à part, il fallait bien renoncer provisoirement à l'espoir d'élargir, ou de rajeunir l'enseignement.
L'Université tout entière faisait corps, et vivait d'une seule âme,
qui n'était plus celle de Verhaegen. L'inspiration de 1834 restait
encore une fois flottante et sans emploi, bonne à qui voulait la
prendre, guettée par des jeunes gens qui n'en pouvaient rien faire
et subissaient, par la concurrence d'Universités rivales, le souci
des programmes et des examens.

La création de l'*Université Nouvelle* fut décidée, le 12 mars 1894,
par un comité d'action, où des personnages politiques tels que
MM. Paul Janson et Edmond Picard siégeaient à côté de professeurs comme M. Guillaume De Greef et M. Émile Vandervelde (1).
Un mois à peine avait passé sur l'origine des désordres. Le comité
d'action n'avait pas perdu son temps à réfléchir, et ne le perdit
pas davantage à calculer. Un « appel » signé séance tenante,
lancé avec le procès-verbal, exposait au public les motifs de la
séparation.

L'université-mère était jugée sans ménagements.

« L'Université libre, disait l'*Appel au public*, n'a plus l'esprit
de large indépendance et de haute humanité qui avait été la
raison de sa fondation. Elle a passé peu à peu à l'état de simple
établissement d'instruction, timoré et neutre. Elle représente des
intérêts plutôt que des idées. Elle ne vise plus à l'éducation
morale de la jeunesse qui la fréquente : elle enseigne les sciences
sans les rattacher aux grands devoirs sociaux. Si elle forme encore
des avocats, des médecins, des professeurs, elle ne forme plus
des hommes et des caractères. »

L'*Appel* ajoutait avant de conclure :

« L'heure est venue de tenter à nouveau ce que Théodore
Verhaegen a tenté il y a soixante ans, ce qu'il espérait voir
réussir, non pas simplement en prospérité matérielle, ce qui est

_____

(1) Le comité se compose exactement de MM. Paul Janson, président, De-
jongh, secrétaire général, De Greef, des Cressonnières, Picard et Lambotte,
membres. Par un bel exemple d'abnégation, le recteur démissionnaire,
M. Hector Denis, est resté attaché à l'ancienne Université.

secondaire, mais en dignité et en prospérité morale, ce qui est l'essentiel. »

C'est toujours au nom de Verhaegen que les oppositions se levaient contre l'Université de Verhaegen. On aurait pu faire cependant quelques réserves, dans le cas de 1894, sur l'assimilation établie par le comité.

Verhaegen se préoccupait plus de faire des citoyens armés pour la discussion politique et la résistance au clergé que des hommes appliqués aux « grands devoirs sociaux ». C'est avant tout de libre pensée qu'il s'agit en 1834, de la campagne des évêques, et de l'indépendance nationale à défendre contre l'ingérence de Rome. Et c'est toujours bien de libre pensée qu'il est question en 1894. On la pose en principe, invariablement. On l'érige en dogme souverain ; — au fond, nul ne songe à l'attaquer. Rome est occupée ailleurs. Les évêques, s'ils n'ont pas renoncé à mettre la main sur l'enseignement primaire, se résignent, ou paraissent résignés à l'indépendance de l'enseignement supérieur. Il n'y a pas dans le monde actuel un pouvoir assez fort pour restreindre la liberté d'opinion, et il devient très difficile de partir en guerre au nom de cette liberté. On n'arme point pour garer l'incertain de l'éventuel. L'Université nouvelle ne peut plus être ce que fut l'Université libre, un instrument de défense morale.

Il n'est pas probable qu'elle devienne un engin d'attaque et de conflit. Et il semble qu'elle ait placé son idéal assez haut : « Il ne faut pas, dit encore l'*Appel au public*, que l'élite de la jeunesse belge reste livrée à un enseignement qui n'élève pas les âmes, et ne leur montre pas qu'il y a autre chose dans la vie que le succès personnel... Ce n'est pas au moment où, de toutes parts, les idées de justice et de sacrifice s'affirment avec une énergie et un dévouement incomparables, que nos enfants peuvent être laissés sans un autre idéal d'enseignement supérieur. » Les discours d'ouverture donnent la même note, quelques mois plus tard : « Il faut s'instruire non pas pour son profit personnel... mais pour travailler au bien commun dans un sentiment de sacrifice. » La science a plus que jamais rang de souveraine ; à côté de l'idée pure et du fait, cependant, un sentiment de solidarité sincère et de justice plus ample cherche une place dans les nouveaux programmes ; la conception de l'enseignement s'élargit par la pénétration de l'esprit social dans l'éducation. L'Université nouvelle a bien parlé ; elle agira bien, et elle aura bien mérité si sa pratique est analogue à son verbe et à sa foi.

.⁎.

Quelques dates résumeront suffisamment la courte histoire de la Nouvelle Université.

Le 12 mars 1894, le comité d'organisation lançait, avec son *Appel au public*, des bulletins de souscription et une notice instructive sur l'originelle fondation de Verhaegen.

Le 3 avril suivant, le comité louait la propre maison de Théodore Verhaegen. Il affirmait ainsi sa résolution de reprendre l'œuvre du fondateur au point où l'avait laissée une direction dissemblable ou somnolente.

Le 28 mai, le comité rendait ses compte à l'Assemblée plénière des coopérateurs ou des amis de la Nouvelle Université. « Un corps professoral et 60 000 francs étaient réunis en quelque semaines », expose un *Appel* postérieur ; deux Facultés d'installation relativement facile, sommaire et peu coûteuse : la Faculté de droit, la Faculté de philosophie et lettres, étaient constituées par la réunion des professeurs, prêtes à ouvrir non seulement la série des cours imposés par la loi, mais encore certains enseignements ajoutés dans un intérêt « nettement » scientifique à l'enseignement de la philosophie et du droit (1). L'Université Nouvelle prenait en sous-titre le nom d'*École libre d'enseignement supérieur*. Un *Institut des Hautes-Études* y était annexé sur-le-champ. « Les promoteurs de l'œuvre, expliqua par la suite le *Programme des cours*, pensent que les quatre Facultés légales des Universités sont loin d'embrasser l'ensemble des matières que doit comprendre un enseignement universitaire. » Cet Institut, supérieur à l'enseignement supérieur, — très éloigné sur le moment de remplir le programme encyclopédique de ses fondateurs, — était prêt cependant à fonctionner avec un ensemble provisoire de dix-neuf cours répartis entre la « philosophie des sciences » et la « philosophie des mythes », en passant par l'histoire de la musique et le « cours approfondi de sociologie ».

Le 7 octobre parut le premier numéro de l'*Université Nouvelle*, organe de l'*École libre d'enseignement supérieur de l'Institut des Hautes-Études de Bruxelles*, avec la liste des cours, le nom des professeurs, et cet avis, qui rappelle les procédés de Verhaegen : « L'Université Nouvelle met ses locaux, sa publicité et son public à la disposition de tous les savants de Belgique et de l'étranger qui

(1) Voici la liste des cours annexés : psychéiatrie, anthropologie, médecine légale, comptabilité au point de vue judiciaire, pratique professionnelle du barreau et de la magistrature... Les jeunes Facultés sont dans le mouvement.

seraient désireux de donner des cours sur une matière d'enseignement supérieur. »

Le 23 octobre avait lieu la séance d'ouverture, dans l'hôtel de Théodore Verhaegen, meublé de « tables légères en sapin clair... avec des bancs confortables et profonds, appuyé à des murs recouverts d'un papier anglais discret, d'un vert sombre et doux » (1).

Le second *Appel* est du 16 juin 1895. L'Université compte justement sur le « même public qui l'a aidée si promptement et si efficacement quand elle n'avait pas encore fait ses preuves et que l'on pouvait douter de sa vitalité ». Il s'agit maintenant d'organiser la Faculté de médecine et la Faculté des sciences. Ce sera l'œuvre de la seconde année. Quand elle sera achevée, l'Université Nouvelle prendra le rang d' « Université complète » ; comme les Universités anciennes, — l'Université catholique de Louvain, l'Université libre de Bruxelles et les deux Universités de l'État. — elle aura la faculté de conférer des diplômes, et de constituer ses professeurs en jury d'examen. Ce sera l'égalité de droit, en attendant l'égalité de fortune, et c'est beaucoup de travail en perspective. Or, l'Université Nouvelle pense à doubler ses Facultés scientifiques d'une École polytechnique et d'une « Faculté des sciences commerciales », comme elle a entendu superposer un Institut des Hautes-Études à ses Facultés de philosophie et de droit. Et il semble que cela fasse bien des entreprises sur chantier.

Aux conseils de prudence, l'Université Nouvelle répondrait avec raison qu'elle est jeune, qu'elle est active, que c'est le moment de l'effort, qu'il est moins difficile après tout d'ajouter des facultés à un organisme constitué que de bâtir sur table rase un établissement tout neuf. C'est l'ère des audaces heureuses, celle des risque nuls et des hardies pauvretés. La prudence vient plutard, avec la richesse... l'Université Nouvelle se permettra quelques échecs, s'il le faut. Elle s'est passé quelques erreurs. Elle avait pris parti selon sa conscience dans le cas de M. Reclus. Peut-être s'est-elle prononcée sans informations suffisantes dans le cas de M. Robin (de Cempuis). Il n'y a pas lieu d'insister sur ces points de détail, — pas plus que de s'arrêter à l'organisation de l'Université, à sa méthode pédagogique, à son système de cours fractionnés, de professeurs « assistants » et de *syllabus*. Je n'ai voulu que démêler dans la masse quelques traits, dont le rapprochement parle de soi. Je n'aurai garde, au surplus, d'interpréter le langage et de forcer le rapprochement.

DICK MAY.

(1) *L'Université Nouvelle.*

LA VIE ET LES ŒUVRES

DU

PÉDAGOGUE ALLEMAND LORENZ KELLNER

(1811-1892)

En France nous connaissons peu Lorenz Kellner. En Allemagne, en Autriche et dans la Suisse allemande personne n'ignore son nom. Sur le terrain où il s'est placé et dans le domaine où il a exercé son activité, son influence est plus fortement marquée que celle de tout autre pédagogue, sans excepter Herbart. Lorsque, en 1886, il entra dans sa soixante-quinzième année, cinquante mille personnes de toutes les classes et de tous les états lui envoyèrent leurs félicitations. Pestalozzi et Diesterweg avaient à peine eu à se réjouir de manifestations pareilles. Sa mort fut suivie d'un témoignage de reconnaissance flatteur pour sa mémoire : les maîtres des écoles allemandes s'unirent pour fonder, par sous-criptions volontaires, un Institut portant son nom et offrant l'in-struction gratuite aux orphelins d'instituteurs qui se voueraient à l'enseignement ou aux études du gymnase.

Le grand rôle qu'il a joué procède de sa vie d'administrateur comme *Schulrath* (conseiller scolaire ou inspecteur des études), et de ses livres sur l'éducation et sur l'histoire de la pédagogie.

I

La vie de Lorenz Kellner n'est plus à écrire. Elle existe, racontée par lui-même un an avant sa mort, sous le titre de *Lebensblätter*. La première édition fut aussitôt enlevée. En moins d'une année parut la seconde (1892); elle put être revue et complétée encore par l'auteur, qui mourut pendant la correction des épreuves; c'est celle dont nous nous servons ici.

Une autobiographie révèle d'ordinaire chez son auteur un fonds de vanité. Elle atteste souvent une opinion exagérée qu'il a de son mérite, et son envie de passer à la postérité; c'est l'amour-propre seul qui l'inspire et la dicte. Rien de pareil chez Kellner. Ses *Lebensblätter* sont d'un bout à l'autre de la pédagogie en action.

On y voit l'effort constant d'un esprit élevé vèrs un noble but, sa lutte pour y atteindre, l'aveu de ses erreurs et des peines qui s'ensuivent, comme aussi la récompense résultant de la conscience d'une fidélité et d'une loyauté invariables vis-à-vis de ceux qui prennent sur eux la lourde charge de l'éducation des enfants. C'est sous ces traits que Kellner veut se survivre; en finissant, il exprime l'espoir que ses lecteurs diront de lui :

> Er hat gestrebt und gestritten,
> Hat auch geirrt und gelitten;
> Aber bis zum Grabesrande
> Blieb er treu dem Lehrerstande!

Déjà à l'âge de vingt-huit ou vingt-neuf ans, il avait conçu le dessein d'écrire sa vie, d'abord pour lui-même, ensuite pour ses enfants et ses plus proches parents. Il fut encouragé dans cette pensée par un passage qu'il trouva dans Goethe sur Benvenuto Cellini. L'artiste italien, y était-il dit, conseillait à tout homme convaincu de n'avoir jamais agi que dans de bonnes intentions, d'écrire sa vie de sa propre main, quand il aurait atteint au moins sa quarantième année. Keller attendit juste deux fois plus longtemps pour réaliser son projet.

Pour des Allemands qui se préoccupent de l'éducation des classes populaires, chacune des six cents pages des *Lebensblätter* a son intérêt. Quant à nous Français, nous ne perdons rien à passer sur beaucoup de détails ; nos écoles, dans les deux quarts intermédiaires du XIXᵉ siècle, n'ont pas eu la même organisation que celles d'Allemagne. Kellner n'en est pas moins une personnalité que nous ne pouvons pas continuer d'ignorer. Il laisse des principes de pédagogie qui assurent à ses œuvres la durée et à son nom une des premières places dans l'histoire de l'éducation.

Le livre des *Lebensblätter* se compose de quatre parties : l'instituteur (*der Volksschullehrer*), le professeur d'école normale (*der Seminarlehrer*), l'inspecteur des études (*der Schulrath*) à Marienwerder, et l'inspecteur des études à Trèves. Ces quatre sections sónt précédées d'une introduction (*Vorhalle*) qui a pour principal objet les études du jeune Kellner jusqu'à son premier emploi dans l'enseignement. Le tout embrasse un demi-siècle et plus de l'existence d'un homme dont une des devises était, qu'une vie sans travail serait un cadre sans image :

> Ein Leben ohne Arbeit gilt
> Nur, was ein Rahmen ohne Bild.

Kellner naquit à Heiligenstadt, dans la province de Saxe, le

29 janvier 1811. Son grand-père fut maître d'école. Son père se
voua à la même vocation, avec une conviction fortifiée par la lecture des ouvrages de Pestalozzi autant que par l'exemple paternel. Grand admirateur du pédagogue d'Yverdon, il fit, dans les
premiers mois de son mariage, et avec une petite somme que lui
avancèrent quelques familles aisées, le voyage de Suisse, pour aller
recevoir, de la bouche même de l'auteur de *Lienhard und Gertrud*,
les principes de pédagogie qui étaient devenus l'évangile des
maîtres. Sa femme portait dans son sein le premier gage de
l'amour conjugal. A son retour, elle ne fut pas longtemps sans
lui donner un fils nourri, avant d'être au monde, d'idées d'éducation et d'enseignement ; c'était Lorenz Kellner.

Bien que le ménage n'eût que de modestes ressources, une
petite somme était réservée à l'acquisition de livres à l'usage des
enfants (*Jugendschriften*). Les contes de Christophe Schmid et Robin-
son faisaient les délices de Lorenz. A quinze ans, il quitta le gymnase de sa ville natale, pour entrer dans celui de Hildesheim. Là
il fut pris en affection par un de ses professeurs, du nom de Leunis, qui cultivait avec succès la botanique. Il obtint la faveur de
l'accompagner dans ses excursions. La vie tranquille au milieu de
la nature lui tint lieu de distraction ; il prit goût à des études qui
lui montraient, à côté du monde des livres, un autre monde, celui
des choses qui tombent sous les sens (*die Realien*). Il comprit dès
lors, et mieux encore dans la suite, la place à faire dans les écoles
à l'enseignement par les yeux (*Anschauungsunterricht*). Ses études
de gymnase finies, il résolut de se faire maître d'école. Sa famille
étant catholique, il aurait voulu se former dans une école normale
de sa confession (*ein katholisches Lehrerseminar*) ; mais dans son
district il n'y avait qu'une école normale protestante, celle de
Magdebourg ; comme elle recevait aussi des élèves catholiques,
Kellner y entra. L'école était alors dirigée par Zerrenner, pédagogue de renom et auteur de quelques ouvrages de valeur (*Pâda-
gogik und Methodik, Schuldisciplin*, etc.).

Zerrenner ne fut pas longtemps sans remarquer chez le jeune
Kellner les plus heureuses dispositions ; il les cultiva avec un
soin spécial. Au bout de deux ans, après l'examen de sortie, il
lui donna une attestation de talent et de travail qui lui valut
aussitôt une position avantageuse dans une école d'Erfurt (1831).
Là, Kellner fut instituteur élémentaire (*Elementarlehrer*) pendant
cinq ans.

En 1836 fut fondée à Heiligenstadt, sa ville natale, l'école
normale catholique qui manquait à sa province. Son père en fut

nommé directeur, mais lui-même en devint l'âme. Ce n'est pas
sans émotion qu'encore plus d'un demi-siècle après, il rappelle
dans les *Lebensblätter* la joie avec laquelle il reçut une nomination royale le constituant le collaborateur de son père, et faisant
de lui, à vingt ans, le maître des futurs *Volksschullehrer*. Il n'est
point de lecture plus attachante que celle des cent pages (de
101 à 200) où il expose ses vues, ses efforts et ses poignantes
préoccupations à l'école normale de Heiligenstadt. Tout en se
donnant de cœur à son devoir professionnel, il se tint au cou-.
rant des productions pédagogiques du temps. Pestalozzi fut son
auteur favori; mais rien ne lui resta étranger de ce qui venait
des Stephani, des Dinter, des Zerrenner, des Diesterweg. Il s'in-
téressait particulièrement aux ouvrages, nombreux alors, sur la
réforme de l'enseignement de la langue allemande. Ce fut le
temps où il publia son *Praktischer Lehrgang für den deutschen
Sprachunterricht* (cours pratique de langue allemande).

Douze années se passèrent (1836-1848), marquées par un travail fécond en résultats pour les écoles et les maîtres de la région
d'Erfurt, l'*Eichsfeld*. Les inspections se succédèrent au *Seminar*,
l'une plus favorable à Kellner que l'autre. En 1848, le ministère
royal de Berlin résolut, pour relever les écoles catholiques des
provinces orientales, d'envoyer un *Schulrath* catholique à Marienwerder. Son choix tomba sur Kellner. Le poste était hérissé
de difficultés. Uu haut fonctionnaire·catholique était, dans les
temps troublés de 1848, suspect aux Prussiens de tous les partis.
Ses coreligionnaires étaient convaincus qu'il sacrifiait les intérêts
de son Église à la gloire et à la grandeur de la Prusse; les protestants le soupçonnaient de servir l'Église plutôt que l'État.
Kellner sut, par son tact et sa loyauté, gagner la confiance de la
population polonaise au milieu de laquelle il se trouvait, au point
qu'au commencement de 1849 elle l'élut membre de la Chambre
des députés (*Mitglied des Abgeordnetenhauses*). Il défendit au
Landtag les intérêts des écoles et des maîtres, mais ne montra
point de goût pour les discussions politiques. Le jour où il put
aller reprendre à Marienwerder ses occupations de *Schulrath* fut
pour lui une délivrance.

Le trait saillant de son administration à Marienwerder est la
fermeté avec laquelle il s'opposa à la nomination de maîtres tout
à fait allemands aux écoles polonaises. Il ne craignit point de
tenir tête au gouvernement. Il lui peignit avec force le trouble
qui résultait, pour les élèves comme pour les instituteurs, de
l'usage forcé d'une langue étrangère au pays. On apprend dans

les *Lebensblätter* qu'après l'annexion de l'Alsace et de la Lorraine, Kellner dut être envoyé dans ces provinces, mais qu'il s'y refusa. Le souvenir de Marienwerder fut-il pour quelque chose dans sa détermination? Il est permis de le supposer. Ignorant lui-même la langue polonaise, il souffrait de la violence avec laquelle devait être imposée aux enfants la langue allemande. Son action personnelle sur les écoles était trop limitée par la différence des dialectes, pour qu'il pût se résigner à garder son poste. En 1855, il retourna en pays allemand comme *Schulrath* à Trèves.

Avant de suivre Kellner dans la Prusse Rhénane, disons un mot de la manière dont il comprenait et remplissait son devoir de *Schulrath* dans ses tournées d'inspection. Nous ne pouvons mieux faire que de transcrire le passage des *Lebensblätter* (p. 300-301) consacré à cette partie de ses fonctions.

« J'ai souvent entendu dire à mes collègues qu'ils regardaient un voyage d'inspection comme une récréation et une agréable diversion. Eh bien, oui, ces voyages offrent des changements dans les occupations, mais je n'ai jamais senti qu'ils fussent une récréation. Sans doute, les choses sont ce qu'on les fait. Si le *Schulrath* vole à droite et à gauche comme un météore, s'il tombe dans une école pour un quart d'heure ou une petite demi-heure, s'il se fait recevoir et guider par des subordonnés, alors ses voyages peuvent devenir une récréation. Je pouvais bien faire ainsi; mais aujourd'hui encore, sur le soir de ma vie, le zèle et la patience que je mettais à m'acquitter de ma tâche me donnent de la joie et de la satisfaction. Lorsque, à la fin de la journée, fatigué et épuisé par les examens, les conseils, les exhortations, je m'appartenais de nouveau, et que je repassais en silence l'emploi de mon temps, je me livrais, après l'ardeur du travail, à ce sommeil que donne la conscience du devoir rempli.

« Pour les inspections, je m'étais tracé les règles suivantes :

« 1° Quand tu mets le pied dans une école, laisse derrière toi ce que tu as appris jusqu'alors en bien ou en mal du maître. Suppose que l'homme t'est resté étranger, et juge-le d'après ce que tu vois.

« 2° Présente-toi en ami, et arme-toi de patience; si tu as des motifs de mécontentement, n'en laisse rien voir devant les enfants.

« 3° Interroge, examine, explique toi-même, rien de plus juste; mais donne aussi la parole au maître, de peur que ton jugement ne reste exclusif. Si tu l'humilies ou que tu le mettes au pied du mur, les enfants ne manqueront pas de s'en apercevoir.

« 4° Jette un regard scrutateur sur les murs de la salle d'école, sur l'armoire qui contient le matériel de l'enseignement. Demande à voir aussi la demeure du maître. Sa bibliothèque te dira sa tournure d'esprit (1).

« 5° Si tu te formes un jugement sur l'école et sur le maître, ne néglige ni les circonstances extérieures, ni l'entourage, ni le milieu.

« 6° Dans la louange sois prudent, sois plus prudent encore dans le blâme ; encourage et éveille la conscience sans jamais perdre de vue ce double ressort.

« 7° Avant tout, cherche à agir sur ceux à qui est confiée la surveillance immédiate de l'école; ils sont souvent plus puissants et plus influents que toi; encourage-les, instruis-les, stimule-les, et, par ton zèle, fais en sorte qu'ils te prennent pour modèle. »

Cette page mériterait d'être méditée par quiconque a charge de surveiller ou d'inspecter les maisons d'éducation; elle est un échantillon de la pédagogie pratique de Kellner. De tels principes ont le caractère de l'universalité; ils trouvent leur application dans tous les pays où il y a des écoles.

L'activité littéraire de Kellner ne fut pas interrompue à Marienwerder par la multiplicité de ses voyages d'inspection. Outre qu'il collabora à plusieurs revues pédagogiques, il publia, en 1850, ses *Aphorismen*, qui sont la perle de ses écrits ; trois ans plus tard, il y ajouta ses *Pädagogische Mittheilungen*. Il composa ses autres ouvrages à Trèves, où il resta *Schulrath* jusqu'en 1886, année de sa retraite. Les progrès réalisés dans les provinces du Rhin, au point de vue de l'instruction populaire, dans la seconde moitié de notre siècle, sont dus, de l'avis de toute l'Allemagne, à l'impulsion de Kellner. Le corps des maîtres de la région lui donna, à trois reprises, des témoignages de respect et de reconnaissance auxquels il dut être bien sensible : ce fut en 1881, à propos du cinquantenaire de son entrée en service, en 1886 et en 1891, à l'occasion de sa 75° et de sa 80° année de vie. Sa femme, qui vit encore à l'heure où nous écrivons ces lignes, fut elle-même l'objet d'une démonstration sympathique, lorsqu'il célébra avec elle ses noces d'or, en 1890, dans sa tranquille et silencieuse retraite de Trèves.

Il mourut dans la nuit du 17 au 18 août 1892. Ce fut un deuil

(1) Ce n'est pas là une inquisition. En Allemagne, la demeure du maître est dans la maison d'école même; l'administration tient à ce qu'elle soit confortable et proprement tenue.

pour les écoles catholiques de l'Allemagne entière. Pas une des nombreuses gazettes scolaires, même de Suisse et d'Autriche, ne resta sans payer son tribut de regrets à la mémoire de celui qu'elles considéraient comme une sorte de patron des écoles; pas un *Leherverein* ne tint séance sans offrir un hommage d'affectueuse gratitude au *Altmeister der Volksschul-Pädagogik*. Toutes ces *Gedenkreden* devraient être recueillies; elles formeraient un volume curieux, qui deviendrait un document historique. Nous en avons lu un certain nombre. Celle de M. Herold, adressée à Münster au *Lehrerverband* de Westphalie, le 4 avril 1893, a particulièrement fixé l'attention de la presse allemande.

II

Kellner repose à Trèves. C'est là qu'il a composé le plus grand nombre de ses ouvrages; c'est là que, malgré les années, il a continué de tenir la plume jusqu'à sa dernière heure, soit pour écrire les *Lebensblätter*, soit pour rédiger le *Schulfreund*, soit enfin pour collaborer à la *Pädagogische Bibliothek* de Herder, à laquelle il a donné, un an avant sa mort, le premier ouvrage de Sailer, *Ueber die wichtigste Pflicht der Eltern in der Erziehung ihres Kindes*.

Voici, dans l'ordre chronologique, la liste de celles de ses œuvres que nous avons sur notre table :

1° *Praktischer Lehrgang für den deutschen Sprachunterricht. Ein Hand-und Hilfsbuch für Lehrer an Volks-, Bürger-und Mittelschulen*. H. A. Pierer, Altenburg. 3 volumes, dont la 1re édition est de 1837, 1838 et 1840, et la 18e de 1892.

2° *Zur Pädagogik der Schule und des Hauses. Aphorismen. Schulaufsehern, Lehrern, Erziehern und Eltern gewidmet*. Bädeker, Essen. 1 volume, dont la première édition est de 1850 et la 13e de 1892.

3° *Volksschulkunde. Ein theoretisch-praktischer Wegweiser für katholische Lehrer und Lehrerinnen, Schulaufseher und Seminare*. Bädeker, Essen. 1 volume, dont la 1re édition est de 1850 et la 8e de 1886.

4° *Pädagogische Mittheilungen aus den Gebieten der Schule und des Hauses*. Bädeker, Essen. 1 volume, dont la 1re édition est de 1853 et la 4e de 1889.

5° *Deutsches Lese-und Bildungsbuch für höhere Schulen, insbesondere für die oberen Klassen hoherer Töchterschulen und weiblicher Erziehungsanstalten*. Herder, Freiburg im Breisgau. 1 volume, dont la 1re édition est de 1857 et la 12e de 1892.

6° *Erziehungsgeschichte in Skizzen und Bildern. Mit vorwiegender Rücksicht auf das Volksschulwesen*. Bädeker, Essen. 3 volumes, dont la 1re édition est de 1862 et la 3e de 1880.

7° *Kurze Geschichte der Erziehung und des Unterrichtes. Mit vorwaltender Rücksicht auf das Volksschulwesen.* Herder, Freiburg im Breisgau. 1 volume, dont la 1ʳᵉ édition est de 1874 et la 9ᵉ de 1889.

8° *Lebensblätter. Erinnerungen aus der Schulwelt.* Herder, Freiburg im Breisgau, 1 volume, dont la 1ʳᵉ édition est de 1891 et la 2ᵉ de 1892.

9° *Lose Blätter. Pädagogische Zeitbetrachtungen und Rathschläge.* Gesammelt und geordnet von Adam Görgen. Herder, Freiburg im Breisgau. 1 volume publié en 1895, trois ans après la mort de Kellner, par un ami auquel il avait laissé des papiers, des notes, des articles de revues, etc.

A ces ouvrages il faut en ajouter quelques autres d'une importance secondaire :

1° *Poesie in der Volksschule. Eine Sammlung von Gedichten* (2ᵉ édition, 1856).

2° *Lesebuch für Mittel-und Oberklassen gehobener Mädchenschulen.* Herder, Freiburg im Breisgau. 1 volume, dont la 1ʳᵉ édition est de 1861 et la 10ᵉ de 1887.

3° *Materialien für den mündlichen und schriftlichen Gedankenausdruck* (9ᵉ édition, 1883).

4° *Uebungsstoffe zur Beförderung des Sprachverständnisses* (1856, 9ᵉ édition, 1864).
Etc.

Outre ces livres, qui donnent un total de plus de cent éditions, Kellner publia une foule de notices et d'articles détachés. Il nous apprend qu'au plus fort de ses occupations de maître ou d'administrateur, il lui arrivait rarement de passer une journée sans trouver une heure pour ses études.

Dans la *revision* que nous allons faire de ses écrits, nous mettons hors rang les *Lebensblätter*. Ce livre est un legs aux maîtres de l'enfance, qui y trouvent une direction à la fois pédagogique et morale. Les curieux le consulteront aussi longtemps qu'ils s'intéresseront aux personnages qui, dans les cinquante dernières années, méritent une mention dans l'histoire des écoles de l'Allemagne. Kellner a eu des rapports plus ou moins suivis avec Zerrenner, Harnisch, Otto, Diesterweg, Hentschel, Prange, Volk, Gräfe, Barthel, Körner, Kehr, Dörpfeld, Alleker, Schmitz, Brüggeman, Stiehl, Altenstein, Raumer, Mühler, Falk, et bien d'autres encore.

Ses autres œuvres peuvent se grouper en trois séries, selon qu'elles ont pour objet la culture de la langue allemande, les principes théoriques et pratiques (*theoretisch-praktisch*) de l'éducation, ou l'histoire de l'éducation.

Kellner appartient à la famille des pédadogues qui, depuis trois siècles, luttent contre le courant parti de Strasbourg au temps de Sturm : en tête de tout l'enseignement de l'école, il place l'enseignement de la langue maternelle. Il a sur ses prédécesseurs l'avantage de mettre ses préceptes en pratique. Au lieu qu'eux se sont bornés à donner des conseils, lui donne des leçons, écrit des livres, propose des modèles. Il délivre les écoles de la tyrannie de la grammaire sèchement enseignée pour l'amour d'elle-même; il bat en brèche les systèmes de Wurst et de Becker, faits pour jeter dans la classe, avec leurs nomenclatures de règles, l'ennui et le dégoût; il leur substitue une étude vivante, basée sur l'analyse et sur la reconstitution de la phrase, sur des morceaux pris dans les bons auteurs; il familiarise l'élève avec la langue parlée et écrite dans toutes ses formes. C'est grâce à lui que la méthode analytique est devenue dominante dans l'enseignement de la langue allemande; le progrès qu'elle a réalisé est, parmi ses mérites, un des plus incontestablement reconnus. Cinquante ans après la première édition de son *Praktischer Lehrgang für den deutschen Sprachunterricht*, il a pu dire avec vérité et non sans une intime satisfaction, dans la dix-septième édition datée de 1889, « que ce livre pouvait se réjouir d'une faveur rare en un temps riche à l'excès en productions relatives à l'enseignement de la langue ». Les formes mortes, les règles abstraites, les banalités insignifiantes y cèdent la place à des exercices où la pensée a sa part, et où la construction est trouvée par l'élève au lieu de lui être donnée.

Nous avons dit plus haut que Kellner avait puisé dans les leçons de botanique de son professeur Leunis le goût de l'étude par les sens. C'est avec cette disposition d'esprit qu'il se mit à la composition du *Praktischer Lehrgang*. Le premier volume se compose de soixante-neuf leçons qui seraient aujourd'hui autant de leçons de choses. Il est de 1837. Ce que de nos jours nous regardons comme une sorte de révolution dans notre enseignement élémentaire, Kellner le pratiquait et le faisait pratiquer dans les écoles d'Allemagne, il y a un demi-siècle.

Le second volume contient des morceaux formés de phrases simples d'abord, plus compliquées ensuite; ils sont en général courts, et consistent en un récit intéressant ou en une description attrayante. Plus tard ils s'allongent et sont divisés, d'après le sens, en une série de paragraphes qui portent des numéros. Plusieurs questionnaires, variés dans leur forme et leur objet, suivent chaque *Musterstück*, et font trouver à l'enfant le sens qu'il

renferme et les règles dont il offre l'application. L'auteur caractérise d'avance sa méthode par une épigraphe empruntée à Graser :
« L'homme doit arriver par lui-même à la connaissance de la
langue, de la manière dont un linguiste arrive à écrire un traité
de linguistique. »

Le troisième volume a des allures qui tiennent à la fois d'un
cours de grammaire et d'un cours de rhétorique. L'attention y est
spécialement attirée sur la précision et la clarté de l'expression.
D'une façon qui n'est pas sans offrir quelque chose de scientifique, l'auteur enseigne la forme des mots, la raison de leur
orthographe, leurs combinaisons pour la formation des phrases
simples ou compliquées, et ainsi de suite. Les morceaux qui
fournissent la matière des exercices à faire faire aux élèves sont
rejetés à la fin, et forment un appendice sous le titre pittoresque
d'*Uebungsfeld* (champ de manœuvre). Ils sont en vers ou en prose,
d'une certaine étendue, et empruntés aux auteurs classiques.
Ainsi le *Praktischer Lehrgang* prend l'enfant dès qu'il sait lire et
écrire, et le conduit à travers tous les degrés jusqu'à l'expression
raisonnée et correcte de la pensée.

A cette œuvre fondamentale se rattachent, comme auxiliaires,
les autres livres qui traitent de l'enseignement de la langue allemande : *Poesie in der Volksschule, Materialien für den mündlichen
und schriftlichen Gedankenausdruck, Uebungsstoffe zur Beförderung
des Sprachverständnisses, Musterstücke für Volksschulen, Lesebuch
für Mittel-und Oberklassen gehobener Mädchenschulen*, et enfin
*Lese-und Bildungsbuch für die oberen Klassen höherer Töchterschu-
len*. Aux yeux de Kellner la théorie a son importance, mais la
pratique vaut mieux. Cette pratique, il la voit toutefois moins
dans la composition personnelle de l'élève, que dans la lecture
des bons modèles ; de là l'importance qu'il attache aux recueils
de morceaux choisis. Nous voudrions pouvoir mettre sous les
yeux de nos lecteurs le dernier seulement des livres que nous
venons de nommer. C'est un volume séduisant, tant par le choix
des morceaux et la logique de leur disposition, que par la netteté
de l'impression, l'élégance et la solidité de la reliure. De tels ouvrages plaisent aux élèves et les gagnent à la lecture des auteurs.
Nous publions à l'heure actuelle beaucoup de livres pour l'enseignement de l'allemand dans les lycées et collèges. Dans le nombre il
y en a de bons. Si cependant quelque professeur expérimenté se
mettait à l'étude de ceux de Kellner, s'il se rendait bien compte
de sa méthode, il pourrait doter notre enseignement secondaire
d'un cours de langue allemande qui, par son caractère scienti-

fique en même temps que pratique, l'emporterait de beaucoup sur tout ce qui, dans ce domaine, a été fait en France jusqu'à ce jour.

III

L'esprit pratique du cours de langue de Kellner se retrouve dans ses traités de pédagogie. Le plus ancien et aussi le plus important est celui qu'il a intitulé : *Zur Pädagogik der Schule und des Hauses*, mais que les Allemands ne désignent que par son sous-titre d'*Aphorismen*. Ce n'est pas, comme ce sous-titre semble le dire, un recueil de courtes sentences proposées aux maîtres et aux parents comme autant de sujets de méditation. Il se compose, au contraire, de paragraphes assez longs, au nombre de cent soixante-dix-huit, où un esprit mûr et plein d'expérience en tout ce qui concerne la vie et les besoins des écoles, exprime son sentiment sur une foule de questions relatives à l'éducation. Voici quelques-unes de ces questions prises au hasard :

De l'estime pour l'école et pour la vocation des maîtres.

De l'occupation des enfants dès les premiers jours de leur vie scolaire.

De la mesure à garder dans le programme des matières à enseigner.

De l'amour des enfants pour les histoires ; des récits bibliques.

Travers dans l'éducation des filles.

Sentiment de Rousseau sur l'éducation des femmes.

Des joies du maître ; quelles en sont les sources.

De la pensée et de la clarté dans l'expression.

De l'obéissance.

Des conférences entre les maîtres et de leur organisation.

Puissance de l'exemple.

Occupations secondaires des maîtres.

Écoles de dimanche.

Gymnastique.

Remèdes contre la distraction chez les enfants.

De prime abord on trouve que ce sont là des matières banales, des sujets depuis longtemps rebattus, et on se demande ce que Kellner peut en dire de neuf. Mais c'est précisément sur les faits qui se présentent tous les jours qu'il insiste ; c'est parce que ces faits l'ont souvent embarrassé, qu'il les examine. Avec la clarté de son esprit et la chaleur de son cœur, il nous instruit sur ce qu'il a vécu, — *erlebt*, comme disent les Allemands. Il faut prendre un exemple. Dans les *Lebensblätter* (p. 45) il lui arrive de parler de la faiblesse de sa santé et des ménagements grâce auxquels il put atteindre une haute vieillesse. « Un jour néanmoins, dit-il, j'eus un avertissement fait dans une bonne intention, et nullement inutile. A Erfurt, près de la cathédrale, demeurait un vicaire passablement avancé en âge; il était du même pays que moi, et nous vivions sur le pied d'une amicale familiarité. Un jour, en me rencontrant, il m'aborda et me dit qu'il ne passait pas rarement près de ma classe, et qu'il m'entendait parler extrêmement haut, si bien qu'il comprenait mes moindres paroles et pouvait se croire un de mes écoliers. Il me fit remarquer que je n'étais pas précisément un géant, et que je ferais bien de me demander combien de temps je supporterais un pareil effort. Je fus frappé, et je me proposai de modérer à l'avenir mon zèle ; mais je crois que ce fut moins par égard pour ma santé, qu'en vue de n'avoir plus pour auditeurs les passants du quartier. En tout cas, je remercie l'homme de son avis. » Le souvenir de cet incident resta à Kellner. Plus tard, instruit par l'expérience, il écrivit le paragraphe qui dans les *Aphorismen* porte le n° 86 et a pour objet : *La voix du maître à l'école.* En voici la traduction :

« Bien des maîtres, surtout les jeunes, cherchent à donner de la vie à l'enseignement et de l'intérêt à l'exposition par l'élévation de la voix. Ils se laissent aller à un excès tel, qu'un nombre d'enfants égal à celui de la classe pourrait du dehors prendre part à l'instruction. Si bonne que soit l'intention, le zèle qui se manifeste de cette manière est toujours un zèle aveugle et préjudiciable à la santé du maître. Un homme jeune, qui est encore dans sa période de développement, et qui se trouve dans les années où les organes de la respiration s'endommagent le plus facilement, peut de cette manière prendre le germe d'une infirmité prématurée. C'est jusqu'ici un fait reconnu, qu'une parole modérée est bienfaisante pour les poumons et pour tout l'organisme, mais que dans la jeunesse un effort démesuré de la voix a des effets extrêmement nuisibles. Une parole trop haute d'ailleurs, et qui dégénère en cri, ne peut pas faire sur l'auditeur une impression favorable ; elle est en contradiction avec l'esprit calme et tranquille qui doit régner dans une classe ; elle donne à l'activité du maître un air de hâte et de passion qui déplaît et qui rappelle involontairement le bâton, les soufflets et toute la torture des vieilles écoles. Et puis, cette parole forte et précipitée à l'excès, peut-elle être profitable aux enfants? Le maître ne fait que les abasourdir, et plus il élève la voix, plus il donne lieu aux bavardages, à l'inattention et à la dissipation. Pour le comprendre, il suffit de lui prêter l'oreille à moitié. Quiconque cherche à combattre la turbulence des enfants par la force de la voix fait fausse route et empire le mal. Qu'au contraire on essaye d'apaiser leurs petits tumultes par une voix calme et modérée, on les verra s'effrayer de leur témérité et prêter à la parole qui leur est adressée une oreille attentive. Un homme parle d'autant plus haut et plus précipitamment, qu'il est plus animé par la passion, plus faible dans ses arguments et plus avide de louange. Rien que pour cette raison le maître devrait déjà s'efforcer de tenir un sage milieu. La modération nous donne sur la voix un superbe empire, qui nous permet d'avancer tantôt avec le bruit du tonnerre, tantôt avec le murmure du zéphyr, et de gagner ainsi véritablement les cœurs. Le calme procède du calme, et celui qui est calme ne crie point. »

Cet unique exemple suffira pour donner une idée des *Aphorismen;* le thème peut sembler vieux, mais si les jeunes maîtres le lisaient et le méditaient dans la variation de Kellner, combien échapperaient au mal irréparable d'une extinction de voix! C'est la même sagesse à travers le livre entier; tout y est marqué au coin du sens pratique, tout y parle à l'esprit et au cœur. Supposez un maître épuisé le soir par le travail de la journée, découragé par la paresse et la malice des enfants, blessé par l'ingratitude des parents; que dans cet état il lise un paragraphe des *Aphorismen* en rapport avec sa disposition d'esprit : son âme éprouvera l'effet d'un baume sur une plaie.

De même que dans l'enseignement de la langue allemande le *Praktischer Lehrgang* est complété par une série de livres accessoires, ainsi dans la pédagogie proprement dite les *Aphorismen* sont accompagnés d'une suite d'ouvrages du même ordre, tels que la *Volksschulkunde*, les *Pädagogische Mittheilungen*, le recueil des *Lose Blätter*.

La *Volksschulkunde* traite en sept livres :

1° De l'homme, de son essence et de sa destinée;

2° De l'enfant et de ses dispositions naturelles;

3° Des facteurs de l'éducation;

4° De l'école dans ses rapports avec les autres facteurs de l'éducation;

5° De l'école considérée comme maison d'éducation;

6° De l'école en tant que maison d'instruction;

7° De la personne même des maîtres, de leur vie et de leurs aspirations.

C'est un cours de pédagogie dans le vrai sens du mot; mais si l'auteur est pédagogue, il n'est point pédant. C'est l'esprit le plus large qui se puisse trouver. Il donne des conseils aux maîtres, surtout aux jeunes; il leur montre le but qu'ils doivent se proposer, et leur indique le chemin qui peut les y conduire; après cela il les laisse marcher, se bornant à stimuler leur bonne volonté. « J'estime, dit-il, qu'il ne sied pas de circonscrire le maître dans sa méthode; je soutiens que dans ce sens on réglemente, on inspecte, on corrige et on redresse trop. Sans la liberté, l'art d'instruire dégénère en mécanisme, et le maître perd l'habitude de penser et d'examiner par lui-même. » La *Volksschulkunde* avait été refoulée un instant à l'arrière-plan par la *Volksschule* d'Alleker; mais elle a repris sa place en 1886, grâce à un remaniement qui l'a renouvelée dans une certaine mesure, en l'adaptant aux circonstances créées par des modifications et des changements survenus dans les écoles. C'est un livre aujourd'hui très répandu en Allemagne.

Dans les *Pädagogische Mittheilungen* Kellner a en vue principalement la vocation des maîtres et leur formation. Des détails relatifs à ce double objet complètent des points insuffisamment développés dans les *Aphorismen* et la *Volksschulkunde*. Les considérations théoriques sont appuyées d'exemples tirés de l'expérience personnelle de l'auteur, de sorte que la lecture des *Mittheilungen* donne comme un avant-goût de celle des *Lebensblätter*. Si Kellner n'avait pas été longtemps maître lui-même, si aussi il n'avait pas été père de famille, il n'aurait jamais pu écrire les *Mittheilungen;* la preuve s'en trouve le mieux dans son court, mais substantiel chapitre sur le travail des élèves en dehors de la classe (*Gedanken über häusliche Aufgaben*). Il donne le fond de sa pensée dans une épigraphe empruntée à Schwarz : « Qu'on ne fasse point une tâche privée de ce qui peut être enseigné en classe. Le travail à faire à la maison caractérise trop souvent la maladresse du maître, qui trouve commode de faire peser sur l'élève un fardeau qu'il ne veut point porter lui-même. » Sa propre devise est : « Trop est malsain » (*Allzuviel ist ungesund*). Tout en approuvant un travail qui peut fortifier la mémoire et exercer l'activité individuelle, il s'élève avec force contre les longues leçons qui ne mettent dans les jeunes têtes que des mots, contre les devoirs qui dépassent leur force. C'est au maître à expliquer et à préparer en classe la tâche qu'il impose aux élèves. S'il fait appel au concours du père, il commet une faute dont il doit connaître les conséquences. « Le père envoie son enfant à l'école pour le faire instruire; il paye sa rétribution, et croit avoir fait son devoir. Mais voilà que vous venez tourmenter avec des travaux de classe cet homme occupé le jour et fatigué le soir. S'il ne peut venir en aide, il se met en mauvaise humeur; s'il le peut, il le fait d'une façon diamétralement opposée à celle du maître et n'arrive qu'à le contrecarrer. Dans son impatience et son découragement, il se laisse aller, sur l'école et sur le maître, à des jugements et à des paroles qui tombent comme une rosée empoisonnée dans le cœur de l'enfant, et se fixent dans sa mé-. moire pour n'en plus jamais disparaître. Si le secours des parents est refusé, l'enfant cherche ailleurs, s'adresse à des condisciples plus âgés et plus mûrs, ou tâche de copier son travail d'où il peut. Dans de tels embarras, il manque rarement de se laisser aller à des fraudes qui contribuent à gâter son caractère... Mieux vaudrait ne point donner de devoirs privés du tout, que d'en imposer qui n'auraient pas été suffisamment préparés en classe. » Quel est le père attentif aux études de son enfant, qui ne donnerait son approbation à ce passage des *Mittheilungen*, et à beaucoup d'autres d'une application non moins fréquente? Kellner, en écrivant son livre, pensait aux parents; il le leur a dédié aussi bien qu'aux maîtres.

Les *Mittheilungen*, la *Volksschulkunde*, les *Aphorismen* et les *Lebensblätter* ont un supplément commun dans les *Lose Blätter*, ce recueil des pensées, des remarques, des observations, des conseils, des avis, etc., que Kellner avait fournis, sous forme d'articles, à quatre ou cinq revues pédagogiques, ou développés dans sa correspondance avec des amis. Il eût été à regretter que ces perles fussent restées enfouies dans des papiers hors d'usage. Réunies, elles forment une collection précieuse, un vrai trésor pour les maîtres. Nous donnons comme échantillon la traduction d'un fragment de l'article sur la tolérance telle que Kellner la recommande aux maîtres catholiques, ses plus proches disciples : « Nous voulons pour nos frères d'une autre confession l'application pleine et entière du proverbe : Ce que tu ne veux pas qu'on te fasse, ne le fais pas à autrui. Il faut avant tout que nous soyons justes envers eux, fidèles au *suum cuique;* pour cette raison, nous devons leur accorder tout ce qu'ils peuvent réclamer à juste titre. Mais cela ne suffit pas. Ils ont droit aussi à notre amour, cet amour qui se traduit par des actes, et non par des phrases sonores. Oui, la justice et l'amour sont pour nous un devoir; et comme il importe de pratiquer du haut du trône ces vertus envers toutes les confessions, ainsi faut-il les pratiquer de bas en haut à travers toutes les couches de la société. Agir en ce sens est aujourd'hui plus que jamais une tâche pour l'école, et cette tâche ne nous em-

pêche d'aucune façon de rester fidèles de cœur et d'esprit à notre
foi, à la vérité qui est pour nous le trésor le plus cher et le plus
sacré. En général, nous nous en acquittons mieux par nos actes
que par nos paroles. Il n'en est pas moins vrai que les paroles
sont à leur vraie place et deviennent un devoir là où un zèle
aveugle et malveillant, l'étroitesse d'esprit et l'ignorance, conduisent à la médisance et à la calomnie. Dans de pareils cas, le
maître intelligent peut faire auprès de personnes à l'âge mûr
beaucoup de bien ; mais il doit avoir encore plus à cœur de préserver la jeunesse de la haine et du mépris pour ceux qui appartiennent à une autre religion. »

La tolérance est une des marques de toute la vie et de toutes
les œuvres de Kellner. Catholique loyal et pratiquant, il comptait
parmi les protestants des amis dévoués et leur était fidèle. Il ne
parlait jamais de son directeur de séminaire Zerrenner qu'avec
affection et respect ; avec ses condisciples protestants de Magdebourg il avait les meilleurs rapports. « Mes croyances, dit-il dans
les *Lebensblätter*, ne souffrirent point de préjudice par mon entrée
dans un institut évangélique, et je ne me souviens pas d'y avoir
jamais été témoin d'une attaque quelconque contre l'Église catholique. » Le temps de sa vie de *Seminarlehrer* fut celui du triomphe
des doctrines de Hegel ; la tentation ne lui manqua point de
passer avec d'autres hommes, jeunes et chercheurs comme lui,
du domaine de la foi dans celui de la philosophie. « Elle cessa
toutefois bientôt, dit-il, et resta sans influence sur ma manière de
penser et sur mes croyances. Les contradictions par lesquelles,
depuis plusieurs milliers d'années, les philosophes se combattent
et s'entre-détruisent, et l'inutilité de leurs efforts pour déchiffrer
l'énigme de la vie humaine, me firent comprendre assez tôt que
la meilleure doctrine était celle du catéchisme, et qu'il valait
mieux consacrer mon temps et mes forces à des études positives,
que de les dissiper dans des spéculations douteuses. »

Si dans ses principes pédagogiques il est strictement fidèle à
ses principes religieux, il se garde de se montrer exclusif. En tête
du troisième volume de ses *Skizzen und Bilder* il s'exprime ainsi :
« Je m'entendrais aisément avec ceux qui seraient assez libres de
préjugés pour comprendre et reconnaître clairement qu'entre les
confessions chrétiennes il y a un terrain commun sur lequel on
pourrait édifier une pédagogie chrétienne. Même là où on doit
tenir compte de limites sujettes à discussion, on pourrait arriver
par la douceur à éviter les froissements. » Il suffit de lire dans le
même ouvrage, t. I, p. 291 et suiv., le chapitre qu'il consacre à

Goménius, pour se convaincre de la sincérité de cette affirmation. Kellner n'est pas sans avoir quelque chose de commun avec le pédagogue morave. Quoique séparés par deux siècles et par leurs croyances religieuses, les deux sont d'une même famille. Leur parenté tient à leur vie de travail au service de l'éducation populaire, et leur intime union, à leur tournure d'esprit, à leur idéal en matière de pédagogie et à leur patience pour le réaliser. Aussi la *Comenius-Gesellschaft* s'est-elle associée au concert d'éloges des feuilles catholiques en l'honneur de Kellner dans les mois qui suivirent sa mort (1). Le sentiment de cette société, presque toute protestante, est celui des maîtres protestants d'Allemagne, pour qui Kellner est devenu un guide vénéré aussi bien que pour les maîtres catholiques.

La *Erziehungsgeschichte in Skizzen und Bildern* parut en 1862. Ce fut la première histoire de l'éducation d'une plume catholique allemande, la première qui rendît justice à la pédagogie catholique en même temps qu'à la pédagogie protestante. Jusque-là, le moyen âge avait été injustement sacrifié; on lui avait préféré les Chinois et les Hindous, Lycurgue et Pythagore. Kellner protesta, et donna une place méritée à Alcuin, à Rhabanus Maurus, à Walafried Strabo, à Vincent de Beauvais, à Victorin Feltre, à Mapheus Vegius, et aux écoles fondées par l'Église ou sous son impulsion, depuis son origine jusqu'à la Réformation. L'exemple a servi depuis. Quiconque s'occupe d'histoire pédagogique sait l'importance que prend le moyen âge dans l'œuvre de Karl Schmid, dans la *Pädagogische Bibliothek* de Herder, et dans les *Monumenta Germaniae paedagogica*. Quant à la période moderne, Kellner pensa avec raison que des éducateurs comme saint Charles Borromée et saint Joseph de Calasanz, Sailer et Overberg, ne feraient pas mauvaise figure à côté de Ratich et de Franke, de Basedow et de Jean Paul. Aujourd'hui personne n'est d'un autre avis.

Dans les *Skizzen und Bildern*, Kellner avait en vue, avant tout, les écoles populaires; c'est pour les maîtres de ces écoles qu'il pensait écrire son livre. Il croyait qu'il y avait pour eux de grands inconvénients à ignorer ce qui, en matière d'instruction et d'éducation, s'était fait avant eux. Ils risquaient de prendre pour nouveau ce qui était ancien, d'user leurs forces en cherchant à faire *passablement* ce qui s'était déjà fait *bien*. D'un autre côté, l'exemple d'hommes qui s'étaient sanctifiés ou rendus illustres par leur dévouement à l'éducation des enfants, les fortifierait, réchauffe-

_____

(1) Voir les *Mitteilungen der Comenius-Gesellschaft*, livraisons d'avril 1893, p. 61 et de juin 1894, p. 82.

rait leur zèle, leur élèverait l'âme, et leur ferait voir dans leur profession, non seulement un gagne-pain, mais encore une source de contentement, de joie et de bonheur.

Kellner avait compté un peu sans le temps, et surtout sans la bourse des maîtres. Les trois volumes des *Skizzen und Bilder*, avec leurs mille et quelques pages, demandaient, pour être lus et étudiés, des loisirs qui ne se trouvent pas toujours dans une école ; leur prix aussi était au-dessus de la force de budgets modestes et grevés déjà de chapitres relativement onéreux. Pour se mettre à la portée de tous, il condensa dans un second ouvrage de trois cents pages environ ce que le premier renfermait d'essentiel, et l'intitula : *Kurze Geschichte der Erziehung und des Unterrichtes*. En moins de quinze ans, de 1874 à 1889, ce nouveau livre a eu neuf éditions. Outre qu'il est d'une lecture facile et attachante, il satisfait à un besoin inhérent aux examens des maîtres. En Allemagne, depuis 1872, ils ont à répondre, pour l'obtention de leur brevet, sur l'histoire de l'éducation ; ainsi l'a décrété la célèbre Conférence de Berlin pour la réorganisation des écoles populaires, dans ses décisions générales (*allgemeinen Bestimmungen*) du 15 octobre 1872. Kellner eut précisément dans cette grande réunion un rôle prépondérant, et il est permis de croire que son avis ne fut pas étranger à l'inscription, au programme des écoles normales, du nouvel enseignement de l'histoire pédagogique. La *Kurze Geschichte* cependant n'a rien des allures d'un manuel d'examen. C'est un livre fait pour inspirer au futur maître l'amour et le respect de sa vocation, et non pour être mis de côté après l'épreuve subie.

Nous aimerions à citer quelques pages de cet intéressant petit volume, notamment celles qui concernent le *Télémaque* et le *Traité de l'éducation des filles*, de Fénelon ; mais nous avons déjà dépassé les limites dans lesquelles nous nous étions proposé de renfermer notre notice sur Lorenz Kellner. L'enseignement de la science de l'éducation et de son histoire s'introduit dans le programme de nos Facultés ; déjà il donne lieu à des thèses de docteur. Nous avons eu un grand plaisir à tracer l'esquisse de la vie et des œuvres d'un pédagogue qui a désormais sa place parmi les meilleurs ; mais nous en aurions un plus grand encore, si nous pouvions faire naître chez quelqu'un de nos jeunes savants l'idée d'une étude approfondie sur le génie de cet écrivain, et sur le caractère pratique de ses vues en matière d'éducation populaire.

Jacques PARMENTIER.

LA RÉFORME

DE L'ENSEIGNEMENT SECONDAIRE

EN PORTUGAL [1]

Nous écrivions dans le numéro du 15 septembre dernier :

« Le Portugal s'est enfin décidé à s'engager dans une voie nouvelle en matière d'enseignement secondaire. Les arrêts du 22 décembre 1894 et du 14 août 1895 en sont la preuve. Cette réforme est due aux savants et persévérants efforts du vice-président du Conseil supérieur de l'instruction publique, M. Jaime Moniz, et à l'énergique initiative du ministre de l'Intérieur, M. Franco Castello Branco. »

Ces quelques lignes demandaient un commentaire.

Le moment est venu d'exposer d'une façon précise et détaillée les modifications introduites dans le plan des études secondaires en Portugal, mais il est nécessaire au préalable de faire connaître brièvement l'état des choses antérieur à la réforme.

Les dispositions légales autrefois en vigueur pour l'enseignement secondaire se trouvaient dans les arrêtés du 29 juillet, 12 août et 16 septembre 1886, ainsi que dans ceux du 20 et du 27 octobre 1888 et 30 décembre 1892. Le plan d'études comprenait alors les disciplines suivantes : langue et littérature portugaise, langue française, langue anglaise, langue latine, géographie, histoire, mathématiques, physique, chimie, histoire naturelle et le dessin. L'enseignement du grec et de l'allemand était établi dans trois ou quatre lycées, on le donnait pour l'admission à quelques études supérieures. Cependant cette disposition restait lettre morte, les élèves en étaient presque toujours exemptés.

Les disciplines de ce plan d'études se groupaient en trois cours, — un cours commun, un cours de lettres et un cours de sciences.

[1] *Ensino Secondario. Decreto organico, Regulamentos e Programmas.* Edição official, Lisboa, Imprensa Nacional, 1895. 1 volume in-8 de 241 pages.

Le premier cours embrassait une période de 4 années; chacun des deux autres une période de six années. Le tableau suivant montre l'organisation de ces cours et leur curieux arrangement :

COURS COMMUN.

1re année : langue portugaise, langue française.
2e   —   langue anglaise, géographie.
3e   —   mathématiques élémentaires (1re partie), histoire.
4e   —   physique, chimie, histoire naturelle (1re partie), littérature portugaise.

COURS DE LETTRES.

Les trois premières années du cours commun et :
4e année : latin (1re partie), physique (1re partie).
5e   —   — (2e partie), philosophie élémentaire.
6e   —   — (2e partie), littérature portugaise.

COURS DE SCIENCES.

Les deux premières années du cours commun et :
3e année : histoire, latin.
4e   —   mathématiques (1re partie), physique (1re partie).
5e   —   mathématiques (2e partie), physique (2e partie), philosophie élémentaire.
6e   —   mathématiques (2e partie), littérature portugaise.

Ce plan d'études était, à notre avis, inférieur au plan de 1886, mais, à la vérité, tous les plans antérieurs à la réforme actuelle présentaient, à peu près, les mêmes incohérences. La distribution des matières, étrangère à toute règle pédagogique, n'était parfois qu'une œuvre de pure fantaisie. La coordination et la juste gradation des études faisaient défaut presque toujours. Le temps accordé aux différents cours était insuffisant et la période consacrée à l'étude de chaque discipline était extrêmement courte : par exemple, d'après l'arrêté du 20 octobre 1888, deux années pour l'étude de la langue et de la littérature nationale, une année pour l'étude de la langue française, une année pour l'étude de la langue anglaise, une année pour l'étude de la géographie, une année pour l'étude de l'histoire, trois années pour l'étude du latin! Ces imperfections, et d'autres encore, avaient exercé une fâcheuse influence sur l'enseignement, devenu impropre à toute acquisition sérieuse de connaissances, et à une durable formation de l'esprit. Dans la législation antérieure aux arrêtés du 22 décembre 1894 et du 14 août 1895 il n'est pas une seule fois question de cette formation de l'esprit, qui est cependant un des principaux objets de l'enseignement secondaire. Ajoutons que toutes les dispositions relatives aux exercices scolaires, aux leçons et aux programmes, se trouvaient parfois en désaccord avec les préceptes les plus élémentaires de la pédagogie. De plus, ni les programmes, ni les règlements n'étaient suivis des instructions nécessaires à leur bonne application.

Nous avons peine à comprendre certaines règles tout à fait singulières qui présidaient aux examens des élèves. Les épreuves pouvaient porter, au gré de ceux-ci, sur chaque discipline, parti-culière, indépendamment de l'étude des autres. L'enseignement des matières sanctionnées par les examens se trouvait compris dans une période de deux ou de trois années; et cependant on pouvait subir les épreuves pour l'obtention du certificat d'études sur chaque discipline, ou partie de discipline.

Les règlements relatifs aux candidats à l'enseignement secon-daire faisaient défaut ou n'étaient pas bien établis; la loi ne dé-signait pas les diplômes ou certificats qu'on devait produire pour l'admission aux épreuves, c'était une liberté à peu près complète, ou plutôt une sorte d'anarchie.

Un pareil état de choses imposait au Portugal le devoir de s'en-gager dans la réforme de l'enseignement secondaire.

Le gouvernement n'a pas failli à cette obligation.

Les principes de la nouvelle législation se trouvent exposés dans le rapport qui précède l'arrêté organique du 22 dé-cembre 1894. Ce rapport s'applique à résoudre différentes ques-tions. D'abord, on y discute les objets de l'enseignement secon-daire; on y fait connaître les causes qui empêchent, aujourd'hui encore, l'établissement, en Portugal, des humanités modernes, à côté de l'enseignement secondaire classique; on y explique la possibilité de constituer avec avantage un plan d'études ne com-prenant que le latin, dans l'impuissance actuelle d'y introduire l'enseignement du grec, qui est réservé pour l'instruction supé-rieure; on y montre la nécessité de partager la durée des cours, et d'augmenter le nombre des années qu leur sont consacrées; on y expose, enfin, avec précision et en détail, les principes de la pédagogie se rapportant à la distribution graduelle et à la coor-dination des matières.

D'après les auteurs de la réforme, l'enseignement secondaire a pour objet le développement ou la formation de l'esprit des élèves par l'acquisition méthodique et progressive de connais-sances nettement déterminées en vue de l'admission aux études supérieures. On le voit, c'est ce but à la fois pratique et élevé, qui est assigné à l'enseignement secondaire dans le nouveau plan d'études.

Cet enseignement est donné dans les lycées centraux et les lycées nationaux, établissements qui ressortent au ministère de l'Intérieur. Il y a un lycée dans chaque district administratif. Les lycées de Lisbonne, Coïmbra et Porto sont des lycées centraux.

Le lycée central comprend sept classes, le national comprend les cinq premières classes. La durée de chaque classe est d'une année. L'enseignement secondaire se divise en deux cours : l'un, commun, l'autre, complémentaire. Le cours commun prépare au cours complémentaire, mais à lui seul, et avec les seules matières qui le composent, il procure une instruction générale très utile et capable [de former et de développer l'esprit. Le cours complémentaire est destiné à compléter les études du cours commun. Les deux cours préparent aux études supérieures. Le tableau suivant désigne le plan d'études, les disciplines, les sections, les cours, les classes ou années de la période lycéale, le nombre des leçons par semaine, etc.

Pour bien comprendre le plan, il faut savoir que la durée de chaque leçon, sauf pour le dessin, est de 45 minutes ; que d'une leçon à l'autre il y a toujours, au moins, un répit de 15 minutes ; que les leçons de mathématiques doivent avoir lieu le matin, et que la durée du travail des élèves à la maison se trouve circonscrit dans des limites raisonnables. Le maximum du nombre des élèves fixé pour les classes de la section inférieure est un peu plus élevé que pour les classes des sections moyenne ou supérieure. Lorsque le nombre des élèves d'une classe dépasse le maximum légal, on les répartit en des cours parallèles. Ces dispositions tendent à prévenir la surcharge. Il faut aussi remarquer que l'étude de la physique et de la chimie commence à la quatrième classe ou année, et que l'étude élémentaire de la zoologie et de la botanique suit le plan dès son origine. La suppression du grec laisse une plus large place à l'étude de la langue nationale, du latin et des sciences. Les élèves qui se destinent exclusivement au cours commun sont tenus d'étudier l'anglais ; ceux qui se destinent au cours complémentaire ou aux études supérieures sont tenus d'étudier l'allemand.

MATIÈRES	COURS COMMUN (GÉNÉRAL)					COURS COMPLÉMENTAIRES		TEMPS HEBDOMADAIRE CONSACRÉ A L'ÉTUDE DE CHAQUE DISCIPLINE
	SECTION INFÉRIEURE CLASSES		SECTION MOYENNE CLASSES			SECTION SUPÉRIEURE CLASSES		
	I	II	III	IV	V	VI	VII	
	heures.	heures.	heures.	heures.	heures.	heures.	heures.	heures.
Langue et littérature portugaise.	6	6	3	3	4	4	4	30
Langue latine.	6	6	5	5	4	4	4	31
Langue française.	»	4	3	3	3	»	»	13
Langue anglaise.	»	»	(4)	(4)	(4)	»	»	(12)
Langue allemande.	»	»	4	4	4	5	4	21
Géographie.	2	1	2	1	1	1	1	9
Histoire.	1	1	2	2	2	3	3	14
Mathématiques.	4	4	4	4	4	4	4	28
Sciences physiques et naturelles.	2	2	2	»	»	4	5	23
Philosophie.	»	»	»	2	2	2	2	4
Dessin.	3	3	3	2	2	»	»	13
TOTAL.	24	27	28	28	28	27	27	189

Le chapitre III du règlement du 14 août 1895, qui s'intitule *De l'enseignement*, contient un grand nombre de préceptes et d'observations. C'est un abrégé de ce qu'on trouve de plus exact et de plus utile sur la méthodologie de l'enseignement secondaire dans les écrits des pédagogues français et allemands les plus distingués. On y fait voir que les disciplines de l'enseignement secondaire doivent former un tout bien lié, et on y met ce principe en application. Ce chapitre contient aussi des règles sur les différentes formes d'enseignement, sur l'interprétation et l'extension qu'il faut donner dans la pratique aux programmes, sur l'emploi fréquent de l'interrogation, sur la nécessité de mettre en rapport constant le professeur avec les élèves, et de faire de l'élève le centre de la classe.

Un autre chapitre expose en détail les devoirs des professeurs. Tout professeur doit enseigner deux disciplines, ou deux parties d'une discipline, ou doit enseigner la même discipline à deux cours parallèles.

Chacun doit réaliser, aussi bien que possible, la concentration des matières de son enseignement et des autres matières du plan d'études. Les devoirs du chef ou directeur de classe sont de même déterminés avec précision. On lui recommande de régler avec les autres professeurs la distribution du travail à l'école et à la maison, tout en prenant toujours en considération le développement physique et psychique des élèves.

A l'organisation du plan d'études se rattache celle des examens. Le règlement prescrit des examens de passage à la fin de chaque année ou classe depuis la deuxième, et des examens de sortie après la cinquième et la septième classe. Tous les examens se composent d'épreuves écrites et d'épreuves orales, quelquefois d'épreuves pratiques. C'est le système des examens de fin d'études précédés par des examens de passage. La prépondérance appartient toujours aux épreuves écrites. Les commissions d'examen ou jurys se composent des professeurs de l'année pour les épreuves de l'examen de passage, et des professeurs de la cinquième année et de la septième, et d'un professeur de l'enseignement supérieur, pour les épreuves des examens de sortie. Les candidats libres sont admis à passer à peu près les mêmes épreuves, sauf, bien entendu, les examens de passage.

Le chapitre trentième du règlement concerne l'enseignement secondaire pratiqué dans les écoles qui n'appartiennent pas à l'administration de l'État. Ces écoles ne pourront être établies sans l'autorisation du gouvernement. Cependant, tout particulier, en se soumettant aux conditions de moralité et de savoir fixées par les dispositions légales, pourra obtenir l'autorisation nécessaire à la fondation d'instituts ou collèges d'enseignement secondaire. Tout individu se soumettant aux mêmes conditions peut diriger ces écoles ou y professer.

Les livres qui devront être adoptés dans les écoles, les collèges ou les établissements d'instruction secondaire, publics ou libres, sont les mêmes partout. C'est le système de l'uniformité.

Les ouvrages sont envoyés, pour être examinés, à une commission spéciale, composée de membres nommés par le ministre de l'Intérieur. Chaque série d'ouvrages pour l'enseignement d'une discipline est l'objet d'un rapport écrit. La Commission émet l'avis qu'il y a ou qu'il n'y a pas lieu d'accorder l'adoption à l'un des ouvrages de la série. Le Ministre, après avoir entendu le Conseil supérieur de l'Instruction publique, statue définitivement sur l'admissibilité des ouvrages. Le règlement du 18 avril 1895 établit les conditions du concours ainsi que l'organisation et le fonctionnement de la Commission. D'autres dispositions de ce règlement assurent la sélection la plus avantageuse aux intérêts de l'enseignement et aux droits des auteurs.

Dans les lycées, les professeurs sont nommés par le ministre de l'Intérieur, après un examen public. Pour être admis aux épreuves, il suffit d'être pourvu du certificat de l'instruction secondaire. Mais avant peu nul candidat ne sera examiné, s'il n'a préalablement subi des épreuves particulières dans des cours normaux supérieurs, qui seront fondés par le gouvernement. Dès à présent, l'examen pour la profession d'instituteur secondaire do l'État se divise en deux parties. Tous les candidats, sans exception, doivent subir les épreuves de la première, qui comprend la langue portugaise, l'histoire et la géographie, la psychologie et la logique. La partie spéciale se ramifie suivant les diverses matières des programmes.

Les nouveaux programmes constituent une partie très importante de la réforme. Ils sont rédigés d'accord avec le plan d'études, et les règlements et s'inspirent des principes d'une saine pédagogie. Les préceptes et les instructions qui se trouvent à la suite des programmes sont le fruit d'un long travail, ils ont trait à l'ensemble des études et à chaque discipline en particulier. L'enseignement de la géographie, de l'histoire, de la langue et de la littérature portugaise y est conçu à un point de vue à la fois éducatif et national.

Telle est, dans ses traits principaux, la réforme accomplie en

Portugal et dont il faut faire honneur au gouvernement qui l'a provoquée et à l'éminent président de l'Académie des sciences qui l'a organisée. Quelle œuvre et que d'obstacles à surmonter : l'importance des questions sociales en jeu et leur complexité ; les traditions surannées mais tenaces d'un long passé historique ; l'indifférence ou l'ignorance des parents ; les préjugés ou les intérêts du personnel enseignant ; la médiocrité des ressources d'un petit pays longtemps mal administré ; la nécessité de ménager une prudente transition entre le présent et l'avenir, tout en assurant à la constitution actuelle ses organes essentiels et vitaux : une telle tâche, bien faite pour effrayer les plus audacieux, a été menée à bon terme, grâce à l'activité infatigable d'un homme d'État aussi savant que dévoué, et qui s'est acquis ainsi un titre nouveau à la reconnaissance de ses concitoyens et à l'estime des humanistes dans tous les pays civilisés.

D.

CHRONIQUE DE L'ENSEIGNEMENT

Renseignements statistiques sur les établissements d'enseignement supérieur et d'enseignement secondaire. — Des détails intéressants et précis ont été communiqués au Conseil académique de Paris, en sa session de décembre 1895, sur la population scolaire des établissements du ressort ; ainsi que sur la situation matérielle et morale de ces établissements.

Enseignement supérieur. — On relève, dans les rapports de MM. les doyens, les données suivantes :

1° *Droit.* — La Faculté de droit de Paris a compté, en 1894-95, 4 158 étudiants (dont 230 étrangers) au lieu de 3 968 l'année précédente, soit une augmentation de 190. Le total des inscriptions prises au cours de l'année scolaire a été de 10 911 ; celui des examens subis, de 4 611 (1 837 candidats, soit 28,49 p, 100 ont été ajournés). 81 thèses de doctorat ont été présentées, dont 79 avec succès. La bibliothèque s'est accrue de 2 076 volumes ; elle reçoit environ 500 lecteurs par jour, et plus de 120 000 prêts ont été faits dans l'année.

L'éminent recteur de l'Université de Paris appelle l'attention du Conseil sur la récente réforme du doctorat en droit et sa division en doctorat des sciences juridiques et doctorat des sciences politiques et économiques ; il espère de cette réforme les meilleurs résultats, d'autant qu'il demeure toujours permis aux candidats de subir les deux catégories d'épreuves et d'obtenir un diplôme portant les deux mentions.

Au point de vue matériel, la Faculté de droit se félicite de penser que les importants travaux de reconstruction de ses bâtiments seront sans doute achevés pour la rentrée de novembre 1896.

2° *Médecine.* — Le nombre des étudiants a été en 1894-95 de 5 445 ; il sera cette année de près de 6 000. On compte à la Faculté 879 étrangers hommes et 167 étrangères. Sur 8 238 examens subis, il y a eu 1 394 ajournements. 1 348 élèves ont pris part aux travaux de dissection à l'école pratique, et 200 à Clamart. Le stage dans les hôpitaux est assuré ; aucun étudiant ne quittera la Faculté sans avoir fait deux ans et bientôt trois ans de stage. Ce qui préoccupe M. le doyen Brouardel, c'est la situation des services matériels, qui sont pourvus de crédits insuffisants, et notamment celle de la bibliothèque. Il faut espérer que les pouvoirs publics consentiront les sacrifices qu'il n'est plus possible de retarder.

3° *Sciences.* — Il ressort du rapport de M. le doyen Darboux, que le nombre des étudiants candidats aux grades est de 444, celui des auditeurs bénévoles de 148. Le nombre des étudiants préparant une thèse de doctorat est de 56, savoir : 3 pour les mathématiques, 28 pour les sciences physiques, 25 pour les sciences naturelles. Il y a 69 étudiants étrangers, dont 8 femmes. 9 814 examens ont été subis. L'enseignement préparatoire aux sciences physiques, chimiques et naturelles, inauguré en novembre 1894, a eu 212 élèves et n'en aura pas moins de 400 en 1895-1896. Un laboratoire de bactériologie a été installé à la Faculté.

M. Henrot, maire de Reims, annonce à ce propos que cette ville a ouvert un laboratoire de ce genre, accessible à tous les médecins du département. Le conseil émet le vœu que cette mesure soit généralisée.

4° *Lettres.* — M. le doyen Himly fait connaître les détails suivants : Le nombre des étudiants, qui était de 1 046 en 1890, a suivi une progression constante ; il est, en 1895, de 1 700 environ. On compte 629 candidats à la licence, 167 aux certificats de langues vivantes, 478 aux agrégations, 11 au doctorat ; 399 étudiants bénévoles. Il y a 99 étrangers et 61 étrangères. 38 élèves ou anciens élèves de la Faculté ont été reçus agrégés. Le nombre des examens que la Faculté a fait passer dans l'année est de 9 228.

Enseignement secondaire. — *Situation générale des études* : M. le recteur rappelle que le conseil s'est préoccupé du moyen de confier le français et les langues vivantes, dans les classes d'enseignement moderne, au même professeur. Une première expérience a été tentée l'an dernier avec succès au lycée Voltaire. Des essais sont faits cette année au lycée Carnot, aux lycées de Versailles et de Reims.

Une classe de sixième classique a été ouverte à la rentrée d'octobre au lycée Voltaire ; la cinquième et les autres classes seront successivement ouvertes. Le lycée Voltaire compte actuellement 365 élèves.

Le lycée de filles de la rue de Sévigné a été ouvert le 4 octobre. Les travaux d'appropriation ne sont pas encore terminés et l'établissement ne compte encore que 92 élèves. Mais le lycée Fénelon, qui a un certain nombre d'élèves du IV° arrondissement, n'en a perdu que 7 ; son effectif reste à 470.

Études scientifiques. — On avait craint que la suppression de la classe de mathématiques préparatoires ne compromît le recrutement des classes supérieures de mathématiques. Or il résulte d'un rapport de M. Niewenglowski qu'au 5 novembre 1895 les lycées de la Seine comptaient 609 élèves de mathématiques élémentaires ; au total, 1 500 élèves de sciences contre 1,441 au 5 novembre 1894, soit une augmentation de 39 élèves.

A propos de la faiblesse des examens scientifiques, constatée par M. Darboux, M. Gréard fait observer que les études littéraires doivent former le fond de l'enseignement classique, et les études scientifiques le fond de l'enseignement moderne. Les plans d'études sont appliqués avec une parfaite loyauté ; il est nécessaire de prolonger l'expérience avant de songer à proposer de nouvelles réformes.

Examens de passage. — Sur 359 élèves de l'enseignement classique ajournés, 187 sont entrés dans l'enseignement moderne, 172 ont préféré redoubler leur classe. Par contre, 34 élèves de l'enseignement moderne, signalés à la suite de l'examen comme appartenant à l'élite, ont été autorisés à entrer, selon le vœu de leurs parents, dans l'enseignement classique.

Examens d'entrée des écoles du gouvernement. — Le nombre des candidats du ressort qui ont pris part aux concours pour les grandes écoles est de 2 324, dont 1 085 (près de la moitié) ont été admissibles, et 747 (près du tiers) ont été définitivement reçus.

L'enseignement moderne, dans le ressort, a fait recevoir 3 élèves à l'École normale supérieure; 21 à l'École polytechnique; 13 à Saint-Cyr; 44 à l'École centrale et 7 à l'Institut agronomique, soit au total 88, au lieu de 58 en 1894.

Effectif des lycées et collèges; subvention de l'État. — L'effectif des établissements d'enseignement secondaire du ressort de Paris est de 10 452. soit 407 de plus que l'an dernier, pour les lycées de garçons de la Seine; de 2 602 (18 de moins que l'an dernier), pour les lycées des départements du ressort; de 4 738 (68 de moins que l'an dernier), pour les collèges de garçons; soit, pour l'ensemble des établissements de garçons, un total de 17 792 élèves et une augmentation de 324 par rapport à l'an dernier.

Le lycée Carnot a 602 élèves; il n'en a recueilli de l'ancienne école Monge que 250 environ. Il en a pris seulement 70 au petit lycée Condorcet et un nombre insignifiant à Janson-de-Sailly. Ce dernier compte aujourd'hui 2 027 élèves, soit une population supérieure, au dire de l'honorable proviseur de Janson, à celle de tout autre établissement d'enseignement secondaire, non seulement de France, mais du monde. Le lycée Saint-Louis, dont l'organisation a été modifiée l'an dernier, gagne 90 élèves, et on a dû, faute de place, refuser des inscriptions. Le lycée Lakanal gagne 21 élèves.

Dans les établissements de filles, la situation se résume de la façon suivante : lycées de Paris, 1 453 élèves, augmentation, 133; lycée de Versailles, 132 élèves, augmentation, 8; lycée de Reims, 179 élèves, augmentation, 5; collèges des départements, 461 élèves, augmentation, 32; cours de jeunes filles, 287 élèves, augmentation, 38; soit ensemble, 2 512 élèves, augmentation, 216, ce qui, réuni à l'augmentation des établissements de garçons, donne une augmentation totale de 540 élèves.

La subvention de l'État, plus élevée que l'année dernière en raison de l'ouverture du lycée Carnot, aurait été moindre sans la création de ce nouvel établissement. Janson-de-Sailly continue à se suffire à lui-même; Saint-Louis n'aura besoin que d'un subside de 20 000 francs; celui qui est attribué à Lakanal a également baissé.

Association générale des étudiants. — *Le discours de M. Anatole France.* — Nous ne prétendons pas ici rendre compte du banquet annuel de l'Association des étudiants; cette solennité est (ou devrait être) d'ordre tout intime; mais, comme elle ne manque pas d'être présidée par quelque personnage marquant dans le monde des lettres, la parole du président dépasse forcément l'enceinte de l'Association, et le public veut connaître les pensées développées par l'orateur.

Qu'il le veuille ou non, celui-ci, parlant devant l'Association et sur son expresse demande, semble en incarner la maîtresse pensée, en devenir le porte-paroles,... jusqu'à l'an prochain.

L'honneur « *charmant* » de prononcer le discours de l'année 1895 revenait à M. Anatole France. Nous n'avons pas à louer ici le talent universellement reconnu de cet éminent critique et romancier. Soulignons seulement les traits les plus saillants de son aimable harangue aux étudiants.

Comme de juste, l'orateur commence par des compliments à l'adresse de ces jeunes gens qu'il loue d'être jeunes et *joyeux* (Cette expression ne fait-elle pas songer à Renan, l'illustre maître et le modèle avoué de M. France ?) ; il les loue même — qui l'eût cru ? — d'être imparfaits.

Vous êtes la jeunesse, c'est-à-dire une force de vie intacte, pleine, encore innocente, généreuse, toute prête à se répandre. Vous êtes bons avec la possibilité de devenir meilleurs. La vie vous tient encore à l'état de ces ébauches d'un grand maître, plus intéressantes pour le curieux, plus émouvantes dans leur incertitude et leur mystère, que la statue achevée et limitée par sa perfection même. *Et comme l'idée de perfection, c'est-à-dire d'achèvement, est une idée triste quand on l'applique à l'homme et à la vie humaine, je vous félicite sincèrement de n'être pas encore parfaits.*

Puis l'orateur exhorte cette jeunesse savante à ne se point méfier de la science : il proteste à son tour et une fois de plus, contre la prétendue « faillite de la science » dont il énumère au contraire les principaux bienfaits :

Quand la science nous a-t-elle trompés ? En multipliant nos rapports avec la nature, elle n'a pas promis de changer les conditions fatales de ces rapports, ni d'être autre chose que l'expansion sublime des sens et de l'intelligence. Le bonheur, elle ne nous l'a point promis, ni le repos de la pensée. Elle ne nous a jamais annoncé que l'incessant effort, jamais conseillé que le travail, le courage et la résignation. Elle soutient notre curiosité ; nous devons l'en aimer. Elle ne l'épuise pas ; nous devons l'en aimer encore. Qui sait si la curiosité n'est pas la plus utile vertu de l'homme et la plus essentielle à sa grandeur morale ?

Reine des apparences et des métamorphoses, la science fait jouer de toutes parts à nos yeux les facettes étincelantes de l'impénétrable réalité ; elle nous présente les magnifiques images et les profonds symboles du Dieu inconnu ; elle prolonge notre existence dans le temps et dans l'espace ; elle nous fait, en une vie, vivre mille vies ; sur une infime planète, peser et mesurer les mondes, et, avec des sens médiocres, pénétrer les deux infinis de la grandeur et de la petitesse. N'est-ce pas là un inestimable bienfait ? Elle en répand d'autres sur les hommes. Par l'action qu'elle leur donne sur les forces naturelles, elle rend leur destinée terrestre moins précaire et moins mauvaise. Elle fait leur vie moins brève, plus sûre, plus abondante et plus variée. Elle les abrite pour penser. Elle leur assure encore de plus précieux avantages. En dépit de son indifférence sublime, elle concourt à l'adoucissement des mœurs.

Cette science bienfaisante, M. Anatole France lui prédit un avenir aussi imprévu que flatteur ; elle deviendra l'ouvrière d'une morale nouvelle, supérieure à la vieille morale qui, paraît-il, a fait son temps. Il importe ici de citer le texte intégral, qui est curieux et de nature à provoquer plus d'une réflexion :

Je ne crains point d'annoncer l'avenir en prophétisant sur des données exactes et positives. *La science élabore obscurément une morale qui semblera un jour plus heureuse et plus intelligente que la nôtre.* La pensée mène le monde. Les idées de la veille font les mœurs du lendemain. Les constructions intellectuelles se traduisent en constructions sociales. Les Grecs le savaient bien, eux qui montraient les cités bâties aux sons de la lyre ? Ne vous défiez point de la pensée. Loin de la soumettre à quoi que ce soit, soumettez-lui tout ce qui n'est pas elle. Connaissez avec Pascal qu'elle est le principe de la morale et l'unique dignité de l'homme.

Je vous en conjure, Messieurs et chers camarades, aimez la vérité intellectuelle et morale, jusqu'à lui tout sacrifier. Soyez parmi nous ses témoins et ses
victimes. Apportez au beau et au bien votre âme en offrande.

. . . .

Dans l'étude, dans l'action, gardez l'amour de la vérité, le zèle de l'esprit,
la pureté du cœur, le parfait désintéressement. Ne traitez pas la vie comme
une affaire. Si c'en est une, elle finit toujours par être une mauvaise affaire.
A la liquidation on perd tout. Mais lorsqu'on a possédé, ne fût-ce qu'un moment, une parcelle du beau et du vrai, on s'est assuré un bien inestimable et
un avantage infini.

Conservez précieusement cette jeunesse de l'âme. que prolonge jusqu'au
terme d'une longue vie le souci exclusif des choses qui ne passent point. Mépri-
sez les intérêts méprisables. Établissez votre fortune à l'abri des coups qui
abattent ce qui a été bâti trop bas.

On le voit, la conclusion de ce discours, conclusion dont on ne saurait trop louer l'élévation, est animée d'un souffle quasi religieux. Ces
salutaires conseils sont toujours bons à faire entendre aux jeunes gens.
Le très vif succès de la harangue de M. Anatole France nous garantit
que ses auditeurs sont dignes et capables de goûter de si nobles pensées
relevées par la magie d'un style impeccable.

ENSEIGNEMENT SUPÉRIEUR LIBRE

Facultés catholiques de Lille; *année scolaire* 1894-95. — Les
renseignements qu'on va lire sont empruntés au compte rendu officiel
des travaux des Facultés catholiques de Lille, inséré dans le journal
la Vraie France, du 24 novembre 1895.

1. *Théologie.* — Cette Faculté, absolument indépendante, puisque
l'État français ne délivre plus de diplômes de théologie catholique,
a compté 51 étudiants, dont 2 seulement en philosophie; parmi ces
étudiants, il y avait 25 licenciés ès lettres ou en droit, ou ès sciences.
Il a été décerné 5 diplômes de bachelier et 2 de licencié en théologie.

2. *Droit.* — La Faculté catholique de droit est divisée en deux sections : celle des sciences juridiques et celle des sciences sociales et politiques. Nous nous occuperons d'abord de la seconde, qui est de création toute récente, ayant fonctionné pour la première fois en 1894-95.
Douze cours, dont aucun n'était compris dans le programme d'un
examen officiel, ont réuni 28 auditeurs réguliers, appartenant soit à la
section juridique, soit aux écoles libres des hautes études industrielles
ou commerciales. A cet auditoire régulier se sont joints des séminaristes
ristes de Lille et des prêtres des environs, en nombre variable. Un des
cours a compté constamment de 60 à 80 auditeurs; les autres de 12 à
30; enfin les leçons publiques d'histoire contemporaine ont été suivies
par une assistance assez nombreuse pour qu'il fût malaisé de la loger
dans la salle réservée à cet enseignement.

Un concours est ouvert entre les étudiants de cette section, pour
l'obtention de prix et médailles; le dépôt de deux dissertations écrites
peut, joint à l'assiduité, procurer le titre officieux de diplômé de l'École
des sciences sociales et politiques de Lille.

Statistique de la Section des études juridiques : 150 étudiants ont fait
acte de scolarité, savoir : 1ʳᵉ année de licence, 40; 2ᵉ année, 34; 3ᵉ an-

née, 20; doctorat, 44. A joindre, 8 étudiants en capacité, 2 étudiants ne poursuivant aucun grade. 143 de ces élèves étaient Français (105 originaires du département du Nord); 3 Luxembourgeois, 2 originaires de l'Asie-Mineure.

Résultats des examens. Ces examens sont passés, comme on sait, devant les Facultés de l'État. *Doctorat :* 6 thèses ont été soutenues avec succès, dont une a obtenu l'unanimité des boules blanches à Paris, et une autre a été réservée pour participer au concours de doctorat; 2° *examen,* 2 candidats présentés, tous deux reçus; 1ᵉʳ *examen,* 17 reçus sur 19 présentés. En tout, 31 épreuves de doctorat, 27 succès; soit 87,03 p. 100. *Licence :* 3° année, 36 candidats, 32 reçus, soit 91 p. 100 ; *Baccalauréat :* 254 épreuves, 188 succès, soit environ 66 p. 100. Il faut noter au passage, dans le compte rendu de cette Faculté, comme, d'ailleurs, dans tous les autres, l'hommage spontané que rendent hautement à l'impartialité des jurys de l'État MM. les doyens des Facultés catholiques de Lille.

Travaux des professeurs : 10 professeurs ont publié 17 travaux ou séries d'articles; à signaler à part le travail considérable de M. Rothe, 3° volume du *Traité de droit naturel.*

3. *Médecine.* 225 étudiants ont été immatriculés et ont pris 700 inscriptions, indépendamment des 100 inscriptions prises à la Faculté des sciences par les jeunes aspirants aux études médicales.

Répartition des élèves : médecine, 191; pharmacie, 23; aspirantes sages-femmes, 11.

Examens. Les premiers examens sont généralement passés devant la Faculté officielle de médecine de Lille; les derniers, ainsi que la thèse, devant la Faculté de Paris. A Lille, sur 248 examens, on a enregistré 201 succès; à Paris, 22 succès sur 24 épreuves. 45 étudiants ont obtenu la note « Très bien satisfait »: 6 la note « extrêmement satisfait ». Il a été délivré 36 diplômes par l'État : 1 d'officier de santé, 6 de pharmacien, 11 de sage-femme, 18 de docteur en médecine.

4. *Sciences.* La Faculté des sciences a présenté 10 candidats à la licence mathématique; 8 ont été reçus. Les élèves font défaut aux chaires de physique, de chimie et de sciences naturelles; on se plaint surtout de voir les jeunes ecclésiastiques déserter ce genre d'études. Toutefois, on espère une renaissance, au moins pour les sciences naturelles, grâce à la fondation du laboratoire maritime, qui a réuni, en 1893, 6 étudiants.

Travaux des membres de la Faculté : 22 travaux, mémoires ou articles, dont une thèse de doctorat soutenue en Sorbonne, ont été publiés par 8 membres de la Faculté des sciences.

5. *Lettres.* 17 étudiants se sont présentés avec succès aux diverses licences, 6 devant la Faculté de Paris, les autres dans cinq Facultés de province. Les résultats obtenus ont été les suivants : *Licence littéraire,* 13 reçus; *licence philosophique,* 3 reçus; *licence des langues vivantes,* 1 reçu.

Les travaux personnels des professeurs de la Faculté catholique des lettres sont publiés dans un recueil spécial, *la Revue de Lille,* presque uniquement remplie par les productions de ces honorables maîtres : en 1893, 350 pages de ce recueil portent la signature des membres de la Faculté catholique des lettres de Lille.

ALSACE-LORRAINE

Strasbourg. Dépenses engagées pour l'achèvement des bâtiments universitaires. — Il résulte des documents produits par l'administration allemande au comité du budget du *Landesauschuss* qu'une dépense de 1 266 000 marks est encore prévue pour l'achèvement définitif des bâtiments de l'Université Empereur-Guillaume : cette dépense sera couverte par le fonds spécial des constructions universitaires et se répartira de la manière suivante : aménagement d'une clinique médicale, 800 000 marks, création d'une clinique pour les maladies des oreilles, les maladies cutanées et celles de l'enfance, 100 000 marks; construction d'un deuxième logement d'employé à l'Observatoire astronomique; 65 000 marks; achèvement de l'Institut zoologique et de la clinique ophtalmologique, 48 000 marks; enfin, pour travaux de sculpture destinés à l'Institut de physique et chimie, 20 000 marks.

ALLEMAGNE

Statistique spéciale des étudiants étrangers. — Une comparaison a été établie entre le nombre des étrangers qui fréquentèrent les 22 Universités allemandes (Munster et Braunsberg compris) en l'année scolaire 1886-87 et le nombre des mêmes étrangers en 1891-92. Les chiffres qu'on va lire représentent la fréquentation moyenne et sont établis sur la scolarité combinée des semestres d'été et d'hiver.

Pour 1886-87, sur une population totale de 28 045 étudiants, on comptait 1 682 étrangers; en 1891-92, sur 27,486 étudiants 1 814 étrangers. Au point de vue de leur origine, ces 1 814 étrangers se subdivisaient en : 291 Autrichiens-Hongrois, 162 Turcs ou natifs des État Balkaniques, 351 Russes, 24 Suédois, Norvégiens ou Danois, 43 Hollandais, 39 Belges ou Luxembourgeois, 138 Anglais, 27 Français, 5 Espagnols ou Portugais, 238 Suisses, 26 Italiens, 361 citoyens des États-Unis de l'Amérique du Nord, 32 autres Américains, 66 Asiatiques, 6 Africains, 5 Australiens. On remarquera que les Américains des États-Unis détiennent le maximum de la fréquentation; viennent ensuite les Russes et les Autrichiens; le nombre relativement élevé des Orientaux (Turcs, etc.) est aussi digne d'attention. Il n'est peut-être pas téméraire d'affirmer que les Universités allemandes semblent exercer une attraction spéciale sur les Américains du Nord; au reste ce n'est un mystère pour personne que les Universités des États-Unis ont depuis longtemps, et maintenant plus que jamais, les yeux fixés sur l'Allemagne, à qui elles empruntent volontiers ses méthodes de travail et jusqu'à ses théories pédagogiques : on n'ignore pas, en particulier, le crédit extraordinaire de la pédagogie d'Herbart de l'autre côté de l'Océan.

Quant à la clientèle des étudiants orientaux, elle semble s'être détournée, depuis plusieurs années, de ses anciennes voies; ce n'était pas du côté de la Sprée que le monde turc portait autrefois ses sympathies.

Les 1,814 étudiants étrangers qui viennent d'être dénombrés plus haut se répartissaient, au point de vue des sciences par eux cultivées, en 147 théologiens protestants, 14 théologiens catholiques, 223 étudiants en droit, 446 élèves en médecine et 984 étudiants des facultés de philosophie.

Statistique des médecins allemands. — Le *Bœrnersche Reichsme-*

dicinalkalender publie des détails dignes d'attention sur le nombre et la répartition des médecins dans les divers pays de l'Empire allemand. Il signale d'abord la progression constante du nombre des médecins : il en existait 22 287 au mois de novembre 1894, alors que les années précédentes fournissent respectivement les totaux suivants : 1893, 21 621; 1892, 20 500; 1891, 19 630; 1890, 18 846; 1889, 18 467; 1888, 17 690, et 1887, 16 864. Ainsi, dans l'espace de sept années, le nombre des médecins allemands a crû de 5 423 unités, soit de 32,2 p. 100 : durant la même période, le total de la population s'est élevé seulement dans la proportion de 10 p. 100.

Si l'on examine la répartition des médecins entre les divers États de l'Empire, on trouve que la Prusse en comptait, en 1894, 13 257, soit 777 de plus qu'en 1893; la Bavière, 2 546 (contre 2 431 en 1893); le royaume de Saxe, 1 633 (contre 1 573); le grand-duché de Baden, 865 (contre 853). L'accroissement est beaucoup moins sensible dans les États du Sud de l'Allemagne (abstraction faite de la Bavière), que dans ceux du Nord ; même dans plusieurs petits États (Mecklenburg, Brunswick, etc.), on constate plutôt un mouvement de recul. Naturellement, les grandes villes présentent des totaux singulièrement élevés : après Berlin, qui tient la tête, on peut citer Munich, avec 418 médecins, Breslau avec 355, Leipzig avec 314, Hambourg avec 236 et Francfort avec 233.

Les médecins abondent spécialement dans les villes de garnisons et dans celles qui sont le siège d'une Université; de ce dernier cas, l'exemple le plus remarquable est sans doute Tübingen ; là, le corps médical est dans le rapport de 32 p. 100 de la population totale.

La répartition des médecins par rapport à l'étendue superficielle des pays allemands donne une moyenne de 4,07 par 100 kilomètres carrés, la densité et l'aisance relative des populations produisent ici de grandes inégalités selon les régions ; on remarque que les villes riches et peuplées présentent les rapports suivants : Hambourg, 113,25 médecins par 100 kilomètres carrés; Brême, 46,80; Lubeck, 17,78; tandis que la proportion oscille, dans le royaume de Brunswick et la principauté de Reuss, entre 5 et 7 médecins pour la même surface.

Si l'on établit enfin le rapport du nombre des médecins avec la population, telle qu'elle ressort du recensement de 1890, on trouve que l'Allemagne possède en moyenne 4,50 médecins pour 10000 habitants. La ville la plus favorisée, sous ce rapport, est Hambourg, avec 7,3 médecins par 10 000 habitants : la proportion tombe à 2 et une fraction pour la Prusse orientale, la Prusse occidentale et le grand duché de Posen. Les cercles ou circonscriptions administratives qui comptent la plus forte proportion de médecins sont ceux de Wiesbaden et de Cologne (respectivement, 7,79 et 6,64 par 10000 habitants).

Ajoutons, pour finir, qu'à l'inverse des médecins, les pharmaciens allemands tendent à décroître. On en relevait 4 971 pour toute l'étendue de l'empire en 1894, au lieu de 4 993 en 1893.

ANGLETERRE

Le rapport de la Commission royale pour la réforme de l'enseignement secondaire. — On sait qu'une commission a été nommée par S. M. la Reine d'Angleterre, le 2 mars 1894, en vue « d'examiner

quelles sont les méthodes les plus propres à établir un système bien
organisé d'enseignement secondaire en Angleterre, en prenant en considération les imperfections actuelles et en tenant compte des sources
de dotation locales, ou autres, appliquées ou susceptibles d'être appliquées à cet objet; et en vue de faire telles propositions que de raison ».
La Commission, présidée par le très honorable J. Bryce, chancelier du
duché de Lancastre, comptait parmi ses 17 membres plusieurs som-
mités universitaires (notamment M. le Dr Jebb, membre du Parlement,
professeur de grec à Cambridge),des hommes politiques, des notabilités
commerciales, des présidents de School-Boards, et deux dames, Lady
Frederick Cavendish et Mistress Bryaut, docteur ès sciences, maîtresse
à l'école collégiale de jeunes filles de Londres-Nord.

Le rapport, signé de tous les commissaires, a été présenté à l'approbation de Sa Majesté le 17 août 1895; nous donnons ici, d'après le texte
publié par le *Journal of Education*, le résumé des conclusions adoptées.
Disons-le tout de suite : on s'abuserait étrangement si l'on comptait
trouver, dans le plan élaboré par les honorables commissaires, rien
qui ressemble à la centralisation administrative, à l'uniformité des programmes, à l'identité des cadres et des formes scolaires, auxquelles
nous sommes habitués en France. Si les attributions et la compétence
du ministre « de l'Éducation » sont mieux définies, si l'on propose la
création d'une sorte de Conseil de l'Instruction publique et de conseils
locaux, si enfin l'on recommande de veiller à la valeur et à la coordination des programmes d'enseignement, et à l'immatriculation régulière des maîtres de l'instruction secondaire, on veille, d'autre part,
avec un soin jaloux, à respecter le plus possible toutes les initiatives
privées, à maintenir la diversité nécessaire des plans d'études, qui
doivent se modeler sur les nécessités locales; on ne veut enfin créer
rien qui ressemble à notre École normale supérieure, ni à nos lycées,
ni à nos inspecteurs généraux. Il s'agit d'aider, de soutenir, d'avertir
au besoin les corporations tutrices des établissements d'enseignement
secondaire, d'exciter ceux-ci à faire de leur mieux; mais, à aucun prix,
on n'entend empiéter sur la liberté individuelle, le plus précieux trésor
du citoyen anglais.Ces réserves préalables nous ont semblé indispensables
pour qu'il fût possible de se rendre compte de la portée des *recommandations* signées par les honorables commissaires. En voici la division :

« 1° mesures relatives à la constitution et aux pouvoirs d'une autorité centrale destinée à mettre l'État dans un rapport convenable avec
l'instruction secondaire;

« 2° mesures relatives à la constitution et aux pouvoirs d'autorités
locales, tant urbaines que rurales;

« 3° arrangements subsidiaires pour le perfectionnement des écoles
et de l'enseignement, y compris l'organisation et la classification des
écoles, la revision et l'aménagement des dotations et fondations, l'utilisation meilleure des fonds publics actuellement dévolus à l'enseignement secondaire, l'établissement et la régularisation des bourses
d'études (*scholarships*) et pensions (*exhibitions*), la constitution d'un
système d'examens et d'inspections, l'immatriculation des maîtres, la
constitution d'une éducation professionnelle pour les maîtres. »

Voici maintenant le résumé des développements fournis par la Commission sur chacun des points ci-dessus :

I. *L'autorité centrale.* — Le problème à résoudre consiste à substituer aux départements indépendants et superposés qui existent aujourd'hui (Département de l'Éducation, des Sciences et Arts, et Commission de Charité), une autorité centrale constituée *ad hoc*, suffisamment forte et éclairée pour prendre en main la surveillance et l'inspection des corps locaux intéressés à l'enseignement secondaire, et pour assurer l'emploi judicieux des fonds publics et des dotations particulières affectés au dit enseignement. Cette autorité centrale devra se montrer aussi capable d'apaiser les conflits possibles, de donner l'investiture aux établissements qui en seront dignes, de coordonner les Universités, les collèges et les écoles des divers degrés; l'office propre de l'autorité centrale sera de nationaliser l'enseignement sans le centraliser et d'organiser sans introduire l'uniformité.

L'autorité centrale se composera d'un ministre assisté d'un conseil. Le ministre, responsable devant le Parlement, aura sous ses ordres un secrétaire permanent, chargé de l'administration générale de l'enseignement. Au conseil, qu'il s'agit d'instituer, reviendront les attributions proprement professionnelles et disciplinaires; il surveillera l'administration des fonds scolaires, et donnera son avis sur les plans d'études; mais cet avis, que le ministre sera tenu de prendre, ne l'obligera pas; le conseil ne sera donc que consultatif. La commission conçoit, comme suit, la composition du Conseil d'éducation : 12 membres au plus, dont un tiers nommé par la Couronne, un tiers par les quatre Universités de Cambridge, Oxford, Londres et Victoria, à raison d'un conseiller par Université, et le dernier tiers élu par voie de cooptation par le Conseil lui-même parmi les personnes les plus expérimentées dans les questions d'enseignement. La durée des pouvoirs du Conseil serait de six années, et l'on prendrait soin que le mandat de tous les membres n'expirât pas en même temps.

La sphère propre d'action de ce conseil est ainsi tracée par la Commission : 1° Immatriculation des maîtres, détermination des meilleures méthodes d'inspection et d'examen, propagation des idées les plus fécondes en matière d'éducation; 2° avis d'un caractère professsionnel et désintéressé aux autorités locales; 3° avis au ministre après délibération et discussion; 4° représentation des intérêts des Universités et des écoles; 5° définition des écoles *non locales* (nous dirions nationales, ou d'intérêt général); 6° endossement, aux lieu et place du ministre, de toutes les responsabilités d'ordre professionnel et scolaire, les questions politiques demeurant seules dans le domaine ministériel.

Parmi les privilèges réclamés pour l'autorité centrale qu'il s'agit de créer, il en est un tout au moins qu'il importe de relever.

La Commission voudrait soumettre au contrôle du Conseil supérieur les grandes écoles publiques, dites non locales, c'est-à-dire celles qui, recrutant la masse de leurs élèves parmi les familles éloignées du lieu de leur établissement, échappent de par la loi à l'influence des autorités locales. Il y aurait un grand intérêt à définir et à classer ces écoles, et une grande urgence à leur proposer, de haut, une direction pédagogique.

De même, une attribution capitale du Conseil serait d'accréditer lui-même des inspecteurs officiels des écoles, ou d'accorder son investiture à ceux qui seraient proposés par les autorités locales.

Ces inspecteurs veilleraient à l'hygiène scolaire ; mais aussi auraient le droit de visiter les classes, et, sans pouvoir se permettre d'intervenir dans l'enseignement, de formuler leur opinion sur les méthodes appliquées sous leurs yeux et sur la capacité des maîtres. Cette opinion ferait l'objet de rapports confidentiels, communiqués aux autorités locales, et propres à diriger leurs décisions en matière d'enseignement.

II. *Les autorités locales.* — La Commission s'est trouvée unanime à vouloir localiser le contrôle de l'enseignement secondaire ; la discussion n'a donc porté que sur la limitation de la sphère d'action des conseils locaux. Il a paru logique de prendre pour bases les circonscriptions établies par la loi, et d'user, par conséquent, des conseils de Comté et des Conseils de bourgs ruraux (*country boroughs*). C'est à ces conseils, déjà existants, et qui représentent indubitablement leurs circonscriptions, puisqu'ils sont issus du suffrage des citoyens, que doit appartenir, dans la pensée de la Commission, la majorité dans les offices locaux d'enseignement.

On propose donc la composition suivante pour les Offices de Comté : membres désignés par le Conseil du Comté soit dans son sein, soit en dehors, 16 ; — nommés par l'autorité Centrale (ministère et conseil supérieur), 4 ; — élus par les précédents, par voie de cooptation : 8. — Les deux dernières catégories devront comprendre des hommes ou des femmes d'une compétence reconnue en matière d'administration scolaire et d'enseignement.

Une légère variante est proposée pour la constitution de l'Office d'enseignement des bourgs ruraux ; les droits du contrôle et à la direction de l'enseignement appartiennent à titre égal, dans ces circonscriptions, aux conseils de bourg et aux School-Boards ; chacun de ces corps nommerait donc un tiers comprenant moitié de membres désignés par l'Office central, et moitié choisis par voie de cooptation.

L'importance de Londres et sa situation spéciale au point de vue administratif ont suggéré à la Commission un plan particulier d'organisation du Conseil local d'instruction : dans ce dispositif, toutes les corporations actuellement chargées de soutenir ou de diriger des établissements d'enseignement seraient représentées. On aurait ainsi un Conseil composé de 42 membres, savoir : désignés par le Conseil du Comté, 18 ; par le School Board, 7 ; par la Cité et les Guildes, 2 ; par les paroisses et les « trustees » des écoles de charité, 2 ; par les Universités d'Oxford et de Cambridge, 2 ; par l'Université de Londres, 2 (un seul tant que cette Université ne sera qu'un corps d'examinateurs) ; choisis par voie de cooptation, 9.

Devoirs et fonctions des autorités locales. — Rien de plus important que le rôle et les fonctions multiples attribués aux autorités locales par le plan de la Commission. Elles devront en effet : 1° assurer une proportion raisonnable d'instruction secondaire ; 2° refondre, s'il est nécessaire, et surveiller l'œuvre accompli par les écoles dotées autres que les écoles non locales ; 3° s'efforcer d'élargir le champ d'action de l'instruction secondaire, en attirant les écoles privées et les écoles, dites « de propriétaires » dans l'orbite du système général d'instruction, et en les y engageant par l'offre de privilèges, et par l'appui prêté à tous les essais de perfectionnement que voudront tenter ces écoles ; 4° administrer tous les fonds provenant soit des taxes scolaires de la circonscription, soit du budget de l'État au mieux des intérêts et des progrès de l'instruction.

Le seul énoncé des devoirs ainsi mis à la charge des autorités scolaires locales suffit à faire comprendre l'importance capitale qui leur est attribuée dans l'œuvre de la renaissance de l'enseignement secondaire en Angleterre. Il nous est impossible, sous peine d'excéder toute mesure, de suivre la Commission dans les commentaires étendus et substantiels qu'elle a annexés aux quatre paragraphes ci-dessus énoncés.

Il vaut mieux insister sur trois des points touchés par elle, et qui seront de nature à donner quelque idée de la valeur considérable de ses travaux. Il s'agit : 1° des sortes d'études secondaires reconnues nécessaires; 2° des bourses et des examens; 3° de la préparation professionnelle des maîtres.

1° *Études nécessaires et écoles existantes.* — La Commission divise, « faute de mieux », dit-elle, les écoles anglaises en trois catégories, suivant que les élèves y restent respectivement jusqu'à 18 ans (1re catégorie); 16 ans (2e); et 14 ans (3e). Quel serait l'emplacement favorable, et quel le programme idéal de chaque type, c'est ce que les honorables commissaires n'ont pas osé prendre sur eux de décider. Ils font seulement deux observations, dont la dernière surtout est capitale : D'abord, le chiffre de la population d'une ville ou d'un comté n'est pas un critérium suffisant pour déterminer la catégorie de l'école qui lui convient; puis, il y a lieu d'admettre une grande variété de combinaisons pour le groupement des trois branches de l'enseignement secondaire, lettres, sciences, instruction technique. « Toutes ces branches (il importe ici de citer), ont un droit égal à la considération dans le cours des études de toute école secondaire ; et la troisième (l'instruction technique), prospérera d'autant mieux que les deux premières auront obtenu leur contingent légitime d'existence et d'action. »

« L'instruction technique doit être regardée non comme la rivale, mais comme la spécialisation de l'instruction libérale; qu'elle vienne plus tôt ou plus tard dans la vie scolaire, l'instruction technique devrait être constituée à l'état d'agent d'excitation et de culture de l'esprit ; elle sera plus efficacement saisie par les intelligences antérieurement développées par les meilleures méthodes de l'enseignement littéraire et scientifique. » Est-il nécessaire d'insister sur la gravité de ces déclarations, et n'y a-t-il point là une leçon donnée aux réformistes trop radicaux de tout pays?

Il s'en faut que la Commission soit à l'aise pour débrouiller le chaos scolaire qui s'appelle, en Angleterre, l'enseignement secondaire. Elle insiste sur les conditions à imposer, les perfectionnements à introduire, les encouragements à donner aux écoles dotées, aux écoles publiques, aux écoles privées et aux écoles dites de propriétaires. Nous ne saurions ici entrer dans le détail; les vues générales de la Commission, telles qu'on vient de le lire, indiquent suffisamment dans quel esprit elle voudrait réorganiser les écoles.

2° *Bourses et examens.* — Ce chapitre est actuellement, en Angleterre comme ailleurs du reste, le chapitre des abus. Bourses attribuées à des jeunes gens de familles aisées ou riches (Scholarships d'Eton et de Winchester) et recherchées par gloriole ; subventions trop élevées attachées à ces bourses, et, par conséquent, nombre trop faible de celles-ci; enfin privilège des jeunes garçons, qui seuls obtiennent des bourses, tandis que leurs sœurs en sont dépourvues, tels sont les principaux abus auxquels la Commission veut apporter un remède. Elle propose principalement les mesures que voici : abaisser le chiffre des plus grosses bourses, de manière à permettre à plus de candidats méritants d'y aspirer; de manière aussi à ne pas exclure des honneurs du scholarship les élèves riches; avoir soin toutefois d'augmenter la quotité de la subvention accordée après concours aux élèves peu fortunés; d'autre part, chercher à répartir plus également entre les écoles le nombre des scolarships disponibles, et ne pas craindre pour cela d'utiliser pour la dotation des établissements d'enseignement secondaire les fonds actuellement affectés à l'instruction élémentaire; mesure légitimée par l'adoption de la liberté de l'enseignement élémentaire; enfin accorder aux élèves du sexe féminin les mêmes avantages, au point de vue des scolarships, qu'aux garçons.

En ce qui concerne les examens, la Commission se défend de préconiser soit un système uniforme d'examens de passage, soit un examen final analogue à ceux des Abiturienten allemands. Elle déplore la tendance générale à multiplier ces sortes d'épreuves, dans la préparation desquelles elle voit une cause énergique de surmenage et de travail machinal, et un ferment de désorganisation pour le cours normal des études. Toutefois, en présence de l'existence en Angleterre de nombreux corps constitués d'examinateurs de valeur, et des nécessités de certaines écoles, il faut se résigner à subir le mode des examens, en s'efforçant de les rendre aussi peu nuisibles que possible. L'autorité centrale, assistée du Conseil d'Éducation, pourrait instituer de temps à autre des examens généraux, comme l'examen d'une école entière tous les ans ou tous les deux ans; ou une épreuve à la fois orale et écrite dans chaque classe, épreuve comprenant les plus importantes des matières étudiées. — Une autre mesure à recommander serait l'équivalence des diplômes de fin d'études délivrés soit par un corps universitaire, soit par toute autre autorité dûment reconnue; ces diplômes dispenseraient, dans les examens du service civil et dans toutes les épreuves professionnelles, des matières pour lesquelles le diplôme a été délivré.

3° *Préparation professionnelle des maîtres.* — C'est là le progrès capital à réaliser : assurer aux jeunes gens des deux sexes qui se destinent à l'enseignement une préparation plus sérieuse que celle qu'ils peuvent se donner aujourd'hui. L'instruction générale, d'après les vues de la commission, devrait rester aux mains des Écoles et des Universités où s'élève la jeunesse cultivée du pays; mais une préparation spéciale devient ensuite indispensable, et doit être à la fois théorique et pratique. C'est aux Universités, seuls corps assez indépendants et assez originaux pour remplir cet office, que la Commission voudrait remettre la préparation des maîtres de l'instruction secondaire : l'exemple et le modèle sont fournis déjà par les deux Universités d'Écosse et par celle de Durham.

Ce serait affaire d'expérience de décider si des diplômes spéciaux devraient être délivrés aux maîtres, et si des écoles secondaires pourraient être annexées au cours normaux afin de permettre aux jeunes maîtres de joindre la pratique à la théorie. La méthode recommandée, pour ce dernier objet, consiste à faire assister d'abord le futur maître aux classes d'un professeur expérimenté, puis de lui confier une classe, sous la direction de ce même professeur.

Nous regrettons de n'avoir pu donner qu'une sorte de sommaire du rapport étendu et approfondi de la Commission de l'instruction secondaire. Nous voudrions, en finissant, citer encore quelques-unes des vues générales dont la conclusion du rapport foisonne : ce sera comme la morale de cette grande enquête. Nous sommes frappés en premier lieu de l'énergie et de l'insistance avec lesquelles la Commission se prononce pour la conservation de types divers et multiples d'instruction secondaire. « Cette diversité représente, dans une certaine mesure, la diversité même des besoins des différentes parties du pays et des éléments si étrangement mélangés de la population. Il vaut mieux laisser à leur développement naturel et spontané les types flexibles de l'instruction, que d'imposer prématurément un type unique et invariable . par une loi votée au sein du Parlement... Au reste, la véritable valeur de l'enseignement, c'est-à-dire son influence vivifiante sur l'esprit de l'écolier, dépend moins qu'on ne le croit du sujet particulier d'étude auquel cet esprit s'applique, et plus qu'on ne le pense du degré de stimulation imprimé à ce même esprit par la méthode. » De cette judicieuse maxime découle très naturellement une conséquence non moins judicieuse : « De plus en plus, ce qu'il faut faire, c'est non pas de préparer simplement filles et garçons à la besogne pratique qu'ils auront à accomplir dans telle ou telle carrière, mais bien de leur inspirer le souci de savoir, de leur donner des habitudes d'application et de réflexion ; d'implanter en eux des goûts qui puissent leur être des sources de consolation ou de délassement après le terre-à-terre de la besogne quotidienne. On a reproché souvent aux jeunes Anglais d'être moins bien préparés à l'industrie et au commerce que certains de leurs rivaux des autres pays. Cette infériorité a pour compensations... la capacité de jouir des plaisirs intellectuels que l'on doit éveiller dans l'âme de la jeunesse. A l'âge où l'homme poursuit le plaisir avec le plus d'ardeur, il est hautement à souhaiter qu'il soit engagé à chercher ce plaisir aux meilleures sources.

« Ainsi, ce n'est pas seulement la prospérité matérielle, l'activité intellectuelle de la nation ; c'est encore son bonheur, c'est sa vigueur morale qui sont intéressés à l'extension et à la réorganisation de l'instruction secondaire : c'est là une des principales questions avec lesquelles la législation sociale devra compter. »

Si telle est l'importance du problème de l'enseignement secondaire aux yeux des honorables commissaires anglais (et telle elle est, en effet), on voudra bien être indulgent pour la longueur de l'analyse, d'ailleurs trop incomplète, que nous avons cru devoir mettre sous les yeux de nos lecteurs.

E. S.

NOUVELLES ET INFORMATIONS

Nous recevons — trop tard pour pouvoir l'insérer dans ce numéro — une réponse de M. A. Espinas à M. Dreyfus-Brisac sur le *Système de J.-J. Rousseau*. Cette réponse paraîtra dans notre numéro de février.

LE CONSEIL SUPÉRIEUR DE L'INSTRUCTION PUBLIQUE

Lundi dernier s'est ouverte, sous la présidence de M. Combes, Ministre de l'instruction publique, la session ordinaire du Conseil supérieur.

M. Combes, en ouvrant la session, a prononcé le discours suivant :

Messieurs,

J'ai le très grand honneur, en ce jour, de présider le Conseil supérieur de l'instruction publique. Il n'est pour moi qu'un moyen de le reconnaître, c'est de vous assurer de mon respect et surtout de rendre publiquement hommage à votre institution.

Je ne connais pas d'œuvre législative plus salutaire et plus féconde. Vous avez été constitués tout ensemble pour éclairer le Ministre dans la question si délicate des méthodes et des programmes et pour sauvegarder les droits essentiels qui garantissent la situation du personnel enseignant. Je sais que vous avez apporté à l'accomplissement de cette tâche une bonne volonté et un amour du bien qui ne se sont jamais démentis.

De la sorte, vous n'avez pas seulement honoré le corps enseignant dont vous êtes l'élite, vous avez servi fidèlement et sans bruit le gouvernement de l'État, qui s'est constamment associé à vos actes. J'ai donc le devoir, que j'accomplis avec joie, de vous offrir l'expression d'une double reconnaissance, la reconnaissance du Ministre de l'instruction publique pour les services que vous avez rendus à l'enseignement, et la reconnaissance de l'homme politique pour les services que vous avez rendus à la République.

Messieurs, vous jugerez sans doute que mes paroles sont une protestation suffisante contre les rumeurs vagues qu'on a essayé d'exploiter pour semer entre nous, dès mon arrivée au ministère, des germes de défiance. J'ai pu croire, je crois toujours avec l'opinion publique, et sans doute avec vous, que le Conseil supérieur, subissant la loi fatale des choses humaines, ne répond plus aussi exactement qu'autrefois, par certains côtés de son organisation, à l'idée même dont il est issu, qu'il gagnerait à être mis en harmonie plus complète avec de nouveaux besoins sociaux, qui deviennent de plus en plus pressants, et dès lors qu'il y a lieu de se demander s'il ne serait pas opportun d'apporter certaines modifications ou, pour mieux dire, certaines améliorations à sa composition et à ses attributions actuelles.

Cette manière de voir, loin d'être une atteinte portée à la considération du Conseil supérieur, est un hommage rendu à son autorité morale. Personne, Messieurs, je le dis sans hésitation, n'estime plus que moi l'assemblée qui m'écoute, et c'est justement parce que j'éprouve pour elle, au fond du cœur, ce sentiment d'estime, que je souhaite de voir croître sa force et grandir son prestige.

Je n'ai pas a me défendre non plus de nourrir contre l'enseignement secondaire un imprudent et malencontreux projet qui tendrait à énerver son action, à diminuer son importance et à restreindre son domaine. Quand j'aurai traduit exactement sur le papier, pour la discussion publique, et ce sera bientôt, les pensées qui sont au fond de ce langage, il n'y aura plus de malentendus possibles; il y aura, je l'espère, venant de tous les hommes impartiaux et réfléchis, une adhésion unanime à des projets inspirés par les seuls intérêts de notre régime universitaire.

Il me reste, Messieurs, à exprimer, en votre nom, les regrets que nous cause la retraite de M. Lichtenberger, et à souhaiter la bienvenue à son successeur, M. Sabatier.

Cela dit, je vous invite à commencer les travaux de cette session dont le bordereau, peu chargé, ne manque pas d'intérêt.

Voici le sommaire des projets soumis au Conseil :

ENSEIGNEMENT SUPÉRIEUR

I. Projet de décret sur la licence ès sciences.

II. Projet de décret modifiant les paragraphes 17 et 26 de l'article 3 du décret du 31 décembre 1894 sur la licence ès lettres.

III. Projet d'arrêté relatif au concours d'admission à l'École normale supérieure (section des sciences).

IV. Projet d'arrêté modifiant le paragraphe 4 de l'article 9, titre II, de l'arrêté du 6 janvier 1882, relatif au diplôme de langue arabe.

ENSEIGNEMENT SECONDAIRE

I. Projet de décret relatif aux aspirants aux fonctions de l'enseignement secondaire public pour lesquelles est requis le grade de licencié ès sciences.

II. Projets de concession à des établissements libres d'enseignement secondaire.

III. Demandes de dispenses de stage et demandes d'autorisation d'enseigner en France.

ENSEIGNEMENT PRIMAIRE

I. Projet de décret concernant l'application des règlements d'administration publique relatifs au collège Chaptal et aux écoles primaires supérieures de la Ville de Paris.

II. Projet de décret portant règlement d'administration publique sur les conditions d'organisation des écoles professionnelles de la Ville de Paris.

III. Projet de règlement d'administration publique sur les conditions d'organisation et de fixation des traitements du personnel des écoles professionnelles de la Ville de Paris placées sous le régime de la loi du 11 décembre 1880.

IV. Projet de décret sur les distinctions honorifiques (contingent spécial pour les cours d'adultes).

V. Projet d'arrêté modifiant l'article 128 de l'arrêté du 18 janvier 1887 relatif aux récompenses honorifiques.

VI. Projet d'arrêté portant modification des articles 89 et 151 de l'arrêté du 18 janvier 1887 (épreuve de langue vivante au concours d'admission aux écoles normales primaires et aux examens du brevet supérieur).

VII. Projet d'instructions à remettre par les instituteurs aux familles des écoliers atteints de maladies épidémiques ou contagieuses.

ALLIANCE UNIVERSITAIRE INTERNATIONALE

Nous avons reçu de Genève la communication suivante sur laquelle nous croyons devoir appeler l'attention de nos lecteurs :

« Quelques hommes distingués appartenant à diverses nations, inspirés par un dévouement commun aux études supérieures et convaincus qu'elles peuvent offrir un appui solide au progrès de la civilisation et de la paix, ont conçu le plan d'une Alliance universitaire internationale destinée à développer des relations plus intimes entre les Universités du monde entier.

Au printemps de l'année 1894, M. Hodgson Pratt, de Londres, et M. le professeur Dr Ch. Richet, de Paris, vinrent dans notre ville pour demander aux autorités universitaires genevoises d'entreprendre l'organisation de cette association nouvelle.

Conformément aux intentions des initiateurs, un comité local fut constitué à Genève. Il désigna parmi ses membres les signataires de la présente circulaire pour faire partie du comité central provisoire de l'Alliance, en même temps que M. Hodgson Pratt (Londres), président d'honneur, et un délégué de chacun des futurs comités locaux.

Au mois de juillet 1894, une première circulaire fut envoyée, par l'entremise des Recteurs ou Présidents des Conseils de professeurs, à toutes les Universités pour leur annoncer la fondation de l'Alliance et leur demander leur concours.

Plusieurs d'entre elles nous ont donné une réponse favorable, approuvant le principe d'une alliance universitaire, mais réservant leur adhésion définitive après un nouvel examen. Quelques-unes se sont déclarées prêtes à entrer dans notre association, tandis que dans d'autres c'étaient des professeurs qui se réunissaient spontanément et sans mission officielle pour former un groupe d'adhérents. Ainsi furent constitués les comités locaux dont la liste est adjointe à la présente circulaire.

Les expériences d'une année de début et l'échange des idées avec les premiers membres de l'Alliance universitaire nous ont convaincus que, pour la développer, nous devions moins compter sur la coopération des universités comme corps, que faire appel à l'activité individuelle de quelques-uns de leurs professeurs. Il y en a sans doute partout qui sont disposés à reconnaître la nécessité d'agir au delà des frontières de chaque Université, et de relier d'un pays à l'autre toutes les bonnes volontés. Sans rien abandonner des traditions locales, ni de l'esprit national, leur accord sera fondé sur un commun dévoûment aux études supérieures et aux étudiants.

C'est à ces hommes que nous nous adressons aujourd'hui, assurés qu'ils sauront et qu'ils voudront réunir autour d'eux un groupe de collègues acquis aux mêmes idées et désireux de les appliquer.

Afin d'établir entre les Universités des différents pays des rapports plus fréquents, il nous paraît que deux choses surtout sont désirables :

1° La constitution de comités locaux analogues à ceux qui existent déjà à Paris, à Amsterdam, à Bruxelles, à Liège, à Montpellier, à Neuchâtel et à Genève.

Ces comités fourniront des renseignements et des conseils aux étudiants étrangers; organiseront s'il y a lieu un enseignement spécial de la langue nationale, afin de leur faciliter la fréquentation des cours. Aux étudiants nationaux qui voudraient faire un séjour dans une Université étrangère, ils donneront les directions nécessaires pour la bonne marche de leurs études, et procureront si possible des bourses de voyage.

2° L'organisation d'assemblées générales de l'Alliance, qui discuteront toutes les questions intéressant les relations entre Universités et le progrès des études supérieures.

La première de ces assemblées sera convoquée aussitôt que les concours divers que nous sollicitons auront assuré à l'Alliance un caractère réellement international. Le Comité central provisoire remettra ses pouvoirs à cette assemblée. Il appartiendra alors aux membres de l'Alliance de désigner son siège définitif et d'adopter les statuts.

La double influence des comités locaux et des assemblées internationales obtiendrait sans doute un élargissement progressif de l'hospitalité universitaire. Les autorités ne pourraient pas rester indifférentes à un mouvement aussi légitime et consentiraient à des mesures libérales quant aux équivalences de semestres d'études, là où cela pourrait se faire sans préjudice du caractère scientifique de l'enseignement.

RÈGLEMENT GÉNÉRAL PROVISOIRE

ARTICLE PREMIER. — L'Alliance universitaire internationale a pour but de développer les relations entre les Universités et de faciliter les études supérieures à l'étranger.

ART. 2. — L'Alliance se compose de professeurs, de privat-docents et de délégués des étudiants.

Le titre de *membre honoraire* peut être conféré par le Comité central à des personnes qui, sans rentrer dans les conditions précitées, auraient rendu des services à l'Alliance.

ART. 3. — Il peut y avoir un comité local dans toute ville où il existe une Université ou Académie.

ART. 4. — La direction de l'Alliance appartient à un Comité central nommé par le Comité local de la ville où l'Alliance a son siège. Chaque Comité local désigne parmi ses membres un délégué au Comité central. Tous les membres de l'Alliance peuvent être convoqués en assemblée générale.

ART. 5. — Chaque Comité local est invité à entrer en relations, par l'entremise de son délégué, avec le Comité central. Il lui annoncera sa formation, lui présentera des propositions, lui enverra un rapport annuel sur son activité et lui remettra, pour constituer des archives et un centre de renseignements, les règlements et programmes concernant l'Université qu'il représente.

ART. 6. — Chacun des membres de l'Alliance paie une cotisation d'au moins 5 francs (4 schs., 4 mk). La moitié de cette somme appartient au Comité local; l'autre moitié revient au Comité central, pour couvrir ses frais d'impression et de correspondance.

Le Comité central provisoire est composé comme suit :

Président d'honneur : M. Hodgson Pratt (Londres). — *Président :* M. le professeur Alfred Martin, recteur de l'Université de Genève. — *Vice-présidents :* M. le professeur Ch. Græbe, Genève; M. le professeur S. Laskowski, Genève; M. le professeur Ed. Montet, Genève. — *Secrétaire :* M. le professeur Bernard Bouvier, Genève. — *Vice-secrétaires :* M. le professeur Em. Yung, Genève; M. le professeur L. Wuarin, Genève; M. le professeur P. Duproix, Genève. — *Trésorier :* M. le professeur Adr. Naville, Genève. — *Délégués des comités locaux :* M. le professeur Ch. Richet, membre délégué du Comité de Paris; M. le professeur R.-J. Stokvis, membre délégué du Comité d'Amsterdam ; M. le professeur L. Errera, membre délégué du Comité de Bruxelles; M. le professeur de Senarclens, membre délégué du Comité de Liège; M. le professeur A. Sabatier, membre délégué du Comité de Montpellier; M. le professeur J. Le Coultre, membre délégué du Comité de Neuchâtel. »

L'UNIVERSITÉ DE MARSEILLE
DEVANT L'OPINION PUBLIQUE (1)

Voici une brochure fort intéressante et d'une incontestable actualité. A la veille de la discussion du projet de loi sur les Universités, il est naturel de se demander quel siège on donnera à la nouvelle Université de Provence. Des trois solutions qui peuvent s'offrir, Aix-Marseille, ou Aix, ou Marseille, l'auteur de l'opuscule, qui garde l'anonyme, mais dont la compétence ne peut faire doute, défend la dernière avec une verve toute méridionale et, ce qui vaut mieux, avec des arguments multiples et d'une très grande force.

Qu'est-ce qu'une Université? se demande-t-il tout d'abord, et il n'a pas de peine à démontrer, en citant d'imposantes autorités, que le groupement des diverses Facultés dans une même ville, la vie en commun des professeurs et des étudiants d'une même région, la pénétration des divers enseignements l'un par l'autre sont absolument nécessaires au progrès scientifique.

Or, aucune de ces conditions ne se rencontre dans la solution Aix-Marseille, c'est-à-dire dans le maintien du *statu quo*, avec le siège de l'Académie, des Facultés de droit et des lettres à Aix et de la Faculté des sciences à Marseille. C'est un véritable monstre que cette Université bicéphale, coupée en deux par une distance de 29 kilomètres, qui oblige

---

(1) Cette brochure est publiée par la Société des amis de l'Université de Marseille.

professeurs et élèves à des déplacements continuels de plusieurs heures ;
car c'est ainsi qu'on perd dans les grands chemins le temps qui
devrait être consacré aux études. Un tel état de choses paraît vraiment
intolérable; des trois solutions, c'est peut-être la pire.

La solution *Aix* est-elle meilleure? on ne saurait le soutenir. D'abord
la ville n'offre par elle-même aucune ressource pour le recrutement et
la prospérité naturelle d'un centre universitaire.

A la Faculté de droit en 1894, sur 300 étudiants inscrits, on ne comptait que 16 Aixois, dont 8 étaient fils de fonctionnaires. A la Faculté des
lettres (si on défalque 8 maîtres répétiteurs du lycée et 4 boursiers,
c'est-à-dire des étudiants qu'on aurait partout ailleurs), il reste le contingent proprement aixois, lequel se décompose ainsi : deux abbés fournis par le petit séminaire et tous deux étrangers à la localité, et un
rentier père de famille.

Ajoutons que la ville ne fait aucun sacrifice pour ses Facultés; tandis
que toutes les cités universitaires rivalisaient de zèle pour améliorer
leur locaux et compléter leur enseignement, le taudis qui servait jadis
à la Faculté des lettres est resté dans le même état lamentable; à la
Faculté de droit, l'escalier qui conduit à la bibliothèque universitaire
menace de s'écrouler; et à cette bibliothèque, étudiants, professeurs et
bibliothécaire s'entassent dans une vaste pièce autour d'un unique poêle,
et les livres y sont entassés comme les personnes. Quant à l'enseignement, tout le progrès dans ce quart de siècle s'est borné à la création de
deux chaires nouvelles à la Faculté des lettres, payées par le département, et qui n'ont pas d'élèves.

On conçoit dans ces conditions ce que peuvent être les études à Aix.
Aussi les boursiers mêmes ne s'y présentent-ils plus.

En somme, sur 50 millions consacrés par les villes et l'État à l'enseignement supérieur depuis 1870, Aix figure pour une somme de 37 000 francs,
au dernier rang, après Besançon qui a donné 300 000 francs.

Le séjour d'Aix offre-t-il du moins quelques agréments ou quelques
facilités de travail à la population universitaire? Tous les maîtres qui
ont enseigné à Aix n'avaient d'autre désir que d'en sortir le plus tôt
possible.

On trouve dans le livre charmant de M. Gréard, sur Prevost-
Paradol, l'opinion de ce dernier et celle de J.-J. Weiss sur ce lieu de
délices : « Marseille est une ville admirable ; mais Aix ! Aix ! — il n'y a
que Mazas où l'on puisse être plus tristement. »

La ville d'Aix aurait d'ailleurs mauvaise grâce à se prétendre dépouil-
lée ou lésée par les pouvoirs publics. En dehors de ses Facultés, elle
possède un archevêché, un séminaire, une sous-préfecture, une cour
d'appel, une cour d'assises, un tribunal, des écoles normales d'instituteurs et d'institutrices, une école nationale de musique, une conservation
des forêts, un asile d'aliénés, une garnison d'infanterie, une école des
arts et métiers, etc. Et d'ailleurs, les Facultés, comme le constatait
en 1888 M. Berthelot, « sont des institutions d'État et non la propriété
des villes où elles sont établies ; le gouvernement reste le maître de fixer
leur résidence là où il le juge bon dans un intérêt supérieur à toutes les
considérations locales ».

Cet intérêt supérieur qui a déterminé si justement le transfert de
l'Académie de Douai à Lille devrait provoquer à plus forte raison une

décision semblable en faveur de Marseille. Les ressources de tout genre que peut offrir à un centre universitaire cette grande ville maritime sont en effet exceptionnelles. D'abord pour le recrutement scolaire : le nombre des jeunes gens qu'elle envoie à la Faculté de droit d'Aix est dès aujourd'hui supérieur à 100 ; on peut être assuré que ce chiffre s'accroîtra dans des proportions considérables quand les étudiants n'auront plus à faire chaque jour, et dès six heures du matin, le trajet de Marseille à Aix et d'Aix à Marseille ; on peut en dire autant pour la Faculté des lettres. La situation incomparable de ce port méditerranéen assurerait à la nouvelle Université de Provence un afflux considérable d'étudiants étrangers, venus de tous les pays d'Orient, de la Turquie, de la Grèce, de la Roumanie, de la Serbie, de la Bulgarie, et même de l'Égypte. Cette ville, où l'on respire, comme dit le poète, l'air de toutes les nations, a pour l'étranger des attraits que certes Aix ne peut offrir. L'Enseignement des Facultés gagnerait aussi en étendue et en variété. D'abord parce que Marseille saurait faire les sacrifices nécessaires ; dès aujourd'hui elle paye une subvention annuelle de 217 000 francs. Ensuite par ce que toutes les branches d'études relatives au droit commercial et maritime et à l'économie politique pourraient y être enseignées avec un succès certain. En dehors du voisinage si utile de l'École supérieure de Commerce qui comptait cette année 35 diplômés, les maîtres et les étudiants trouveraient à leur portée la grande bibliothèque municipale avec ses cent mille volumes, l'École des beaux-arts avec ses 900 élèves et ses belles collections, le Cabinet des médailles, un des plus beaux de province, le musée d'archéologie, très bien dirigé et organisé dès maintenant, mais qui relié à l'Université deviendrait bientôt un institut de premier ordre. Nul doute que le conseil général des Bouches-du-Rhône, aujourd'hui partagé en deux fractions égales sur la question du transfert, ne se rallie en grande majorité à une solution demandée à l'unanimité moins une voix par le conseil général des Facultés.

Pour juger des excellents résultats que produirait en peu de temps cette mesure, on n'a qu'à considérer l'essor pris dans l'Académie de Lille, depuis le transfert, par la seule Faculté des lettres. Le nombre des chaires magistrales s'y est élevé depuis 1879, de 5 chaires à 7, celui des professeurs, de 8 à 17, celui des étudiants, de 64 à 341. De pareils chiffres n'ont pas besoin de commentaires. Un profond observateur, M. Lavisse, était très fondé à dire que les arguments en faveur de Lille valent aussi en faveur de Marseille et que cette dernière ville (comme Lille jadis) représente, en face des intérêts privés, le droit supérieur du progrès.

« C'est un fait d'expérience, remarque avec non moins de justesse un maître autorisé (M. Bréal), qu'on travaille généralement plus dans les grandes villes que dans les petites. » Et M. Poincaré, aujourd'hui rapporteur du projet de loi sur les Universités, parlant naguère au nom du gouvernement aux fêtes académiques de Lille, faisait entendre d'éloquentes déclarations qui résument dignement tout ce débat : « Nous voyons éclater dans leur admirable supériorité tous les avantages des constitutions universitaires. A l'éparpillement, à la dissémination, à l'isolement, causes de faiblesse, de langueur et d'inertie, succède le groupement, l'organisation méthodique, la coordination des forces agglomérées. »

Voilà bien le plan de réforme de notre enseignement supérieur tel que l'avait déjà tracé, en des écrits mémorables et préparé par une série de mesures conséquentes et sagaces l'éminent directeur M. Liard.

Le projet de loi sur les Universités, qui est soumis aux Chambres, est la consécration de ces longs efforts. Si le groupe complet des Facultés n'y est pas partout constitué, du moins les Facultés existantes y seront réunies dans la même ville, au chef-lieu académique; Aix-Marseille fait seule exception. Le moment est venu de remédier à ce dualisme très préjudiciable aux hautes études, et d'établir, avec une forte unité, la nouvelle école de la région méditerranéenne, à sa vraie place, c'est-à-dire là où elle peut vivre, grandir et prospérer.

LE COLLÈGE LIBRE DES SCIENCES SOCIALES

Nous avons publié dans notre dernier numéro le programme du nouveau collège, les titres de chaires et les noms de professeurs. Le comité de perfectionnement est composé de savants et d'hommes politiques qui représentent, eux aussi, les doctrines les plus diverses : MM. Aulard, Espinas et Lavisse, professeurs à la Faculté des lettres de Paris; Funck-Brentano, professeur à l'Ecole libre des sciences politiques; Perrot, directeur de l'École normale supérieure, Say professeur à l'Ecole de droit; Debidour, inspecteur général de l'Université; Bourgeois, député, président du Conseil; de Lamarzelle et Lacour-Grand-maison, sénateurs, etc.

Dans un spirituel article du journal *la Liberté* (n° du 7 décembre), Dick May (Mlle Jeanne Weill) a raconté les origines de cette curieuse entreprise à laquelle elle sut intéresser tout d'abord M. Funck-Brentano et dont la première idée remonte aux tentatives faites en novembre 1893 par le parti socialiste pour organiser un enseignement doctrinal au quartier latin. Répondant aux craintes alors exprimées par M. Lavisse sur l'ignorance des étudiants dans ces questions, M. le comte de Chambrun qui avait déjà créé à l'École libre des sciences politiques une chaire d'économie sociale, offrit à la Faculté des lettres de Paris un don magnifique pour la création d'un enseignement analogue. Ce don fut accepté et la chaire fut fondée. Mais malgré toute l'autorité du nouveau professeur, un cours unique ne pouvait suffire à l'exposé complet et approfondi de tant de systèmes et d'expériences. De là l'utilité d'une école où le travail serait divisé et où les divers systèmes seraient enseignés dans des conditions de sincérité absolue, c'est-à-dire par des partisans mêmes de ces doctrines.

Le Collège, d'après les intentions des fondateurs, n'entrera dans aucune polémique. Il fera vraiment œuvre d'éducation, son programme ne s'inspirera d'aucun dogme et ne sera modelé sur aucun diplôme de fin d'études; on ne se propose pas de contrecarrer ou de reproduire l'enseignement des Facultés officielles ou libres, mais, à certains égards, de le compléter. « Le Collège n'est pas un concurrent. Il n'est pas un rival ni un révolté. Il peut être une annexe, un auxiliaire. Il doit constituer l'enseignement d'un groupe d'études et de questions mal étudiées, mal définies, mal connues, et rassembler autour de chaires loyales des auditeurs capables de réflexion personnelle. »

Le plan du Collège comprendra :

1° Une section d'enseignement méthodique où le nouveau venu dans les études sociales trouvera « un guide » aux recherches générales, pratiques, statistiques et historiques ;

2° Une section de doctrine et d'histoire où seront exposées les principales variétés comprises, sous leur forme présente, par les théories sociales. Les méthodes aideront l'auditeur à s'éclairer. Elles ne lui conseilleront aucun choix. Les lacunes appellent le travail. Les jeunes courages trouveront de larges terres à défricher dans ce domaine illimité qui est ouvert à leur bonne volonté. La lumière du vrai se dégagera peu à peu de ce concert de recherches étrangères à l'esprit de parti et uniquement inspirées par la pensée du bien et du juste.

Ainsi comprise, cette tentative nous paraît d'un grand intérêt et tout à fait digne d'éveiller les sympathies et les espérances.

LE CONGRÈS CATHOLIQUE DE LILLE EN 1895 ET L'ENSEIGNEMENT SUPÉRIEUR

Nous empruntons au *Bulletin de la Société générale d'éducation et d'enseignement* (n° du 15 décembre) les renseignements suivants sur une intéressante communication de M. de Margerie à la section de l'enseignement supérieur du congrès catholique de Lille. L'honorable membre, se plaçant par hypothèse « au lendemain d'une victoire électorale sur la franc-maçonnerie » s'est demandé quelles revendications il conviendrait d'exercer en ce qui touche la liberté de l'enseignement supérieur.

Il a d'abord émis la pensée qu'une reconnaissance d'utilité publique telle qu'elle est prévue par la loi de 1875 pourrait à juste titre être réclamée par les Universités libres actuellement existantes qui ont amplement fait leurs preuves, mais qu'alors il faudra modifier la loi de manière qu'en cas d'extinction de l'établissement reconnu les biens fissent retour, à défaut de donation, non à l'Etat, mais aux diocèses qui ont contribué à les constituer. Cette idée de la reconnaissance comme personne civile a trouvé des contradictions notamment en la personne de M. Verley, président du Conseil d'administration des Universités catholiques de Lille qui en a signalé l'inconvénient au point de vue de l'ingérence qu'elle pourrait motiver de la part de l'Etat. Sans insister sur ce point, M. de Margerie est passé à la question de la collation des grades.

Le retour au système du jury mixte admis par la loi de 1875 et supprimé par celle de 1880 ne lui paraîtrait pas une revendication suffisante pour la pleine liberté de l'Enseignement, liberté incomplète sans celle des programmes qui n'existe elle-même que par celle de l'examen. La réforme à son avis devrait consister :

1° Dans le droit reconnu aux Facultés libres de faire subir à leurs élèves les examens conduisant aux grades académiques, de leur délivrer le certificat d'aptitude sur lequel l'État délivrerait le grade, d'arrêter enfin le programme de ces examens, sauf opposition de la part du ministre pour atteinte à la morale et à la constitution et sauf jugement de cette opposition par un tribunal où seraient représentés le ministre, la Faculté libre et la Cour de cassation.

2° Dans le droit pour les Facultés des lettres et des sciences de faire subir les examens du baccalauréat ès lettres ou ès sciences aux élèves des collèges libres et le droit pour ceux-ci de subir à leur choix cet examen devant une Faculté officielle ou libre.

3° Dans le droit pour l'État d'établir des examens spéciaux à l'entrée de toutes les fonctions publiques.

M. de Margerie n'a pas proposé de consacrer ces idées par un vœu, mais seulement d'exprimer un vœu pour que ces questions soient étudiées en vue d'un accord. La section a donc adopté et proposé pour ce vœu la formule suivante :

« Le Congrès émet le vœu que les membres de l'enseignement supérieur libre et ceux qui s'intéressent à ses progrès se mettent d'accord pour des travaux et des conférences sur les conditions de la véritable liberté d'enseignement qu'ils auront à réclamer quand les circonstances le permettront. »

LE PROJET DE LOI SUR LES UNIVERSITÉS

Le 19 décembre, la Chambre a nommé dans ses bureaux la Commission chargée d'examiner les projets relatifs aux Universités.

Les membres de la Commission sont : MM. Jacques, Goblet, Leveillé, Lavy, députés de Paris ; Charles-Roux, de Marseille ; Dejean, des Landes ; Poincaré, de la Meuse ; A. Rey, de Grenoble ; Henri Blanc, de la Haute-Loire ; Elie Cousin et Salis, de Montpellier.

On sait que, selon le projet, le titre et les privilèges d'Université sont accordés à tous les centres d'enseignement supérieur, quel que soit le nombre des Facultés dont ils se composent.

La Commission a nommé président M. Goblet, secrétaire M. Dejean, et rapporteur M. Poincaré. Regrettant que l'ancien projet Bourgeois, qui n'établissait d'Universités que dans les villes possédant actuellement les quatre Facultés, n'ait pas, il y a deux ans, et ne puisse aujourd'hui triompher de la coalition des intérêts locaux, elle a adopté à l'unanimité le projet Poincaré, comptant sur la force des choses et du temps pour établir entre les différentes « Universités » la distinction que l'on ne peut inscrire dans la loi.

Dans la 538° livraison de la *Grande Encyclopédie*, publiée cette semaine, nous avons à signaler à nos lecteurs qu'intéresse la question des rapports entre patrons et salariés un article de M. Marcel Planiol sur le *Louage du Travail*. Le même fascicule renferme les monographies des départements du *Lot-et-Garonne*, par M. A.-M. Berthelot.

ACTES ET DOCUMENTS OFFICIELS

Circulaire du 30 octobre relative à la réorganisation de la licence et du doctorat en droit.

Monsieur le Recteur, les Facultés de droit ont reçu les décrets du 30 avril dernier, portant réorganisation de la licence et du doctorat. Elles y ont trouvé joint un rapport au Président de la République, composé pour la majeure partie du rapport même présenté au Conseil supérieur de l'Instruction publique, au nom de la Commission chargée par lui d'examiner les projets que je lui avais soumis. Je ne reproduirai pas ici le contenu de ce document; j'y renvoie les Facultés; c'est un exposé complet de la réforme, des idées générales dont on s'est inspiré en la concevant, du but qu'on s'est proposé en la réalisant, et des moyens par lesquels on a cru possible d'atteindre ce but; c'est aussi un commentaire lumineux de toutes les dispositions des deux decrets du 30 avril. Mais je crois devoir appeler l'attention des Facultés sur quelques points dont l'importance me semble capitale, et résoudre un certain nombre de questions d'application qui se sont déjà posées ou qui ne manqueraient pas de se poser prochainement.

LICENCE

Pour pouvoir faire du doctorat ce qu'on a voulu en faire, il a paru indispensable de fortifier la licence, et de la rendre plus probante, sans en modifier essentiellement le fond. Des mesures prescrites à cet effet, les unes sont relatives aux études elles-mêmes, les autres aux examens. Parmi ces dernières, la plus importante est celle qui établit des compositions écrites, au seuil de la première partie de l'examen de troisième année, à titre d'épreuve éliminatoire.

Je ne saurais trop insister auprès des Facultés de droit pour que cette disposition du décret du 30 avril reçoive, le moment venu, une très sérieuse exécution. Les interrogations auxquelles se bornait, depuis un certain nombre d'années, tout l'examen de licence, sont sans doute une preuve, mais une preuve souvent insuffisante. Outre qu'on peut s'y préparer et y réussir avec des préparations hâtives, extérieures et artificielles, fort éloignées des études véritables de l'enseignement supérieur, elles n'ont par elles-mêmes qu'une vertu incomplète. Provoquées, dirigées, soutenues ou redressées par les questions et les indications du maître, elles ne prouvent pas nécessairement chez le candidat la pleine possession des matières de l'enseignement, l'habitude de s'y mouvoir avec réflexion, d'en apercevoir les liaisons et de les composer en des ensembles déterminés. Tout autre est l'épreuve écrite. La mémoire n'y suffit pas, ni ces brèves réponses puisées dans de courts manuels, à la veille même de l'examen, et qui sortent de la bouche à l'appel des questions, sans laisser de traces dans l'esprit. Il y faut des connaissances plus étendues et mieux digérées, plus de maturité et plus d'initiative, la faculté de délimiter un sujet, d'en discerner le point central et les aboutissants, et l'art d'en grouper les parties dans un ordre naturel et de les exprimer dans un langage clair et précis. Si, comme je l'espère fermement avec les Facultés de droit, la licence peut être relevée, c'est surtout par les compositions écrites qu'elle le sera.

Cette épreuve a paru tellement importante au Conseil supérieur que, pour ne pas en affaiblir les effets, il l'a placée à l'examen de troisième année, c'est-à dire au moment où l'on est en droit de demander à l'étudiant, ses études de licence achevées, une preuve démonstrative qu'il en a vraiment profité. Plus tôt, après la première, et même après la seconde année, elle eût été trop difficile, et par suite elle fût restée fatalement au-dessous du niveau auquel elle doit atteindre. Mais dès le début des études, il conviendra de la placer devant les yeux des étudiants comme un but à atteindre, et de leur inspirer cette conviction que pour l'atteindre l'effort tardif de la dernière année ne suffirait pas, et qu'il faut, au contraire, une application soutenue pendant le cours entier de la scolarité.

La licence est et reste un grade professionnel. Le doctorat, avec ses deux branches, sciences juridiques, sciences politiques et économiques, doit devenir de plus en plus un grade scientifique. A l'origine. et pendant longtemps, il n'a guère été qu'une revision approfondie de la licence, et comme une licence à la seconde puissance. On reprenait le sillon déjà tracé, en le creusant davantage. Mais là n'est pas, surtout avec une licence fortifiée, la véritable raison d'être et le caractère spécifique du doctorat. Au-dessus de la licence, il est un *degré* supérieur, et ce qu'il a de supérieur, ce n'est pas une plus grande étendue des connaissances, c'est la méthode et c'est le but. Ce but, c'est l'œuvre scientifique, c'est-à-dire l'œuvre personnelle, exécutée conformément aux méthodes de la science. Aussi, considérées en elles-mêmes, abstraction faite des déviations temporaires que peuvent leur imposer les circonstances, les études en vue du doctorat doivent-elles être l'initiation de l'étudiant à la science, à son esprit, à ses procédés d'investigation et de critique. De ce point de vue, qui est vraiment celui de l'enseignement supérieur, la preuve doctorale devait être avant tout et peut-être uniquement, comme dans les Facultés des lettres et des sciences, une contribution à la science, sur un sujet librement choisi par le candidat dans une des parties du vaste domaine qui est désormais celui des Facultés de droit.

Mais il y a lieu de tenir compte des faits. Il est incontestable qu'à l'heure présente, étant donné ce qu'est la licence en droit, étant donné même ce qu'elle pourra être demain avec les modifications qu'elle va subir, étant donné qu'elle ne peut comprendre tout l'ensemble des sciences juridiques, des sciences politiques et économiques, il eût été téméraire et contraire à ce qu'on se proposait de réduire le doctorat à la composition et à la soutenance d'une thèse. J'ai donc pensé, et le Conseil supérieur a partagé ce sentiment, que tout en donnant à la

thèse l'importance qu'elle doit avoir, et qu'en ces dernières années elle
a tendu à prendre chaque jour davantage, il convenait de la faire précéder de deux examens. Mais la pensée très nette du Conseil supérieur,
comme la mienne, les dispositions du décret en sont la preuve, a été
qu'au doctorat il fallait réduire en surface pour gagner en profondeur.

Je n'entrerai pas ici dans le détail de ces examens : l'organisation
en apparaît clairement dans le texte du décret, et l'esprit en est très
complètement et très nettement indiqué dans le rapport fait au Conseil
supérieur.

J'insisterai seulement, après le rapporteur, sur le caractère que
doivent prendre, surtout au doctorat avec mention sciences politiques
et économiques, les enseignements préparatoires à ces examens. La
pensée très délibérée du Conseil supérieur, et c'était aussi la mienne,
a été qu'il n'y avait pas lieu de tracer d'avance et pour toutes les
Facultés, un programme limitatif de chacun de ces examens, et par là
d'enfermer tous les maîtres dans des cercles infranchissables et inex-
tensibles. Rien n'eût été plus contraire à ce qui est la condition première du haut enseignement, je veux dire la liberté du maître. Mais
avec le caractère approfondi des enseignements du doctorat, avec la
durée limitée des cours, avec la nécessité où se trouve le professeur de
ne traiter, s'il veut en pousser l'étude assez avant et par des méthodes
vraiment scientifiques, qu'une partie souvent assez restreinte de la
matière dont l'enseignement lui est confié, on a exprimé la crainte que
si l'examen portait seulement sur le cours professé, il ne fût trop étroit
et, pour dire le mot, trop facile. Et d'autre part, si l'examen ne s'as-
treint pas à suivre le cours, s'il porte sur une matière entière, et non
sur la partie de cette matière enseignée dans l'année, ne sera-ce pas
une incitation aux étudiants à s'abstenir d'assister aux cours, et à préparer leur examen autrement qu'en recueillant la parole des maîtres?

Il y a là, je le reconnais, des préoccupations très légitimes, mais
qu'il n'est pas impossible de dissiper, par la méthode même de l'enseignement. Au doctorat il n'est pas possible de demander aux maîtres
d'épuiser toute la matière qu'ils enseignent; mais il n'est pas davantage possible de demander aux candidats de ne répondre que sur les
parties de ces matières qui auront fait l'objet de l'enseignement. Mais
ce qui est possible, c'est que le professeur, tout en choisissant chaque
année tels ou tels points qu'il approfondira dans son cours, ne passe
cependant pas les autres sous silence; mais qu'au lieu de les étudier
lui-même, il les donne à étudier aux élèves, leur indiquant à quelles
sources ils devront recourir, quelle méthode ils devront suivre, faisant
de son propre travail et de celui des étudiants un tout dont l'unité
résultera de l'unité même de la direction. De la sorte, les deux inconvénients signalés plus haut disparaissent, et l'enseignement devient ce
qu'il doit être à ce degré, la collaboration du maître et de l'élève.

MESURES D'EXÉCUTION ET DISPOSITIONS TRANSITOIRES

LICENCE

Enseignement. — Les dispositions du décret du 30 avril seront mises
à exécution en ce qui concerne l'enseignement à dater du 1er novembre
1895. Exception doit être faite pour le *droit civil*. Les élèves qui en ont

commencé l'étude d'après l'ancien programme la continueront d'après le même programme, en deuxième et en troisième année. L'application du nouveau programme se fera successivement à la première, à la seconde et à la troisième année, en 1895-1896, en 1896-1897 et en 1897-1898.

De même pour le droit romain. La démarcation indiquée par le décret entre la première et la deuxième année est très nette; mais il pourra se faire qu'en 1894-1895 l'enseignement ait été commencé d'après un autre plan. Il devra s'achever d'après le même plan en 1895-1896, seconde année.

Hormis ces deux exceptions, toutes les dispositions du décret seront appliquées, et elles peuvent l'être sans difficulté.

Examens. — Les examens se feront à dater du 1er juillet 1896, conformément au nouveau décret :

Il en résulte :

Qu'à partir de cette date les candidats qui se présenteront pour la première fois à l'examen de troisième année seront soumis à l'épreuve écrite;

Que les notes une *noire* et une *rouge-noire*, et deux *rouges-noires* entraîneront l'ajournement;

Que la nullité sur une des matières de l'examen pourra l'entraîner après délibération du jury;

Enfin, qu'il n'y aura plus que deux sessions d'examens, l'une en juillet, l'autre en novembre.

Mais ces dispositions ne sauraient s'appliquer aux étudiants en cours d'études avant le changement de régime et qui ont été ajournés soit à une partie, soit aux deux parties d'un examen, ou qui ne s'y sont pas présentés. Il importe de déterminer nettement et dès maintenant la situation de ces diverses catégories.

Première année. Etudiants ayant échoué aux deux parties en juillet et en novembre, ou ne s'étant pas présentés en 1895. — Ils devront être examinés d'après l'ancien programme, en novembre 1895 et en janvier 1896. Toutefois, pour les sessions ultérieures, faculté leur est donnée d'opter pour le nouveau régime. Ceux qui en auront usé subiront, à dater de la session de juillet 1896, leur examen en une seule partie, dans les formes prescrites par le décret du 30 avril.

Étudiants reçus à une partie seulement de l'examen. — Ils ne pourront être admis à subir l'autre partie que dans les conditions anciennes.

Deuxième année. Etudiants ajournés aux deux parties ou à l'une d'elles ou ne s'étant pas présentés. — Le nouveau programme étant le même que l'ancien, sauf la transposition de deux matières d'une partie à l'autre, il n'y a aucune raison pour que cette catégorie d'étudiants ne subisse pas l'examen conformément au décret du 30 avril. Toutefois, le nouveau programme de droit civil ne saurait leur être imposé.

Troisième année. Etudiants ajournés aux deux parties ou ne s'étant pas présentés, ou ajournés à une partie seulement. — Ils subiront l'examen d'après l'ancien programme.

Épreuve de droit romain de deuxième année. — A l'examen de deuxième année, l'interrogation de droit romain porte sur « les matières spéciales intéressant particulièrement le droit français ». Ces matières ayant été choisies par le professeur, l'examen se fera d'après le programme même du cours. Il en résulte que les étudiants des Facultés libres auront le droit de déposer, en vue de cette interrogation, le programme de l'enseignement qu'ils auront reçu.

Épreuve écrite. — L'article 5 du décret du 30 avril place les compositions écrites éliminatoires dans la première partie de l'examen. On s'est demandé si le candidat ajourné après l'épreuve écrite à la première partie aurait le droit de se présenter à la deuxième partie. Je n'hésite pas à résoudre la question affirmativement. Cette solution est la plus libérale et elle n'a rien de compromettant pour la valeur de l'examen.

DOCTORAT

Rien n'est changé dans la durée des études du doctorat. Comme par le passé, elles exigeront quatre inscriptions trimestrielles. Mais aucun examen ne pourra être subi avant la prise de la quatrième inscription.

Les dispositions transitoires édictées par l'article 15 du décret sont assez claires pour n'avoir pas besoin de commentaire. Je tiens à y ajouter seulement que les diplômes de docteur ne porteront l'une des deux mentions *sciences juridiques, sciences politiques et économiques* qu'après l'année scolaire 1895-1896. Les diplômes délivrés en exécution des dispositions transitoires ne seront revêtus d'aucune mention.

La *mention additionnelle (sciences politiques et économiques)* sera inscrite sur les diplômes des docteurs en droit qui la postuleront par application de l'article 14 du décret.

Recevez, Monsieur le Recteur, l'assurance de ma considération très distinguée.

Le ministre de l'Instruction publique, des Beaux-Arts et des Cultes,

R. POINCARÉ.

BIBLIOGRAPHIE

Émile Boutroux, *Question de morale et d'éducation*. — Marcel Fournier et Charles Engel, *les Statuts et Privilèges des Universités françaises*. — Émile Bourgeois, *le grand Siècle*. — Jean Cruppi, *Un avocat journaliste au XVIIIᵉ siècle*. — Georges Art, *John Morley. Essais critiques*.

Questions de Morale et d'Éducation, conférences faites à l'École de Fontenay-aux-Roses par M. Émile Boutroux. in-12 de xxxiii-116 pages, Paris, Delagrave, 1895. — Ce volume est la réimpression de conférences faites à l'École de Fontenay-aux-Roses en 1888, 1891, 1892 et publiées par la *Revue pédagogique*. Ces conférences, nous dit l'auteur, simples causeries, n'étaient pas destinées à la publication. « Mais les élèves les ayant rédigées avec une intelligence et un soin parfaits, et leur travail ayant été soumis à ma revision, de leur collaboration avec le professeur est résultée peu à peu la matière d'un petit volume. »

On sait que l'École de Fontenay a pour mission de former des professeurs et des directrices d'écoles normales primaires, et que les élèves y entrent vers l'âge de vingt ans. C'est donc à un public déjà muri par l'étude que s'adressaient ces conférences. Aussi le professeur n'a-t-il pas craint d'aborder avec elles des considérations de l'ordre le plus élevé, non pas en vue d'enseigner dogmatiquement tel ou tel système, mais afin d'appeler leur attention sur les plus importantes idées morales, impliquées dans notre civilisation. En effet, l'éducation telle que M. Boutroux la comprend doit être avant tout soucieuse de respecter la liberté de pensée chez les enfants. Aucun maître n'est assez sûr de la vérité exclusive de ses idées pour les imposer absolument à ses disciples. La pratique de la vertu doit s'inculquer par la vue directe des faits et des réalités et sans jamais admettre ces moyens détournés, ces artifices, ces petits mensonges auxquels la pédagogie d'un Locke ou d'un Rousseau a parfois recours.

C'est dans cet esprit de sincérité et de droiture que l'éminent conférencier décrit successivement les types principaux de perfection d'après lesquels consciencieusement où à notre insu, nous réglons nos appréciations ou notre conduite. Ces types sont : la morale hellénique ou esthétique, la morale chrétienne ou religieuse, la morale moderne ou scientifique; pour apprécier en connaissance de cause ces conceptions il faut en démêler les éléments essentiels, en estimer la valeur et marquer le rôle qu'elles jouent dans notre vie. Quel programme à remplir en quelques pages ! C'est une pure jouissance de voir avec quelle précision, quelle force, quelle lucidité dans l'exposé des idées, et avec quelle grâce, quel tact, quelle délicatesse dans l'expression des sentiments, l'auteur, toujours attentif aux convenances spéciales de son auditoire, sans ombre de pédantisme, mais en conservant aux sujets toute leur dignité, a su résumer dans leurs traits principaux toutes les grandes doctrines qui, depuis Aristote jusqu'à Darwin, en passant par les Évangiles, ont pendant des siècles ravi les âmes et captivé les esprits.

Le beau livre! Heureuse la jeunesse d'aujourd'hui qui a de tels maîtres! Il ne peut être question ici d'analyser ni encore moins de discuter ces pages si substantielles, si pleines d'idées, si riches d'aperçus originaux et d'instructions nobles et cependant familières et pratiques. Notons seulement que l'auteur s'abstient de toute conclusion exclusive, mais tour à tour partial, si l'on peut dire, pour chaque système, il nous en montre les meilleurs côtés et les conceptions les plus idéales. Cet exposé se termine par un essai de conciliation entre la raison éprise de mesure et d'harmonie, le sentiment avide d'infini et d'inconnaissable, et la science appliquée à la matière et aux forces de la nature. D'ailleurs c'est une patrie toute spirituelle que l'auteur assigne aux âmes que tourmente le problème de notre destinée et qui cherchent leur voie dans les carrefours de cette vie. Les critiques hostiles à notre enseignement laïque éprouveront de l'embarras à prendre notre conférencier en défaut. Ce bijou d'une exquise délicatesse, qu'il offre en cadeau à nos jeunes filles, éveillera certainement dans leur esprit des pensées aussi édifiantes qu'une croix pendue à leur cou ou qu'un chapelet entrelacé dans leurs doigts.

Mais ces tableaux de morale ne remplissent pas tout le volume. Trois autres conférences sont consacrées au pessimisme, aux mobiles de l'étude, à la lecture à haute voix. Chacune d'elles a son intérêt et son agrément, mais s'il fallait absolument exprimer une préférence, c'est pour la dernière que je me prononcerais. L'auteur a su rajeunir par des aperçus délicats et de judicieux conseils une matière déjà traitée à maintes reprises par des maîtres dans l'art de bien dire. Il faut apprendre de lui la vraie manière, ou même on peut dire la seule, pour l'éducateur, d'interpréter les chefs-d'œuvre littéraires de nos classiques, qu'ils s'appellent Corneille et Molière, ou Lamartine et Victor Hugo.

E. D.-B.

Les statuts et privilèges des Universités françaises depuis leur fondation jusqu'en 1789, tome IV : *L'Université de Strasbourg*, par MM. MARCEL FOURNIER et CHARLES ENGEL. Paris, Larose, éditeur, 1894. — Cet in-folio magistral est la suite intéressante d'une publication, patronnée par le ministère de l'Instruction publique et le Conseil général des Facultés de Caen. Il n'y faut point chercher un récit suivi de l'histoire de l'ancienne Université de Strasbourg, mais bien les sources et documents relatifs à cette histoire. Le labeur des savants auteurs du volume n'apparaît manifeste que dans les notes : ils s'effacent, du reste, derrière leurs textes, textes précieux et doctement aligués. A elle seule, la classification, si lucide, et les excellentes tables-répertoires par où se termine l'ouvrage, constituent un monument de solide érudition.

Les documents recueillis par MM. Fournier et Engel concernent un espace de quatre-vingt-sept années, depuis la première apparition des écoles strasbourgeoises émancipées de la domination du clergé catholique (1524), jusqu'à l'érection de l'Académie de Strasbourg en Université (1621).

Il est impossible de se défendre, en lisant le titre de ce volume : « Statuts et privilèges des Universités *françaises* », d'un sentiment de surprise, puisqu'il n'y a pas un mot dans les documents ici réunis qui ne soit allemand ou latin ; et d'un douloureux serrement de cœur, à la

pensée que l'héritière actuelle de la vieille Université de la Ville libre
est l'Université « Empereur-Guillaume ».

Que d'événements, que de révolutions de toute nature, entre la
transformation de l'Académie en Université, et la translation des services de l'Académie du second Empire, reléguée parmi les casernes,
dans le Palais construit des deniers de l'empereur et de l'empire allemands! L'Académie de la Ville libre vit monter dans ses chaires les
Calvin, les Hotman, sans parler de son illustre recteur J. Sturm ;
l'Académie du second Empire abrita les Pasteur, les Janet, les Martha,
les Fustel de Coulanges. La naissance et les derniers jours de l'Académie de Strasbourg auront donc été illuminés par l'enseignement et le
prestige des plus éminents esprits : quant à l'avenir de l'Université
germanique, nous n'avons rien à en dire.

Détournant donc nos regards vers le curieux passé que font revivre
MM. Fournier et Engel, nous ne manquerons pas d'être frappés d'un
fait qui nous paraît dominer et éclairer toute cette vieille histoire universitaire, je veux dire l'amour de la république strasbourgeoise pour
l'instruction publique, sa générosité (elle, si économe et presque par-
cimonieuse d'ordinaire), pour attirer et retenir les meilleurs maîtres,
pour développer sans cesse ses établissements d'enseignement, sa fermeté enfin (on dirait aujourd'hui sa « *poigne* ») dans la surveillance
et le gouvernement des professeurs et des étudiants. Les écoles,[1] le
gymnase, puis l'Académie, puis l'Université sont bien la *chose* du
Sénat, des XXI, de tous ces corps patriciens aux mœurs sévères, à
l'administration probe jusqu'à la rigidité ; ces « grands bourgeois »
veulent être maîtres chez eux, et ils le sont.

La diète d'Augsbourg, l'empereur, tout cela est loin ; aussi bien, la
ville impériale ne songe à tirer de ces hautes autorités que la confirmation de ses privilèges ; elle veut une Université, elle l'obtient ; rectifions,
elle la paie à beaux deniers comptants ; les documents de notre
volume prouvent même que le Magistrat trouva la somme versée aux
conseillers impériaux, protecteurs de l'Université, un peu grosse, et ne
paya qu'en regimbant.

L'histoire de l'ancienne Université de Strasbourg est proprement
celle de l'évolution de son gymnase : ouvert en 1537-38, l'année même
où les autorités de la Cité venaient de créer les premières écoles françaises pour les fils des réfugiés calvinistes, le gymnase de Strasbourg
était consacré « à l'institution de la jeunesse dans la religion chrétienne
et les disciplines libérales » ; ainsi s'exprime l'inscription latine commémorative de la fondation (*Op.*, p. 26, n° 1982). Il vécut et se développa jusqu'en 1566, à la fois école secondaire et rudiment d'Université,
s'annexant successivement des chaires de droit, de médecine, de grec
et d'hébreu. En 1566, par privilège impérial, une académie se détache
du gymnase ; toutefois, les professeurs de celui-ci, du moins ceux des
classes supérieures, continuent a faire partie du corps enseignant de
l'Académie, et du « Convent » ou Conseil général.

En 1621, l'importance de l'Académie est devenue telle que l'empereur Ferdinand II lui concède le titre et les privilèges d'Université,
notamment donc le droit de faire des docteurs. Dès lors aussi, la
séparation de l'Université et du gymnase est absolue ; les professeurs
de l'Université forment un corps à part, gouverné suivant les lois ordi-

naires des Universités d'alors. L'enseignement supérieur repose sur l'autorité d'Aristote et d'Euclide pour la philosophie et les mathématiques; les *Partitiones dialecticæ* de J. Sturm sont le fond du programme de logique et d'éloquence, avec les traités théoriques de Cicéron, Quintilien et autres autorités traditionnelles. Enfin, la théologie est strictement astreinte à l'explication littérale des textes sacrés, et, pour ce qui est de la critique, le règlement prescrit d'éviter les sophismes : « *Necessaria, probabilia, aber keine absurda proposita fürgebenn.* »

Le souci du Magistrat strasbourgeois, qui a gardé la haute main sur l'Université, est d'éviter les conflits et les abus de pouvoir; aussi est-il prescrit de rendre le rectorat, ainsi que le décanat des Facultés, semestriel, et d'établir un roulement entre ces mêmes Facultés; le rectorat tendait, en effet, à devenir la forteresse de la Faculté de théologie, la moins nombreuse de toutes.

On remarque la même préoccupation de la discipline et de l'ordre matériel dans les règlements minutieux qui sont imposés aux étudiants de l'Université. Il est vrai qu'on leur épargne, en cas de faute grave, les verges que les écoliers du gymnase reçoivent jusqu'à 16 ans ; mais il leur est interdit de sortir le soir, d'aller aux bals et spectacles, de porter des vêtements de soie, velours ou damas, de se montrer en armes dans les rues, etc. Les bourgeois qui logent des étudiants sont soumis à des règlements sévères, qui interdisent de prêter de l'argent aux étudiants, ou de faire avec eux aucun négoce, sous peine d'amende et même de prison. Nous ne faisons que donner ici un aperçu des sévérités de la discipline civile et universitaire du vieux Strasbourg.

Au reste, il ne s'agissait pas, dans cette analyse forcément sommaire, d'autre chose que de donner une idée de la richesse et de la variété des intéressants documents publiés par MM. Fournier et Engel. Une étude approfondie de leur savant volume mériterait un article entier, que nous n'avons point à faire. Il nous suffira d'avoir donné aux lecteurs le désir de puiser à la source même, dont nous voudrions leur avoir entr'ouvert l'accès. E. S.

Le Grand Siècle (Louis XIV, Les Arts, Les Idées), par ÉMILE BOURGEOIS, maître de conférences à l'École normale supérieure. Paris, Hachette, grand in-4 magnifiquement illustré de 450 pages, 1896. — Notre petite fin de siècle s'éprend tout à coup de grandeur, par antithèse. Hier c'était Napoléon; demain ce sera peut-être Louis XIV. Ne serait-ce là que de passagers engouements, ils nous honoreraient encore. Mais peut-être qu'il ne manque à ce goût naissant, pour devenir sérieux et profitable, que de n'être point alimenté par des livres frivoles. A ce point de vue, c'est un très appréciable service que vient de rendre M. É. Bourgeois au grand public, en lui remettant sous les yeux une relation anecdotique encore, il est vrai, du grand siècle, mais extraite du plus classique et du plus sérieux des bons livres d'histoire, j'ai nommé *Le Siècle de Louis XIV* de Voltaire.

L' « histoire » du XVIIᵉ siècle n'est en effet, l'auteur nous le fait observer dès la première ligne, ni le titre ni le sujet de cet ouvrage. C'est sa physionomie, ce sont ses mœurs, celles du Roi, de la Cour, et aussi des bourgeois ; ce sont encore ses arts, l'art familier non moins que l'art officiel, et ses idées, soit politiques, soit religieuses, qu'on a voulu faire revivre à nos yeux. Or le tableau tracé par Voltaire dans les chapitres *Particularités et Anecdotes, Beaux-Arts, Finances*, etc., est encore très vivant et très vrai dans son ensemble. A le négliger complètement, on courait gros risque ; à le refaire de fond en comble, plusieurs années de travail n'auraient pas suffi. Et, encore que M. Bourgeois ait prouvé, par l'édition si savante qu'il a donnée du *Siècle de Louis XIV*, qu'il était fort capable de reprendre cette Histoire sur une base plus scientifique et fort élargie, on comprend très bien qu'il se soit épargné ce labeur énorme pour suivre un parti mixte, aussi satisfaisant pour la vérité que pour le lecteur. Il a donc laissé parler Voltaire tout uniment tant que Voltaire n'avançait rien de contestable ; et il a discrètement suspendu le fil de son récit, pour le renouer un peu plus loin, toutes les fois que les assertions de Voltaire méritaient des retouches. Ces retouches elles-mêmes, M. Bourgeois ne les a pas faites en son propre nom : il s'est contenté de faire parler, comme témoins mieux informés, tantôt Laporte, le valet de chambre du roi, et tantôt Dangeau ; tantôt Mᵐᵉ de La Fayette et tantôt l'envoyé de Brandebourg, Spanheim ; tantôt Choisy, et tantôt Saint-Simon. Ces correctifs, extraits de mémoires vivants, forment la plus heureuse broderie autour du texte de Voltaire ; et quiconque sait la difficulté d'introduire dans une trame déjà tissée des fils nouveaux sans la brouiller, admirera l'adresse avec laquelle M. Bourgeois a procédé à l'entrelacement.

La lecture de ce beau livre est donc d'elle-même très attachante, sans compter qu'elle nous remet en mémoire, sous la forme classique et traditionnelle, une foule de souvenirs qui font corps avec le grand siècle. L'illustration n'est pas moins remarquable ; pour le lettré et l'artiste surtout elle constitue une mine et un trésor de renseignements. Songez que *tous* les documents publiés, *plus de cinq cents*, sont du siècle, et pris directement de l'original, et traduits avec cette illusion complète que donne la photographie artistement maniée ! On aura beau dire, toute l'érudition du monde ne donnera pas le sens d'une époque au même degré que cinquante planches bien choisies. En lisant Voltaire, on comprend le grand siècle ; quand on a étudié l'illustration de ce texte, on a *vu* le grand siècle. Il parle, il marche, il vit, on l'entend. On en perçoit la physionomie générale et les figures accidentelles ; on en connaît les modes et les meubles ; on s'est pénétré de son art, on s'est imprégné de son atmosphère. Non seulement Versailles et le Louvre ont fourni, mais encore les Estampes, la Monnaie et les Gobelins ; non seulement les collections nationales, mais les vitrines des particuliers. L'estampe populaire, la satire hollandaise, tout est représenté. En avançant, de l'enfance du roi jusqu'à son extrême vieillesse, on voit se diversifier, s'altérer, puis s'aigrir et tourner contre lui cet art qu'il avait d'abord façonné à son image. Si bien que M. Bourgeois, par une simple disposition de documents photographiques, a joint à l'histoire générale du siècle un chapitre très important de l'histoire des Beaux-Arts. C'est dire à quel point il a atteint son double but. Il aura plus fait pour propager la connaissance d'une grande époque que nombre de professeurs à grand renfort de cours et conférences. Son livre restera le livre-type pour ceux qui rêvent de voir l'histoire rendue vivante par l'art, et l'art expliqué par l'histoire.

Un avocat journaliste au xviii° siècle, par JEAN CRUPPI. — Paris, Hachette, in-12° de 391 p., 1895. — Le xviii° siècle est celui qui nous laisse le plus de procès à reviser, de réputation à refaire, à défaire ou à parfaire. C'est que le xviii° siècle a été le plus sujet à l'*opinion* avant le nôtre et l'on sait de quoi est faite l'opinion. Quand elle se fonde sur Voltaire, il y a encore une chance sur deux ou trois qu'elle ait raison ; mais quand elle se fonde sur le journalisme... Le plus curieux, c'est que le premier des journalistes, en tout cas des avocats journalistes, le premier dont le journalisme fût essentiellement politique, Linguet, vécut et mourut victime de son invention. C'est un bel exemple, qu'il convenait de rappeler au public. Et si M. Cruppi, le très savant et très habile metteur en œuvre de cette monographie, n'a pas écrit directement son livre en vue de cette morale, du moins s'y lit-elle si clairement qu'elle éclate à tous les yeux. Soyez bien sûrs qu'elle n'arrêtera d'ailleurs personne. Ceux qui vivent de scandale politique sont aujourd'hui légion ; ceux qui en meurent ne comptent pas. C'est une faible compensation.

Après tout, il faut être juste, même avec Linguet. Et c'est pour accomplir une œuvre de justice, sinon de demi-réparation, qu'un magistrat de talent s'est plongé dans une telle étude, d'ailleurs énorme. Car pour connaître Linguet, c'est-à-dire les trente années les plus agitées du siècle dernier, — de 1760 à 1786 environ, — il ne faut pas connaître seulement ce que le siècle a imprimé : il faut avoir exploré ses tiroirs, vidé ses cartons, perquisitionné dans ses archives professionnelles. Tout a servi à souhait M. Cruppi, devenu le juge d'instruction posthume de Linguet « appelant » de la magistrature d'hier à celle d'aujourd'hui. Reims, patrie de Linguet (né en 1736, guillotiné en 1794), lui a livré de nombreuses archives ; M. de Douville-Maillefeu, ses papiers de famille, et nombre de notes picardes relatives aux relations de Linguet avec les compatriotes de l'infortuné chevalier de la Barre ; les archives nationales, leurs papiers intimes ; et enfin, les archives du Palais de Justice, les dossiers, sacs, rapports confidentiels, toute la fatrasserie si documentaire de l'avocat général Joly de Fleury et de ses acolytes. C'est donc quelque chose de très curieux, de très vivant et de très neuf, que cette reconstitution, pièces en main, de la vie de Linguet avocat batailleur. C'est celle-là seulement qu'on nous présente, de préférence à l'auteur, connu des *Annales politiques et littéraires*, ou des *Mémoires sur la Bastille*. C'est qu'en effet tout le Linguet qui se rattache au barreau est le Linguet méchant, certes, vindicatif, hargneux et même maladroit, mais aussi le Linguet intéressant, intelligent, vif, vrai souvent, et moins mauvais que l'on ne se le figure.

Car, si la réputation de Linguet n'est pas meilleure que son caractère, sa moralité vaut réellement mieux que sa réputation. Il a subi comme une fatalité d'infamie, qui s'est attachée à lui dès l'adolescence, et l'a suivi jusqu'à l'échafaud. Voleur prétendu d'un cheval, puis escroqueur de cent louis au poète Dorat, aussi gueux que lui, — puis dépositaire infidèle du prince de Beauvau dont il était secrétaire, — tous ces contes ne tiennent pas debout aujourd'hui; mais alors ! Et il en fut de même dans le reste de sa carrière. Aussi, quand pour son malheur — et pour sa gloire, — il fut inscrit enfin à l'ordre des avocats, toutes les causes qu'il plaida pour son bon droit rejaillirent sur lui-même en éclaboussures malpropres. Ainsi son interminable procès contre le duc d'Aiguillon, qui l'avait incontestablement frustré ; ainsi ses démêlés contre les gens du roi au Palais, contre le barreau, contre l'ordre tout entier, qui le traita avec inhumanité. Son seul succès, sa popularité éphémère, qui alla jusqu'à la mode (bonnet *à la Linguet*), il les dut au procès Morangiès, qu'il gagna. Mais comme il paya cher cette victoire ! Et, presque aussitôt, quel retour de suspicion, et enfin quel silence pesa sur ce bruyant aussitôt après sa mort !

Que reste-t-il donc de cet insurgé de carrière, de ce Gilbert plus venimeux, de ce Beaumarchais sans grâce, qui se trompa de date et eut peut-être surtout le tort de naître vingt ans trop tôt ? Un acte, d'abord : L'appui prêté au chevalier de la Barre. S'il ne réussit pas à sauver le principal inculpé, c'est-à-dire le principal innocent, en tout cas eut-il le cœur assez hardi pour se jeter dans la mêlée, et la langue assez experte pour sauver ses jeunes co-accusés. De là date sa réputation, une réputation fondée sur une action noble et courageuse. On avait trop oublié Linguet derrière Voltaire. M. Cruppi replace Linguet dans cette affaire à son plan, au premier. Et il éclaire d'un jour sinistre ce procès qui reste la honte du siècle. Il y a là un certain procès-verbal de torture dont la lecture fait horreur.

Ce n'est pas tout. A une époque où « messieurs » du Parlement étaient tout, et les avocats rien, où la routine oratoire faisait de la Grand'Salle un dortoir cicéronien, Linguet, l'homme aux yeux agres- sifs, au « menton insolent », voulut faire à l'avocat sa place, et tint en respect le magistrat, par le talent, par l'audace, par tous les moyens. De plus, il introduisit dans la parlotte où présidait le solennel Gerbier toutes les vivacités, toutes les précisions, tous les corps à corps de la plaidoirie actuelle. Il est le premier avocat du XIX° siècle. Sa parole sif- flante annonce des temps nouveaux. Il a créé ce quatrième pouvoir, celui du journalisme politique, dont nous parlions plus haut. Enfin, s'il a longtemps attendu justice, il a aujourd'hui la réparation belle. Si Linguet vivait encore (mais il est bien mort ?) rien ne serait sûre- ment plus agréable à l'avocat-journaliste que de se voir si généreuse- ment traité par un magistrat-écrivain.   S. ROCHEBLAVE.

John Morley. Essais critiques ; traduits par GEORGES ART, in-8 de 346 pages. Introduction par AUGUSTIN FILON, p. XXI. Paris. Colin. — Ce recueil, pour lequel M. Filon, l'un des deux traducteurs, a écrit une vie et un éloge raisonné de l'auteur, comprend une biographie de Words- worth, une autre d'Emerson, un article sur Comte composé pour l'*Ency- clopédie britannique*, une allocution sur les aphorismes, prononcée à la Philosophical institution d'Édimbourg, un essai sur Macaulay, et une étude sur la philosophie de Carlyle. Des lecteurs assez divers y trou- veront donc à glaner. Les amateurs de « maximes » feuilletteront avec plaisir celles que les dernières pages empruntent à l'Angleterre, à l'Allemagne, à la France. Le lumineux portrait de l'heureux prophète de Concord fera pleinement sentir, à ceux qui ne les devinaient encore qu'à demi, la solidité, le charme, les faiblesses, et les vides de son caractère et de sa pensée. L'historien de la littérature recueillera des indications utiles sur les différents styles et leur sens, sur le talent de conteur pittoresque et net de Macaulay, sur la violence de ses effets, le manque de souplesse, de profondeur et de largeur de son rythme comme de son émotion, sa pauvreté d'idées, la distance qui sépare un talent vigoureux, brillant et bruyant comme le sien, du génie d'un Burke. Et c'est pour le psychologue une bonne fortune que l'analyse qui aboutit à cette vivante formule :' « Le carlylisme est le mâle du byronisme. »

Mais pour un autre motif encore, M. Filon « croit que ce volume vient à son heure. Il serait utile s'il retenait quelques jeunes esprits sur la pente du mysticisme où ils glissent ». Mystique, en effet, M. Morley ne l'est à aucun degré. « Dans mes jours d'Oxford, l'astre de Newman s'était couché, celui de Stuart Mill montait à l'horizon »; et, en matière religieuse, le disciple s'est montré plus résolument négateur que le maître. Le vigoureux critique de la Profession de foi du Vicaire savoyard, l'apologiste véhément du Système de d'Holbach, se reconnaît, ici, à telle phrase sur le christianisme de Kingsley, « qui s'est appelé musculaire parce qu'il n'est pas intellectuel », aux réserves faites sur la conception comtiste du dieu-Humanité, au refus constant d'accepter aucune forme, sombre ou riante, trouble ou limpide, du surnaturel ou de l'intuitionnisme. « La doctrine de la volonté libre » est déclarée « absolument vide de sens »; et néfaste parce qu'elle barre la voie à l'étude scientifique de l'individu et des groupes humains. Les questions sociales sont les plus complexes; c'est pourquoi nous y devons apporter « la prudence, l'exactitude, la patience infinie » de l'esprit scientifique. Il y faut plus de lumière, de souplesse, et de mesure que de chaleur même. C'est être mal préparé à les résoudre que de ne pouvoir, comme Carlyle, « souffrir une subdivision ». L'indignation est un gaspillage de temps et de force; compatir est un « don divin », mais la vraie pitié c'est la justice. « La cruauté est inhérente au sentimentalisme; nous commençons par l'intuition et les « vérités éternelles », et nous finissons par le fer et le sang. » Ce n'est qu'aux mains d'un grand homme d'État, Grégoire VII, que le christianisme a « enfin » sauvé la civilisation. Seule, la raison s'exerçant avec scrupule et liberté sur les sujets les plus divers peut dégager les principes susceptibles d'assurer l'ordre et de favoriser le progrès des sociétés.

Si cette conviction, d'où est née l'œuvre entière, spéculative et pratique, de M. Morley, paraît étroite, importune, et d'hier à certains cœurs généreux d'aujourd'hui, ils ont, du moins, assez l'esprit de renoncement pour s'imposer quelques heures de son austère compagnie. A cette courte retraite, ils gagneront beaucoup de faits utiles et d'aperçus instructifs, une vision plus nette de la place que tient encore « l'état de nature » dans les rapports entre individus, à plus forte raison de peuple à peuple. Et pour aucun, sûrement, ce ne sera une leçon stérile que le rare spectacle d'une âme singulièrement probe, se refusant au sophisme comme au mensonge, gardant, une vie durant, le sentier de clarté que, péniblement, les siècles ont tracé parmi d'éternelles ténèbres, puisant toute sa force et toute sa douceur dans cette conscience d'avoir tâché d'accroître le bonheur humain, par la vertu de laquelle « la matinée nous est bienvenue au réveil et la nuit nous entoure comme d'un doux vêtement — oui, et, peut-être elle nous éclairera d'un rayon de consolation quand nos yeux se fermeront à toute chose et que nous descendrons dans la Sombre Vallée ».   R. TRAVERS.

...intéresser la Revue, seront insérées dans l
qui relate tous les faits importants touchant

ainsi que les Auteurs eux-mêmes, de vouloi
                     Enseignement dans toutes se
note analytique ne dépassant pas 15 à 20 lignes.

REVUE INTERNATIONALE

DE

ENSEIGNEMENT

PUBLIÉE

Par la Société de l'Enseignement supérieur

COMITÉ DE RÉDACTION

M. BERTHELOT, Membre de l'Institut, Sénateur,
Président de la Société

E. LAVISSE, de l'Académie française, professeur à la Faculté des Lettres de Paris, secrétaire général de la Société.

L. PETIT DE JULLEVILLE, Professeur Faculté des Lettres de Paris, Secrétaire général adjoint.

ARMAND COLIN, éditeur.

G. BOISSIER, de l'Académie française, secrétaire au Collège de France.

BOUTMY, de l'Institut, directeur de l'École des Sciences politiques.

BRÉAL, Membre de l'Institut, Professeur Collège de France.

BROUARDEL, de l'Institut, doyen de la Faculté de Médecine.

CUÉNOIR, Professeur à la Faculté de droit Paris.

DASTRE, Professeur à la Faculté des Sciences de Paris.

M. FERNET, Inspecteur général de l'Enseignement secondaire.

M. GAZIER, Maître de Conférences à la Faculté des Lettres de Paris.

M. P. JANET, Membre de l'Institut, Professeur à la Faculté des Lettres de Paris.

M. LYON-CAEN, de l'Institut, Professeur à la Faculté de droit de Paris.

M. MARION, Professeur à la Faculté des Lettres de Paris.

M. MONOD, Directeur adjoint à l'École des Hautes-Études.

M. MOREL, Inspecteur général de l'Enseignement secondaire.

M. PASTEUR, de l'Académie française.

M. CH. SEIGNOBOS, Maître de conférences à la Faculté des Lettres de Paris.

M. A. SOREL, de l'Académie française.

RÉDACTEUR EN CHEF

M. EDMOND DREYFUS-BRISAC

PARIS

ARMAND COLIN ET Cie, ÉDITEURS

1, 3, 5, RUE DE MÉZIÈRES

1896

REVUE INTERNATIONALE

DE

L'ENSEIGNEMENT

LA RÉFORME

DE LA LICENCE ÈS SCIENCES [1]

MESSIEURS,

Les modifications si heureuses qu'a subies, il y a deux ans, l'organisation des études médicales vous avaient conduits, vous vous le rappelez, à vous occuper une première fois de nos Facultés des sciences. Elles avaient reçu de vous la mission, aujourd'hui accomplie, d'organiser une première année *d'études physiques, chimiques et naturelles* préparatoires à la carrière médicale ; mais le régime des études de licence n'avait pas encore été l'objet de vos discussions. Institués par le décret de mars 1808, nos examens de licence conservaient depuis plus de quarante ans une forme presque invariable. Seules de tous nos établissements d'enseignement supérieur, les Facultés des sciences restaient soumises à des programmes minutieusement réglés, qui portaient toujours, depuis l'origine, sur les mêmes branches de la science et laissaient peu d'initiative, soit aux maitres, soit aux étudiants.

Pourtant, depuis 1808, les cadres de notre enseignement se sont notablement élargis. A mesure que naissaient des sciences nouvelles, l'État créait les chaires correspondantes, soit dans nos départements, soit à Paris. Nous avons vu apparaître dans nos Facultés des chaires de *chimie organique*, de *chimie industrielle*, de *chimie biologique ;* à côté de la *physique générale* est venue se placer la *physique mathématique*, cette création de la science

(1) Rapport présenté au Conseil supérieur de l'Instruction publique sur les projets de décret relatifs à la licence ès sciences.

REVUE DE L'ENSEIGNEMENT. — XXXI.

française qui joue aujourd'hui un rôle prépondérant ; des enseignements distincts ont été institués pour la *physique industrielle*,
pour la *mécanique physique*, pour la *mécanique céleste*, pour
l'*algèbre* et pour la *géométrie supérieure*. Tandis que le programme
actuel de la licence pourrait être développé avec sept à huit chaires
seulement, certaines Facultés comptent dix et onze chaires ; celle
de Paris en a vingt et une. Ces créations nouvelles, qui remontent
à toutes les époques, répondaient toutes à des besoins impérieux :
et même plusieurs demandes, formulées à bien des reprises différentes dans ces derniers temps, attendent encore satisfaction.

Pendant que s'élargissait ainsi le cadre de l'enseignement,
celui des examens de licence demeurait à peu près invariable.
Sans doute, en 1877, on avait remanié et étendu beaucoup les
programmes, pour essayer de les mettre plus en harmonie avec
les découvertes qui se succèdent chaque jour ; mais les remaniements n'avaient modifié en aucune manière le caractère de
l'examen. La licence était un grade d'État, et l'État faisait figurer
dans ses programmes les seules matières qui lui paraissaient
devoir être exigées des aspirants à l'enseignement.

Cette organisation présentait des inconvénients et des dangers
de plus d'une sorte. Les étudiants, assujettis à des études limitées
par un programme à la fois trop précis et trop chargé, les pour-
suivaient le plus souvent sans ardeur et sans goût. D'autre part,
comme des garanties de culture générale étaient à bon droit
exigées des candidats à l'agrégation, on n'avait eu d'autre ressource que de demander à chacun d'eux *deux* diplômes de
licencié. On imposait ainsi aux étudiants, pendant les années
décisives de la carrière, et au grand détriment de la bonne formation de leur esprit, un travail qui ne pouvait leur plaire dans
plusieurs de ses parties. Il semblait véritablement que nos
Facultés n'eussent d'autre but et d'autre raison d'être que la préparation des futurs professeurs ; et, d'ailleurs, lorsque l'encom-
brement des cadres obligeait, comme il arrive aujourd'hui, un
grand nombre d'étudiants à renoncer à l'enseignement, ils ne
pouvaient, il faut bien le dire, tirer presque aucun parti des
études trop spéciales qui leur avaient été imposées pendant
plusieurs années.

Le projet soumis à vos délibérations vient, par les moyens les
plus simples, porter remède à cet état de choses. Il institue des
certificats d'études supérieures qui seront délivrés par chaque
Faculté et qui correspondront aux matières enseignées par elles.
Trois de ces certificats obtenus, soit en même temps, soit dans

des sessions différentes, permettront à l'étudiant de réclamer le *diplôme* de *licencié ès sciences*. Mention sera faite sur le diplôme de ces trois certificats; et si, après cela, l'étudiant en recherche et en obtient d'autres, il sera ajouté sur le diplôme les mentions relatives aux nouveaux certificats. Telle est en deux mots l'économie du nouveau projet : il substitue aux trois types fournis par les licences actuelles une foule de combinaisons variées, très propres à encourager le goût de l'étude, à éveiller les vocations scientifiques, à conserver l'originalité de l'esprit. Quelques exemples feront bien comprendre l'utilité de l'organisation proposée.

Depuis longtemps déjà, un grand nombre d'étudiants en médecine et en pharmacie venaient nous demander un de nos diplômes dans le seul but de compléter leurs études de science pure. Nous pouvons compter au nombre de nos professeurs les plus illustres plusieurs savants qui ont commencé par la Faculté de médecine. Dorénavant le futur médecin qui recherchera la licence ès sciences sera en droit de présenter, s'il lui plaît, pour le diplôme de licencié, le certificat de *physiologie*, ou celui de *chimie*, ou celui de *chimie biologique*. Des études de ce genre sont extrêmement fécondes, tous en bénéficieront : les médecins et les savants.

Parmi ceux que le projet favorise, nous n'aurons garde d'oublier ces étudiants, de plus en plus nombreux, attirés dans nos laboratoires par le désir d'acquérir ces notions de science pratique qui deviennent de plus en plus indispensables à tout progrès industriel ou agricole. Loin de nous la pensée de transformer nos Facultés en *écoles d'arts et métiers*, en *écoles spéciales d'application;* mais il ne faut pas perdre de vue que les progrès matériels se rattachent chaque jour plus directement aux recherches les plus élevées de la science pure. C'est un physicien mathématicien qui a donné les moyens de lancer un câble pour la première fois à travers l'océan Atlantique. Ces progrès de l'industrie électrique, de l'industrie chimique, qui valent à nos voisins des bénéfices annuels de plusieurs centaines de millions, ont été accomplis par des hommes sortis des Universités allemandes.

Voilà quelques-uns des avantages du projet; avant d'entrer dans son examen détaillé, il importe de répondre tout de suite à une objection qui lui a déjà été adressée et qui se reproduira peut-être. On voit bien qu'il laisse plus de liberté et d'initiative à tous, maîtres et élèves, qu'il est de nature à favoriser beaucoup le développement des enseignements annexes. Mais ce progrès, si c'en est un, ne sera-t-il pas acheté par l'affaiblissement des garanties exigées jusqu'ici des aspirants à l'enseignement ?

Messieurs, nous venons de vous exposer bien franchement comment nous comprenons le rôle que doivent jouer les Facultés des sciences dans notre société. Mais, si elles voient croître sans cesse leur tâche et leurs obligations, nous estimons que leur devoir le plus étroit les oblige à ne jamais négliger la préparation des futurs maîtres de la jeunesse française.

La Commission a la satisfaction de vous dire que, sous ce rapport, elle a reçu les assurances les plus formelles. Les études préliminaires exigées des candidats à l'*agrégation*, au doctorat, ne seront nullement diminuées. On peut même affirmer que la souplesse de la nouvelle organisation permettra un meilleur aménagement de ces examens tout à fait supérieurs, destinés à une élite qui sera toujours l'objet de nos préoccupations. Dès à présent, d'ailleurs, nous avons une première garantie : un projet de décret émanant de la direction de l'enseignement secondaire et sur lequel nous reviendrons plus loin maintient, en l'améliorant déjà, l'état de choses actuel, pour les aspirants aux fonctions de l'enseignement secondaire public. Nous le signalons dès à présent parce qu'il complète et éclaire le projet fondamental.

Dans ces conditions, l'impression éprouvée unanimement par votre Commission est que la licence, avec ses trois certificats, comprenant chacun trois épreuves, deviendra un examen plus attrayant sans doute, mais aussi plus difficile que par le passé.

Toutes ces explications ont été échangées lors de la discussion des articles 1 et 2 du *projet de décret sur la licence ès sciences* que vous avez sous les yeux. L'article 1 institue les *certificats d'études supérieures*. D'après l'article 2, la liste des matières pouvant donner lieu à la délivrance des *certificats* est arrêtée pour chaque Faculté par le Ministre, sur la proposition de l'Assemblée de la Faculté et après avis du Comité consultatif. L'établissement de la liste propre à chaque Faculté sera, au début tout au moins, une opération quelque peu délicate ; nos Facultés, jusqu'ici guidées par des programmes, auront à coordonner les diverses branches de leur enseignement. La Commission a émis le vœu, accueilli sans difficulté par l'administration, que les deux représentants des Facultés des sciences au Conseil supérieur soient appelés au Comité consultatif lorsque seront discutées les listes proposées par les diverses Facultés.

L'article 3 porte que le *diplôme* de licencié ès sciences sera conféré à tout étudiant qui justifiera de *trois certificats*. Il a été adopté après une longue discussion, laquelle, à vrai dire, n'a porté ni sur le *nombre*, ni sur la *nature* des certificats exigés ; mais il s'agissait uniquement de décider si les trois certificats devaient être obtenus devant la *même* Faculté. Plusieurs d'entre nous faisaient valoir que l'on réalise déjà un bien grand progrès en laissant à l'étudiant le choix libre entre tant de certificats, en lui laissant aussi la liberté de les rechercher, s'il le désire, successivement. Est-il nécessaire d'aller plus loin dès le premier jour, et de reconnaître à l'étudiant le droit de réunir les trois premiers certificats qui lui sont nécessaires en choisissant peut-être, non les Facultés où il croira trouver les meilleurs maîtres, mais celles où il espérera rencontrer les examinateurs les plus indulgents ? L'unité de grade ne sera-t-elle pas ainsi affaiblie, sinon rompue, et ne court-on pas le risque de faire naître un préjugé défavorable à la réforme ? A cela, il a été répondu que dans d'autres pays les pérégrinations sont un des charmes et un des profits de la vie d'étudiant, qu'elles contribuent beaucoup à développer le caractère et à former les hommes ; d'ailleurs, bien des étudiants, et notamment les fonctionnaires de l'enseignement, sont souvent, au cours de leurs études, tenus à des déplacements qui leur interdiraient toute recherche des grades, si l'obligation d'achever leurs études dans la même Faculté leur était imposée. Finalement, on s'est arrêté à une transaction qui a réuni l'assentiment unanime. Il a été convenu que la Commission entendait l'article en ce sens que l'obligation serait maintenue pour les étudiants d'obtenir les trois premiers certificats constitutifs de la licence devant la même Faculté, mais que chaque Faculté serait tenue d'accorder, dans les formes ordinaires, le transfert de son dossier à tout étudiant pouvant invoquer des motifs légitimes à l'appui de sa demande. Si, par impossible, certaines Facultés voulaient retenir leurs étudiants, le recours au Ministre est toujours ouvert : c'est le droit commun.

L'article 4 porte que mention est faite sur le diplôme des matières correspondantes aux trois certificats qui composent la licence. Il n'y aura donc plus à l'avenir qu'une seule licence ès sciences, mais les anciennes épithètes, *mathématiques, physiques* ou *naturelles*, seront avantageusement remplacées par les mentions. D'ailleurs, d'après l'article 5, mention sera également faite sur le diplôme de tous les autres certificats qui viendront s'ajouter aux trois premiers. Il va sans dire que ces certificats supplémentaires pourront être pris là où le préférera l'étudiant.

Les articles suivants n'ont donné lieu à aucune difficulté. Remarquons seulement de quelles garanties est entouré l'examen relatif à chaque certificat. Il exigera trois juges et comportera une épreuve écrite, une épreuve pratique et une épreuve orale, les deux premières étant éliminatoires. Quand plusieurs certificats seront recherchés en même temps et dans la même session, il a été reconnu que les jurys pourraient être confondus en totalité ou en partie, les prescriptions de l'article 10 étant, bien entendu, respectées.

Le second projet de décret est relatif *aux aspirants aux fonctions de l'enseignement secondaire public pour lesquels est requis le grade de licencié ès sciences.* Comme nous le disions plus haut, il rassure pleinement tous ceux qui désirent maintenir le niveau de notre corps de professeurs, et il met tout de suite en évidence quelques-uns des avantages de la nouvelle organisation. Car, s'il conserve, pour les trois ordres de professeurs de sciences, les trois groupes de certificats correspondants aux trois licences actuelles, il permet en outre, grâce à l'addition d'un article adopté à l'unanimité et proposé par M. le Directeur de l'enseignement secondaire, de tenir compte aux aspirants des études complémentaires faites par eux et notamment de celles qui se rapportent au type voisin de celui qu'ils ont présenté.

Si le décret s'applique uniquement aux fonctionnaires de l'enseignement secondaire, c'est qu'on n'a pas voulu s'interdire d'employer dans certains cas, par exemple comme préparateurs dans les Facultés, des étudiants ayant obtenu la licence avec une des combinaisons nouvelles qui leur sont offertes par l'organisation projetée.

Tel est, Messieurs, le résultat de nos discussions. Les projets présentés ont un caractère propre; ils diffèrent à bien des égards de ceux que vous avez adoptés pour les autres ordres d'enseignement et sont parfaitement appropriés à l'état présent des études dans les Facultés des sciences. Ils réalisent, sous une forme heureuse, la liberté des études que plusieurs de nos collègues ne cessaient de réclamer. Bien des questions qui avaient été soulevées dans ces derniers temps se trouveront résolues si vous les adoptez; par exemple, celle des diplômes d'études supérieures, sur laquelle il était bien difficile d'aboutir. Ils n'affaiblissent pas, ils fortifient plutôt la licence; et, en même temps, ils ouvrent, dans de meilleures conditions, les portes de nos Facultés à ces catégories nouvelles d'étudiants que nous avons énumérées plus haut et qui étaient en droit de réclamer notre concours. Ils permettent encore, et surtout, une solution favorable de cette question si ardue des étudiants étrangers, qui intéresse à un si haut degré l'influence de notre pays. Si, pour d'autres Facultés, l'introduction d'éléments étrangers en trop grand nombre peut devenir exceptionnellement un danger, les nôtres n'ont rien de semblable à redouter. Au contraire, elles gagneront beaucoup à faire connaître au dehors leur enseignement si solide, si précis, auquel elles ont su donner cette forme élégante qui caractérise les productions de l'esprit français. Leur influence et leurs prérogatives vont recevoir de ce projet un nouvel et décisif accroissement; nous avons la confiance qu'elles sauront l'utiliser pour le bien des études et pour celui du pays. Vous ferez, Messieurs, bon accueil à la réforme qui vous est présentée, elle est le couronnement de celles que vous avez été appelés à examiner et que vous avez consacrées par vos votes dans le régime des Facultés de médecine, de droit et des lettres; et elle achève de constituer ainsi la plus utile préparation au vote du projet de loi que nous espérons voir prochainement aboutir et qui est relatif à la création des Universités.

G. DARBOUX.

Doyen de la Faculté des sciences de Paris.

L'ÉCOLE DE STRASBOURG AU XVIᴱ SIÈCLE

PREMIÈRE PÉRIODE

I. — LES ÉCOLES LATINES AVANT LA FONDATION DU GYMNASE

Strasbourg eut des écoles de bonne heure. Celle de la Cathédrale, fondée vers le milieu du viiiᵉ siècle, devint florissante par
suite de l'impulsion donnée aux études par Charlemagne. Mais ce
réveil littéraire fut de courte durée, et l'Occident retomba dans la
barbarie pendant les convulsions qui accompagnèrent le démembrement de l'empire franc. Sous Othon le Grand et sous ses successeurs le niveau intellectuel du clergé se releva ; c'est vers cette
époque que deux monastères, celui de Saint-Thomas et celui de
Saint-Pierre-le-Jeune, furent transformés en chapitres séculiers
et que l'une des principales prébendes fut attribuée à l'écolâtre
(*scholasticus*). Dans les écoles des chapitres réservées d'abord aux
futurs prêtres, étaient admis également les enfants des nobles et
des riches bourgeois.

Mais la puissance et la richesse des églises grandirent et attirèrent les cadets des plus illustres familles : alors des chanoines
négligents ou incapables firent remplir leurs fonctions par des
clercs pauvres et moins ignorants qu'eux-mêmes ; les dignitaires
firent dire les messes par des summissaires, le custode abandonna la paroisse au curé, et l'écolâtre se déchargea de l'enseignement des novices sur un recteur ou maître des écoliers (*magister
scholarium*), qu'il nommait à son gré (1).

A la fin du xivᵉ siècle les chanoines de Rhinau, chassés de leur
couvent par une inondation, se réunirent au clergé de Saint-
Pierre-le-Vieux et formèrent avec lui un quatrième chapitre. Il
eut également une école latine.

L'arrivée à Strasbourg des ordres mendiants y ranima le zèle

(1) Ch. Schmidt, *Histoire du Chapitre de Saint-Thomas de Strasbourg*.
p. 119, 185.

religieux et ne fut pas sans influence sur l'enseignement. Les
Dominicains eurent une école dans laquelle enseigna Albert-le-
Grand ; l'école des Franciscains jeta pendant quelque temps un
vif éclat : on y enseignait, dit-on, les sept arts libéraux. D'autres
ordres s'établirent à côté d'eux et ouvrirent école. Les chevaliers
de Saint-Jean de Jérusalem, les Guillemites, les Augustins eurent
leur période de vogue et attirèrent dans leurs écoles les enfants
de la bourgeoisie. Mais tous ces établissements ne tardèrent pas
à dépérir ; ils avaient à peu près disparu à l'époque où l'invention
de l'imprimerie et la renaissance des arts et des lettres éveillait
dans toutes les classes un plus vif désir de sortir de l'ignorance.

En 1478, la chaire de la Cathédrale fut confiée à Jean Geiler de
Kaisersberg. Ce prédicateur instruit et pieux ne cessa pendant les
trente années de son ministère de lutter contre le relâchement
des mœurs et l'indifférence religieuse, en même temps qu'il cherchait à relever le niveau intellectuel par l'amélioration des écoles.
Ces efforts demeurèrent longtemps stériles. En vain aussi, Jean
Wimpheling, le chef des humanistes alsaciens, poussé, sans doute,
par Geiler, adressa au Magistrat de Strasbourg un mémoire pour
l'engager à suivre l'exemple de plusieurs autres villes et à prendre
en main la direction de l'instruction qui avait été jusqu'alors le
monopole de l'Église : il ne fut pas donné suite à ces propositions.

Cependant le nombre des hommes instruits augmentait :
beaucoup de jeunes gens strasbourgeois se rendaient à Schlestadt
où existait depuis le milieu du xvᵉ siècle une école florissante ;
d'autres allaient dans les universités voisines, à Bâle, à Fribourg,
à Heidelberg, bientôt aussi à Paris et en Italie, et, quand ils revenaient dans leur ville natale, ils étaient attristés de voir l'ignorance
qui y régnait encore et désireux de faire pénétrer quelques rayons
de lumière au milieu de ces ténèbres. C'était Pierre Schott, issu
d'une illustre famille patricienne et qui, après plusieurs années
de voyage en France et en Italie, fut nommé chanoine de Saint-
Pierre-le-Jeune ; c'était Thomas Wolf, membre du même chapitre ;
c'était surtout Sébastien Brant, syndic de la ville et auteur du
célèbre poème satirique, intitulé la *Nef des fous*. Ils organisèrent
des réunions auxquelles furent admis des étrangers qui venaient
s'établir à Strasbourg, Guebwiler, Brunfels, ou des jeunes gens qui
revenaient des universités, Jacques Sturm, le jurisconsulte Nicolas Gerbel, l'imprimeur Mathias Schurer. Ils formèrent alors
une *Société littéraire*, à l'instar de celles qui existaient dans
d'autres villes. Wimpheling qui fit plusieurs fois à Strasbourg

des séjours prolongés présidait ces réunions. Érasme, de Rotterdam, dans un voyage qu'il fit à Bâle, s'arrêta quelques jours à Strasbourg et fut accueilli et fêté avec enthousiasme par les membres de l'association.

Les écoles ne pouvaient manquer de ressentir le contre-coup de cette activité littéraire qui régnait autour d'elles. Jean Gallinarius qui, de son vrai nom, s'appelait Vogler, enseigna dans l'école de Saint-Pierre-le-Jeune la rhétorique et la dialectique. Mathias Ringmann, à qui l'amabilité de son caractère avait valu le surnom de Philésius, ouvrit une école privée qui eut de nombreux élèves, mais ne subsista que peu de temps. Enfin, en 1509, l'évêque cédant aux instances de Geiler et à la pression de l'opinion, appela à la direction de l'école de la Cathédrale un maître savant et habile, Jérôme Guebwiler, qui avait été pendant plusieurs années à la tête de l'école de Schlestadt. Cinq ans plus tard, le Strasbourgeois Ottomar Luscinius (Nachtigall) revint dans sa ville natale, après de longs voyages poussés jusqu'en Grèce, il fut le premier qui y enseignât la langue grecque.

Mais ce mouvement qui portait les esprits vers l'étude des orateurs et des philosophes de l'antiquité fut subitement entravé par la révolution religieuse qui s'opérait en Allemagne. La bourgeoisie strasbourgeoise avait été trop longtemps exploitée par les prêtres et les moines et elle avait conçu trop de mépris et de haine pour leurs vices, pour ne pas secouer leur joug avec empressement. Du côté des couvents la résistance ne fut guère sérieuse ; privés des libéralités dont ils avaient vécu jusqu'alors, moines et nonnes se hâtèrent de quitter leurs cellules. Les chapitres se défendirent plus énergiquement. Voyant que la bourgeoisie et le peuple adhéraient aux nouvelles doctrines, ils émigrèrent emportant une partie de leurs richesses ; mais au bout de deux ans, de guerre lasse, ils signèrent avec le Magistrat une convention qui leur garantissait la jouissance de leurs revenus contre une modique redevance et ils rentrèrent dans la ville qui, pendant leur absence, avait accompli la transformation du culte conformément aux nouvelles doctrines.

Cette révolution, quoique pacifique, avait pourtant sérieusement contrarié le mouvement littéraire qui avait eu des débuts si brillants : plusieurs des humanistes, effrayés et troublés, s'attachèrent plus fermement aux doctrines menacées ; d'autres, à l'exemple d'Érasme, s'irritèrent contre les témérités qui menaçaient leur quiétude. Wimpheling se sépara de ses anciens amis, non sans récriminations, auxquelles Jacques Sturm, son disciple, répondit par ces mots : « Si je suis devenu hérétique, c'est à vous que je le dois » ; Luscinius quitta sa ville natale ; Guebwiler ouvrit une école à Haguenau. Les écoles latines se fermèrent, celles des chapitres aussi bien que celles des couvents, pour autant qu'elles n'avaient pas disparu antérieurement.

Mais la Réforme, qui était sortie de la Renaissance, ne méconnut pas son origine. Luther adressa, en 1524, un appel aux autorités de toutes les villes de l'Allemagne pour leur recommander l'établissement d'écoles chrétiennes. Cet appel fut entendu à Strasbourg. Dès le 3 septembre 1524 (1), les prédicateurs adressèrent au Magistrat de Strasbourg une supplique demandant de réorganiser l'instruction publique. Une commission spéciale, composée de quatre membres, fut instituée et elle invita les auteurs de la supplique à préciser leur demande. Dans la réponse, qui existe encore, les prédicateurs font ressortir la nécessité de d'oter la ville d'établissements scolaires, dans l'intérêt de l'État comme dans celui des particuliers ; ils proposent la nomination d'une commission permanente, composée de trois membres, du Magistrat, et assistée de deux ecclésiastiques savants ; ils demandent la création de six écoles primaires de garçons et d'un nombre égal d'écoles de filles, et la réouverture des écoles latines des quatre chapitres. Mais, non contents d'indiquer le but à atteindre, ils montrent aussi les voies et moyens pour y arriver. Ils conseillent de réclamer les salles d'école des chapitres avec les revenus affectés de longue date à ce service ; de demander des subsides aux Dominicains, aux Franciscains, aux Guillemites, aux Frères de Saint-Jean « qui tous ont tenu école », et des dons gracieux aux couvents qui possèdent des revenus considérables ; de consacrer, enfin, aux écoles des prébendes dont la collation appartient au Magistrat (8 février 1525).

Mais dans le même moment, la guerre des paysans éclatait en

(1) A partir de cette date, notre récit se base principalement sur les documents manuscrits qui se trouvent reproduits dans le grand ouvrage de M. Marcel Fournier, *les Statuts et Privilèges des Universités françaises* (Paris, Laroze), dont le premier fascicule du tome IV, par MM. Fournier et Ch. Engel, contient les documents relatifs au *Gymnase*, à l'*Académie* et à l'*Université de Strasbourg* (1525 à 1621). Nous nous sommes servis, en outre, des *Protocoles des Scolarques*, conservés aux archives de Saint-Thomas et des procès-verbaux des délibérations du Magistrat, improprement appelés *Protocoles des Vingt et un*. Ces procès-verbaux n'existent que depuis 1539. Pour les années antérieures il y avait à la Bibliothèque de Strasbourg, jusqu'en 1870, des extraits faits par Wencker, et connus sous le nom fautif de : *Annales de Brant*. Une copie partielle de ces procès-verbaux faite par le professeur A. Jung et donnée récemment par sa famille à la Bibliothèque municipale, contient quelques renseignement précieux sur notre sujet.

Alsace et s'étendait jusque sur le territoire de la République : le danger public détourna l'attention du Magistrat de toutes les affaires moins urgentes.

D'ailleurs, s'il n'y avait plus d'écoles entretenues par des corporations religieuses et pas encore d'écoles publiques, il s'était trouvé parmi les moines et les nonnes qui avaient quitté leur couvent des gens plus ou moins instruits, qui cherchèrent à gagner leur vie en ouvrant des écoles privées : il y eut quelques écoles allemandes tenues par des instituteurs (*Lehrmeister*), ou des institutrices (*Lehrfrauen*), et deux écoles latines dont les maîtres étaient appelés *Schulmeister* (*Scholarum magistri*). L'une de ces écoles fut dirigée par Luc Hackfurth, qui avait traduit son nom en celui de Bathodius ; l'autre par Othon Brunfels, un ancien chartreux, ami d'Ulric de Hutten ; ils eurent pour adjoints Jean Schwebel et Henri. Zell. Brunfels publia divers écrits pédagogiques (1), et se voua à l'enseignement avec ardeur.

La guerre des paysans à peine terminée, les prédicateurs vinrent renouveler auprès du Magistrat la demande de fonder des écoles « attendu que c'est de là que procède tout vrai bien » (10 août 1525). Le Sénat ordonna à la commission de lui présenter un rapport sur ce sujet dans le plus bref délai. Dans ce rapport daté du 15 août, les délégués proposent de désigner trois membres du conseil qui seraient chargés d'aller avec le docteur Gaspard Hédion engager des négociations avec les chapitres et les couvents. Ces propositions présentées au Magistrat, le 24 août, furent aussitôt approuvées et les délégués nommés antérieurement reçurent l'ordre d'agir promptement.

Mais les chapitres ne s'empressèrent pas de déférer aux vœux des délégués et bientôt ceux-ci renoncèrent à l'espoir de rien obtenir de ce côté « si l'on ne voulait employer la violence ». Seul le chapitre de Saint-Thomas se montra un peu plus accommodant. Le temps se passait ; la question des écoles revenait fréquemment devant le Grand Conseil, qui pressait ses délégués de hâter les négociations.

Le 9 février 1526 (2), le Magistrat, convaincu de la nécessité de prendre en main la direction de l'instruction publique abandonnée par l'Église, prit une mesure décisive : il institua une commis-

(1) *De corrigendis studiis severioribus.* Strasb., J. Schott, 1519. *Parænesis de disciplina et institutione puerorum,* traduit en allemand par Fréd. Meiger. Strasb., 1525.

(2) *Bulletin de la société des Monuments historiques,* 1892, page 257. Extraits de Jacques Wencker, dans les *Annales de Brant.*)

sion permanente, dont les attributions furent définitivement
fixées deux années plus tard. Ce conseil supérieur de l'instruction
publique était composé de trois membres pris dans les trois conseils régnants, un stettmeistre, sorti de charge, un ancien ammeistre et un membre du conseil des Treize (1) : on les désigna
sous le nom de scolarques (*Schulherrn*). Ce furent Jacques Sturm,
Nicolas Kniebis et Jacques Meyer. Deux inspecteurs scolaires, appelés *visitatores* leur furent adjoints : Gaspard Hédion, docteur en
théologie et prédicateur du Grand-Chapitre, et Jacques Bédrot,
maître ès arts et chanoine de Saint-Thomas.

L'âme de cette commission était Jacques Sturm. Cet homme,
d'une intelligence supérieure, d'une grande élévation de caractère, d'une énergie que rien n'abattait, a été jusqu'à sa mort
le véritable chef de la cité, le représentant de la République dans
les diètes de l'empire et auprès des souverains étrangers. Élève de
Winpheling, il aimait les lettres et avait été jugé par l'électeur palatin digne de donner des conseils sur les mesures propres à réformer l'université de Heidelberg ; il eût voulu établir à Strasbourg une académie composée de savants illustres sans distinction
de culte et d'origine, et un enseignement élevé au-dessus des querelles religieuses. Placé à la tête de la commission scolaire, il sut
communiquer à tous ses collaborateurs le zèle qui l'animait. Il
prit l'habitude de s'occuper des moindres détails, laissant à ses
collègues des instructions précises lorsque le Magistrat lui con-
fiait une mission diplomatique, notant de sa propre main tous les
points importants débattus dans les séances des scolarques, re-
voyant tous les comptes, rédigeant tous les contrats.

Parmi les auxiliaires du stettmeistre, tous utiles et dévoués à
la cause de l'instruction, Hédion se distinguait par son ardeur, par
son esprit pratique et par une bonté affable qui n'excluait pas la
fermeté et même la sévérité. Durant de longues années, il sur-

---

1. Strasbourg, ville libre impériale, était gouvernée par le *Grand Conseil*
composé de trente et un membres et renouvelé par moitié chaque année. Il
renfermait dix nobles, parmi lesquels étaient choisis les quatre *stettmeistres*.
Chaque stettmeistre était durant trois mois le représentant officiel de la République. L'*ammeistre* appartenait à la bourgeoisie, il était nommé pour un an, et
ne pouvait être appelé à la même fonction qu'après un intervalle de quatre
ans : il convoquait le conseil, émettait son avis le premier et exerçait la police
dans la ville. À côté du Grand Conseil, il y avait deux conseils permanents dont
les membres étaient nommés à vie : le *Conseil des Treize*, qui avait la direction
des affaires étrangères et de la guerre, et celui des *Quinze* qui veillait au maintien de la constitution et s'occupait des questions économiques, travaux publics,
commerce, etc. Les trois conseils se réunissaient ordinairement deux fois par
semaine et décidaient en commun de toutes les questions. Ils formaient
ensemble le *Magistrat*.

veilla de près toutes les écoles et s'occupa de l'enseignement aussi bien que de la discipline.

Par l'institution de ce conseil de l'instruction publique l'enseignement, qui pendant tout le moyen âge avait été à Strasbourg l'apanage exclusif de l'Église, était sécularisé et passait à l'État. Mais le décret instituant le collège des scolarques ne levait pas les difficultés que n'avait pu résoudre la commission de 1524. Le Magistrat qui enlevait au clergé catholique la direction des écoles voulait cependant lui en laisser la charge. Les chapitres, par contre, refusaient de donner leurs salles et de fournir des subsides, et la ville liée par les engagements qu'elle avait pris, ne pouvait les y contraindre. Le problème paraissait insoluble et l'été s'écoula sans conduire à un résultat.

Un secours inattendu fut offert aux scolarques par les Franciscains. Cet ordre, qui avait eu jadis à Strasbourg une grande importance et qui, au moyen âge, avait eu une école célèbre, avait perdu ses vertus et son crédit; les revenus avaient diminué et le couvent tombait en ruines. Beaucoup de frères, poussés par la misère, sortirent du couvent. Les autres cédèrent au Magistrat leurs propriétés et leurs revenus contre la promesse d'une rente viagère de 100 florins par an, et à condition que les sommes qui resteraient fussent consacrées à l'enseignement. C'est ainsi que l'œuvre des écoles devint propriétaire d'un vaste bâtiment qui ne pouvait lui servir encore, parce que les parties habitables étaient encore occupées par les moines, et de revenus bien faibles au début, mais qui devaient augmenter par l'extinction des rentes et par l'habileté des nouveaux administrateurs.

Le 18 août 1526, les scolarques purent enfin annoncer au Magistrat qu'ils avaient trouvé un local dans deux vieilles maisons faisant partie du couvent des Dominicains et, le 7 novembre, ils présentèrent deux candidats à la place de maître d'école. On donna la préférence à celui des deux qui demandait le moins de traitement, à Jean Witz, plus connu sous le nom latin de *Sapidus*. Cet humaniste distingué avait été pendant plusieurs années directeur de la célèbre école de Schlestadt, mais avait dû quitter cette ville à cause de l'ardeur avec laquelle il s'était prononcé pour la Réforme. Deux années plus tard, Othon Brunfels qui avait déjà une école, entra au service des scolarques et alla s'établir avec ses élèves dans le couvent des Carmes ou frères de Notre-Dame-du-Mont-Carmel, situé en face de l'église Saint-Thomas, de l'autre côté de l'Ill. Pour prouver à ses nouveaux patrons son zèle et sa compétence, il publia, en 1529, une sorte de manuel pédagogique, intitulé *Catechesis puerorum in fide, in literis et in moribus* (1).

Mais trois ans plus tard, Brunfels qui avait tourné ses efforts vers l'étude des sciences naturelles, surtout vers la botanique, quittait Strasbourg pour aller s'établir à Berne où il avait été appelé aux fonctions de médecin municipal. Le Magistrat, sur la proposition des scolarques, lui donna un successeur très capable, Pierre Hasenfuss ou Dasypodius, un Suisse, de Frauenfeld (15 octobre 1533). Ce savant, auteur d'un des premiers dictionnaires scolaires latins-allemands, était en même temps un pédagogue très sérieux. Il réussit en peu de temps à relever l'école latine que Brunfels, trop préoccupé de ses études, avait négligée dans les derniers temps. En 1535, Dasypodius et Sapidus avaient chacun deux aides et en 1536, les scolarques ouvrirent une troisième école latine dans la salle d'école du chapitre de Saint-Pierre-le-Vieux. Elle ne tarda pas à devenir prospère sous la direction d'un maître consciencieux, Jean Schwebel, qui avait enseigné auparavant dans les écoles de Hackfurth, de Brunfels et de Sapidus.

II. — L'ENSEIGNEMENT SUPÉRIEUR AVANT LA FONDATION DU GYMNASE

Pendant que les écoles primaires allemandes et les écoles latines s'organisaient péniblement, l'initiative individuelle commençait, de son côté, à créer l'enseignement supérieur.

Le 3 juin 1523, six bourgeois de la ville se présentent devant le Magistrat. Ils déclarent que, sur leurs instances, Martin Bucer a commencé à leur expliquer l'Évangile selon Saint-Jean. Comme d'autres personnes désireuses de s'instruire voudraient se joindre à eux, ils demandent qu'on leur permette de se réunir une heure par jour et qu'un local soit mis à leur disposition. Le Magistrat, qui n'osait encore se prononcer pour la Réforme, interdit ces réunions.

Peu de temps après s'organisèrent dans la maison de Zell des conférences religieuses à l'usage d'un public plus lettré et moins turbulent. Elles ne se faisaient plus en allemand, mais en latin ; Capiton, puis Hédion se joignirent à Bucer, et l'on se réunit dans une des maisons canoniales de Saint-Thomas. En 1524, le Magistrat autorisa officiellement ces cours et les discussions qui

---

(1) Les pages consacrées par Othon Brunfels aux principes d'enseignement et d'éducation qu'il appliquait dans son école, sont reproduites au n° 1966 des *Statuts et Privilèges*.

pouvaient s'y rattacher, mais défendit, sous peine d'amende, aux artisans et à tous ceux qui ignoraient le latin de participer à ces réunions. L'année suivante il permit de faire sonner une cloche pour appeler à ces leçons.

Après l'institution du collège des scolarques, on établit, à côté de ces conférences religieuses, auxquelles clers et laïcs pouvaient assister, des cours ayant un caractère plus scientifique et destinés à servir de complément à l'enseignement donné dans les classes latines et de préparation aux études universitaires. Ces cours se faisaient au couvent des Dominicains. La première mention qui en soit faite dans les actes officiels est du 16 novembre 1528 : le Magistrat apprend que les *auditeurs* de l'école des Dominicains sont encore sans feu à cette époque de l'année.

Lorsqu'en 1530 le Magistrat de Strasbourg, répondant à l'ordre de Charles-Quint, envoyait à la diète d'Augsbourg des délégués chargés de présenter à l'Empereur la confession de foi adoptée par la ville et la justification des changements introduits dans le culte, il fait l'énumération des établissements scolaires qui avaient été créés jusqu'alors. Ce sont : 1° deux écoles latines, dans lesquelles on enseigne les langues grecque et latine, et les principes moraux ; 2° des leçons qui se font dans le couvent des Dominicains aux clercs et aux prêtres zélés, à savoir : des cours de langue grecque et hébraïque, de mathématiques, de poétique, de rhétorique et de droit ; 3° des explications de livres bibliques données journellement à la collégiale de Saint-Thomas et destinées à servir d'exercices ecclésiastiques aux prêtres pieux et instruits, qui ne peuvent manquer d'y trouver de l'édification : ils y sont conviés par la sonnerie d'une cloche.

Le registre des délibérations des scolarques, commencé en 1535, et un cahier indiquant les conditions d'engagement du personnel enseignant, nous permettent d'ajouter quelques détails à ce tableau sommaire. Les cours de théologie qui depuis la fin de l'année 1532 se faisaient dans le chœur de la cathédrale, étaient professés à tour de rôle pendant toute une semaine par Bucer, Capiton et Hédion : ils recevaient, à eux trois, 52 florins par an de la caisse des scolarques, après avoir fait ce travail gratuitement pendant plusieurs années.

Chez les Dominicains, Jacques Bédrot, né dans les Grisons, à Bludenz, l'un des inspecteurs scolaires, enseignait le grec dès 1529 ; il était chanoine de Saint-Thomas et ne recevait rien des scolarques : les revenus de sa prébende lui tenaient lieu de traitement. L'hébreu fut enseigné d'abord par un jeune savant,

nommé George Casélius; mais il mourut en 1528 et fut remplacé par Michel Délius, qui, de son vrai nom, s'appelait Misner.
En 1535, le nombre de ses auditeurs ne s'élevait pas au delà
de huit, mais ce chiffre monta rapidement jusqu'à dix-huit, pour
retomber ensuite à dix. Il ne recevait que 52 florins par an. Pour
parfaire son maigre traitement, il tenait jusqu'à quinze pensionnaires dont quelques-uns étaient âgés de 18 à 20 ans. Chrétien
Herlin était professeur de mathématiques et de rhétorique (*artes
dicendi*); il recevait 50 florins de traitement pour trois cours par
semaine et avait une dizaine d'auditeurs; il pria les scolarques
de lui procurer des mappemondes, car il enseignait aussi la géographie que l'on considérait encore comme une branche des mathématiques. Un cours élémentaire de droit, enfin, qui devait être
achevé en une année, était donné par Vendelin Bittelbronn; il
expliquait les Institutes et recevait 100 florins de traitement.

Pour fournir les instruments de travail à ces professeurs trop
mal payés pour être en état d'acheter des livres, Jacques Sturm
s'occupa immédiatement de la création d'une bibliothèque. Les
volumes qui se trouvaient encore dans les couvents ne pouvaient
être d'une grande utilité; le chapitre de la cathédrale, les chevaliers de Saint-Jean et les Chartreux avaient des bibliothèques importantes, mais elles restaient fermées aux savants hérétiques.
Dès 1531, le Magistrat décida la création d'une bibliothèque (*libe-
rey*), et chargea les scolarques de l'installer dans le chœur de
l'église des Dominicains. Le 5 septembre 1534, les scolarques
demandèrent des ouvriers pour faire enlever l'autel et les bancs.
En 1535, ils firent établir un devis des frais qu'occasionnerait
l'aménagement intérieur de la bibliothèque : la dépense prévue
était de 200 florins. Quand la salle fut enfin terminée Jacques
Sturm y fit transporter sa propre bibliothèque qu'il légua à
l'École.

Dans les vastes locaux du couvent des Dominicains complètement abandonné par les moines depuis 1530, on avait donc installé successivement l'école latine de Sapidus, les cours d'enseignement supérieur et la bibliothèque. Deux autres établissements
scolaires y trouvèrent encore place, dans les années qui suivirent.

Le 29 avril 1534, les scolarques communiquèrent au Magis-
trat des lettres adressées par le sénat de Constance et par Pierre
Buffler, riche négociant d'Isny, à Bucer, à Capiton et à Bédrot.
Constance s'était mise d'accord avec trois autres villes, Lindau,
Biberach et Isny, pour envoyer à Strasbourg, chacune deux jeunes

gens se vouant à l'étude de la théologie. Buffler, de son côté, avait été persuadé par Blaurer, le réformateur de la Souabe, d'entretenir à ses frais six élèves. Il s'agissait de trouver un pédagogue sérieux. Bédrot, auquel on s'était d'abord adressé, ne pouvait se charger de ce surcroît de travail. Les scolarques, qui avaient reçu un rapport des prédicateurs à ce sujet, déclarèrent au Magistrat qu'ils étaient disposés à se charger de toute l'entreprise et promirent de nommer un maître capable; mais ils demandèrent que la ville prît également à sa charge l'entretien de quatre élèves se vouant à la théologie et de les autoriser à loger tous ces pensionnaires au couvent des Dominicains; il suffirait de donner une cellule à l'instituteur, et aux jeunes gens deux salles, dont l'une servirait de dortoir et l'autre de salle d'études.

Ces propositions furent approuvées et les scolarques reçurent pleins pouvoirs de conclure l'affaire. Un contrat fut signé avec les villes nommées plus haut, auxquelles se joignirent immédiatement Ulm et Memmingen; les scolarques s'engageaient à fournir moyennant 30 florins par an le logement et la nourriture aux pensionnaires envoyés par ces villes; ils les installèrent dans l'ancien couvent des Dominicains ou *Frères prêcheurs*, d'où le nom de *Collegium prædicatorum* donné à cet internat; ils désignèrent comme directeur (*pédagogue*) un homme capable et consciencieux, maître Melchior Cumanus; ils élaborèrent, enfin, un règlement intérieur. Tous les élèves étaient tenus d'obéir au pédagogue désigné encore dans le document sous le nom de président. Ils devaient faire leurs prières, matin et soir; se rendre chaque dimanche à l'église; se distinguer en toute occasion par une conduite exemplaire, dignes de futurs pasteurs. Les boursiers strasbourgeois étaient, en outre, tenus de signer l'engagement de se consacrer au service de leur ville natale. Les élèves qui n'étaient pas encore d'âge à suivre les cours recevaient des leçons de leur pédagogue.

Le nouveau collège acquit bien vite une vogue d'autant plus grande qu'à ce moment les deux écoles latines de Sapidus et de Brunfels étaient fort mal tenues. Le scolarque Jacques Meyer y fit recevoir, comme demi-boursier, son fils qui se destinait aux études. Plusieurs autres bourgeois demandèrent l'admission de leurs fils contre paiement d'un prix de pension. Mais le directeur du collège rendit les scolarques attentifs aux inconvénients qui résulteraient de la réunion dans un même établissement d'enfants riches et pauvres. Il fut donc décidé (29 mars 1535) que l'internat dirigé par Melchior Cumanus serait réservé aux futurs théologiens, tous boursiers, et qu'on ouvrirait un second établissement, un *pædagogium*, où ne seraient admis que des enfants strasbourgeois qui paieraient une rétribution. Ce second internat, établi également au couvent des Dominicains, eut son pédagogue particulier. Là, comme dans le collège, se donnaient des leçons de latin et de grec aux enfants trop jeunes pour suivre les cours supérieurs.

Mais déjà avant la fondation de ces deux établissements, le Magistrat, préoccupé d'assurer pour l'avenir le recrutement d'hommes instruits non seulement en théologie, mais aussi en droit et en médecine, avait chargé les scolarques d'aviser aux moyens de venir en aide à des enfants pauvres, mais d'une capacité reconnue : il était d'avis que l'on pourrait entretenir sur les fonds des couvents jusqu'à douze étudiants. Après plusieurs délibérations sur ce sujet, vingt florins furent alloués à Henri Kopp, qui, plus tard, étudia le droit et fut envoyé aux frais des scolarques à Bourges. Un autre Strasbourgeois, qui étudiait la médecine, reçut une bourse de trente florins par an.

Ch. ENGEL.

(*A suivre.*)

NOTE

SUR LES ÉTUDIANTS ÉTRANGERS

EN FRANCE [1]

Comme d'habitude, je viens, à la fin de cette année scolaire, vous entretenir de ce qu'a fait votre Comité pendant les douze mois qui viennent de s'écouler et de ce qu'il se propose à l'avenir, afin de donner plus d'assiette à son œuvre et assurer sa marche. Si, au cours de cette revue, je parle plus des solutions espérées que de celles qui sont déjà intervenues, ne vous en étonnez pas. Il est dans la nature même de notre œuvre de ne se développer que lentement et par degrés puisqu'il y faut un concours de volontés différentes; mais ce sera déjà quelque chose si nous entrevoyons un but bien défini au bout de la route à suivre; et si vous estimez en m'écoutant, Messieurs, que nous sommes dans la bonne voie, nous pourrons alors attendre avec confiance de la collaboration du temps le développement des germes que nous avons déposés en chemin.

Bourses. — Dans le dernier rapport qui vous a été communiqué, je vous ai donné la liste des patriarcats, des collèges, des collectivités, en un mot, auxquels, conformément au principe que vous aviez préalablement arrêté, nous avions attribué des bourses, et je vous faisais part en même temps des réponses cordiales que nous avions reçues. Depuis lors, nous sommes entrés dans la période d'application, et aujourd'hui j'ai à vous donner le détail des sommes que nous avons distribuées.

En bloc nous avons remboursé les droits afférents à 27 inscriptions, 4 équivalences et 4 examens. Nos subventions ont absorbé depuis l'origine 7 450 fr. 25. Sur cette somme, plus de la moitié, soit 3 810 francs, a été versée aux Comités de province,

(1) Cette note, qui a été communiquée au Conseil général des Facultés de Paris, est extraite du rapport adressé par M. Melon au Comité institué en vue de faciliter aux étudiants étrangers le séjour dans les universités françaises.

1 200 francs à celui d'Aix, 350 francs à celui de Lyon, 660 francs à celui de Nancy, 1 000 francs à celui de Bordeaux et 600 francs à celui de Toulouse. Le restant, soit 3 640 fr. 25, a été distribué directement par nous à Paris, à douze étudiants, dont trois nous avaient été recommandés par M. le Directeur de l'École de pharmacie, deux par le patriarche arménien catholique de Constantinople, Mgr Azarian, deux par le gouvernement luxembourgeois, quatre par MM. Darboux et Brouardel, doyens de la Faculté de médecine et de la Faculté des sciences, un par la Mission égyptienne. Comme nous avons touché en deux fois, à la date du 15 octobre 1893 et du 5 juillet 1895, la somme de 14 000 francs, il nous reste 6 549 fr. 75 en caisse.

Vous vous étonnerez peut-être de ne voir figurer dans la nomenclature que je viens de vous lire, aucune des bourses que nous avons mises à la disposition de certains conseils académiques, mais la vérité est que les étudiants des universités d'Écosse ou des pays scandinaves, venant moins en France pour chercher un diplôme que pour connaître notre discipline intellectuelle, ne fréquentent généralement nos cours qu'en qualité d'auditeurs libres, et n'ont par suite aucuns droits à payer. Pour deux d'entre eux, cependant, qui nous avaient été spécialement recommandés par les conseils académiques des universités d'Helsingfors et de Prague, le Comité a cru devoir leur donner l'équivalent des sommes qu'il n'avait pas à leur rembourser, et il leur a offert deux exemplaires complets des œuvres de Victor Hugo, édition *ne varietur*.

L'année prochaine, notre budget sera plus chargé, et nous aurons, selon toute probabilité, à faire face à des demandes plus nombreuses. Aussi nous ne pouvons nous empêcher d'exprimer le regret d'avoir été privés d'une partie de l'allocation que le Parlement avait bien voulu nous accorder. L'intégralité de la somme nous est nécessaire, et je prends la liberté de renouveler le vœu que j'ai exprimé déjà l'année passée. L'œuvre qui nous occupe, en effet, n'a pas de caractère étroitement parisien, elle intéresse toutes nos universités et toutes nos écoles, et la question de décentralisation n'est pas ici en jeu. Nous nous efforçons d'ailleurs, vous le savez, Messieurs, d'éviter tout ce qui pourrait porter ombrage à nos collègues de province, et nous n'avons rien tant à cœur que de diriger de leur côté le courant d'étrangers qui se porte à Paris, ainsi que le témoigne la réponse que vous avez faite à une lettre reçue le 8 novembre 1894.

M. le ministre de l'Instruction publique vous écrivait alors :

« M. le ministre des Affaires étrangères vient de me faire part du désir que lui a exprimé Mgr Benni, patriarche syrien catholique, d'obtenir la gratuité des études médicales en faveur de trois élèves des écoles placées sous sa direction en Mésopotamie. Les rétributions universitaires perçues dans les établissements d'enseignement supérieur étant recouvrées au même titre que les impôts, je ne puis prendre à l'égard des jeunes gens que me signale mon collègue la mesure gracieuse qu'il sollicite. Toutefois, en raison de l'intérêt tout particulier que porte M. le ministre des Affaires étrangères, à la demande de Mgr le Patriarche syrien catholique, je crois devoir la recommander au bienveillant examen du Comité de patronage des étudiants étrangers, avec l'espoir qu'il pourra, à l'aide des ressources dont il dispose, faciliter aux étudiants dont il s'agit la recherche du diplôme de docteur en médecine. »

Le Comité a répondu que, malgré la modicité de ses ressources, il accorderait les trois bourses demandées, soit une somme de 5 000 francs environ répartie en quatre années, et il ajoutait : « Comme il serait pourtant très désirable, tant dans l'intérêt des étudiants que dans celui de la décentralisation universitaire, de faire dévier, au profit des centres d'études médicales situés en province, une portion du courant qui s'engouffre à Paris, le Comité ose exprimer le vœu que vous vouliez bien insister auprès de M. le ministre des Affaires étrangères, pour qu'il mette, comme condition à l'octroi des bourses précitées, l'obligation pour les jeunes Syriens de faire leurs études partout ailleurs qu'à Paris : à Lyon par exemple, ou bien encore à Nancy, Toulouse, Bordeaux ou Montpellier. Il existe dans toutes ces villes des comités de patronage remplis de zèle, auprès desquels les étudiants trouveront tout l'appui désirable. Dès que Mgr Benni nous aura fait connaître le nom de l'université sur laquelle se sera porté son choix, nous nous empresserons de mettre à la disposition du comité désigné les fonds nécessaires pour qu'il puisse remplir les engagements que nous prenons par la présente lettre. »

Ce vœu, qui marque bien le caractère que nous nous efforçons de donner à l'œuvre commune, a été entendu, et à la date du 29 avril dernier, le ministre des Affaires étrangères, après nous avoir fait remercier de l'empressement avec lequel nous avions répondu à son appel, nous prévient qu'il lui a paru opportun d'indiquer à Mgr Dekmall, représentant à Paris de Mgr Benni, les dispositions contenues dans votre lettre, et la nécessité de s'y conformer.

C'est surtout en Orient, en Égypte, en Asie-Mineure, dans les provinces européennes de l'empire turc et dans la vallée du Danube que nos bourses trouvent leur emploi. Ne vous en plaignez pas, car nous avons dans toute cette vaste région des traditions à défendre et une clientèle à conserver.

En Égypte, le Comité a pu entrer en relations avec quelques directeurs d'écoles, et obtenir des renseignements intéressants sur l'enseignement de notre lange et ses perspectives d'avenir sur les bords du Nil. Vous apprendrez certainement avec plaisir, Messieurs, que le français continue à garder sa prépondérance dans les écoles entretenues par le gouvernement, et qu'après l'arabe, c'est lui qui de beaucoup compte la plus large clientèle. Les sympathies de la population lui font une place à part, une place privilégiée.

Il est certain qu'aujourd'hui, après un temps d'arrêt et d'hésitation, le courant d'étudiants qui semblait vouloir se diriger ailleurs, s'oriente de nouveau de notre côté, et que la jeunesse égyptienne reprend le chemin de nos écoles. La mission, un instant menacée, est aussi nombreuse que jamais, et s'il n'y a pas lieu de revendiquer pour notre Comité une part considérable dans un résultat qui tient à des causes générales et plus profondes, pourtant nous avons la preuve que, dans certains cas particuliers, notre action n'a pas été sans efficacité, et que grâce au zèle de nos amis d'Aix, de Toulouse ou de Montpellier, quelque chose a été obtenu. Dans tous les centres les étudiants égyptiens ont largement profité des bourses d'études, et j'espère qu'il en sera de même à l'avenir. Ici, à Paris, nous avons, déjà cette année-ci, donné une bourse à la Mission égyptienne de Paris, qui en a disposé en faveur de son secrétaire, M. Tewfik Habib, étudiant en médecine, et pour l'année prochaine, nous en avons mis deux autres, de 300 francs chacune, à la disposition de M. Peltier, directeur de l'École normale du Caire et du Lycée Tewfik.

Comités de patronage en province et à l'étranger. — Nos relations avec nos amis du dehors et les Comités de province continuent à être des plus cordiales. Ces derniers ne cessent de déployer beaucoup de zèle, et voient, en récompense de leurs efforts, s'accroître leur clientèle étrangère. Ainsi Toulouse qui ne comptait guère que deux ou trois étudiants non français, il y a peu de temps encore, en a aujourd'hui plus de trente; Aix en a soixante-quinze environ; Nancy devient le centre d'une colonie arménienne. Quant à Montpellier, il tient toujours la tête, tant par le chiffre de sa clientèle que par le développement qu'a pris l'œuvre du patronage.

Le zèle de M. Flahaut est un de ceux qui ne se lassent point. J'ai déjà parlé des tables d'hôte qu'il a organisées; elles fonctionnent toujours; il continue à les présider lui-même, et les étudiants y trouvent à des conditions exceptionnelles de bon marché, à 45 francs par mois, une nourriture saine et abondante. La question si importante du logement, posée également par sa sollicitude, a été en partie résolue; le Comité est parvenu à faire recevoir et hospitaliser dans quelques familles un certain nombre de jeunes gens. Enfin, grâce au concours généreux d'un ami de l'Université, il a été possible d'organiser un enseignement spécial de langue française à l'usage des étrangers. Les cours ont eu lieu l'année passée, de novembre à mai, et ont donné d'excellents résultats. Subdivisés en cours élémentaires et en cours de perfectionnement, ils initient méthodiquement l'étudiant à la connaissance de notre langue et de notre littérature. Cette année, le professeur chargé du cours supérieur a pris pour sujet de ses leçons : Louis XIV et sa cour, leur influence sur les lettres; Mᵐᵉ de Sévigné et Mᵐᵉ de Maintenon; Mᵐᵉ de Lafayette; Boileau, sa critique; Molière, son théâtre; Racine, sa vie et ses œuvres; La Fontaine et la poésie sous Louis XIV; Bossuet et les orateurs de la chaire; La Bruyère et Fénelon. Dans cette œuvre excellente et si pratique, l'exemple donné par le Comité de Montpellier a trouvé des imitateurs, et Aix aussi a organisé à la Faculté des lettres un enseignement spécial pour les étrangers.

A Nancy, le Comité s'efforce d'étendre le rayon de son influence sur tous les pays voisins, tandis qu'à Toulouse et à Bordeaux, c'est vers le sud et le lointain ouest, l'Espagne, le Portugal et les républiques de l'Amérique du Sud que l'on tourne les regards. Grâce aux fonds que nous leur avons fait parvenir, les uns et les autres ont distribué des bourses de scolarité; mais le Comité de Toulouse y ajoute une distribution de médailles et de récompenses qui ont été très goûtées par les étudiants, et qui ont été l'occasion d'une fête donnée à la fin de l'année scolaire.

Luxembourg. — Nous avons fait entrer, grâce à la bienveillance de M. le ministre du Commerce, à l'École nationale des arts et métiers de Châlons deux jeunes gens, et nous avons pu aussi répondre à l'appel qui nous a été adressé et prendre part à l'Exposition du travail qui a été ouverte dans le Grand-Duché au mois d'août dernier. Il s'agissait de mettre en regard, à côté des produits du travail, les différents procédés et les diverses méthodes d'éducation qui préparent le mieux l'ouvrier à la tâche qu'il a à accomplir, et par conséquent de montrer ce qu'est à l'heure actuelle l'enseignement professionnel. Tout en sentant combien peu il était qualifié pour un tel objet, le Comité n'a pas cru devoir décliner l'invitation qui lui était adressée.

Il a fait parvenir à la Commission d'organisation des programmes, des notices, des documents, et s'il regrette de n'avoir pu faire connaître notre enseignement professionnel et technique dans toutes ses manifestations, dans toute la plénitude et la richesse de son organisation, ainsi que les progrès qui ont été accomplis chez nous depuis vingt ans par les soins combinés et la collaboration de l'État, des départements, des communes et des initiatives individuelles, du moins a-t-il lieu de penser que son effort n'a pas été complètement stérile. Le groupe des écoles françaises a fait bonne figure en face du groupe allemand, et notre Comité a reçu à cette occasion un précieux témoignage de sympathie et d'encouragement.

Norvège. — En Norvège, les rapports que le Comité a noués depuis longtemps nous ont permis, grâce à l'appui bienveillant que votre secrétaire a trouvé auprès des professeurs de l'Université du recteur et du ministre de l'Instruction publique et des Cultes, de poursuivre une action commencée à Londres il y a trois ans, et qui se rattache à une question d'influence par l'école et l'enseignement du français à Madagascar.

Vous savez, Messieurs, le rôle qu'on joué certaines missions et le prestige que leur a donné une œuvre d'évangélisation et d'éducation poursuivie avec méthode et ténacité pendant quatre-vingts ans. Leur influence était devenue considérable, leurs moyens d'action très puissants; une seule de ces sociétés commandait à une armée de 7000 pasteurs ou évangélistes européens et indigènes, qui encadraient à leur tour plus de 300 000 individus ; elle était écoutée au Palais, elle possédait 441 écoles fréquentées par 74 428 élèves, un collège de théologie, une école normale, une école supérieure de filles, des imprimeries, des bibliothèques, des journaux. C'était une puissance et presque un gouvernement. Nous avions obtenu d'elle, il y a trois ans, que le français fût introduit dans le programme des écoles, et, de fait, l'étude de cette langue l'avait été dans la plus importante de toutes, dans l'école du Palais. Mais c'était là un bien modeste commencement, et certainement votre Comité eût trouvé là un champ d'activité aux limites toujours plus étendues si l'intrépidité de nos soldats n'avait mis si rapidement et si heureusement toute chose à sa place et aplani toutes les difficultés.

Danemark. — A Copenhague, le Comité danois a fait une grande perte en la personne de son président, M. Sundby, qui a été enlevé à la science et à l'affection de ses amis au mois de novembre dernier.

M. Sundby était non seulement un érudit de grande valeur, qui avait apporté dans ses travaux sur la littérature française du moyen âge une méthode sûre et précise, mais encore un homme de cœur. Il s'était occupé avec beaucoup de zèle de notre œuvre, et notre œuvre en Danemark lui doit beaucoup. Décoré de la croix de chevalier de la Légion d'honneur à la suite des démarches qu'il avait faites pour relier plus étroitement, par un système de bourses permanentes, l'université danoise aux universités françaises, il reste comme le type de ces hommes dévoués qui, sans la recherche d'un avantage personnel, et seulement parce qu'une chose leur semble bonne et utile, consacrent leur temps et leurs efforts à la faire réussir. Il a été remplacé par M. Steenstrup, qui est également professeur à l'Université. Fils de l'illustre savant, qui avec les Thomsen, les Forchhamner, a créé une science nouvelle, et très connu lui-même par ses travaux d'histoire sur les Vikings et les établissements des hommes du Nord dans notre province de Normandie, il est l'un des champions les plus ardents de la science, de la cause et de l'influence françaises au sein du Conseil académique.

Malgré ces changements, l'action du Comité danois qui s'est complété par l'adjonction de M. Kristapfer Nyrup, professeur de philosophie et de littérature romane à l'Université, ne s'est point ralentie, et, comme les années précédentes, il a obtenu du Parlement une somme suffisante pour envoyer en France un certain nombre de boursiers : deux étudiants en médecine, M. Kraft Ludwig et M. J. Ulrich, et deux étudiants des Facultés des lettres et des sciences, M. William Ramussen et M. Jacobsen. Chaque année marque d'ailleurs un progrès nouveau dans nos rapports avec les pays du Nord. L'année passée, une souscription était ouverte à Christiania, dans le monde médical, pour fonder une ou deux bourses auprès de l'Institut Pasteur; et aujourd'hui on projette, sous les auspices du ministre des Affaires étrangères et du ministre de l'Instruction publique du Danemark, la création d'un Comité dano-norvégien afin de faciliter et d'encourager parmi les Scandinaves résidant à Paris la pratique et l'étude de notre langue. Une mission a été déjà envoyée dans ce but.

Écosse. — En Écosse, les perspectives ne sont pas moins encourageantes, et c'est avec un profond sentiment de gratitude que nous pouvons remercier ici nos amis du zèle qu'ils déploient. L'année passée, je vous avais dit, à la suite d'une visite faite aux universités d'Édimbourg et d'Aberdeen, combien il serait désirable que parmi tant de licenciés candidats à une chaire de professeur dans un collège de province, quelques-uns pussent être appelés à professer dans les universités d'Écosse, au grand profit de notre influence. Mais la difficulté était de faire connaître là-bas nos candidats aux chaires de français, et de faire savoir chez nous la vacance de tel ou tel poste. Il y fallait des intermédiaires dévoués. Grâce au zèle de quelques professeurs d'Édimbourg et de Manchester, les difficultés sont aujourd'hui en partie aplanies, et il y a lieu d'espérer qu'à l'avenir, nos jeunes licenciés pourront être renseignés assez à temps pour poser leur candidature. Nous avons été avertis trop tard pour le poste de Liverpool ; mais nous avons pu proposer trois candidats pour celui de Nottingham, et en vue de la création d'une chaire de français à Glascow, nous nous sommes mis en rapport, depuis quelques semaines déjà, avec le secrétaire de l'Université, et nous espérons que le président du Comité qui a été récemment nommé pour étudier les conditions dans lesquelles sera créé l'enseignement du français à ladite Université voudra bien faire appel à nos bons offices.

Les Arméniens et l'Université de Nancy. — Mais ce qui constitue pour nous le plus précieux des encouragements, c'est le nombre toujours plus grand de collaborateurs qui spontanément viennent s'associer à notre œuvre et nous apporter leur concours. Ils fondent des comités, ouvrent des souscriptions, ramassent des fonds et se font les agents les plus zélés de notre influence. Écoutez plutôt la lettre que votre secrétaire a reçue à la date du 28 mai 1895 ; elle est datée de Constantinople et émane du directeur d'un journal Arménien, *le Hairenik.* « Ayant appris par la voie des journaux que le Comité de patronage a réussi à obtenir de la Compagnie des Messageries maritimes une réduction de 30 p. 100 pour les étudiants étrangers qui vont en France, nous prenons la liberté de vous demander de faire bénéficier également de cette réduction les jeunes institutrices arméniennes qui doivent quitter Constantinople en automne pour aller se perfectionner à l'École normale de Nancy. Persuadés que le meilleur moyen d'introduire dans les familles arméniennes la langue et la civilisation françaises consiste à élever des institutrices dans les écoles normales de France, nous avons pris sur nous d'envoyer à nos frais à celle de Nancy une jeune institutrice arménienne, et nous avons invité le public à nous faire parvenir son obole pour en envoyer plusieurs. Les souscriptions versées jusqu'ici assurent dès maintenant l'envoi de trois institutrices. Le directeur de l'École normale de Meurthe-et-Moselle, le recteur de l'Académie de Nancy ont bien voulu nous assurer par leurs lettres que nos jeunes Arméniennes trouveraient dans l'établissement les soins que réclame leur situation particulière d'étrangères, et qu'on s'efforcerait de leur donner un ensemble de connaissances utiles et pratiques qui leur permettent à leur retour de se rendre utiles aux jeunes filles qu'elles auront à leur tour dans nos écoles à élever. Faut-il vous dire, Monsieur, que s'est là une expérience qui se fait pour la première fois dans notre pays, qui, à cause de ses idées rétrogrades, ne peut encore apprécier toute l'utilité de notre entreprise. Nous voulons l'instruire malgré lui. En conséquence, nous ne saurions trop vous remercier pour les avantages moraux et matériels que le Comité pourrait assurer à nos jeunes institutrices, qui, plus tard, seront les plus actives propagatrices de la langue française en Orient.

« Nous croyons devoir vous informer aussi que depuis deux années, notre journal a pris à tâche de diriger les jeunes gens arméniens sur Nancy, sachant par notre expérience personnelle que le séjour de Paris ne peut leur convenir. Cette campagne a eu pour résultat d'y amener déjà 14 étudiants arméniens, et nous sommes certains que ce nombre n'en restera pas là (1). »

Cette lettre n'est point un acte isolé, et chaque jour nous apporte un contingent de bonnes volontés. C'est surtout par des articles de journaux, des articles de revues, que nos amis nous prêtent leur concours et font une propagande efficace.

J'ai signalé dans le temps les savants articles publiés par M. Giner de los Rios, professeur à l'Université de Madrid, et l'un des chefs les plus résolus du parti des réformes universitaires en Espagne; aujourd'hui, j'ai à vous citer, entre autres choses, un article paru, il y a quelque temps, dans une revue américaine et relatif à notre enseignement médical. C'est un article très documenté, très riche en descriptions de toutes sortes, et qui est rendu vivant par une série de gravures représentant les portraits des professeurs, les installations de notre faculté. L'auteur, M. le Dr Dünn, qui connaît très bien nos hôpitaux, nos laboratoires, conclut en conseillant à ses compatriotes de venir profiter des

---

(1) Cette propagande a porté ses fruits, et il y a aujourd'hui, en 1896, 118 étudiants étrangers à l'Université de Nancy.

ressources d'un enseignement qu'il considère comme supérieur à n'importe quel autre par la profondeur, la solidité et la richesse.

En Écosse, c'est M. le professeur Geddes, si connu parmi nous pour son zèle à créer un mouvement franco-écossais, qui se fait l'avocat de nos jeunes universités et qui, par ses écrits comme par l'hospitalité qu'il offre aux professeurs et aux étudiants français aux Summer meetings d'Édimbourg et dans les University Halls, s'efforce de réaliser les vœux de fusion intellectuelle dont tout le monde parle. Dans une brochure récente publiée sous le titre, *Education for Economics et Citizenship; and the place of history and geography in this*, il dit quelque part : « Ce que je viens de dire de l'Université impériale de France, considérée comme une machine à examen, donnerait tout à fait une fausse impression de l'enseignement français si l'on ne rendait hommage aux grands progrès qui ont été accomplis depuis 1870, et à la reconstitution de véritables universités provinciales comme celles de Montpellier, de Lyon, de Bordeaux, et de bien d'autres encore. La meilleure preuve que j'en puisse donner, c'est que moi qui ai la responsabilité d'indiquer aux étudiants écossais, parmi les universités étrangères, celles où ils peuvent le plus utilement poursuivre leurs études, je suis amené de plus en plus à leur recommander Montpellier ou Paris, tandis qu'autrefois c'est à Berlin, Heidelberg ou Strabourg que je les aurais envoyés de préférence. » Passant alors en revue les différents domaines de la science, le savant professeur constate que ce n'est point seulement dans la science naturelle et médicale, mais aussi dans les sciences géographiques, historiques, économiques et sociales que la France a pris la tête du mouvement. Il en donne pour preuve le nombre considérable de Sociétés de géographie qui se sont créées depuis vingt-cinq ans, et le nombre de leurs adhérents qui est non seulement égal à celui de l'Angleterre ou de l'Allemagne prises séparément, mais bien encore à celui des deux pays réunis, le nombre des cours d'histoire, officiels ou libres, qui se font à Paris dans les grands établissements scientifiques, Collège de France, Sorbonne, Écoles des chartes, Écoles des hautes études, et qu'il estime à une cinquantaine par semestre ; ce qui fait de Paris, dit-il, par le fait de cette variété, qui implique naturellement une grande spécialisation, le véritable centre de l'enseignement historique en Europe. »

Puis constatant l'importance de l'étude, de tout ce qui prépare l'homme pour sa fin sociale, et le rôle que jouent l'histoire et la géographie dans son éducation, il ajoute que la France est le seul pays d'Europe où l'on entreprenne à l'heure actuelle de grandes œuvres générales, comme la *Géographie universelle* de Reclus, l'*Histoire universelle* de MM. Lavisse et Rambaud, et il estime que par ses philosophes et ses sociologues, c'est elle qui exerce le plus d'action sur la pensée moderne. Ce qui le frappe surtout, c'est le mélange de l'esprit de large généralisation inhérent à la race, et du goût de la recherche et du détail précis qui se manifeste aujourd'hui dans les nombreux travaux faits par les professeurs des universités et dans les revues scientifiques ; des revues telles que la *Revue historique*, la *Revue d'histoire des religions*, pour n'en citer que quelques-unes, lui paraissent pour le moins égales à ce que l'étranger offre de meilleur en ce genre, et il conclut en ces termes : « Si l'on dit avec raison que tout homme qui travaille en Europe est le fils ou le petit-fils d'un Allemand, il n'est pas moins juste de dire également que quiconque s'occupe d'études scientifiques ou sociales, qu'il le sache ou non, est le frère et bien souvent le frère puîné d'un Français. S'il ne le sait pas, il ferait bien de l'apprendre ; car même s'il trouve qu'il n'a pas beaucoup à apprendre, en tout cas, il est une chose qu'il acquerra à cette école; c'est de dire vite et bien l'essentiel, en un mot de gagner du temps, qu'il soit homme d'action ou de pensée. » Voilà pour l'enseignement supérieur. Quant à notre enseignement technique, l'hommage rendu par des hommes considérables comme M. Jenkins, que le gouvernement anglais avait envoyé sur le continent pour faire des études comparatives sur l'enseignement agricole et ses méthodes dans les différents pays, n'est pas moins significatif. Je pourrais citer d'autres noms encore, mais je m'arrête, car à prolonger cette revue, j'aurais vraiment trop l'air d'avoir pris pour objet principal de ce rapport l'éloge de nos écoles; ce qui serait de ma part une faute de goût et de la présomption.

Le mouvement franco-écossais. — Mais s'il ne m'appartient pas d'insister plus longtemps sur cette façon flatteuse dont les étrangers parlent de notre pays, il est cependant un concours de leur part qui nous touche de très près, comme comité de patronage, et qui ne se peut passer sous silence. Je veux parler des initiatives qui ont été récemment prises en Amérique et en Écosse.

Vous savez, Messieurs, ce qui a été déjà réalisé. Deux comités se sont formés ou sont en voie de formation, l'un à Paris et l'autre en Amérique. Ces comités, composés des illustrations scientifiques des deux pays, ont pour but d'étudier les conditions qui peuvent faciliter l'établissement de rapports réguliers, et de faire connaître à un plus grand nombre d'Américains la culture française. Ces comités se complètent au moyen d'un troisième qui a pris le titre de « Paris-American University Committee », et s'est placé sur le terrain pratique. Il a pour président M. le docteur Thomas Evans et pour secrétaire M. le docteur A. Crone. Ce comité se compose de notabilités américaines de Paris et s'est donné pour mission d'étudier d'une façon spéciale les moyens les plus propres à rendre aux jeunes Américains leur séjour parmi nous agréable et fructueux. M. Sajoux, ancien professeur de physique au Jefferson Medical College et M. Furber sont de ceux qui s'intéressent le plus à ces efforts.

Au nombre des mesures qu'il faut recommander pour permettre à l'influence française de lutter dans de bonnes conditions, il y a d'abord la question des diplomés, que M. Bréal a traitée avec tant de compétence et d'ampleur dans le *Journal des débats* du 7 juin dernier; en second lieu, la nécessité de réagir contre certaines tendances inhospitalières, qui, fort heureusement, ne sont qu'à l'état d'exception parmi nos étudiants, mais qui n'en préoccupent pas moins les amis de notre pays.

Les Écossais, de leur côté, ne se montrent pas moins désireux que les Américains de resserrer les liens que les comités de France et d'Écosse ont noués depuis quelques années déjà.

Ils ont même été plus vite, et il existe déjà à Édimbourg une société qui a pour but d'encourager la publication des travaux d'érudition sur les rapports politiques, sociaux, intellectuels qui existaient autrefois entre la France et l'Écosse, et de provoquer un échange régulier d'étudiants entre les deux pays. Elle est placée sous le patronage d'hommes considérables dans la politique et la science, et a pour objectif final, quoique peut-être un peu lointain, l'achat et l'aménagement en maison d'hospitalisation de l'ancien collège fondé à Paris par l'évêque de Moray, Mgr David, aux temps héroïques de Robert Bruce. L'Écosse n'avait pas encore d'Université; celle de Saint-Andrews, la plus ancienne, n'existait pas, puisqu'elle ne fut fondée qu'en 1411, et le roi, qui avait envoyé une ambassade en France pour consolider son alliance avec notre pays, fit fonder, rue des Amandiers, et peut-être pour concurrencer le collège Balliol, récemment créé à Oxford, le collège des Écossais. Faire revivre cette vieille institution ferait donc revivre des traditions chères aux Écossais et glorieuses pour notre pays. On dit que le revenu actuel de l'immeuble, ainsi que celui d'une ferme des environs de Paris, servent encore à constituer des bourses au profit d'un certain nombre d'Écossais catholiques, étudiants en théologie au séminaire de Saint-Sulpice.

Maisons d'Étudiants. — Cette question de création à Paris de
collèges ou de maisons de famille pour les étudiants est toujours
au point où nous l'avons laissée l'année dernière. Nous ne pouvons
encore nourrir l'espérance de réunir promptement les ressources
nécessaires, car elle est subordonnée à la question des fonds qui
nous ont été promis, mais les choses sont en très bonne voie, et
grâce au bienveillant intérêt que M. le Président du Conseil nous a
manifesté, il y a lieu de croire que nous aboutirons à la solution
désirée. Le ministre de l'Instruction publique a donné un avis
favorable et l'affaire est aujourd'hui pendante devant le conseil.
d'État (1).

En attendant que les circonstances et les formalités nécessaires
nous mettent en possession des ressources que nous avons
sollicitées, nous ne pouvons être que satisfaits du mouvement
d'opinion qui se produit au sujet des maisons d'étudiants. On
commence à s'apercevoir que l'attitude indifférente que l'on a
prise jusqu'ici vis-à-vis de la jeunesse, au point de vue de son
bien-être matériel, n'est peut-être pas le dernier mot de la sagesse
humaine, et qu'entre la discipline rigoureuse de l'internat et la
liberté illimitée de la Faculté, qui ont été jusqu'ici les deux pivots
de notre éducation française, il y a place pour une sollicitude
bienveillante et éclairée. J'ai été frappé, cette année, de voir que
le corps des professeurs de notre École d'architecture située boulevard Montparnasse, avait donné comme sujet de concours:
« les Maisons d'Étudiants », et j'ai entendu dire, d'autre part, qu'il
ne manque pas de bonnes volontés, soit en France, soit même au
dehors, qui seraient disposées à compléter l'œuvre du Cercle
d'étudiants déjà installé rue de Vaugirard, et d'y ajouter une de
ces installations vastes et bien aménagées qui foisonnent en Amérique, et où le jeune homme trouve, avec la liberté la plus complète, le confort moderne et une atmosphère pure de tout miasme.

Qu'on ne dise pas, avant toute expérience, que ce qui se fait
à Édimbourg, à Copenhague ou à Lille ne saurait réussir à
Paris, et que notre jeunesse serait réfractaire à toute discipline,
même librement consentie, car c'est vraiment lui faire injure et
la méconnaître.

Le groupement libre et volontaire dans des collèges dont les
habitants s'habituent de bonne heure au self-government, sous
le contrôle d'une règle, issue d'un consentement général, est un

(1) Un décret vient de paraître qui alloue à l'Œuvre des Comités de Patronage en France une somme de 100 000 francs.

précieux moyen d'éducation, et nos étudiants sont trop avisés pour ne pas apprécier les bienfaits d'un système qui tempère la liberté à laquelle ils ont droit, par la pratique d'une discipline qui est la condition même d'une vie utile et bien conduite. Mais je laisse ces considérations générales, et j'insiste surtout sur le caractère d'utilité pratique qu'auraient, au point de vue spécial auquel nous nous plaçons, des maisons d'étudiants. Si en effet, les efforts que nous avons faits tant de fois dans ce sens aboutissaient jamais, j'entends si nous parvenions à créer nous-mêmes, en dehors de celles que nous pourrons peut-être un jour faire construire par des amis étrangers, des maisons d'hospitalisation, je crois que nous aurions constitué de véritables foyers d'appel. Car dans tous ces problèmes, il n'y a pas que des questions d'ordre scientifique, il y a aussi à tenir compte des tendres sollicitudes qui accompagnent le jeune homme loin du foyer paternel, et qui demandent à être rassurées. C'est du moins la pensée qu'exprimait M. Cambon, dans une lettre qu'il écrivait il y a près d'un an. Il considérait la création de maisons d'étudiants comme le corollaire indispensable de notre œuvre de propagande, et il ajoutait : « Je crois utile de signaler au Comité l'intérêt qu'il y aurait à recruter de préférence des jeunes gens de religion musulmane. Les familles musulmanes ont malheureusement une grande répugnance à envoyer leurs fils à Paris et à les y laisser isolés. Il faudrait, pour réussir à calmer ces inquiétudes, établir des maisons de famille donnant toute garantie de surveillance et de moralité. C'est en grande partie de ces conditions d'organisation que dépendra le succès des efforts que le Comité de patronage tentera en Turquie. » Il n'est peut-être pas inutile de dire que cette lettre n'était pas adressée au Comité.

Compagnies de navigation. — Mais laissons-là ces projets d'avenir, et permettez-moi, messieurs, de remercier en votre nom les compagnies de navigation des mesures qu'elles ont prises pour faciliter votre action. Cédant à nos sollicitations, les conseils d'administration de nos grandes compagnies, la Compagnie des Messageries maritimes et la Compagnie transatlantique, ont consenti une réduction de 30 p. 100 sur le parcours de toutes leurs lignes, aux étudiants recommandés par le Comité. Inutile d'ajouter que cette faveur est très bien accueillie par les intéressés d'abord, puis par les représentants de la France à l'étranger.

Paul MELON.

LE « SYSTÈME » DE J.-J. ROUSSEAU

RÉPONSE A M. DREYFUS-BRISAC [1]

Avons-nous besoin de dire qu'en posant sous une forme nouvelle l'un des plus curieux problèmes de la philosophie du
xviiie siècle, nous n'avions pas pensé à M. Dreyfus-Brisac? Nous
ne savions pas qu'il préparait une édition du *Contrat social* et que
dès lors Rousseau lui appartenait. Excellente occasion pour lui
d'annoncer avec la solennité convenable l'apparition de ce volumineux travail, tout en établissant que seul désormais il a qualité
pour parler de Jean-Jacques! C'est ce qu'il n'a pas manqué de
faire dans la *Réponse* qu'on a lue. Vu la gravité des circonstances,
M. Dreyfus-Brisac ne se croit pas tenu à ces règles de banale courtoisie qu'observent d'ordinaire les directeurs de Revue envers
leurs hôtes. Rien chez lui de cette faiblesse que nous avons montrée en accueillant poliment l'envoi d'une de ses brochures. Nous
étions alors un « aimable correspondant »! Maintenant que nous
sommes entré en visiteur quelque peu sceptique dans la chapelle
dont il s'est fait le gardien, nous ne méritons plus que ses sévérités. Nous n'avons « rien compris aux idées de Rousseau ». Nous
n'hésitons pas « à dénaturer les faits les mieux établis pour ressai-
sir des arguments qui nous échappent ». « Critique de partipris »,
« examen trop peu attentif des textes », ignorance des œuvres
de Rousseau, voilà un échantillon des urbanités qui sont lancées
à l'aimable correspondant. Laissons ces projectiles pesants tomber
sur le pied de celui qui nous les jette et, après quelques mots
de rectification, achevons notre preuve, puisqu'on nous y invite.

Il faut écarter d'abord les critiques par hypothèses. « M.Espi-
nas veut-il insinuer que Rousseau avait l'haleine courte?... Un
tel reproche n'est-il pas révoltant? » Ne *serait-il* pas révoltant, a-
t-on voulu dire. Non, nous n'avons pas voulu insinuer que Rousseau avait l'haleine courte. Nous avons décrit d'après lui-même
(*Confessions*, II, viii, 1749) les procédés de composition de l'incomparable virtuose et nous en avons conclu que la marche de sa
pensée n'était point analytique, qu'il produisait à la façon du

---

[1] Je ne crois pas devoir répondre à ce nouvel article. Il suffit de rappeler
que ma réponse a paru dans le n° du 15 décembre 1895. E.-D.-B.

poète et du musicien, constatation qui importe quand il s'agit d'apprécier la valeur systématique de ses conceptions. Il faut écarter aussi les allégations entièrement inexactes sur le contenu de notre travail. Nous n'avons pas emprunté nos arguments les plus décisifs aux *Dialogues* (publication intéressante d'ailleurs et où Rousseau reste lui-même quand il ne parle pas de la persécution dont il se croit victime); notre argumentation subsisterait dans toute sa force si on en ôtait les quelques considérations subsidiaires que nous avons empruntées à cet ouvrage. Nous n'avons pas fait une hypothèse en disant que Shaftesbury a influé sur la pensée de Rousseau. Celui-ci lui a emprunté manifestement sa théorie de l'innéité du sentiment esthétique (*Lettre sur les spectacles*, 1758). Nous avons déjà rappelé deux mots de la phrase où l'auteur des *Lettres sur la vertu et le bonheur* groupe les philosophes d'inspiration panthéiste qui modifièrent, à la même époque, sa conception de la société. Voici cette phrase : « Ouvrez Platon, Cicéron — allusion au *De legibus* — Plutarque, Épictète, Antonin; consultez le vertueux Shaftesbury et son digne interprète. » Et nous avons indiqué que c'était la lecture de Ramsay qui l'avait sans doute mis sur la trace de la plupart d'entre eux. Car l'*Essai sur le gouvernement civil* contient des citations de Cicéron et de Marc-Aurèle où sont proclamées, avec l'universalité de la Raison, celle de la loi naturelle et où le monde est assimilé à une cité unique, à une immense société, comme nous dirions. C'est de cette source stoïcienne, mais par l'intermédiaire de Shaftesbury et de Ramsay, que Rousseau a tiré ses vues ultimes sur l'harmonie spontanée des penchants sociaux. Nous n'avons pas dit que Rousseau ait déliré ce moment (« on ne discute pas les idées d'un fou » etc.) Nous avons considéré au contraire cette période comme son apogée. Et sans nous attribuer aucune compétence médicale (nous sommes ici sur le terrain de la psychologie morbide), nous avons assez longuement étudié l'hystérie au cours et à la clinique du Dr Pitres pour savoir qu'elle peut être compatible avec des facultés encore brillantes, surtout des facultés artistiques et littéraires (1). Nous n'avons pas dit que la simulation fût une crise (« en pleine crise d'hystérie simulatrice », dit M. Dreyfus-Brisac); l'hystérique est simulateur par état et d'une manière permanente, comme il a par état une grande aptitude aux illu-

(1) « Les accidents hystériques n'ont habituellement pas sur la santé générale et sur l'état mental des sujets qui en sont atteints le retentissement qu'auraient des accidents semblables mais dépendant d'une autre cause. » PITRES, *Leçons cliniques sur l'hystérie* (Vol. I, p. 9).

sions générales ou sensorielles. Enfin nous n'avons pas dit que
Rousseau ait « prostitué sa conscience pour quelquesécus (1) ».
Nous avons simplement cité un long passage des *Confessions* où
l'on voit très clairement que le produit à tirer du *Contrat
social* et l'espoir de se faire avec ce produit, joint à celui de la
Nouvelle Héloïse et de l'*Émile* « une petite rente viagère qui pût
le faire subsister sans plus écrire », comptèrent parmi les raisons qui le déterminèrent à publier le *Contrat*. Quelle autre caution veut-on que nous cherchions du fait que ce témoignage ? La
prosopopée de M. Dreyfus-Brisac(« Pauvre Jean-Jacques ! Chassé
de partout pour avoir affirmé ta foi républicaine... il ne manquait
plus à ton infortune... » que d'être étudié par M. Espinas) nous
accuse à tort de vouloir, en citant ce passage « déchirer en lam-
beaux les écrits et l'honneur » de l'illustre écrivain. Nous n'avons
mis dans notre travail ni « âpreté » ni « acharnement ». Nous
n'avons pas fait le procès de Rousseau ; nous avons exclusivement
cherché à saisir sa pensée, ce qui n'est pas facile (2) et nous
n'avons touché aux détails de sa vie que dans la mesure où ils
pouvaient nous apporter quelque lumière sur ses véritables doctrines. Dans aucun cas la psychologie d'un auteur n'est plus nécessaire à l'intelligence de son œuvre.

Qu'avons-nous voulu en effet ? Prouver que Rousseau n'a pas
eu *un* système, mais plusieurs, qu'au cours de son développement
sa pensée s'est fixée en trois phases principales et que révélé au
public par les productions de la première phase, il s'est efforcé
ensuite, bien que ayant changé, de paraître fidèle aux doctrines
du début. Nous avons présenté cette vue comme une hypothèse
plausible, avec l'espoir — nous l'avons encore — que la critique
sérieuse nous apprendrait si le problème des perpétuelles contradictions de Jean-Jacques est ou n'est pas soluble de cette façon.

(1) Nous ne nous sommes pas non plus exprimé ainsi dans cette lettre dont
M. Dreyfus-Brisac publie sans notre autorisation un résumé que nous ne
croyons pas exact. Sur cette question, voir les *Confessions*, livre I, chap. v.
1732-1736 : « Je date de cette époque le penchant à l'avarice que je me suis
toujours senti depuis ce temps-là... Je devenais vilain par un motif très noble »
(le désir de soustraire Mme de Warens à la ruine).

(2) Selon M. Dreyfus-Brisac, Rousseau serait non seulement clair, mais
lumineux. « Il a toujours parlé clairement ; il n'a jamais dissimulé ses doctrines, ni même les conclusions les plus hardies qu'on pouvait en tirer ; ces
conclusions sont écrites dans ses écrits; *mais il faut les chercher*. Il ne les a
pas présentées avec la rigueur d'un syllogisme, *il montre les rameaux de ses
idées, mais il en cache le tronc* » (p. xxv). Qu'est-ce que ce tronc ? Les principes ? Mais alors M. Dreyfus-Brisac serait d'accord avec nous ? Rousseau aurait dissimulé les plus importantes de ses doctrines ! Il est probable que nous
comprenons mal la pensée de M. Dreyfus-Brisac.

En voyant que M. Dreyfus-Brisac publiait une édition du *Contrat*
en 420 pages, nous avions compté sur une discussion approfondie
de ce problème dans l'article annoncé; quelle n'a pas été notre
surprise de ne trouver à ce sujet dans l'article que quelques
lignes de signification indécise (p. 541)! Rousseau a-t-il, comme
nous l'avons soutenu, professé successivement une philosophie
sensualiste avec une conception négative de la société, une philosophie rationaliste avec une conception plus positive, mais encore
artificielle de la société, enfin une philosophie semi-panthéis-
tique avec une conception positive et naturelle de la société? Ces
questions sont claires; si elles ne sont pas entièrement chimé-
riques — et encore faudrait-il établir qu'elles le sont — leur solution devient le préliminaire obligé de toute étude critique sur
J.-J. Rousseau. Pas un mot précis sur ces questions dans l'article.
Rien non plus dans la considérable édition du *Contrat* récemment
parue. Est-ce le sentiment de ce qu'il y a de regrettable dans cette
lacune qui met M. Dreyfus-Brisac de si mauvaise humeur contre
nous?

Seule la question de savoir si la seconde rédaction du *Contrat*
porte ou non la trace de cette évolution a été agitée avec quelque
suite par M. Dreyfus-Brisac dans la *Réponse*. Elle a son intérêt et
nous y reviendrons. Mais cet intérêt est médiocre comparé à celui
du problème qui domine tout ce débat. Aussi n'avions-nous
abordé cette comparaison des deux *Contrats* qu'à la fin de notre
travail et ne lui avions-nous consacré que trois ou quatre pages
sur soixante. En effet, même si le *Contrat* avait été publié intégralement sous sa première forme, nous aurions encore à nous
demander si d'après ses autres écrits la pensée de Rousseau est
restée la même ou a varié. C'est surtout à propos de l'*Émile*, pris
en lui-même et comparé aux autres ouvrages, que naît ce doute :
est-ce que l'auteur a pu exprimer, comme il l'a fait, non seulement
à quelques années d'intervalle mais même à la fois, des opinions
aussi divergentes, sans s'apercevoir de leur opposition?

C'est ainsi, c'est comme un élément indispensable de notre
investigation sur l'histoire de sa pensée que la question de la sincérité de Rousseau s'est trouvée sur notre chemin : nous devions,
pour le rendre intelligible, douter ou de sa clairvoyance ou de sa
loyauté. Si Rousseau a continué à professer une doctrine alors
qu'il en admettait une autre incompatible avec celle-là (et nous
croyons avoir établi le fait par des citations décisives), il faut
reconnaître ou qu'il ne discernait pas leurs différences, ce qui
n'est pas vraisemblable en ces années où tout l'effort de son

attention se portait de nouveau sur la « maudite politique », ou qu'il a sciemment cherché à fondre ensemble par quelque prestige ces doctrines incompatibles.

Qu'il lui est arrivé d'affirmer une chose sachant la réalité du contraire, c'est ce que n'ont pas manqué de remarquer tous ceux qui ont lu les *Confessions* avec quelque liberté d'esprit. C'est de lui que nous tenons l'aveu de ses tricheries. On sait comment il a accusé une domestique d'un larcin dont il était l'auteur, et que ce sont ses affirmations énergiques, persistantes bien que fausses, qui ont fait jeter la pauvre fille sur le pavé. Quand il rencontre Mme de Larnage sur la route de Montpellier, il lui dit qu'il est Anglais et s'appelle Dudding. A Lausanne il change encore de nom ; le voilà devenu Vaussore de Villeneuve. « Sans savoir la composition, *il* s'en vante à tout le monde et sans pouvoir noter le moindre vaudeville, *il* se donne pour compositeur. » Il ose faire jouer un morceau à l'orchestre, et l'exécution déchaîne un affreux charivari. A Chambéry il écrit une comédie : lui-même déclare qu'en « disant dans la préface qu'il l'a écrite à dix-huit ans, il a menti de quelques années ». Dans une autre circonstance qu'il serait trop long d'expliquer, un M. Le Maître et lui faisant visite au curé de Seyssel, son compagnon recourt pour justifier sa visite à je ne sais quel prétexte imaginaire. « Et moi, ajoute Rousseau, à l'appui de ce mensonge, j'en enfilai cent autres *si naturels* que M. Reydelet (le curé), me trouvant joli garçon, me prit en amitié et me fit mille caresses. » Ses rapports avec Mme d'Houdetot sont l'objet de sa part d'affirmations radicalement opposées. Il écrivait à la maîtresse de son ami : « Non, Sophie ; je puis mourir de mes fureurs (amoureuses), mais je ne vous rendrai point vile. Si vous êtes faible et que je le voie, je succombe à l'instant même. Tant que vous demeurerez à mes yeux ce que vous êtes, je n'en trahirai pas moins mon ami dans mon cœur, mais je lui rendrai son dépôt aussi pur que je l'ai reçu. *Le crime est déjà cent fois commis dans ma volonté ;* s'il l'est dans la vôtre, je le consomme et je suis le plus traître et le plus heureux des hommes... » Dans les *Confessions* autre langage : « *Je l'aimais trop pour vouloir la posséder !* » Et dans une lettre à Mme d'Épinay : « Ainsi donc la femme que j'estime le plus aurait, de mon sû, l'infamie de partager son cœur et sa personne entre deux amants, et moi celle d'être un de ces deux lâches ! » (C'est, notez-le, le participant du ménage à trois avec Claude Anet et Mme de Warens qui écrit ces lignes.) Si je savais qu'un seul moment de la vie vous eussiez pu penser ainsi d'elle et de moi, je vous haïrais jusqu'à la mort. » Dans la langue vulgaire on résumerait ces faits en disant que Rousseau a menti souvent et jusque dans son âge mûr. Mais il y a plus : Rousseau a fait une fois la théorie du mensonge. Il écrit le 6 janvier 1764 à un abbé qui, n'ayant plus la foi, éprouvait des scrupules à rester prêtre : « Votre délicatesse sur l'état ecclésiastique est sublime ou puérile selon le degré de vertu que vous avez atteint. Cette délicatesse est sans doute un devoir pour quiconque remplit tous les autres et, qui n'est ni faux ni menteur en rien dans ce monde ne doit pas l'être même en cela. Mais je ne connais que Socrate et vous à qui la raison pût passer un tel scrupule : car à nous autres hommes vulgaires, il serait impertinent et vain d'en oser avoir un pareil. Il n'y a pas un de nous qui ne s'écarte de la vérité cent fois le jour dans le commerce des hommes, en des choses claires, importantes et souvent préjudiciables; et, dans un point de pure spéculation, dans lequel nul ne voit ce qui est vrai ou faux et qui n'importe ni à Dieu ni aux hommes, nous nous ferions un crime de condescendre aux préjugés de nos frères et de dire *oui* là ou nul n'est en droit de dire *non!* »

Ainsi donc, obligé par les opinions discordantes de l'*Émile* et la contradiction de certaines d'entre elles avec les *Lettres sur la vertu et le bonheur,* de rechercher si Rousseau a pu déguiser la vérité, nous rencontrons des faits qui ne nous obligent pas moins à répondre par l'affirmative. Notre premier mouvement en présence de ce résultat a été de dire simplement : Rousseau ment, il a menti bien des fois. Puis il nous a semblé que cette expression (devant laquelle nous n'aurions pas reculé si nous l'avions crue entièrement juste) devait être atténuée. Il est vrai que le menteur d'habitude est toujours ou presque toujours une intelligence faussée sur quelque point et une conscience trouble et que le mot de mensonge n'aurait plus guère d'emploi si on devait le réserver pour les allégations fausses réitérées se produisant en plein équilibre mental et moral. Cependant il y a des cas où l'altération de la vérité prend un caractère spécial et ne se prête plus aux appellations ordinaires. Ce sont les cas semi-pathologiques qui sont fréquents dans la névrose « protéiforme » par excellence, à savoir l'hystérie. Invoquer l'hystérie ou quelque autre névrose voisine pour expliquer les mensonges de Jean-Jacques, ce n'est pas lancer à sa mémoire une injure gratuite, c'est au contraire chercher dans sa constitution physique et psychique la seule cause d'atténuation que comporte sa singulière absence de scrupules.

Il est toujours délicat de faire, comme on dit, un diagnostic rétrospectif. Nous laisserons à de plus habiles que nous le soin de décider en dernier ressort sur le nom ou les noms que doit porter la maladie. En voici du moins les principaux symptômes : « Un matin que je n'étais pas plus mal qu'à l'ordinaire... (Rousseau avait vingt-quatre ans), je sentis dans tout mon corps une révolution subite et presque inconcevable. Je ne saurais mieux la comparer qu'à une espèce de tempête qui s'éleva dans mon sang et gagna à l'instant tous mes membres. Mes artères se mirent à battre d'une si grande force que non seulement je sentais leur battement, mais que je l'entendais même, et surtout celui des. carotides. Un grand bruit d'oreilles se joignit à cela et ce bruit était triple ou plutôt quadruple, savoir : un bourdonnement grave et sourd, un murmure plus clair comme d'une eau courante, un sifflement très aigu et le battement que je viens de dire et dont je pouvais aisément compter les coups sans me tâter le pouls ni toucher mon corps ni mes mains. Ce bruit interne était si grand qu'il m'ôta la finesse d'ouïe que j'avais auparavant et me rendit non tout à fait sourd, mais dur d'oreille comme je le suis depuis ce temps-là. » Plus tard (à trente-sept ans), sur le chemin de Vincennes, il aura un accès semblable. « Je sentis ma tête prise par un étourdissement semblable à l'ivresse. » Il aura alors une violente palpitation, de l'étouffement et se laissera tomber sous un arbre de l'avenue où il restera une demi-heure, mouillant sans le savoir le devant de sa veste de larmes ou de salive. Pour en revenir à la première crise, il croit dans les jours suivants que sa vie est menacée, mais il ne souffre pas, il éprouve seulement de l'inquiétude et de l'insomnie.

Ces états violents ressemblent peut-être plus à des phénomènes neurasthéniques qu'à de l'hystérie. Mais ce qui est proprement hystérique, ce sont ces envies irrésistibles de marcher, ce besoin « d'aller et de venir », cette « fureur des voyages » qui le prennent tout à coup, à plusieurs reprises, pendant sa jeunesse et qui ressemblent de très près à ce que nous avons observé chez un sujet nommé Albert X..., connu au service de Charcot, qui a été étudié minutieusement à Bordeaux par les docteurs Pitres et Tissié. « Dès lors, dit Rousseau à propos de sa fugue avec Bâcle, je ne vis plus d'autre plaisir, d'autre sort, d'autre bonheur que celui de faire un pareil voyage, et ne voyais à cela que l'ineffable félicité du voyage. » (Partie I, livre III des *Confessions*.) Deux fois encore il décrit en termes enthousiastes la « jouissance » qu'il ressent à marcher. La vie « vagabonde », « la vie ambulante est celle qu'il me faut. » Pendant ses marches, il n'a aucun souci de ses conditions d'existence, quelque précaires

qu'elles soient; il passe au besoin les nuits étendu sur un banc
ou par terre, tout entier à une sorte d'extase (partie I, livre iv).
Trait caractéristique, il ne sent pas la fatigue, il maigrit, il est
affamé, il est heureux; il a devant les yeux des « chimères
magnifiques ». De ces voyages l'un (celui de Lyon à Annecy) se
fait dans un tel état d'inconscience qu'il ne lui laisse aucun
souvenir (I, iii). Il sait qu'il est parti et qu'il est arrivé, voilà
tout. Tout le caractère de Rousseau porte la marque de l'hystérie : il a des embrasements de passion, tantôt pour une chose,
tantôt pour une autre; souvent, c'est lui qui le dit, pour « des
riens », pour « les choses du monde les plus puériles, mais qui
m'affectaient comme s'il se fût agi de la possession d'Hélène ou
du trône de l'univers » (I, v). « D'ardentes fantaisies » le précipitent dans l'étude de la musique, ou des échecs, ou d'une
chimie et d'une astronomie qui ne sont que le jeu d'un instant.
De même ses affections sont d'une vivacité extrême et il est
prompt aux effusions mouillées de larmes. Mais ces ardeurs
tombent vite, il se lasse et se rebute aussitôt, entre en langueur,
pleure, s'inquiète, se froisse, se répand en reproches amers, et
cherche un objet nouveau pour son enthousiasme toujours prêt
à s'enflammer. Il est l'inconstance même. Dans les bras de
Mᵐᵉ de Warens il rêve une vraie « maîtresse ». Celle-ci n'est plus
que sa maman, on voit qu'au fond il est impatient de la quitter.
Ainsi plus tard pour Thérèse, à l'Hermitage. Il la possède « à
discrétion ». Son « cœur » cherche autre chose. Alors se manifeste chez lui cette extraordinaire faculté d'auto-suggestion et de
réalisation des images qui est un des traits les mieux marqués du
caractère hystérique. Parlant de cette évocation perpétuelle de
personnes de l'autre sexe, de ce « sérail d'houris », par où il
débute, avant de réaliser jusqu'au point que nous ne pouvons
pas dire l'image plus précise encore de Mᵐᵉ d'Houdetot, nous
avons prononcé le mot d'hallucinations érotiques. Notre critique
s'en indigne. Rousseau écrit : « Exaltation, ivresse, extases,
extravagances, transports érotiques » : où est la différence?
Nouvelle cause d'instabilité : ainsi allumés par l'image actuelle,
les désirs sont soudains et irrésistibles, et, déjà vieux, Rousseau
avoue qu'il est incapable de « vaincre ses tentations » : « J'aurais
grand'peur de voler comme dans mon enfance, si j'étais sujet
aux mêmes désirs » (I, vi). « En toute chose la gène et l'assu-
jettissement *lui* sont insupportables. » Toute fixation est pour lui
une chaîne, tout engagement une tyrannie. A moins de n'exiger
de lui aucun effort, comme la musique à copier (et encore sa

copie est-elle pleine de fautes; on ne peut s'en servir), tout travail régulier, contrôlé, obligatoire l'excède. Il quitte des emplois lucratifs « sans sujet, sans raison, sans prétexte, avec autant et plus de joie qu'*il* n'en a eu à les prendre » quelque temps auparavant. Le nombre des lieux où il s'est installé et qu'il a fuis (le départ de Montmorency mis à part) n'a d'égal que le nombre de genres de vie et d'arrangements qu'il a adoptés pour les quitter peu de temps après(1).

Si on considère la neurasthénie comme le terrain commun d'où peuvent naître diverses névroses, on ne sera pas surpris de voir chez Rousseau, à une série de phénomènes hystériques greffés peut-être sur la neurasthénie, succéder une série de phénomènes qui se rattachent plutôt à l'hypocondrie et qui le conduiront peu à peu au délire des persécutions. C'est d'abord le « polype au cœur » pour lequel il va se faire soigner à Montpellier, en partie sujet réel d'inquiétude, en partie prétexte honnête pour quitter Mᵐᵉ de Warens, polype dont Mᵐᵉ de Larnage le guérit si rapidement. Puis vinrent dès 1750 d'autres misères, dont on ne sait pas sûrement si elles étaient causées par l'état des organes ou par des phénomènes d'ordre psychique, comme cela arrive parfois dans ces sortes d'affections. Le témoignage des médecins qui firent l'autopsie de Rousseau est nettement favorable à la seconde hypothèse (2). Dès les *Confessions* (II, VII), dès le séjour à Montmorency, la persécution apparaît par intermittences; en Angleterre elle s'établit tout à fait et elle ira croissant jusqu'à la fin.

Qu'un homme dont l'esprit était ainsi placé sur les confins de l'état normal et de l'état pathologique, fût vaniteux, cela est presque inévitable. En le niant, M. Dreyfus-Brisac nie l'évidence. Nous ne ferons pas à nos lecteurs l'injure de leur rappeler les faits par où se révèle la vanité de Rousseau. L'auteur des *Confessions* n'est assurément pas modeste quand il fait au public l'exhibition de ses nudités morales, comme il avait fait à des jeunes filles l'exhibition de sa nudité physique, et déclare en même

(1) Voir aussi la page sur la crainte de l'enfer, et le caillou jeté par Rousseau contre un arbre avec l'idée superstitieuse qu'il sera damné s'il manque le but. Mais il se met tout près et triche avec le sort. — Le besoin d'attirer l'attention par ses costumes et en général par des marques extérieures est un phénomène qui se rencontre souvent chez les hystériques. De même le mélange de sensualité et de religiosité (le ménage à trois et la messe).

(2) Cf. Chuquet, *J.-J. Rousseau. L'esprit* avec lequel M. Chuquet, dans son excellent ouvrage, a raconté la vie de Rousseau ne nous paraît pas différer du nôtre. — Cette forme de l'hypocondrie a été signalée par le Dʳ Guyon (*Leçons cliniques*, 1881), a été étudiée par le Dʳ Janet : *Les troubles psychopathiques de la mixtion*, thèse, 1890.

temps qu'il est le plus vertueux des hommes. Et cet orgueil devient attristant quand Rousseau s'imagine que Choiseul n'a fait occuper la Corse que pour l'empêcher de recevoir des lois de la main du philosophe. L'orgueil et la persécution, même au début de celle-ci, s'accompagnent souvent (Régis, *Manuel*, p. 244).

Personne ne s'étonnera qu'un tel homme n'ait jamais résisté à la tentation d'adopter dans ses écrits comme dans sa vie le rôle qui devait le plus flatter son amour-propre. Sa résistance devait être d'autant plus faible que sa personnalité était sujette à des variations qui montrent le saisissement hystérique à l'œuvre. Sa tête était alors « hors de son diapason » normal. « Il y a des temps, dit-il, où je suis si peu semblable à moi-même qu'on me prendrait pour un autre homme de caractère tout opposé. » J'avais « des moments de délire inconcevable, où je n'étais plus moi-même ». C'est une chose digne de remarque qu'il présente ces explications chaque fois qu'il a à excuser un mensonge. Laissons-lui donc, bien que vers 1760 ces sortes de saisissements à l'approche de l'auto-suggestion semblent avoir disparu et qu'il ne lui restât plus que le pli artificieux du caractère hystérique, laissons-lui le bénéfice des circonstances atténuantes qu'il réclame et disons — c'est la vraie nuance — qu'en altérant la vérité il simule ou feint, plutôt qu'il ne ment. C'est tout ce que nous pouvons faire pour lui.

M. Dreyfus-Brisac avait « besoin d'apprendre sur quels témoignages » nous nous appuyons « pour poser notre diagnostic pathologique et moral ». Nous espérons qu'il sera satisfait. « Mais, ajoute-t-il, à supposer que Rousseau fût le malade qu'on veut dire, comment distinguer les écrits où il ment de ceux où il est sincère? » Cela est assez simple dans certains cas. D'abord quand il se livre à des protestations solennelles, quand il commence à déclamer en un mot, nous pensons qu'il y a lieu pour le lecteur de se tenir sur ses gardes. Il est comme les enfants qui mentent maladroitement. « *Je ne jouai rien*, je devins en effet tel que je parus », dit-il, au sujet de sa réforme. Ce *je ne jouai rien* est clair pour qui connaît l'homme. Ensuite on est bien forcé de suspecter sa véracité quand il est en contradiction manifeste avec les faits ou avec lui-même. Ainsi, quand à propos de l'abandon de ses enfants, cet homme dont M. Dreyfus-Brisac loue le dévouement à sa famille (!), déclare une fois : « Je le ferais encore, si c'était à faire », et une autre fois raconte qu'il verse sur sa faute des larmes intarissables, nous avons peine à croire que l'une des deux attitudes au moins n'a pas été simulée. Il n'y a à cela aucune difficulté.

La difficulté augmente à coup sûr quand on est en présence de groupes d'idées opposés, cohérents à quelque degré de part et d'autre. Dans ce cas il y a une part à faire à la sincérité, une part à la simulation; Rousseau, dont le culture philosophique avait été tardive et incomplète, est lui-même hésitant en ce cas entre les différents aspects des choses, et il essaie peut-être de se dissimuler à lui-même la nécessité du choix.

Mais si — et c'est le cas de l'*Émile* — il y a un des deux groupes d'idées qui l'emporte, si surtout les préférences de l'auteur indiquées à plusieurs reprises finissent par le conduire dans un même sens au terme prévu, alors ce qu'il laisse subsister avant ou ce qu'il ramène après, des idées réfutées et abandonnées, accuse l'artifice. Un travail attentif permet de démêler les éléments conservés pour le décor, des éléments récents, le revêtement postiche des matériaux de bon aloi. Les esprits comme les plantes suivent dans leur développement des lignes générales naturelles et l'esprit de Rousseau n'échappe pas à la loi commune.

A cet ensemble de faits dont nous n'avions pu charger notre premier travail — nous remercions M. Dreyfus-Brisac de nous avoir fourni l'occasion de les produire — notre hypothèse nous avait paru emprunter une vraisemblance voisine de la certitude. Nous avions pensé de plus qu'une confrontation minutieuse de la seconde rédaction du *Contrat* avec la première confirmerait nos vues : nous le croyons encore.

Reconnaissons sans détour qu'ici nous avons commis *dans une note* une erreur de fait et que le passage sur les grandes nations a été maintenu dans l'édition définitive. Nous avons emprunté cette erreur à M. Alexeieff. Sur l'exemplaire sacrifié où nous avions marqué en traits de différentes couleurs les plus petites différences des deux textes, nous avions signalé l'inexactitude; puis, faute de recourir à cet exemplaire, nous avons suivi l'auteur russe dans sa défaillance d'attention. De là la note (1). Voilà tout notre crime.

Quant au reste, nous maintenons tout ce que nous avons avancé, et nous soutenons que, si l'on veut y regarder de près, les arguments élevés par M. Dreyfus-Brisac contre nos assertions sont illusoires. Les deux colonnes qui doivent nous confondre ne sont qu'un trompe-l'œil.

Rapprochons comme toujours la question particulière au

(1) C'est également dans une note que M. Dreyfus-Brisac a pu relever une expression inexacte quant à l'intervention de Malesherbes. Le ministre opposa des difficultés amicales, et par lettres privées, non à la rédaction de l'*Émile*, mais à celle de *la Nouvelle Héloïse*. Mais ¹ fait sur lequel s'appuie l'argument reste intact.

Contrat de la question générale que nous avons posée : Y a-t-il
eu évolution dans la pensée de Rousseau? Si notre hypothèse est
juste, avons-nous dit, on a des chances de trouver dans l'édition
du *Contrat* confrontée avec la rédaction primitive quelque indice
du passage opéré alors d'une conception rationaliste et artificielle
de la société à la conception organique et naturelle, bref de la
deuxième phase à la troisième. Or nous rencontrons dans la première rédaction, telle que la donne M. Dreyfus-Brisac, un long
passage — non reproduit par M. Alexeieff parce qu'il est barré
— qui est une discussion explicite contre l'idée d'un droit naturel,
d'une organisation naturelle des sociétés. Dans ce passage Rousseau nie la possibilité de l'unité organique du genre humain, qui
commence à tenter son esprit. Il s'élève contre la doctrine panthéiste d'après laquelle, en raison de l'inhérence de tous les êtres
vivants à l'essence et à la volonté de Dieu, il y aurait convergence
spontanée entre les membres d'un même corps social. Il repousse
la première conséquence de cette doctrine, à savoir que la société
humaine formerait ainsi « comme une personne morale, ayant,
avec un sentiment d'existence qui lui donne l'individualité et la
constitue une, un mobile universel qui fasse agir chaque partie
pour une fin générale et relative au tout... Si la société générale
existait ailleurs que dans les systèmes des philosophes, elle
serait, comme je l'ai dit, un être moral qui aurait des qualités
propres et distinctes de celles des êtres particuliers qui la constituent, à peu près comme les composés chimiques ont des propriétés qu'ils ne tiennent d'aucun des mixtes qui les composent...
Il y aurait une sorte de sensorium commun qui survivrait à la
correspondance de toutes les parties; le bien et le mal publics ne
seraient pas seulement la somme des biens ou des maux des particuliers comme dans une simple agrégation, mais ils résideraient
dans la raison qui les unit, ils seraient plus grands que cette somme,
et loin que la félicité publique fût établie sur le bonheur des particuliers, c'est elle qui en serait la source. » Cette conception de
la société comme être naturel, Rousseau n'en veut pas à ce
moment. Il la condamne expressément : 1º parce que « le progrès
de la société », au lieu de rendre plus étroite la solidarité organique des éléments du corps social, « étouffe l'humanité dans les
cœurs (quel progrès!) en éveillant l'intérêt personnel » et que
« les notions de la loi naturelle qu'il faudrait appeler la loi de
raison ne commencent à se développer que quand le développement antérieur des passions rend impuissants tous ses préceptes.»
C'est le maintien des vues du *Discours sur l'Inégalité* sur l'ori-

gine de l'homme; 2° parce que les intérêts individuels sont en conflit nécessaire, que l'intérêt particulier et l'intérêt général « s'excluent l'un l'autre dans l'ordre naturel des choses » ; « 3° parce que enfin la religion est impuissante auprès de la multitude pour établir l'harmonie sociale, et que la volonté de Dieu, sans cesse défigurée par les passions, sans cesse déformée par de prétendues révélations qui se contredisent, loin de servir de « lien direct » entre les hommes, est le prétexte de carnages et d'oppressions sans fin. Par conséquent, « ce prétendu traité social *dicté par la nature* est une véritable chimère ». Par conséquent encore, c'est sur l'intérêt général tardivement conçu par les intelligences que la loi doit s'appuyer. Le vrai lien social est le contrat librement consenti par les individus, qui laisse subsister ces individus dans leur intégrité et leur indépendance. La société dans son ensemble » n'est donc alors (1) pour Rousseau, comme nous l'avons montré (deuxième phase), qu'une création logique, que l'œuvre des raisons individuelles, et la justice, loin d'être une émanation des volontés de Dieu, n'est qu'une dérivation de la loi : ainsi de la charité.

Nous le demandons maintenant à tous ceux qui ont quelque expérience dans le maniement des idées : est-ce la même chose de dire, comme Rousseau le fait ici : que *la loi est antérieure à la justice et non pas la justice à la loi* » et de dire comme Rousseau le fera dans la seconde rédaction : *Ce qui est bien et conforme à l'ordre est tel par la nature des choses et indépendamment des conventions humaines. Toute justice vient de Dieu, lui seul en est la source?* Ne trouvons-nous pas dans ces mots l'écho des doctrines énoncées au livre IV de l'*Émile* : « *On n'en peut douter, l'homme est sociable par sa nature* » ?

« Halte-là! nous crie M. Dreyfus-Brisac; la phrase citée n'est pas de la seconde rédaction du *Contrat*, elle est de la première. Voyez la page 287 de mon édition du *Contrat*. » Mais voici qu'à cette page 287 une note indiscrète nous apprend que « le morceau entre crochets se trouve au verso du feuillet 63 du manuscrit ». Et dans l'*Introduction* du même M. Dreyfus-Brisac, nous lisons (p. IX) : « Les versos de la plupart des feuillets (du manuscrit) renferment des passages additionnels d'une écriture différente de celle du manuscrit et qui paraissent d'une date postérieure. » Et en note : « Presque tous ces fragments ont passé sans changement dans le texte définitif du *Contrat*, ce qui semble bien indiquer qu'ils ont

(1) En 1754. La date de 1759, attribuée par M. Dreyfus-Brisac dans la grande édition au premier *Contrat*, est insoutenable.

été ajoutés au moment de la refonte ou pendant la correction des épreuves. » On ne saurait penser à tout.

Nous avions donc entièrement raison de voir dans ce passage une modification apportée par Rousseau à sa rédaction première sur la question essentielle : à savoir la nature de la société et l'origine du droit. L'affirmation du caractère divin et naturel au sens stoïcien de la loi morale ou de la justice, présente au *Contrat* de 1762 (et de toute évidence dans l'*Émile*), est bien absente du *Contrat* de 1754, c'est-à-dire, qu'elle n'y est rapportée que pour être réfutée longuement. Si M. Dreyfus-Brisac l'a insérée dans son édition du premier *Contrat*, c'est qu'il a mêlé indûment des passages contemporains de la refonte, postérieurs de huit ans, au texte primitif : lui-même vient de nous le dire. Et avec cette affirmation du caractère divin et naturel de la justice, la *couture* destinée à relier cette nouvelle doctrine à l'ancienne, c'est-à-dire à celle qui fait dériver la justice des conventions humaines, doit rentrer dans l'édition définitive ; cela est absolument certain.

A défaut de la clef dont nous nous servons pour lever, par la distinction de phases successives dans la pensée de Rousseau, les contraditions qui la rendent inintelligible, on est exposé à de fâcheuses méprises. Ainsi M. Dreyfus-Brisac rapproche (p. 255) d'un passage du manuscrit de Genève que nous avons cité (p. 349 de la *Revue*) et où Rousseau montre l'harmonie sociale et le bonheur naissant de l'intérêt bien entendu une fois compris par la raison, passage d'inspiration toute laïque et « philosophique », (2e phase) un passage du *Discours sur l'Inégalité* où l'auteur conclut à l'observance des vertus chrétiennes en vue de l'immortalité et à l'irrémissible condamnation de la vie sociale qui ne peut rien pour notre bonheur (1re phase.) Le passage appelé à éclaircir l'autre en est précisément le contrepied. Quelle lumière pouvons-nous tirer de pareils rapprochements ?

Nous craignons qu'ils ne soient fréquents, dans l'édition récente. Fut-ce en manuscrit, on a beau lire dix fois deux ouvrages pour en relever les points de contact ; si on confond deux idées symétriquement contraires en une seule mention vague, il est impossible de les mettre en série, de les échelonner dans le temps et de comprendre comment l'esprit de l'auteur est allé de l'une à l'autre : leur rapprochement n'est pas instructif. Par exemple il y a (p. 276, Appendice I) un passage du 1er *Contrat* où Rousseau admet avec Platon que le législateur est de nature supérieure aux citoyens, « comme les pâtres sont d'une espèce supérieure au bétail qu'ils conduisent ». Ce passage, dit en note M. Dreyfus-

Brisac, a été *utilisé* dans le *Contrat social*. Nous proposons un amendement. Rousseau a repris l'idée, oui, mais en la retournant de fond en comble et il a dit cette fois justement le contraire de ce qu'il avait dit d'abord : à savoir que ce raisonnement (que le berger est supérieur à son troupeau et le prince à ses sujets) est celui de Caligula, de Hobbes et de Grotius et qu'il n'est bon qu'à faire prévaloir la force contre le droit. *Démenti* serait peut-être plus exact qu'*utilisé*. Il n'est pas surprenant qu'avec cette méthode, qui consiste à rapprocher pêle mêle les passages où il est à peu près question des mêmes choses, on ne s'aperçoive ni que Rousseau s'est contredit, ni que pendant le peu de temps où il s'est occupé des questions politiques, son esprit, a pu faire beaucoup de chemin.

En insistant comme il l'a fait dans sa *Réponse* (à quelqu'un qui d'ailleurs ne l'interpellait pas) sur la question de savoir si le second *Contrat* est ou non identique au premier, le mandataire de Jean-Jacques a pris le change sur l'ordre des problèmes à résoudre. Cette question est secondaire. Les deux rédactions fussent-elles semblables, la détermination prise par Rousseau de publier cette œuvre telle quelle n'en serait que plus surprenante. En effet. il avait posé en termes très clairs — nous venons de le voir — le problème de la nature du corps social. Comment expliquer qu'ayant sous les yeux le passage où ce problème est posé, il se contente de le biffer ? Pourquoi lâche-t-il pied devant la difficulté capitale de tout cet ordre de recherches? Pourquoi jette-t-il en même temps dans le public l'*Émile* où la question est en fin de compte tranchée en faveur de la nature organique du corps social et le *Contrat*, où c'est en somme, malgré les corrections, nous l'avons dit, le point de vue logique et encore artificiel qui prévaut? M. Dreyfus-Brisac n'a pas répondu à ces questions ; il ne les a pas même entrevues. Une édition du *Contrat social* est à faire qui nous présentera un fil conducteur à travers la philosophie sociale antérieure à cet ouvrage et surtout à travers la pensée de Rousseau, pensée très complexe et fuyante, point de rencontre indécis d'influences multiples, non seulement politiques mais philosophiques, et où nous serions encore plus humilié que nous ne le sommes de n'avoir rien compris, si elle se réduisait au petit tracé que M. Dreyfus-Brisac nous en donne (1).

(1) *Introduction*. Dans cette hardie simplification, nous voyons figurer parmi les quatre thèses prétendues essentielles, la théorie du progrès. Comment, après l'évidence que nous avons accumulée sur ce point, M. Dreyfus-Brisac a-t-il pu répéter que Rousseau croit l'humanité perfectible, c'est ce que nous

Un dernier mot. M. Dreyfus-Brisac nous appelle un économiste. Le mot est dur déjà. Il laisse entendre, il dit presque que nous sommes un clérical, avec cette atténuation ou cette aggravation que nous serions un clérical inconscient. Il nous connaît mal. Si Rousseau avait pu nous déplaire par ses doctrines, ce ne serait pas comme l'adversaire de telle ou telle Église, ce serait comme ayant fondé lui-même une Église. La « Religion naturelle », nouvelle dilution du christianisme, est son œuvre. Dilution quant aux dogmes ; le sentiment, transformé, subsiste. Kant et Fichte, Cousin et Renouvier ne sont de ce point de vue que les continuateurs du philosophe de Genève. Dire que ce mouvement est antireligieux, c'est dire que la Réforme fut antireligieuse. A cette nouvelle conception de l'homme se rattache en fait, chez nous, malgré la grande modération de quelques-uns de ses interprètes autorisés, toute une politique, la politique des droits égaux et absolus, qui est par essence révolutionnaire. Incorporé à l'idée de droit divin naturel, le *Contrat social* devient l'annexe de la *Profession de foi du Vicaire savoyard ;* la politique se subordonne à la métaphysique, le contrat d'intérêts au commerce idéal des libertés transcendantes. Cette métaphysique et cette politique, très mêlées chez Rousseau d'éléments divers, mises en formules par Kant et par la Révolution, nous inspirent une défiance et une inquiétude croissantes. Mais en tant qu'historien, nous sommes sympathique à toutes les doctrines de franche allure et nous avons autant de plaisir à étudier les systèmes de Platon, de Malebranche et de Kant que ceux de Démocrite, de Spinoza et d'Auguste Comte. Ce qui nous répugne dans la manière de Rousseau, c'est l'usage habile qu'il a fait des discordances irrémédiables de sa pensée, c'est cette exploitation à laquelle il s'est livré de ses incertitudes mêmes, en vue du succès. N'avions-nous pas le droit de le laisser voir ? Alors, c'est que Rousseau n'est pas un auteur comme un autre et qu'il aurait engendré, avec une nouvelle orthodoxie, une nouvelle intolérance. En effet, tant que la foi aux Évangiles dure, l'histoire est mal venue à scruter leurs origines.

A. ESPINAS.

ne pouvons concevoir. Le mot *progrès* se trouve sous la plume de Rousseau, mais, nous l'avons établi, avec un sens péjoratif. C'est toujours la même périlleuse assimilation entre deux propositions, dont l'une est affirmative, l'autre négative. Il faut tenir compte de ces différences.

CONSEIL GÉNÉRAL

DES FACULTÉS DE PARIS

RAPPORT A M. LE MINISTRE DE L'INSTRUCTION PUBLIQUE, DES BEAUX-ARTS ET DES CULTES SUR LA SITUATION DES ÉTABLISSEMENTS D'ENSEIGNEMENT SUPÉRIEUR (année scolaire 1894-1895).

Monsieur le Ministre,

L'année scolaire qui vient de s'écouler n'a pas encore apporté dans la situation du Conseil général des Facultés le changement désiré depuis longtemps par tous ceux qui s'intéressent au libre développement de l'enseignement supérieur, et préparé par les mesures libérales qui ont groupé nos Facultés, et donné la personnalité civile au corps représentant leur réunion. Le Conseil général attend avec confiance et espoir le jour désormais prochain (1) où le Parlement, achevant l'œuvre si bien commencée, lui accordera, avec le nom que tout le monde prononce déjà, une compétence mieux définie, une autonomie plus grande, non pour relâcher les liens qui le rattachent à l'Etat, mais pour lui permettre de remplir dans toute son étendue son rôle, qui est de coordonner autant que possible les enseignements des diverses Facultés et de stimuler au milieu d'elles la vie universitaire.

Le Conseil a la conscience d'avoir fait, dans ce sens, tout ce qui lui était possible en s'efforçant de faciliter aux étudiants d'une Faculté l'assistance régulière aux cours d'une autre, en s'attachant à organiser et développer les enseignements qui peuvent être considérés comme communs à plusieurs Facultés; il a cherché aussi à répondre à la générosité des pouvoirs publics et à ce qu'ils sont en droit d'attendre en retour, en ne confinant pas les Facultés sur le terrain exclusif de la science pure et en accueillant avec satisfaction des mesures qui rattachent certains de leurs enseignements à la vie pratique. En le faisant, il s'est inspiré de cette pensée que, si la science ne peut s'élever trop haut dans les régions où elle se meut sans préoccupation aucune des applications, plus elle monte, plus elle rend abondantes les sources qui fécondent les

---

(1) Le Conseil a appris avec une vive satisfaction, pendant l'impression de ce rapport, la mise à l'ordre du jour de la loi sur les Universités.

parages accessibles au grand nombre. L'histoire de l'industrie dans le siècle qui s'achève prouve qu'il en est bien ainsi, et que l'industrie est d'autant plus puissante qu'elle se rattache plus intimément à la science et qu'elle fait fructifier les germes que celle-ci laisse tomber sans cesse.

C'est ainsi qu'il a été heureux d'approuver la création, auprès de la chaire de géographie coloniale, d'un bureau d'informations destiné à renseigner les futurs explorateurs, colons et commerçants, et qu'il a accueilli avec faveur le projet de créer à la Faculté des sciences un enseignement pratique élémentaire de la chimie destiné à la fois aux étudiants réguliers de la Faculté et aux jeunes gens désireux de se préparer à une carrière industrielle.

Les modifications introduites dans l'enseignement du droit répondent aux mêmes préoccupations : élever encore et fortifier les hautes études, en tenant compte des besoins sociaux et en donnant plus d'élasticité aux programmes, tel est le but qu'on s'est proposé et qui sera certainement atteint quand la réforme aura pu être pleinement appliquée.

On aurait pu craindre que le mouvement qui tend à la création d'Universités régionales ne nuisît à la bonne entente des groupes de Facultés et n'établît entre elles une rivalité fâcheuse. Il n'en est rien. En toute occasion, nos grands établissements scientifiques de Paris et de la province ont montré les sentiments les plus profonds de fraternité et de solidarité. C'est ce qu'on a pu constater aux fêtes et congrès qui ont eu lieu à Lyon à l'occasion de l'exposition, et à Lille pour l'inauguration des nouveaux bâtiments universitaires. A l'une et l'autre solennité, particulièrement à la seconde plus spécialement universitaire, le Conseil général et les Facultés de Paris ont été représentés par de nombreux délégués.

Le rapport que le Conseil doit vous adresser chaque année, Monsieur le Ministre, en exécution de l'article 14 de décret du 28 décembre 1885, sur la vie scolaire du groupe des Facultés et École de Paris, sera divisé conformément aux précédents en trois parties : 1° personnel et enseignement; 2° études et examens; 3° travaux et vœux du Conseil général.

PERSONNEL ET ENSEIGNEMENT

1° *Décès*. — Les pertes faites cette année par nos Facultés, dans leur personnel actif et dans leur personnel retraité, ont été nombreuses et des plus sensibles pour notre famille universitaire; la mort nous a enlevé, à côté du savant illustre, notre gloire nationale, que nous étions fiers de savoir attaché à notre Faculté des sciences par le lien de l'honorariat, M. Pasteur, des hommes éminents, dont deux, MM. MARTHA, professeur d'éloquence latine à la Faculté des lettres et BEUDANT, professeur et doyen honoraire à la Faculté de droit ont fait partie du Conseil général et y ont laissé les plus vifs regrets. M. MARTHA, auquel on doit le rapport du Conseil pour l'année 1893-1894, avait demandé à la Faculté des lettres de ne pas lui renouveler son mandat. Pendant le petit nombre d'années qu'il a siégé dans le Conseil, il s'était acquis la sympathie et le respect de tous ses collègues par sa modestie, sa bienveillance, la fermeté douce et la pondération de son esprit. M. Beudant qui faisait partie du Conseil depuis sa création, y a joué un rôle plus actif. Sa grande habitude de l'administration, sa compétence spéciale dans les questions de droit, le conduisaient souvent à prendre part aux discussions, et la netteté de son esprit, la décision et l'indépendance de son caractère à le faire de façon à souvent entraîner l'opinion du Conseil, toujours à l'éclairer.

La Faculté de médecine a perdu deux de ses professeurs retraités, MM. J.-A. Regnauld et A. Verneuil, membre de l'Institut, et l'un de ses professeurs titulaires, M. Baillon. Privée depuis quelque temps déjà de la collaboration effective des deux premiers, elle a ressenti surtout douloureusement la mort subite de M. Baillon, qui jetait, par sa compétence universellement reconnue et par la publication d'ouvrages d'une haute valeur, un grand lustre sur l'enseignement de la botanique à la Faculté.

A ces pertes s'ajoute d'une manière moins directe celle d'un homme de bien, d'un savant distingué et modeste, qui portait avec dignité un nom illustre, le baron Larrey, membre de l'Institut; il avait été reçu agrégé de chirurgie de la Faculté de Paris en 1835.

La Faculté des sciences, outre l'illustre Pasteur, professeur honoraire, auquel la maladie n'avait pas permis de monter dans sa chaire, mais qui a toujours montré le plus grande sollicitude pour la prospérité de la Faculté, a perdu un autre de ses professeurs honoraires, M. Duchartre, membre de l'Institut, qui pendant de longues années a enseigné avec succès la botanique aux élèves de la Faculté et à de nombreux auditeurs; sa clarté, sa méthode, la sollicitude et la bienveillance avec laquelle il suivait ses élèves ont laissé chez ceux-ci des traces ineffaçables.

M. Vesque, maître de conférences de botanique, jeune encore, mais vieilli avant l'âge par un travail acharné, a été enlevé en pleine activité en consacrant ses forces, jusqu'au dernier moment, à l'enseignement qui lui était confié.

M. Mouton, maître de conférences de physique, en retraite depuis peu de temps, mais éloigné depuis des années, par la maladie, de son enseignement et de ses travaux de recherches, avait donné à la Faculté les plus belles espérances comme professeur et comme chercheur. Frappé par un mal sans remède, il a laissé à ceux qui l'ont connu le souvenir douloureux d'une carrière brillamment commencée, interrompue au moment où le travail des premières années allait porter tous ses fruits.

La Faculté des lettres, outre M. Martha, a perdu un de ses professeurs honoraires, M. Geffroy, qui avait occupé pendant vingt-trois ans la chaire d'histoire ancienne, et qui, soit par son enseignement, soit dans la direction de l'Ecole française de Rome, soit par la conscience scrupuleuse qu'il mettait à remplir les devoirs de président du jury d'agrégation d'histoire, a exercé une action puissante sur le développement des études historiques dans l'Université.

2° *Mouvements dans le personnel enseignant.* — La Faculté de théologie protestante a dû, à son grand regret, se séparer de l'homme distingué qui a été son doyen depuis l'installation à Paris de l'ancienne Faculté de Strasbourg, à la réorganisation de laquelle il avait contribué plus que tout autre. M. F. Lichtenberger, dont la santé laissait à désirer depuis quelque temps et qui, devant les instances de ses collègues, avait consenti à conserver encore ses fonctions, a trouvé que la tâche était décidément devenue trop lourde pour lui et a demandé sa mise à la retraite.

Il a été nommé doyen honoraire et remplacé par M. Sabatier qui était déjà son assesseur ; son cours a été fait pendant le premier semestre par M. Ehrhardt.

M. Massebieau, admis à la retraite pour cause de santé, a été remplacé dans la conférence d'études patristiques par M. Jean Réville.

M. Samuel Berger, docteur en théologie, maître de conférences, a été nommé professeur adjoint.

A la Faculté de droit, M. Desjardins a été nommé professeur honoraire, après une vie universitaire bien remplie ; il avait plus de trente ans de services comme agrégé et comme professeur, et a enseigné le droit criminel avec succès jusqu'au jour ou une maladie cruelle l'a condamné au repos.

M. Lainé, professeur de droit civil, a été nommé, sur sa demande, professeur de droit international public et privé (chaire de création nouvelle demandée par le Conseil général). M. Massigli, professeur adjoint, a été nommé professeur de droit civil en remplacement de M. Lainé.

M. Estoublon, directeur de l'École de droit d'Alger, a été nommé à la chaire de droit musulman créée par décret du 17 avril 1895. Sur la proposition du Conseil de la Faculté, M. Cuq, agrégé, a été nommé professeur adjoint.

Enfin M. Saleilles, professeur à la Faculté de Dijon, a été chargé des fonctions d'agrégé à Paris.

A la Faculté de médecine MM. les professeurs Grancher, Richet et G. Sée, absents pour raisons de santé, ont été remplacés dans leur enseignement par MM. Marfan, Gley et Marie, agrégés.

M. Lannelongue, député, a été remplacé par M. Delbet, agrégé.

A la Faculté des sciences, M. Koenigs, chargé du cours de cinématique, et M. Painlevé, maître de conférences ont été nommés professeurs adjoints.

M. Matruchot (1), docteur ès sciences, a été nommé maître de conférences de botanique en remplacement de M. Vesque.

M. G. Robin (2), docteur ès sciences, a été chargé du cours de chimie physique (nouvelle création).

Par suite de la création à la Faculté des sciences du nouvel enseignement préparatoire des sciences physiques, chimiques et naturelles, M. P. Janet a été chargé du cours de physique, M. Joannis de celui de chimie, M. R. Perrier de celui de zoologie, et M. Daguillon de celui de botanique. En même temps, MM. Krouchkoll, Péchard, Fischer et Matruchot ont été nommés chefs des travaux pratiques correspondant à ces divers cours.

A la Faculté des lettres, M. Jules Martha, qui depuis trois ans ensei-

(1) M. Matruchot, Louis-Paul, né le 14 janvier 1863 à Verrey (Côte-d'Or), docteur ès sciences naturelles, agrégé des sciences naturelles, officier d'Académie (juillet 1894.)

(2) M. Robin, Victor-Gustave, né à Paris le 17 mai 1855, docteur ès sciences mathématiques, officier d'Académie.

gnait la littérature latine à la place de son père comme chargé de cours, a été désigné à M. le Ministre par le choix unanime de la Faculté pour le remplacer.

M. Ch. Waddington, membre de l'Institut, titulaire de la chaire d'histoire de la philosophie ancienne autrefois illustrée par Cousin et qui avait été restaurée pour lui en 1879, atteint par la limite d'âge, a été nommé professeur honoraire et remplacé par M. Brochard, maître de conférences à l'École Normale supérieure.

M. Victor Henry a été nommé professeur de sanscrit et de grammaire comparée des langues indo-européennes, recueillant l'héritage de son maître Bergaigne.

Grâce aux dispositions libérales du décret du 31 juillet 1894, cinq chargés de cours ou maîtres de conférences ont obtenu la récompense de leurs longs et excellents services en étant nommés professeurs adjoints : ce sont MM. Gazier, Guiraud, Beljame, Hauvette, Zeller.

Une deuxième maîtrise de conférences de français a été créée et confiée à M. Dejob, qui avait déjà rempli pendant plusieurs années les fonctions de maître de conférences de langue et de littérature française à la Faculté pendant la délégation de M. Larroumet à la direction des Beaux-Arts.

M. Froidevaux, docteur ès lettres, professeur au lycée de Vendôme, a été nommé secrétaire-archiviste du bureau de renseignements scientifiques près la chaire de géographie coloniale (fondation du Ministère des colonies.)

Les demandes réitérées du Conseil, qui avait mis en première ligne sur la liste des enseignements qu'il juge utile de créer celui d'une chaire de chimie analytique à l'École supérieure de Pharmacie, ont été entendues par les pouvoirs publics grâce à l'heureuse intervention, à la Chambre des députés, de M. le Professeur Lannelongue, et M. Villiers-Moriamé (1), qui depuis bien des années donnait cet enseignement avec succès en qualité de chargé de cours, en a été nommé titulaire : l'École comme le Conseil sont reconnaissants au gouvernement et aux Chambres de cette transformation heureuse d'un des enseignements les plus importants pour les futurs pharmaciens.

M. Bouvier, agrégé, nommé professeur de zoologie (animaux articulés) au Muséum d'histoire naturelle, n'a pas pu continuer à l'école l'enseignement qu'il avait inauguré brillamment. Il lui prêtera cependant son concours pour les examens pendant quelque temps encore.

M. Bourquelot a continué à suppléer M. Bourgoin, député, dans le cours de pharmacie galénique.

3° *Cours libres.* — Les cours libres continuent à rendre des services signalés en enrichissant nos établissements de certains enseignements non encore inscrits dans les programmes ou trop spéciaux, et d'autre part en permettant à de jeunes savants de faire leurs preuves, tout en

(1) M. Villiers-Moriamé (Antoine), né le 6 janvier 1854, à Carcassone (Aude), docteur ès sciences physiques, pharmacien de 1re classe, préparateur à l'Ecole des Hautes-Études, chef des travaux pratiques à l'École supérieure de pharmacie (1881-1883), agrégé des Écoles de pharmacie (1882), chargé du cours complémentaire de chimie analytique à l'École de pharmacie de Paris du 1er février 1886 au 30 mars 1895.

acquérant les qualités que la pratique de l'enseignement seule peut donner.

Néanmoins la Faculté des lettres, à propos de certaines demandes d'autorisation de cours libres qui se sont reproduites plusieurs années de suite, sans que l'utilité des cours en question parût bien évidente, a pensé qu'il était fâcheux que les cours faits par les mêmes maîtres devinssent à la longue, par la force des choses et le nombre restreint des salles, un obstacle à l'ouverture d'autres enseignements peut-être plus utiles, à coup sûr plus nouveaux. Elle a décidé, sans vouloir aucunement porter atteinte au principe des cours libres, mais au contraire, pour faciliter le développement desdits cours en leur donnant le moyen de se renouveler plus fréquemment (ce qui est de tout point conforme à l'esprit de l'institution), qu'elle n'accordera pas plus de cinq années de suite à une même personne l'autorisation de faire un cours libre à la Faculté.

Le Conseil n'a pas eu à connaître de deux refus d'autorisation opposée par la Faculté des lettres à des demandes de cours libres les personnes qui les sollicitaient n'étaient pas pourvues du doctorat ès lettres.

Pour l'année 1894-1895, le Conseil a accordé les autorisations demandées pour les dix-huit cours suivants :

Faculté de théologie protestante.

M. DE FAYE. — Justin martyr et les apologistes chrétiens du second siècle.

Faculté de droit.

M. BOISTEL, professeur de droit civil. — Sur la théorie de la société civile (discussion des doctrines sociales).

M. DU MAROUSSEM — L'industrie du vêtement à Paris et à Vienne.

M. le Dr DUBUISSON, médecin en chef de l'asile Sainte-Anne. — De la théorie de l'homme intellectuel et moral considérée comme base des théories du criminel et de l'aliéné.

Faculté de médecine.

PREMIER SEMESTRE

M. LAVAUX. — Affections des voies urinaires.

M. RÉGNIER. — Applications de l'électricité à la biologie et à la physiologie.

DEUXIÈME SEMESTRE

M. BÉRILLON. — Psychologie physiologique ; applications cliniques de l'hypnotisme.

Faculté des sciences.

M. CHABRIÉ. — Chimie appliquée à la physiologie.

M. LUCIEN LÉVY. — *Histoire de la chimie.* — Principales théories modernes.

Faculté des lettres.

M. Bertin. — *Littérature historique.* — Histoire de la société française sous la Restauration.

M. Cahun. — Histoire et géographie de l'Asie centrale.

M. Debidour. — *Histoire.* — Décadence et chute du Premier Empire.

M. Gardair. — *Philosophie.* — Traité de Dieu d'après saint Thomas.

M. Munier Jolain. — *Littérature française.* — La plaidoirie pendant le XVIII⁰ siècle.

M. Théodore Reinach. — *Numismatique.* — L'histoire monétaire de la Grèce.

M. Albert Le Roy. — *Littérature française.* — La littérature sentimentale en France, du XVIIᵉ au XIXᵉ siècle.

M. Charles Normand. — *Histoire.* — Histoire politique et sociale de la bourgeoisie française pendant le XVIIᵉ siècle.

École supérieure de pharmacie.

M. Béhal. — *Chimie organique.*

Il convient d'ajouter à ces cours libres une série de sept conférences faites dans une salle de la Sorbonne, avec l'autorisation de M. le Recteur, par M. A. Sabatier, correspondant de l'Institut, doyen de la Faculté des sciences de Montpellier.

Le sujet de ces conférences était : *Essai sur l'immortalité au point de vue du naturalisme évolutionniste.*

II

ÉTUDIANTS ET EXAMENS

55 étudiants réguliers et 15 étudiants bénévoles ont suivi les cours de la Faculté de théologie. Ceux qui ont fait acte de scolarité se classent ainsi : Français, 47 ; Suisses, 4 ; Danois, 1 ; Hollandais, 1 ; Russe, 1 ; Espagnol, 1.

Le nombre des étudiants engagés dans les exercices de la Faculté de droit a été de 4158 (contre 3968 en 1893-1894), en augmentation de 190. Ce nombre comprend :

1° Les étudiants ayant pris inscription et passé examen : 2322 (contre 2273). Différence en plus, 49.

2° Les élèves ayant pris inscription sans passer examen : 557 (contre 574). Différence en moins, 17.

3° Les élèves ayant subi examen sans prendre inscription : 480 (contre 418). Différence en plus, 62.

4° Les élèves n'ayant fait aucun acte de scolarité, ni inscription, ni examen : 380 (contre 352). Différence en plus, 28.

Donc la liste des étudiants réguliers a augmenté de 49.

Les diverses facultés libres ont présenté 380 élèves qui ont passé des examens (contre 358). Différence en plus, 22, qui n'implique pas un grand progrès dans le personnel des facultés libres.

Le chiffre des étudiants étrangers est de 230, supérieur de 38 unités à celui de l'année précédente. C'est pour la Roumanie que l'augmentation est la plus grande (70 au lieu de 54) ; l'Égypte a conservé le nombre de 56 ; la Grèce a atteint 23 au lieu de 17 ; nous trouvons en outre : Iles-Britanniques, 3 ; Belgique, 2 ; Suisse, 6 ; Allemagne, 4 ; Autriche-Hongrie, 4 ; Espagne, 1 ; Portugal, 1 ; Italie, 1 ; Serbie, 11 ; Empire Ottoman (Bulgarie), 15 ; Empire Russe, 10 ; Indo-Chine, 1 ; Cap Haïtien, 6 ; République Dominicaine, 2 ; républiques de l'Amérique centrale, 4 ; États-Unis de l'Amérique du Nord, 3 ; Brésil, 1 ; Républiques espagnoles de l'Amérique du Sud, 5.

A la Faculté de médecine, le nombre des étudiants va toujours en croissant, augmentant ainsi la difficulté pour la Faculté de suffire à l'enseignement pratique qu'il devient chaque jour plus nécessaire d'étendre et de compléter en raison des progrès de la science.

Le nombre des étudiants était au 1er octobre 1895 de 5 445, au lieu de 5262 l'année précédente ; différence, 183. Sur ce nombre, il y a 4 897 élèves docteurs, soit une augmentation de 350 sur l'exercice 1893-1894 ; 342 élèves, officiers de santé, en diminution de 185 ; 73 élèves chirurgiens dentistes en augmentation de 3 ; 131 élèves sages-femmes de 1re classe, 2 élèves sages-femmes de 2e classe, comme l'année précédente.

3 669 étudiants ont pris des inscriptions ou subi des examens.

1 570 étudiants en cours d'études n'ont fait aucun acte de scolarité. Cette interruption d'études peut d'ailleurs s'expliquer par le service militaire, la préparation à l'externat et à l'internat et par des circonstances diverses.

Sur les 5 445 étudiants, il y a 4165 Français, 879 étrangers, 28 Françaises, 167 étrangères, auxquels il faut ajouter 133 sages-femmes et 73 chirurgiens dentistes. Les nationalités étrangères qui fournissent le plus fort contingent sont : l'Empire Russe, 198 ; l'Empire Ottoman, 158 ; la Roumanie, 130 ; les Antilles, 53 ; la Grèce, 48 ; les Républiques espagnoles de l'Amérique du Sud, 48 ; la Suisse, 27.

La Faculté des sciences a compté pendant l'année scolaire 1894-1895 444 étudiants candidats aux grades de licencié et d'agrégé, 56 candidats au doctorat et 148 auditeurs bénévoles.

Les étudiants réguliers se répartissent ainsi :

Agrégation . .	Sciences mathématiques.	37
	Sciences physiques . . .	17
	Sciences naturelles . . .	5
Licence. . . .	Sciences mathématiques.	114
	Sciences physiques . . .	168
	Sciences naturelles . . .	103
	TOTAL.	444

Ce nombre est en diminution de 21 sur l'année précédente.

Les étudiants préparant leur thèse de doctorat sont au nombre de 56 (contre 75), en diminution de 19 :

3 pour les sciences mathématiques.

28 pour les sciences physiques.

25 pour les sciences naturelles.

Aux étudiants dont nous venons de parler, il convient d'ajouter 41 élèves de l'École normale supérieure, ce qui porte à 633 le total des étudiants qui ont fréquenté les cours et exercices de la Faculté, sans compter les candidats au doctorat.

Les étudiants étrangers ont été au nombre de 61, dont 13 Russes et 10 Roumains; il y a lieu d'y ajouter 10 dames étrangères, dont 5 Russes.

Le nombre total des élèves du sexe féminin a été de 27.

Il est intéressant de remarquer que la Faculté a compté parmi ses élèves 40 étudiants déjà inscrits à d'autres Facultés ou Écoles : 15 venant de la Faculté de médecine, 5 pour les sciences physiques, 10 pour les sciences naturelles; 23 venant de l'École de pharmacie, 14 pour les sciences physiques, 9 pour les sciences naturelles. La Faculté de droit a fourni 2 élèves : l'un pour les sciences mathématiques, l'autre pour les sciences physiques.

Les élèves inscrits pour les cours et exercices préparatoires au certificat d'études physiques, chimiques et naturelles viennent ajouter aux chiffres indiqués ci-dessus un contingent qui, notable déjà cette année, ne fera que s'accroître rapidement encore pendant quelque temps. Le nombre des inscriptions a été de 212; à la fin de l'année scolaire, l'effectif s'est trouvé réduit à 180; sur ce nombre, il y a eu 14 élèves étrangers et 3 dames, dont 1 française.

A LA FACULTÉ DES LETTRES, le chiffre des étudiants s'est élevé de 1384 à 1684, suivant une progression à peu près constante depuis 1890 :

Candidats à la licence	629
Aspirants et aspirantes aux certificats d'aptitude d'anglais et d'allemand.	167
Candidats aux agrégations	478
Boursiers d'études ou candidats au doctorat	11
A ces contingents, en quelque sorte professionnels, il faut ajouter les étudiants ayant déclaré ne préparer à la Faculté aucun examen; ils sont au nombre de. . . .	399
TOTAL.	1684

222 dames françaises, 61 étrangères et 99 étrangers se sont fait inscrire pour les cours et conférences.

Le travail de la plupart des élèves a été récompensé par le succès ; aux épreuves de la licence, la grande majorité des candidats reçus es formée par les élèves de la Sorbonne. A l'agrégation, elle a eu 38 candidats reçus, dont 8 boursiers et 3 anciens boursiers.

A L'ÉCOLE SUPÉRIEURE DE PHARMACIE, le nombre des élèves s'est élevé à 1802, en augmentation de 86 sur l'année précédente.

Le directeur de l'École et les professeurs se plaignent de cet accroissement qui constitue une cause de faiblesse pour les études en rendant très difficiles divers services, en particulier ceux de l'enseignement pratique, malgré les mesures prises pour accroître les emplacements et le personnel.

Il serait temps que les efforts faits déjà, et qui devront être multipliés pour retenir nombre de jeunes gens en province, en leur offrant, pour leurs études, les mêmes avantages qu'à Paris, aboutissent enfin à quelques résultats.

Les 1 802 étudiants inscrits se divisent en 1 232 élèves de 1re classe (augmentation 105) et 570 de 2e classe (diminution de 9). 5 élèves femmes rentrent dans ce décompte, dont 1 pour la première, 4 pour la seconde classe.

Les étudiants de nationalité étrangère sont au nombre de 27, dont 7 originaires de l'Empire ottoman, 4 de Russie, dont une femme, 3 de Roumanie, 3 des Antilles espagnoles et autant des Républiques de l'Amérique du Sud.

Le total général dans les diverses facultés et écoles est de 14 000 environ. Il convient de rappeler que ce nombre doit être un peu diminué pour défalquer les doubles emplois.

Boursiers. — Le nombre des étudiants jouissant d'une bourse est de 181, savoir :

A la Faculté de droit.	8	
A la Faculté de médecine . . .	35	
A la Faculté des sciences . . .	47	11 études, 20 licence, 14 agrég., 2 Fond. Trémont.
A la Faculté des lettres. . . .	69	
A l'École supér. de pharmacie.	22	(5 municipales).

De ces bourses, 18 sont dues à la libéralité du Conseil municipal de Paris; 4 proviennent de la fondation Pelrin; 4 de la fondation Barkow; 5 de fondations particulières; le surplus représente le chiffre des bourses de licence, d'agrégation, d'études accordées par l'État aux conditions des réglements; il faut y ajouter la subvention municipale de 36 000 francs accordée annuellement a l'École pratique des hautes études et les sommes afférentes aux prix de la Ville de Paris et aux fondations particulières décernés dans les Facultés de droit, de médecine et à l'Ecole supérieure de pharmacie.

Les boursiers montrent en général par leur travail et par leurs succès qu'ils étaient dignes des avantages qui leur ont été accordés.

A la Faculté des sciences, 1 titulaire de bourse d'études a soutenu une thèse de doctorat ès sciences naturelles; 1 ancien boursier de la Ville de Paris, une thèse de doctorat ès sciences physiques; 3 boursiers d'agrégation ont été admissibles; 15 boursiers de licence ont été admis, dont 8 à la licence mathématique et 6 a la licence physique, 1 à la licence ès sciences naturelles.

A la Faculté des lettres, 8 boursiers en exercice et 3 anciens boursiers ont été reçus au concours d'agrégation,

Examens. — Il a été soutenu devant la Faculté de théologie 12 thèses de baccalauréat, dont 3 avec la mention *satisfaction.*

Pour les examens semestriels au nombre de 74, il y a eu 3 mentions très bien, 5 mentions bien, 25 mentions assez bien et seulement 6 ajournements.

A la Faculté de droit, le nombre des examens, déjà bien considérable, s'est accru encore, passant de 6 064 à 6 448, en augmentation de 384. Les ajournements se sont élevés en moyenne à 28,89 p. 100 au lieu de 27,49 p. 100. Ils sont surtout nombreux aux deux parties du premier examen et à la deuxième partie du deuxième.

Les examens de doctorat accusent 54,25 p. 100 d'ajournements, ce qui n'implique pas que les candidats à ces grades travaillent moins que les

candidats à la licence; cette différence résulte de l'exigence des examinateurs, naturellement plus grande, et de la sévérité des règlements
qui demandent pour l'admission au moins deux boules blanches et une
boule blanche-rouge sur quatre boules, tandis qu'à la licence, les candidats sont admis avec deux boules rouges-noires sur trois. A partir de
l'année scolaire 1895-1896, l'ajournement sera prononcé quand l'élève
aura mérité plus d'une boule rouge noire.

A la Faculté de médecine, 8 238 candidats ont subi des examens :
7 611 pour le doctorat, 204 pour l'officiat, 107 pour le diplôme de sage-
femme, 316 pour celui de chirurgien dentiste.

Sur ces 8 238 épreuves, il y a eu 1394 ajournements; c'est 102 examens de moins et 241 ajournements de plus que l'année précédente.

A la Faculté des sciences, 9814 examens ont été subis pendant
l'année 1895-1895 : 800 candidats ont subi l'examen du baccalauréat
complet, 280, soit 35 p. 100 ont été admis; 318 celui du baccalauréat restreint, 158 ont été admis, soit 49,6 p. 100; 6 celui du baccalauréat complémentaire, 3 ont été admis, soit 50 p. 100, soit un total de 1124 examens contre 2 926 l'année précédente; 955 candidats se sont présentés
aux épreuves du baccalauréat de l'enseignement secondaire classique
(lettres-mathématiques), 418 ont été admis, soit 43,7 p. 100; 188 candidats ont été examinés sur le programme du baccalauréat secondaire
moderne, pour la 2e série (lettres-sciences), 151 ont été admis, soit
80 p. 100; et pour la 3e série (lettres-mathématiques), 123, sur lesquels
65 ont été admis, soit 52,8 p. 100. En tout 2 390 examens de baccalauréat et 1 075 candidats admis.

Pour les deux sessions de la licence ès sciences, il s'est présenté
305 candidats, soit : sciences mathématiques, 115 candidats, il en a été
admis 46; sciences physiques, 135 candidats, il en a été admis 47;
sciences naturelles, 55 candidats, il en a été admis 22. En tout la
Faculté a fait 115 licenciés.

32 thèses de doctorat ont été soutenues devant la Faculté, dont 5 pour
le doctorat ès sciences mathématiques, 14 pour le doctorat ès sciences
physiques, 13 pour le doctorat ès sciences naturelles. Comme on peut
le voir par l'énumération des thèses donnée en appendice, la plupart ont
une valeur scientifique très sérieuse et font honneur à la Faculté.

L'assiduité aux cours et aux exercices pratiques du nouvel enseignement des sciences physiques, chimiques et naturelles, a été très
satisfaisante et à l'examen final, sur 168 candidats examinés, 113 ont été
admis, c'est-à-dire 67 p. 100; de plus sur ces 113 candidats admis,
22 l'ont été avec un nombre de points supérieur à 75, le minimum de
points requis pour l'admission étant de 55. Grâce aux résultats de la
session de novembre la proportion totale des admis s'est élevée au
chiffre très satisfaisant de 139; 17 licenciés se sont présentés à l'examen
et ont été reçus, ce qui porte le total à 156 et la proportion d'admission
à 84,3 p. 100.

On peut espérer que de leur court passage à la Faculté des sciences,
les élèves emporteront un bénéfice durable par cette première initiation aux méthodes scientifiques auxquelles il est d'ailleurs à regretter
qu'ils ne soient pas mieux préparés par leurs études préliminaires, surtout au point de vue des mathématiques.

Il faut souhaiter aussi que l'augmentation prévue de leur nombre

ne vienne pas rendre par trop difficile la tâche de ceux qui sont chargés
de leur instruction pratique, et auxquels toute leur bonne volonté ne
suffirait pas s'ils ne recevaient largement le moyen de conserver aux
manipulations le sérieux qu'elles doivent avoir.

A la Faculté des lettres, l'ensemble des examens pour les deux parties du baccalauréat secondaire classique, pour les épreuves littéraires
des baccalauréats ès sciences et lettres-mathématiques, pour les concours des bourses de licence, pour la licence, pour le diplôme supérieur
d'histoire et de géographie, pour le doctorat, monte à 9 228. Ce chiffre
est plus faible que celui de l'année dernière, qui s'élevait à 9 871 ; la
diminution n'est d'ailleurs qu'apparente ; elle porte sur les examens
subis devant la Faculté des sciences auxquels participent les professeurs
de la Faculté des lettres. Les examens propres de la Faculté des lettres
se sont accrus de 431 unités, et cet accroissement s'applique principalement à la première partie du baccalauréat qui a réuni 4 454 candidats
contre 4 044 l'année dernière. Le nombre des candidats reçus a été de
1 818 soit 40 p. 100. Le baccalauréat moderne s'accroît dans des proportions analogues et a gagné en quatre ans mille inscriptions, passant de
245 en 1892 à 1244 en 1895.

Pour la deuxième partie (philosophie), il y a eu 2 524 candidats et
1 375 admissions, soit 54 p. 100 au lieu de 50 en 1894.

Les trois sessions de la licence n'ont pas réuni moins de 473 candidats, dont 163 ont obtenu le diplôme. La Faculté, devant le nombre des
copies à corriger, a du se résoudre à composer deux jurys différents,
mesure qui nuit un peu à l'unité de correction, mais que la Faculté des
sciences a déjà été obligée d'introduire depuis plusieurs années.

Le concours pour les bourses de licence, à l'inverse de la licence elle-
même, continue à voir diminuer le nombre des concurrents : 54 ont
pris part au concours, 45 ont été admis à l'examen oral, et 38 ont été
portés sur la liste de classement sur laquelle les 10 premiers ont été
nommés boursiers à Paris.

Le président du jury, M. Petit de Julleville, s'est plu à constater les
résultats satisfaisants des compositions écrites, dont l'ensemble lui a
paru très convenable. Les épreuves orales ont été meilleures encore.

La première session d'examen pour l'obtention du diplôme d'études
supérieures d'histoire et de géographie s'est ouverte en juin ; tous les
professeurs, chargés de cours, maîtres de conférences d'histoire et de
géographie de la Faculté, répartis en deux jurys, y ont pris part. 18 candidats se sont présentés, 13 ont été admis ; à aucun concours ou examen la proportion des élus n'a été aussi considérable (72 p. 100). Les
résultats de l'épreuve ont dépassé l'attente de la Faculté.

Les candidats sont tenus de présenter un mémoire manuscrit, dont
le sujet, librement choisi par l'auteur, est approuvé par la Faculté. Si
ce mémoire est insuffisant au sentiment du professeur ou des professeurs compétents chargés de le lire, l'auteur est ajourné. Or sur 18 mémoires présentés, 3 seulement n'ont pas été acceptés. Sur les 15 qui
ont été appelés à la discussion, plusieurs étaient excellents, trois ou
quatre seulement auraient pu, si on avait voulu les juger avec rigueur,
causer l'élimination de leurs auteurs.

Des quatre épreuves que doivent subir les candidats admis à l'examen oral, et qui sont : 1° la soutenance du mémoire ; 2° une interroga-

tion sur une des sciences auxiliaires de l'histoire et de la géographie :
3° l'explication d'un texte ; 4° la discussion d'une question d'histoire
ou de géographie proposée par la Faculté, les deux dernières ont été
les plus faibles. Il y a d'ailleurs, et c'est naturel, encore bien des
tâtonnements à faire pour donner la forme définitive à ce nouvel
examen.

Parmi les 13 candidats auxquels a été accordé le diplôme d'études
supérieures, la Faculté n'a pas établi do classement ; mais elle a accordé la mention *très honorable* à deux d'entre eux et la mention *honorable* à deux autres, dont l'un est un étranger.

Nous avons quelque peu insisté sur ce qui concerne cette nouvelle
épreuve ajoutée par la Faculté des lettres à toutes celles offertes à ses
élèves et pesant sur ses professeurs, parce qu'il nous semble que cette
création nous donne un exemple fort intéressant de ce qui peut être,
pour d'autres Facultés, la solution d'une partie des difficultés qui
les préoccupent depuis assez longtemps déjà. Les moules anciens de
nos examens, et en particulier de celui de la licence, sont, en raison du
développement rapide des sciences qui en forment la matière, devenus tellement vastes dans des sens très divers qu'il devient à peu près
impossible à un bon nombre de candidats même sérieux et travailleurs
de les remplir d'une manière satisfaisante. A cette difficulté qui existe
pour les nationaux, s'ajoute souvent pour les étrangers celle qui provient des études préliminaires. Il semble donc qu'il soit utile, pour tous
ceux qui ne peuvent affronter les difficultés de l'épreuve complète, d'offrir des épreuves partielles qui seront plus sérieuses à certains égards
à cause de leur spécialité et qui donneraient droit à des diplômes spéciaux.

La Faculté des lettres a .eu 22 soutenances de thèses de doctorat ;
dont 13 avec la mention honorable et 8 avec la mention très honorable.

A l'École supérieure de pharmacie, 180 diplômes de pharmacien ont
été décernés, savoir 2 diplômes supérieurs, 144 diplômes de 1re classe,
en augmentation de 22 sur l'année dernière, et 34 de 2e classe, en diminution de 5. Les certificats d'aptitude d'herboriste ont monté au nombre
de 72, dont 47 de 1re classe et 25 de 2e classe.

4 thèses seulement ont été soutenues, 2 en vue d'obtenir le diplôme
supérieur, 2 pour le grade de pharmacien de 1re classe.

Les examens subis forment un total de 2 109 avec 1 660 admis, c'est-
à-dire 78,72 p. 100, auxquels il faut ajouter 111 candidats herboristes
sur lesquels 72 ont été admis, soit 64,87 p. 100. C'est, pour ces derniers,
31 candidats de plus que l'année précédente, augmentation regrettable
puisque le diplôme d'herboriste favorise et couvre souvent une concurrence déloyale à la pharmacie régulière au détriment du public trop
enclin à se contenter de garanties insuffisantes en ce qui concerne sa
sécurité.

Bibliothèques. — Les bibliothèques des Facultés et École servent à
un nombre de plus en plus grand de lecteurs et cette affluence est un
indice favorable du travail des étudiants. D'assez grandes difficultés
naissent de l'exiguïté des locaux, trop étroits pour les volumes qui
doivent être logés et pour le personnel des lecteurs.

A la Faculté de théologie, une salle nouvelle a pu être aménagée à
peu de frais ; elle a reçu les périodiques et la collection de thèses, qui

forme peut-être la partie la plus précieuse de la bibliothèque. Le nombre total des volumes est de 10 150, en accroissement de 415 sur l'année précédente. Les prêts à domicile se sont élevés à 1 283. La salle de lecture et de travail, dont les étudiants font eux-mêmes le service intérieur et la police, a toujours été très fréquentée.

La bibliothèque de la Faculté de droit s'est accrue de 2 076 volumes. Elle reçoit par jour 300 personnes environ, dans les temps ordinaires. On reste au-dessous de la vérité en comptant que le nombre des lecteurs est de 72 000 par an. Le nombre des volumes consultés est de 120 000 par an environ; celui des volumes prêtés, de 2 355.

A la bibliothèque de la Faculté de médecine, le nombre des lecteurs a été de 159 180 ayant consulté 270 000 volumes environ. 1 751 emprunteurs ont obtenu le prêt, à l'extérieur, de 2 079 volumes. En outre 55 volumes ont été prêtés à des Facultés de province. 438 cartes d'entrée ont été accordées pour la salle réservée.

La bibliothèque a reçu comme d'habitude, outre les 537 thèses soutenues à la Faculté dans l'année 1894-1895, 1 673 volumes et brochures envoyés par le Ministère de l'instruction publique, et 1 923 thèses, dissertations et écrits académiques provenant de la Faculté des sciences de Paris, de l'École de pharmacie, des Facultés des départements et des Universités et Sociétés scientifiques étrangères. Elle a reçu en outre 688 volumes offerts par divers donateurs et 100 périodiques servis gratuitement.

Ces dons, quels qu'en soient le nombre et l'importance, ne suppléent que dans une très faible mesure à l'insuffisance absolue du budget de la bibliothèque. Il a été impossible de faire des achats d'ouvrages nouveaux ; il a même fallu réduire d'une soixantaine les abonnements aux périodiques dont l'importance est si grande pour les travailleurs, et laisser dans de grandes collections des lacunes qui deviendront peut-être irréparables. Les reliures restent également en souffrance. C'est là une situation déplorable, et à laquelle il importerait d'apporter un prompt remède, sous peine de voir tomber la bibliothèque de la Faculté de médecine bien au-dessous du rang qu'elle doit occuper et d'être obligé un jour à des dépenses considérables pour la remettre en état.

La bibliothèque de l'Université, qui est formée de celles réunies des Facultés des lettres et des sciences, rend, elle aussi, de grands services, et est assidûment fréquentée par de nombreux lecteurs, quoiqu'elle soit loin encore, surtout au point de vue scientifique, de présenter toutes les ressources qu'il serait désirable d'y trouver. Il faut souhaiter que ces ressources s'accroissent pour le moment où la bibliothèque pourra prendre possession des nouvelles salles qui lui sont préparées en ce moment et qui ne peuvent manquer d'être belles et commodes, comme tout ce qui a été exécuté pour nos Facultés sous la direction de M. l'architecte Nénot.

Dans ses locaux provisoires la bibliothèque a reçu, dans le courant de l'année, 21 434 lecteurs, auxquels on a communiqué 64 680 volumes, aux séances de jour et 5 654 lecteurs auxquels on a communiqué 17 902 volumes aux séances du soir; 790 lecteurs auxquels on a communiqué 4 280 volumes pendant les concours d'agrégation ; en tout 27 878 lecteurs et 86 862 volumes communiqués; contre 24 714 lecteurs et 66 967 volumes l'année dernière.

Il a été fait d'autre part 4 396 prêts littéraires, comportant 7 933 volumes et 607 prêts scientifiques comportant 796 volumes. En outre, pendant l'agrégation, 418 prêts littéraires comportant 1 186 volumes et 16 prêts scientifiques comportant 29 volumes; en tout 5 437 emprunts et 9 944 volumes prêtés, chiffres sensiblement égaux a ceux de l'année dernière.

La Commission de la bibliothèque, à la suite de réclamations sérieuses demandant que les salles de lecture fussent ouvertes, le matin, plus tôt qu'elles ne le sont actuellement, ayant reconnu combien cette amélioration serait désirable, a discuté avec M. le Conservateur de Chantepie les voies et moyens de la réaliser. Elle est arrivée à la conclusion que l'insuffisance du personnel actuel la rend impossible; mais que l'on pourrait, avec une augmentation de personnel d'un quart, ouvrir les salles aux lecteurs dès 9 heures au lieu de 11 heures.

A l'École de pharmacie aussi le personnel de la bibliothèque est insuffisant, malgré sa grande bonne volonté, qui s'étend, nous pouvons l'affirmer par expérience, au delà des professeurs et élèves en pharmacie, aux professeurs et étudiants des Facultés qui ont besoin de consulter les collections précieuses ne se trouvant guère qu'à l'Ecole. Cette insuffisance deviendra encore plus grande et plus fâcheuse quand le projet d'agrandissement de la bibliothèque aura été réalisé, ce qui e urgent, les livres nouveaux ne trouvant plus de place sur les rayons. Le crédit alloué pour l'achat de livres est en grande partie consacré aux abonnements à des périodiques qui deviennent chaque jour plus chers et plus nombreux, mais qui sont aussi plus indispensables que jamais aux travailleurs.

Le nombre des lecteurs s'est élevé à 14 768 dont 11 416 ont suivi les séances de jour et de 3 352 celles du soir. Ils ont consulté 21 017 volumes; 2 852 volumes ont été consultés sur place par les professeurs et 757 leur ont été prêtés à domicile.

TRAVAUX DU CONSEIL

I. — CONSTITUTION DU CONSEIL

Le Conseil a été constitué dans la séance du 4 mars, à la suite des élections du 31 janvier, de la manière suivante :

Membre et président de droit. — M. GRÉARD, vice-recteur de l'Académie de Paris, membre de l'Académie française et de l'Académie des sciences morales et politiques.

Membres de droit : MM. les professeurs LICHTENBERGER, doyen de la Faculté de théologie protestante ; COLMET DE SANTERRE, doyen de la Faculté de droit, membre de l'Académie des sciences morales et politiques ; BROUARDEL, doyen de la Faculté de médecine, membre de l'Acamie des sciences ; DARBOUX, doyen de la Faculté des sciences, membre de l'Académie des sciences ; HIMLY, doyen de la Faculté des lettres, membre de l'Académie des sciences morales et politiques ; PLANCHON, directeur de l'École supérieure de pharmacie.

Membres élus : MM. les professeurs SABATIER et BONET-MAURY, délégués de la Faculté de théologie protestante ; BEUDANT et BUFNOIR, délégués de la Faculté de droit; LANNELONGUE et POTAIN, délégués de la Faculté de médecine; FRIEDEL et TROOST, délégués de la Faculté des sciences; CROISET et LAVISSE, délégués de la Faculté des Lettres ; MILNE-EDWARDS et MOISSAN, délégués de l'École supérieure de Pharmacie.

M. Colmet de Santerre est élu vice-président ; M. Lavisse est maintenu dans la fonction de secrétaire.

Dans sa séance du 1er juillet, le Conseil a présenté pour les fonctions de doyens et directeur, d'accord avec les présentations des Facultés et École : pour les Facultés des Sciences et des Lettres : MM. Darboux et Duclaux; MM. Himly et Janet, et pour l'École supérieure de pharmacie, MM. Planchon et Riche.

Bâtiments. — Dans son rapport sur l'année 1893-1894, le très regretté rapporteur M. Martha peignait éloquemment la joie scientifique de M. le doyen de la Faculté des sciences prenant possession d'une grande partie des constructions destinées à la Faculté et en louant l'ingénieuse et élégante disposition. Cette prise de possession s'est continuée pendant l'année 1894-1895, et quoique, pour certains services, elle ne soit pas encore complète et définitive, les professeurs installés dans le courant de l'année ne peuvent que s'associer à la joie de M. le doyen, et à sa reconnaissance pour le gouvernement, pour la ville de Paris et pour M. l'architecte Nénot. L'un de vos prédécesseurs, Monsieur le Ministre, a bien voulu rehausser par sa présence la solennité qui a marqué, en janvier 1895, l'inauguration des locaux occupés à cette époque. Les services de chimie comprenant les trois laboratoires de MM. les professeurs Troost, Ditte et Friedel; celui d'enseignement et de recherches, dirigé par M. Riban, et celui de M. Dastre, professeur de physiologie ont été livrés et sont entrés en plein fonctionnement. Il reste à souhaiter que leur bonne installation et les facilités qu'ils offrent pour le travail y attirent une nombreuse élite de jeunes gens, y arrivant bien préparés et avec l'intention de consacrer un temps suffisant à des travaux de recherches,

Les locaux de l'ancien collège Rollin, dans lesquels la Faculté a pu grâce au concours du Conseil municipal, installer les élèves qui se proposent d'obtenir le nouveau certificat d'études physiques, chimiques et naturelles, sont devenus trop exigus pour le nombre des candidats, qui s'est élevé de 200 à 400 environ. Il a fallu les agrandir et là encore la Faculté a rencontré la bonne volonté si éclairée du Conseil municipal.

Création de chaires. — Grâce à la générosité du Parlement et sur l'initiative heureuse et intelligente de M. le député Denys Cochin, la Faculté des sciences a vu renaître chez elle, et d'une façon définitive, il y a lieu de l'espérer, un enseignement qui avait été supprimé après la mort de M. Salet, faute de ressources budgétaires suffisantes, celui de la chimie physique. Le nouveau professeur que vous avez choisi, Monsieur le Ministre, M. G. Robin, n'est entré en fonctions que dans l'année 1895-1896, et c'est seulement dans le prochain rapport du Conseil qu'il pourra être question de son enseignement, duquel la Faculté attend les meilleurs résultats.

La même initiative s'était exercée à la Chambre avec un succès presque aussi complet pour obtenir la création d'un enseignement élémentaire pratique de la chimie à la Faculté des sciences. Cette création est devenue indispensable surtout depuis la suppression du laboratoire qu'avait créé M. Frémy au Muséum d'histoire naturelle. Par suite de diverses circonstances, elle n'a pu aboutir l'année dernière. Le Conseil s'est associé aux vœux formulés devant lui par MM. Moissan et Friedel pour que cette cause d'infériorité ne subsiste pas dans notre enseignement sur un point qui touche autant au progrès scientifique qu'au développement de l'industrie chimique en France. Il espère que les Pouvoirs publics voudront bien achever en 1895-1896 ce qui a dû être ajourné jusque-là, non sans détriment pour les études chimiques.

En ce qui concerne les chaires dont la création est demandée par les Facultés et École, le Conseil a arrêté ainsi qu'il suit leur liste par ordre d'utilité ou d'urgence :

Chaire de géographie physique, à la Faculté des sciences.
Conférence de latin, à la Faculté des lettres.
Cours complémentaire de paléontologie, à la Faculté des sciences.
Cours complémentaire d'histologie, à la Faculté des sciences.
Cours complémentaire de physiologie, à la Faculté des sciences.
Chaire de physique céleste, à la Faculté des sciences.
Cours de psychologie objective à la Faculté des lettres.

A défaut de la création d'une chaire de physique céleste, la Faculté des sciences demanderait le rétablissement du cours de physique céleste, qui exigerait une dépense beaucoup moindre. ·

Relations avec les Universités étrangères. — Si les liens qui unissent les Facultés et Écoles de Paris à celles de province s'affirment chaque jour davantage, il en est de même pour ceux qui les rattachent aux Universités étrangères. Les échanges de publications se font d'une manière de plus en plus régulière et toutes les occasions sont saisies par le Conseil pour affirmer la parenté intellectuelle et morale de nos grands établissements d'instruction avec ceux du monde entier. Le Conseil est heureux de se renseigner sur la vie universitaire dans les pays étrangers. C'est ainsi qu'il a écouté avec intérêt la communication d'une note fort étendue de M. Melon, secrétaire du comité de patronage des étudiants étrangers, sur les Universités de Copenhague et de Christiania qu'il a récemment visitées.

Il a accueilli également avec empressement les propositions qui lui ont été transmises par M. Thomas Barclay, au nom d'un comité écossais à la tête duquel se trouve lord Reay, en vue de la création d'une société franco-écossaise destinée à étudier et à renouveler les anciennes relations de l'Écosse avec la France.

Les membres du comité écossais ont fait déjà des efforts sérieux pour diriger du côté de nos Facultés les étudiants écossais allant à l'étranger et ayant trop désappris le chemin de la France, attirés peut-être par les facilités d'études et de diplômes qu'ils trouvent ailleurs.

Une démarche analogue a été faite par M. Furber qui a réussi à former à Paris et en Amérique trois comités qui ont pour but d'étudier d'une façon pratique les moyens les plus propres à rendre aux jeunes Américains leur séjour en France profitable et à leur faciliter l'accès de nos Écoles.

Le Conseil ne peut que souhaiter le meilleur succès à ces tentatives auxquelles il prêtera son concours autant qu'il lui sera possible.

Cette cause si patriotique du patronage des étudiants étrangers est d'ailleurs servie avec beaucoup de zèle par le Comité qui s'est formé à Paris à cet effet et qui a pour secrétaire actif et dévoué M. Melon. Ce comité a distribué, à la demande de plusieurs gouvernements ou autorités de l'Étranger, 27 bourses sur les fonds qui lui ont été alloués pour cela, et remboursé les frais provenant de 27 inscriptions, 4 équivalences et 4 examens à 12 étudiants étrangers. Il a versé aux comités de province qui s'occupent de la même œuvre une somme plus élevée que celle qu'il a dépensée lui-même ; et il s'efforce en toute occasion de détourner vers les Facultés des départements une bonne partie du courant qui tendrait à se porter trop volontiers sur Paris. Le Conseil ne peut que lui en savoir gré, puisqu'il est constamment préoccupé des difficultés que causent aux études sérieuses l'affluence trop grande des étudiants à nos Facultés et École, alors pourtant qu'il est d'un grand intérêt pour la France, qu'un nombre aussi grand que possible de jeunes gens étrangers viennent acquérir à nos foyers universitaires une culture qui fasse d'eux des amis fidèles de notre pays et parfois des missionnaires de ses idées.

Le présent rapport ne peut vous avoir donné, Monsieur le Ministre, qu'une idée bien incomplète de l'activité et de la vie de nos Facultés et École, et de celles du Conseil général lui-même. Il suffira, peut-être, pour vous montrer que celui-ci est devenu un organisme nécessaire dans notre enseignement supérieur et qu'il est prêt à tous les efforts pour contribuer autant qu'il lui sera possible au développement de la haute culture scientifique, dans laquelle la France a devancé, au commencement du siècle, d'autres nations et dans laquelle il ne faut pas qu'elle soit à son tour devancée par elles.

Le Rapporteur,	Le Président du Conseil général des Facultés,
FRIEDEL.	**GRÉARD.**

CHRONIQUE DE L'ENSEIGNEMENT

Poitiers. Le discours de M. le recteur Compayré à la séance de rentrée des Facultés. — Avant de quitter Poitiers pour prendre possession du rectorat de Lyon, où une récente décision l'a appelé, l'honorable M. Compayré a laissé à son ancienne résidence, comme un dernier et précieux legs, la harangue dont nous donnons ci-dessous des extraits. On sait la haute compétence de l'éminent recteur dans toutes les questions de pédagogie : le discours qu'il a prononcé le 4 novembre dernier n'est autre chose qu'une contribution importante à l'histoire de nos facultés françaises. A ce titre, comme aussi en raison du talent bien connu de l'orateur, nous ne doutons point que ce morceau ne soit lu avec un vif intérêt.

L'orateur, rappelant les nombreux centenaires dont la fin de ce siècle amène la célébration (École normale, Institut), regrette de ne pouvoir aspirer à la même bonne fortune pour ce qui concerne les facultés de Poitiers, dont la plus ancienne, celle de droit, fut inaugurée, en 1806. Il s'en est fallu de peu, cependant, que le groupe des facultés poitevines ne jouît des honneurs du centenaire; deux membres de l'ancienne Université de Poitiers avaient, en effet, présenté aux États-Généraux de 1789 un projet de conservation et de restauration de leur antique établissement. Nous ne pouvons mieux faire que de laisser la parole à M. Compayré qui raconte ingénieusement cette histoire d'antan :

> Il y a cent ans, Poitiers ne possédait rien qui fût l'équivalent de nos Facultés d'aujourd'hui. La vieille Université poitevine, comme les vingt et une autres Universités de l'ancienne France, avait disparu, emportée dans la tempête. Peut-être, — comme incline à le croire notre éminent Directeur M. Liard, qui avant de consacrer ses efforts d'administrateur à organiser les Universités nouvelles, a voulu étudier et juger en historien la décadence des anciennes — peut-être en les supprimant, la Révolution n'avait-elle fait après tout que détruire des ruines et donner congé à des ombres.
>
> Et cependant, quelle que fût la languissante torpeur où s'étaient endormies les Universités d'autrefois, qu'un lent déclin semblait acheminer de lui-même vers leur mort naturelle, l'idée des Universités, telles que nous les concevons aujourd'hui, avait surgi dans les dernières années du XVIIIᵉ siècle; elle était dès lors vivante dans quelques esprits. Elle l'était à Poitiers du moins, — et c'est pour vos ancêtres, Messieurs, un titre d'honneur que j'ai plaisir à remettre en lumière, — comme le prouve un curieux document, récemment exhumé : le *Mémoire de l'Université de Poitiers* adressé aux États Généraux par M. Vaugelade recteur, et M. Quintard, doyen.
>
> Oui, si on les avait écoutés, ces universitaires poitevins des premiers jours de la Révolution, qui, dans leur appel aux députés des trois ordres, demandaient qu'on rajeunît la forme de leur antique institution, tout en lui maintenant ses privilèges traditionnels, qu'on élargît les cadres de l'enseignement, en créant des chaires nouvelles, qu'on réformât les méthodes et les programmes, qu'on accrût la dotation et les revenus de l'université, « pour qu'elle pût soute-

nir avec honneur et dignité le rang distingué qu'elle occupait dans la ville; » — ce n'est pas seulement le centenaire d'une idée que nous aurions à évoquer devant vous... Ils avaient déjà entrevu quelques-unes des conceptions essentielles que les novateurs de ce temps-ci ont le plus à cœur de faire triompher : par exemple, celle de la nécessité d'une fusion intime, d'une pénétration réciproque des différentes Facultés.

Ce n'est pas dans une circulaire du ministère de l'instruction publique datée de 1895, c'est dans le *Mémoire* de 1789 que nous lisons : « Il serait très à souhaiter »... qu'on prit les mesures nécessaires « pour établir plus parfaitement entre toutes les facultés cette unité de régime qui les *associe comme sœurs* et les destine à concourir également et de concert au bien commun de l'instruction publique. »

De même ils savaient déjà définir avec netteté le caractère large et ample, pour tout dire, universel, qui est le propre d'un enseignement d'Université. On en a donné bien des définitions, Messieurs — je ne parle pas de celles qu'ont parfois imaginées des railleurs : « Une Université, disait un humoriste américain, c'est un endroit où l'on enseigne beaucoup de choses, et rien d'utile ! » Mais de toutes les formules qui ont été proposées avec sérieux, la meilleure peut-être est celle de M. James Bryce, le grand historien des États-Unis, le Tocqueville de l'Angleterre : « Une Université, dit-il dans son *American Commonwealth*, c'est une école ou plutôt un ensemble d'écoles, où l'enseignement de l'ordre le plus élevé — celui qui met un homme au niveau de la science la plus complète et la plus exacte de son temps, est distribué dans une série de sujets qui embrassent le domaine entier de la vie intellectuelle. » Eh bien ! le doyen Quintard et le recteur Vaugelade étaient bien près de dire les mêmes choses, quand ils recommandaient les Universités aux États Généraux comme « autant de points de ralliement, où se trouveraient réunies toutes les ressources pour la culture de tous les arts libéraux et de toutes les sciences;... où l'on fournirait aux étudiants tous les moyens possibles de s'instruire en toute sorte de connaissances; où enfin on donnerait aux maîtres eux-mêmes les moyens de se perfectionner... »

Nous ne nous trompions donc pas ; si les cahiers pédagogiques de l'Université de Poitiers avaient eu gain de cause, ces Universités dont nous attendons la résurrection désormais certaine, et qui ont fait tant parler d'elles depuis des années — et à preuve qu'on en a parlé, c'est que les murs qui ont des oreilles, dit-on, les murs de nos vieilles Facultés ont profité de ce qu'ils avaient entendu prononcer avant l'heure les mots d' « Université de Poitiers », pour les faire graver sans plus de façon, en grandes lettres, sur leur façade, — ces Universités provinciales, dont le *Mémoire* de 1789 disait qu'elles seraient « autant de foyers de lumières répandant autour d'eux la chaleur et la clarté », n'en seraient pas à solliciter encore leur consécration légale : elles existeraient, elles fleuriraient depuis cent ans !

Mais l'idéal de l'époque révolutionnaire et des temps qui suivirent était plutôt de créer des écoles spéciales que de laisser vivre (ou végéter) les anciennes Universités. Aussi vit-on l'aînée des facultés de Poitiers, la Faculté de droit, s'ouvrir sous le nom d'École supérieure. L'orateur raconte avec quel excès d'adulation fut célébrée, au jour de l'inauguration, la gloire de Napoléon : il excuse avec grâce le débordement d'enthousiasme en rappelant le beau vers de M. Jean Aicard.

César, c'est la patrie avec un autre nom !

Passant ensuite à la faculté des lettres. M. Compayré rappelle qu'elle fut inaugurée en 1845, sous la présidence de Saint-Marc Girardin, et sous les auspices de Villemain qui avait soutenu la loi en vertu de laquelle elle fut ouverte.

Saint-Marc Girardin, Villemain, — ces deux grands noms de l'histoire et de la critique littéraire, que n'ont pas oublié leurs brillants successeurs, les jeunes maîtres de la critique contemporaine, — voilà vos parrains, Messieurs de la Faculté des Lettres! Il y a là un extrait de naissance dont vous pouvez vous glorifier, des titres de noblesse qui vous obligent, et auxquels vos prédécesseurs et vous avez su faire honneur!

Il y a cinquante ans de cela, et cependant le compte rendu de l'installation de la Faculté des lettres, avec laquelle coïncidait la séance générale de rentrée, à part l'éclat extraordinaire que jetaient sur la cérémonie la présence et l'éloquence de Saint-Marc Girardin, ce compte rendu est tout pareil à celui que nous pourrons lire ce soir ou demain dans les journaux de Poitiers. Alors comme aujourd'hui, des rapporteurs diserts et compétents faisaient connaître les résultats des concours de la Faculté de droit et de l'école de médecine; le rapporteur était M. Lepetit, un nom que le père et le fils nous ont rendu doublement cher. Le recteur prenait la parole, un peu longuement... comme aujourd'hui. Le rapporteur de l'École de médecine, pour louer un interne des services qu'il avait rendus à l'Hôtel-Dieu, signalait l'épidémie qui, dans le courant de l'année, avait atteint les hommes de la garnison — pourquoi faut-il que sur ce point aussi les choses n'aient pas changé? Comme aujourd'hui, la municipalité, présente à la fête, recevait les éloges qui lui étaient dûs pour ses libéralités, pour son active sympathie envers les établissements d'instruction publique. Seul le discours d'usage manquait à l'appel.

Toutefois, sous des apparences pareilles, et malgré la persistance du traditionnel cérémonial, la faculté des lettres de Poitiers, aussi bien que ses sœurs, s'est heureusement et profondément modifiée. L'honorable recteur fait toucher du doigt la différence des mœurs et des époques en rappelant, d'une part une impression récente rapportée d'un voyage à l'exposition de Bordeaux; d'autre part, une anecdote locale, vieille de vingt ans, qui ne manque pas de saveur:

Je visitais récemment l'exposition de Bordeaux. Eh bien, dans la même salle, vos collègues de Bordeaux avaient imaginé une exhibition toute simple, mais bien éloquente. Ils avaient placé en regard l'une de l'autre deux affiches: celle des cours des Facultés au temps de l'Université impériale, vers 1865; celles des cours des mêmes Facultés en 1894. Rien de plus expressif que la comparaison de ces deux tableaux, où éclate aux yeux le progrès accompli. Ici, comme à Bordeaux, comme partout, nous avons vu doubler le nombre des chaires et des professeurs. Et du côté des étudiants la progression n'a pas été moins sensible. Nous n'avons plus à craindre de voir se reproduire, dans nos amphithéâtres vides, des accidents comme celui que je vais vous conter... Vers 1871 ou 1872, un professeur de la Faculté des lettres de Poitiers — et non des moins distingués — était venu faire sa leçon à l'heure habituelle. L'appariteur l'avertit qu'il n'y a personne dans la salle. Il s'apprêtait à se retirer et avait déjà replié ses notes pour une meilleure occasion, lorsque, quelques secondes après l'heure, un auditeur est annoncé; et le cours a lieu pour cet auditeur unique. L'aventure vous paraîtra plus piquante quand vous en connaîtrez les héros, dont il m'est bien permis de citer les noms: le professeur était M. Bertereau, l'auditeur unique était M. Liard... Quelque intéressant que puisse être un pareil tête-à-tête entre le professeur de philosophie de la Faculté et le professeur de philosophie du lycée, nous n'en sommes plus là, heureusement.

Le discours de M. Compayré se termine par le résumé des travaux du groupe poitevin pendant l'année scolaire écoulée; nous n'avons pas ici à insister sur ce détail, qui trouvera plus utilement place dans le compte rendu détaillé de l'activité des Facultés de Poitiers en 1894-95.

De la création possible et souhaitable d'une Faculté des sciences sociales.

— Voici une brochure qui est assurément, comme on aurait dit naguère, « un signe des temps ». L'auteur de *Une Faculté des sciences sociales*, **M. R. Worms**, est secrétaire général de « l'Institut International » et directeur de la *Revue Internationale de Sociologie :* adepte et promoteur de la science sociale, il lui cherche un champ d'action officiel, une place parmi les enseignements reconnus et patentés de l'Université, et ne vise à rien moins qu'à transformer en une Faculté nouvelle l'antique Collège de France, que peut-être il n'a point d'abord consulté sur l'opportunité de sa métamorphose. Voici donc la « Sociologie » (qu'il ne faut pas confondre avec le socialisme), en train d'envahir l'enseignement supérieur; tant il est vrai que celui-ci, tout isolé qu'il semble et préservé des agitations de ce monde en subit pourtant le contre-coup! Voyons donc, en compagnie de M. Worms, ce qui a été fait déjà dans l'Université pour les sciences sociales, et ce qu'il reste à faire.

Tout d'abord, constatons que la trouée est déjà accomplie, en détail, il est vrai. L'antropologie, l'ethnographie, la sociologie même, sous son nom propre, figurent parmi les disciplines, inscrites aux programmes de plusieurs facultés, soit de droit, soit de médecine, soit de lettres. Mais tout cela demeure à l'état incohérent et fragmentaire, une seule tentative de synthèse a été faite, il y a quelques années, par l'Université libre de Bruxelles, sans qu'elle soit parvenue toutefois, semble-t-il, à constituer d'une manière solide et durable un corps enseignant indépendant, ni un ensemble de chaires ayant une assiette définitive, avec cours et programmes nettement définis.

L'auteur de notre brochure est d'avis qu'il y a lieu de tenter une organisation officielle de l'enseignement des sciences sociales en France; et de la confier à l'État. « Il s'agit d'une organisation... embrassant au moins une vingtaine de chaires, dont la plupart devraient elles-mêmes se compléter par une bibliothèque ou un laboratoire spécial ; avec un personnel nombreux de professeurs et d'assistants, avec une clientèle scolaire considérable, avec des grades ayant une valeur officielle. L'État seul, en France, peut en instituer une semblable. » Ainsi parle **M. Worms**. Mais, dès maintenant, ne craint-il pas que son projet, quelque art qu'il déploie à en démontrer le bon marché possible, ne soit *a priori* repoussé par l'État, assez légitimement effrayé de son ampleur. Dans un moment où l'on a pris, en haut lieu, pour programme, de rogner sur les frais légitimes et nécessaires de tous les services, pour grossir le budget futur des réformes sociales, il est infiniment vraisemblable qu'on repoussera avec horreur l'idée d'enrichir nos Universités d'une Faculté de plus, fût-ce celle des sciences sociales. Que si nous faisons erreur (et plaise à Dieu !) M. Worms pourra se dire que cette Faculté aura dû la vie au qualificatif à la mode dont elle est ornée.

Une objection préliminaire vient, d'ailleurs, à l'esprit : pourquoi créer une Faculté, et non pas développer, sinon établir l'enseignement nouveau au sein des Facultés et écoles supérieures déjà existantes ? L'auteur a prévu l'objection et la réfute.

Il faut, pense-t-il, écarter les Facultés de droit, « parceque l'esprit dans lequel elles poursuivent les études sociales n'est pas suffisamment celui de la *science*. Dans la plupart des chaires de la Faculté de droit on fait de l'*art*, ou même de la *pratique*... Les Facultés de droit ont pour fonction de former des hommes d'action, elles n'ont pas, ou elles n'ont que fort subsidiairement la fonction de former des hommes de science ».

En dehors de ce premier terrain, qui semblait d'abord indiqué, la Faculté des sciences sociales ne pourrait-elle pas être installée dans quelque établissement libre, ou du moins demeuré en dehors des cadres ordinaires de l'enseignement supérieur ? D'après M. Worms on doit écarter d'emblée les Facultés catholiques (pour cause de suspicion légitime sans doute ?) ; l'Ecole libre des sciences politiques, parce que la transformation récente des Facultés de droit en écoles partielles desdites sciences semble « devoir lui porter un coup redoutable » (M. Worms est-il bien certain de cela ?) Il ne faut pas songer non plus à l'Ecole d'anthropologie, qui ne vit que grâce aux subsides de l'État. Reste l'École des hautes études, « dont le plan primitif comportait aussi une section des sciences économiques, qui ne fut jamais organisée ». On s'attend d'autant plus à voir l'auteur se prononcer en faveur de cette École, qu'il vante avec plus d'ardeur les excellentes conditions dans lesquelles s'y poursuivent les études, « loin du bruit des discussions passionnées et stériles ». Mais, justement, les sciences sociales si elles n'aspirent pas à être bruyantes, ne sauraient non plus « se tenir à l'écart du mouvement de la Société. Ce ne sont pas des bénédictins qui peuvent les constituer : il y faut le sens de la vie, au moins autant que l'érudition livresque ». Écartée donc aussi, l'École des hautes études ; écartées les Facultés des lettres et des sciences, dont la destination et les cadres ne se prêteraient point à un élargissement imprévu. C'est alors que M. Worms, par un détour infiniment ingénieux, arrive à proposer la transformation du Collège de France en Faculté des sciences sociales.

Le programme de la Faculté à créer devrait comprendre « l'intégralité des sciences sociales » ; or ces sciences se répartissent en deux catégories ; « les unes sont concrètes et descriptives, les autres abstraites et comparatives ». M. Worms ne réclame pas moins de dix chaires pour la première catégorie, chacune ayant pour objet une Société, depuis les Sociétés « infra-humaines » (végétales et animales), jusqu'aux sociétés qui, « depuis le XVIᵉ siècle, se sont partagé l'Europe et ont essaimé dans les deux mondes ». Quant à la seconde catégorie, subdivisée elle-même en anatomie comparée et physiologie comparée des Sociétés, elle exigerait (au minimum, comme la première, du reste) 16 chaires, embrassant l'étude des phénomènes divers de la sociologie, tels que démographie, géographie comparée, production, distribution, consommation des richesses, vie de famille et éducation des enfants, histoire des religions, des beaux-arts et des mœurs. Cela fait, avouons-le, une grosse phalange de disciplines : encore avons-nous dû fortement écourter l'énumération de notre auteur. Celui-ci laisserait aux Facultés existantes ce qu'il appelle les arts sociaux, droit, économie politique, morale, pédagogie, théologie, beaux-arts. Toutefois il inclinerait à rendre obligatoires, pour les élèves de ces Facultés plusieurs catégories de cours professés dans la Faculté idéale des sciences sociales. Celle-ci aurait ses leçons publiques et ses conférences fermées, comme les Sciences et les Lettres ; elle aurait aussi des laboratoires ; enfin elle délivrerait des diplômes de licencié et de docteur, diplômes sans autre application pratique que d'ouvrir aux docteurs les chaires des Sciences sociales, et de conférer aux licenciés l'immunité prévue par l'article 23 de la loi militaire. Cette dernière indication serait évidemment un appât infaillible pour les jeunes gens soucieux de s'épargner l'ennui de deux années de caserne, et nous oserons dire que l'inventeur du projet que nous analysons a trouvé là un des arguments les plus propres à faire passer son idée dans le domaine de la réalité. Au reste, les éléments propres à constituer le corps enseignant de la Faculté à créer se trouveraient sans nul doute, et tout de suite dans les Universités de Paris, Lyon, Bordeaux et Montpellier où la sociologie est déjà représentée dans certaines chaires.

Il ne resterait plus qu'à faire du Collège de France un établissement, d'enseignement social, à l'exemple de ce qui fut tenté (sans grand succès d'ailleurs) en 1848, quand l'illustre Collège fut transformé en École d'Administration. Fort du précédent, M. Worms n'hésite pas à proposer de renvoyer au Muséum ou à la Faculté des science, les chaires de mathématiques, de physique, et une des chaires de biologie du Collège; à la Faculté de lettres, les chaires de littérature. La Faculté des sciences sociales se trouverait ainsi installée dans un lieu qui, selon l'expression curieuse de l'auteur, « est la représentation exacte, dans l'espace, de la place qui appartient aux études sociales dans l'ordre de nos connaissances. »

Nous ignorons, naturellement, quel accueil rencontrera dans le monde savant la conception intéressante de M. Worms; nous devons de même exprimer toute notre incompétence sur la question de savoir si la direction de l'enseignement supérieur « trouvera les moyens les plus appropriés pour atteindre cette fin si désirable : la complète installation de notre première Faculté des sciences sociales au moyen des ressources actuellement utilisées par le Collège de France. »

L'avenir dira si l'honorable M. Worms a décrit un royaume d'Utopie, ou si son Atlantide sera un jour inscrite au nombre des terres nouvelles du monde universitaire.

ALLEMAGNE

Les lycées de Bavière. — Il faut bien se garder de croire, à la vue de ce titre, qu'il s'agisse ici d'établissements d'enseignement ayant le moindre rapport avec ce qu'on appelle des lycées en France et en Italie. Les lycées de Bavière sont des écoles spéciales pour l'étude de la phylosophie et de la théologie catholique, ce sont donc des établissements d'enseignement supérieur, et, sinon des Facultés, à tout le moins des collèges, au sens anglais du mot. Les renseignements qu'on va lire sont empruntés à un travail original du professeur et docteur Ad. Johannes, membre du corps enseignant des lycées bavarois; les donnés statistiques ont été complétées et mises à jour par l'auteur lui-même au bénéfice de la « Revue Académique » de Munich.

Les lycées de Bavière sont spécialement destinés à fournir l'instruction supérieure (*akademische Bildung*) aux étudiants en théologie catholique qui ne suivent pas les cours des Universités. Par suite, l'équivalence est accordée par la loi aux études faites dans la section philosophique ou la section théologique d'un lycée du royaume de Bavière avec les études de même nature poursuivies dans une université allemande. Bien plus, cette équivalence est étendue aux matières du haut enseignement autres que la philosophie et la théologie, à l'exception de la médecine. Encore cette réservé, relative à la médecine, ne date-t-elle que du semestre d'été 1885. Ainsi donc, un semestre de lycée bavarois a exactement la même valeur légale, en ce qui concerne la scolarité requise pour les grades universitaires qu'un semestre d'Université.

Régulièrement, le cours complet des études d'un lycée bavarois embrasse quatre années, dont une consacrée à la philosophie, les trois dernières, à la théologie. Toutefois le cours d'études d'un lycée qui ne possède que la section de philosophie est réduit à un an.

Les lycées existants dans le royaume de Bavière sont au nombre de sept : ceux d'Augsbourg, Bamberg, Dillingen, Freising, Passau et Regensburg portent le titre de lycées royaux et sont placés sous l'autorité du ministère de l'intérieur de l'instruction publique et des affaires ecclésiastiques. (Il ne s'agit, bien entendu, que d'un seul département ministériel auquel incombe cette triple attribution.) Inversement, le lycée d'Elchstätten est qualifié d'épiscopal et placé, comme tel, sous le contrôle de l'Ordinaire, qui supporte toutes les charges d'entretien et de traitement du personnel enseignant.

Le lycée royal d'Augsbourg n'a que la section philosophique; son corps enseignant se recrute parmi les professeurs formés par les Bénédictins de Saint-Étienne; mais il reçoit l'investiture de l'État. Les six autres lycées, y compris l'établissement épiscopal d'Elschstätten, comprennent les deux sections de philosophie et de théologie.

L'administration de chaque lycée est confiée à un recteur, qui a rang de conseiller de gouvernement; le recteur est en même temps professeur dans son lycée. Les professeurs se divisent en ordinaires et extraordinaires, en vertu d'une ordonnance du 1er juillet 1892; il existe encore des professeurs, institués antérieurement à cette ordonnance qui tiennent une place intermédiaire entre les deux catégories ci-dessus. Les professeurs ont le rang de professeurs ordinaires d'Universités ; même assimilation pour les professeurs extraordinaires. Des dispositions spéciales régissent le traitement et la pension de retraite des professeurs extraordinaires qui cumulent, avec leurs fonctions régulières dans les lycées, des emplois de chanoines d'une église cathédrale ou de professeurs de gymnase. Il existe, à côté des professeurs titulaires, un certain nombre de chargés de cours (*Docenten*) qui reçoivent une indemnité honorable pour leurs services. Dans la section de philosophie de tous les lycées, les maîtres peuvent être laïques ou ecclésiastiques, ils font obligatoirement partie du clergé dans la section théologique.

Les professeurs sont tenus de faire un service hebdomadaire de six à dix heures; les chargés de cours ne jouissent pas du privilège d'un service réglé.

Tableau du corps enseignant des 7 lycées de Bavière.

LYCÉES	Recteurs.	Prof. ord.	Professeurs de l'anc. rég.	Prof. extr.	Chargés de cours.	Total.
Augsbourg . .	1	»	»	4	»	5
Bamberg . .	1	3	2	2	2	10
Dillingen. .	1	3	2	2	»	8
Elchstäten .	1	»	6	5	1	13
Freising . .	1	4	2	2	»	9
Passau . . .	1	3	4	1	»	6
Regensburg.	1	5	5	»	»	11
TOTAUX . .	7	18	21	16	3	65

1° SECTION PHILOSOPHIQUE

ENSEIGNEMENTS hebdomadaires.	Augsbourg.	Bamberg.	Dillingen.	Eichstatt.	Freising.	Passau.	Regensburg.
Esthétique	4	»	1	1	»	»	»
Algèbre et analyse	»	»	»	»	»	»	1
Antiquités	»	4	»	»	»	»	»
Anthropologie	4	»	1	3	1	»	4
Astronomie	»	»	»	»	2	»	4
Botanique	»	»	4	4	3	»	6
Chimie	»	6	»	7	3	4	2
Physique expérim.	1	4	6	6	5	4	4
Géométrie analytique	»	2	»	2	2	2	1
Hist. de la philosophie	4	2	2	3	2	3	»
Histoire de l'art	»	»	2	2	»	1	2
Hist. de la littérature	»	»	»	»	2	»	»
Mécanique	»	»	»	»	»	»	4
Minéralogie et géologie	»	»	2	»	2	»	2
Histoire naturelle	4	6	»	»	»	2	»
Langues modernes	»	3	»	»	»	»	»
Pédagogie	4	1	2	1	2	2	2
Philologie	4	4	2	2	2	2	2
Philosophie	4	4	7	6	4	7	6
Philosophie pratique	»	»	»	»	»	»	3
Histoire profane	2	6	4	4	4	4	4
Philosophie religieuse	»	»	»	1	»	»	2
Zoologie	»	»	5	»	2	»	»

2° SECTION THÉOLOGIQUE

ENSEIGNEMENTS hebdomadaires.	Bamberg.	Dillingen.	Freising.	Passau.	Regensburg.	Eichstatt.
Apologétique	6 et 4 h^es	»	»	»	»	»
Droit politique bavarois	»	..		1	»	»
— civil —	»		»	»	»	»
— commerc. —	1	»	»	»	3	»
Législation scolaire	»	»	1	1	3	»
Archéologie biblique	3	2	3	2	2	2
Herméneutique —	3	2	4	2	1	2
Etud. d. sourc. bibliques		2		»	4 et 5	2
Dogmatique	6	6	5	6	6	6
Encyclop. théologique	1	»	2	»	2	2
Exégèse	4	4	4	4	3	3
Hébreu	2	4	3	2	2	2
Homilétique	2	»	»	»	»	3
Catéchétique		»	»	»	»	2
Histoire de l'Eglise	5 et 4	4	5	5	4 et 5	3
Droit ecclésiastique	5	4	3 et 4	5	4 et 5	3
Liturgie	2	»	»	»	»	2
Morale	3	5 et 6	8	6	6	4
Cure d'âmes	2	»	6	»	»	6
Patrologie	2	1	1	1	2	2
Questions sociales	1	»	»	»	»	»
Somme de saint Thomas	1			»	»	»

ANGLETERRE

Cambridge. — L'Extension universitaire. — Il a été décidé par le Syndicat de l'Extension universitaire de Cambridge que les étudiants de l'Extension munis du certificat dit « du vice-chancelier », constatant qu'ils ont suivi un cours systématique d'études, seront reconnus « étudiants affiliés » de l'Université de Cambridge, à la condition de joindre à leur certificat un examen de philologie et un examen de mathématiques. Ces étudiants affiliés, s'ils se font immatriculer à l'Université, seront dispensés de l'examen d'entrée et d'une année de scolarité.

Grades conférés à des femmes. — A la fin du dernier semestre universitaire, deux jeunes filles ont affronté avec succès les examens classiques et ceux des sciences abstraites ; elles ont obtenu toutes deux, seules de leur promotion, le n° 1 et la mention *cum laude*.

A propos de ce succès nouveau des jeunes étudiantes dans les matières autrefois réservées aux hommes, et sans sortir de l'Angleterre, il est permis de citer l'opinion de l'éminent professeur d'Oxford, Max Müller, telle qu'il l'a exprimée dans un *interview* récent, relaté par la *Gazette de Francfort :* « Autrefois, aurait déclaré l'illustre maître, j'étais l'ennemi déclaré des hautes études féminines ; mais aujourd'hui je suis converti, et je considère comme un des grands progrès de notre temps l'admission des femmes à ces sortes d'études. C'est un plaisir d'observer le zèle des jeunes filles. Les jeunes garçons travaillent le moins qu'ils peuvent ; les jeunes filles, le plus qu'elles peuvent, très souvent même plus qu'elles ne peuvent. D'autre part, elles ont une façon d'étudier plus systématique et une faculté d'assimilation plus grande que les garçons. Je souhaite que les hommes rentrent en eux-mêmes, et apprennent des femmes... à apprendre ! »

Londres-Examens. — Il s'est présenté, pour l'examen d'immatriculation à l'Université de Londres (semestre d'été), tant dans la capitale même que dans 23 centres désignés de la province, 2,128 candidats. La proportion des candidats du sexe féminin continue à s'accroître.

PAYS-BAS

Réforme des conditions d'admission au doctorat. — Un règlement officiel du 26 avril 1895 introduit, dans les conditions à remplir pour obtenir le diplôme de docteur d'une des facultés des Universités néerlandaises, une série de modifications qui se résument dans la possibilité offerte désormais aux candidats de devenir docteurs sans présenter de dissertation écrite. *Doctorat en droit :* ce grade peut être obtenu, soit par le dépôt d'une dissertation accompagnée de douze thèses ou « propositions », soit en soutenant vingt-quatre thèses, sans dissertation.

Dans toutes les facultés autres que la faculté de droit, le candidat doit déposer une dissertation accompagnée de douze thèses ou propositions.

La dissertation et les thèses doivent porter sur la branche des sciences qui donne son titre au doctorat sollicité. La dissertation comporte un travail original, ou l'exposition scientifique d'observations personnelles sur un ou plusieurs sujets. Elle doit être rédigée en langue néerlandaise ; toutefois, avec l'approbation de la Faculté compétente, un autre idiome peut être employé : la dissertation de littérature classique doit être écrite en latin.

Toutefois, la dissertation n'est pas obligatoire : 1° pour les docteurs en médecine aspirant au doctorat en chirurgie, et réciproquement; 2° pour les docteurs de la faculté des sciences mathématiques et naturelles, qui veulent se faire conférer un diplôme doctoral au titre d'une ou de plusieurs des spécialités enseignées par ladite faculté; 3° pour les docteurs de la faculté des lettres, dans les mêmes conditions que ci-dessus.

Les docteurs des trois catégories énumérées plus haut, dispensés, comme on vient de le voir, de la dissertation écrite, sont astreints à soutenir au minimum 24 thèses ou propositions.

La réforme, d'ailleurs assez compliquée, dont nous venons de retracer les principaux traits, donne satisfaction surtout aux facultés de droit néerlandaises. Celles-ci sollicitaient dès longtemps la disparition de la dissertation écrite aux examens du doctorat.

RUSSIE

Total des étudiants russes. — Le nombre total des étudiants russes s'est élevé, en 1894, à 14 619, non compris 7 097 élèves des écoles polytechniques. On calcule que le rapport du nombre des étudiants à la somme de la population de la Russie, est de un étudiant pour 8 000 habitants.

Helsingfors (Finlande). L'instruction supérieure des femmes. — L'an dernier, une Finlandaise, la première de son sexe, s'est fait inscrire comme étudiante à la faculté de théologie. Ce phénomène, assurément curieux, indique que, dans le grand-duché, aucune des branches des hautes études n'est fermée au sexe féminin.

C'est en 1870, que l'on vit pour la première fois une femme subir l'examen réglementaire d'entrée d'une Université; le fait se reproduisit une seule fois, au bout de trois ans, en 1873; de 1873 à 1885 on n'eut à enregistrer aucune étudiante; mais depuis, il ne s'est pas passé d'année que l'examen de maturité n'ait été affronté par plusieurs femmes, et, en 1889, on comptait 17 étudiantes régulières. Ce nombre s'éleva progressivement à 44 en 1891, à 56 en 1893; ces 56 étudiantes constituaient les deux tiers du total des étudiants finlandais. A cette époque, 3 femmes suivaient les cours de droit, 4 ceux de médecine, 24 ceux des sciences mathématiques et naturelles, 25 ceux de philologie et d'histoire.

En 1882, le grade de licencié fut conféré pour la première fois à une femme; depuis, 6 autres ont obtenu des grades universitaires. La première femme-médecin de Finlande, n'ayant pas été immatriculée à l'Université, fut reçue au grade de docteur après un examen particulier : elle pratique son art depuis 1878, et est au service de l'État.

Jusqu'en 1882, les jeunes Finlandaises qui désiraient subir l'examen d'entrée de l'Université devaient recourir à des leçons particulières pour acquérir les connaissances requises. Depuis cette date, la Finlande a adopté le système de la coéducation, et l'école secondaire de ce type (*Sammskola*), prépare filles et garçons à l'Université. Le nombre toujours croissant de ces sortes d'écoles explique la progression ininterrompue de celui des étudiantes.

Kasan. — On signale à l'Université de cette ville, une singulière désertion de candidats aux grades : les examens annoncés pour le mois de mai dernier devaient réunir 52 candidats, qui s'étaient fait dûment inscrire ; mais, au jour des épreuves, on compta 25 défaillants, soit près de la moitié des inscrits (droit, 6 ; mathématiques, 12 ; sciences naturelles, 8 ; total, 25).

Kiev. — La réorganisation de l'Institut médical pour les femmes, à Saint-Pétersbourg, dont on a vu antérieurement le détail officiel dans cette Revue même, a encouragé les professeurs de l'Université de Kiev à poursuivre la réouverture des cours supérieurs de même nature qui y existaient naguère, et qui furent fermés en 1887. On admet généralement, dans les cercles intéressés, que le vœu de l'Université rencontrera un favorable accueil en haut lieu. Il serait, d'ailleurs, aisé de restaurer les cours supérieurs de médecine pour les femmes, puisque le capital consacré à cette œuvre est demeuré intact ; ce capital ne manquerait pas, dès l'annonce de l'autorisation officielle de réouverture, de s'accroître de subventions nouvelles.

Odessa. Enseignement du droit civil baltique à l'Université. — Le Ministère russe a décidé, sur la proposition des autorités locales des provinces Baltiques qu'un cours complet du droit civil propre à ces provinces serait désormais enseigné obligatoirement dans les Facultés de droit, et incorporé dans l'enseignement du droit civil russe.

Eu conséquence, l'Université d'Odessa a reçu la mission de dresser le programme du cours ainsi reconstitué, et de le soumettre à l'approbation ministérielle. Il a été résolu également que, dans les Universités où s'enseignera le droit civil baltique, il pourra être passé des examens spéciaux sur la dite matière ; pourront y être admis les titulaires d'un diplôme de droit de 1ʳᵉ ou de 2ᵉ classe. Ces examens conféreront aux impétrants la capacité de remplir les fonctions administratives et judiciaires dans les provinces baltiques, et donneront lieu à la délivrance d'un certificat spécial. En attendant l'adoption définitive du programme de droit russo-baltique, le Ministre est disposé à nommer chargés de cours de droit civil les maîtres compétents qui soumettront préalablement le programme de leur enseignement à son approbation.

Saint-Pétersbourg. Académie Impériale de Médecine militaire. — Il s'est présenté, au cours de l'année scolaire 1894-1895, 131 candidats devant la commission d'examens de l'Académie. 125 avaient terminé, cette année même, leurs études médicales dans l'établissement ; 3 étaient des auditeurs libres originaires des pays slaves du Midi.

ANTILLES

Haïti. École nationale de Droit. — Le Bulletin officiel du département de l'Instruction publique d'Haïti fait connaître l'organisation définitive de l'École de droit de cette île, telle qu'elle a été fixée par les arrêtés des 15 octobre 1890 et 20 janvier 1894. L'enseignement comprend les éléments du droit romain, l'histoire du droit français et du droit haïtien, le droit civil, le droit criminel, le droit commercial, la procédure civile, le droit constitutionnel et administratif, le droit international public et privé, et l'économie politique. La durée des études est fixée à 3 années. Pour entrer à l'École de droit, il faut justifier de

la possession du diplôme de bachelier ès lettres, ou produire un certificat d'études délivré par l'Inspecteur des écoles, après un examen dont
voici le programme : langue latine, langue française, histoire et géographie d'Haïti, histoire et géographie générales, éléments de philosophie. Les candidats ne doivent pas être âgés de plus de 18 ans. A la
fin de la 3ᵉ année des études juridiques, se passe l'examen de licence.
Les élèves de l'École nationale de droit d'Haïti sont dispensés du service militaire.

AMÉRIQUE DU NORD

États-Unis. Université Ann Arbor (*Michigan*). — Dans la der-
niere réunion des « régents » de l'Université Ann-Arbor, il a été décidé
que désormais les enseignements proprement techniques formeraient
un *department* séparé, indépendant du département des sciences et
lettres auquel ils étaient annexés jusqu'ici. Le nouveau département
(nous dirions plutôt : *Faculté*) prend le nom d'École de technologie. —
Des modifications ont aussi été introduites dans l'organisation des cours
de droit : la durée en est portée de deux à trois années. Enfin il est
institué un cours nouveau de pharmacie, d'une durée de quatre ans,
en vue de permettre aux étudiants de conquérir le grade de bachelier
ès sciences pharmaceutiques.

Berkeley (San-Francisco. Université d'État de Californie). —
L'Université de Californie est une institution officielle, subventionnée
par l'État de Californie et par le budget général de la République ; des
donations particulières ont accru l'importance de ces subventions. Elle
se subdivise en 3 départements ou sections : 1° 8 Facultés ou Collèges
(*undergraduate and graduate departments*) à Berkeley ; 2° l'Observatoire
de Mount Hamilton (Lick Astronomical department) ; 3° 6 Instituts et
Collèges établis à San-Francisco même. L'Université de Californie fut
fondée en 1868 ; les cours d'abord professés à Oakland, furent transférés
ensuite à Berkeley, qui devint le siège officiel de l'Université en 1873.
Les Collèges dits professionnels de San-Francisco (droit, médecine,
pharmacie, art dentaire, arts libéraux), s'ajoutèrent peu à peu à l'enseignement primitif, tandis que les cours préparatoires des *undergraduate Colleges* demeuraient à Berkeley, où ils fonctionnent toujours.
Enfin, l'Observatoire-Lick et l'Institut Mark Hopkins pour les arts libéraux devinrent partie intégrante de l'Université, le premier en 1888, le
second en 1893.

La statistique universitaire pour 1894-95 fournit les chiffres suivants :
1° *Berkeley*. On comptait, dans le *Graduate department*, 100 étudiants
dont 60 du sexe masculin ; dans l'*undergraduate*, 1 024, ainsi répartis :

COURS.	Hommes.	Femmes.	Total.
Lettres	73	40	113
Sciences sociales	288	267	555
Sciences naturelles	24	24	48
Agriculture	14	3	17
Mécanique	102	6	108
Eaux et forêts	39	0	39
Arts et manufactures	73	10	83
Chimie	52	9	61
TOTAUX	665	359	1.042

2º *Observatoire astronomique* : 8 étudiants, dont 2 dames, ont fréquenté l'observatoire de Mount-Hamilton.

3º *San-Francisco* : 665 étudiants ont suivi les cours des collèges.

COURS.	Hommes.	Femmes.	Total.
Institut Marck Hopkins (beaux-arts). .	31	51	82
Collège juridique.	151	2	153
Collèges médicaux.	127	15	142
Collège dentaire	160	8	168
Collège pharmaceutique	107	3	110
TOTAUX.	576	79	663

En tenant compte de 6 étudiants, portés en double comme suivant à la fois les cours de deux facultés, le total général des étudiants de l'Université de Californie s'est donc élevé, en 1894-95, à 1 781, dont 1 301 hommes et 480 femmes.

L'Université possède une bibliothèque de 59 000 volumes. A côté de ses cours réguliers, elle participe au mouvement d'extension universitaire, mouvement au moins aussi ardent, comme on sait, aux États-Unis qu'en Angleterre et en Belgique. A ce titre, des cours sont professés, à intervalles variables, tant à San-Francisco que dans d'autres villes de l'État de Colombie : y sont admis des membres de l'enseignement et autres personnes qui ne peuvent suivre les cours de l'Université : les auditeurs réguliers qui préparent des examens reçoivent un brevet d'immatriculation; ceux qui passent les épreuves avec succès peuvent obtenir de l'Université des certificats qui leur sont, éventuellement, comptés comme titres scientifiques s'ils viennent à suivre les cours universitaires réguliers. Durant le 1er semestre de l'année scolaire 1894-95, il a été donné par l'Extension, à San-Francisco, des cours d'allemand, d'anglais, de grec, d'économie politique, de géologie, d'histoire, et, à Oakland, des cours de littérature anglaise, d'économie politique et de géologie. Notons enfin que le collège d'agriculture ouvre des cours spéciaux aux fermiers.

Université de Buffalo. — Il vient d'être créé, à l'Université de Buffalo, une Faculté de pédagogie, pour la haute culture des maîtres : le corps enseignant de cette Faculté compte 4 professeurs hommes, et une dame. La nouvelle Faculté a ouvert ses portes le 1er septembre 1895 : à cette date, on n'y professait encore qu'un cours réduit; mais la durée normale de la scolarité est fixée à deux ans.

Lawrence (*Université de Kansas*). — Cette Université compte à peine 30 années d'existence ; aussi ses progrès, en un si court espace de temps offrent-ils un spectacle vraiment digne de sympathie. L'Université de Lawrence ouvrait ses portes, en 1866, avec 55 étudiant; elle n'en a pas compté moins de 875 en 1894-95. En voici la répartition :

FACULTÉS.	Hommes.	Femmes.	Total.
Faculté des arts	259	167	426
— de droit.	98	1	99
— de pharmacie.	58	8	66
École d'ingénieurs	100	0	100
École des beaux-arts.	32	173	205
TOTAUX.	547	349	896

En retranchant les étudiants portés en double comme suivant les cours de plusieurs Facultés à la fois, on obtient un total général de 875 étudiants, dont 539 hommes et 345 femmes. 840 sont originaires de l'État du Kansas; les autres, des États-Unis, sauf un Suisse et un Japonais.

La bibliothèque universitaire compte 32 735 volumes, et une subvention annuelle de 5 000 dollars est prévue pour l'enrichissement de cette importante collection.

La participation de l'Université du Kansas à l'Extension universitaire est très assidue : les cours de l'Extension fonctionnent depuis 1891, au nombre de 38, dans 10 villes de l'État : dans l'exercice 1894-95, on a inscrit 1 000 auditeurs, dont plus de 300 ont passé des examens après avoir suivi pendant 12 semaines les leçons de l'extension.

L'extension universitaire du Kansas comprend 33 cours divers. Les auditeurs en possession d'un diplôme de bachelier ès arts de cette Université ou d'une autre Université importante sont admis à postuler la licence après avoir suivi 9 cours de 12 leçons chacun. Les non bacheliers peuvent obtenir, après une scolarité identique, un diplôme spécial délivré par l'extension.

Un cours complet suivi à l'Extension compte pour deux tiers de semestres universitaires normaux; 9 cours à 12 leçons sont comptés pour une année de scolarité universitaire.

L'Université Lawrence a organisé, l'été dernier, quatre missions scientifiques : une expédition zoologique au Groenland, deux explorations des fossiles de la période tertiaire du Kansas et du Wyomings enfin une excursion entomologique dans les États du Sud.

Columbia College (*New York*). — Il ressort du rapport présenté au *Board of Trustees* de Columbia College par l'honorable Seth Low, président, que cet important établissement d'enseignement supérieur continue à être favorisé de dons précieux. En première ligne, il faut citer la libéralité de l'éminent président lui-même. En souvenir de son père, M. Low va faire construire un bâtiment destiné à la bibliothèque universitaire; la dépense s'élèvera à la somme respectable d'un million de dollars. D'autre part, le président du *Board of Trustees* met à la disposition du College 300 000 dollars pour l'érection d'une construction attribuée soit à l'histoire naturelle, soit à une autre faculté, au choix des *trustees*. La liste des donateurs énumérés par l'honorable Seth Low est des plus considérables; citons les donations C.-A. Da Costa, 100 000 dollars; Hamilton Fish, 50 000, Ch. Bathgate Beck, 500 000; les legs de M. et Mᵐᵉ Barnard, montant à 100 000 dollars; de M. Fayerweather, 250 000.

Les fonds venus au collège à la suite de sa fusion avec le collège des médecins et chirurgiens sont évalués à près de 2 millions de dollars; les donations Vanderbilt et Sloanes ont rapporté près de 750 000 dollars, en un mot, depuis cinq ans, Columbia College n'a pas récolté moins de 5 à 6 millions de dollars.

École des sciences politiques. — Cette école, qui est une partie intégrante de Columbia College, ouvre pour la première fois, cette année, ses cours aux étudiantes, qui jusqu'à présent n'étaient autorisées à prendre des grades que dans la faculté de philosophie. Le programme pour la présente année scolaire comprend 3 cours d'histoire, et 9 cours d'économie politique et de sciences sociales proprement dites. Sont admis à suivre l'enseignement public des étudiants aptes à lire couramment le français et l'allemand, et reconnus doués d'aptitudes générales par le doyen et les professeurs de la faculté ; les candidats aux grades supérieurs doivent être bacheliers d'un des collèges de Columbia et sont seuls autorisés à entrer dans les séminaires.

Palo-Alto (*Californie*). *Université Leland Stanford.* — On remarque, dans le compte rendu des travaux de cette Université en 1894-95, que, sur 1100 étudiants inscrits, 510 s'adonnent à la langue et à la littérature allemandes. Des cours spéciaux, aboutissant à des grades universitaires, sont institués en faveur des étudiants qui se destinent à l'enseignement de l'allemand ; ils doivent posséder, pour être admis à suivre ces cours, une connaissance approfondie de la langue allemande et une connaissance suffisante du latin.

Les 1100 étudiants de Palo-Alto (728 hommes, 372 femmes) se répartissaient, en 1894-95, de la manière suivante entre les diverses disciplines : langues grecque et latine, 260 ; langues romanes, 296 ; anglais, 718 ; histoire, 588 ; science de l'éducation, 232 ; économie sociale, 307 ; droit, 211 ; mathématiques, 355 ; physique, 132 ; chimie, 220 ; botanique, 43 ; hygiène, 401 ; physiologie, 198 ; zoologie, 270 ; géologie, 197 ; préparation aux fonctions d'ingénieur civil, mécanicien, électricien, 509.

École américaine de Rome. — Il a été résolu, l'an dernier, que les États-Unis fonderaient à Rome une école spéciale pour l'étude des antiquités classiques. L'Institut archéologique de New-York a pris la nouvelle fondation sous sa protection et l'a reconnue comme une de ses annexes. Deux bourses (ou « fellowships ») de 600 dollars chacune ont été instituées et une somme importante votée pour fouilles archéologiques. L'organisation définitive de l'Ecole a été votée le 18 mai dernier par l'Institut de New-York et deux directeurs désignés : MM. les professeurs W.-G. Hale, de l'Université de Chicago et A.-L. Fortingham de Princeton-College. L'École s'est ouverte le 15 octobre 1895. Elle partage, avec l'École américaine d'architecture, la villa Ludovisi. Les membres de l'École doivent résider habituellement à Rome ; toutefois ils sont tenus d'accomplir tous les ans plusieurs excursions archéologiques hors de la ville.

E. S.

NOUVELLES ET INFORMATIONS

RAPPORT
FAIT A LA CHAMBRE DES DÉPUTÉS PAR M. RAYMOND POINCARÉ
SUR LE PROJET DE LOI
RELATIF A LA CONSTITUTION DES UNIVERSITÉS

Le Gouvernement a repris, sans le modifier, le projet de loi relatif à la constitution des Universités, qui avait été déposé sur le bureau de la Chambre par le précédent cabinet, à un moment du reste où la question était déjà ouverte par l'initiative de notre honorable collège M. Vigné d'Octon. Votre Commission, après avoir examiné le texte de ce projet et après avoir entendu M. le ministre de l'instruction publique, a été, à l'unamité, d'avis de vous proposer le vote le plus rapide possible d'une loi qui, dans la forme où elle a été présentée, a pu sembler à quelques-uns trop modeste ou trop timide, mais qui est la conséquence logique des mesures législatives ou réglementaires prises depuis dix ans et qui a sur une réforme plus vaste et plus profonde l'avantage d'être immédiatement réalisable.

En fait, messieurs, comme le remarquait l'exposé des motifs, les Universités sont nées en France le jour où nos corps enseignants les ont conçues comme la forme la mieux appropriée aux fins de l'enseignement supérieur et où, dans les Facultés isolées, s'est manifesté, en même temps que le besoin de la vie commune, le sentiment plus net des exigences de la culture libre et désintéressée. Depuis lors, elles se sont développées d'un progrès parfois un peu lent, mais, malgré tout, régulier et ininterrompu. Le nom même que nous vous demandons de leur donner, comme une consécration définitive de leur existence, elles l'ont déjà reçu, on peut le dire, d'un usage plus prompt que la loi, et avant, d'être légitimées par nous, elles ont été reconnues par l'opinion.

La théorie de l'Université repose sur l'idée de l'unité fondamentale de la science et de la solidarité des enseignements. Lorsque, après 1870, les esprits les plus divers, MM. Jules Ferry, Dupanloup, Paul Bert, Claude Bernard, Pasteur, et tant d'autres qui vivent encore, s'accordèrent à proclamer la nécessité de relever notre enseignement supérieur, la création des Universités apparut à la plupart d'entre eux comme le meilleur moyen d'assurer ce rehaussement. « Il est sage, écrivait M. Jules Simon dès 1872, d'avoir un certain nombre de capitales intellectuelles où se trouvent réunies, sous la main des jeunes gens, toutes les ressources nécessaires au complet développement de leur esprit. »

Dans son ouvrage si intéressant et si documenté sur l'enseignement supérieur en France, M. Liard a clairement indiqué que, pendant trois quarts de siècle, les Facultés avaient commis la faute grave de se moins préoccuper du rôle scientifique que du rôle professionnel, et il a montré comment la science, éclairée par la liberté, était enfin apparue investie d'un triple office : office intellectuel, office économique, office social. Une telle conception de l'objet de la science entraîne pour les pouvoirs publics l'obligation de donner à l'enseignement supérieur un organisme convenable adapté à ses fonctions essentielles, de créer de puissants foyers d'étude et de progrès, de rapprocher les maîtres et les étudiants, de faciliter les recherches en commun, de grouper dans un même faisceau toutes les branches de la connaissance humaine, de vivifier par le contact et la pénétration réciproque les enseignements les plus variés, de fonder en un mot, des Universités (1).

Dès 1876, M. Waddington, ministre de l'instruction publique, avait préparé, en ce sens, un projet qui avait le tort de grouper artificiellement des centres universitaires fort éloignés les uns des autres et qui, du reste, ne fut pas soumis aux Chambres.

Mais M. Albert Dumont avait eu raison d'écrire qu'avant tout progrès sérieux dans l'enseignement supérieur, il fallait que les corps se sentissent responsables, qu'ils eussent confiance dans leur autorité, qu'ils sussent dire ce qu'ils voulaient, pourquoi ils le voulaient, s'apprécier, se critiquer, et qu'il se formât ainsi un esprit d'activité et d'initiative.

Cette transformation des mœurs fut longue et graduelle. C'est de 1885 que date vraiment l'histoire de l'organisation générale des Facultés sous la République.

Le 25 juillet 1885, M. René Goblet, ministre de l'instruction publique, réalisant une idée dont il a tenu à honneur de laisser la paternité à M. Jules Ferry, a soumis à la signature de M. le Président de la République un décret qui a fait revivre, en la fortifiant, la personnalité civile des Facultés, alors tombée en désuétude. Un deuxième décret, daté du même jour, autorisait les Facultés à recevoir, outre des dons et legs, les subventions des départements, des communes et des particuliers. Le premier germe du Conseil général des Facultés était déjà contenu dans cet acte. Prévoyant que des libéralités pourraient être faites à plusieurs Facultés d'un même centre, le décret décidait, en effet, que « dans le cas où des subventions seraient applicables à des services communs à diverses Facultés ou Écoles d'un même ressort académique, la répartition en serait faite entre les budgets particuliers de chacune des Facultés et Écoles intéressées, après délibération d'un Conseil chargé des intérêts communs des divers établissements d'enseignement supérieur du ressort ».

Le décret du 28 décembre 1885, également contresigné par M. Goblet, acheva, sur ce point, l'œuvre commencée. Il organisa le Conseil général

---

(1) Cf. : Renan, *Questions contemporaines*, 1876 ; *Discours aux Sociétés savantes*, 1889. — Ernest Lavisse, *Questions d'enseignement national ; Universités allemandes et Universités françaises ; Études et étudiants ; A propos de nos écoles.* — Berthelot, *Science et philosophie*, 1886. — O. Gréard : *Éducation et Instruction.* — Albert Dumont, *Notes et discours.* — P. Didon, *Des Allemands*, 1884. — G. Monod, *De la possibilité d'une réforme de l'Enseignement supérieur.* — G. Boissier, *Les réformes de l'Enseignement* (*Revue des Deux Mondes*, 15 juin 1868). — Michel Bréal, *Quelques mots sur l'instruction publique en France*, etc.

des Facultés, en détermina les attributions scientifiques, scolaires, administratives et disciplinaires.

En 1889, une nouvelle étape fut franchie. L'article 51 de la loi de finances du 17 juillet 1889 stipula qu'à dater du 1ᵉʳ janvier 1890, il serait fait recette au budget spécial de chaque Faculté, concurremment avec les ressources propres de l'établissement, des crédits ouverts pour le matériel des Facultés. Un règlement d'administration publique devait déterminer les règles relatives aux budgets et aux comptes spéciaux des Facultés. Ce règlement fut édicté le 22 février 1890.

Cette même année, M. Bourgeois, ministre de l'instruction publique, déposa sur le bureau du Sénat un projet qui avait pour but la création d'un certain nombre d'Universités. Les Universités étaient définies : des établissements publics d'enseignement supérieur ayant pour objet l'enseignement et la culture de l'ensemble des sciences. Elles devaient être personnes civiles et porter le nom des villes où elles siégeraient. Il fallait qu'une Université, pour se fonder, comprît au moins les quatre Facultés de droit, de médecine, de sciences et de lettres. On se rappelle les très remarquables débats qui s'engagèrent au Sénat à l'occasion de ce projet; il rencontra une opposition insurmontable, faite à la fois d'arguments de principes et d'intérêts locaux.

La route était barrée. Les professeurs éminents, les administrateurs éclairés, les hommes politiques qui avaient rêvé la constitution des Universités françaises cherchèrent une voie plus sûre et moins semée d'obstacles.

M. Charles Dupuy proposa, dans la loi de finances du 28 avril 1893, un article 71 qui constituait, dans chaque ressort académique, le corps des Facultés, créait le budget de ce corps et donnait force de loi au Conseil général des Facultés.

Un nouveau ministre de l'instruction publique recueillit, à cette date, l'héritage de ses prédécesseurs et fit rendre à son tour, le 9 août 1893, un décret qui élargit et fixa les attributions du conseil général. Un autre décret du 10 août 1893 détermina, en cinq chapitres détaillés, les règles applicables au régime financier et à la comptabilité des corps de Facultés.

L'année suivante, M. Leygues, ministre de l'instruction publique, voulant couronner cet ensemble de réformes successives, mit à l'étude, de concert avec son collègue des finances, un projet destiné à créer des Universités et à leur procurer, à l'aide de certains droits jusqu'ici perçus par le Trésor, des ressources complémentaires.

Le cabinet Ribot ayant remplacé le cabinet Dupuy, cette étude fut reprise par le successeur de M. Leygues, d'accord avec le nouveau ministre des finances, et elle aboutit au projet actuel. On voit donc que, depuis dix ans, l'idée dont s'est inspiré ce projet a, par une évolution constante et méthodique, préparé son succès final. Il ne reste plus, en réalité, au Parlement qu'à terminer une tâche à laquelle il s'est plusieurs fois associé et dont les plus grandes autorités du corps enseignant ont toujours considéré l'accomplissement comme la plus indispensable condition de la prospérité de notre enseignement supérieur.

Le Gouvernement n'a pas cru devoir renouveler, dans les mêmes termes, la tentative qui avait échoué en 1890, et M. Vigné d'Octon, qui avait, dans sa proposition, repris les idées essentielles de l'ancien projet de M. Bourgeois, a lui-même déclaré que, dans l'intérêt d'une prompte solution, il se ralliait au texte arrêté par le précédent ministère. Depuis cinq ans, du reste, les faits et la loi se sont modifiés. Après avoir constitué dans chaque ressort académique un corps de Facultés, après avoir donné à chacun de ces corps mêmes organes et mêmes attributions, il pourrait sembler illogique d'opérer désormais une sélection entre eux, d'ériger les uns en Universités et de refuser aux autres le bénéfice de l'institution nouvelle. Il est, au surplus, trop évident qu'une pareille entreprise soulèverait de telles difficultés parlementaires qn'on risquerait, en la tentant une seconde fois, de compromettre à jamais la réforme attendue.

Donc, transformer tous les corps de Facultés existants en Universités, mais donner à chacune des Universités créées un principe d'émulation et de vitalité, leur permettre de s'essayer, d'éprouver leurs forces et laisser par là même au temps, à l'expérience, le soin de fixer naturellement leurs futures destinées, voilà le projet auquel votre Commission a, par raison pratique, donné son adhésion unanime.

L'organisation des Universités serait, par conséquent, comme dans le texte du Gouvernement, ce qu'est aujourd'hui l'organisation des corps de Facultés. Celle-ci a été combinée de manière à concilier, autant que possible, les droits de l'État avec l'indépendance nécessaire à des établissements scientifiques. Elle fonctionne depuis dix ans d'une façon très satisfaisante. Nous vous proposons seulement de la compléter sur un point. Au conseil de l'Université seraient désormais dévolus la connaissance et le jugement des affaires contentieuses et disciplinaires relatives à l'enseignement supérieur public (article 3).

L'article 4 du projet porte qu'à dater du 1er janvier 1898 il sera fait recette au budget de chaque Université des droits d'études, d'inscription, de bibliothèque et de travaux pratiques acquittés par les étudiants conformément aux règlements. Les ressources provenant de ces recettes seraient affectées aux objets suivants : dépenses des laboratoires, bibliothèques et collections ; construction et entretien des bâtiments ; création de nouveaux enseignements ; œuvres dans l'intérêt des étudiants. Les droits d'examen, de certificat d'aptitude, de diplôme ou de visa, acquittés par les aspirants aux grades et titres prévus par les lois, ainsi que les droits de dispense et d'équivalence, continueraient d'être perçus au profit du Trésor.

Cette distinction entre les deux sortes de droits acquittés par les étudiants est rationnelle. Parmi ces droits, les uns se rapportent [aux études, les autres aux examens. Les grades conférés à la suite des examens étant, en France, grades d'État, il est légitime que les droits dont il sont frappés continuent à être perçus au profit du Trésor. Mais il est naturel, en revanche, que les droits relatifs aux études soient appliqués aux études elles-mêmes, à leur développement, à leur amélioration, au renouvellement du matériel.

Ici, le principe supérieur de l'unité budgétaire n'est pas en cause ; il n'a à redouter aucune atteinte. Les droits dont il s'agit, en effet, sont des rétributions et non des impôts. Ce ne sont pas des 'contributions payées par tous les citoyens en vue de subvenir aux services publics : c'est la rémunération versée par l'étudiant qui veut suivre les cours d'une Faculté. D'autre part, les corps de Facultés d'aujourd'hui, les

Universités de demain, ayant la personnalité civile, sont légalement autorisées à avoir un budget et, partant, à encaisser les ressources propres à l'alimenter.

Les droits ainsi perçus seraient répartis entre les diverses Universités, suivant le nombre même de leurs étudiants; et c'est là qu'est le principe d'émulation et de vitalité dont nous parlions plus haut.

A cette disposition deux objections contradictoires ont été faites. Bien qu'elles n'aient pas trouvé d'écho dans votre Commission, il est bon de les noter et d'y répondre. D'un côté, on a prétendu que cet article 4 contiendrait pour certaines Facultés au profit des autres une cause d'affaiblissement, de misère et de mort, et qu'ainsi, par une voie détournée, il assurerait le succès de l'ancien projet Bourgeois; d'un autre côté, on a dit que cet article ne donnerait aux nouvelles Universités, même aux plus grandes, que des ressources dérisoires. Les chiffres du tableau que nous publions en annexe démontrent péremptoirement l'inexactitude de ce double reproche. Toutes les Universités gagneront au projet; deux seulement y auront un bénéfice très faible, aucune, dans tous les cas, n'y trouvera un désavantage quelconque. L'Université de Paris recevra un surcroît annuel de ressources de près de 650 000 francs, celle de Lyon de près de 130 000 francs, celle de Bordeaux de 105 000 francs, celle de Montpellier de 85 000 francs, etc. Au total, c'est environ 1 200 000 francs de recettes qui entreront tous les ans dans les caisses des Universités. Les recettes du Trésor en seront diminuées d'autant. Mais l'exposé des motifs explique que, toutes compensations opérées, le budget de l'enseignement supérieur allégé sur d'autres chapitres, et surtout sur celui des constructions en cours, ne sera grevé que d'une augmentation annuelle d'environ 300 000 francs. Après une nouvelle étude, M. le ministre de l'instruction publique et M. le directeur de l'enseignement supérieur a même donné à votre Commission l'assurance que ce chiffre ne serait pas atteint. Le fût-il qu'il n'y aurait pas lieu de s'en effrayer. La dotation de l'enseignement supérieur est sensiblement plus faible en France que dans la plupart des grands pays de l'Europe, et les comparaisons que nous pouvons faire à cet endroit ne laissent pas d'être très instructives.

La Commission a profité de l'occasion qui lui était offerte pour s'enquérir de l'effet qu'avaient produit les dernières améliorations apportées au régime de l'Enseignement supérieur en France.

La Commission a été heureuse de savoir que la réforme des études médicales et le stage nécessaire dans les Facultés des sciences avaient été très favorablement accueillis par les familles et les élèves (1).

La Commission s'est également félicitée d'apprendre que la réforme qui a été apportée dans l'organisation des études de droit par la création d'une section nouvelle, consacrée à l'enseignement des sciences politiques et des sciences économiques, avait été parfaitement comprise par les professeurs et par les jeunes gens. Il s'est produit à Paris un fait significatif. A la rentrée de novembre 1895, les candidats au doctorat se sont spontanément divisés en deux groupes à peu près égaux, les uns restant fidèles au type des sciences purement juridiques, les autres s'engageant dans la voie nouvelle. Cette distribution sponta-

(1) Décret du 25 juillet 1893.

née des jeunes gens entre les deux ordres d'enseignement est la meilleure justification du décret réformateur de 1895, dont le Gouvernement avait pris la responsabilité et dont le Parlement avait si nettement approuvé le principe.

Notre honorable collègue M. Léveillé a exprimé à ce propos l'espoir que, par la largeur et la variété de leur programme, les écoles de droit accroîtraient encore les services qu'elles rendent au pays. Il a demandé que le Gouvernement achevât l'œuvre commencée, en provoquant sans retard, comme conséquence du dédoublement du doctorat, un dédoublement symétrique de l'agrégation. Il serait, a-t-il dit, désirable qu'au cours de l'année 1896 un double concours pût être ouvert, l'un pour les candidats qui se présenteront à l'agrégation des sciences juridiques, l'autre pour ceux qui se destineront à l'enseignement nouveau. M. Léveillé a, en outre, émis l'idée qu'il serait utile de constituer dans les Facultés, entre les professeurs qui se consacrent aux sciences politiques et économiques, un comité de perfectionnement qui leur permît de combiner leurs efforts. Notre collègue a soumis ces diverses observations à M. le ministre de l'instruction publique et à M. le directeur de l'enseignement supérieur, lorsqu'ils ont été entendus par votre Commission. Celle-ci n'avait pas à se prononcer sur ces questions particulières ; elle en a écouté l'exposé avec intérêt, elle n'en a pas délibéré et, en ce qui concerne, tout au moins, la création de ce comité spécial de perfectionnement, diverses objections ont été soulevées.

Sur les articles du projet qu'elle avait à vous proposer, votre Commission, au contraire, s'est retrouvée unanime ; et nous vous demandons, messieurs, de vouloir bien adopter le texte suivant :

PROJET DE LOI

ARTICLE PREMIER. — Les corps de Facultés institués par la loi du 28 avril 1893 prennent le nom d'Universités.

ART. 2. — Le conseil général des Facultés prend le nom de conseil de l'Université.

ART. 3. — Le conseil de l'Université est substitué au conseil académique dans le jugement des affaires contentieuses et disciplinaires relatives à l'enseignement supérieur public.

ART. 4. — A dater du 1er janvier 1898, il sera fait recette au budget de chaque Université des droits d'études, d'inscription, de bibliothèque et de travaux pratiques acquittés par les étudiants conformément aux règlements.

Les ressources provenant de ces recettes ne pourront être affectées qu'aux objets suivants : dépenses des laboratoires, bibliothèques et collections ; construction et entretien des bâtiments ; création de nouveaux enseignements ; œuvres dans l'intérêt des étudiants.

Les droits d'examen, de certificat d'aptitude, de diplôme ou de visa acquittés par les aspirants aux grades et titres prévus par les lois, ainsi que les droits de dispense et d'équivalence, continueront d'être perçus au profit du Trésor (1).

(1) Ce document que nous avons publié *in extenso* en raison de l'importance du sujet et de l'autorité du rapporteur est suivi d'un certain nombre d'annexes dont nous groupons les principaux renseignements dans le tableau suivant :

GROUPES.	Relevé des sommes perçues en 1890 à titre de droits d'inscriptions, bibliothèques, travaux pratiques.	État des sommes qui auraient été mises à la disposition des Universités en 1896 d'après le système du projet de loi.	Budget des corps de Faculté en 1895.	Statistique des étudiants inscrits au 15 janvier 1896 dans les Facultés et Écoles des 15 Universités.	Statistique des étudiants inscrits au 15 janvier 1896 dans les Facultés et Écoles.	A combien reviendrait chaque étudiant par l'Université en prenant pour base le nombre des étudiants inscrits au 15 novembre 1896 et le système financier résultant de l'art. 4 du projet.
Paris.	616 865	4 537 613	3 890 748	8 530	10 951	409
Aix.	26 802 50	419 900 50	293 028	395	680	908
Besançon. . . .	725	196 575	195 850	87	194	1 908
Bordeaux. . .	105 410	1 023 633	918 223	1 097	2 159	517
Caen.	19 340	372 205	352 865	363	563	798
Clermont. . .	722 50	183 080 50	181 358	109	163	1 794
Dijon.	14 495	348 867	334 372	258	484	780
Grenoble. . .	16 535	342 720	326 135	353	464	782
Lyon.	128 152 50	851 720	797 880	620	1 275	722
Lille.	53 840	1 153 669 50	1 025 517	1 002	2 043	560
Montpellier. .	85 032 50	930 239 50	845 207	625	1 332	679
Nancy.	41 582 50	891 487 50	849 905	533	942	908
Poitiers. . .	20 907 50	343 582 50	322 675	386	746	630
Rennes. . . .	27 145	371 088	343 943	461	798	505
Toulouse. . .	42 302 50	568 248 50	525 666	1 157	1 561	484
TOTAL. . . .	1 229 859 50		11 304 767	15 976	24 355	

La comparaison des budgets des Facultés françaises et des Universités allemandes est présentée dans l'annexe 7 ainsi qu'il suit :

Facultés françaises . . . . . 13 035.064 francs, dont 5 802 587 à la charge de l'État.
Universités allemandes. . . . . . 23 700 000 francs, dont 18 000 000 à la charge des États.

LA RÉCEPTION DE M. JULES LEMAITRE A L'ACADÉMIE FRANÇAISE

La séance du 16 janvier où le premier recteur de France recevait cet ancien professeur, nouvellement assis au fauteuil d'un ministre de l'instruction publique, était bien une fête universitaire. Elle a été aussi une fête de l'esprit. Tout avait été dit par les biographes les plus autorisés sur Victor Duruy et M. Lemaître, pour éviter la monotonie, en face d'un auditoire exigeant, eut pu être tenté de faire briller sa verve, si vive, si originale et si piquante, en dehors de son austère sujet, dans ces allées buissonnières où son talent capricieux et primesautier se plaît d'habitude.

Il est des actes plus spirituels qu'un mot d'esprit. Loin de se permettre aucune digression, l'orateur n'a pas quitté un moment la grande route unie que son devoir lui traçait; avec une gravité émue et une simplicité du meilleur goût, il a rendu à l'illustre défunt l'hommage que celui-ci eût désiré. On peut dire de M. Duruy qu'il aura été heureux même après sa mort, car M. Gréard s'est associé à cet éloge et l'a en quelque sorte consacré par quelques mots caractéristiques et de la plus haute portée.

Nous reproduisons ce passage avec le regret de ne pouvoir donner ici en entier cette merveilleuse harangue, qui a présenté dans son jour le plus séduisant et le plus flatteur la carrière si brillante dès son début et si pleine encore de promesses du récipiendaire.

Il y a quelques semaines, ici même, le plus ancien des amis de M. Duruy, un ministre de l'instruction publique, un homme d'État comme lui, rendait à sa mémoire, au nom de l'Académie des sciences morales, un double hommage : mettant de côté la notice qu'il avait écrite, il en improvisait, séance tenante, une seconde, pleine de charme. Vous avez à votre tour retracé de notre cher et vénéré confrère une image si complète qu'en vérité il ne me reste plus rien à dire. Tout au plus voudrais-je ajouter quelques traits à la physionomie du professeur et de l'homme, du professeur qui a exercé tant d'action, de l'homme que j'ai beaucoup aimé.

C'est au lycée Napoléon que j'ai connu M. Duruy. Nous avions les mêmes élèves. Dans la cour d'honneur qui porte aujourd'hui son nom, il y avait un banc où presque tous les jours, avant l'entrée en classe, il venait s'asseoir. Moi aussi je devançais l'heure, pour jouir de son entretien et m'inspirer de son exemple. Prêt à répondre aux appels qu'attendaient son activité novatrice et sa légitime ambition, M. Duruy faisait ce qu'il avait à faire, comme s'il n'eût jamais dû faire autre chose. C'était l'homme du devoir simplement accompli. Il aimait la jeunesse autant qu'il en était aimé et n'avait pas de plus grande joie que de pressentir le talent. Vous en avez cité d'illustres exemples. Il serait aisé de les multiplier. Peut-être lui devons-nous Henri Regnault. Le peintre futur du général Prim et de la *Salomé* s'amusait à couvrir ses cahiers scolaires de dessins qui ne répondaient pas toujours à l'objet de la leçon, et son père se refusait à lire dans ces illustrations les secrets de l'avenir. Ce fut M. Duruy qui le décida à laisser le jeune artiste suivre sa vocation. Il ne lui suffisait pas, d'ailleurs, de distinguer les élites. Il aimait dans les classes ce que, comme les foules, elles recèlent d'inconnu. Telle est la récompense secrète de ce dur labeur d'enseignement : on sème à pleines mains, à toute volée, un jour, de ces mille sillons, la moisson lève, loin, bien loin parfois des yeux de celui qui l'a préparée, moisson d'idées saines, de sentiments justes et délicats, qui font la force intellectuelle et morale d'un pays. M. Duruy a été un de ces vaillants semeurs. Tous ceux, professeurs ou élèves, qui se rattachent à la génération de 1850, savent ce que l'*Histoire universelle*, publiée sous sa direction, a versé dans notre enseignement d'idées nouvelles et répandu de lumière. Il obéissait à un autre sentiment que celui d'une affectueuse courtoisie, quand, présidant pour la première fois la distribution des prix du Concours général, il disait à l'Université : « J'aurais voulu que l'usage me permît de me présenter ici sous le costume professionnel que j'ai porté pendant trente ans. » Nul ne l'a plus honoré.

L'éclatant succès de ses ouvrages sur l'histoire des Grecs et sur celle des Romains ne doit pas faire oublier ce qu'il a fait pour la nôtre. En plus d'un point, il l'a renouvelée dans ses livres. Il y portait, dans ses leçons, une passion élevée, la passion d'un maître de la jeunesse qui sait que le vrai patriotisme, le seul digne d'un grand peuple, est celui qui se raisonne, non celui qui s'exalte. Vous avez rappelé, monsieur, les conclusions de l'*Histoire des Romains* et leur ampleur sereine. Je ne sais si je ne préfère pas encore la sobre préface de l'*Histoire de France*. Avec quel accent de grandeur mesurée l'auteur y explique nos destinées ! Si notre littérature est entre toutes la plus humaine, dit-il, c'est qu'elle est la plus impersonnelle ; si le rôle de la France a de tout temps tourné au profit de la civilisation, c'est que rien de ce qui est outré n'y dure ; s'il n'est permis à aucune nation de revendiquer l'honneur d'avoir seule guidé les autres dans les voies du progrès, il n'est pas de peuple dont le regard, au sortir de ses propres frontières, ne se porte d'abord sur le pays où Mirabeau a jeté ce cri éloquent : « Le droit est le souverain du monde. » — « Après la bataille de Salamine, conclut-il avec un spirituel souvenir, les chefs grecs se réunirent pour décerner le prix de la valeur : chacun s'attribuait le premier ; mais tous accordèrent le second à Thémistocle. »

M. Duruy était avant tout de son pays et de son temps. Ce qui sonnait haut et clair faisait vibrer son âme. Il avait l'instinct profond des grands devoirs de la démocratie moderne. Au cours de son ministère, je lui avais conduit un éducateur étranger. C'était un matin, vers sept heures. Il y avait déjà longtemps qu'il était à sa table de travail, occupé à rédiger pour l'empereur une note sur l'organisation de l'assistance médicale dans les campagnes. Avec sa bonne grâce expansive, il nous expliqua son projet, qui se rattachait à tout un plan de réformes sociales. Cet administrateur rare, ce politique qui avait tant à se défendre, ce financier que la nécessité obligeait à serrer ses comptes si près, avait conservé, sous le poids des affaires, tous les élans de la jeunesse. Une fois engagé dans l'action, il ne se laissait plus conduire que par la sagesse pratique. Il y apportait cet admirable mélange de hardiesse et de retenue, de décision et de mesure, qui a donné à son œuvre de si fortes assises. Mais c'est le cœur qui le plus souvent avait imprimé le branle à la pensée. Prenez chacune des nouveautés qu'il a introduites dans notre éducation nationale : il n'en est pas, à l'origine de laquelle, en même temps qu'une idée juste, on ne trouve un sentiment généreux.

La générosité était le fond même de sa nature. Il fut toujours doux aux hommes, comme aux idées. On n'est point un ministre agissant sans provoquer bien des résistances. De la part de ceux dont le concours lui aurait paru naturellement acquis, la tiédeur du zèle l'attristait ; elle ne l'aigrissait pas. Quand il était clair qu'à travers sa personne, c'étaient les principes qu'on voulait atteindre, ces principes qu'il avait hérités, comme vous disiez, de la lignée du meilleur esprit français, il s'offrait intrépidement à la lutte. Mais si les adversaires ne lui manquaient point, je ne sache pas qu'il ait eu un seul ennemi. Vraiment libéral, n'ayant jamais aimé le pouvoir pour lui-même, ne s'en servant qu'au profit du bien public, la droiture parfaite de ses intentions et l'élévation naturelle de son caractère lui rendaient la bienveillance facile. Elle rayonnait sur tous les traits de son franc et mâle visage. Malgré les attaques dont aucune ne lui fut épargnée, je ne crois pas que, même dans l'emportement de la lutte, il ait une seule fois saisi l'occasion de rendre le mal par représailles ; il n'a jamais laissé échapper celle de faire le bien. Combien j'en sais dont la reconnaissance ne s'éteindra qu'avec leur dernière pensée !

Cette noblesse d'âme qui l'avait d'emblée égalé aux charges les plus hautes, le rendit sans plus d'effort à ses travaux. Six ans d'activité féconde ne l'avaient pas enivré ; le recueillement du cabinet ne le surprit point. Sans les tristesses patriotiques dont il souffrait cruellement, sans la douleur profonde qui, après tant d'autres, attrista son foyer, j'oserais dire qu'il n'a pas connu d'années plus heureuses que celles de sa vertu vieillesse. Ce n'est pas sans motif que jadis, au risque de compromettre sa carrière, il préférait Athènes à Lacédémone. Ce grave et judicieux Romain était un contemporain, non du vieux Caton, mais de Cicéron, de César et de Térence : il avait fréquenté les jardins d'Académus, suivi les leçons de Phidias et de Platon. Ce fut pour lui une pure jouissance de reprendre l'histoire de la Grèce et de Rome à la lumière des découvertes de l'archéologie contemporaine. Les deux monuments achevés à plus de quatre-vingt ans, il se réfugia dans ses plus chers souvenirs : et, sous la garde d'une affection aussi intelligente que dévouée, il se laissa envelopper par le repos.

Sa mort fut un de ces deuils, qui, sans pompe, sans appareil, vont au cœur d'un pays. Il avait décliné tous les honneurs. Mais dans le petit village qui, pendant près de quarante ans, avait été sa retraite préférée, la retraite de la grande comme de la modeste fortune, au pied de la colline qu'il avait gravie tant de fois, le soir, après sa journée faite, emportant à méditer quelque grave sujet, une foule émue s'était rassemblée d'elle-même, la foule de ceux qui l'aimaient ; et dans le silence des discours, chacun pensait que l'État avait perdu un de ses grands serviteurs, la France un de ses meilleurs citoyens.

SOCIÉTÉ DES VISITEURS DES PAUVRES

Président d'honneur : M. SULLY PRUDHOMME

On nous communique, sur la création de cette œuvre philanthropique, les renseignements suivants que nous nous faisons un plaisir de publier :

Au coin du feu, dans une petite chambre, tout près du Luxembourg, quelques jeunes hommes se trouvaient réunis et causaient :

— La question sociale, dit l'un d'eux, c'est la question sociale que nous discutons ce soir. Va pour la question sociale !

Au bout de peu de temps étaient tous d'accord sur ce point que l'État ne pouvait résoudre la question sociale, ou qu'il la résoudrait mal ; que l'État doit administrer des intérêts matériels, assurer la sécurité, rendre la justice, répartir équitablement l'impôt, mais que cela mis à part il lui fallait s'abstenir sous peine d'exécuter une besogne néfaste ou superflue.

Voyez plutôt l'assistance publique. Je concède l'efficacité des secours aux malades, aux vieillards. On est en présence de faits précis, faciles à constater. Mais les secours à domicile qui se compliquent d'appréciations si délicates de situations mal définies, qui veulent être enveloppés de consolations et d'encouragements, croyez-vous que des bureaux si dévoués que soient leurs directeurs puissent les donner avec efficacité ?

Ajoutez qu'on les trompe de toutes parts.

Et qu'après tout quand la politique montre le bout de l'oreille...

Ma foi ! on se laisse tromper plus volontiers.

Mais qu'avez-vous donc contre ces pauvres bureaux ? Ils sont, donc ils doivent être. Ils rendent des services incomplets, mais encore des services.

— Et puis, avouons-le courageusement, ces grosses machines à rouages compliqués n'auraient pas vu le jour si chacun de nous accomplissait son devoir. Elles ne sont là qu'à défaut de nous ; nous leur avons laissé usurper notre place. Croyez-vous que les forts doivent assistance aux faibles? Croyez-vous que les gens qui sont arrivés au haut de la côte doivent tendre la main à ceux qui s'essouflent à la montée, ou qui sont tombés le long de la route? Eh bien, des pauvres, des vrais pauvres, il n'y en a pas un nombre si considérable ; notre pays est peuplé en majorité de gens qui ont de quoi vivre. Si chacun voulait s'occuper d'une famille pauvre la question sociale serait résolue, du moins dans ce qu'elle a de plus douloureux. Donc c'est bien simple; il suffit d'avoir beaucoup de bonne volonté. Mais je n'ai foi que dans l'assistance privée et dans elle seule.

Et ils se mirent à feuilleter une liste des œuvres charitables. A chaque ligne, c'étaient des cris d'admiration sur l'ingéniosité et la tenacité des philantropes dans leur chasse à la misère.

— Pourtant, dit l'un d'eux, je trouve à certaines de ces institutions quelque chose de déplaisant. L'amour du bien en soi, de la charité, de la pure charité, n'en sont pas les seules idées directrices. Dans cette masse immense d'œuvres en trouveriez-vous une dont le principe pût réunir des gens qui à la fois seraient eu dehors des choses de la religion, de la politique, et qui seraient sans fortune? Ici l'on donne dans la secrète espérance d'un retour vers la foi; là on récompense une adhésion à je ne sais quel idéal politique; partout on exige des bienfaiteurs beaucoup d'argent, et rien autre chose. Or sans compter que nous avons les croyances les plus diverses, nous ne sommes riches ni les uns ni les autres. Nos budgets d'étudiants ou de stagiaires s'équilibrent mal; nous ne pouvons guère en donner, et cependant je sens que nous n'accomplissons pas complètement notre devoir envers des gens infiniment plus malheureux que nous. Sommes-nous les seuls? Depuis les ouvriers aisés qui sont hier sortis de peine, jusqu'aux gens arrivés depuis un peu plus de temps, nous oublions tous ce que nous avons été et combien nous avons eu besoin d'aide.

— Mais enfin, quand on n'a pas de superflu, comment donner?

— N'avons-nous pas des loisirs!

— Des loisirs ! nous sommes écrasés de travail !

— On ne trouve jamais autant de temps pour s'occuper davantage que lorsqu'on travaille beaucoup. Il y a en somme beaucoup de gens riches qui ne demandent qu'à donner, mais ce qui manque c'est un nombre assez considérable de personnes s'occupant personnellement et avec suite de charité pour que l'argent arrive à sa destination. Pensez-vous que tel ouvrier qui hier se débattait contre le chômage, la maladie, et qui aujourd'hui est valide, a du travail, ne sera pas un meilleur intermédiaire entre le riche qui donne et le pauvre qui a faim, que tel comité, composé de quatre personnes, et qui reçoivent de midi à quatre heures un jour par semaine, et distribuent de l'argent sur des recommandations plus ou moins lointaines? N'êtes-vous pas d'avis qu'en visitant souvent une seule famille, chacun de nous en connaîtrait à fond la misère, la raison de sa déchéance et découvrirait les moyens de la remettre à flot? Nous finirions aussi par découvrir les pauvres honteux, ceux qui se froissent, et dont on doit avec un tact infini ménager la fierté.

— Il faut beaucoup de courage pour cela.

— Vous ne trouverez personne. Il vous manque un levier tel qu'une foi religieuse, un idéal politique.

— Allons donc, je suis sûr qu'on trouverait actuellement à Paris un nombre considérable de gens qui sont d'accord sur les points suivants : d'abord que les idées morales sont assez puissantes pour diriger et soutenir à elles seules une œuvre charitable ; ensuite que c'est en visitant les pauvres, en s'occupant d'eux comme d'un membre malheureux de sa propre famille, en mettant à leur disposition l'intelligence, l'instruction, le crédit que l'on a et en le faisant avec une certaine note de réserve, de délicatesse et même de bonhomie tendre, que l'on peut arriver aux meilleurs résultats.

— Je persiste à croire que beaucoup de gens vous approuveront en théorie mais ne vous suivront pas.

— Et moi, je vous parie que d'ici quinze jours je vous apporte une liste d'au moins cent personnes prêtes à marcher avec moi.

— Si vous avez dit vrai dans quinze jours nous serons des vôtres.

— Soyez-en plutôt tout de suite, et servez-moi de rabatteurs.

Quinze jours plus tard, les cent personnes étaient trouvées, une Société se constituait à la tête de laquelle, M. Sully Prudhomme avait accepté de se placer.

Cette Société se composera de personnes de tous les partis, de toutes les religions, de toutes les conditions. Aux uns elle demande beaucoup d'argent, aux autres leur activité et une cotisation infime. Les visiteurs porteront à domiciles les secours sous les modes les plus variés. Mais pour éviter de faire double emploi, la Société n'accordera aucun secours sans avoir auparavant tenté une démarche auprès des œuvres qui s'occupent précisément de la forme de misère qu'il s'agira de soulager. Ces œuvres sont si nombreuses, qu'il est presque impossible qu'on souffre trop de la faim ou du froid à Paris. Mais le défaut de foyer assuré, fixe et sain, s'y trouve à l'origine de toutes les misères. Aussi la forme de charité que la Société adoptera de préférence est le secours de loyer. En outre, comme la défiance, l'ignorance, la timidité, le manque de loisirs, de relations sont les grands ennemis des pauvres, elle mettra a leur disposition le crédit, l'activité, la bonne volonté, l'instruction, l'expérience de ses membres actifs. Les membres actifs chercheront du travail, pour leur ami pauvre, feront pour eux des démarches, et leur donneront des conseils pratiques de toutes sortes.

En somme, au lieu de se cantonner dans leur petit milieu égoïste et jouisseur, les hommes de condition aisée se mêleront au peuple, et cette fréquentation journalière, loin d'éveiller les jalousies, de provoquer des froissements, est apte à dissiper les plus tristes malentendus, et comme d'autre part les conférences de quinzaine réuniront pour délibérer sur les secours et l'administration de l'œuvre des personnes de toutes les conditions qui apprendront à discuter amicalement et à s'estimer, la Société collaborera à la réconciliation des hommes entre eux et à la paix sociale.

EXTRAIT DES STATUTS :

ART. 10. — La Société se compose de membres d'honneur, de membres bienfaiteurs et de membres actifs.

ART. 11. — Les membres bienfaiteurs comprennent des membres fondateurs, donateurs, adhérents.

Les membres fondateurs versent une somme de 100 francs une fois donnée.

Les membres donateurs versent un droit d'entrée de 20 francs et une cotisation annuelle de 12 francs.

Les membres adhérents sont toutes les personnes qui fournissent à a Société des ressources, de quelque nature et de quelque étendue qu'elles soient.

ART. 12. — Les membres actifs sont toutes les personnes qui s'engagent à visiter les familles secourues et à se tenir en relations constantes avec elles, ou qui ont été désignées pour toutes autres fonctions spéciales prévues aux articles 18, 19, 20, 22 ; ils versent une cotisation annuelle de 2 francs.

Pour tous renseignements s'adresser au Trésorier : M. André Dejean, auditeur au Conseil d'État, 202, boulevard Saint-Germain, Paris.

La 540e livraison de la *Grande Encyclopédie* renferme une série d'articles sur *Louvois*, par M. Monin; sur le *Louvre* (Palais et Musée), par MM. Monin et Trawinski ; sur *Loyson*, plus connu sous le nom de Père Hyacinthe, par M. Vollet.

ACTES ET DOCUMENTS OFFICIELS

Circulaire du 28 octobre, relative aux dispenses de grades ou de titres requis pour les études médicales.

Monsieur le Recteur, un certain nombre de licenciés ès sciences physiques ou ès sciences naturelles demandent chaque année la dispense des grades ou titres requis pour les études médicales.

Ces grades ou titres sont aujourd'hui le baccalauréat de l'enseignement classique (lettres-philosophie) et le certificat d'études physiques, chimiques et naturelles. La dispense du premier sera accordée dans les mêmes conditions que par le passé. Quant au second, la Section permanente, saisie par moi de la question, a estimé que les garanties en vue desquelles il a été institué ne se trouvaient que partiellement dans l'une ou l'autre des licences ès sciences. Sur sa proposition, j'ai décidé que les licenciés ès sciences auxquels la dispense du baccalauréat classique aura été accordée en vue des études médicales seraient autorisés à postuler le certificat d'études physiques, chimiques et naturelles dans les conditions suivantes :.

Les licenciés ès sciences physiques, avec dispense des épreuves de physique et de chimie;

Les licenciés ès sciences naturelles, avec dispense des épreuves de zoologie et de botanique;

Tous, avec dispense de scolarité.

En conséquence, les aspirants dont il s'agit seront admis à se présenter à la prochaine session de novembre.

Conformément à la jurisprudence constante de mon Administration, les dispenses seront accordées à titre onéreux.

Recevez, Monsieur le Recteur, l'assurance de ma considération très distinguée.

Le Ministre de l'Instruction publique, des Beaux-Arts et des Cultes,

R. Poincaré.

Arrêté du 7 janvier, relatif au concours d'admission à l'École normale supérieure (section des sciences).

Le Ministre de l'Instruction publique, des Beaux-Arts et des Cultes, vu le règlement du 7 décembre 1850 pour l'admission à l'École normale supérieure; vu l'arrêté du 22 janvier 1885 portant modification des conditions d'admission à la section des sciences de ladite École; le Conseil supérieur de l'Instruction publique entendu, arrête :

Article premier. — Les candidats à l'École normale supérieure (section des sciences) doivent justifier du grade de bachelier de l'enseignement secondaire classique ou de l'enseignement secondaire moderne.

Art. 2. — Les épreuves du concours sont divisées en épreuves du 1er degré et en épreuves du 2e degré.

Art. 3. — Les épreuves du 1er degré, à la suite desquelles il est dressé une liste d'admissibilité comprenant au moins un nombre de noms double du nombre des places mises au concours, sont subies aux chefs-lieux des Académies, chacune le même jour, à la même heure, durant le même temps et sur les mêmes sujets.

Art. 4. — Les épreuves du 2e degré sont subies à Paris.

Art. 5. — Les épreuves du 1er degré consiste en : 1° une composition de mathématiques; 2° une composition de physique; 3° une dissertation française. La durée de chacune de ces épreuves est de six heures.

Art. 6. — Les épreuves du 2e degré consistent en : 1° une interrogation sur les mathématiques; 2° une interrogation sur la physique ; 3° une interrogation sur la chimie; 4° une épreuve pratique de mathématiques tirée des matières étudiées en mathématiques spéciales ; 5° une composition en version.

Pour cette dernière épreuve, trois textes sont remis à chaque candidat : un texte latin, un texte allemand et un texte anglais. Chaque candidat traduit deux de ces textes à son choix.

La durée de l'épreuve pratique de mathématiques est de quatre heures; il est accordé également quatre heures pour les deux versions.

Art. 7. — Chacune des épreuves du 1er et du 2e degré est notée de 0 à 20.

Les coefficients suivants sont attribués aux différentes épreuves :

Épreuves du 1er degré :

Composition de mathématiques. 10
Composition de physique 7
(Il sera tenu compte de la rédaction dans ces deux com-
 positions.)
Dissertation française. . . . . ʋ

Épreuves du 2e degré :

Interrogation sur les mathémathiques 40
Interrogation sur la physique 20
Interrogation sur la chimie 12
Épreuve pratique de mathématiques 5
Version. 4

Art. 8. — Le directeur de l'École normale supérieure est chargé de l'exécution du présent arrêté qui abroge toutes les dispositions contraires des règlements antérieurs et qui sera mis à exécution à dater du concours de 1896.

E. Combes.

Décret du 22 janvier sur la licence ès sciences.

Le Président de la République française, sur le rapport du Ministre de l'Instruction publique, des Beaux-Arts et des Cultes; vu le décret du

28 juillet 1885; vu la loi du 27 février 1880; le Conseil supérieur de l'Instruction publique entendu, décrète :

ARTICLE PREMIER. — Les Facultés des sciences délivrent des certificats d'études supérieures correspondant aux matières enseignées par elles.

ART. 2. — La liste des matières pouvant donner lieu à la délivrance des certificats d'études supérieures est arrêtée pour chaque Faculté par le Ministre de l'Instruction publique, sur la proposition de l'assemblée de la Faculté, après avis de la section compétente du Comité consultatif de l'enseignement public.

Elle peut être modifiée dans les mêmes formes.

Elle est publiée au *Journal officiel* et au *Bulletin administratif du Ministère de l'Instruction publique.*

ART. 3. — Le diplôme de licencié ès sciences est conféré à tout étudiant qui justifie de trois des certificats mentionnés à l'article premier.

ART. 4. — Mention est faite sur le diplôme des matières correspondant auxdits certificats.

ART. 5. — Mention sera également faite sur le diplôme des autres certificats obtenus, soit devant la même Faculté, soit devant une autre Faculté.

Art. 6. — Les certificats sont visés par le Recteur; le diplôme de licencié est délivré par le Ministre selon les formes habituelles.

ART. 7. — Nul ne peut prendre part aux examens à la suite desquels les certificats d'études supérieures sont délivrés s'il ne justifie de son inscription sur les registres d'une Faculté de sciences.

ART. 8. — Nul n'est admis à prendre la première inscription s'il ne justifie d'un diplôme de bachelier.

ART. 9. — Nul ne peut obtenir le diplôme de licencié ès sciences s'il ne justifie de quatre inscriptions trimestrielles.

ART. 10. — Les examens pour chaque certificat comprennent trois épreuves : une épreuve écrite; une épreuve pratique; une épreuve orale. Les deux premières épreuves sont éliminatoires.

Art. 11. — Le jury se compose de trois membres au moins.

ART. 12. — Communication est faite au jury des notes obtenues par les étudiants aux interrogations et aux travaux pratiques.

Il en est tenu compte dans les appréciations du jury.

ART. 13. — L'admissibilité, l'admission, l'ajournement, sont prononcés après délibération du jury.

ART. 14. — Les sessions d'examen ont lieu deux fois par an, en juillet et au début de l'année scolaire.

Toutefois, sur la proposition de la Faculté, le Ministre pourra autoriser une session extraordinaire en mars ou en avril pour certains certificats.

ART. 15. — Nul candidat ajourné ne peut se présenter devant une autre Faculté à la même session pour le même certificat.

ART. 16. — Les notes *Très bien, Bien, Assez bien, Passable,* sont attribuées aux candidats admis.

ART. 17. — Les dispositions du présent décret seront mises à exécution à dater de la session de juillet 1897.

ART. 18. — Sont et demeurent abrogées les dispositions contraires à celles du présent décret.

ART. 19. — Le Ministre de l'Instruction publique, des Beaux-Arts et des Cultes est chargé de l'exécution du présent décret, qui sera inséré au *Bulletin des lois* et publié au *Journal officiel.*

FÉLIX FAURE.

Par le Président de la République,

Le Ministre de l'Instruction publique, des Beaux-Arts et des Cultes.

E. COMBES.

Décret du 22 janvier modifiant les paragraphes 17 et 26 de l'article 3 du décret du 31 décembre 1894, sur la licence ès lettres.

Le Président de la République française, vu le décret du 31 décembre 1894; vu la loi du 27 février 1880; le Conseil supérieur de l'Instruction publique entendu, décrète :

ARTICLE PREMIER. — Les paragraphes 17 et 26 de l'article 3 du décret du 31 décembre 1894 sur la licence ès lettres sont modifiés ainsi qu'il suit :

« Une interrogation sur une des matières enseignées à la Faculté désignée par le candidat, ou, à son choix, sur une des matières enseignées dans d'autres Facultés du même corps et *admises par le Conseil général des Facultés comme enseignements communs à la Faculté des lettres et à une autre Faculté.* »

ART. 2. — Le Ministre de l'Instruction publique, des Beaux-Arts et des Cultes, est chargé de l'exécution du présent décret.

FÉLIX FAURE.

Arrêté du 25 janvier relatif à la nomination des préparateurs dans les Facultés des sciences.

Le Ministre de l'Instruction publique, des Beaux-Arts et des Cultes arrête :

Nul ne peut être nommé préparateur dans une Faculté des sciences s'il ne justifie du grade de licencié ès sciences.

E. COMBES.

Décret du 27 janvier relatif à la nomination des préparateurs dans les Facultés des sciences.

Le Président de la République Française, sur le rapport du Ministre de l'Instruction publique, des Beaux-Arts et des Cultes; vu l'article 3 du décret du 9 mars 1852, décrète :

ARTICLE PREMIER. — Par délégation du Ministre de l'Instruction publique, les Recteurs nomment aux emplois vacants de préparateurs dans les Facultés des sciences, conformément aux règlements en vigueur.

ARTICLE 2. — Le Ministre de l'Instruction publique, des Beaux-Arts et des Cultes est chargé de l'exécution du présent décret.

FÉLIX FAURE.

BIBLIOGRAPHIE

L. Crouslé, *Fénelon et Bossuet.*— Paul Moysen, *la Femme dans le droit français.* — Marie Dronsart, *John Olivier Hobbes. La comédie du Pécheur.*

Fénelon et Bossuet, Études morales et littéraires, par L. Crouslé, professeur à la Faculté des lettres de Paris. — Paris, H. Champion, 2 forts
vol. in-8 de 573 et 695 p., 1894 et 1895. — Quiconque s'occupe de la
vie de Fénélon y rencontre Bossuet, comme quiconque écrit la vie de
Bossuet se heurte à Fénélon. Ces deux grands prélats, la gloire de
l'Église catholique au xviie siècle, et l'honneur de la chaire française, sont
destinés à se traverser après leur mort comme ils l'ont fait pendant leur
existence. Suivant que l'on admire plus exclusivement l'un ou l'autre (et
on ne peut guère s'empêcher d'avoir une préférence), on rabat son rival
outre mesure : l'injustice nous guette à opposer ces deux génies, et simplement à les comparer. Elle est en quelque sorte fatale dans un sujet
où ce qui se prononce plus encore que notre jugement, c'est notre
tempérament, notre nature secrète. Il n'y a peut-être que deux manières,
et c'est beaucoup, d'être sinon juste, du moins impartial envers Bossuet
et Fénelon à la fois : la première est de les voir de très loin, du bout
de notre xixe siècle où la religion s'est si humanisée, si *dédogmatisée*,
dirions-nous volontiers, qu'on peut juger de celle du xviie siècle, en
toute tranquillité, comme d'une autre religion. L'autre manière, qui est
évidemment la bonne et la seule du point de vue historique, est de se
faire l'âme rigoureuse d'un catholique orthodoxe du xviie siècle, d'écouter les deux partis, et de prononcer en conscience après examen sérieux,
sincère, et motivé.

Il est sans doute inutile de dire que M. Crouslé, l'auteur du livre
remarquable que nous signalons, n'a pas choisi la première de ces deux
méthodes. Disons vite aussi qu'il n'y a pas seulement de la théologie
dans son livre. Celui-ci est très bien dénommé : « Études morales et
littéraires ». Mais cette morale et cette littérature, très saines et très
classiques, renferment la religion comme le fruit enveloppe le noyau.
Tout cela fait corps. C'est un de ces ouvrages comme l'ancienne critique
en donnait souvent jadis, tout en substance et en raisons très déduites,
sur des documents fort bien digérés. Les documents en effet foisonnent,
mais ils se séparent à dessein, vu leur nombre, du contexte, et nous
laissent lire d'une haleine un récit sobre, clair, parfaitement tramé.
Telle information, telle exécution. On ne sait ce qu'il faut admirer davantage de la probité des recherches ou de celle du style. Rien de
voyant, rien de hasardé; tout n'est là qu'à coup sûr, mis à la juste
place. Envisagé de ce côté, le livre est de ceux qui couronnent dignement une digne carrière.

Et même, à le prendre d'un autre côté, on ne voit guère ce qu'on pourrait bien lui objecter. Que s'est proposé, en effet M. Crouslé? Fénelon, qu'il connaît de longue date, l'a de tout temps un peu intrigué, un peu inquiété par la souplesse ondoyante de son caractère. Il y a tant d'hommes chez cet homme, et tant de talents chez ce génie, qu'une telle richesse ne laisse pas de paraître dangereuse; qui sait? suspecte peut-être. Cet humble chrétien n'oublie pas, quand il le veut, qu'il y a en lui du seigneur; il est d'église, mais d'église nobiliaire. Cet homme si caressant et si haut, qui séduit par droit de conquête et s'abaisse par droit de supériorité, est l'artisan adroit d'une fortune merveilleuse, et un jour vient où il joue cette fortune pour le simple renom de « chevalier ». d'une mystique un peu folle, sinon pis. Quel singulier assemblage, et qu'y a-t-il au fond de ce manège? Quel est le vrai Fénelon? Y a-t-il un Fénelon qui soit *vrai*? Lequel alors? Et notamment, dans la longue et tragi-comique aventure du quiétisme, que doit-on penser du rôle, de la conduite, du caractère enfin qu'a déployé cet acteur aux dix rôles, je veux dire encore Fénelon? C'est de quoi M. Crouslé, une bonne fois, après avoir à plusieurs reprises tâté son homme non sans faire parfois se récrier des gens vraiment bien chatouilleux, c'est de quoi, dis-je, M. Crouslé a voulu avoir le cœur net.

Et il lui est arrivé naturellement, dans sa scrupuleuse enquête, de déranger un certain nombre de jugements traditionnels, qui se trouvent aussi faux que traditionnels. Elle ne tient plus désormais, la légende qui veut faire de Fénelon un avant-coureur du xviiie siècle, quelque chose comme un précurseur du libéralisme ou du philosophisme. De cela, d'ailleurs, les bons esprits se doutaient un peu. Mais il était à souhaiter que la démonstration fût faite en règle. Rigide et presque dur quand il dirigeait des consciences, le doux Fénelon ne paraît pas très éloigné du despote quand il eut à tracer ou à proposer quelques maximes de gouvernement. Et cela de tout temps, et dans les ouvrages les plus variés. Le « convertisseur » n'est guère plus attirant. A la vérité, ce Fénelon de M. Crouslé ne ressemble pas tout à fait, Dieu merci, au Fénelon que nous avait présenté M. Douen, ce n'est pas un Torquemada onctueux. Cependant, il reste assez à dire sur ce point pour qu'il soit dorénavant hasardeux de louer son humanité. Et de ce chef, M. Crouslé enregistre plusieurs choses « regrettables ».

Sur sa prodigieuse fortune, sur ses liaisons à longue portée, sur cette intimité de la première heure avec les Beauvilliers, les Chevreuse, les Noailles, et Mme de Maintenon, intimité qui l'éleva si vite, et put le maintenir si haut malgré tout, M. Crouslé dit peu de chose, et peut-être entrevoit-on qu'il en pense davantage. Le public, lui, qui ne sait pas tout ce que sait l'auteur, pensera peut-être simplement que, si Fénelon ne fît rien pour échapper à sa fortune, il avait assez de mérite pour n'avoir pas besoin de la provoquer, et qu'elle lui vint toute seule. Et ce jugement assez naturel lui fera apprécier comme il convient Bossuet et le roi lui-même, qui se connaissaient en hommes. Mais passons.

Jusque-là, rien que de déférent, de courtois, et même d'affectueux entre Bossuet et Fénelon. Ce n'est pas même la première affaire de Mme Guyon qui les brouilla; pas même le règlement des « articles d'Issy », où Bossuet, habile comme il le fut rarement, voulut à la fois sauver et garantir Fénelon en associant leurs deux signatures au bas des mêmes déclarations. Ce fut la suite de cette première affaire et spécialement la reprise des hostilités contre Mᵐᵉ Guyon qui dévoila — brusquement, il faut en convenir — un Fénelon inconnu, un Fénelon protestataire malgré ses concessions apparentes, irréductible en dépit des trêves conclues, et enfin résolument hostile, élevant chaire contre chaire, Cambrai contre Meaux, jusqu'à l'arrêt suprême du saint-père devant lequel il s'humilia... de toute sa hauteur. Rien d'aussi complet que le narré de ces divers incidents chez M. Crouslé. Rien d'aussi étudié, d'aussi exact, d'aussi minutieux. Et rien aussi qui confonde plus l'excellent historien que ces contradictions d'attitudes, et la singularité de son Fénelon. Lui accorderons-nous donc ce qu'il nous demande, c'est-à-dire que toute la logique, la franchise, et — jusqu'à un certain point — que la charité furent du côté de Bossuet? Il n'y a pas à hésiter, il faut accorder tout cela à M. Crouslé, et il atteint bien ainsi, semble-t-il, le but principal de son livre.

Mais faut-il dire, d'autre part, que tout ce qui plaide pour Bossuet dans cette affaire soit ce qui accable du même coup Fénelon? Soyons franc, et disons que nous ne le croyons pas. Si Fénelon a été contradictoire et parfois équivoque dans son attitude c'est qu'il y avait bien, dans son esprit et dans son cœur, au sujet de la religion, deux tendances opposées, que l'affaire de Mᵐᵉ Guyon mit en conflit, et à l'influence alternative desquelles Fénelon dut les ambiguités qu'on lui reproche, et qui s'expliquent pourtant. Oui, Fénelon était catholique orthodoxe, et redoutait le schisme, et ses protestations ne peuvent être suspectées, puisqu'il les signa de sa soumission finale; et non, pourtant, il n'admettait pas qu'un évêque, fût-ce le primat Bossuet, réglât au compas strict du dogme le culte intérieur d'une âme encline au mysticisme. Ce qui revient à dire que, si Fénelon et Bossuet, textes en main, *expliquaient* et *comprenaient* la religion de même, Fénelon avait une tout autre façon de la *sentir* que Bossuet. Entre « croire » et « adorer », il mettait un monde de nuances, et, tranchons le mot, un monde de liberté. C'est cela, au fond, qui lui fait déclarer Mᵐᵉ Guyon « innocente », malgré tout; c'est cela qui le fait courber devant l'autorité du saint-père sur les articles condamnés, quitte à se reprendre, et à n'admettre dans l'adoration de son culte intérieur personne, fût-ce le pape, entre son mysticisme et son Dieu. Ainsi s'explique ce fameux « problème » du caractère de Fénelon, qui concilie deux contraires si humains. Était-il plus inexplicable, le sentiment qui le poussait à protester contre les rigueurs dont on accablait une femme, — intrigante, écrivassière, soit — mais une femme sans appui ! Enfermée à Vincennes, puis à la Bastille, puis exilée à Blois où elle meurt, Mᵐᵉ Guyon n'est-elle pas indignement traitée, et pour quels délits ! « *Il est dur, selon nos sentiments modernes*, avoue avec sincérité M. Crouslé, d'emprisonner dans une forteresse une femme qui n'avait point à se reprocher d'autres torts avérés que des erreurs d'opinion, accompagnés d'une ardeur de propagande invincible. » Disons que c'est atroce; et si Fénelon mêla à cette polémique je ne sais quelle ardeur chevaleresque, nous ne voyons pas — quelque ridicule que soit par d'autres côtés Mᵐᵉ Guyon — comment ce rôle de défenseur d'une femme odieusement persécutée messied à un grand évêque. Sans doute on n'en jugeait pas de même au grand siècle, qui aussi bien n'était pas grand en tout. Et sans doute encore on jugeait qu'il n'y a qu'une façon d'adorer Dieu, et que la limite « des vrais et des faux mystiques » se marque à une ligne près : heureux siècle, qui pouvait s'en tenir strictement à ces démarcations ; plus heureux peut-être tel autre, où elles ont disparu sans dispute, comme tant d'autres choses qui ont fait leur temps.

La Femme dans le droit français, résumé de Droit usuel et pratique fait aux jeunes filles, à la *Société pour l'instruction élémentaire*, par PAUL MOYSEN, avocat, et publié avec la collaboration de HUGON DE SCŒUX, avocat à la Cour d'appel. — Paris, Chevalier-Maresq et Cⁱᵉ ; in-8 de 388 p., 1896. — L'auteur raconte dans sa préface que lorsque M. Ré-moiville, un des hommes les plus dévoués au progrès de l'instruction populaire, vint lui proposer de faire devant des jeunes filles un cours de Droit usuel, il hésita longtemps, légèrement imbu du préjugé qui court le monde et les salons, et qui consiste à sourire et à plaisanter agréablement lorsqu'on parle de donner aux femmes un enseignement sérieux, voire scientifique. Sur d'amicales instances, il accepta, et grand fut son étonnement de se voir suivi avec ardeur, compris avec intelligence ; le succès dépassait tout ce qu'il pouvait espérer. Après coup, il s'étonna moins, en songeant que si le Français est censé connaître la loi, (qu'il viole à tout instant), la Française n'est même pas censée la connaître, et que du fait d'une ignorance jusqu'ici habilement entretenue, elle est exposée chaque jour à commettre les plus graves imprudences, et à ne pas user des seules armes défensives qu'elle a, de temps en temps, contre les abus de pouvoir, la fraude ou le malheur.

De là l'excellente idée qu'à eue M. Moysen, le titulaire du cours, d'imprimer un résumé de son enseignement, d'autant plus qu'entre temps le droit a été inscrit, comme de raison, au programme de l'enseignement classique des lycées de jeunes filles.

Nous venons de parcourir ce volume, qui nous semble parfaitement approprié à son objet. Le Droit n'y est pas envisagé comme science, et les discussions abstraites en sont rigoureusement bannies. C'est un ouvrage de vulgarisation clair et pratique, capable d'éclairer sur-le-champ les lectrices sur leurs droits légaux, leurs libertés, et les garanties de ces libertés. Elles y trouveront les unes de quoi se rassurer, et les autres, les ambitieuses, de quoi attendre, ou du moins de quoi espérer. L'affranchissement légal de la femme, en effet, a fait en ce siècle de grands progrès. Elle peut, comme l'homme, disposer, donner, vendre, faire le commerce, être artiste, inventrice, diplômée, etc., bref, ses prérogatives ne sont plus limitées au foyer domestique. Mineure, il n'est pas mauvais et même il est excellent qu'elle connaisse les conditions de la tutelle et de l'émancipation ; majeure. mais non mariée, qu'elle sache les divers modes d'acquisition de la propriété ; mariée, qu'elle n'ignore pas les limites apportées à ses capacités par l'autorité maritale, le contrat, etc. ; mère de famille, les lois proctectrices de l'enfance, le travail des enfants dans les manufactures, les lois sur l'instruction obligatoire, voire le service militaire ; commerçante et ouvrière, les lois sur les livres, contrats, billets à ordre, faillite, etc., etc . La nécessité de cette connaissance doit frapper les yeux les plus prévenus. Tout l'essentiel est dit sur ces divers points dans l'ouvrage de MM. Moysen et Hugon de Scœux.

Est-ce à dire que toute les ambitions féminines trouveront là de quoi se satisfaire? Malgré les progrès énormes accomplis en ce siècle, la loi n'est pas encore très *avancée* en fait d'émancipation féminime. Et, sans être radical en ces matières, on peut lire avec surprise des lignes comme celles-ci : « Le mari est en droit d'interdire à sa femme d'embrasser la carrière dramatique; il a même la faculté de l'empêcher de paraître sur la scène, *alors même qu'il serait judiciairement séparé de corps et de biens.* » Un peu plus loin, à propos de la femme qui s'est faite artiste du consentement de son mari : « Le mari a le droit de *toucher* les appointements, feux et bénéfices de sa femme, à moins que les deux époux ne vivent sous le régime de la séparation des biens. » Voilà qui n'est peut-être pas très libéral, ni très juste. Mais la liberté et la justice ne sont pas l'affaire d'un jour, ni même d'un siècle. Et, à vrai dire, les femmes d'aujourd'hui, songeant aux femmes d'hier, auraient quelque tort de se poser en victimes.

S. ROCHEBLAVE.

John Oliver Hobbes. La Comédie du Pécheur, nouvelle traduite de l'anglais par MARIE DRONSART, in-8 de 340 pages. Paris. Colin. — L'unique faiblesse de ce livre, auquel la traductrice a su conserver force, souplesse et couleur, est trop nette et trop largement rachetée pour risquer d'arrêter longtemps. Ni la Comédie, tragique, du Pécheur, « de sentiments violents et d'échine faible », auprès duquel sa jeune femme meurt d'être revenue; ni les Tentations, vite triomphantes ou vaincues, de la seconde étude, ne sont développées avec ce sens et ce soin constants des nécessités matérielles ou intérieures sans lesquels il n'est pas de nouvelle vraiment une. Mais à défaut de cette vertu logique, M. Hobbes en a d'autres, indéniables.

D'abord, un style pressé, direct, coulé, souvent, au moule des Browning, celui d'un homme qui sait et sent que « les mots ne sont rien », assez artiste pour se faire, au besoin, doux et pâle, assez sincère pour être, s'il le faut, violent. Estimant que « les dieux », si pour eux nous ne sommes de ridicules « marionnettes », doivent, sûrement, « pleurer beaucoup », il a, sur « l'égoïsme à deux têtes » des amants, sur les coups de dés qui nous exaltent ou nous brisent, sur la « jeunesse », tôt éteinte, « des larmes », sur les vivants dont l'âme n'est plus, sur la « pourriture » que nos transports sacrent « idole », sur les « doux hôtes » affamés de la tombe, des paroles singulièrement fortes. « Des hommes sont morts et les vers les ont mangés »; c'est par cette citation que l'aristocratique dilettante sir Richard Kilcoursie insinue à la délicate Emily la possibilité d'anciens caprices. On ne s'étonnera pas, après cela, que le prologue de Tentations, qui va d'un enterrement à un suicide et se termine sur « un ricanement, un sanglot, le pas d'amoureux qui s'éloignent, et le dernier gémissement » d'un malheureux demi-fou, soit d'un réalisme vigoureux et lugubre.

On se tromperait seulement si l'on partait de là pour conclure que les seules scènes réussies soient de ce type. Il en est de fort différentes, qui sont achevées. Telles, la visite de la comtesse douairière de Warbeck, « qui divise la race humaine en chères, pauvres chères, et personnes », à la nouvelle lady Jane qu'elle trouve, serviette en tête, en train de « mettre sens dessus dessous » le salon de ferme, dont tous les héritages du monde ne font pas que ce ne soit « le jour »; les luttes que se livrent dans la conscience du brave Battle, le scrupule religieux, l'instinct autoritaire, l'orgueil, et cette robuste bonté dont la tactique de sa digne fille assure toujours la victoire ; les déconcertantes coquetteries d'Emily, où elle-même désirerait, et ne peut tout à fait, se prendre ; le flirtage savamment respectueux, habilement passionné, de l'adroit baronnet qui lit si bien Herrick ; le large chapitre où le peintre Wrath, un instant terrassé par un aveu de sa jeune femme, est, soudain, à nouveau soulevé jusque bien au delà du pardon par « l'océan de son amour pour elle » ; la saine et pénétrante idylle de Jane et de Mauden ; les pages, aussi, où le naïf égoïsme et la lâcheté raisonnée de Kilcoursie brisent le cœur qu'il a, quatre années, rempli seul et souffre de laisser peut-être à d'autres.

Voilà pour l'action et le mouvement ; les portraits ne sont pas inférieurs. Voici Mᵐᵉ Molle, active, mince, et « sans os », excellant à faire son chemin en « hachant menu » vie et pensée ; M. Digby Vallence, cravate et pantalons artistiques et flottants, « être critiqué devenu critique », pratiquant la tolérance « comme les saints le renoncement », traducteur de Théocrite « par vertu », collaborateur de revues, qui consacre ses heures de loisir à l'éducation des canaris ; Carlotta Valence, intelligente et pleine d'attentions pour chacun, « qui joue Schumann d'une main faible et dont les recettes culinaires sont fameuses », lord Middlehurst, dont la mission en ce monde est de « porter » la redingote ; le silencieux et pâle Cunningham Legge, dont le cœur est avec une morte, et qui, en attendant de la rejoindre, fait les articles humoristiques et la nécrologie du comté ; lady Hyde-Bassett, la jeune et belle veuve d'un philologue mûr et valétudinaire, qui dispose son existence avec le même art « qu'un sonnet », s'habille avec un soin exquis pour ne pas attrister les regards de « son bien-aimé » dans le ciel, lit Hegel et Homère, et marie les célébrités ; Anna Christian, l'artiste-martyre, qui a le regard et l'âme des femmes de Burne Jones ; Jane Shannon enfin, que l'auteur nous montre, vers la quinzième année, fille un peu rousse et hâlée « du soleil et de la pluie », courant d'un pied alerte et fin sur la falaise. « Un chapeau à larges ailes cachait le haut de son visage et ne laissait voir que le bout d'un petit nez retroussé, un menton rond, et une bouche bien dessinée, mais encore enfantine... L'atmosphère de force et de douceur qui l'enveloppait passa sur le jeune garçon dans la peine comme une brise de montagne ; il respira longuement et s'étonna du changement survenu dans le temps. » Il n'avait pas 20 ans ; avec l'âge, la sagesse vient, l'étonnement change d'objet, et avec lui la reconnaissance ; la nôtre est acquise à l'auteur et à son habile interprète.

R. TRAVERS.

Le Comité de rédaction recevra toujours avec reconnaissance toutes les communications concernant les Facultés des départements et des Universités étrangères. Ces informations comme toutes celles qui seront de nature à intéresser la Revue, seront insérées dans la Chronique qui accompagne chaque numéro et qui relate tous les faits importants touchant l'Enseignement.

Le Comité prie aussi ses Correspondants, ainsi que les Auteurs eux-mêmes, de vouloir bien signaler à la Revue les volumes intéressant le haut Enseignement dans toutes ses .... en y ajoutant une note analytique ne dépassant pas 15 à 20 lignes.

PUBLIÉE

Par la   té de l'Enseignement supérieur

COMITÉ DE RÉDACTION

BERTHELOT, Membre de l'Institut, Sénateur,
Président de la Société.

. M. FERNET, Inspecteur général de l'Ensei-

M. GAZIER, Maître de Conférences à la

M. P. JANET, Membre de l'Institut, Professeur à la Faculté des Lettres de

françaises.   M. LYON-CAEN, de l'Institut, Professeur à
la Faculté de droit de Paris.

de l'École   M. MARION, Professeur à la Faculté des
Lettres de Paris.

M. MONOD, Directeur adjoint à l'École des
Hautes-Études.

M. MOREL, Inspecteur général de l'Enseignement secondaire.

à la Faculté de droit   M. PASTEUR, de l'Académie française.

M. CH. SEIGNOBOS, Maître de conférences
à la Faculté des Lettres de Paris.

à la Faculté des   M. A. SOREL, de l'Académie française.

RÉDACTEUR EN CHEF

EDMOND DREYFUS-BRISAC

PARIS

AR   ND COLIN ET Cᴵᵉ, ÉDITEURS

1, 3, 5, RUE DE MÉZIÈRES

1896

REVUE INTERNATIONALE

DE

L'ENSEIGNEMENT

L'ÉCOLE DE STRASBOURG AU XVIe SIÈCLE

PREMIÈRE PÉRIODE (1)

III. — FONDATION DU GYMNASE

Le 18 janvier 1537, arrivait à Strasbourg l'homme qui allait rehausser par son talent le prestige de l'enseignement supérieur et imprimer aux efforts des scolarques une direction nouvelle. Jean Sturm (2), qui n'avait aucun lien de parenté avec le stettmeistre, Jacques Sturm, était né le 1er octobre 1507, à Sleide, dans l'ancien duché de Luxembourg ; il avait fait ses études à Liège, où les Frères de la Vie Commune possédaient une école célèbre, connue sous le nom de *Gymnase de Saint-Jérôme*, et y avait vu pratiquer un enseignement bien supérieur à celui qui se donnait partout ailleurs à cette époque. Après avoir achevé ses études à l'université de Louvain, il se rendit à Paris, professa au Collège royal récemment fondé par François Ier et gagna par son talent des protecteurs puissants, Budé, Jean et Guillaume du Bellay, Marguerite de Navarre. Mais l'étude des humanités l'avait préparé à accueillir favorablement les nouvelles doctrines religieuses et, sentant approcher l'ère des persécutions, il répondit à l'appel que lui adressait Bucer au nom des scolarques et se chargea de l'enseignement de la rhétorique et de la dialectique à l'école de Strasbourg. Ses cours eurent un très grand succès et

(1) Voir le numéro précédent.
(2) CHARLES SCHMIDT, *la Vie et les Travaux de Jean Sturm*. Strasb., 1855, in-8°.

furent suivis non seulement par les étudiants, mais aussi par beaucoup d'hommes instruits de Strasbourg. L'entraînement fut tel que les scolarques durent défendre aux maîtres des écoles latines de déserter leurs classes pour aller écouter les leçons du jeune professeur. Ses collègues, craignant qu'il n'acceptât les offres des universités de Bâle et de Wittenberg, firent auprès des scolarques une démarche collective pour solliciter une augmentation de son traitement, qui fut porté de 100 à 140 florins.

Mais Jean Sturm apportait à Strasbourg mieux encore que son érudition classique et l'élégance de son latin cicéronien : l'organisation scolaire qu'il avait appris à connaître à Liège lui avait laissé une impression profonde ; il en parla à Bucer, qui comprit aussitôt les avantages d'un enseignement calqué sur celui des écoles de Saint-Jérôme. Les professeurs, les prédicateurs, les membres les plus influents du Magistrat prirent part, dans la maison de Bucer, à des conférences où Jean Sturm exposa ses idées, que les scolarques résolurent de mettre en œuvre.

Tous les efforts qui avaient été faits depuis plusieurs années n'avaient eu d'autre but que de rétablir les écoles latines qui avaient existé autrefois à Strasbourg, mais d'y faire régner l'esprit nouveau, et de les placer sous le contrôle de l'État. On comprit alors qu'il y avait une autre route à suivre. Jean Sturm fut invité à inspecter les trois écoles latines. A la suite de cette inspection, il présenta aux scolarques un rapport qui est parvenu jusqu'à nous (1), et dont voici les idées principales : « Il vaut mieux réunir toutes les écoles en une seule que d'en maintenir plusieurs dans divers locaux. » Tel est le principe qu'il cherche à faire prévaloir, et il explique en détail l'organisation scolaire qu'il a vu fonctionner à Liège et qui existait également à Zwolle, à Deventer et dans d'autres écoles des Frères de Saint-Jérôme. Il esquisse le programme des huit classes du Gymnase de Liège ; il marque les attributions du directeur de cette école, et il conclut que rien ne serait plus facile que d'adapter cette organisation aux écoles de Strasbourg. Six classes latines donneraient une préparation suffisante.

Les élèves de l'école de Dasypodius formeraient les classes supérieures ; ceux de Sapidus constitueraient, avec les élèves les plus avancés de Schwebel, les classes moyennes ; les plus jeunes des trois écoles seraient distribuées dans les classes inférieures. Les trois directeurs et leurs adjoints les plus capables formeraient

---

(1) *Statuts et Privilèges*, n° 1977.

un personnel plus que suffisant pour la nouvelle école. Au-dessus de ces six classes latines, il y aurait encore deux classes d'enseignement supérieur : l'une comprendrait les cours d'hébreu, de rhétorique, de dialectique, de mathématiques, de droit ; l'autre, enfin, la première, serait destinée à l'enseignement de la théologie, donné par Bucer, Capiton et Hédion. C'était donc tout l'enseignement savant, écoles latines et cours supérieurs, que Sturm proposait d'englober dans le Gymnase dont il traçait le plan.

Ces propositions furent admises par les scolarques ; mais il fallait s'assurer du consentement de la bourgeoisie, dont on dérangeait quelque peu les habitudes en forçant les enfants des quartiers éloignés de parcourir, plusieurs fois par jour, des distances plus grandes qu'autrefois. Cette difficulté, qui nous étonne dans une ville alors de peu d'étendue, parut cependant très grande, et Sturm, dans son rapport, proposa de laisser les plus petits enfants, les *alphabetarii*, dans les écoles des Carmes, de Saint-Pierre-le-Vieux et des Dominicains.

Les scolarques crurent nécessaire de s'assurer pour cette transformation de l'approbation du Magistrat. Dans le rapport qu'ils rédigèrent en allemand (1), ils reproduisirent et développèrent les arguments de Jean Sturm en faveur de la réunion des écoles latines en une seule. Le Magistrat accepta les propositions qui lui étaient soumises, et fit don aux scolarques du couvent des Dominicains (2), qui était vaste, central, et où se trouvaient déjà l'école latine de Sapidus, la salle où se faisaient les cours supérieurs, le collège, le pædagogium et la bibliothèque. C'est l'emplacement où se trouvèrent réunis jusqu'à la Révolution le Gymnase, l'Université, le Séminaire et la Bibliothèque, et qu'occupe encore aujourd'hui en partie le Gymnase protestant.

Les scolarques firent commencer aussitôt les travaux considérables que nécessitait l'installation d'une grande école dans l'immeuble délabré. Puis ils prirent les décisions les plus urgentes. Jean Sturm fut désigné comme directeur de l'école (*rector*); il n'accepta d'abord ces fonctions que pour une année. La première

---

(1) *Statuts et Privilèges*, n° 1979.
(2) Les derniers Dominicains avaient cédé, le 9 mars 1530, leur couvent avec tous ses revenus, contre la promesse d'une rente viagère, au Magistrat, qui fit le partage de ces biens entre diverses œuvres de bienfaisance. Le couvent et quelques terres furent cédés à l'hospice des *Bonnes gens*. L'administration de cet établissement] ne demanda pas mieux, sans doute, que d'être débarrassée de ces constructions qui lui étaient inutiles et à l'entretien desquelles elle était tenue de consacrer annuellement 100 florins. — AD. BAUM, *Magistrat und Reformation*, page 108. — *Statuts et Privilèges*, n° 1978.

classe fut confiée à Pierre Dasypodius, directeur de l'école latine des Carmes ; la seconde à Simon Lithonius (Steiner). Ce jeune savant, né dans le Valais, était parent de Thomas Platter, dont les curieux mémoires jettent un jour si vif et si lugubre sur la vie des écoliers au commencement du xvi° siècle ; il avait été pendant quelque temps secrétaire de Bucer et avait été chargé récemment de faire trois cours par semaine. Sapidus, dont on avait eu beaucoup à se plaindre, fut nommé régent (*præceptor*) de la troisième classe, « comme étant moins versé que Lithonius dans la langue grecque ». Jean Schwebel fut chargé de la quatrième ; mais au bout de quelques mois, il demanda de l'échanger contre la classe inférieure ; on désigna pour le remplacer Jacques Villicus (Scherer), un jeune Strasbourgeois qui avait eu d'abord la sixième. Pierre Schriessheimer, enfin, fut chargé de la cinquième classe, non sans quelque hésitation, qu'explique suffisamment la recommandation que lui adressèrent les scolarques de se montrer zélé, de mœurs honnêtes, et d'user de douceur à l'égard de ses élèves. Pour les deux classes inférieures, que l'on prévoyait devoir être très nombreuses, et qui eurent en effet l'une 80, l'autre 100 élèves, on désigna deux maîtres adjoints. Il fut décidé aussi de laisser aller les commençants (*alphabetarii*) dans les anciennes salles d'école des Carmes et de Saint-Pierre-le-Vieux. Cette mesure, qui ne devait être que provisoire, dura fort longtemps. Les maîtres ne devaient recevoir que des enfants qui voulaient apprendre le latin ; mais, malgré la défense réitérée qui leur en fut faite, ils en acceptaient qui ne se destinaient pas aux études.

Les travaux de réparation et d'appropriation durèrent jusqu'au milieu de l'hiver. Les scolarques, qui ne voulaient pas retarder outre mesure l'ouverture de la nouvelle école, firent aménager à la hâte un local provisoire dans le couvent des Franciscains qui était leur propriété. C'est là que s'ouvrit, en septembre 1538, le nouveau Gymnase. Ce ne fut qu'à Pâques de l'année suivante que l'école put entrer dans les salles qui venaient d'être établies, les mêmes qui servirent aux générations successives pendant plus de trois siècles, jusqu'au jour où le terrible incendie du 29 juin 1860 consuma en quelques heures tout ce qui subsistait encore du couvent des Dominicains. Pour célébrer dignement la prise de possession de son local définitif, le Gymnase fit représenter par des élèves une pièce dramatique écrite par Sapidus et ayant pour sujet la résurrection de Lazare (*Lazarus redivivus*). Le Magistrat alloua aux jeunes acteurs une gratification d'un demi-florin.

Jean Sturm, aussitôt après sa nomination comme recteur de l'école, s'était mis à l'ouvrage avec la plus grande ardeur. Il précisa et développa les idées pédagogiques qu'il n'avait pu qu'indiquer dans son rapport aux scolarques, et il publia encore en 1538 le premier des ouvrages sur lesquels s'est fondée sa réputation de grand pédagogue, le *De literarum ludis recte aperiendis*. Puis, passant de la théorie de l'enseignement à la pratique, il fit paraître, en 1539, plusieurs livres de classe (1).

Si le latin n'était plus depuis Luther la langue de toute l'Église, elle était encore la langue des savants. Mais depuis la Renaissance, le latin, que le moyen âge avait façonné à l'image de ses conceptions nouvelles, était proscrit, et l'étude approfondie des auteurs de l'antiquité avait fait découvrir des tours ingénieux pour exprimer des idées étrangères au monde ancien. Mais ce n'était pas seulement les langues classiques que les humanistes voulaient faire revivre, les trésors de connaissances réelles, de conceptions philosophiques, de sentiments élevés ou délicats que révélaient les écrits de l'antiquité faisaient paraître le monde retrouvé tellement supérieur, que le retour vers ce passé lointain paraissait devoir mener à la perfection. Sturm voulait conduire ses élèves vers cette perfection, en leur donnant tout d'abord une connaissance approfondie des langues de l'antiquité, l'intelligence des auteurs et l'aptitude d'exprimer les idées avec élégance. La méthode qu'il employa pour atteindre ce but reproduisait les procédés de l'enseignement maternel. Un vocabulaire qui s'enrichissait chaque jour était immédiatement utilisé pour la formation des propositions les plus simples d'abord, mais qui devenaient plus complexes à mesure que les connaissances grammaticales se complétaient. La lecture des auteurs donnait aux élèves des vocables et des tours de phrase nouveaux qu'ils notaient avec soin dans des répertoires grossissant sans cesse jusqu'au terme de leurs études ; les exercices écrits s'ajoutaient aux exercices oraux. Dans le choix des auteurs à lire dans chaque classe, c'était moins le degré de développement intellectuel des enfants qui était pris en considération que le profit que les élèves pouvaient en tirer pour leurs exercices. Les lettres de Cicéron, les comédies de Térence étaient lues de bonne heure. La rhétorique occupait une place importante dans les classes supérieures et s'appuyait sur la lecture des discours et sur l'étude approfondie

(1) *Ciceronis epistolarum libri IV. a J. Sturmio educationi puerili confecti,* (*epistolæ minores*). — 2. *In partitiones oratorias Ciceronis, dialogi IV.* — 3. *Partitiones dialecticæ.*

des procédés employés par les orateurs anciens, et formulés dans des ouvrages théoriques. Les études classiques se terminaient par celle de la dialectique. Des exercices pratiques (*declamationes et disputationes*), entourés parfois d'un certain apparat, devaient apprendre aux élèves des classes supérieures, et surtout aux étudiants, à se produire en public, à exposer leurs idées dans un langage élégant et à les défendre contre des contradicteurs.

La langue grecque était enseignée de bonne heure à côté du latin, mais son rôle n'était que secondaire; les orateurs grecs étaient étudiés de préférence, car les élèves y trouvaient la confirmation des préceptes de rhétorique et de dialectique puisés dans la littérature latine. La prosodie et les exercices poétiques avaient également une place, bien que modeste, dans ce programme. Un peu plus tard, des livres de classes publiés sous l'inspiration de Jean Sturm, par son élève Théophile Goll, trois volumes pour la langue latine et deux pour la langue grecque et intitulés : *Educatio puerilis*, servaient, à côté des auteurs anciens, à diriger l'enseignement des maîtres et à fournir aux élèves la matière de leurs exercices. Il est à remarquer que dans ce programme il n'y avait aucune place pour l'enseignement de l'histoire et de la géographie, ni pour celui des sciences, ni même pour le calcul. Sturm, sous 'ce rapport, ne s'était pas affranchi des idées reçues au moyen âge et qui n'attribuaient aux écoles triviales que la grammaire, la rhétorique et la dialectique.

Mais le programme de Sturm, supérieur à celui de tous ses prédécesseurs par la méthode, l'était aussi par le but qu'il assignait à l'enseignement et qu'il résumait dans cette formule : la piété éclairée et éloquente (*Propositum a nobis est, sapientem atque eloquentem pietatem finem esse studiorum*). Ce n'est pas que l'enseignement religieux et les exercices de piété prissent une place considérable dans l'emploi des heures de classe; les prières y étaient dites en allemand dans la classe inférieure, plus tard en latin et en grec, le catéchisme y était enseigné le samedi soir et remplacé dans les classes supérieures par l'explication de textes grecs du Nouveau Testament. Sturm voulait que l'école exerçât une action éducatrice sur les élèves par l'esprit qui animait l'enseignement et par la discipline qui surveillait de près les enfants, en classe, au temple et dans les rues. Il était secondé dans les efforts qu'il faisait pour maintenir dans l'école de Strasbourg une discipline exemplaire, par la plupart des maîtres, par les scolarques et même, quand cela était nécessaire, par le Magistrat; il trouvait un appui également dans le sérieux moral et l'ardeur religieuse qui régnaient à cette époque parmi les habitants. Le règlement disciplinaire, rédigé pour la nouvelle école, permettait de battre de verges les élèves pour toutes les fautes graves et même pour l'emploi de la langue allemande, mais recommandait aux maîtres de ne pas se laisser entraîner par la colère à des actes de brutalité ni à des expressions injurieuses. Pour faciliter le maintien de la discipline, chaque classe était divisée en groupes de dix élèves (*décuries*), à la tête desquels se trouvait un *décurion*, désigné par le maître et chargé de surveiller les camarades de son groupe. Un nouveau règlement plus explicite que celui de 1535 fut rédigé pour le Collège par l'inspecteur Jacques Bédrot et approuvé par les scolarques. Le *Pædagogium* fut supprimé, ou plutôt ses élèves furent réunis aux internes du Collège et suivirent avec ceux-ci les classes du Gymnase.

Le système pédagogique de Jean Sturm ne rencontra pas alors les critiques dont il a été l'objet depuis Raumer (1) : il répondait aux aspirations des humanistes et secondait les efforts des chefs les plus autorisés du protestantisme. La perspective d'apprendre à se servir avec facilité et élégance de la langue des savants faisait admettre sans difficulté la proscription de la langue maternelle. Ce n'est que plus tard que les difficultés se firent sentir, même à Sturm, et qu'il se forma une sourde opposition contre son système. Pendant longtemps, Jean Sturm passa pour avoir découvert les vrais principes et la vraie méthode de l'enseignement. Beaucoup d'écoles adoptèrent son système; il fut appelé à organiser lui-même l'école de Lauingen; celle de Memmingen fut organisée par Louis Rab, qui avait été inspecteur de l'école de Strasbourg; Claude Baduel fonda l'école de Nîmes sur le modèle de celle de Sturm; Thomas Platter, nommé maître d'école à Bâle, fit exprès le voyage de Strasbourg pour apprendre à connaître l'organisation du Gymnase de cette ville; le règlement scolaire du Wurtemberg adopta les principales idées de Jean Sturm (2). Même le système pédagogique des Jésuites sembla inspiré par les écrits du recteur strasbourgeois. Mais toutes ces écoles ne s'ouvrirent qu'une vingtaine d'années plus tard. En attendant, il fallait se rendre à Strasbourg même pour y participer à l'enseignement nouveau. Aussi le Gymnase, qui dès la première année avait eu 336 élèves, vit-il accourir un grand nombre d'étrangers. Le cadre primitive- ment tracé parut bientôt trop étroit. Les deux classes inférieures

---

(1) K. v. RAUMER, *Geschichte der Pædagogik*, 2° éd. Stuttg., 1846, t. 1 p. 228 et suiv.

(2) CH. SCHMIDT, *Michaël Schütz*, p. 69 et suiv.

avaient été divisées en deux sections chacune : ces sections devinrent des classes distinctes et, dès la troisième année, on recula
le terme des études classiques en ajoutant une nouvelle première
qui fut confiée à un ami de Jean Sturm, Gérard Sévénus (Finck),
et l'on changea le nom des autres classes. De la sorte, le Gymnase
eut alors neuf classes, auxquelles fut ajoutée plus tard une
dixième, formée par le dédoublement de la neuvième.

L'enseignement supérieur qui, d'après le projet primitif de
Sturm, devait former les deux premières classes de l'école latine,
fut superposé à celle-ci, mais fut considéré cependant comme en
formant une partie intégrante. L'établissement entier s'appela
l'*École* (*Schule*) ; le nom de Gymnase ne fut adopté officiellement
que beaucoup plus tard. Cette division supérieure ne fut pas modifiée, comme nous le prouve le tableau des cours de 1539 ; elle
ne devait servir qu'à compléter l'instruction classique des élèves
et leur servir de préparation aux études universitaires.

Vers cette époque, l'Église catholique, qui avait vu d'abord
avec indifférence le mouvement religieux qui se produisait en
Allemagne, pour s'étendre rapidement dans tous les pays, prit
des mesures énergiques contre les nouvelles doctrines ; les persécutions commencèrent, et beaucoup de savants vinrent chercher
un asile à Strasbourg ; les prédicateurs, les professeurs les accueillaient et leur accordaient une hospitalité généreuse, que plusieurs
payèrent en faisant des cours publics. L'emploi exclusif du latin
comme langue d'enseignement dans les universités permettait
aux savants de professer partout. Parmi ces hôtes de Strasbourg,
l'un des plus illustres fut Jean Calvin. Chassé de Genève par un
parti hostile, il s'établit d'abord à Bâle et, de là, vint à Strasbourg
(septembre 1538) ; il comptait s'y fixer définitivement, car il demanda et obtint le droit de cité ; il y trouva un assez grand nombre
de compatriotes qui se groupèrent autour de lui, comme autour
de leur chef spirituel. Les scolarques s'empressèrent d'attacher à
l'école ce savant illustre et lui allouèrent à partir du 1er mai 1539
un traitement annuel de 52 florins. Mais son séjour à Strasbourg
fut de courte durée. Une délégation genevoise vint prier Calvin
de revenir dans la ville qu'il avait réformée, et demanda au Magistrat de le délier de l'engagement qu'il avait contracté : elle finit
par avoir gain de cause et, le 13 septembre 1541, Calvin était de
nouveau fixé à Genève.

Le tableau des cours supérieurs faits en été 1539 porte quatre
professeurs de théologie : Bucer, Capiton, Hédion et Calvin, faisant ensemble huit leçons par semaine, les deux premiers expli-

quaient des livres de l'Ancien Testament, Hédion, un Évangile et Calvin, une épître de saint Paul. Les études littéraires étaient représentées par un plus grand nombre de leçons. Jean Sturm faisait huit cours par semaine, cinq sur le huitième livre des *Topiques* d'Aristote, trois sur les *Philippiques* de Cicéron. Deux professeurs de grec, l'inspecteur Jean Bédrot et Claude Féréus, jeune savant français, expliquaient l'un le *Discours contre Leptine* de Démosthène, l'autre l'*Électre* de Sophocle. Michel Délius enseignait l'hébreu. Le cours de mathématiques était fait par Chrétien Herlin, qui enseignait la géométrie d'après Euclide et la géographie d'après Pomponius Méla. Vendelin Bittelbronn, enfin, enseignait encore les éléments du droit en expliquant les *Institutes* de Justinien; il faisait cinq cours par semaine, et les scolarques lui renouvelèrent la recommandation d'achever son cours dans une année.

IV. — PREMIÈRES DIFFICULTÉS. — LA PESTE DE 1541.

Malgré l'insuffisance évidente de cet enseignement supérieur, le renom de quelques-uns des professeurs, la conformité des croyances religieuses, la réputation de sévérité décidèrent un grand nombre de parents à envoyer leurs fils à Strasbourg. Il en vint du sud de l'Allemagne, de la Suisse, de la France; plus tard, toutes les nations furent représentées à l'École, Frisons, Danois, Polonais, Prussiens, Hongrois. Il y avait parmi eux un grand nombre de gentilshommes, des fils de princes régnants, souvent accompagnés de leurs gouverneurs (1). Ils trouvaient à se loger chez les professeurs, les prédicateurs, les bourgeois. Ces jeunes gens étaient déjà nombreux en 1539; ils le furent bien plus au commencement de la deuxième année scolaire. Mais quelques-uns d'entre eux rapportaient des universités qu'ils avaient fréquentées auparavant des habitudes qui parurent incompatibles avec la discipline sévère que l'on voulait maintenir dans l'école. Le 10 novembre 1539, le recteur, accompagné de ses collègues, demanda au Magistrat de prendre les mesures urgentes. Les scolarques

(1) Le Magistrat reçut du comte de Nassau une lettre de remerciements pour les soins que l'on vouait à ses fils. Dans sa séance du 18 juin 1554, le Conseil, après lecture de cette lettre, considérant qu'il y avait alors beaucoup de seigneurs nobles en ville, ordonna aux scolarques de lui fournir la liste des étudiants de cette catégorie et chargea l'ammeistre régnant de s'informer auprès du maître d'hôtel s'il était pourvu de gibier et, dans ce cas, de s'entendre avec lui pour organiser un banquet en l'honneur de ces jeunes gens.

furent chargés de compléter les règlements publiés l'année précédente et qui ne concernaient que les élèves des classes latines
et les internes du Collège. Ce règlement, sanctionné par le Magistrat, enjoignait aux étudiants de se présenter dès leur arrivée chez
le recteur et de se faire inscrire. Aucun bourgeois ne devait
héberger un étudiant non immatriculé. Le recteur désignait à
ceux qui ne trouvaient pas à se loger chez un professeur un correspondant qui avait à répondre de leur conduite. Ils devaient
tous porter un costume modeste, d'une coupe simple, « non des
habits déchiquetés et dépecés à la façon des lansquenets », les
manteaux devaient les couvrir et n'être pas « rejetés sur l'épaule,
comme ceux des bretteurs ». Il leur était défendu de porter des
armes. La fréquentation des cabarets, des salles de danse leur
était interdite. Celui qui ne voulait pas se conformer à ce règlement ne devait être reçu dans aucune maison bourgeoise; il
n'avait qu'à s'installer dans une auberge et était soumis, comme
tout étranger, aux règlements généraux de la police, tandis que
les étudiants, sauf pour les cas très graves, étaient justiciables des
scolarques, assistés des professeurs.

Ces prescriptions, surtout la défense de porter des armes,
excitèrent le mécontentement parmi les étudiants nobles. Le recteur
réussit à les calmer. Mais trois jeunes Français qui logeaient chez
le trésorier de l'école refusèrent d'obéir; l'un d'entre eux, Janus
Bellaius (peut-être un parent du cardinal du Bellay), crut pouvoir
se soustraire aux articles du règlement qui le gênaient en ache-
tant le droit de bourgeoisie. Les scolarques ordonnèrent à leur
surbordonné de congédier les trois récalcitrants : ceux-ci adressèrent une pétition au Magistrat; mais les professeurs de l'école
ripostèrent par une adresse énergique : ils menacèrent de renoncer
à leur chaire si la discipline devenait semblable à celle des universités; ils blâmèrent la facilité avec laquelle on avait accordé le
droit de bourgeoisie à un jeune homme qui n'était pas encore
majeur et qui n'avait demandé ce droit que pour narguer les
règlements. Cette attitude résolue fit impression. Mais si dès l'origine ce règlement rencontrait une si vive résistance, le nombre
grandissant des élèves étrangers amena des cas de plus en plus
nombreux de désobéissance. Bien des fois encore, le Magistrat
renouvela et compléta son ordonnance, et les prédicateurs furent
chargés de rappeler aux bourgeois qu'ils ne devaient héberger que
des élèves immatriculés. Les cas d'indiscipline furent, du reste,
assez fréquents au commencement; les scolarques furent dans le
cas d'adresser des avertissements aux parents, de faire enfermer

des étudiants dans le cachot qui avait autrefois servi aux moines, et même de prononcer l'exclusion.

Moins de trois ans après sa fondation, le Gymnase fut fortement éprouvé par une épidémie qui décima maîtres et élèves. Ces fléaux n'étaient pas rares à cette époque; les chroniqueurs en mentionnent plusieurs à des dates très rapprochées; mais la peste de 1541 fut une des plus meurtrières. Le corps des malades se couvrait de grosses tumeurs, une fièvre intense dévorait rapidement leurs forces, et la mort survenait au bout de quelques jours. Sturm raconte à son ami Joachim Camérarius les angoisses par lesquelles il passa pendant cette période douloureuse et énumère les pertes qu'éprouva l'école (1). Dès le printemps de 1541, Claude Féréus, le jeune professeur de grec, et le jurisconsulte Vendelin Bittelbronn périrent victimes du fléau.

Au commencement de l'été, l'épidémie semblait terminée; mais au mois d'août, elle redoubla d'intensité et dura jusque vers la fin de l'hiver. Plusieurs élèves moururent coup sur coup, et les scolarques décidèrent de transporter l'école dans un endroit plus salubre, dans le couvent des chartreux situé à quelque distance de la ville, puis à Gengenbach, dans la vallée de la Kinzig. Quelques professeurs emmenèrent leurs pensionnaires dans des villages de l'Alsace, sans réussir à les sauver toujours; un fils du réformateur Zwingle, un fils d'Oecolampade succombèrent. Le nombre des décès à Strasbourg s'éleva cette année à 3 208 personnes, tandis que dans les années normales il n'excédait pas 8 à 900. Quelques familles furent particulièrement éprouvées : Bucer perdit sa femme et cinq enfants; Hédion, Gerbel, Schwebel virent mourir plusieurs membres de leur famille. Le réformateur Capiton, Bédrot, professeur de grec et inspecteur scolaire, Jean Scherer (Villicus), jeune maître du Gymnase, furent victimes de cette terrible épidémie.

Les pertes subies par l'école étaient donc considérables. Sur les dix professeurs qui avaient enseigné en 1539, quatre étaient morts et Calvin était parti; il ne restait plus que Bucer et Hédion pour la théologie, Sturm et Délius pour les cours de dialectique et de langues, Herlin pour les mathématiques. Les deux professeurs de grec et l'unique professeur de droit avaient succombé.

Les scolarques s'occupèrent aussitôt de combler les lacunes

---

(1) *J. Sturmii et Gymnasii Argent. luctus ad Joachimum Camerarium*, 9 oct. 1542. Cette épitre est reproduite en partie dans le tome IV des *Statuts et Privilèges* (n° 1999).

qu'avait subies le corps enseignant. Ils s'adressèrent au jurisconsulte Nicolas Gerbel et l'engagèrent, le 25 mars 1541, pour 50 florins par an; il refusa de faire des cours de droit « ne s'étant plus occupé de ces études depuis plusieurs années » (1), et fut chargé de l'enseignement de l'histoire. Mais il donna sa démission deux ans après.

Dans le courant de l'année 1542, plusieurs savants italiens arrivèrent à Strasbourg, chassés de leur patrie par l'inquisition que le pape Paul III venait d'établir. Pierre-Martyr Vermigli, né à Florence le 8 septembre 1500, avait été nommé prieur du couvent des Augustins de Lucques; il avait consacré tous ses soins à l'école de son couvent et s'était associé Emmanuel Trémellius de Ferrare, auquel il avait confié l'enseignement de l'hébreu, et un jeune helléniste de Vérone, Paul Lacisio. Mais Pierre-Martyr était en correspondance avec Luther et Calvin, et il s'était prononcé pour les doctrines des réformateurs. Ne se sentant plus en sécurité, il se rendit avec Trémellius et Lacisio à Genève, puis à Strasbourg, où il demeura quelque temps, avec plusieurs autres réfugiés, dans la maison de Bucer. Ils avaient rencontré en route un autre fugitif, le médecin Girolamo Massario, qui s'établit également à Strasbourg. Les scolarques s'empressèrent d'attacher à l'école Pierre-Martyr, qui fut chargé de faire, avec Bucer et Hédion, les cours de théologie, Trémellius, qui eut à enseigner l'hébreu à côté de Délius, et Paul Lacisio, qui devint professeur de grec. Un remplaçant de Bittelbronn se trouva également, le Wurtembergeois Louis Bébion, qui avait acquis le titre de docteur en droit à Bourges. La même année, Paul Fagius, qui avait fait ses études à Strasbourg et s'était surtout intéressé à l'interprétation faite par Capiton des livres de l'Ancien Testament, consentit à quitter la position qu'il occupait à Isny, en Souabe, comme pasteur et directeur d'une école, et à venir à Strasbourg prendre la place de son ancien maître. Ce ne fut cependant qu'en 1544, après un séjour de deux ans à Constance, qu'il commença les cours d'exégèse de l'Ancien Testament. L'école, qui avait ainsi rapidement reconstitué son personnel, possédait, en outre, un professeur de poésie : c'était Jean Sapidus. Il avait d'abord salué avec enthousiasme la fondation du Gymnase et avait même, ainsi que nous l'avons vu, composé un drame à cette occasion; mais son ardeur s'était bien vite refroidie, et les négligences qu'on lui avait reprochées autrefois avaient recommencé. Pour mettre fin

(1) *Memoriale pro Collegis meis de Jacq. Sturm*, Arch. de Saint-Thomas, Un. I, 1.

aux plaintes fort motivées des inspecteurs, les scolarques s'étaient décidés, le 29 septembre 1540, à lui enlever la classe qu'il faisait si mal et à le nommer professeur de poésie latine. Il donna un spécimen de son savoir-faire en publiant, après la peste, un recueil d'élégies et d'épitaphes en vers latins (1).

Dans les classes latines, le personnel avait peu changé : seul, Villicus était mort de la peste. Comme le nombre des élèves avait diminué, on réunit pendant quelque temps la cinquième et la sixième. Le poète Sapidus eut pour successeur un autre poète, Michel Toxitès (Schütz). Il était né dans le Tirol, avait fait à Tubingue et à Pavie des études assez superficielles et avait obtenu à Urach, dans le Wurtemberg, une place de maître d'école. C'est là qu'il écrivit son meilleur poème, *la Plainte de l'Oie* ou *Élégie sur l'ingratitude des hommes* (2). Mais quelque temps après, il fut soupçonné d'avoir écrit contre deux prêtres de l'endroit des vers injurieux. Il était innocent; cependant le duc Ulrich le fit battre de verges et l'exila de ses États. En 1542, il fut recommandé aux scolarques, qui l'engagèrent comme régent de la cinquième classe. Il s'y maintint pendant un peu plus de trois ans, et Jean Sturm, le recteur, et le jurisconsulte Louis Gremp s'intéressèrent à lui. En 1544, il se rendit à Spire, où se tenait la diète; il y obtint de Charles-Quint le titre de *poète lauréat*, et le roi Ferdinand lui accorda un blason. Mais ces distinctions éveillèrent en lui un vif dégoût de l'humble métier qu'il faisait à Strasbourg. Les scolarques lui reprochèrent sa négligence en classe et le mirent en garde contre l'ivrognerie. Il ne tint pas compte de cet avertissement et fut destitué.

V. — LES ÉLÈVES PAUVRES.

Pendant le moyen âge, les écoliers pauvres — et il n'y avait guère que les pauvres pour étudier — vivaient de la charité publique qu'ils sollicitaient en chantant devant les maisons des bourgeois; c'est ainsi que Luther, dans son enfance, mendiait et chantait dans les rues d'Eisleben. Mais cette coutume donnait lieu à de graves abus. Il se mêlait aux écoliers des vaga-

(1) *Joannis Sapidi Epitaphia sive Gymnasii Argentoratensis luctus*, ainsi que *Manes clariss. virorum, auctore Toxite* font suite à la lettre de Jean Sturm à Joachim Camérarius : *Joan. Sturmii et Gymnasii Argentoratensis luctus.* Strasb., Vendelin Rihel, 1542, in-8°.

(2) *Querela anseris vel de ingratitudine hominum elegia. Argentorati MDXL.* — Voyez sur cet aventurier littéraire l'intéressante étude de Ch. SCHMIDT : *Michaël Schütz, genannt Toxites.* Strasb., 1888.

bonds qui ne songeaient pas à étudier, erraient d'une université à l'autre et s'asservissaient les petits qu'ils forçaient à leur céder la plus grande part des aumônes qu'ils avaient recueillies. Pour réprimer ces abus, qui s'étaient produits à Strasbourg comme ailleurs, le Magistrat avait, en 1500 déjà, limité à cent le nombre des élèves des quatre écoles latines autorisés à mendier : ces écoliers devaient porter comme signe distinctif une plaque en métal et n'être pas âgés de plus de seize ans. En 1523, le Magistrat ne se contenta plus de réglementer la mendicité, il organisa le service de l'assistance publique, en instituant une commission spéciale, et força les chapitres et les couvents à lui céder les fonds destinés au soulagement des pauvres. L'ordonnance qui fut publiée alors autorisait cent élèves âgés de moins de quinze ans à mendier trois jours par semaine. Mais en 1530, de nouveaux abus furent signalés, et le Magistrat reconnut la nécessité d'opérer des réformes plus radicales. Le collège établi dans l'ancien couvent des Dominicains ne modifiait guère la situation : à côté des élèves envoyés du dehors, on n'y recevait que quatre boursiers de la ville et plus tard quatre élèves entretenus avec les revenus des legs faits depuis l'ouverture de l'internat.

Après que l'école se fut remise de la vive alerte qu'elle avait eue à subir, on résolut de créer un second collège entièrement gratuit et exclusivement réservé aux élèves qui se proposaient d'étudier la théologie. On affecta à ce nouvel internat l'ancien couvent des Guillemites et on le désigna sous le nom de *Collegium pauperum* ou de *Wilhelmitanum*. Il fut ouvert en janvier 1544 et subsiste encore, bien que dans un autre local (1).

En raison de l'exiguïté des ressources disponibles, le nombre des pensionnaires fut d'abord fixé à 24, moitié Strasbourgeois, moitié étrangers. Ils n'étaient reçus qu'à la suite d'un examen, passé en présence de délégués du Magistrat par les inspecteurs et les professeurs : on y admettait non seulement' des étudiants, mais aussi des élèves des classes supérieures du Gymnase; ils étaient soumis à une discipline sévère. On les exerçait au chant. Ils se faisaient entendre dans les églises, et chantaient aux enterrements, parfois au détriment de leurs études.

Le *Collège des pauvres* était tout particulièrement l'œuvre de Gaspard Hédion. Les scolarques, après avoir aidé à l'organiser, se

_____

(1) A l'occasion de la célébration du 350e anniversaire de la fondation de cet établissement, son savant directeur, M. A. Erichson, a publié une intéressante étude historique sous le titre : *Das theologische Studienstift Collegium Wilhelmitanum*. Strasb., Heitz et Mündel, 1894, in-8e.

déclarèrent trop occupés pour se charger de son administration. Le 23 février 1544, le Magistrat désigna dans son sein deux administrateurs particuliers : Valentin Kips et Conrad Meyer. Le collège était, comme celui des Prédicateurs, dirigé par un pédagogue et était placé sous la surveillance d'inspecteurs particuliers (*visitatores collegiorum*) qui venaient chaque semaine prendre connaissance des manquements à la discipline et punir les coupables.

Le mobilier et les premiers fonds furent fournis par la charité publique. Mais il s'agissait de doter le nouvel établissement de ressources permanentes. Le 4 août 1544, Hédion, assisté des deux administrateurs, présenta au Magistrat un rapport sur cette fondation ; il lui demanda d'organiser des quêtes et de lui allouer quelques subsides sur les fonds des couvents ; il rappela que Geiler de Kaisersberg avait fait établir une taxe à payer par les gens riches aux écoliers qui accompagnaient le prêtre portant les saints sacrements ; qu'au moyen de cette taxe on avait constitué un capital, dont les revenus devaient servir à l'entretien d'écoliers pauvres ; ce fonds rapidement accru et se montant à 400 florins était resté entre les mains du receveur du Grand Chapitre et s'était encore augmenté des intérêts qu'on n'avait plus servis depuis une vingtaine d'années. Hédion demanda que le Magistrat fît appel à la bienveillance et à l'esprit de charité du Grand Chapitre pour obtenir quelques subsides pour le collège des pauvres. Quand Hédion eut fini, Jacques Sturm prit la parole. Pendant qu'il avait écouté l'exposé du Dr Hédion, il s'était souvenu qu'un seigneur d'Utenheim avait légué un capital de 100 florins rapportant 5 florins par an ; 4 florins devaient être partagés entre les élèves pauvres des quatre écoles latines, le florin restant revenait aux Sœurs repenties qui avaient à administrer ce legs : or, depuis la fermeture des écoles latines, les sœurs gardaient tous les revenus. Le Magistrat décida aussitôt de s'enquérir sur ces deux points auprès du Grand Chapitre et auprès des Sœurs repenties. Nous avons raconté cet incident avec quelques détails, il nous a semblé caractéristique pour les procédés du Magistrat dans les revendications qu'il croyait avoir à élever auprès des couvents et des chapitres.

Cependant le nombre des élèves entretenus dans cet établissement n'était pas considérable et ne s'éleva à cinquante que beaucoup plus tard, tous les élèves pauvres n'y trouvaient pas place. D'ailleurs il y avait à côté des enfants tout à fait indigents, des élèves dont les parents avaient quelques ressources. Ces élèves recevaient des secours sur les fonds de l'ancien couvent des Dominicaines de Saint-Marc : les administrateurs de ces revenus donnaient chaque semaine à ces élèves du pain et une petite pièce de monnaie (*Wochenschilling*), ce qui n'empêchait pas quelques-uns d'entre eux, et surtout des étrangers, d'aller mendier dans les maisons des bourgeois. Les élèves secourus sur les fonds de Saint-Marc et que l'on appelait les *Marcianites* étaient tenus de se réunir chaque semaine dans l'une des salles du Gymnase où les inspecteurs des collèges venaient entendre le rapport des maîtres sur leur conduite et leur application. Ils étaient divisés en sept groupes correspondant aux sept paroisses de la ville : ils étaient tenus d'assister à tous les offices et d'y chanter en chœur. Cet établissement de Saint-Marc s'est conservé à travers toutes les vicissitudes politiques : il consacre de nos jours la plus grande partie de ses revenus au soulagement de la misère ; mais il continue de payer une certaine somme qui est distribuée en bourses à des élèves du Gymnase et à des étudiants en théologie.

A côté des ressources provenant d'anciennes fondations, les scolarques pouvaient disposer des intérêts de legs récents. Le collège des Dominicains avait d'abord éveillé les sympathies des personnes charitables. Hartlieb Bapst avait, en 1538, institué deux bourses ; Gaspard Glasser en fonda une autre, la même année. Louis Kœrner, vicaire de Saint-Pierre-le-Jeune, en 1539, et Daniel Mieg, en 1543, imitèrent ces exemples en léguant les sommes nécessaires à l'entretien d'un futur théologien dans le couvent des Dominicains. Après la fondation du collège de Saint-Guillaume, c'est en faveur de cette institution que furent faits de préférence des legs, parfois importants. La plupart des bourses fondées à cette époque étaient destinées à des élèves qui se proposaient d'étudier la théologie ; cependant les scolarques continuaient à accorder des subsides à de jeunes Strasbourgeois qui étudiaient le droit ou la médecine.

Les archives de Saint-Thomas conservent les suppliques et les lettres adressées aux scolarques par un des boursiers. Georges Nessel, un des nombreux enfants d'une famille pauvre de Strasbourg, venait d'être promu en septième, quand s'ouvrit le collège de Saint-Guillaume. Bien qu'il n'eût que onze ans, il y fut aussitôt admis. Il y resta deux ans seulement. Le collège était éloigné de l'école et passait pour malsain. Nessel, qui était d'une santé délicate, obtint des scolarques d'être admis au collège des Dominicains. Cette décision, prise sur les instances d'Hédion et de Sévénus, se basait sur la considération que Georges Nessel était le seul élève qui eût réussi jusqu'alors à parcourir toutes les classes depuis la neuvième jusqu'en troisième en faisant deux classes chaque année. Il resta dans l'ancien couvent des Frères prêcheurs six ans et demi. Quand il fut sorti des classes latines, à seize ans, il suivit les cours publics et obtint du Chapitre de Saint-Thomas une bourse de 40 florins, et il donna lui-même les leçons élémentaires d'hébreu pour lesquels les scolarques lui firent encore allouer 40 florins. A dix-huit ans, il avait terminé ses études littéraires : il demanda alors aux scolarques l'autorisation de se vouer à l'étude du droit. On voulut d'abord lui persuader d'entrer dans la chancellerie; mais il tint bon et obtint la permission de suivre, tout en restant pensionnaire du Collège, le cours que faisait chaque jour l'unique jurisconsulte de l'école. Bébion; qui avait succédé à Bittelbronn, mort de la peste en 1541, avait eu le même sort que celui-ci en septembre 1545 et avait été remplacé par Kilian Vogler : ce fut le professeur de Nessel. Mais l'insuffisance de cet enseignement, interrompu encore par une grave maladie du professeur, força Nessel de supplier ses protecteurs de lui aider à continuer ses études ailleurs. Grâce à l'appui de son ancien maître, Gérard Sévénus, il obtint du Chapitre de Saint-Thomas une bourse spéciale fondée à la fin du siècle précédent par Jean Hell, doyen du Chapitre, et des scolarques une avance de 20 florins pour chacune des deux années qu'il était autorisé à passer dans une université française. Ce n'est que six ans après, en 1558, que nous le retrouvons à Strasbourg. Les scolarques l'avaient rappelé de France et l'avaient chargé de faire des cours de morale; mais au printemps de l'année suivante, il leur demanda de le décharger de ces leçons et de lui permettre d'aller prendre à Orléans le titre de docteur qu'il espérait conquérir rapidement. Les scolarques, en veine de générosité, lui accordèrent sa demande et s'engagèrent à lui fournir ensuite les moyens de se perfectionner pratiquement à la cour impériale de Spire. Avant son départ, il fut obligé de prendre par écrit l'engagement d'entrer au service de sa ville natale aussitôt que celle-ci le lui demanderait, et de rembourser les sommes que les scolarques avaient dépensées pour lui dans le cas où il parviendrait à la richesse (*ad pinguiorem fortunam*). Au bout de dix-huit mois, les scolarques le rappelèrent de Spire et lui conférèrent l'enseignement du droit : ils lui conférèrent également un canonicat rapportant 150 florins par an.

Pendant les huit années et demie que Nessel avait passées dans les deux collèges, non seulement il avait reçu gratuitement la pension et le logement; mais les livres, le papier, les habits et

trois paires de chaussures par an, lui étaient fournis par les scolarques. Les mémoires de ces fournitures étaient soigneusement
revisés par Jacques Sturm avant d'être soldés par le trésorier:
ils sont parvenus jusqu'à nous. Pour son séjour à Spire, 100 florins
lui avaient été alloués ; mais cette somme ne lui suffit pas, et il
demanda un supplément de 44 florins au bout de la première
année. Toutes ces dépenses furent d'ailleurs perdues pour la
ville ; moins de deux ans après son retour à Strasbourg, il mourut
de la phtisie. Jean Sturm, dans ses *Lettres académiques*, fait l'éloge
de sa science, de sa probité, et ajoute qu'il serait devenu un
homme illustre s'il avait vécu plus longtemps.

VI. — PROSPÉRITÉ CROISSANTE. — STATUTS DE 1545.

Dans les années 1545 et 1546, l'École latine parvint au plus
haut degré de son développement. Le nombre des élèves qui
n'avait plus été que de 285 en 1542, augmenta très rapidement ;
il fut de 555 en mars 1544, de 61 au mois de novembre de la
même année, de 644 en octobre 1545. Ce fut le chiffre le plus
élevé ; il ne fléchit que légèrement, l'année suivante, où il fut de
622 ; mais, dans la suite, pour des raisons que nous indiquerons
plus loin, le nombre des élèves des classes latines ne fut plus que
de 524 en 1548 et tomba à 425 en 1549 ; il se maintint à peu près
à ce chiffre pendant les années suivantes. Les élèves étaient
répartis en nombre à peu près égal dans les neuf classes ; mais
la neuvième avait jusqu'à 160 élèves ; elle comprenait, il est vrai,
deux sections, et le maître de cette classe était secondé par
un adjoint, mais tous les enfants étaient réunis dans la même
salle. Cet adjoint était, le plus souvent, un élève pauvre du collège des Prédicateurs et ne recevait qu'une faible rémunération ;
il était également chargé d'allumer les fourneaux en hiver et
devait exercer une surveillance sur les élèves en dehors des
heures de classe : il était naturellement peu aimé des élèves, dont
il dénonçait les polissonneries, de sorte que le nom de *calefactor*
est devenu à Strasbourg synonyme de délateur.

Quand on avait construit les salles de classe, en 1538, on
n'avait prévu ni une population scolaire aussi considérable ni un
aussi grand nombre de classes : on se tira d'embarras en réunissant assez longtemps dans une même salle les deux classes les
moins nombreuses : en 1544, la cinquième sous Michel Toxitès
et la sixième sous Schwebel étaient réunies ; l'une comprenait 37,
l'autre 54 enfants. Les maîtres se plaignirent de l'exiguïté du

local, non du fait d'être forcés d'enseigner dans la même salle ; ils demandèrent également que la salle fût chauffée en hiver et que les vitres cassées fussent remplacées.

Nous sommes moins bien renseignés sur le nombre des étudiants qui fréquentaient les cours supérieurs que sur celui des classes latines. Mais différents indices et surtout le fait que les scolarques ne cessaient d'augmenter le personnel des professeurs prouvent que ces cours étaient également très suivis.

A Pâques 1544, Juste Velse, savant hollandais, commença un cours de philosophie. Sa nomination donna lieu à quelques difficultés. Chassé de Louvain à cause de ses opinions religieuses, disait-il, il se mit en route pour Strasbourg. Mais, pendant son voyage, les chevaux s'emportèrent, il tomba de voiture et se cassa le bras. Bucer, auquel il avait été recommandé, l'accueillit avec bienveillance et obtint pour lui l'autorisation de faire quelques leçons d'épreuve. Mais Velse mécontenta les autres professeurs par ses allures arrogantes et ses jugements pleins de suffisance. A ce moment, Jacques Sturm revenait de la diète de Spire. Ayant remarqué la mauvaise humeur qui régnait dans le corps des professeurs, il invita ceux-ci à donner par écrit leur avis sur le candidat. Ils furent unanimes à constater son érudition, mais lui reprochèrent de ne pas se mettre à la portée de ses auditeurs et de dénigrer tous ceux qui avaient traité les mêmes matières. Herlin, le professeur de mathématiques, se plaignit que Bucer fît venir de nouveaux professeurs à l'insu de ses collègues (1). Plusieurs cependant eurent pitié de sa triste situation et de son bras en écharpe. Il fut engagé par les scolarques pour un an seulement. Mais au bout de l'année, il n'avait pas trouvé d'autre position et il consentit à rester sans engagement, à raison de deux florins par semaine. Il réussit pourtant à se maintenir en place et il obtint même un canonicat. Mais il ne cessa de causer des ennuis à ses collègues, à Bucer surtout, et finit par quitter clandestinement la ville.

Presque en même temps que Juste Velse, un homme plus respectable venait chercher asile à Strasbourg, Jean Günther d'Andernach, savant médecin et helléniste distingué. Il avait passé quelques années à Paris, où il avait connu Jean Sturm et avait

____

(1) Voici encore un passage curieux de l'avis de Herlin : *Video vocari ex inferiore Germania primo Sturmium : est mirabili capite. Ille perfecit ut vocaretur Sevenus, qui praelatus est Dasypodio, doctiori. Jam tertio vocari Velsium ex eodem loco. Ita futurum, sicut in monasteriis, ut tota schola, pulsis superioris Germaniæ hominibus, ex Niederlandis constet.*

gagné l'amitié de Budé et du cardinal du Bellay. Grâce à leur recommandation, il avait obtenu le titre de médecin du Roi. Mais
devenu suspect à cause de ses opinions religieuses, il s'établit
d'abord à Metz, puis à Strasbourg. Sur la proposition de Bucer,
les scolarques l'engagèrent comme professeur de grec. Il entra
en fonctions à la Saint-Michel de l'année 1544.

L'éloquence de Jean Sturm, son habileté diplomatique et ses
nombreuses relations engagèrent le Magistrat à lui confier assez
fréquemment des missions diplomatiques. Pendant ces absences,
Pierre Dasypodius était chargé de la direction de l'école. Lorsque,
en 1545, le recteur fit un long séjour en France, afin d'amener une
entente entre les protestants de l'Allemagne et le roi François Ier,
les scolarques donnèrent à Dasypodius le titre de vice-directeur
et d'inspecteur scolaire; ils le chargèrent également d'un cours
de grec auquel pouvaient assister les élèves des deux classes
supérieures et le remplacèrent en seconde par Christophe Kerlin,
un Strasbourgeois élevé par les scolarques au collège, puis envoyé à leurs frais à Marbourg.

Enfin, la même année encore, les scolarques firent un effort
pour donner à l'enseignement supérieur une plus grande extension, en organisant un cours élémentaire de médecine. Le 24 juin
1545, un médecin de la ville, Sébald Hauenreuter, signa l'engagement de faire, contre une rétribution annuelle de 50 florins, deux
leçons de médecine par semaine, sans autres vacances que huit
jours pendant les foires de la Saint-Jean et huit jours à l'époque
des vendanges. Cette tentative cependant n'eut guère de succès;
en effet, le 23 décembre 1548, les scolarques, considérant que
Hauenreuter n'avait que très peu d'auditeurs, se demandèrent s'il
n'y avait pas lieu de supprimer ces cours.

L'organisation de l'école, telle que l'avait conçue et exposée
Jean Sturm dans son traité *De literarum ludis recte aperiendis*,
reçut son achèvement par la rédaction des statuts. Lors de l'ouverture du Gymnase, on s'était contenté d'un petit nombre d'articles relatifs aux obligations du recteur et des maîtres et à leurs
rapports réciproques. Vers la fin de l'année 1545, les scolarques
proposèrent à la sanction du Magistrat des statuts plus explicites.
Il n'en reste que deux extraits concernant les obligations des
maîtres des classes latines (*præceptores*) et les professeurs des
cours supérieurs (*publici professores*). Ils s'engagent les uns et
les autres à se montrer fidèles et dévoués à l'Église et à l'École;
à vivre en bonne intelligence avec leurs collègues; à participer
avec leur famille et leurs pensionnaires aux services religieux;

à se vêtir d'une manière décente et conforme à leur rang; à obéir aux règlements publiés par le Magistrat et aux décisions du recteur et du Conseil des professeurs (*conventus scholasticus*). Ils promettent de faire régulièrement leurs classes ou leurs cours; de ne pas s'absenter sans autorisation et, en cas de retard, de payer spontanément un demi-batz pour un demi-quart d'heure et un batz (1) entier pour un quart d'heure et au delà, amende qui devra être doublée si elle n'est pas payée le jour même. Les maîtres doivent expliquer.les auteurs indiqués dans le livre de Sturm *De literarum ludis recte aperiendis;* les professeurs, ceux qui leur seront prescrits par le recteur et le convent.

. Les extraits des statuts ne nous donnent pas de détails sur la composition et les attributions du convent lui-même à cette époque; nous voyons seulement que l'autorité des scolarques et du recteur était loin d'être absolue et que l'École possédait dès lors une organisation qui s'inspirait des principes libéraux de la cité républicaine.

Les chapitres sur les obligations générales des maîtres et des professeurs sont suivis des articles relatifs aux différentes fonctions. Tandis que le règlement de 1538 enjoignait au recteur de se rendre dans chaque classe au moins une fois par semaine, les statuts de 1545 se contentent de la recommandation générale de visiter les classes et de surveiller la marche de l'enseignement. Le recteur est le supérieur des maîtres, l'égal des professeurs. Dans les classes mêmes, il n'est pas omnipotent; les inspecteurs ont des droits égaux aux siens. Le sous-directeur (*vice-rector*) est en même temps inspecteur. Ce poste, nous l'avons vu, a été spécialement créé pour Dasypodius. Nous avons lieu de croire que ce maître expérimenté et consciencieux était la cheville ouvrière de l'école latine, le véritable directeur des classes, tandis que le recteur se contentait de veiller d'un peu loin aux destinées de l'école, intervenant seulement dans les occasions importantes pour correspondre avec les savants et les princes ou pour présider aux séances solennelles. Les inspecteurs (*visitatores*) sont, depuis la nomination de Dasypodius, au nombre de trois; l'un d'entre eux doit être un théologien. Les visiteurs étaient alors Hédion, Herlin et Dasypodius. Les statuts précisent ensuite la tâche des différents professeurs : des théologiens, du jurisconsulte, du médecin, du professeur d'éloquence désigné sous le nom d'orateur, du philosophe, du mathématicien, des deux pro-

(1) Le batz, quinzième partie du florin, valait à peu près 15 centimes.

fesseurs d'hébreu, des deux professeurs de grec, du professeur de poésie. Des discussions (*disputationes*) doivent être organisées tous les quinze jours pour habituer les élèves à défendre et à combattre des thèses proposées par les professeurs, et pour les exercer dans l'emploi des règles de la dialectique et de la rhétorique.

Les derniers paragraphes déterminent les obligations des trois maîtres de musique, du maître d'écriture, du bibliothécaire, du notaire et de l'appariteur (*pedellus*). Nous nous contenterons de mentionner quelques recommandations faites au bibliothécaire, Pierre Schriessheimer, qui avait été depuis la fondation du Gymnase un des maîtres de l'école latine, mais venait d'être remplacé dans sa classe parce qu'il maltraitait les élèves. Il fut chargé de la surveillance de la bibliothèque, qu'il devait entretenir en bon état. En été, il devait se trouver dans la salle, de midi à deux heures; en hiver, il pouvait se tenir dans une salle chauffée du collège ou dans la salle des cours et y attendre les personnes qui demanderaient un volume; il devait entrer et sortir avec elles et veiller à ce qu'aucun livre ne fût égaré ou détérioré. Comme ces fonctions lui laissaient beaucoup de loisirs, les scolarques le chargèrent de traduire en allemand les *Lettres de Cicéron* qu'on lisait dans les classes inférieures et les locutions tirées de ces lectures, et faire lui-même un choix de sentences latines avec la traduction allemande.

Nous possédons encore le programme détaillé des cours et des classes pour l'année 1547. Nous résumons rapidement celui des cours publics et nous indiquons seulement les noms des maîtres des classes latines.

Les cours de théologie ou plutôt d'exégèse biblique sont faits par quatre professeurs, Martin Bucer, Pierre Martyr, Paul Fagius et Jean Marbach, faisant ensemble huit leçons par semaine.

Le professeur de droit, Kilian Vogler, fait quatre leçons sur les Institutes.

Le professeur de médecine, Sébald Hauenreuter, n'est pas mentionné, soit qu'il fît son cours ailleurs, soit qu'il n'eût pas d'auditeurs.

La Faculté des lettres et de philosophie est représentée par huit professeurs : Jean Sturm, qui enseigne la rhétorique; Juste Velse, la philosophie d'Aristote; Jean Günther et Dasypodius, le grec; Délius et Trémellius, l'hébreu; Sapidus, qui explique Lucain, et Herlin, qui enseigne les mathématiques. Au total, 14 professeurs et 45 leçons.

Les maîtres des classes latines étaient, en commençant par la première, Gérard Sévénus, Christophe Kerlin, Théobald Dietrich, Valentin Erythræus (Roth), Laurent Engler, George Hitzler, Crispin Pithopœus (Kiefer), Pierre Novésius, Jean Münch et son aide Christophe Mülheim. Nous remarquons que dans les neuf années qui se sont écoulées depuis la fondation du Gymnase, le personnel enseignant s'est entièrement renouvelé. Les maîtres qui avaient enseigné avant 1538, d'après des principes différents de ceux que Sturm avait introduits à cette époque, avaient été remplacés par des jeunes gens, nés ou élevés à Strasbourg et presque tous instruits d'après la méthode qu'ils étaient chargés d'appliquer.

VII. — RESSOURCES FINANCIÈRES. — L'INTÉRIM. PERTES SUBIES PAR L'ÉCOLE.

Si nous nous rappelons la situation de l'instruction à Strasbourg en 1526, quand tout était à faire, et que nous envisageons, d'autre part, toute la série d'institutions créées en moins de vingt ans, les cours supérieurs, les neuf classes, les deux écoles latines pour commençants, les écoles primaires de garçons et de filles, le collège des Prédicateurs et celui de Saint-Guillaume, la bibliothèque, nous reconnaîtrons que Jacques Sturm et ses collègues ont admirablement rempli leur mandat de réorganiser l'instruction. Notre admiration augmente encore si nous considérons que le Magistrat n'a pas mis un gros budget à leur disposition, qu'il s'est contenté de leur allouer les modestes revenus des Franciscains et de leur céder le couvent des Dominicains ; mais que le trésor municipal, la *Tour aux deniers,* leur était fermé. Comment les scolarques s'y prenaient-ils donc pour payer les quatorze professeurs, les dix maîtres des classes latines, le bibliothécaire, les maîtres adjoints, les fonctionnaires subalternes, les instituteurs et les institutrices des écoles allemandes ?

Ce furent les chapitres eux-mêmes qui, de gré ou de force, fournirent la plus grande partie des ressources dont vivaient les écoles. La nomination aux différents bénéfices avait d'abord appartenu à l'évêque ; mais les chapitres s'étaient de bonne heure affranchis de cette tutelle et avaient nommé eux-mêmes aux canonicats et aux offices. Ce droit de nomination fut restreint par les empereurs qui s'arrogèrent le droit de disposer dans tous les chapitres de la première prébende devenue vacante après leur couronnement ; il le fut beaucoup plus par les papes, qui accordaient des bénéfices à des ecclésiastiques qu'ils désiraient favoriser. Ces *grâces apostoliques* avaient donné lieu à beaucoup de discussions. En 1448, un concordat avait été conclu entre les chapitres et le pape Nicolas V, réservant au souverain pontife la disposition des bénéfices devenus vacants dans les mois impairs de l'année. C'est en vertu de cet arrangement que, de 1510 à 1521, dans le seul chapitre de Saint-Thomas, douze canonicats avaient été accordés par sentence papale. Capiton fut le dernier chanoine de Saint-Thomas nommé par le pape. Le Magistrat, après s'être déclaré pour la Réforme, revendiqua pour lui-même le droit de nommer à tous les bénéfices qui deviendraient vacants dans les *mois papaux*.

C'est le chapitre de Saint-Thomas qui, au commencement de 1529, était déjà aux deux tiers composé de chanoines devenus protestants, qui avait indirectement provoqué cette mesure en invitant le Magistrat à désigner le titulaire d'un canonicat devenu vacant au mois de juillet de la même année 1529. Jacques Bédrot fut aussitôt nommé. Ainsi commençait à se réaliser l'intention exprimée par le chapitre dans un mémoire adressé au Magistrat : « Nous nous proposons d'employer les biens du chapitre à la gloire de Dieu et au profit de la cité et de leur rendre leur destination primitive. Car les chapitres, à l'origine, ont été des écoles où l'on élevait des hommes capables de remplir les fonctions ecclésiastiques et laïques. »

Mais dans les autres chapitres on continuait à considérer les canonicats comme des sinécures, et l'on se préoccupait moins de l'instruction et des qualités morales des candidats que de leurs relations de famille et, dans le Grand Chapitre surtout, de leurs quartiers de noblesse. Le Magistrat intervint une seconde fois. En 1539, par une ordonnance que l'on désigne sous le nom de *Statut municipal*, il précisa les conditions que devaient remplir les candidats proposés. Ils devaient être issus de mariage légitime, n'avoir pas de difformité physique, être de mœurs irréprochables ; ils devaient s'engager à remplir fidèlement leur charge, lire la Bible avec assiduité et admettre les principaux dogmes de la foi chrétienne. En dehors des mois papaux, les chapitres conservaient la libre disposition des bénéfices ; cinq membres du chapitre faisaient passer l'examen du bénéficiaire présenté sous la surveillance d'un délégué du Magistrat. Le statut fut mis en vigueur, malgré l'opposition de l'évêque et des chapitres restés catholiques. Il permettait d'accorder des canonicats à des laïcs instruits et honorables, à condition qu'ils fussent présentés par les chapitres ou que la vacance se fût produite pendant un mois papal. Michel Délius, professeur d'hébreu, put de cette façon être nommé chapelain de Saint-Nicolas en 1537 ; Dasypodius reçut, en 1540, un summariat du chapitre de Saint-Pierre-le-Vieux, qu'il échangea l'année suivante contre un canonicat de Saint-Thomas ; Jean Sturm fut nommé chanoine de Saint-Thomas en mai 1540. Quand les revenus des prébendes étaient considérables et dépassaient le traitement ordinaire, les scolarques demandaient l'engagement de rembourser à la caisse de l'école une somme fixée d'avance ; dans le cas contraire, ils leur parfaisaient leur traitement. En 1544, Bucer devint doyen du chapitre de Saint-Thomas. Il élabora un projet de réformes (1). Ce chapitre, dit-il, a été fondé afin de pourvoir : 1° au service du culte et à la cure d'âmes ; 2° à l'instruction de la jeunesse ; 3° à la distribution des aumônes. Cette dernière condition étant suffisamment remplie par le service de l'assistance publique institué par le Magistrat, le chapitre devra porter tous ses efforts sur les deux autres obligations. En conséquence, il propose d'attribuer les prébendes : 1° aux sept ecclésiastiques fonctionnant dans les paroisses de Saint-Thomas, de Saint-Nicolas et de Sainte-Aurélie ; 2° à deux professeurs de théologie, à un professeur de droit, à un professeur de logique, à un professeur de grec et à cinq précepteurs des classes supérieures du Gymnase. Ce projet entra en vigueur au fur et à mesure des vacances, et le chapitre de Saint-Thomas mérita bientôt la désignation de *docte chapitre*. Il résulta de l'application de ce règlement, sanctionné par le Magistrat, que les scolarques, qui en étaient les gardiens vigilants, pouvaient avec les modiques revenus légués par les Franciscains parer aux dépenses ordinaires, d'autant plus que les maîtres des classes latines avaient à se partager le produit de l'écolage (*minervalia*) (2).

L'École de Strasbourg parvenue à ce degré de prospérité fut

(1) *De reformatione collegii clericorum*. Dans le *Tomus anglicanus*, page 192 et suiv., et surtout page 196 et suiv.

(2) En 1547, Bucer était doyen du chapitre de Saint-Thomas. Pierre Martyr, Jean Sturm, Juste Velse, Sapidus, Dasypodius, Vogler étaient chanoines du même chapitre. Délius était chapelain de Saint-Nicolas, Herlin chanoine de Saint-Pierre-le-Jeune, Trémellius, vicaire de Saint-Pierre-le-Vieux. — Parmi les précepteurs, Sévénus et Théob. Dietrich avaient des canonicats, Kerlin un summariat, Pierre Novésius un vicariat de Saint-Thomas. Schwebel, qui fut nommé économe du collège en 1547, avait également un vicariat du même chapitre. Schriessheimer, le bibliothécaire, était en possession depuis 1541 d'un bénéfice du chapitre secondaire des Toussaints, dont la collation appartenait à la famille noble des Mülnheim, mais qui avait été donné en gage au chapitre de Saint-Thomas pour une somme prêtée par lui.

tout à coup menacée dans son existence même. Charles-Quint, en
paix avec François Iᵉʳ et avec Soliman II, put tourner tous ses
efforts contre les protestants de l'Allemagne. Après quelques tentatives de conciliation condamnées par avance à échouer par
l'intransigeance des partis en présence, il résolut de recourir à la
force. Les protestants avaient, dès 1531, formé la ligue de Smalcalde, à laquelle Strasbourg avait adhéré et dont le landgrave
Philippe de Hesse et Jean-Frédéric, électeur de Saxe, étaient les
chefs. Mais les membres de la ligue, peu d'accord entre eux, ne
firent rien pour empêcher l'Empereur de concentrer ses forces, et,
le 24 avril 1547, Charles-Quint remporta la victoire de Mühlberg,
fit prisonnier Jean-Frédéric et réussit à se rendre maître de la
personne de Philippe de Hesse. Les protestants étaient à sa merci.

Strasbourg, qui était entré en rapports avec la cour de France
et qu'on craignait de voir s'attacher davantage encore à la politique française, obtint le pardon de Charles-Quint à des conditions
relativement favorables, mais ne put, malgré ses instances, se
faire dispenser de l'application de l'*intérim* d'Augsbourg qui, tout
en faisant quelques concessions aux protestants, exigeait le retour
à l'état de choses antérieur à la Réforme. Le Magistrat finit
cependant par obtenir l'autorisation de s'entendre directement
sur les détails d'exécution avec l'évêque, Érasme de Limbourg. Ce
prélat, ami des lettres et animé d'un esprit conciliant, consentit
après de longues négociations à un concordat proposé par deux
arbitres, George de Wickersheim et Henri de Fleckenstein, et
laissant subsister le culte protestant dans quatre églises (23 novembre 1549). Mais que deviendrait le chapitre de Saint-Thomas?
allait-on enlever tous les canonicats aux professeurs protestants
et, de ce fait, ruiner l'école? Des négociations particulières s'engagèrent entre le chapitre et l'évêque. Grâce aux relations de
Jean Sturm avec plusieurs cardinaux et au crédit dont il jouissait
auprès de l'évêque lui-même, l'organisation du chapitre de Saint-
Thomas ne subit aucun changement, et le plus grand nombre des
bénéfices restèrent à la disposition des scolarques. Mais ceux des
autres chapitres furent perdus pour eux.

L'école était ainsi sauvée de la ruine, mais elle n'en avait pas
moins subi des pertes matérielles sensibles et surtout des pertes
en hommes. Bucer et Fagius, sur l'ordre formel de l'Empereur,
furent congédiés par le Magistrat, et se rendirent en Angleterre
(1ᵉʳ avril 1549), où l'archevêque Cranmer les accueillit avec
empressement. Pierre Martyr et Trémellius les y avaient déjà
précédés.

De toutes ces pertes, c'était celle de Bucer qui était la plus regrettable. C'est à son initiative et à son activité que Strasbourg devait en grande partie la restauration des études. Son esprit organisateur ne voyait pas seulement le but à atteindre, il découvrait les moyens d'y parvenir, indiquait les ressources disponibles. C'est lui, enfin, qui attira à Strasbourg, après Dasypodius, Jean Sturm et la plupart des savants qui honorèrent l'école naissante.

A un autre point de vue encore, le départ de Bucer fut fatal à l'École et à Strasbourg. Il avait été l'un des promoteurs les plus actifs du mouvement réformateur; mais s'il était sur la plupart des points d'accord avec Luther, il se rapprochait sur d'autres de Zwingle et de Calvin. Son esprit conciliant le poussa à faire des efforts inouïs pour écarter les motifs de dissentiments qui divisaient les églises réformées, et il fut peut-être celui des réformateurs qui crut le plus longtemps à la possibilité d'une réconciliation avec l'Église catholique. Ce même esprit de conciliation et de tolérance, il le répandait autour de lui. Les sénateurs les plus influents, Jacques Sturm, Mathias Pfarrer, Kniebis, tous les prédicateurs dont il était le chef, tous les professeurs, Jean Sturm plus que tout autre, partageaient ses opinions et ses illusions à ce sujet.

Malheureusement l'École de Strasbourg n'était qu'une école préparatoire; les futurs théologiens, aussi bien que les étudiants en droit ou en médecine, devaient aller achever leurs études dans des universités autorisées à conférer des grades. Il était bien naturel d'ailleurs que beaucoup d'étudiants en théologie se rendissent à Wittenberg pour y entendre Luther et Mélanchthon. Quand ils revenaient à Strasbourg, ils y rapportaient des opinions différentes sur certains points de celles qui y étaient admises; ils y rapportaient aussi un autre esprit, plus d'amour des controverses, moins de tolérance, moins de charité. Tel fut Jean Marbach, de Lindau, qui commença ses études à Strasbourg et y revint après avoir séjourné quelque temps à Wittenberg, dans la maison même de Luther. Tant que Bucer fut à Strasbourg, Marbach et ceux qui partageaient ses opinions n'eurent aucune chance de les faire prévaloir. Mais Capiton avait été enlevé par la peste, Zell était mort en 1547, Bucer, Fagius, Pierre Martyr venaient d'être chassés par l'Intérim : dès lors l'esprit libéral était vaincu dans les églises. Il se maintint encore quelque temps au Sénat et à l'École; mais, à mesure que la génération brillante qui avait donné à Strasbourg une importance bien supérieure à sa force matérielle disparaîtra, l'esprit d'étroitesse et d'intolérance prévaudra et deviendra plus agressif.

Mais l'École devait être frappée plus rudement encore. Le 17 octobre 1552, mourut Gaspard Hédion, le fondateur du collège des pauvres, l'inspecteur qui, pendant un quart de siècle, avait surveillé les progrès de l'enseignement dans les classes latines et dans les Écoles allemandes. L'année suivante, la peste qui n'avait jamais complètement disparu, sévit avec un redoublement d'intensité, chassa beaucoup d'élèves et força l'École à interrompre ses cours. Et le 30 octobre 1553, l'ammeistre régnant vint annoncer au Magistrat « avec une profonde émotion, la triste et fatale nouvelle que Jacques Sturm, le père de la patrie, l'ornement de la République, avait été rappelé par le Seigneur ». Une fièvre violente avait saisi cet homme robuste qui n'avait jamais été malade auparavant et l'avait enlevé après quelques jours de souffrances.

Que restait-il maintenant de la brillante phalange d'hommes distingués qui avaient organisé l'enseignement à Strasbourg et l'avaient porté à une si grande hauteur ? Après Capiton et Bédrot, morts depuis longtemps, Bucer exilé et mort, Kniebis forcé par l'âge de prendre sa retraite, voici maintenant Hédion et Jacques Sturm qui sont enlevés à l'œuvre qu'ils ont créée. Nous sommes donc bien réellement parvenus à la fin d'une période de l'histoire du Gymnase, à la fin de la période d'organisation intérieure, de rapide développement et de prospérité croissante.

Ch. ENGEL.

(*A suivre.*)

˙LES

THÉORIES SAINT-SIMONIENNES

SUR L'ÉDUCATION

Il est reconnu aujourd'hui que l'école saint-simonienne est une de celles qui ont semé dans la France contemporaine le .plus d'idées neuves et fécondes. L'éducation nationale a tenu la première place dans les projets d'Enfantin et de ses fidèles : à leurs yeux, c'était l'instrument indispensable de la transformation sociale. Nous voudrions résumer leurs théories pédagogiques. Elles se trouvent en germe dans les écrits de Saint-Simon : il a réclamé un enseignement élémentaire, donné à tous les enfants du peuple (1); l'Université lui a paru commettre la faute, dans l'enseignement secondaire, de sacrifier l'éducation à l'instruction et les sciences aux études classiques; il s'est plaint que l'enseignement supérieur fût soustrait à la domination de l'Institut. Mais tout cela chez lui est indiqué en passant, jeté au hasard, selon l'habitude constante de ce génie inventif et désordonné. Les disciples ont précisé, développé, réuni les pensées de Saint-Simon; du système ainsi édifié, ils ont déduit des conséquences qui auraient plus d'une fois étonné le Maître. Indiquons d'après eux le but et le caractère d'une bonne éducation, les défauts des méthodes employées de leur temps et les réformes nécessaires pour l'avenir (2). .

Qu'est-ce que l'éducation? « Dans l'acception la plus générale

(1) « La dixième partie de ce que coûtent les places inutiles dans les états-majors de toutes les branches de l'administration suffirait pour apprendre en dix années à lire, à écrire et à compter à tous les prolétaires de France. On pourrait, en outre, leur apprendre un peu de dessin, un peu de musique, et se servir des beaux-arts comme d'un moyen de les passionner pour le bien public. » *Œuvres choisies de Saint-Simon*, 1859, t. III, p. 275. Saint-Simon avait été en 1815 un des premiers membres de la Société pour l'instruction élémentaire.

(2) Leurs idées sont développées surtout dans l'*Exposition de la doctrine saint-simonienne*, 1ʳᵉ année, 9ᵉ, 10ᵉ et 11ᵉ séances, et dans quelques articles du *Globe* (23 janvier, 1ᵉʳ et 3 juin, 15 juillet 1831).

du mot, l'éducation doit s'entendre de l'ensemble des efforts employés pour approprier chaque génération nouvelle à l'ordre social auquel elle est appelée par la marche de l'humanité. » Par conséquent, elle doit se transformer avec les sociétés : l'éducation purement physique et artistique des Grecs et des Romains, peuples guerriers vivant au milieu de masses esclaves, et l'éducation purement spirituelle reçue par les clercs du moyen âge ne peuvent ni l'une ni l'autre convenir à des hommes qui, affranchis de l'ancien régime, dégagés du catholicisme, honorent le travail sous toutes ses formes. L'humanité comprend trois catégories de travailleurs, les industriels, les savants, les artistes ; l'enseignement devra développer dès l'enfance les facultés nécessaires à ces trois genres de travaux : la sympathie, source des beaux-arts, la faculté rationnelle, source de la science, et l'activité pratique, source de l'industrie. Il faut que chacun reçoive une double culture : l'éducation générale ou morale, qui « réunit toutes les volontés en une seule volonté, tous les efforts vers un même but, le but social » ; puis l'éducation spéciale ou professionnelle, qui donne les connaissances préparatoires à la carrière vers laquelle le jeune homme est entraîné par sa vocation. La première, qui seule rend la société possible, est plus importante que la seconde. Elle s'adressera au sentiment plutôt qu'au raisonnement ; c'est par le sentiment que l'homme est un être sociable ; le raisonnement donne les démonstrations, mais le sentiment détermine les actes : « Pour que l'individu consente à se renfermer dans le cercle qui lui est tracé, il ne suffit pas que le but de la société et les moyens de l'atteindre lui soient connus ; il faut que ce but, ces moyens, soient pour lui des objets d'amour et de désir. »

Cette éducation morale ne peut être complète que pendant les périodes où la société a foi dans une doctrine qui lui montre sa destinée, où l'école est une annexe de l'église ; ce sont les époques organiques. Aux époques critiques où la foi est en décadence, où l'anarchie règne dans les esprits, cette direction religieuse est impossible ; tout au plus appartient-il aux beaux-arts d'y suppléer, de maintenir chez l'homme le sentiment social. L'éducation morale doit être complétée par l'éducation physique ; négliger le corps, ce serait revenir à ce mépris de la matière qui a fait la faiblesse du moyen âge. Enfin la tâche peut-être la plus importante de l'éducateur est de reconnaître les vocations des élèves ; il ne peut y arriver que par des rapports étroits et affectueux avec eux, par une vigilance continuelle ; quand le penchant dominant d'un enfant sera découvert, on saura dans quelle voie il faut orienter son éducation spéciale.

Voilà les principes généraux qui doivent présider à la pédagogie; sont-ils appliqués dans la France de 1830? En aucune façon. La grande majorité des enfants demeure plongée dans l'ignorance, puisque l'enseignement primaire n'existe pas; on parle de l'organiser pour les garçons, mais pourquoi le refuser aux filles? Ne font-elles point partie de la société? Veut-on perpétuer contre elles la loi salique? L'enseignement secondaire est l'objet propre de l'Université, mais elle le donne mal. Le plus grave défaut des collèges, c'est l'absence de l'éducation morale; on la sacrifie à l'instruction. Or, celle-ci est une arme à double tranchant; elle sert à l'ennemi comme au défenseur de la société, à l'égoïste qui veut écraser ses rivaux comme au philanthrope qui cherche le bien de tous. Par le développement de l'instruction seule, on forme de véritables monstres, « monstres de savoir, monstres de pouvoir, monstres de vouloir. » L'Université n'est pas spécialement responsable de cette faute; c'est le manque de doctrine générale qui en est cause. On admet que tout homme a des devoirs, mais on néglige de les lui faire connaître; on s'en remet aux circonstances, à la raison, à la conscience, ou plus brutalement aux gendarmes. Faute de doctrine, nous constatons l'absence des sentiments « généraux » et des sentiments « généreux », car les deux vont ensemble. C'est ce qui explique aussi la séparation si tranchée entre les maîtres et les élèves, les premiers s'en tenant encore au libéralisme négatif du xviii° siècle, les seconds sentant confusément le besoin d'une philosophie plus large. Seuls les catholiques apprécient la valeur de l'éducation morale, mais ils poursuivent un idéal chimérique, le retour au passé.

Les collèges de l'Université ont d'autres défauts dont elle seule est responsable. C'est d'abord l'absence d'éducation physique; affranchie de l'Église, elle a pourtant gardé le vieux préjugé chrétien contre la chair : les leçons de gymnastique données par Amoros et Clias, les efforts de Pestalozzi et de Blanqui pour introduire l'exercice corporel dans les écoles, rien de tout cela ne l'intéresse. D'autre part, la discipline est mauvaise : les maîtres vivent séparés des élèves, ne les voient qu'aux heures des cours, et se trouvent ainsi hors d'état d'exercer une action forte sur eux, de discerner les vocations. Enfin rien de plus mal choisi que les matières de l'enseignement; celui-ci doit suivre les progrès des découvertes et faire connaître les résultats les plus complets du développement scientifique; or, l'Université en est toujours au latin et au grec. Au moyen âge, le clergé, qui formait seul la classe instruite, parlait latin; naturellement il enseigna cette langue à ses élèves. Ce fut une chose utile, à une époque où les peuples avaient peu de rapports entre eux, où les voies de communication n'existaient pas ; l'usage du latin maintenait l'unité intellectuelle de l'Europe, tout comme le pouvoir des papes en maintenait l'unité sociale. Mais depuis le xvɪᵉ siècle, le mouvement intellectuel est dirigé par les laïques; les savants ont adopté la langue populaire et chassé le latin de leur domaine. C'est donc par une singulière inconséquence qu'il règne dans les écoles ; l'enseignement classique d'aujourd'hui n'est que l'enseignement primaire du moyen âge : il tient la place d'études plus utiles et ne fournit à l'écolier aucune lumière sur la vie moderne.

Le système actuel est donc mauvais; par quoi le remplacer? L'essentiel, c'est d'organiser un bon enseignement primaire, obligatoire pour tous; il comprendra l'éducation morale, l'éducation physique et les premiers éléments des beaux-arts, des sciences et de l'industrie. On pourra découvrir ainsi la vocation des enfants, d'autant plus qu'ils seront tenus en contact fréquent avec toutes les sortes de métiers. Dans chaque commune, l'instituteur, ou plutôt le « docteur », dirigera l'école. Ensuite les élèves seront partagés en trois catégories, selon qu'il s'agit de former des artistes, des industriels ou des savants; tous ceux d'une même catégorie auront à recevoir un second degré d'instruction, où une petite part sera déjà faite à la pratique. Enfin se produira une nouvelle division : chaque élève entrera dans l'école spéciale qui doit le préparer à sa profession. Ces écoles seront très nombreuses; les métiers les plus vulgaires ont besoin d'un apprentissage, d'une éducation particulière qui prenne la place de la routine. Les élèves de toutes ces écoles, bien loin d'être cloîtrés, isolés du monde extérieur, demeureront en rapports constants avec lui, de manière à y prendre facilement leur place. Les maîtres ne les quitteront pas; ils auront sur eux une autorité complète et, par suite, une action morale décisive.

Ces maîtres, à leur tour, demeureront en relations suivies avec les auteurs des découvertes. Le corps universitaire comprendra trois classes : celle des savants praticiens ou enseignants, dans les collèges; celle des savants théoriciens ou perfectionnants, dans les académies ; et, au sommet, la classe philosophique, dont la tâche principale est de former, de diriger les savants des deux autres groupes. Ainsi sera constituée une corporation puissante, véritable clergé de l'avenir dominé par l'État. La liberté de l'enseignement peut avoir sa raison d'être aux époques d'incertitude et de critique ; mais dans une société vraiment organisée, pourvue d'une doctrine générale, le monopole de l'enseignement appartient à l'État.

Telles sont les principales vues des saint-simoniens sur la réforme de l'Université. On ne doit pas oublier qu'elles faisaient partie d'un système philosophique et religieux ; les sectaires voulaient organiser un régime théocratique avec un pape suprême et un clergé qui dominerait à la fois l'industrie et la science, en étouffant toute liberté de discussion ; les écoles et les collèges étaient des instruments de domination. Mais les théories des disciples d'Enfantin sur l'éducation peuvent être considérées en dehors de leur théologie. Du reste, après la dispersion de la secte, en 1832, la partie religieuse du système fut de plus en plus laissée dans l'ombre, et la partie pratique devint la plus importante (1). En pédagogie, on insista surtout sur la nécessité d'un enseignement pratique et moderne ; les saint-simoniens se trouvèrent ainsi d'accord avec les économistes orthodoxes : n'est-ce pas Bastiat, par exemple, qui a reproché au latin d'inculquer à la jeunesse française « les sentiments d'un peuple de brigands et d'esclaves » ? Michel Chevalier, qui a toujours essayé de concilier le saint-simonisme avec l'économie politique, fit ardemment campagne pour la réforme des études ; au retour d'un voyage en Autriche (1840), il louait l'empereur et Metternich de consacrer tous leurs soins à l'enseignement primaire, aux connaissances industrielles, et de négliger l'enseignement littéraire, qui forme des phraseurs et des mécontents.

Vers le même temps (1839), un autre saint-simonien, Léon Brothier, publia un livre intitulé *Du Parti social*, qui renferme un plan d'éducation très intéressant. Au lieu de faire table rase de ce qui existe, l'auteur accepte les institutions universitaires en cherchant à les modifier. Les salles d'asile sont bien organisées ; on les maintiendra telles qu'elles sont. Les écoles primaires qui leur succèdent sont devenues plus nombreuses, grâce à la loi Guizot ;

---

(1) La secte, arrivée à son apogée en 1831, avait essayé d'appliquer ses idées ; elle adopta plus de deux cents enfants et créa deux maisons d'éducation, où les fils et les filles des fidèles, riches ou pauvres, devaient être élevés en commun afin de s'affranchir du préjugé de la naissance ; tout cela disparut après le schisme entre Bazard et Enfantin.

(2) Michel Chevalier, *Essais de politique industrielle*, 1   .

l'enseignement général y est convenable, mais ce qui leur fait défaut, ce sont les études professionnelles. Il est indispensable d'assurer « l'alliance de l'école et de l'atelier », de l'étude proprement dite et de l'apprentissage : « Tant que ces deux branches de l'instruction seront isolées, elles seront en lutte. Les écoles des campagnes seront désertes, et le paysan restera plongé dans son grossier abrutissement; les écoles des villes regorgeront d'enfants et fourniront un jour plus de soldats à l'émeute que d'ouvriers à l'industrie. » Dans les campagnes, l'instituteur devrait apprendre aux enfants à épierrer un champ, à creuser des rigoles; ces travaux, exécutés chez les particuliers qui en auraient besoin, plairaient aux paysans et les décideraient à envoyer leurs enfants à l'école. Dans les villes, nul n'obtiendra l'éducation gratuite s'il ne présente un livret d'apprentissage. L'enseignement ne prendra que deux heures le matin et deux heures le soir au jeune apprenti; mais, au lieu de cesser vers treize ans il sera continué jusqu'à dix-huit; l'adolescent ne doit pas être trop tôt livré à lui-même. Quant aux enfants de la classe aisée, ils paieront l'éducation. La situation des instituteurs devra être 'améliorée, l'influence des maires sur eux diminuée au profit de celle de l'État.

Au-dessus des écoles primaires, inutile de créer un enseignement primaire supérieur; les collèges communaux actuels en tiendront lieu, à condition qu'on y fasse une part au travail manuel. Puis viennent les collèges royaux : l'organisation générale peut en être maintenue, mais il est urgent d'y remplacer l'étude des langues mortes par celle des sciences (1). Enfin viennent les écoles spéciales et les facultés; ce qui manque à ces dernières, c'est une discipline pour la jeunesse; la liberté des étudiants est excessive. Voilà pourquoi l'enseignement supérieur demeure si médiocre chez nous : les facultés des sciences n'ont hors de Paris qu'une existence nominale; les facultés des lettres offrent des distractions frivoles qui les font rivaliser avec les théâtres; dans celles de droit et de médecine les étudiants cherchent surtout un prétexte pour quitter la maison paternelle. Il faudrait

---

(1) « A ceux qui soutiendraient qu'il est honteux à un jeune homme dont l'éducation est terminée de ne pouvoir lire Virgile ou Homère que dans des traductions, nous répondrons qu'il est bien plus honteux encore pour le jeune homme qui croit avoir terminé ses études d'ignorer comment le sang circule dans ses veines, comment s'opèrent ces phénomènes vivants dont il est à la fois le théâtre et l'aveugle spectateur, de jouir des merveilles de l'industrie moderne sans pouvoir s'en faire une idée exacte, de ne pas savoir ce qu'est ce gaz qui nous éclaire ou quelle puissance a cette vapeur comprimée qui nous abrège les distances. »

organiser pour ces jeunes gens des établissements analogues aux collèges d'Oxford et de Cambridge ou aux universités allemandes.

Par ce développement de l'instruction, les aptitudes enfouies dans les classes populaires seront mises en valeur ; mais à quoi bon ce résultat si les enfants ainsi appelés à la vie intellectuelle ne peuvent, faute d'argent, suivre la carrière qu'ils désirent, si on leur prépare la mort des Chatterton ou des Malfilâtre? « Dans les expériences tentées sur la nature humaine, il ne faut rien faire à demi ; il faut accepter les conséquences du principe qu'on a posé ou s'exposer à voir le plus salutaire aliment se changer en un poison dangereux. » La Convention l'avait compris ; Condorcet demandait que les enfants les plus intelligents fussent élevés aux frais de l'État sous le nom d'enfants de la patrie. On devra tout au moins accorder une bourse par canton à ceux qui se seront le plus distingués ; ces 2 835 boursiers, dirigés et nourris par l'État, le récompenseront en formant la pépinière de l'administration. L'auteur du *Parti social* entre dans bien d'autres détails où il serait trop long de le suivre, mais qui révèlent toujours un esprit à la fois inventif et pratique (1).

La révolution de 1848 ouvrit un champ illimité aux espérances de tous les novateurs. Le ministère de l'instruction publique fut confié à Hippolyte Carnot : le nouveau ministre, le sous-secrétaire d'État Jean Reynaud, et le secrétaire général Édouard Charton avaient tous figuré parmi les disciples de Bazard et d'Enfantin. Ils préparèrent une grande loi sur l'instruction primaire ; Carnot, en vrai saint-simonien, voulait y annexer l'enseignement agricole. Dans l'enseignement supérieur, il créa l'École d'administration. Les rédacteurs du *Globe* s'étaient souvent plaints que, pour les carrières politiques et administratives, il n'y eût aucune préparation professionnelle ; partisans d'un État-Providence gouverné par les plus capables, ils trouvaient mauvais que, pour détenir une portion de la puissance publique, il ne fallût aucune preuve de capacité. L'école d'administration répondit à leurs désirs ; elle fut installée au Collège de France, qui devait diriger les études sociales ; c'est là aussi que fut ouvert le cours de M. Legouvé sur l'histoire morale des femmes. En même temps, Carnot insti-

(1) Un coreligionnaire de Brothier, Duveyrier, soutint des idées analogues dans ses *Lettres politiques* (1843) ; mais en présence de la lenteur de l'Université, c'est au clergé qu'il conseilla d'inaugurer les études modernes, de transformer ses collèges pour aiguillonner l'État par la concurrence ; il invitait Mgr Affre à prendre cette initiative (lettre 23).

tuait les bibliothèques communales, les lectures publiques du soir, pour instruire les adultes de la classe ouvrière. Enfin il fit rédiger des manuels élémentaires qui devaient être répandus à profusion, et qui renfermaient des renseignements pratiques aussi bien que des conseils moraux; l'approbation donnée par lui à l'un de ces livres, le catéchisme civique de M. Renouvier, amena la chute du ministre.

Bien d'autres saint-simoniens firent campagne pour les mêmes idées. Le journal fondé en 1848 par Enfantin et Duveyrier, le *Crédit*, réclama l'enseignement primaire pour tous et combattit l'étude du latin, qu'il proclamait un fléau « pire que le choléra ». Un des anciens apôtres de Ménilmontant, le peintre Paul Justus, avait essayé dans le quartier Saint-Jacques la fondation d'une école « vocationnelle »; les enfants, bien que soumis à un travail régulier, jouissaient d'une grande liberté qui devait permettre à l'instituteur de découvrir le goût dominant et, par suite, la carrière naturelle de chacun; le travail manuel n'était pas oublié, puisque Justus se vantait d'avoir réussi à faire faire par les élèves eux-mêmes leurs vêtements et leurs chaussures. Il proposa d'essayer pour le compte de l'État une école vocationnelle; les enfants y resteraient de six à treize ans, pour entrer ensuite dans les écoles professionnelles (1). Mais la tourmente réactionnaire balaya les beaux projets de 1848, et bientôt l'Empire s'établit.

Absorbés pendant plusieurs années par les affaires industrielles et financières, les saint-simoniens revinrent ensuite aux problèmes d'éducation. Des questions matérielles surtout les préoccupaient : comment assurer une instruction complète à des jeunes gens de mérite, mais sans fortune? Comment, cette instruction une fois reçue, leur fournir les loisirs nécessaires pour en tirer profit, pour accomplir une œuvre utile sans être gênés par le souci du pain quotidien? Enfantin et Duveyrier voyaient que la construction des chemins de fer était due au crédit; l'idée leur vint de l'employer aussi au profit de la jeunesse. Plusieurs anciens membres de la secte, Michel Chevalier, Duveyrier, les frères Péreire, s'étaient réunis pour faire une nouvelle Encyclopédie; le Père, dans une sorte d'encyclique, leur conseilla d'ajouter à cette œuvre la fondation du « Crédit intellectuel (2) ». Il s'agissait de former une société financière qui ferait pendant

---

(1) PAUL JUSTUS, *Sur la fondation d'écoles vocationnelles*, 1848.
(2) La lettre d'Enfantin se trouve dans *l'Opinion Nationale*, 24 mars 1863.

plusieurs années des avances aux jeunes gens connus par leur valeur personnelle. « Comment! s'écriait Enfantin, on trouverait fou que la sortie de l'École polytechnique ou de l'École normale, dans les dix premiers rangs, assurât un titre au crédit d'un établissement financier! Ce qui est fou, c'est que cela ne soit pas. » Indiquant ensuite les garanties à prendre pour assurer plus tard le remboursement, il affirmait la possibilité de « faire une excellente affaire en commanditant la science ». — Ce projet obtint la chaude approbation d'un grand nombre d'écrivains et de journalistes; mais les hommes d'affaires auxquels s'adressait Enfantin déclarèrent, après examen, l'entreprise financièrement irréalisable.

Duveyrier, l'année suivante, exposa la nécessité d'assurer aux enfants pauvres une éducation complète, afin de maintenir la paix sociale : les troubles populaires ne seraient plus à craindre, « si, grâce au crédit, l'héritage désormais sacré, parce qu'il pourrait être dédaigné, n'était plus indispensable pour parcourir la carrière à laquelle l'éducation rend propre. » L'État fera une série d'emprunts spécialement affectés à cet objet; les enfants du peuple remarquables par leurs aptitudes recevront ainsi un enseignement pratique, utilitaire : « Tout enseignement gratuit doit conduire à la profession et rendre digne d'être admis au crédit personnel (1). » — Duveyrier s'occupa ensuite de ceux qui auraient terminé leurs études, et voulut qu'ils pussent compter sur l'appui de l' « Institut de progrès social », établissement analogue au « Crédit intellectuel » d'Enfantin (2). Tout cela demeura sans résultat.

Ainsi l'école saint-simonienne a présenté une théorie générale sur l'éducation, puis ses principaux membres ont essayé de passer à la pratique. Beaucoup des idées émises par eux se retrouvent en germe dans les projets pédagogiques préparés sous la Révolution; mais l'école saint-simonienne fut la première à exposer ces idées sous forme de système. Le principe de ce système est fort contestable; le lien étroit établi par les écrivains du *Globe* entre l'enseignement et la religion ne peut plus convenir à nos sociétés modernes. Leur psychologie peut également soulever des critiques. Rien de plus séduisant que la pensée d'élever chacun d'après sa vocation; mais, en négligeant même les difficultés extérieures, il suffit d'avoir quelque peu pratiqué les en-

(1) DUVEYRIER, *l'Avenir et les Bonaparte*, 1864, chap. XIX et XXXIII.
(2) DUVEYRIER, *la Civilisation et la Démocratie française*, 1865.

fants et les adolescents pour reconnaître que les vocations véritables sont rares, et que maîtres et parents, malgré la plus grande
vigilance, arrivent difficilement à les découvrir. Reconnaissons
du moins que les saint-simoniens ont posé toutes les questions
importantes. La nécessité de restreindre, sinon de supprimer
l'étude des langues mortes; l'importance qu'il faut donner à
l'éducation physique; le débat ouvert sur le rôle qui doit revenir
à l'éducation morale à côté de l'instruction; l'extension de l'enseignement professionnel : autant de problèmes qui passionnent
aujourd'hui l'opinion publique. Il n'entre pas dans notre plan
de discuter les solutions proposées par l'école saint-simonienne;
nous avons seulement voulu montrer que cette école a sa place
marquée dans l'histoire de la pédagogie française au xixᵉ siècle.

Georges WEILL.

LE NOUVEAU RÉGIME

DES LICENCES ÈS SCIENCES [1]

Le *Bulletin administratif* de l'Instruction publique du 1ᵉʳ février 1896 contient le décret relatif à la nouvelle organisation des licences ès sciences, et les modifications imprévues, introduites dans cet examen fondamental, à la hâte, et sans que les Facultés aient été une dernière fois consultées, peuvent maintenant être discutées et appréciées dans la forme et dans le fond.

Je crois et je voudrais démontrer ici que cette réforme sera lettre morte pour les Facultés de province, à peine une illusion pour la Sorbonne, en vue de laquelle elle paraît avoir été faite ; elle n'aura d'autre résultat que de retarder de quelques années les améliorations que l'Université appelle de tous ses vœux.

L'idée que les examens de licence et d'agrégation doivent être modifiés, et que ces modifications doivent aller au delà du changement de quelques lignes dans les programmes, est déjà ancienne dans l'esprit des professeurs des Facultés des sciences. Si l'on pouvait consulter l'ensemble des procès-verbaux des séances des assemblées et des conseils, on y trouverait, depuis vingt ans, bien des discussions sur ce sujet.

Le système inauguré par les décrets de 1853, qui ont donné pour programme des licences le programme même des études de l'École polytechnique, et qui, dans l'esprit de ses auteurs, était peut-être une menace contre l'Université restée libérale, a été trop souvent critiqué pour qu'il soit utile d'y revenir ici. Les modifications de 1877 ont été heureuses mais insuffisantes, et depuis, chacun de nous a dû travailler à perfectionner l'œuvre commencée, à la compléter, à la développer, dans l'intérêt des études et pour l'honneur de l'Université. Nous nous sommes, en effet, toujours

(1) Nous avons publié dans notre dernier numéro le rapport de M. Darboux, qui commente et justifie le nouveau décret sur la licence ès sciences. Fidèle à nos habitudes d'impartialité, nous avons cru devoir accueillir le présent article, où cette réforme est envisagée sous un jour moins favorable.

permis d'interpréter largement les textes et les programmes, et si la lettre écrite des instructions ministérielles a parfois été un peu négligée, elle ne l'a été que pour le bien de tout le monde, étudiants et professeurs. Personne n'a eu à se plaindre de l'indépendance des Facultés et les cours et examens de licence sont restés à la hauteur de la science.

Malheureusement notre liberté était limitée à nos leçons, et nous n'avons pu modifier les règlements de l'agrégation, chaque jour plus défectueux.

Enfin, en 1891, dans un important article de cette Revue, M. J. Tannery (1) s'est fait le porte-parole d'un grand nombre d'entre nous et a mis en pleine lumière les inconvénients de la licence de 1877, particulièrement en ce qui concerne l'agrégation de mathématiques ou de physique. On doit retenir avec soin tout ce que le sous-directeur de l'École normale a dit de l'excès de travail imposé aux futurs agrégés par la préparation aux deux licences. Ils doivent user une partie de leurs forces à apprendre, ou tout au moins à retenir, des théories difficiles, dont ils n'auront souvent plus besoin pour leurs recherches personnelles ultérieures, et ces connaissances, « trop rapidement acquises, restent superficielles, sans racines, faciles à brouiller et à oublier. »

Et plus loin, M. J. Tannery ajoute encore : « Les étudiants sont appelés à rendre deux ordres de service, souvent les deux à la fois ; ils seront savants, ils seront professeurs. Pour les uns et pour les autres, certaines connaissances générales sont indispensables ; chaque licence doit représenter ces connaissances générales pour chaque ordre de sciences. Les connaissances représentées par une seule licence sont d'ailleurs insuffisantes ; la connaissance des sciences expérimentales est, dans une certaine mesure, nécessaire aux mathématiciens ; elle est nécessaire, parce qu'un esprit nourri exclusivement de spéculations abstraites risque d'être un esprit mal fait, et parce qu'un mathématicien a besoin de savoir quels problèmes de mathématiques posent les sciences de la nature et comment elles les posent. Un physicien a besoin de savoir les mathématiques, indispensables pour parvenir aux lois des phénomènes et pour relier ces lois entre elles ; un naturaliste a besoin de savoir la physique et la chimie, qui sont le fondement de la physiologie. C'est d'ailleurs dans les régions où les diverses sciences se rejoignent et se mêlent que le savant peut aujourd'hui et dans l'avenir avoir l'espoir de faire

(1) JULES TANNERY, *Les licences et les agrégations d'ordre scientifique* (*Revue de l'Enseignement supérieur*, 15 décembre 1891).

moisson de découvertes. Tout cela, personne ne le conteste.»

L'Université est personne prudente dans sa marche, elle respecte les choses anciennes et les traditions; ses chefs savent qu'il est du devoir d'un gouvernement de n'accomplir que les réformes plusieurs fois demandées et de ne pas céder à la pression irréfléchie des passions d'un moment. Aussi nul de nous ne fut surpris de voir l'article de M. J. Tannery rester sans sanction pendant l'année 1892 et la première partie de 1893 ; mais, lorsque nous parvint la circulaire ministérielle du 13 juillet 1893 sur la réforme des examens de licence, nous fûmes unanimes à penser que l'administration supérieure s'était appropriée une partie au moins des idées pédagogiques du savant mathématicien et que nous allions obtenir enfin une organisation rationnelle des études et des examens de licence, une organisation ne dépassant pas les forces de nos candidats et conforme à l'étendue de la science actuelle.

Les réponses des Facultés des sciences à la circulaire de M. H. Poincaré, du 13 juillet 1893, forment un important volume de la série des *documents et enquêtes sur l'enseignement supérieur* (1); ces réponses sont certes différentes et ces différences même prouvent leur sincérité. Quelques Facultés n'ont point osé aller jusqu'au bout de leur pensée, et semblent avoir cru que la consultation était de pure forme. D'autres se sont trouvées divisées par des intérêts particuliers, et leurs résolutions se trouvent un peu incohérentes; un assez grand nombre enfin (Bordeaux, Lille, Montpellier....) ont dégagé les principes qui leur semblaient devoir présider à la modification désirée des examens de licence et d'agrégation, et ont formulé des systèmes complets pour l'organisation des études d'enseignement supérieur, systèmes imparfaits peut-être dans leurs détails, mais très propres à servir de base à une discussion ultérieure.

De la lecture attentive des documents de l'enquête, il se dégage cependant une conséquence qui ne peut échapper à un esprit non prévenu; il y a lieu d'organiser une année d'études générales de mathématiques et de sciences expérimentales préparatoire aux études d'enseignement supérieur véritable.

Les candidats à la licence sont, en effet, lorsqu'ils entrent dans les facultés de province, insuffisamment préparés à suivre les cours. Si quelques-uns ont été de bons élèves de mathématiques spéciales, refusés à l'École polytechnique ou à l'École normale supérieure pour la faiblesse de quelque composition accessoire,

(1) *Enquête et Documents sur l'enseignement supérieur*, vol. LIII, licences ès sciences. Projet de réforme, Paris 1894.

d'autres, et souvent les plus nombreux, ne possèdent guère que le baccalauréat ou n'ont étudié l'algèbre et la géométrie analytique que dans des livres aujourd'hui bien vieillis.

Ces derniers commencent invariablement leurs études par les cours qui doivent conduire à la licence physique et ils ne tardent pas à reconnaître qu'ils sont mal armés pour suivre le développement de théories dont l'exposé exige la connaissance approfondie des principes élémentaires du calcul différentiel et intégral et de la mécanique rationnelle. La physique fait un constant appel aux notions de force, de mouvement, d'accélération, d'équilibre..., elle ne peut se passer des notions d'infiniment petits et d'intégrales.

Les candidats à la licence ès sciences naturelles ne sont pas dans une situation beaucoup plus favorable ; ils ont à étudier à la Faculté l'organisation intime d'un embranchement animal ou végétal sans notions générales sur l'anatomie des êtres vivants ou des plantes.

Dans l'un et l'autre cas, une bonne partie de la première année d'études supérieures, une bonne partie de la première année de bourse, est employée à l'acquisition de ces notions générales et élémentaires que les cours de Faculté ne donnent pas et ne doivent pas donner.

Les élèves se découragent en voyant que le but à atteindre est si loin devant eux.

Toutes les Facultés ont eu la notion de ces difficultés et toutes ont, sous des formes diverses, avec plus ou moins de précision, demandé qu'il fût organisé une année préparatoire aux cours de licence.

Il suffit de parcourir une fois l'enquête de 1894 pour reconnaître que c'est bien là le vœu commun des professeurs de l'enseignement supérieur. Quelque chose d'analogue existe déjà à la Sorbonne où, grâce à un personnel très nombreux, on peut organiser des enseignements préparatoires que l'on ne saurait actuellement réaliser dans les facultés de province.

II

Au lieu de répondre à nos désirs communs, le décret du 22 janvier 1896 nous apporte une modification imprévue des licences, une modification dont il n'avait jamais été auparavant question : la licence est obtenue après trois examens sur trois des matières enseignées dans les Facultés.

Au nom de la liberté des études, il sera possible de devenir licencié après des interrogations sur la mécanique rationnelle, la minéralogie et la botanique, et on évitera ainsi deux ans de présence sous les drapeaux.

Augmenter par des combinaisons singulières d'études et d'examens le nombre de ceux qui verront leur service militaire réduit à un an paraît être le but immédiat de la réforme actuelle.

La commission de l'armée, le ministre de la guerre, admettront-ils que l'on détourne à ce point de son sens ancien le mot de licence qui figure dans la loi militaire? C'est affaire à l'administration. Je n'ai pas à traiter ici la question.

Au point de vue de la science et de l'université, la réforme est mauvaise et impraticable.

Dans le même *Bulletin administratif* du 1er février, à la page 93, sous la rubrique « Enseignement secondaire », on trouve en effet que l'université n'admettra parmi ses membres que les jeunes gens qui possèderont une des *trois licences anciennes*. L'intention du ministre est précise : il veut « rassurer pleinement ceux qui désirent maintenir le niveau de notre corps de professeurs ».

La critique est sévère; elle est datée du même jour que le décret qui institue les licences nouvelles.

La réforme des licences ne pouvait, nous a-t-on dit, être différée; il y avait péril extrême à laisser subsister six mois encore une discipline sous laquelle se sont formés les jeunes savants, gloire de l'Institut, dont les savants étrangers Sophus Lie, Lord Kelvin... venaient en octobre célébrer le centenaire. Était-il donc indispensable de la modifier en janvier? Ne pouvait-on attendre jusqu'en juillet et offrir, comme don de joyeux avènement, la discussion du projet au nouveau conseil de l'instruction publique?

J'ai vainement cherché les raisons de cette hâte ; elles me sont aussi inconnues aujourd'hui qu'à la fin de décembre.

Avec le nouvel état des choses, on pourra être licencié, docteur, professeur dans une faculté, examinateur,... sans avoir les titres nécessaires pour enseigner dans un collège ou dans une école primaire supérieure. Et si des règlements futurs réagissent sur ces conséquences, cela démontrera une fois de plus que le décret du 22 janvier 1896 n'a été qu'une mesure de circonstance à laquelle l'intérêt de la science et des études n'a rien à voir.

III

Les licences, *licentia docendi*, m'ont toujours paru comme un certificat d'étude générale de l'une des trois grandes branches dans lesquelles on peut diviser la science : sciences mathématiques qui n'empruntent à l'expérience qu'un nombre très limité de postulats ; sciences physiques et chimiques, dans lesquelles la base de tout raisonnement est la constatation de faits de laboratoires et d'expériences dont les circonstances peuvent être indéfiniment variées ; sciences naturelles, dans lesquelles on est obligé de consulter les transformations que la série des siècles a lentement produites ou les changements plus rapides que le cycle de la vie des animaux ou des plantes déroule devant nous en quelques années et dont une faible partie peut seule se reproduire dans nos laboratoires. .

Dans chacune de ces sciences, il y a des étapes que l'on ne saurait impunément franchir sans s'y arrêter quelques instants, et ce sont précisément celles qui ont marqué les progrès successifs de l'esprit humain vers la connaissance toujours plus exacte des choses. L'étude de la géométrie doit incontestablement précéder celle de l'algèbre, car les lignes d'une figure sont quelque chose de tangible et de visible, que l'intelligence saisit plus facilement que les symboles de l'algèbre et du calcul des quantités complexes. Le calcul infinitésimal est l'introduction indispensable à l'étude de l'équilibre et du mouvement. L'astronomie a sans cesse recours aux propriétés des équations différentielles et aux théorèmes de la mécanique des systèmes. Le calcul des probabilités reste lettre close pour celui qui n'est pas familier avec les théories élevées de l'algèbre.

On ne peut donc nier qu'il y a dans la série des études mathématiques une marche logique et nécessaire, celle qu'indique l'histoire, dont ne peut guère s'écarter tout esprit qui se refuse à employer des moyens dont il n'a pas l'intelligence exacte et qui ne veut pas faire constamment appel à sa mémoire. Dans toute éducation mathématique, il y a des choses communes, des choses indispensables à l'étude des questions spéciales et nouvelles. Celui-là seul qui possède ces connaissances générales peut se donner tout entier à des recherches originales.

C'étaient les premiers termes de ces connaissances générales que représentait la licence mathématique ancienne, la licence universitaire d'aujourd'hui, avec ses épreuves portant sur le calcul infinitésimal, la mécanique rationnelle et l'astronomie. La mécanique, par les nombreux exercices qu'elle comporte, éclaircit à chaque pas la théorie des équations différentielles et donne une démonstration expérimentale de son utilité. L'astronomie, elle aussi, montre l'intérêt de nombreuses formules qui, sans cela, n'auraient été que des curiosités algébriques.

Je doute qu'il soit possible aux futurs licenciés militaires d'apprendre l'astronomie avant la mécanique, la mécanique ou la théorie des fonctions de variables imaginaires avant le calcul infinitésimal.

Et ainsi la série des trois certificats mathématiques sera forcément constituée par les trois certificats de calcul infinitésimal, de mécanique et probablement d'astronomie. La nouvelle licence sera l'ancienne et il n'y en aura pas d'autre, même à la Sorbonne.

L'étude de la physique, fût-elle expérimentale ou industrielle, ne paraît guère possible sans la connaissance approfondie de la géométrie analytique, des éléments du calcul différentiel et intégral, tel qu'on l'enseignait il y a quelque trente ans, de la mécanique des corps solides ou liquides. « Il ne faudrait pas risquer, par exemple, a dit M. J. Tannery dans l'article déjà cité, de lancer un jeune homme dans des études et des recherches de physique expérimentale sans qu'il ait aucune connaissance mathématique, en se fiant sur ce qu'il apprendrait les mathématiques quand il en sentirait le besoin : l'effort qu'il lui faudrait faire alors pour apprendre un peu de géométrie analytique, les éléments du calcul différentiel et intégral, les premiers principes de la mécanique rationnelle, serait excessif... ; il est des choses qu'il faut apprendre quand on est jeune, quand on est écolier; sinon on ne les apprend jamais. »

J'ai même entendu dire que la théorie des fonctions était quelquefois utile à la physique mathématique et que nos jeunes professeurs y faisaient parfois de larges emprunts.

Et la conclusion est que l'étudiant qui voudra obtenir un certificat de physique devra, tout comme aujourd'hui, commencer par s'assimiler le calcul différentiel et la mécanique rationnelle. Lorsque j'étais élève, Verdet usait largement de ces ressources; MM. Bouty et Lippmann doivent sûrement être plus exigeants encore.

Le certificat de physique, à moins qu'il ne soit analogue à celui qu'on pourrait donner à un contremaître de nos ateliers de précision, sera donc des plus difficiles à acquérir pour un jeune homme pressé de se libérer de son service militaire.

Balard et H. Sainte-Claire-Deville ont été mes maîtres en chimie. Bien des détails de leur enseignement lointain m'échappent aujourd'hui, mais il me reste cependant cette impression que la chimie est une, que les corps conservent partout leur individualité propre et que les applications de la chimie sont impossibles sans l'étude générale des réactions simples de la chimie minérale, des actions plus complexes de la chimie organique. Je pense donc que la chimie industrielle, la chimie biologique ne peuvent être étudiées avec fruit qu'après la chimie minérale, et qu'ici encore l'ordre ancien et traditionnel des cours devra être suivi.

Les trois ordres de sciences naturelles se prêtent un si constant appui qu'on ne saurait les séparer. Elles devront donc être cultivées simultanément comme aujourd'hui. Un géologue ne peut pas ignorer la zoologie et la botanique ; un zoologue ou un botaniste, même s'il s'agit d'un pur classificateur, est souvent obligé de tenir compte des résultats fournis par la paléontologie. Les sciences naturelles forment un tout dont les portions sont intimement reliées.

Encore est-il bon, et c'est le sens dans lequel nous aurions espéré une réforme, que les uns comme les autres aient des connaissances générales en physique et en chimie.

J'espère avoir démontré que, même à la Sorbonne où les chaires sont multiples et les professeurs plus nombreux encore, le décret du 22 janvier 1896 n'introduira pas grandes modifications dans les licences, car il y a un ordre rationnel et forcé dans la série des études d'enseignement supérieur.

En mathématiques, les étudiants continueront à suivre les cours de calcul infinitésimal, de mécanique rationnelle et d'astronomie de MM. Raffy, Painlevé et Wolf. Les leçons de MM. Hermite, Darboux, Poincaré... ne sont pas à la portée de jeunes gens qui ne sont encore que des élèves ; elles continueront à être suivies par des auditeurs qui viennent chercher dans la pensée du maître des secours pour des études spéciales déjà entreprises ou des sujets de mémoires ou de thèses.

En physique et en chimie, les cours utiles à la licence seront toujours ceux de MM. Bouty, Lippmann, Troost, Ditte et Friedel. Ce n'est que plus tard que les étudiants iront à l'institut Pasteur se familiariser avec les recherches délicates de la chimie biologique.

« La nouvelle réforme, écrit l'un des promoteurs du décret du 22 janvier, laisse les facultés plus libres que par le passé, et elle leur permet même, si elles le désirent, de garder l'état de choses actuel. Je crois même que les modifications devront être lentes et ne pas commencer par tout bouleverser. »

IV

Quant aux facultés de province, quant à celles où les chaires sont vraiment trop peu nombreuses, où les enseignements accessoires sont encore à créer, elles seront forcément conduites à ne modifier que bien peu de chose dans la situation actuelle. On ne peut guère, en effet, leur proposer de faire des licenciés avec les certificats obtenus par trois quelconques des enseignements qu'elles donnent. Les résultats obtenus en combinant trois à trois, suivant la formule connue, les matières de leurs cours seraient vraiment trop singuliers. On ne peut non plus sérieusement penser à laisser les élèves entièrement libres de leur choix. Les cours à option n'ont donné que de médiocres, très médiocres résultats dans les facultés de droit et leur nombre a déjà dû être diminué; il en sera de même dans les facultés des sciences.

Les facultés de Lille, Lyon, Bordeaux, Marseille, Nancy, désireuses de venir en aide aux industries locales, ont créé depuis quelques années des écoles de chimie industrielle qui sont de plus en plus prospères. Ces écoles délivrent à leurs meilleurs élèves des diplômes de chimiste dont la valeur est partout reconnue, mais qui, à la vérité, ne dispensent pas de deux ans de service militaire. C'est-il de ces jeunes gens, très habiles dans les manipulations, mais souvent d'une instruction générale médiocre, qu'il s'agit de faire des licenciés? J'espère que tel n'est pas le but, car il y aurait quelque chose d'injuste à accorder les mêmes droits à des étudiants d'une science générale certaine et à des chimistes qui souvent ne sont pas bacheliers, qui ne savent même pas la physique élémentaire.

Les cours de physique ou d'électricité industrielle sont peu nombreux en France. Je crois qu'il n'y en a que cinq (Bordeaux, Dijon, Grenoble, Lille et Marseille) ; ils s'adressent à des auditeurs bénévoles, de science très élémentaire, à de très rares ingénieurs, surtout à des contremaîtres qui viennent y chercher, le soir, des notions pratiques sur les instruments sans cesse en usage dans leurs usines. A Bordeaux, nous donnons aux plus assidus aux exercices pratiques du laboratoire d'électricité des médailles et nous nous proposons de leur délivrer des certificats.

Ces cours, qui ne comportent qu'un nombre limité de leçons, ne peuvent, dans aucun cas, être considérés comme des cours de licence. Les démonstrations qu'ils entraînent ne sont pas déduites du calcul, mais sont tirées d'analogies et de comparaisons avec des phénomènes familiers, les formules y sont en général remplacées par des tableaux numériques.

V

Au point de vue universitaire et pédagogique, le décret du 22 janvier 1896 appelle encore quelques réflexions.

Pour la licence physique, le candidat devra être pourvu des trois certificats de *physique générale, chimie générale,* minéralogie ou une autre matière de l'ordre des sciences mathématiques, physiques ou naturelles.

Le sens des deux premiers termes, qui sont nouveaux, sera sans aucun doute éclairci dans quelque future circulaire administrative. Aucune chaire de physique générale ou de chimie générale n'existe en France, et aucune tradition ne peut préciser le sens de cet enseignement. Si le rédacteur du décret a voulu dire que l'interrogation devra porter sur les diverses parties de la physique (chaleur, électricité, lumière...) et de la chimie (chimie minérale, chimie organique, thermo-chimie...), le mot générale est de trop. Si l'examen doit se borner à des notions générales, le niveau des études baissera d'une manière rapide et sensible.

L'autorisation donnée aux candidats de négliger la minéralogie est franchement mauvaise. Les théories de la double réfraction, de la polarisation chromatique... demandent la connaissance des systèmes cristallins, et des conditions différentes de structure et de dissymétrie moléculaire des corps qui cristallisent dans le système du cube ou du rhomboèdre. Ne pas demander ces notions aux physiciens, c'est leur fermer l'accès de la partie la plus française de l'optique, leur interdire la lecture de Malus, de Fresnel, de Biot et d'Arago.

Nous ne demandons certes pas mieux que de contribuer au développement des spécialistes, mais nous estimons qu'il n'y a pas de véritable spécialiste sans idées générales, et que personne ne peut faire des travaux originaux, des travaux faisant avancer la science, s'il ne peut s'appuyer sur une base solide.

Ce qui distingue le véritable savant, c'est l'aptitude toute particulière à relier des idées et des faits au premier abord de caractères disparates. C'est là ce qui a fait la réputation et la gloire de la science française depuis Descartes jusqu'à Laplace, depuis Cuvier jusqu'à Pasteur.

VI

Les considérations qui précèdent ne seront peut-être pas inutiles, et permettront, je l'espère, au futur conseil supérieur de l'instruction publique d'examiner à nouveau la question de l'organisation des licences, et de revenir sur le décret du 22 janvier 1896. Je crois avoir prouvé qu'il introduisait l'anarchie dans des enseignements qui doivent se succéder d'une manière logique, qu'il est presque inapplicable à la Sorbonne, qu'il est impossible dans les Facultés de province réduites à un petit nombre de professeurs.

Que l'un des membres de la section permanente veuille bien avoir la condescendance de venir interroger nos élèves, qui ne sont point des élèves de l'École normale, et s'entretenir avec nous des conditions dans lesquelles nous sommes obligés de professer, il reviendra à Paris convaincu que la seule réforme vraiment nécessaire à accomplir, la seule réforme désirable, était la création d'une année préparatoire aux licences ès sciences mathématiques, physiques et naturelles, et l'autorisation pour les étudiants de se présenter à l'agrégation avec le certificat d'études de l'année préparatoire et une seule licence.

On n'obligeait plus ainsi les mathématiciens à avoir appris et oublié toute la chimie, on n'imposait plus aux physiciens et aux chimistes la théorie des fonctions elliptiques, hyperelliptiques ou autres...; on pouvait donner à l'enseignement des mathématiques et de la physique, allégé des éléments, tous les développements aujourd'hui indispensables. Les cours devenaient ainsi plus directement utiles aux élèves qui, débarrassés du souci des examens, à un âge où l'esprit est encore vigoureux, où tout enthousiasme n'est pas éteint par un labeur d'écolier trop longtemps continué, entreprendraient certainement des travaux personnels profitables à eux-mêmes, à la science et à leurs futurs élèves. Aujourd'hui, il est bien rare qu'un agrégé de trente ans ait d'autre pensée que de profiter d'un grade qui assure sa carrière et la tranquillité de son existence.

Moins enfiévrés que nos collègues de Paris par les relations mondaines et la lutte de chaque jour, nous ne sommes cependant point des hommes rétrogrades, attachés par paresse aux traditions anciennes, mais nous avons le loisir de réfléchir et de penser aux conséquences de nos entreprises. En province, nous croyons au progrès, à la méthode, à la succession nécessaire et forcée de certaines études; nous pensons qu'un règlement peut et doit être fait pour la moyenne des étudiants, et non pas pour quelques génies, qui peuvent impunément se départir de toute règle.

C'est pour cela que nous sommes inquiets des conséquences du décret du 22 janvier.

G. RAYET,

Doyen de la Faculté des sciences de Bordeaux.

LE BUDGET

DE L'INSTRUCTION PUBLIQUE

DEVANT LES CHAMBRES

ENSEIGNEMENT SUPÉRIEUR ET SECONDAIRE

CHAMBRE DES DÉPUTÉS

Séance du 26 novembre 1895.

M. d'Hulst (droite) prend la parole dans la discussion générale.

Je veux borner mes brèves observations à la critique de quelques-unes des dépenses engagées dans le passé et de celles qu'on propose pour l'avenir...

... De l'enseignement secondaire, je ne dirai qu'un mot. Je n'ai pas l'intention de discuter aujourd'hui la question de principe, à savoir si l'État fait bien d'avoir des collèges à lui; j'ai là-dessus des idées qui ne sont pas les vôtres, mais je ne les expose pas en ce moment.

Admettons que ce soit une bonne chose pour l'État de se faire le distributeur de l'enseignement secondaire, même dans des internats. Eh bien! là encore on doit se poser cette question : Y avait-il des économies possibles? Les a-t-on faites? Fallait-il faire autant de lycées? Fallait-il les faire si beaux, si grands, si coûteux?

La réponse n'est pas douteuse. Vous pouviez satisfaire à tous les besoins de l'enseignement secondaire, à supposer que ce soit répondre à un besoin que de créer des établissements de l'État; vous pouviez, dis-je, y satisfaire et contenter à la fois les exigences de l'hygiène et celles de la pédagogie sans créer ces établissements superbes qui ont fait la fortune des entrepreneurs et des spéculateurs en contribuant à obérer l'État.

Je serai beaucoup plus sobre de critiques à l'égard de l'enseignement supérieur; car, si l'on a beaucoup dépensé depuis vingt ans pour les facultés en France, c'est que vraiment de ce côté tout était à faire, ou à peu près. Il ne me reste à cet égard qu'à souhaiter, avec M. Delafosse, de voir arriver le jour où les facultés, groupées en universités, recevront une pleine autonomie, où le budget de l'État s'en désintéressera progressivement après leur avoir conféré, comme il a commencé de le faire, la personnalité civile, et je suis persuadé que ces universités régionales, animées d'un esprit propre et d'un grand amour pour la science, trouveront dans les dons, legs, fondations, droits d'inscriptions, droits d'examen et autres perceptions toutes les ressources nécessaires pour se maintenir à la hauteur de leur honorable mission.

L'État restera seulement chargé des établissements scientifiques d'intérêt général, comme le Collège de France, le Muséum d'histoire naturelle, les observatoires, les bibliothèques, et enfin de ce service si intéressant des fouilles archéologiques dans les pays étrangers. Donc, encore de ce côté-là, Messieurs, sans vouloir rien diminuer de l'importance de ce grand enseignement supérieur, qui est peut-être le plus intéressant de tous, parce que c'est de là que rayonne la pensée contemporaine, je crois qu'il y aurait, au moins dans l'avenir, d'importantes économies à faire, qui ne coûteraient rien à la dignité et au renom scientifique de notre pays.

Toutes ces économies sont possibles. Elles l'ont été dans le passé, elles le sont encore dans le présent. Eh bien! non seulement vous ne les faites pas, vous ne les proposez pas, mais vous tolérez à peine qu'on vous en parle, et c'est avec un dédain ironique que vous les entendez réclamer. Je trouve un exemple frappant de cette disposition étrange qui consiste à dire : « Ces économies sont raisonnables, elles sont nécessaires, mais nous ne les ferons jamais, » à la page 69 du rapport de l'honorable M. Delpeuch. Il s'agit, dans le passage auquel je fais allusion, de l'avance remboursable au collège Sainte-Barbe, qui est de 150 000 francs encore pour cette année.

Vous vous rappelez tous l'origine de cette dépense. Il y a quelques années, deux établissements libres d'enseignement secondaire, l'école Monge et le collège Sainte-Barbe, étaient à la veille de périr à cause de leur mauvaise situation financière. Le Gouvernement est venu nous demander de les subventionner dans de très larges proportions en disposant que, si ce secours considérable ne suffisait pas à rétablir leurs affaires, l'État alors pourrait devenir acquéreur de ces établissements pour en faire des lycées — ce qui serait une opération avantageuse, parce que cela coûterait moins cher que de construire des lycées nouveaux qui pourraient devenir bientôt nécessaires, et que d'ailleurs la somme des avances faites annuellement serait imputée sur le prix de vente et déduite de la somme à payer. Qu'est-il arrivé? Les prévisions fâcheuses que le rapport émettait se sont réalisées, dès l'année dernière, pour l'école Monge. On est venu nous dire : L'État va racheter l'école Monge, parce qu'un lycée est utile dans cet endroit; seulement, par dérogation aux stipulations faites et que le Parlement avait consacrées, l'avance des 3 ou 400 000 francs déjà versée à l'école Monge ne sera pas imputée sur le prix d'acquisition, ni déduite de la somme à payer.

Qu'est-ce que cela voulait dire? Que les actionnaires de cette école ne voulaient pas perdre un sou dans une affaire financière qui a mal réussi; et que, s'il y avait une perte à subir, c'était l'État qui devait la supporter. Quant a l'école Sainte-Barbe, elle a continué de vivre ou de végéter, et voici en quels termes s'exprime M. le rapporteur à l'égard de cette subvention :

« Avances remboursables au collège Sainte-Barbe, 150 000 francs. — C'est la dernière annuité à inscrire au budget au profit de cet établissement. L'appui que l'État lui a prêté pendant quelques années n'a pas eu tout l'effet qu'on s'en promettait pour le collège Sainte-Barbe. S'il fallait procéder à la liquidation de la société qui dirige cette maison, dont le renom survit à la prospérité, il ne faudrait pas compter sur le remboursement intégral de l'avance de 750 000 francs faite en cinq annuités budgétaires. L'intérêt de l'État à devenir acquéreur n'apparaît point : les lycées, dont le voisinage et le succès ont amené le déclin de Sainte-Barbe, n'ont pas besoin de cette annexe. Faut-il laisser tomber et disparaître cette institution, accablée sous le poids de sa dette envers le Crédit foncier?... »

Voilà qui est clair! Vous croyez qu'on va répondre : oui? Pas du tout! On répond qu'on ne veut pas préjuger la question.

Eh bien! je dis, moi, qu'il vous appartenait de la préjuger et de dire : non, ce n'est pas à l'État d'aller combler les déficits qui se produisent dans les finances d'entreprises honorables et estimables, sans doute, mais qui ne méritent, à aucun égard, ce privilège de voir leurs pertes garanties par les ressources empruntées à la fortune de tout le monde.

J'ai donc le droit de dire que, dans le passé, quoi qu'on en dise, on a toujours été prodigue; que dans le présent, on pourrait encore faire beaucoup d'économies; mais c'est le système qui ne veut pas qu'on en fasse. On appelle cela le système républicain, je trouve que le mot est dur pour la

République; mais un jour viendra, et il est proche, où cela s'appellera le système de la banqueroute.

M. Combes, *ministre de l'instruction publique, des beaux-arts et des cultes.* — Messieurs, je ne répondrai pas par des éloges systématiques aux critiques un peu mélangées qui ont été portées à la tribune par l'honorable M. d'Hulst. Je n'ai pas à défendre d'une manière générale la politique financière du Gouvernement; je ne peux me placer qu'à un point de vue particulier de cette politique.

On peut dire que les thèses générales n'attestent guère que des opinions individuelles; elles ne font guère avancer les questions et, quand on veut arriver à des conclusions positives, c'est surtout aux faits incriminés, aux critiques de détail qu'il faut s'attacher. Je passerai donc, si vous le voulez bien, sur la partie que j'appellerai tendancieuse du discours prononcé par l'honorable M. d'Hulst. Il est évident que je ne puis espérer m'entendre avec lui sur la direction à donner et sur les règles à suivre en matière d'enseignement public.

M. d'Hulst. — Je ne suis pas intransigeant.

M. le ministre de l'instruction publique, des beaux-arts et des cultes. — Nous partons, en effet, pour les concevoir, de points tout à fait différents.

L'enseignement public apparaît à l'honorable M. d'Hulst comme un droit à peu près exclusif ou de la famille ou de la commune.

A l'extrême gauche. — Et du clergé!

M. le ministre. — Il l'a nettement marqué en reconnaissant pour son idéal cette loi belge contre laquelle protestent les libéraux de tous les pays.

Pour nous, Messieurs, le droit de l'individu est un droit éminemment respectable, mais il ne peut pas et ne doit pas faire obstacle au droit de l'État.

M. le comte de Lanjuinais. — Vous le respectez, mais vous le supprimez.

M. le ministre de l'instruction publique. — Notre enseignement public est fondé sur ces deux principes : le respect du droit de l'État, le respect du droit de l'individu.

Tout a été dit et redit à cet égard depuis quinze ans. L'histoire de la République, à la bien prendre depuis ces quinze années, n'est que l'histoire des luttes entreprises et soutenues pour réaliser ces deux principes dans les institutions enseignantes. Elle se résume dans la série des lois votées par le Parlement sur cette matière. Et, certes, il a bien fallu que ces principes correspondissent à l'essence même de l'opinion républicaine, puisque ces lois ont été regardées comme le véritable *criterium* des opinions et des idées, même en matière politique.

Il y a d'ailleurs cette particularité à noter, que les nombreux ministères qui ont siégé sur ces bancs, à quelque nuance de l'opinion républicaine qu'ils aient appartenu, ont pu professer au sujet des droits dont il s'agit des doctrines invariables et qu'ils les ont défendues avec une fixité d'opinion qui ne s'est jamais démentie.

M. Jules Delafosse (droite). — C'est une doctrine de parti.

M. le ministre de l'instruction publique. — Vous me direz également de ce côté (*la droite*), que les adversaires de ces lois n'ont pas mis une moindre insistance à les critiquer et à en demander l'abrogation. Je le reconnais, et je reconnais qu'une pareille attitude prouve évidemment en faveur de la sincérité de leurs sentiments. Mais vous m'accorderez aussi qu'une leçon s'en dégage : c'est que les positions sont prises de part et d'autres; c'est qu'à l'heure actuelle il serait chimérique, pour les défenseurs de ces lois, d'espérer un résultat quelconque de controverses qui ont été jusqu'à ce jour stériles, et, pour les adversaires, de compter sur des défaillances de caractère ou de conduite dans les hommes qui ont charge de les appliquer.

... Je n'ai pas bien saisi, je dois l'avouer, ce que M. d'Hulst a dit de notre enseignement secondaire. J'ai prêté l'oreille du mieux que j'ai pu : ses critiques ne sont pas venues jusqu'à moi. Je suis donc obligé de passer. Je m'arrête seulement à une pensée émise, après M. Delafosse, par M. d'Hulst au sujet de notre enseignement supérieur.

Sur ce point-là, l'honorable orateur envisage le projet de loi qui a été déposé ici sur la constitution des universités sous un jour qui n'est pas exact. Non, il n'entre pas dans la pensée du Gouvernement, il n'entre pas dans les désirs de l'opinion publique que nos facultés, en se groupant dans une organisation nouvelle qui leur donnerait la cohésion et l'essor qui leur font un peu défaut, se détachent volontairement de l'Etat pour former des universités qui sont dans nos vœux, je le reconnais, mais qui perdraient immédiatement, en devenant absolument libres, le caractère national qu'elles doivent conserver.

Nos universités, telles qu'elles sont projetées, telles que vous les approuverez sans aucun doute, tiendront toujours à l'Etat, sinon par une étroitesse de programme que personne ne désire, que nous commençons déjà à dénouer, au moins par les origines au point de vue du personnel, par les liens au point de vue des subventions et, ce qui est plus important encore, par l'esprit qui doit les animer et qui ne peut être que l'esprit républicain.

Quand on traite ces questions en s'inspirant de sentiments personnels, on est toujours exposé à les envisager d'un point de vue mesquin et étroit; il faut les voir à la lumière des intérêts de ce pays. Quel a été dans le passé, mais quel est plus particulièrement au moment présent, le grand intérêt du pays? C'est de faire l'unité des cœurs, de même que par ses doctrines il tend à faire l'unité des esprits. Cette unité des cœurs et des esprits ne peut résulter que d'un enseignement uniforme puisant aux mêmes sources de la morale et du droit, respectant sans doute les traditions du passé, mais comprenant admirablement le temps actuel, et, dans le regard jeté vers l'avenir, oubliant nos dissensions intestines, nos querelles de parti pour n'envisager que la prospérité et la grandeur de la France.

DISCUSSION DES ARTICLES

Chap. 1er. — Traitement du ministre et personnel de l'administration centrale, 1008000 francs.

(Le chapitre 1er, mis aux voix, est adopté.)

Chap. 2. — Matériel de l'administration centrale, 270500 francs. (Adopté.)

Chap. 3. — Conseil supérieur et inspecteurs généraux de l'instruction publique, 287500 francs. (Adopté.)

Chap. 4. — Services généraux de l'instruction publique, 371000 fr. (Adopté.)

Chap. 5. — Administration académique (Personnel), 1707200 francs. (Adopté.)

Chap. 6. — Administration académique (Matériel), 163870 francs. (Adopté.)

Chap. 7. — Facultés (Personnel), 9831878 francs. (Adopté.)

Chap. 8. — Facultés (Matériel), 2842203 francs. (Adopté.)

Chap. 9. — Facultés dont les dépenses donnent lieu à compte avec les villes, 280000 francs. (Adopté.)

Chap. 10. — Ecole des hautes études, 330000 francs. (Adopté.)

Chap. 11. — Ecole normale supérieure, 526600 francs. (Adopté.)

Chap. 12. — Collège de France, 509000 francs. (Adopté.)

Chap. 13. — Ecole des langues orientales vivantes, 154000 francs. (Adopté.)

Chap. 14. — Ecole des chartes, 71000 francs. (Adopté.)

Chap. 15. — Ecole française d'Athènes, 78000 francs. (Adopté.)

Chap. 16. — Ecole française de Rome, 72000 francs. (Adopté.)

Chap. 17. — Muséum d'histoire naturelle (Personnel), 396100 fr. (Adopté.)

Chap. 18. — Muséum d'histoire naturelle (Matériel), 592 400 francs. (Adopté.)

Chap. 19. — Observatoire de Paris, 258 500 francs. (Adopté.)

Chap. 20. — Bureau central météorologique, 186 800 francs. (Adopté.)

Chap. 21. — Observatoire d'astronomie physique de Meudon, 75 000 francs. (Adopté).

Chap. 22. — Observatoires des départements, 214 200 fr. (Adopté.)

Chap. 23. — Subvention d'entretien à l'Observatoire du Mont-Blanc, 12 000 francs. (Adopté.)

Chap. 24. — Bureau des longitudes, 148 000 francs. (Adopté.)

Chap. 25. — Institut national de France, 697 000 francs. (Adopté.)

Chap. 26. — Académie de médecine, 75 300 francs. (Adopté.)

Chap. 27. — Bibliothèque nationale (Personnel), 436 000 francs. (Adopté.)

Chap. 28. — Bibliothèque nationale (Matériel), 272 000 francs. (Adopté.)

Chap. 29. — Bibliothèque nationale. — Catalogues, 80 000 francs. (Adopté.)

Chap. 30. — Bibliothèques publiques, 217 600 francs. (Adopté.)

Chap. 31. — Catalogues des manuscrits et incunables, 30 000 francs. (Adopté.)

Chap. 32. — Archives nationales, 200 000 francs. (Adopté.)

Chap. 33. — Services généraux des bibliothèques, 39 000 francs. (Adopté).

Chap. 34. — Sociétés savantes, 78 000 francs. (Adopté.)

Chap. 35. — Souscriptions scientifiques et littéraires. — Impression gratuite d'ouvrages de haute érudition. — Bibliothèques municipales et populaires. — Echanges internationaux, 198 000 francs. (Adopté.)

Chap. 36. — Encouragements aux savants et gens de lettres, 180 000 fr. (Adopté.)

Chap. 37. — Voyages et missions scientifiques et littéraires, 145 250 fr. (Adopté.)

Chap. 38. — Musée ethnographique. — Musée Guimet, 67 000 francs. (Adopté.)

Chap. 39. — Institut français d'archéologie orientale au Caire, 196 860 francs. (Adopté.)

Chap. 40. — Recueil et publication de documents inédits de l'histoire de France, 165 000 francs. (Adopté.)

Chap. 41. — Frais généraux de l'instruction secondaire, 146 000 fr. (Adopté.)

Chap. 42. — Lycées nationaux, 10 960 000 francs. (Adopté.)

Chap. 43. — Collèges communaux de garcons, 3 665 684 francs. (Adopté.)

Chap. 44. — Enseignement secondaire des jeunes filles, 2 050 452 fr. (Adopté.)

Chap. 45. — Bourses nationales, exemptions et dégrèvements dans les lycées et collèges, 3 680 000 francs. (Adopté.)

Chap. 46. — Enseignemeut primaire. — Inspecteurs. — Inspectrices générales et départementales des écoles maternelles, 2 318 150 francs. (Adopté.)

Chap. 47. — Ecoles normales supérieures d'enseignement primaire. — Ecoles normales primaires, 8 440 000 francs. (Adopté.)

Chap. 48. — Ecoles nationales professionnelles de Vierzon, Voiron et Armentières, 285 500 francs. (Adopté.)

Chap. 49. — Enseignement primaire supérieur, 2 301 327 fr. (Adopté.)

Chap. 50. — Bourses nationales d'enseignement primaire supérieur, 852 800 francs. (Adopté.)

Chap. 51. — Enseignement primaire élémentaire en France, moins les villes de plus de 150 000 âmes, 115 070 020 francs. (Adopté.)

Chap. 52. — Création d'écoles et d'emplois, 400 000 francs.

Sur ce chapitre, il y a un amendement de M. Dupont, qui propose d'élever le crédit de 100 000 francs.

La Chambre des députés adopte l'amendement par 370 voix contre 144.

En conséquence, le chiffre du chapitre 52 est porté à 500 000 francs.

Chap. 53. — Part contributive de l'État, dans les dépenses de l'enseignement primaire élémentaire et supérieur dans les villes de plus de 150 000 âmes, 4 351 633 francs. (Adopté.)

Chap. 54. — Allocations diverses, 614 800 francs. (Adopté.)

Chap. 55. — Enseignement primaire. — Caisses des écoles. — Inspection médicale. — Subventions facultatives, 180 000 francs. (Adopté.)

Chap. 56. — Enseignement primaire. — Examens. — Cours d'adultes. — Matériel. — Encouragements. — Bibliothèques scolaires, 805 000 francs. (Adopté.)

Chap. 57. — Secours et allocations, 1 849 200 francs. (Adopté.)

Chap. 58. — Subventions aux départements, villes et communes, destinées à faire face aux payements de partie des annuités dues par eux et nécessaires au remboursement des emprunts qu'ils ont contractés pour la construction de leurs établissements publics d'enseignement secondaire et d'enseignement primaire, 5 800 709 francs. (Adopté.)

Chap. 59. — Service des constructions scolaires. — Enseignement primaire, 2 500 000 francs.

Chap. 60. — Services des constructions scolaires (Enseignement secondaire), 2 150 000 francs. (Adopté.)

Chap. 61. — Service de constructions scolaires (Enseignement supérieur), 791 000 francs. (Adopté.)

Chap. 62. — Matériel scientifique et installation des établissements d'enseignement supérieur, 445 000 francs. (Adopté.)

Chap. 63. — Avance remboursable au collège Sainte-Barbe, 150 000 francs. (Adopté.)

Chap. 64. — Création de deux lycées de jeunes filles, 600 000 francs. (Adopté.)

Chap. 65. — Fouilles de Delphes, 100 000 francs. (Adopté.)

Chap. 66. — Dépenses des exercices périmés non frappées de déchéance. Mémoire.

Chap. 67. — Dépenses des exercices clos. Mémoire.

SÉNAT

Séance du 24 décembre.

Sur le chap. 7. — Facultés (Personnel), 9 255 878 francs, M. Bardoux (centre gauche) veut en quelques mots appeler l'attention de M. le ministre de l'Instruction publique sur une lacune de l'enseignement supérieur.

Vous savez, Messieurs, que la géographie se divise en deux branches : la géographie historique et la géographie physique. L'enseignement de la géographie historique est abondamment pourvu et je n'ai pas à rappeler les noms des très brillants professeurs de cet enseignement; mais tandis qu'à l'étranger l'enseignement de la géographie physique qui se rattache aux Facultés des sciences est abondamment pourvu de chaires magistrales, de conférences et de locaux pour des travaux pratiques, cet enseignement n'existe pas sérieusement à la Sorbonne. Et cependant, le conseil général des facultés, a, dès 1886, dans une délibération que je ne ferai pas passer sous vos yeux, émis à l'unanimité le vœu que l'enseignement de la géographie physique fût institué à la Faculté des sciences.

Ce rapport, qui émane d'un homme très compétent, et dont il suffit que je prononce le nom pour qu'immédiatement vous en fassiez l'éloge, M. Lavisse, confirme ce fait que toutes les Universités étrangères sont dotées de chaires de géographie physique.

On a donné, Messieurs, une satisfaction apparente au vœu du conseil général des Facultés. On a créé un cours annexe qui dispose d'une quinzaine de leçons seulement dans le premier semestre. Il n'a absolument aucune espèce de dépendance, aucune conférence, aucun local qui puisse permettre l'application des travaux pratiques. Il y a simplement un maître qui, avec beaucoup de talent, fait un cours accessoire.

Eh bien! savez-vous ce que sont obligés de faire les étudiants qui sont candidats à l'agrégation de l'histoire, de la géographie ou des sciences naturelles? Ils sont obligés d'aller dans un établissement libre, l'institut catholique, suivre le cours très remarquable, du reste, de M. de Lapparent.

Je crois qu'il est utile que l'enseignement de la géographie physique soit institué à la Sorbonne et que cette infériorité au point de vue de la science européenne soit comblée.

Je ne pense pas que le Sénat veuille, sur des questions d'enseignement supérieur, faire des économies. C'est la seule observation que je voulais présenter.

M. le ministre — Je suis d'accord avec l'honorable M. Bardoux sur l'importance de la chaire dont il demande la création.

Il est certain que, du jour où la géographie a cessé d'être une science purement historique pour devenir une science positive, elle a dû chercher sa base dans des méthodes nouvelles. C'est la raison d'être de la géographie physique.

A ce propos, je ne voudrais pas laisser croire au Sénat qu'il n'existe, dans nos Facultés, aucun enseignement de ce genre et que nos élèves sont obligés d'aller le demander à d'autres établissements.

Il est certain que M. de Lapparent, que l'on a cité à cette tribune, fait à ses auditeurs un cours complet sur la matière; mais il est certain aussi que nous avons à la Sorbonne un cours annexe de géographie physique.

Je dois à la verité de déclarer que ce cours annexe n'a pas l'importance qu'il devrait avoir.

Aussi je tâcherai de donner satisfaction à M. Bardoux, et je procéderai pour y réussir comme le Gouvernement actuel a pour règle d'opérer : je réaliserai des économies pour trouver, sans augmentation de dépenses, les crédits indispensables pour la création d'une chaire de géographie physique.

M. Bardoux. — Je ne demande aucune augmentation de crédit.

M. le président. — M. Bardoux se contente du crédit voté par la commission des finances qui comporte une diminution sur le chiffre voté par la Chambre qui était de 9 831 878 francs. La commission des finances propose un crédit de 9 255 878 francs.

M. le président. — Je mets aux voix le chiffre de 9 255 878 francs pour le chapitre 7.

(Le chapitre 7 est adopté.)

Sur le Chap. 10. — École des hautes études, 322 000 francs. M. Waddington (gauche) demande au Sénat de rétablir le crédit voté par la Chambre, qui était de 330 000 francs.

Il s'agit d'une somme de 8 000 francs, et quand vous saurez le but que se propose l'École des hautes études en demandant cette légère augmentation, je crois que vous l'accorderez. Il s'agit, en effet, de doter cette très intéressante institution de cours d'enseignement de géographie de l'antiquité et d'histoire byzantine, d'un côté, et d'autre part, d'élever à un taux normal la rémunération des conférenciers de certains cours. Ces conférenciers se contentent actuellement d'un traitement de 1 000 francs; l'augmentation demandée est destinée à porter ce traitement, qui est absolument dérisoire, au taux normal de 2 000 francs ce qui n'est pas excessif, étant donné le mérite et le talent des conférenciers.

M. le ministre. — Messieurs, je tiens à vous signaler un malentendu qui provient d'une expression défectueuse.

On diminue de 8 000 francs le crédit qui a été prévu à l'origine en vue des services à organiser dans l'école des hautes études, on le diminue sous le prétexte de vacances d'emplois. Qu'arrive-t-il? C'est qu'on contraint l'administration à y organiser l'enseignement en prévision de cette diminution de crédit.

On empêche donc par cette expression « vacances d'emplois », d'établir tous les enseignements que l'école comporte.

La somme totale pour l'organisation projetée était de 330 000 francs. La prévision des vacances d'emploi la ramène à 322 000 francs. Ce sont donc 8 000 fr. dérobés à l'enseignement. Car jamais les vacances d'emplois n'ont atteint ce chiffre; à peine sont-elles montées parfois à 1 200 ou 1 500 francs qui, le cas échéant, sont tombées en annulation. Avec cette précision erronée, on met obstacle à l'organisation scientifique de 'établissement.

Après deux épreuves douteuses, le Sénat adopte par 123 voix contre 101 le chap. 10 avec le chiffre voté par la Chambre des députés.

Sur le Chap. 42. — Lycées nationaux, 10 907 000 francs. M. Rabier, *commissaire du Gouvernement*, demande au Sénat de vouloir bien rétablir uu crédit de 45 000 francs voté par la Chambre des députés, et supprimé par la commission des finances, en faveur des professeurs agrégés des lycées de Paris et des départements.

Ce n'est pas un relèvement de traitement que nous venons vous demander. Nous vous demandons simplement de permettre à ces fonctionnaires d'entrer réellement en possession des traitements qui leur sont attribués par leur statut actuel.

Voici quelle est leur situation :

Le nouveau régime inauguré en 1887, qui est le statut sous lequel vivent actuellement les professeurs agrégés, est, à certains égards, plus défavorable pour eux que ne l'était le précédent. En effet, pour les professeurs de Paris, par exemple, tandis que le nombre des professeurs agrégés s'est accru d'environ 6 p. 100, depuis cette époque le nombre de ceux qui peuvent avoir accès au traitement de 1re classe a diminué d'environ 29 p. 100. Par conséquent, l'avancement a été, de ce chef, considérablement ralenti.

Mais ce n'est pas tout. Le décret de 1887 prescrit que lorsqu'il y aura surnombre de professeurs dans une classe, les promotions auront lieu dans cette classe non pas en nombre égal à celui des vacances, mais seulement dans la proportion de 5 promotions pour 7 vacances. Or, Messieurs, par cela même que, ainsi que je l'expliquais tout à l'heure, le régime antérieur permettait l'accès à la 1re classe d'un nombre de professeurs plus considérable que le régime inauguré en 1887, il est arrivé lors de la première application du décret de 1887 qu'un nombre de professeurs beaucoup plus considérable que celui prévu par ce décret comme contingent normal de la 1re classe a été rangé dans cette classe en vertu même du traitement dont ils jouissaient antérieurement.

En conséquence, depuis cette époque, — depuis 1887, — l'avancement de ces fonctionnaires n'a pu se faire dans les conditions normales. Pour 7 vacances qui se produisaient, jamais il n'y a eu que 5 promotions. Par conséquent, vous le voyez, l'avantage même que le régime antérieur assurait, sous ce rapport, aux professeurs agrégés, a eu pour effet, par une répercussion des plus fâcheuses, de ralentir d'une façon tout à fait anormale l'avancement des professeurs qui vivent sous le nouveau régime.

Et voici, Messieurs, la situation actuelle qui en résulte :

A Paris, à l'heure actuelle, plus de 40 professeurs agrégés, dont les deux tiers ont plus de cinquante-cinq ans, remplissent les conditions de stage suffisant pour leur permettre l'accès à la 1re classe. Si l'augmentation du crédit votée par la Chambre n'est pas maintenue par le Sénat, 8 d'entre eux seulement vont être promus à la 1re classe; c'est-à-dire qu'aucun d'eux ne pourra atteindre à ce qu'on appelle la promotion « hors classe », et que la plupart auront, quel que soit le mérite, après quarante ans de services excellents, une retraite basée sur le traitement de la 2e classe seulement.

J'avais donc quelque raison de dire que les traitements qui figurent dans le statut de 1887 et qui sont en quelque sorte promis à nos fonctionnaires par ce statut, leur demeurent en fait à peu près interdits et inaccessibles par suite de circonstances accidentelles. Des observations analogues, quoique un peu moins décisives, pourraient s'appliquer aux professeurs de province.

M. le président. — Je mets aux voix le chiffre le plus élevé, 10 952 000 francs, qui est repoussé par la commission des finances et qui est celui de la Chambre.

(Ce chiffre est adopté).

M. le président. — Nous sommes arrivés au chapitre 43 du budget du ministère de l'instruction publique « Collèges communaux de garçons ».

La Chambre des députés a voté un crédit de 3 665 784 francs, que la commission des finances du Sénat propose de réduire à 3 653 784 francs.

M. Combes, *ministre de l'instruction publique, des beaux-arts et des cultes.* — Messieurs, je ne viens pas solliciter du Sénat un relèvement de crédit : j'accepte le chiffre adopté par la commission des finances.

Ce que je demande au Sénat, c'est de me permettre d'affecter une partie du crédit de ce chapitre, soit 55 000 francs, à réaliser la volonté exprimée par la Chambre des députés d'assimiler les professeurs de premier ordre des collèges aux professeurs élémentaires des lycées.

Votre commission des finances n'a pas cru devoir accepter cette résolution de la Chambre. Or, si j'ai bien compris ses motifs, elle a été guidée tout d'abord par la pensée de s'en tenir au projet primitif du Gouvernement, où cette assimilation ne figurait pas. Il ne me paraît pas possible que la commission des finances adopte pour principe absolu de revenir en toute occasion aux propositions primitives du Gouvernement, et vous comprenez pourquoi : ce serait, de parti pris, le conflit entre les deux Assemblées élevé à la hauteur d'un principe, indépendamment de cette considération, capitale en la circonstance, que le Gouvernement a accepté l'initiative de la Chambre des députés.

Sans doute, on peut croire que la sagesse parlementaire conseille de se défier de l'entraînement produit par la discussion et de soumettre à une critique rigoureuse des augmentations accidentelles de crédits.

Tel n'est pas le cas, cette année : c'est la commission du budget de la Chambre des députés qui a pris elle-même l'initiative de l'augmentation; c'est elle qui l'a proposée, après une étude raisonnée et réfléchie, et, quand on songe que cette même commission a pourchassé, pour ainsi dire, par amour de l'économie, toutes les dépenses superflues dans les recoins les plus obscurs du budget; quand on se rappelle qu'elle a réalisé sur le crédit total budgétaire une réduction de dépenses de 30 millions, on est conduit nécessairement à cette pensée qu'elle a dû céder à des considérations impérieuses en inscrivant au budget les 55 000 francs qui font l'objet de cette discussion.

Messieurs, ces considérations sont en effet très importantes.

Avant tout, c'est la fonction qu'il est indispensable de rétribuer convenablement. L'avenir de nos collèges communaux y est essentiellement intéressé. A moins de les sacrifier aux autres établissements de l'État, à moins de centraliser l'instruction secondaire dans les lycées et dans les établissements libres qui leur font concurrence...

M. Fresneau (droite). — L'ennemi!

M. le ministre. — J'avoue que je ne comprends pas l'interruption. Vous ne pouvez pas vous dispenser de tenir compte de l'état présent de leur personnel. Or, cet état appelle instamment votre sollicitude. Il ne s'agit ici, bien entendu. que des professeurs de premier ordre, des licenciés, de ceux qui peuvent prétendre, et par le grade et par la nature des fonctions qu'ils exercent, à l'assimilation avec les professeurs élémentaires des lycées.

Messieurs, vous le savez, ces licenciés, c'est la force vive de nos collèges; c'est l'avenir même de nos collèges qui est attaché à leur plus ou moins grand nombre dans les chaires de ces établissements. Ils y arrivent tout imbus de l'esprit scientifique et des principes de recherche féconde qui caractérisent l'enseignement supérieur. C'est surtout depuis que les principales chaires de collèges sont confiées aux licenciés, aux hommes formés par la discipline sévère de l'enseignement supérieur, que l'instruction s'y est élevée jusqu'à rivaliser souvent avec celle d'un grand nombre de lycées et que la faveur publique, un moment détournée d'eux dans le passé, leur est revenue.

Nous avons donc tout intérêt à encourager ce personnel, de même qu'il est de toute justice de le dédommager de ses difficiles et laborieuses études.

Et qu'on ne me dise pas que les professeurs de collège sont mal venus à se plaindre, sous prétexte que l'État a considérablement amélioré depuis une quinzaine d'années la situation des collèges et celle de leur personnel.

Je reconnais que l'État a beaucoup fait pour les collèges; il a créé des chaires nouvelles en grand nombre; il a doté l'enseignement de services indispensables qui lui faisaient défaut; il s'est efforcé de les armer contre la concurrence vitale qui est la loi de leur existence comme elle est la loi de l'univers.

Mais, Messieurs, par une surprise douloureuse et imprévue, ses bienfaits et son intervention se sont tournés contre les professeurs des collèges. Les municipalités n'avaient soutenu ces établissements qu'au prix de lourdes dépenses longtemps continuées; elles ont profité des traités conclus en 1891 entre l'État et les collèges pour se décharger sur le Trésor public d'une portion des obligations morales qu'elles avaient contractées envers leurs maîtres.

Par l'effet de ces mouvements en sens contraire, la situation pécuniaire des professeurs s'est trouvée en bien des cas singulièrement amoindrie. Ainsi, autrefois, le professeur licencié de Dunkerque, grâce à des allocations accessoires de la ville, avait un traitement de 2 900 francs.

Aujourd'hui, le traitement de début est singulièrement diminué; le professeur se trouve ramené au traitement nu servi par l'État, c'est-à-dire à 2 500 fr.

A Cambrai, à Armentières, à Sedan, le traitement de début, y compris ces allocations accessoires, variait de 2 700 francs à 3 500 francs. Aujourd'hui, les traitements de début ne sont plus que de 2 500 francs.

Il ne faut pas s'en prendre aux municipalités d'un état de choses qu'elles n'ont pas créé capricieusement, qu'elles ont plutôt subi. Tout le monde sait que leur budget plie sous le poids de charges nombreuses.

Leur demander de revenir aux anciennes libéralités serait absolument chimérique.

Il s'est passé là ce qui s'est passé lorsque nous avons organisé l'enseignement primaire. Les traitements des instituteurs, par suite de la disparition de la rétribution scolaire, ont été en quelque sorte nivelés et ramenés à un taux normal. Il serait absolument chimérique de récriminer contre un état de choses qui s'est imposé fatalement et chimérique aussi d'espérer que les libéralités des villes renaîtront.

Il y a donc déjà, Messieurs, dans cette considération, une raison pour adopter le chiffre voté par la Chambre. Mais un dernier motif, un motif de principe doit emporter votre assentiment. Depuis quelques années, la même discussion se répète d'une façon périodique ; tous les ans, la Chambre et le Sénat sont saisis de propositions tendant à améliorer, à relever les traitements des professeurs de collège. Qu'est-ce à dire, sinon que les mêmes dissentiments se reproduiront indéfiniment si vous ne donnez pas à la question une solution définitive ? Ce qui jusqu'à ce jour rendait la solution difficile, c'est qu'on mêlait à la question principale des questions accessoires qui doivent en être absolument distinctes, notamment une assimilation entre des catégories de personnel qui n'ont de commun que le grade, une assimilation entre professeurs de collège et les répétiteurs ; on réclamait pour les répétiteurs les mêmes droits, les mêmes traitements que pour les professeurs de collège, sans réfléchir qu'il y a entre eux une différence essentielle, tenant à ceci : c'est que les répétiteurs ne sont pas des professeurs, bien qu'ils aient le même grade que les professeurs. Dans l'assimilation qu'on a voulu réaliser cette année, afin de couper court au dissentiment dont je vous parle, on a visé à la fois le grade et la fonction.

Il y a, en effet, parité complète, et sous le rapport du grade et sous le rapport de la fonction, entre les professeurs licenciés de collèges et les professeurs des classes élémentaires dans les lycées.

De l'assimilation entre les répétiteurs et les professeurs, il résultait un accroissement des crédits budgétaires tel que toutes les alarmes de la commission des finances se trouvaient justifiées.

Mais, Messieurs, cette année, la situation est tout autre. Vous vous trouvez en présence d'un chiffre de crédits budgétaires infiniment moindre. Au lieu des 1 400 000 ou 1 500 000 francs qui pouvaient avec raison inspirer des alarmes comme terme de l'assimilation projetée jadis avec ses diverses répercussions, vous n'avez en face de vous qu'une dépense de 270 000 francs, pouvant être répartie en six ou sept exercices ; par conséquent, vous le voyez, pas même 50 000 francs par an.

Et quel sera le résultat de cette disposition ? Le résultat, Messieurs, il est digne de toute votre attention.

Quand nous avons examiné cette question, c'est-à-dire quand nous avons dû prendre parti pour la proposition de la Chambre, nous avons déclaré que nous attachions à la disposition proposée une signification morale des plus nettes. Pour nous, cette proposition consacrait définitivement le rang hiérarchique et la position administrative de cette catégorie du personnel qu'on appelle les professeurs de collège. Nous entendons constituer, par la demande que je vous soumets, une échelle de fonctions qui différencie de la manière la plus évidente le professeur de collège du simple répétiteur. A nos yeux, le professeur de collège représente un degré hiérarchique supérieur à celui du répétiteur.

Dans la confusion actuelle des idées en cette matière, bien des gens professent une opinion qui peut-être a gagné le corps des répétiteurs eux-mêmes et qui tend à les montrer comme étant dans une situation absolument identique à celle des professeurs. Je crois avoir tout à l'heure établi nettement en deux mots la différence des deux situations, et il importe que cette différence soit consacrée par votre vote, si vous voulez que nous échappions à la confusion d'idées que je vous signale.

Le répétiteur, s'il est l'égal par son grade du professeur, lui est subordonné par la nature de la fonction qu'il exerce. Si vous acceptez notre proposition, ce sera un moyen certain d'échapper au désordre hiérarchique, à la confusion d'idées que je vous signale. J'espère que ce côté de la question fera impression sur l'esprit du Sénat ; j'espère qu'il nous permettra, par la signification précise que nous attachons à l'application du crédit que je lui demande, d'autoriser dans le chapitre, sans en changer le chiffre définitif, de mettre fin à des débats sans cesse renaissants. Grâce à l'établissement d'un nouvel échelon dans la hiérarchie universitaire, les répétiteurs verront s'ouvrir deux voies parallèles qui solliciteront également leur émulation : la voie du professorat et la voie de l'administration, soit dans les collèges, soit dans les lycées.

Messieurs, un pareil résultat, qui est à la fois matériel et moral, vaut bien le léger sacrifice que je demande au Sénat. Songez, Messieurs, qu'une agitation morale dans un corps aussi susceptible que cette catégorie de fonctionnaires, ne peut s'y continuer indéfiniment sans de graves dommages pour la prospérité de notre enseignement public.

M. Bisseuil (gauche), *rapporteur.* — Messieurs, la commission des finances n'est plus en dissentiment avec M. le ministre de l'instruction publique sur le chiffre même du chapitre 42. Elle ne diffère d'opinion avec lui qu'en ce qui concerne l'affectation du crédit inscrit à ce chapitre. C'est sur ce point, Messieurs, qu'il convient de s'expliquer.

Il y a maintenant, Messieurs, six classes de professeurs dans les lycées ; il y a quatre classes de professeurs dans les collèges communaux. L'année dernière, pour arriver au but que l'on poursuit dans ce moment, un honorable député avait proposé la création de deux classes nouvelles de professeurs dans les collèges, afin qu'il y eût six classes de professeurs aussi bien dans les collèges que dans les lycées. Pour amorcer cette réforme, dont on ne semblait pas prévoir les conséquences financières, la commission du budget de la Chambre proposa et la Chambre vota un crédit de 36 000 francs.

Devant le Sénat, la proposition fut longuement et très sérieusement examinée par la commission des finances, et l'honorable M. Bardoux, qui était chargé par elle de faire le rapport sur l'instruction publique, demanda au ministère des renseignements sur les conséquences financières de la mesure que l'on annonçait. Les indications très précises qui furent données sur les conséquences finales de la réforme, au point de vue budgétaire, montrèrent qu'arrivée à son plein accroissement, elle devait entraîner intrinsèquement une augmentation de dépenses de 738 500 francs par an.

Ce n'est pas tout. On rechercha, et on eut raison, les conséquences par répercussion que cette mesure devait nécessairement entraîner.

Il fut alors établi, avec les données même du service, que l'augmentation de la dépense occasionnée par l'adoption de la mesure serait, non pas seulement de 738 500 francs, mais de 1 340 000 francs.

Tels sont, Messieurs, les chiffres qui furent produits au Sénat. Ils devaient déterminer son vote. Il n'hésita pas à repousser la proposition d'augmentation de crédit de 36 000 francs qui venait de la Chambre des députés.

Cette année, la question se présente sous une autre forme, mais l'honorable ministre de l'instruction publique ne nous a pas caché ses intentions. Il s'en est expliqué devant la commission des finances, où il a déclaré que, dans sa pensée, en effet, il s'agissait bien d'arriver à la création de deux classes nouvelles de professeurs dans les collèges communaux.....

M. le ministre nous dit : Je prends l'engagement de ne dépenser que 270 000 francs. Il ne nous a pas indiqué comment il pourrait arriver à ce résultat· mais j'ai le devoir de déclarer que, l'année dernière, mon honorable ami M. Bardoux, que je vois à son banc, a reçu des indications qui sont en contradiction absolue avec les affirmations actuelles de M. le ministre de l'instruction publique.

Voici, Messieurs, ce que je lis, en effet, dans le rapport de l'honorable M. Bardoux (page 398 du rapport général) :

« Conséquences de la création de deux classes nouvelles pour les professeurs de collège :

« Les professeurs de collège se divisent en trois ordres (licenciés, bacheliers, brevetés primaires). L'augmentation de dépense qu'entraînerait la création projetée serait la suivante :

« Professeurs de 1er ordre. 374 950
« Professeurs de 2e ordre. 228 200
« Professeurs de 3e ordre. 135 450

« Ensemble. 738 600

« A quoi il convenait d'ajouter pour les répercussions :

« Augmentation pour les principaux de collèges qui sont chargés de fonctions de professeurs, 26 000 francs ;

« Augmentation pour les maîtres internes des collèges, 56 000 francs.

« Augmentation pour les répétiteurs des lycées « qui ont par un décret de 1891 été assimilés quant au traitement aux professeurs de collège. » Ceci est textuellement extrait de la note fournie par le ministre), 456 000 francs ;

« Augmentation pour les maîtres élémentaires des lycées, les surveillants généraux, 184 000 francs ; etc., etc. »

C'est donc bien le chiffre que j'indiquais tout à l'heure et peut être un chiffre supérieur. Comment se fait-il qu'aujourd'hui la réforme ne coûterait plus que 270 000 francs ?

Je vais dire au Sénat comment on s'en est expliqué devant la Chambre des députés.

On s'est bien gardé d'indiquer à la Chambre qu'il s'agissait de créer deux classes de professeurs ; on a parlé seulement — il paraît que c'était la même chose, mais nul assurément ne s'en doutait — de l'assimilation à faire entre les professeurs élémentaires de lycées, tous pourvus du grade de licencié.

On a dit que cette réforme, sous le titre que vous savez, coûterait 325 000 francs, mais comme on avait un crédit de 55 000 francs, voté l'année dernière pour des promotions, on a demandé à détourner ces 55 000 francs de leur affectation spéciale pour les consacrer à amorcer la mesure de l'assimilation poursuivie. C'est ainsi qu'on arrive au chiffre réduit de 270 000 francs à réclamer aux budgets futurs.

Votre commission s'est demandé, Messieurs, si vous pouviez entrer dans cet ordre d'idées : si dans les conditions actuelles de nos finances il était bon, quel que soit notre désir d'améliorer le sort des membres de l'enseignement public, de consentir à une opération de cette nature, d'amorcer une dépense qui, finalement, devra se traduire par un accroissement aussi considérable de nos charges budgétaires.

Votre commission ne l'a pas pensé.....

Maintenant quelle est la sanction, dites-vous ? Le ministre accepte la réduction de crédit proposée par la commission ; mais il revendique le droit d'user de ce crédit comme il l'entendra. Le vote que nous allons émettre et qui ne portera que sur le crédit du chapitre ne tranchera pas la difficulté, je le comprends bien.

Avez-vous un moyen de la trancher, cette difficulté ? Je l'ignore. Dans tous les cas, il était nécessaire que la commission répondît à l'exposé fait tout à l'heure par le ministre, qu'elle fît connaître au Sénat les conséquences budgétaires des mesures qu'on nous fait entrevoir.

La commission des finances, chargée d'étudier ces conséquences budgétaires, avait le devoir de dégager sa responsabilité.

Elle tient à affirmer que si l'on devait amorcer des réformes qui peuvent avoir des conséquences aussi considérables sur notre budget que celles que j'ai indiquées, ces réformes se feraient non seulement sans son assentiment, mais à l'encontre de la protestation que je suis chargé de soumettre au Sénat en son nom.

M. le président. — Monsieur le ministre, vous ne demandez pas de modification du chiffre de la commission ?

M. le ministre. — Non, Monsieur le président, j'accepte le crédit et je demande à en disposer sous ma responsabilité.

M. le président. — Je mets aux voix le chiffre de 3 653 784 francs, qui est proposé par la commission pour le chapitre 43.

(Ce chiffre est adopté.)

M. le président. — Chap. 47. — Ecoles normales supérieures d'enseignement primaire. — Ecoles normales primaires, 8 437 000 francs.

Il y a sur le crédit voté par la Chambre une diminution de 3 000 fr.

(Le chapitre 47 est adopté.)

Chap. 65. — Fouilles de Delphes, 100 000 francs.

M. Halgan (droite) — Messieurs, c'est avec une certaine stupéfaction que, lors de la lecture du budget de 1896, j'ai vu un crédit de 100 000 francs inscrit pour les fouilles de Delphes.

Vous connaissez l'origine de cette affaire. C'était au mois de mars 1891, on nous apporta ici un projet de loi aux termes duquel 500 000 francs étaient destinées à cette œuvre. Mais quel bénéfice pourrons-nous recueillir, demanda immédiatement l'un de nos collègues, mon honorable ami M. Hervé de Saisy? On nous répondit : Vous aurez d'abord de la gloire — la gloire de participer à de belles découvertes; — vous recevrez, en outre, la faculté de prendre des moulages, des photographies.

Certes, il n'y avait là rien de bien attrayant, et cette convention était loin de valoir celle que nous avons contractée depuis avec la Perse, convention qui accorde à la France la moitié des objets découverts, plus un droit de préemption sur les objets, s'ils sont vendus.

On hésitait avec raison; on hésitait d'autant plus qu'on voyait que la Grèce ne fournissait pas une seule drachme pour participer aux travaux des fouilles. D'ailleurs, ces droits aux photographies, aux moulages que l'on faisait miroiter à nos yeux n'étaient pas un privilège. Chaque nation pourrait réclamer semblable faveur, et toutes évidemment à l'heure actuelle l'ont obtenue.

Comment ces hésitations ont-elles cessé? On doit ce résultat à l'éloquence persuasive, trop persuasive quelquefois, de l'honorable rapporteur d'alors, M. Bardoux; on le doit aussi à cette déclaration :

« Ce crédit que vous ouvrez sera un crédit unique; il ne sera pas renouvelé. Toutes les précautions ont été prises, affirmait l'honorable M. Bardoux. Il y a 150 000 mètres cubes à fouiller; nous saurons exactement le prix des travaux... »

Et l'honorable M. Bourgeois, alors ministre de l'instruction publique, — il a eu depuis de l'avancement, — d'ajouter :

« L'opération se présente avec des garanties scientifiques et financières qui peuvent et doivent donner des garanties au Senat ».

Voilà textuellement ses paroles.

Hélas! ces prévisions ont été bien trompées. Après ce premier crédit de 500 000 francs, nous accordons une somme de 120 000 francs en 1894; en 1895, la dépense s'élève à 150 000 francs, et maintenant on nous demande 100 000 fr. Nous sommes bien près de 900 000 francs de dépenses.

Messieurs, on a parlé souvent du gouffre au-dessus duquel était placée la Pythie de Delphes pour rendre ses oracles. Ce gouffre existe toujours. Il n'y a plus d'oracles rendus, mais nous engloutissons là les finances de la France.

M. Hervé de Saisy (droite). — C'est un gouffre dont on ne trouvera pas le fond.

M. Halgan. — Vous êtes donc en présence d'un véritable gaspillage, c'est-à-dire d'une dépense qui n'offre pas d'intérêt réel pour la France; d'une dépense surtout dont on n'aperçoit pas le terme. Vous ne consentirez pas à vous y associer.

Messieurs, afin de montrer que telle est bien l'opinion du Sénat, je ne propose pas la suppression totale du crédit, mais je demande qu'au lieu de 100 000 fr., il soit réduit à 50 000.

Au moment de voter, rappelez-vous quels objets d'art fort importants et très précieux vous pourriez acheter pour nos musées avec l'argent dépensé là-bas.

Rappelez-vous que, il y a deux jours, vous refusiez un secours à de vieux serviteurs du pays qui en avaient absolument besoin et qui vous les réclamaient avec insistance.

Rappelez-vous enfin que dans quelques minutes on va vous solliciter d'accorder pour nos églises, pour nos temples, à nous, qui vont tomber en ruines, un secours que vous hésitez à accorder.

Moi, je n'hésite pas; j'aime beaucoup mieux ne pas déblayer les ruines du temple de Delphes et constituer les ressources nécessaires pour empêcher nos temples de tomber en ruines.

· **M. le ministre de l'instruction publique.** — Messieurs, l'honorable M. Halgan se plaint, à l'occasion du nouveau crédit que nous vous demandons aujourd'hui, des mécomptes éprouvés.

En ce qui concerne les fouilles de Delphes, ces mécomptes étaient pour ainsi dire inévitables. Au début, on était en présence d'une telle masse de décombres, de millions de mètres cubes à enlever...

M. Halgan. — 150 000 mètres cubes !

M. le ministre. —... qu'on ne pouvait guère calculer à quelques milliers de francs près ce que coûteraient les fouilles en question. Les 100 000 francs qu'on vous demande aujourd'hui doivent permettre de les terminer.

Nous sommes, en effet, à la fin du travail et il nous est possible actuellement de calculer très exactement la dépense, ce qu'on ne pouvait faire au début de cette entreprise.

M. Halgan. — Voilà quatre fois qu'on tient un pareil langage !

M. le ministre. — L'honorable M. Halgan nous demande ensuite quel gain nous avons retiré de ces dépenses.

Je conviens que le crédit en question ne comporte aucun profit d'ordre matériel. Le profit est tout entier d'ordre moral, et il est assez grand, assez glorieux, pour que plusieurs nations européennes se soient disputé la gloire d'entreprendre ces fouilles. Nous avons eu la préférence et nous devons, au point de vue national, nous en féliciter.

Au reste, Messieurs, ce n'est pas la première fois que ces attaques se produisent. Le Sénat les a constamment repoussées. Je suis convaincu qu'il persistera aujourd'hui dans cette manière de voir.

M. le président. — Je mets aux voix, conformément à l'usage, le chiffre le plus élevé, c'est-à-dire celui de 100 000 francs proposé par la commission des finances.

(Ce chiffre est adopté.)

CORRESPONDANCE INTERNATIONALE

Dans les cinq Facultés de notre Université, ce qu'on peut appeler l'esprit de famille n'est point réparti également. La Faculté de théologie le possède au plus haut degré ; et mieux que les autres, elle sait le mon trer à ses vétérans. Quand les professeurs de théologie ont accompli leur trentième année de fonctions, leurs anciens élèves leur offrent une fête, et ces jubilés universitaires, qui réunissent autour d'un vieillard des hommes de tout âge qui, chacun dans leur jeunesse, ont suivi ses leçons, sont des solennités émouvantes qui couronnent dignement une carrière. Dans ces vingt-cinq dernières années, la Faculté de théologie a offert successivement à M. Chastel, à M. Hugues Oltramare, à M: Auguste Bouvier un de ces hommages solennels qui, chaque fois, a précédé d'un petit nombre d'années la mort des hommes éminents qui reçurent ce témoignage d'affectueux respect et de haute considération. A chacune des morts qui ont suivi, les survivants ont pu se sentir satisfaits d'avoir payé, en temps utile, aux savants distingués et aux hommes de cœur qui avaient été leurs maîtres, aux auteurs des belles publications théologiques qui ont honoré notre Université (1) une dette d'admiration et de reconnaissance.

La Faculté de théologie n'a pourtant pas le monopole de ces fêtes. M. Charles Vogt et M. Ernest Naville ont eu aussi leurs jubilés. Mais la Faculté des lettres n'avait pas jusqu'ici préparé de telles solennités pour les siens, pour des professeurs qui en auraient été dignes. Elle a été, pour M. Marc Monnier, devancée par la mort. Quelques-uns de ses collègues, qui ont occupé leurs chaires plus de trente ans, M. André Cherbuliez, M. Amiel, M. Dameth, M. Édouard Humbert, n'ont pas obtenu des jeunes générations ces témoignages publics qui auraient réjoui leurs vieux cœurs, et qui auraient été le juste prix d'une longue assiduité au devoir, et de travaux solides dont un succès d'estime avait été la seule récompense (2).

Un groupe d'anciens élèves de M. le professeur Pierre Vaucher :

(1) M. Chastel a publié une Histoire du christianisme depuis son origine jusqu'à nos jours ; M. Oltramare une traduction du Nouveau-Testament, et cinq volumes de commentaires sur les Épîtres de saint Paul ; M. Bouvier, une série de Conférences qui, comme son enseignement dogmatique, ont eu leur grande part d'influence sur le développement de la pensée théologique chez le clergé protestant de langue française.

(2) Le *Journal intime* de M. Amiel, qui a obtenu un vrai succès, est une œuvre posthume. Mais, il y a quarante ans déjà, M. Amiel avait inséré çà et là dans des revues locales et dans un de ses livres (*Grains de mil*, 1853), beaucoup de morceaux tirés de ce journal, et l'on ferait un juste volume en réunissant quelques-uns de ses travaux (biographies, histoire littéraire), qui ont paru de son vivant. — M. Dameth, correspondant de l'Institut de France (Académie des sciences morales et politiques), était connu par des ouvrages d'économie politique. — M. Humbert a publié deux grands volumes sur la *Forêt et les villes de Thuringe*. — M. André Cherbuliez, professeur de langues et littératures anciennes, a publié deux mémoires sur *la Ville de Smyrne et son orateur Aristide*.

M. Bernard Bouvier, professeur de littérature française ; M. Édouard Favre, président de la Société d'histoire de Genève, et M. Charles Seitz, docteur ès lettres, ont voulu rendre hommage au plus ancien et à l'un des plus distingués professeurs de notre Faculté des lettres. Je cite l'adresse qu'ils ont présentée à M. Vaucher :

« Il y a trente ans, Monsieur et cher maître, que le département de l'instruction publique vous chargeait d'un cours d'histoire suisse à notre Académie. Vos élèves ont voulu célébrer ce trentième anniversaire. Mais, connaissant vos idées et votre caractère, et s'associant par le cœur aux épreuves que vous avez traversées (*M. Vaucher a perdu cette année un fils de vingt ans*), ils ont cru mieux faire de vous offrir, au lieu de fêtes dont la joie est passagère, quelques pages écrites à votre intention. Ainsi est né ce livre... »

Ce livre, qui a été offert à M. Pierre Vaucher, est intitulé : *Pages d'histoire*. C'est un beau volume de x-510 pages grand in-8° (Genève, lib. Georg). Il s'ouvre par la liste des souscripteurs, où je relève les noms de quelques savants français et allemands : M. Gabriel Monod, M. Cornelius, M. Meyer de Knonau. Il contient dix-sept morceaux ; je ne parlerai que de quelques-uns.

M. Borgeaud a inséré dans ces *Pages d'histoire* un chapitre du grand ouvrage qu'il rédige sur l'ancienne Académie de Genève. M. Philippe Monnier (le fils de notre ancien collègue Marc Monnier) a de même détaché pour ce volume quelques pages du livre qu'il prépare sur l'Italie du xvᵉ siècle.

Dans un travail intéressant, M. Chalumeau a mis en lumière le résultat inattendu du dépouillement d'une série de chiffres puisés dans les publications du bureau suisse de statistique. Il montre que si on dresse le tableau des professions et métiers des habitants de la Suisse, en les classant d'après la taille de ceux qui les exercent, on voit marcher en tête les médecins, les chirurgiens, les ecclésiastiques, les étudiants, les avocats, les notaires, les vétérinaires, les architectes, les entrepreneurs, les ingénieurs-mécaniciens, les pharmaciens, les brasseurs, les instituteurs... Bref, dit M. Chalumeau : « Les premières catégories, comptant le plus de hautes tailles, comprennent toutes, absolument toutes les professions libérales. » La démographie est une science à ses débuts, et l'on y fait encore, à fleur de terre, de piquantes découvertes.

Un certain nombre des travaux réunis dans les *Pages d'histoire* se rattachent à l'histoire de France :

Hagmann. — Geoffroi de Villehardouin, sein Werk und seine Taten (en langue allemande).

Charles Kohler. — L'ambassade en Suisse d'Imbert de Villeneuve, premier président au Parlement de Dijon, 1513-1514.

Hippolyte Aubert. — Documents diplomatiques relatifs au traité de Soleure, 8 mai 1579.

De Crue. — Barthélemy, ambassadeur en Suisse.

Dunant. — La politique du Directoire et la chute de l'ancien régime en Suisse.

Un troisième mémoire, qui devait compléter cet intéressant travail, est malheureusement resté inachevé. M. André Cherbuliez avait, comme M. Amiel et tel autre de leurs collègues, des cahiers de pensées, dont on eût pu détacher bien des pages. On avait espéré que son fils, M. Victor Cherbuliez, ferait un jour cette publication.

Victor van Berghem. — Lettres de Mallet du Pan à Saladin, 1794-1800.
Le plus remarquable de ces morceaux me paraît être celui de
M. Aubert. Le traité de Soleure a été conclu entre la France, la République de Berne et la ville de Genève, pour assurer l'indépendance de
cette dernière, qui était menacée par le duc de Savoie. Or, la France
était alors au milieu des guerres de religion, et Genève était haïe en
France de tout le parti catholique, qui était celui de la royauté
française, en sorte que c'était à contre-cœur que, pour sauvegarder
ses intérêts au delà du Jura, la France soutenait l'indépendance de
la petite République huguenote, que, pour sa paix intérieure, elle eût
volontiers vu détruire. M. Aubert explique très bien cette singulière difficulté, qui donnait beaucoup de fil à retordre aux diplomates de
l'époque. Leurs perplexités sont signalées en termes très nets dans un
des rapports de l'ambassadeur de France qui ont précédé et préparé
le traité de Soleure :
« Quant à la protection de la ville de Genève, encore qu'il n'y eût
prince ni potentat au monde qui ait plus d'occasion de se mécontenter
et ressentir de la dite ville, pour les mauvais offices qu'elle n'a cessé
de faire contre le royaume de France depuis le commencement et origine de ces troubles, ni qui dût plus que le roi désirer la ruine de la
dite ville : — si est-ce qu'il semble qu'il n'y en ait point qui ait plus
d'intérêt que le roi, qu'icelle ville ne tombe entre les mains du seigneur
de Savoie. »
La maison royale de France a été fidèle pendant plus de deux cents
ans aux engagements qu'elle a pris à Soleure en 1579. Mais les Républiques sont ingrates. Les historiens genevois n'ont pas assez insisté
sur ce fait que, depuis le temps du roi Henri III jusqu'à la chute de la
monarchie française, le roi de France a été pour la cité de Genève un
très bon voisin, tandis qu'immédiatement après le 10 août 1792, les
choses se sont gâtées, et le grand pays a voulu absorber le petit.
Les *Pages d'histoire* se terminent par une étude sur l'œuvre de
M. Pierre Vaucher. M. Édouard Favre a établi la liste des écrits de l'é-
minent professeur, en y comprenant jusqu'aux plus courts ; il est arrivé
à un total de 131 numéros. Les plus importantes de ces publications
sont les *Esquisses d'histoire suisse*, 1882, et les *Mélanges d'histoire nationale*, 1889.
M. Pierre Vaucher a une place très honorable parmi les historiens
suisses. Mais son principal souci a été moins de faire des livres, des articles et des mémoires, que d'éveiller de jeunes esprits, de les initier
aux saines méthodes, de leur donner le goût des recherches originales.
La vie de M. Vaucher, tout entière consacrée à l'étude, n'a pas été do-
minée par le désir de beaucoup publier ; il l'a consacrée avant tout au
professorat, à la préparation de ses cours, à ses amicales relations avec
ses étudiants. Chaque année, quand un groupe nouveau prenait place
sur les bancs de notre Université, il savait distinguer les plus méritants,
les plus capables, ceux qui avaient les dons naturels et le feu sacré, et
il se plaisait à les encourager, à les choyer. Pendant trente ans, il a
ainsi servi de guide et d'excitateur à une nombreuse élite. Il était bien
juste que celle-ci voulût un jour, comme elle vient de faire, lui témoigner sa reconnaissance de ces soins désintéressés.

EUGÈNE RITTER.

CHRONIQUE DE L'ENSEIGNEMENT

BESANÇON

Travaux des Facultés en 1894-95. — *Discours du recteur.* La séance solennelle de rentrée des facultés de Besançon a été présidée, comme d'habitude, par l'honorable M. Brédif, recteur; nous relevons, dans le discours qui fut prononcé par lui en cette occasion, les paroles de bienvenue adressées aux hôtes nouveaux de la cérémonie universitaire, à savoir les lauréats du concours chronométrique ouvert sous les auspices de l'Observatoire et de l'École d'horlogerie de Besançon. Ce concours a été institué pour la première fois en 1890 à l'Observatoire ; conformément aux vœux communs du directeur de cet institut, de l'autorité académique, et du syndicat de la fabrique d'horlogerie de Besançon, les récompenses obtenues seront désormais proclamées dans la séance publique de rentrée des facultés. M. le recteur n'a pas de peine à établir combien cette innovation est heureuse, l'horlogerie étant un art savant, « qui touche aux questions les plus élevées de la mécanique et de l'astronomie, et compte la physique et la chimie parmi ses auxiliaires... La médecine elle-même, ajoute l'orateur, s'adressant aux représentants de l'horlogerie bisontine, la médecine vous admire et ses praticiens les plus expérimentés vous envient. Que ne peut-elle réparer comme vous les organes les plus délicats, garantir pour de longues années le bon fonctionnement de la machine humaine? »

Il était naturel que ces considérations amenassent l'honorable recteur à rappeler le souvenir du grand savant Franc-Comtois, à qui la science et l'art de guérir doivent tant, de cet illustre Pasteur « dont l'antiquité eût fait un demi-dieu ». Affirmant, avec un grand bonheur d'expression, que Pasteur, mieux encore que Socrate, « avait le droit de se dire citoyen du monde », le docte orateur conclut toutefois que « si la science n'a pas de patrie, ce grand Français a rappelé, dans une circonstance expressive, que le savant en a une. » — Le Rapport du Conseil général des facultés de Besançon ne contient aucun fait qui soit digne d'une mention particulière ; l'activité des Facultés a eu son cours normal et régulier.

Statistique particulière des Facultés. — 1. *Sciences.* La Faculté des sciences a dû se préoccuper d'organiser le nouvel enseignement préparatoire aux études médicales. Grâce au zèle des professeurs, et, il faut bien le dire, grâce aussi au petit nombre des élèves, il a été possible de donner avec une régularité parfaite l'ensemble des enseignements compris dans le programme. Mais si la chimie, bien pourvue, s'est tirée d'affaire sans trop de peine, on n'en saurait dire autant de la physique ni de l'histoire naturelle. En physique, on disposait, à Besançon, d'un seul professeur, assisté d'un seul préparateur, pour suffire au labeur écrasant que voici : deux cours de licence, deux cours de certificat, trois séances de travaux pratiques par semaine. Satisfaire à toutes ces exigences, c'était, comme le remarque justement l'honorable doyen de la Faculté, « un véritable tour de force. » Il a été accompli une fois ; pourra-t-on le réaliser toujours ? — Pour l'histoire naturelle, il a fallu se décider, par mesure d'économie, à réunir dans un même cours, malgré la diversité des programmes, les candidats à la licence et les candidats au certificat nouveau. Fort heureusement, la munificence ministérielle a remédié, dans une certaine mesure, à ce qu'il y avait de précaire et de réellement affligeant dans la situation de la Faculté des sciences de Besançon : un crédit de 7 000 francs lui permettra d'aménager un peu mieux et de créer, au besoin, les locaux destinés aux travaux pratiques de zoologie et de botanique. Osera-t-on ajouter que c'est là un secours encore maigre, d'autant qu'il n'a pas été porté remède à l'insuffisance numérique du corps enseignant ?

Étudiants. La Faculté des sciences de Besançon a compté, en 1894-95, 52 étudiants, savoir : boursiers de licence, 6 ; répétiteurs, 6 ; étudiants libres, 13 ; étudiants en médecine, 11 ; en pharmacie, 2 ; candidats au certificat d'études physiques, 6 ; professeurs de collège envoyant des devoirs, 8.

Examens. — 1. *Licence.* 14 candidats ont subi les épreuves des diverses licences, 4 ont été reçus. *Détail :* licence mathématique, 6 candidats, tous ajournés ; licence physique, 5 candidats, 2 reçus ; licence des sciences naturelles, 3 candidats, 2 reçus. — 2. *Certificat d'études physiques :* 6 examinés, 3 reçus. — 3. *Baccalauréat :* 1° *complet,* 37 candidats 17 reçus (46 p. 100) ; 2° *complémentaire ,* 2 candidats, tous refusés ; 3° *restreint,* 17 candidats, 15 reçus (88 p. 100) ; 4° *classique, lettres-mathématiques,* 38 candidats, 22 reçus (58 p. 100) ; 5° *moderne* (A. *Lettres-mathématiques*), 22 candidats, 12 reçus (54 p. 100) ; (B. *Lettres-sciences*), 15 candidats, 10 reçus (67 p. 100). Au total, 135 candidats, 78 reçus.

Travaux personnels des professeurs, préparateurs et élèves de la Faculté des sciences : 7 auteurs ont fait des recherches scientifiques ou publié des travaux, au nombre de 11.

2. *Lettres. Étudiants.* 78 étudiants étaient régulièrement inscrits, savoir : *Candidats à la licence,* 29 (lettres, 15 ; philosophie, 9 ; histoire,5) ; au certificat des langues vivantes, 24 ; au diplôme d'histoire, 2. *Candidats à l'agrégation,* 23 (philosophie, 4 ; histoire, 3 ; grammaire, 11 ; langues vivantes, 5). Dans ce total figuraient 4 boursiers de l'État, 1 boursier départemental, 7 répétiteurs, 12 professeurs de collège, 2 étudiants de nationalité allemande.

Examens. Parmi les candidats présentés par la Faculté des lettres de Besançon aux agrégations et certificats d'aptitude, 1 a été admissible à l'agrégation de philosophie, et 1 reçu au certificat d'allemand. *Licence.* 9 candidats se sont présentés ; 5 ont été reçus, dont 4 pour la licence littéraire, et 1 pour la licence philosophique.

Baccalauréat. 584 candidats ont affronté les diverses épreuves, 269 ont été admis au grade. *Détail.* 1° *Classique :* 1re *partie,* 296 candidats, 122 reçus (47 p. 100) ; 2e *partie,* 155 candidats, 85 reçus (54 p. 100) ; 2° *Moderne :* 1re *partie,* 117 candidats, 55 reçus (47 p. 100) ; 2e *partie,* 16 candidats, 9 reçus (56 p. 100).

Nous devons mentionner, dans le rapport de M. le doyen de la Faculté des lettres, les observations relatives au baccalauréat de l'enseignement moderne. L'honorable doyen signale « l'extrême inégalité qui sépare les bons candidats des mauvais : les premiers s'approchent de très près des meilleurs de l'enseignement classique; les derniers sont de beaucoup au-dessous de leurs camarades les plus mal placés de l'autre enseignement... La moyenne manque, cette honnête moyenne qui est la sauvegarde de tant d'efforts persévérants ». Et le rapport ajoute que l'enseignement moderne, « s'il veut tenir la grande place qui lui est réservée, ne doit pas être un pastiche de l'ancien enseignement professionnel, mais une culture générale où la mémoire et les recettes techniques n'occupent pas la première place. »

Travaux des professeurs. 4 professeurs de la Faculté des lettres ont publié 11 travaux personnels.

3. *École de médecine et de pharmacie.* Notons, dans le rapport de l'honorable directeur de cette école, la constatation de la baisse du nombre des élèves. Par suite de l'organisation nouvelle des études préparatoires à la médecine, désormais attribuées aux facultés des sciences, les facultés et écoles de médecine verront se produire, durant les quatre années qui constituent le cours complet des études médicales, une diminution dans le recrutement de leurs étudiants. Mais ce ne sera là qu'un temps d'arrêt provisoire aussi bien qu'inévitable.

Étudiants. L'École a compté 70 élèves, dont 52 en médecine (doctorat, 47; officiat, 5), et 18 en pharmacie (1re classe, 4; 2e classe, 14). Il y avait eu 83 étudiants en 1893-94.

Examens. 1° *Fin d'année.* *Médecine*, 3 candidats, reçus; *pharmacie* (1re classe), 4 cand., reçus; (2e classe), 10 cand., 9 reçus.

2° *Examens probatoires :* 1re *de doctorat*, 17 cand., 10 reçus; 2e *de doctorat*, 1re partie, 13 cand., 7 reçus; 2e partie, 8 cand., 4 reçus; *Officiat*, 4 cand., 2 reçus; *pharmacie*, 1er examen, 9 cand., 5 reçus; 2e ex., 6 cand., 4 reçus; 3e ex., 6 cand., 5 reçus. *Validation de stage :* 1re classe, 10 examinés, tous admis; 2e classe, 2 cand., 1 reçu. Un candidat *herboriste* a été examiné et reçu; 38 *sages-femmes* ont été examinées et reçues (ancien régime, 27; nouveau régime, 1er examen, 11).

Signalons enfin que sur 8 étudiants de Besançon admissibles à l'École de santé militaire de Lyon, 5 ont été définitivement reçus.

Aucun renseignement n'est fourni par le rapport officiel sur les travaux personnels de MM. les professeurs de l'école de médecine.

BORDEAUX

Travaux des Facultés en 1894-95. — I. *Rapport du Conseil général.* Le rapport rédigé, au nom du Conseil général des facultés de Bordeaux, par M. le professeur Bourciez, des lettres, offre cette année un intérêt particulier, tant par les excellentes réflexions qu'il renferme sur le développement et les tendances de l'enseignement supérieur dans ce grand centre universitaire que par les souvenirs qu'il évoque de la part prise par les facultés de Bordeaux à l'Exposition de 1895. Le rapport signale d'abord avec raison la variété des enseignements aujourd'hui professés dans les diverses facultés : à côté des cours réguliers, dont l'ensemble constitue déjà un corps complet et digne d'une véritable université, plusieurs cours libres ont été autorisés : ceux de statistique (par M. le professeur Saint-Marc); d'archéologie du moyen âge (par M. Brutails, archiviste départemental); de zootechnie générale (par M. le professeur Viault). Ce dernier est professé à la Faculté des sciences par un maître de la Faculté de médecine : nouvelle et excellente démonstration de la pénétration réciproque des disciplines jadis isolées, qui prouve assurément que les « facultés de Bordeaux forment... un tout, un corps animé d'un même esprit scientifique, et auquel ne manque plus que son titre définitif. » Notons encore et louons la préoccupation de donner de plus en plus au haut enseignement le caractère régional, préoccupation attestée par l'existence de plusieurs chaires consacrées à la langue, à l'art du Midi. La Faculté des lettres de Bordeaux aura ainsi l'honneur « de contribuer à revivifier-cet état d'âme provincial qui semble être, pour notre pays, une des réserves de l'avenir, et pourrait bien devenir... une des forces de la patrie française. »

Rien n'est plus attachant que le chapitre consacré par le rapport du Conseil général à la participation des facultés à l'Exposition de Bordeaux. On a pu voir là, outre la collection des nombreuses publications des professeurs, outre la carte géologique de la Gironde dressée par M. le professeur Fallot, outre les tableaux de statistique sociale de M. le professeur Durckheim, la très curieuse exhibition des affiches des facultés de Bordeaux, de 1857 à 1894, montrant clairement les progrès accomplis par l'enseignement supérieur en près de quarante ans; et la statistique non moins curieuse des étudiants en 1853 et en 1893 (en 1853, 4 à 5 étudiants en lettres; en 1893, 236).

Élèves et examens. Les facultés de Bordeaux ont réuni en 1894-95 2159 étudiants, et fait passer 4996 examens.

(*Détail des étudiants :* droit, 634; médecine, 1100; sciences, 187; lettres, 239, — *Détail des examens par facultés :* droit, 732; médecine, 2004; sciences, 431; lettres, 1829.)

Bibliothèque universitaire. L'importance de la bibliothèque universitaire de Bordeaux et le mouvement considérable des communications ou emprunts qu'elle consent valent la peine d'être relevés. Le tableau suivant fait connaître l'ensemble des opérations de cette bibliothèque pendant la dernière année scolaire :

	Lecteurs.	Volumes communiqués.	Emprunteurs.	Volumes empruntés.
Droit.	8431	23925	67	821
Médecine.	29484	39982	494	2292
Sciences et lettres.	11400	24500	180	6179
Total. . .	49315	88407	741	9292

Vœux des facultés. Un premier vœu est [exprimé par toutes les facultés, c'est de voir relever le plus tôt et le plus largement possible le crédit affecté à l'achat des livres de la Bibliothèque. Les vœux particuliers sont les suivants. *Droit.* La Faculté sollicite un accroissement de son personnel enseignant, surtout en vue de répondre aux exigences du nouveau décret sur le doctorat, qui nécessitera la multiplication des conférences. *Médecine.* Des plaintes sont toujours exhalées sur l'insuffisance de l'installation matérielle de cette faculté, et la lenteur apportée à compléter l'édification des bâtiments. *Sciences.* Cette faculté aussi se plaint d'être à l'étroit, surtout en présence de l'organisation des nouveaux cours préparatoires à la médecine. *Lettres.* La faculté des lettres renouvelle le vœu de se voir annexer une conférence d'anglais.

Travaux du Conseil général : finances universitaires. Nous relevons, dans le rapport du Conseil général, les chiffres importants du budget qui a été soumis à ses délibérations. Les frais totaux de l'année scolaire écoulée se sont élevés à 904 800 francs, dont 727 900 pour le personnel et 180 500 pour le matériel : les comptes spécialement afférents aux dépenses du matériel se montaient à 172 000 francs. Enfin le Conseil a eu la satisfaction d'agréer une donation de 100 000 francs, faite par M. le sénateur Dupouy, à la condition de fonder à la Faculté de médecine une chaire de gynécologie.

Subventions et dons. Outre la belle donation dont il vient d'être question, le corps des facultés de Bordeaux jouit de libéralités considérables consenties par la ville : celle-ci a fondé deux chaires à la Faculté des lettres, subventionne des bourses d'études près les facultés des lettres et des sciences, et vient de joindre une seconde médaille d'or à celle qu'elle accordait d'ordinaire pour récompenser les concours de droit. D'autre part, le Conseil général de la Gironde a fondé des prix de médecine et de pharmacie et voté une subvention à la *Revue des Universités du Midi.* Enfin la Société des Amis de l'Université, non contente d'avoir créé un cours à la faculté des sciences et un autre à la Faculté des lettres, a récemment doublé la subvention qu'elle réserve aux prix de droit. Un don précieux a été fait encore à la Bibliothèque universitaire par la fille de feu M. le premier président Roullet : il s'agit d'une bibliothèque qui ne compte pas moins de 3 000 volumes ayant appartenu à cet honorable magistrat.

II. *Statistique particulière des Facultés.* — 1. *Droit.* Avant de passer au détail des chiffres, l'honorable doyen de cette Faculté signale les succès obtenus par ses anciens élèves à l'agrégation : sur trois candidats, un a été admissible, un autre admis avec le n° 4. Le cas de ce dernier est si touchant et si noble que nous ne craignons pas d'y insister. Le nouvel agrégé a rempli pendant plusieurs années les fonctions de commis au secrétariat de la Faculté de droit de Bordeaux, et c'est grâce aux modiques ressources que ce petit poste lui a procurées qu'il a pu poursuivre l'agrégation. On ne peut que s'associer au bel éloge fait par le savant doyen du labeur et de l'énergie dont a fait preuve ce jeune maître.

Étudiants et inscriptions. — 434 étudiants ont pris à la Faculté de droit 1 441 inscriptions ; ces 434 étudiants se répartissaient de la manière suivante : capacité, 38 ; 1re année, 144 ; 2e année, 110 ; 3e année, 72 ; doctorat, 70. Les étudiants de 3e année se sont partagés ainsi entre les 8 cours à option : Voies d'exécution, 61 ; droit international public, 32 ; droit international privé, 12 ; droit maritime, 31 ; droit administratif, 26 ; législation financière, 29 ; législation industrielle, 13 ; législation coloniale, 12. On sait que désormais, en vertu du décret récent sur la licence en droit, il n'y aura plus que trois cours à option (deux dans les facultés où ne figure pas l'enseignement du droit maritime).

Examens. — Il a été passé 732 examens en 1894-95 (soit 6 de moins que l'année précédente). A la fin de l'année scolaire, il y avait en 3e année 85 étudiants, dont 3 soumis à l'ancien régime ; sur les 82 autres, 56 ont subi l'examen en juillet et 49 ont été reçus licenciés ; sur les 3 soumis à l'ancien régime, 1 a subi l'examen avec succès; les deux autres ne se sont pas présentés.

Tableau général des examens de droit en 1894-95. — Capacité, 21 candidats, 16 reçus; 1er baccalauréat, 263 cand., 200 reçus; 2e baccalauréat, 223 cand., 178 reçus; licence 159 cand., 144 reçus; doctorat, 51 cand., 42 reçus; 15 thèses. Total général des candidats, 732; des reçus, 595; proportion des admissions, 81 p. 100.

Suffrages exprimés. 2 421 suffrages ont été exprimés et se répartissent ainsi : boules blanches, 465; blanches-rouges, 420; rouges, 813; rouges-noires, 450, noires, 173. Depuis le décret du 30 avril 1895, qui a supprimé les boules pour la thèse, 10 thèses ont été soutenues : 4 ont obtenu la mention honorable, 1 la même mention avec éloges publics, 5 ont été purement et simplement admises.

Travaux des professeurs : 9 professeurs de la Faculté de droit de Bordeaux ont fait paraître 21 publications.

2. *Médecine. Etudiants.* — La Faculté de médecine a compté 1 109 étudiants, dont 386 en médecine et 116 en pharmacie ; il faut joindre à ce total 26 élèves sages-femmes et 11 élèves herboristes.

Inscriptions. — Il a été pris 3 178 inscriptions, ainsi divisées : 1° *inscriptions trimestrielles* : doctorat (civils), 1 157; doctorat (marins), 607; officiat, 74; pharmacie, 1re classe, 353; 2e classe, 221 (en tout, 2 412); 2° *inscriptions cumulatives* : médecine, 510; officiers de santé aspirant au doctorat, 256 (en tout, 766).

Examens. — 1 894 examens ont été subis devant la Faculté de médecine. *Détail :* 1° *fin d'année :* officiat, 25; pharmacie, 1re classe, 105; 2e classe, 66; validation de stage; 1re classe, 43; 2e classe, 19. (total, 358). 2° *examens probatoires :* doctorat, 1 245; officiat, 11; diplôme supérieur de 1re classe, 1; pharmacie, 1re classe, 173; 2e classe, 98; sages-femmes, 1re classe, 99; 2e classe, 5; herboristes, 1re classe, 3; 2e classe, 1. (total, 1 636). Il a été soutenu 110 thèses de doctorat. 206 diplômes ont été conférés, savoir : doctorat, 110; officiat, 2; pharmacie, 1re classe, 39; 2e classe, 16; sages-femmes, 1re classe, 38; herboriste, 1re classe, 1.

Travaux des professeurs. — Il a été publié 369 travaux, parmi lesquels il faut distinguer 43 thèses ou travaux inspirés par les professeurs, 39 travaux issus des laboratoires ou fournis par des préparateurs : le nombre des auteurs est de 85.

Sciences. Enseignement. — On doit signaler, à côté des cours et conférences destinés aux candidats à l'agrégation et à la licence, les leçons de l'École de chimie organisées par la Faculté des sciences et le cours d'électricité industrielle. Ce dernier enseignement semble avoir un succès tout particulier : l'auditoire nombreux et assidu, se compose non seulement d'étudiants proprement dits, mais encore d'industriels et de contremaîtres des industries électriques. Pour cette catégorie spéciale d'élèves, la Faculté des sciences a institué, dans la seconde partie du cours, des séances de manipulations pratiques et distribué aux travailleurs les plus zélés des médailles commémoratives.

Étudiants. — La Faculté a compté 187 élèves (contre 142 l'année précédente); ils se divisaient ainsi : candidats au doctorat, 3; candidats aux diverses licences, 63 (mathématiques, 17; physique, 25; sciences naturelles, 21); étudiants en médecine ou en pharmacie, 13; candidats aux agrégations, 21 (mathématiques, 7; physique, 14); aspirants au certificat des sciences physiques, 44; élèves de l'École de chimie, 12; étudiants bénévoles, 31. On comptait parmi ces étudiants 2 boursiers de licence, 2 boursiers d'agrégation, 1 étudiant de nationalité allemande et 4 femmes.

Concours et examens. — 1. *Agrégation.* Un élève de Bordeaux a été admissible à l'agrégation de physique. 2. *Licence.* Sur 44 candidats, 20 ont été admis au grade; la proportion des admis est considérée comme bien faible par la Faculté. *Détail :* mathématiques, 15 candidats, 4 reçus; physique, 17 cand., 13 reçus; sciences naturelles, 12 cand., 3 reçus. 3. *Certificat d'études physiques :* 37 candidats, 16 reçus. 4. *Baccalauréat :* 1° *Complet,* 110 candidats, 29 reçus (26 p. 100); 2° *restreint,* 73 cand., 33 reçus (45 p. 100); 3° *classique,* lettres-mathématiques, 95 cand., |37 reçus (39 p. 100); 4° *moderne : A :* lettres-mathématiques, 40 cand., 29 reçus (72 p. 100); *B.* lettres-sciences, 26 cand., 14 reçus (54 p. 100). Le total général des examens de toute nature subis devant la Faculté des sciences de Bordeaux fournit les résultats suivants : candidats examinés, 431; admis, 184. (En 1893-94, on comptait 698 épreuves et 240 admissions.)

L'honorable doyen fait entendre, au nom de la Faculté des sciences, les plus amères doléances sur les résultats du baccalauréat. Il se plaint que les épreuves mathématiques de la 1re partie du baccalauréat classique « continuent à être d'une faiblesse désespérante... Les questions du certificat d'études primaires sont souvent trouvées trop difficiles...; les professeurs de sciences, dont la note ne compte que pour un neuvième dans l'examen, sont désarmés, et leur rôle devient presque ridicule quand ils ne peuvent obtenir l'ajournement de leurs plus mauvais candidats ». La Faculté, déplorant que des candidats puissent être reçus avec la note *zéro* en sciences, s'ils ont 11,3 pour moyenne des épreuves littéraires, demande qu'une note trop mauvaise en sciences (soit une note inférieure à 5) devienne éliminatoire. Moins affligeants sont les résultats de la 2e partie du baccalauréat classique et des deux séries du baccalauréat moderne; toutefois la faculté les estime encore extrêmement insuffisants.

Travaux des professeurs et préparateurs. 19 auteurs ont publié 75 travaux.

4° *Lettres. Étudiants.* La Faculté a compté 239 étudiants. *Détail : candidats à la licence* ou au certificat des langues vivantes, 74 (lettres, 21 ; philosophie, 15; histoire, 8; langues vivantes, 21; étudiants en droit préparant une licence, 9); *candidats à l'agrégation,* 87 (philosophie, 13; lettres, 8; histoire, 18; grammaire, 30; langues vivantes, 18); *étudiants bénévoles,* 78. Parmi ces étudiants, on comptait 16 boursiers d'agrégation (État), 8 de licence (État), 5 boursiers de la ville, 29 femmes.

Examens. Un élève de la Faculté a été admissible à l'École normale supérieure; une étudiante admise avec le n° 2 à l'École de Sèvres, un étudiant admissible à l'École normale de Saint-Cloud.

Agrégations. 2 admis, 3 admissibles en histoire; 1 admis en philosophie; 2 admis à l'agrégation des lettres; 2 admis, 4 admissibles à l'agrégation de grammaire; 1 admis, 1 admissible à l'agrégation d'allemand; 2 admises, 1 admissible au certificat d'allemand; 1 admise à l'agrégation de physique (jeunes filles); 1 admissible au certificat d'aptitude à l'enseignement secondaire des jeunes filles.

Licence. 36 candidats se sont présentés, 12 ont été reçus. *Détail :* lettres, 18 candidats, 7 reçus; philosophie, 5 candidats, 1 reçu; histoire, 6 candidats, 2 reçus; langues vivantes, 7 candidats, 2 reçus.

Baccalauréat, 1ʳᵉ *partie, A. classique :* 918 candidats, 338 reçus ; (36 p. 100); *B. moderne,* 253 candidats, 74 reçus (29 p. 100); 2ᵉ *partie, A. classique :* 595 candidats, 202 reçus (24 p. 100); *B. moderne :* 27 candidats, 15 reçus (55 p. 100).

L'éminent doyen de la Faculté des lettres tient, en ce qui concerne le baccalauréat, un langage un peu différent de celui de son collègue des sciences. L'originalité de bon aloi des vues et du style de M. le doyen Stapfer semble permettre de citer les propres termes de son rapport :

« Il y a et il y aura de plus en plus de purs lettrés, par exemple, absolument rebelles aux sciences exactes, *et qui seront peut-être d'autant plus distingués dans leur partie, que les mystères des mathématiques leur seront plus impénétrables.* C'est la juste considération de ce fait qui a décidé les réformateurs du baccalauréat à enlever à la note 0 son caractère éliminatoire. Nos collègues de la Faculté des sciences se désolent de l'ignorance des rhétoriciens en mathématiques : c'est leur droit incontestable d'infliger les notes les plus basses aux candidats qui ne savent rien; mais c'est le droit aussi et c'est peut-être le devoir des examinateurs de lettres de compenser par des notes élevées l'insuffisance de la note de sciences partout où brillent la culture, l'intelligence et le talent littéraires.

« Nous adopterions sans aucune répugnance une réforme qui rendrait par délibération du jury le 0 des sciences éliminatoire pour les candidats strictement passables; mais nous sommes heureux que le 0 ne puisse plus tuer à lui seul les sujets littéraires vraiment distingués. »

Il ne nous appartient pas de juger ce langage digne du pur lettré qu'est l'honorable M. Stapfer; encore moins de prendre parti dans cette querelle des lettres et des sciences. *Non nostrum inter vos tantas componere lites!*

Nous aimons mieux emprunter encore au rapport du savant doyen l'histoire de ce bachelier, honoré de la note *très bien*, qui se recommande à la sympathie par une situation particulièrement intéressante : ce jeune homme brillamment noté est aveugle depuis sa plus tendre enfance.

Si l'on résume les résultats des examens de tout ordre subis devant la Faculté des lettres de Bordeaux en 1884-95, on obtient les chiffres suivants,

Candidats examinés, 1 029; admis, 641. Il y a eu 200 candidats de plus qu'en 1893-94; mais, en revanche, le nombre des admis est inférieur de 30 à celui de l'année précédente.

Travaux des professeurs. 13 professeurs de la Faculté des lettres ont publié 46 travaux.

ALLEMAGNE.

Admission des femmes aux cours et aux grades de l'enseignement supérieur. — La question de l'admission des femmes aux cours, et, par suite, aux grades de l'enseignement supérieur est toujours en suspens. Le seul texte légal actuellement applicable à la matière est un arrêté du Ministre badois de l'enseignement public, subordonnant à la décision des recteurs l'autorisation éventuelle pour une femme d'être inscrite comme étudiante régulière. Quant à la collation des grades, chaque Faculté demeure libre de décider s'il y a lieu ou non de permettre aux étudiantes de subir les examens.

On a pu noter, au cours de l'année scolaire 1894-95, les principaux faits suivants relatifs à cette question.

Université de Fribourg. — Une jeune fille *américaine* a été autorisée par la Faculté de philosophie, à l'unanimité moins une voix, à présenter pour l'examen du doctorat une thèse de zoologie.

Université de Gœttingen. — Le 28 juin 1895, une jeune *Anglaise* a été reçue au grade de docteur après soutenance d'une thèse de mathématiques dont le titre était : *Groupe de problèmes algébriques sur la trigonométrie sphérique.* A la même Université, on relevait, pour le semestre d'hiver écoulé, l'inscription de 14 femmes.

Université de Heidelberg. — C'est, cette fois, une *Allemande* qui a conquis le diplôme doctoral devant la Faculté des sciences mathématiques et naturelles, avec une dissertation sur « la réduction d'intégrales hyperelliptiques par des substitutions rationnelles ».

La question des langues mortes dans l'enseignement secondaire. — Il semble que les tenants de l'enseignement purement classique, découragés un moment par les réformes réalisées dans les programmes des gymnases allemands à la suite de la Conférence de Berlin, commencent à relever la tête. C'est du moins ce qu'il est permis d'induire des comptes rendus publiés par les *Landes-zeitung* de Brunswick et la *Gazette de Cologne*, de certaines réunions pédagogiques tenues dans les derniers mois de 1895.

Au Congrès général des philologues et professeurs d'enseignement secondaire allemands, l'honorable Dʳ Deiters, conseiller privé, représentant le ministre de l'Instruction et des Cultes, a fait les déclarations suivantes, fondées,'d'après ses propres paroles, sur des confidences officielles : 1° le ministre serait convaincu qu'il est fort difficile d'atteindre les résultats nécessaires dans l'enseignement des langues mortes avec le nombre des heures qui leur sont concédées par le nouveau programme ; il serait, en conséquence, résolu à ajouter une septième heure de latin dans toutes les classes supérieures ; naturellement aussi, des mesures analogues seraient prises dans les real-gymnases ; 2° le même ministre aurait constaté un tel abaissement des connaissances relatives à l'histoire ancienne dans la classe de *prima*, que l'obligation s'imposerait de rétablir dans cette classe une revision générale de l'histoire ancienne. Il paraît que la communication de l'honorable orateur fut bruyamment applaudie par un grand nombre de membres du Congrès.

Des paroles moins autorisées peut-être, mais plus graves, sont attribuées à l'honorable directeur Jaeger, président de la Section des professeurs de mathématiques, de sciences naturelles et de langues vivantes du même Congrès. L'orateur s'est livré à une véritable charge à fond contre les prétentions affichées par la culture moderne de se substituer, en tout ou partie, à la vieille et solide instruction gréco-latine. Il a fait un appel chaleureux aux philologues des universités, dont personne, dit-il, ne saurait suspecter l'impartialité, pour empêcher qu'on « laisse de côté, dans les gymnases, aucune partie de l'idéal » ; il compte sur

« ces champions de la science, devant qui s'inclinent avec respect ou font semblant de s'incliner même *les plus plats Philistins* et les adorateurs du dieu Dollar pour soutenir les langues classiques »; car, ajoutet-il, « il ne s'agit pas ici de *langues mortes*, mais de langues qui vivent et forment le lien intellectuel des peuples éclairés. »

On le voit, l'honorable Dr Jaeger ne manque pas de virulence. A ce panégyrique exclusif de la culture gréco-latine, les professeurs de sciences et de langues vivantes présents au 48° Congrès des philologues allemands ont opposé une protestation. Il est assez naturel, en effet, que ces maîtres se soient sentis froissés par les déclarations intransigeantes du président de leur section. Ils ont affirmé qu'aucune branche des études ne peut prétendre *exclusivement* à posséder la puissance éducatrice; qu'au contraire chacune d'elles est appelée à contribuer pour sa part au but commun de l'enseignement secondaire, qui est de préparer des hommes propres à prendre rang dans les classes dirigeantes de leur pays, et, par conséquent, pourvus de lumières suffisantes sur *toutes* les parties de l'activité humaine. Et donc aussi les langues vivantes et les sciences sont fondées à réclamer leur place parmi « les richesses idéales » du peuple allemand.

Il n'est peut-être pas inutile de rappeler aux défenseurs trop entêtés des anciennes études classiques (comme le fait très justement le redacteur des *Archives pédagogiques*) le principe directeur de la réforme scolaire en Allemagne, si bien exprimé dans une parole tombée de haut : « Nous voulons élever de jeunes Allemands, non des Grecs et des Romains. »

STATISTIQUE DE DIVERS EXAMENS D'ENSEIGNEMENT SUPÉRIEUR EN ALLEMAGNE

Notes décernées dans les examens probatoires de médecine.

Berlin. — Sur 169 candidats présentés en 1893-94, aucun n'a obtenu la mention *très bien*, 111 (soit 68,5 p. 100) ont obtenu la note *bien*; 58 (31,5 p. 100) la mention *satisfaisant*.

Tübingen. — Sur 26 candidats, 8 (soit 31 p. 100) ont mérité la note *très bien*, 16 (62 p. 100), la note *bien*; 2 seulement (7 p. 100), la note *satisfaisant*.

D'une façon générale, on observe, dans les examens de médecine, les proportions suivantes pour l'attribution de la note *très bien* : Heidelberg, 29,7 p. 100; Fribourg, 16 p. 100; Munich et Wurzbourg, 8 p. 100. L'attribution de la note *bien* oscille entre 60 et 70 p. 100.

Examens pour l'obtention des diplômes de l'École technique supérieure de Dresde. Quatre-vingt-deux étudiants de cette école ont conquis les diplômes suivants durant l'année 1894-95. 1° *Diplôme de capacité* : architectes, 3; ingénieurs constructeurs, 2; ingénieur du cadastre, 1; ingénieurs mécaniciens, 10; ingénieurs électriciens, 5; chimistes, 11; ingénieurs des manufactures, 2. 2° *diplôme supérieur* : architectes, 3; ingénieurs constructeurs, 2; ingénieurs du cadastre, 9; ingénieurs mécaniciens, 9; ingénieurs électriciens, 4; chimistes, 6; ingénieurs des manufactures, 3.

Leipzig. — *Université. Examens d'État en 1894-95.* 1° *Théologie.* 35 candidats se sont présentés; les notes se sont réparties comme suit : *très bien*, 2; *bien*, 7; *assez bien*, 3; *passable*, 11; *suffisant*, 5. 2° *Droit.*

97 candidats. *Notes :* mention n° 1, 1 candidat; n° 2, 9; n° 3, 34; n° 4, 33. Les 20 restants ont échoué. 3° *Médecine.* La liste des candidats s'élevait au total de 145, dont 119 ajournés aux examens du semestre d'hiver 1894-95, et 26 ajournés aux examens du semestre d'été 1895 ; 45 candidats s'étaient présentés déjà l'année précédente. De ces 190 candidats, 136 seulement ont subi la totalité des épreuves. La mention *très bien* a été obtenue par 13 ; la mention *bien,* par 100 ; la mention *suffisant,* par 23. Les 54 autres candidats ont été ajournés au mois de novembre 1895. 4° *Art dentaire.* 10 étudiants se sont présentés à l'examen d'État ; un d'entre eux a obtenu la note *très bien;* 7, la note *assez bien;* 2 ont été ajournés. 5° *Pharmacie.* Sur 44 candidats, 36 ont été reçus, avec les mentions suivantes : *très bien,* 10 ; *bien,* 24 ; *passable,* 2.

Munich. — *Examens d'État pour les carrières juridiques et administratives.* Sur 70 candidats, 50 ont été reçus et 19 ajournés : ces résultats sont plus satisfaisants que ceux de l'année précédente.

Forestiers. 22 candidats se sont présentés à l'examen d'État : 21 ont réussi ; 5 ont obtenu la 1re mention ; 13 la 2e, 3 la 3e.

Examens de capacité pour l'enseignement secondaire. En octobre 1895, les séries suivantes d'épreuves ont été subies à l'Université de Munich par les candidats au professorat de l'enseignement secondaire : 1° physique et mathématiques ; 2° langue allemande, histoire et géographie dans les écoles moyennes techniques ; 3° chimie ; 4° histoire naturelle ; 5° études commerciales. En 1895 et en 1896, les épreuves relatives à l'enseignement des sciences physiques et mathématiques peuvent être passés soit en une fois, suivant l'ancien règlement, soit en deux parties, suivant le système nouveau ; les candidats ont le droit d'opter entre les deux sortes d'examens. Ceux qui choisissent l'épreuve organisée par l'ancien règlement ont à fournir l'attestation d'études complètes faites dans un gymnase classique ou réal, plus un certificat de quatre années au moins d'études faites dans une université ou une école technique supérieure. Pour les candidats qui préfèrent l'épreuve scindée du nouveau système, ils sont tenus de fournir la preuve d'une scolarité de deux semestres au moins dans une université bavaroise.

Des sessions d'examens partiels ont encore été ouvertes à Munich en 1895 pour l'obtention du diplôme de capacité à l'enseignement des matières suivantes : 1° langues modernes (philologie romaine et philologie anglaise) ; 2° sténographie.

Bristol. — *University College.* Cet établissement a été institué pour permettre aux personnes qui ont dépassé l'âge normal des études universitaires d'acquérir les connaissances nécessaires dans l'histoire naturelle, les langues, l'histoire et la littérature : on s'y propose surtout de développer systématiquement l'enseignement des sciences appliquées dans leur rapport avec l'art et l'industrie. Un cours spécial est institué pour préparer aux fonctions d'ingénieur et d'architecte ; des leçons sont faites le soir au bénéfice des auditeurs retenus dans la journée par leurs occupations. La faculté de médecine du Collège offre des cours préparatoires aux grades médicaux et chirurgicaux conférés par l'Université de Londres, ainsi qu'aux diplômes décernés par le *Royal College of Physicians* de la même ville, le *Royal College of Surgeons* d'Angleterre et l' *Apothecaries Society* de Londres. Enfin le *University-College* de Bristol prépare aux examens de l'armée et de la marine.

En 1893-94, les étudiants se répartissaient comme suit entre les diverses sections du collège : *étudiants ordinaires*, 400, dont 254 homme et 176 femmes ; *auditeurs des leçons de l'extension universitaire* d'Oxford, pour l'architecture : 80, dont 7 hommes et 73 femmes ; *day training college students*, 60. Total des étudiants : 570. Section dite « *class entries* » : *étudiants ordinaires*, 1,059, dont 789 hommes et 270 femmes ; *auditeurs de l'extension* (architecture), 80 ; dont 7 hommes et 73 femmes ; *day-training college students* : 216 femmes. Total général des élèves de la section : 1,355.

Cambridge. — *Examens universitaires locaux.* En décembre 1895, il s'est présenté dans les divers centres d'examen 9,593 candidats (non compris les étudiants des Universités coloniales affiliées). Sur ce nombre 6,214 ont affronté toute la série des épreuves ; ont renoncé, 2,884 candidats. 23 candidats hommes et 938 femmes, tous d'âge mûr, ont passé les examens avec succès ; ont également réussi 3,596 jeunes gens et 2,059 jeunes filles.

ESPAGNE

Études juridiques. — L'enseignement du droit en Espagne est organisé de la façon suivante : Les élèves doivent avoir fait des études secondaires et avoir obtenu le diplôme de bachelier ès arts. Ils sont astreints à six années de scolarité. En première année, ils étudient la philosophie, l'histoire et la littérature espagnoles. En seconde année, le droit naturel (six leçons par semaine), le droit romain (six leçons), l'économie politique (trois leçons). En troisième année, le droit canon (six leçons par semaine), l'histoire générale du droit (six leçons), le droit constitutionnel (six leçons). En quatrième année, le droit civil (six leçons par semaine), le droit administratif, le droit pénal (six leçons chacun), le droit financier (trois leçons par semaine). En cinquième année, le droit civil (six leçons par semaine), le droit commercial (six leçons), le droit international public (trois leçons), la procédure (trois leçons). En sixième année, le droit international privé (trois leçons par semaine), la procédure (trois leçons). — Le doctorat comporte, en outre, l'étude de la littérature et de la bibliographie juridiques, de l'histoire de l'Église et des collections canoniques, de la législation comparée, de l'histoire des traités. — Les études juridiques se font dans les dix universités d'État de Madrid, Barcelone, Valence, Séville, Grenade, Saragosse, Valladolid, Salamanque, Oviedo, Santiago. L'enseignement pour le doctorat n'est donné qu'à Madrid.

ITALIE

Rome. École d'hygiène. — Depuis plusieurs années, à côté de l'Institut d'hygiène annexé à l'Université, fonctionne une École d'hygiène, organisée par le directeur général de la santé publique, sous le contrôle et l'autorité du ministre de l'Intérieur ; elle est destinée à servir d'école de perfectionnement aux docteurs en médecine qui postulent les postes officiels d'inspecteurs de l'hygiène publique. Sur la proposition des honorables Crispi et Baccelli, S. M. le roi d'Italie a décrété que l'École d'hygiène serait désormais ouverte à tous les étudiants en médecine. En conséquence, les étudiants en médecine de l'Université de Rome, après avoir suivi pendant un semestre les cours de l'Institut d'hygiène, seront tenus désormais de passer un deuxième semestre à l'École dépendant du ministère de l'Intérieur : ils s'y livreront à des travaux de laboratoire relatifs à l'hygiène appliquée à la police sanitaire, et auront à passer un examen roulant sur les matières enseignées tant à l'École qu'à l'Institut. L'ordonnance royale statue qu'il sera loisible à la Faculté de médecine d'exiger, si elle le juge nécessaire, une scolarité de deux et même de trois semestres supplémentaires d'hygiène expérimentale, et que le professeur d'hygiène de l'Université sera autorisé à continuer son enseignement au delà du terme ordinaire à titre de cours libre.

SUÈDE ET NORVÈGE

Lund. Étudiants femmes. — On a compté, en 1893-94, 12 étudiantes à l'Université de Lund. De ce nombre, 8 suivaient les cours de la Faculté de philosophie, 4 ceux de la Faculté de médecine. *Examens.* Les examens suivants ont été passés en vue de la licence : *philosophie*, 1 ; en vue du diplôme de candidat : *droit*, 1 ; *médecine*, 2.

Stockholm. *Examens :* Licence en médecine, 3 ; candidature en médecine, 7 ; parmi ces 7, un candidat du sexe féminin.

Upsal. — On a compté, durant le semestre d'hiver 1894-95, 23 étudiantes à l'Université d'Upsal, dont 8 nouvellement inscrites. 1 suivait les cours de droit, 5 ceux de médecine, 17 ceux de philosophie.

Examens. Licence en philosophie, 1 ; candidature en philosophie, 1 ; candidature en droit, 2 ; licence en médecine, 3.

Christiania. — 255 étudiants suivaient les cours de la Faculté de droit durant le précédent semestre d'hiver ; sur ce nombre, 6 étaient inscrits depuis au moins dix ans. On constate une certaine uniformité dans la fréquentation des cours de droit depuis vingt-cinq ans ; nous relevons, en effet, les chiffres suivants : 1870, 240 étudiants ; 1871, 255 ; 1877, 1882, de 215 à 255 ; 1883, 300 ; 1887, 425 ; puis, déclin progressif jusqu'à la moyenne normale, 250. Une seule année, 1875, avait présenté un chiffre très bas, 120 étudiants seulement.

SUISSE

Population scolaire des Universités suisses en 1894-95. — Il ressort d'un document publié par le Bureau fédéral de statistique que le total des élèves de l'enseignement supérieur helvétique dans le semestre d'hiver 1894-95 s'élevait, — non compris le Polytechnicum de Zurich, — à 3 119 étudiants réguliers et 694 auditeurs libres. (A noter, dans ce total, 362 étudiantes et 238 auditrices libres.) Sur ce total général de 3 813 élèves, il y avait donc 600 femmes. *Répartition entre les Facultés : théologie*, 449 (290 protestants, 159 catholiques), dont une dame (à Genève) ; *droit*, 610 (dont 7 dames) ; *philosophie*, 1 675 (dont 371 dames). *Répartition par nationalités.* Parmi les 3 119 étudiants réguliers se trouvaient 1 847 Suisses (dont 38 dames) et 1 272 étrangers (dont 324 dames) ; il y avait 394 Allemands (dont 49 dames), 366 Russes (dont 212 dames), 146 Bulgares (dont 7 dames). Les Universités se classaient dans l'ordre suivant, d'après leur population scolaire : Genève, 814 étudiants (184 femmes) ; Zurich, 808 (196) ; Berne, 712 (125) ; Bâle, 527 (11) ; Lausanne, 516 (62) ; Fribourg, 305. C'est à Berne que l'on comptait le plus d'étudiants en droit (150) ; à Fribourg, le plus de théologiens (152) ; à Zurich, de médecins (361) ; à Genève, de philosophes (376).

E. S.

NOUVELLES ET INFORMATIONS

LE PROJET DE LOI SUR LES UNIVERSITÉS

La Chambre des députés, dans sa séance du jeudi 5 mars, a adopté d'urgence, et à l'unanimité par 548 voix, le projet de loi sur les Universités. La discussion a été courte et fort calme. M. Vigné d'Octon a fait l'éloge de l'ancien dispositif présenté au Sénat par M. Bourgeois et la critique du discours de M. Challemel-Lacour qui avait, on s'en souvient, puissamment contribué au rejet, ou du moins à l'abandon de ce projet. Mais il se rallie au nouveau texte proposé par le gouvernement parce qu'il répond, bien qu'imparfaitement, « aux conditions nouvelles créées à l'enseignement supérieur par les progrès de la science. » Il faut le voter « dans l'intérêt du corps enseignant, dans l'intérêt des élèves, dans l'intérêt même de la science; car, sans cela, retournant la parole d'un rhéteur célèbre, on pourrait dire que, dans la prétendue débâcle de la science, c'est nous qui sommes les banqueroutiers ».

M. Élie Cousin a pris ensuite la parole et a félicité le précédent orateur « d'avoir appelé de nouveau l'attention du parlement sur la question des Universités ».

M. d'Hulst, qui accepte aussi le projet, faute de mieux, est entré dans de plus grands développements. Nous reproduisons ici les passages les plus saillants de son allocution, en faisant toutes nos réserves sur ses théories relatives au rapprochement administratif des divers ordres d'enseignement et au recrutement autonome du personnel universitaire. Une solide réponse de M. Poincaré, auteur et rapporteur du projet, a clos dignement ce débat. Le ministre de l'Instruction publique n'est intervenu que pour annoncer le prochain dépôt d'une loi sur le Conseil supérieur, où il compte faire entrer « un élément non universitaire, qui apportera l'expression de besoins, de désirs et d'intérêts qui ne lui parvenaient pas toujours ».

M. d'Hulst s'est alors écrié : « Je deviens ministériel! »

DISCOURS DE M. D'HULST (droite)

Ce qui me plaît dans le projet, c'est plutôt la tendance qu'il accuse que son dispositif, car la tendance est bonne et le dispositif est voisin du néant.

La tendance est bonne, parce que c'est un essai de saine et utile décentralisation.

L'Université de Napoléon était une grande machine gouvernementale, et rien ne se prête moins au gouvernement que l'intelligence.

Je veux dire que l'intelligence est la chose la moins facile à gouverner. Elle ne reconnaît qu'une seule autorité : la Vérité.

M. Lemire (droite). — Mais l'intelligence est la chose la plus utile pour bien gouverner!

M. d'Hulst. — Certainement; mais je ne voulais pas parler du gouvernement dans le sens politique.

Dans l'Université telle que Napoléon l'avait comprise, on avait, certes, le souci d'accumuler au centre de l'administration des écoles le plus grand nombre possible de compétences; mais par le fait même que ces compétences étaient surtout investies d'un pouvoir administratif, elles étaient immédiatement pénétrées de l'esprit administratif et tendaient à sacrifier les grandes choses aux petites, le progrès à la routine, et les besoins des Écoles aux traditions et aux fantaisies des bureaux.

Certes, M. Cousin était un grand esprit; mais quand il était ministre, il était surtout un grand despote et il régentait d'une façon presque tyrannique l'esprit des autres.

Je sais fort bien que depuis lors beaucoup de choses ont changé sous la pression de l'opinion. On a commencé à rougir de l'infériorité nationale où nous plongeait l'état déplorable de notre enseignement supérieur, et d'importantes mesures ont été prises pour mettre le matériel scientifique à la hauteur des besoins nouveaux et pour doter l'enseignement supérieur de ressources sans lesquelles il serait demeuré absolument au-dessous de sa tâche.

Malheureusement, il a manqué à ces réformes ce que précisément votre projet promet de leur donner, dans une mesure encore insuffisante, sans doute, mais qui pourra se développer à l'avenir : je veux dire que les réformes de l'enseignement ont été presque exclusivement, jusqu'ici, des réformes administratives. Je ne veux pas dire que le ministère de l'Instruction publique ne s'entourait pas des conseils des hommes compétents, mais enfin il n'y avait d'autre grand corps délibérant, chargé d'éclairer et de préparer les décisions du gouvernement et du parlement en ces matières, que le conseil supérieur de l'instruction publique.

Or, le conseil supérieur de l'Instruction publique, surtout depuis que sa composition a été aussi profondément modifiée qu'elle l'a été par M. Jules Ferry depuis 1880 et par les lois que vous avez votées sous son inspiration, le conseil supérieur, dis-je, réunit dans son sein un très grand nombre de compétences, mais chacune, pour ainsi dire, à dose infinitésimale. Il renferme des représentants de l'enseignement primaire, des représentants des lycées, des représentants des Facultés; mais ces divers éléments se trouvent divisés pour ainsi dire à l'infini; et quand il s'agit d'introduire une réforme dans une branche de l'enseignement, et particulièrement de l'enseignement supérieur, la grande majorité, la presque totalité du conseil supérieur de l'Instruction publique, moins deux ou trois de ses membres, demeure complètement étrangère à la réforme, parce que c'est chose qu'elle connaît mal et qui ne l'intéresse pas. Il en résulte qu'alors c'est encore et toujours le ministère de l'Instruction publique qui, moyennant une entente facile avec les deux ou trois personnes dont il s'agit, dispose en souverain maître de ce qu'on appelle les réformes de l'enseignement et de ce qui, selon moi, constitue quelquefois non point une amélioration, mais au contraire une aggravation de la situation présente.

Cependant, comme il y a eu beaucoup de bonne volonté et d'intelligence dépensées dans ces efforts, on peut dire que si l'œuvre des réformes, en ce qui concerne l'enseignement supérieur, a été mélangée de bien et de mal, le bien toutefois l'emporte sur le mal.

Il n'en est pas de même de l'enseignement secondaire, et si c'était le lieu d'en parler, il ne me serait pas difficile de montrer que, depuis 1880, les bouleversements continuels auxquels ont été soumis les programmes et les méthodes n'ont abouti qu'à une manifeste et visible décadence des études classiques.

Cependant, Messieurs, on est entré enfin dans une voie nouvelle. Le ministère de l'Instruction publique, — et cette initiative l'honore, — paraît désireux de s'associer désormais franchement les corps les plus compétents pour préparer et diriger avec eux les réformes de l'enseignement supérieur.

Il y a là ce que je me permettrai d'appeler un esprit nouveau. Et je crois qu'à cause de l'application que je fais de ce mot, vous serez d'accord avec moi pour le trouver bon.

Toutefois, si le projet est louable, il est, comme je le disais, manifestement insuffisant, et ce sont ces insuffisances que je voudrais très rapidement relever.

Tout d'abord, — c'est la grande insuffisance du projet, — on a reculé devant la réforme véritablement féconde qu'avait préparée M. Léon Bourgeois dans le projet présenté au Sénat. M. Poincaré, l'honorable rapporteur du projet, — qui avait toutes les lumières nécessaires pour éclairer son travail, puisqu'il venait, quelques semaines auparavant, de résigner le portefeuille de l'Instruction publique, qu'il avait tenu déjà deux fois avec une très grande distinction, — M. Poincaré nous a initié aux raisons qui expliquent ce recul du projet actuel sur le projet de M. Bourgeois : ce sont les intérêts locaux et, osons le dire, les intérêts électoraux qui ont obligé le gouvernement, sous peine de ne rien faire à faire quelque chose qui ressemble presque à rien.

Il me semble qu'on a été un peu timide et qu'entre le projet de M. Léon Bourgeois, qui soulevait tant de résistances intéressées, et le projet d'aujourd'hui, qui se fait véritablement par trop humble, il y avait peut-être un moyen terme possible.

Je crois, par exemple, que si l'on avait exigé, pour conférer le titre d'Université, un groupement de trois Facultés au moins, sans compter les simples écoles et la présence de 500 étudiants, ce n'eût pas été exagéré.

Vous me direz qu'on n'aurait eu à supprimer dans ces conditions que deux Universités sur les quinze qui vont être créées. C'était toujours autant, et c'était mettre à un prix convenable le titre et le privilège d'Université.

En second lieu, je trouve une insuffisance encore fort regrettable dans les attributions que le projet de loi reconnaît aux futures Universités. Qu'est-ce qu'il leur accorde ? Oh ! vraiment bien peu de chose : le titre d'Université, c'est un nom ; la personnalité civile ? elles la possédaient déjà comme corps de Facultés ; un conseil qui s'appellera conseil d'Université ? il existait déjà sous le nom de conseil général des Facultés. Jusqu'à présent, je ne vois que des mots substitués à d'autres ; sans doute, ils sonnent mieux, mais encore faudrait-il mériter l'honneur qu'ils confèrent. Or, quand il s'agit, par exemple, de déterminer les attributions de ce conseil général des Facultés, que faites-vous dans votre projet ? Vous réduisez ces attributions à ce que j'appellerai la petite administration et vous laissez en dehors de son contrôle tout ce qui intéresse véritablement les études et leurs progrès.

Ainsi, que placez-vous sous la compétence du conseil de l'Université qui est le conseil général des Facultés transformé ?

Je lis à l'article 3 :

« Le conseil de l'Université est substitué au conseil académique dans le jugement des affaires contentieuses et disciplinaires relatives à l'enseignement supérieur public. »

C'est bien ! ce sont des attributions de juridiction, et je ne me plains pas que vous les ayez données au conseil de l'Université en les retirant au conseil académique. Mais ne pourriez-vous pas ajouter à cette compétence contentieuse une compétence pédagogique, par exemple les programmes ?

Il n'est question, à chaque instant, que de changements de programmes. Je puis en parler en connaissance de cause, puisque je dirige un établissement d'enseignement supérieur libre dans lequel nous sommes obligés, en vertu des lois existantes, de suivre très exactement les programmes de l'État, nos étudiants devant passer leurs examens devant les examinateurs de l'État. C'est au moins une fois par an que nous devons modifier l'ordre et la disposition de notre enseignement pour nous conformer à ces perpétuels changements de programmes.

Qui les décide, ces changements ? Je ne vois pas du tout que votre conseil de l'université soit appelé à donner son avis.

M. René Goblet (gauche). — Il avait ce droit en tant que conseil général des facultés, et il le garde.

M. d'Hulst. — En tout cas, c'est un avis purement consultatif. Il me semble que vous pouviez aller un peu plus loin. |Vous avez donc bien peur de cet embryon d'autonomie? Pourquoi ne pas admettre que, sinon le dernier mot, au moins la part principale du travail dans la préparation des programmes appartienne au conseil de l'université et non pas au conseil supérieur de l'instruction publique, à cause de sa constitution dont j'essayais tout à l'heure de vous faire comprendre le fonctionnement?

Il y a dans le conseil supérieur, je le disais, beaucoup de compétences réunies, mais à petite dose, de sorte qu'en réalité les changements les plus grands sont dictés par le ministère au moyen d'une entente facile avec quelques personnes et que la grande majorité du conseil vote sans compétence.

M. Liard, *directeur de l'enseignement supérieur, commissaire du Gouvernement.* — Depuis 1885, il n'est pas soumis au conseil supérieur de l'instruction publique un projet intéressant les études de l'enseignement supérieur et les programmes d'examen sans que, au préalable, ce projet n'ait été soumis à l'assemblée de chacune des facultés compétentes, et, en second lieu, au conseil général des facultés, que M. Goblet a créé en 1885, et tous les documents sont publiés, distribués à tous les membres du conseil supérieur avant que le projet vienne en délibération devant eux. Par conséquent, les changements ne résultent pas du tout d'une entente entre l'administration et les deux ou trois membres compétents du conseil supérieur.

M. d'Hulst. — Ce qui est certain, Monsieur le directeur, c'est que dans le projet de loi sur les universités, où l'on a pris la peine de rédiger un article 3 relatif à la juridiction contentieuse, j'ai le droit de m'étonner qu'on n'ait pas introduit un article transformant en disposition obligatoire cette consultation dont vous parlez. Il me semble que cette consultation, qui n'est qu'à l'état de pratique et d'usage, méritait d'être introduite dans la loi, ne fût-ce que pour donner un peu de corps à cette chose voisine du néant que vous nous demandez de voter aujourd'hui.

Je viens maintenant aux dispositions relatives à ce que j'appellerai la fiscalité universitaire, et là encore je retrouve cette étrange préoccupation de ne pas affranchir sincèrement et libéralement les établissements auxquels vous allez conférer le nom d'université.

Sans doute, vous décidez qu'elles feront entrer désormais dans leurs budgets de recettes les droits d'inscription et les autres droits relatifs aux études, les droits perçus pour les manipulations, etc.; mais vous avez bien soin de réserver à la caisse de l'État les droits d'examen, et la raison qu'en donne M. le rapporteur me paraît véritablement étrange : elle est que « les grades conférés à la suite des examens étant en France des grades d'État, il [est légitime que les droits dont ils sont frappés continuent à être perçus au profit du Trésor », c'est-à-dire les droits sont régaliens, donc ils doivent toujours être perçus au profit du Trésor.

Mais puisque le Trésor se trouve déchargé par la perception qui se fait aux centres universitaires d'une partie de la subvention qu'il aurait dû fournir aux universités, je ne vois pas pourquoi on ne ferait pas entrer dans la caisse de l'université les droits d'examen aussi bien que les droits d'inscription. La prérogative de l'État ne serait pas méconnue, puisque, somme toute, les universités sont investies d'une délégation de l'État.

Vous dites encore que les frais d'études ne sont pas des impôts; mais les droits d'examen non plus, puisqu'ils n'atteignent que les candidats. Votre distinction n'est donc pas fondée en raison. Mais il y a là une préoccupation que j'appelle de son vrai nom en la qualifiant de régalienne, qui manifeste chez vous une certaine peur de la liberté, au moment où vous nous annoncez un projet sur l'émancipation des universités.

Il y a enfin dans votre projet une autre lacune plus étrange encore; mais vous me direz que je soulève ici des questions qui ne figurent pas dans le projet actuel; or, je me plains précisément qu'elles ne s'y trouvent pas.

Vous parlez d'universités, et vous voulez cependant restreindre leur compétence aux choses de l'enseignement supérieur, comme si l'enseignement secondaire n'appartenait pas essentiellement à la compétence des universités. Je ne parle pas ici de l'enseignement primaire; il ne s'adresse pas au même personnel d'élèves; il a une base beaucoup plus large, aussi large que la nation elle-même, et si, là comme ailleurs, — et là peut-être encore plus qu'ailleurs — la décentralisation est désirable, elle devrait se poursuivre par le développement de l'autonomie communale.

Mais comment peut-on séparer les intérêts de l'enseignement secondaire de ceux de l'enseignement supérieur? Ces deux enseignements ne s'adressent-ils pas précisément à la même catégorie d'élèves, puisqu'ils se les partagent suivant leur âge? Ne se continuent-ils pas, ne se complètent-ils pas l'un l'autre? Pourquoi donc alors ne pas grouper les lycées, par exemple, d'une région académique autour du centre universitaire que vous allez constituer? Pourquoi ne pas faire représenter les lycées par leurs délégués dans le conseil universitaire? Pourquoi, par conséquent, ne pas intéresser les professeurs de l'enseignement secondaire à cette vie universitaire que vous allez créer et ne pas les admettre à l'honneur et au profit qu'ils trouveraient dans la manifestation de leurs vœux lorsqu'il s'agit de la réforme des programmes?

En outre, Messieurs, je trouve que le projet est muet sur une réforme très importante qui consisterait à intéresser les corps universitaires au recrutement de leur personnel enseignant.

Aujourd'hui, c'est le doctorat qui introduit le professeur dans l'enseignement supérieur, et l'agrégation dans l'enseignement secondaire; mais la plupart du temps c'est par l'agrégation qu'il faut passer pour arriver utilement au doctorat de manière à prétendre à une chaire dans l'enseignement supérieur.

Or, le corps enseignant ne se recrute pas d'une façon régionale; il se recrute dans toute la France. C'est le centre, c'est le ministre qui en dispose.

Il me semble que pendant que vous êtes en train de faire de la décentralisation universitaire, il eût été intéressant et utile d'organiser une agrégation spéciale à chaque centre universitaire. Puisque l'expérience est là pour montrer que l'initiative privée peut faire des merveilles, même et surtout dans l'ordre des choses intellectuelles, pourquoi, pendant que vous êtes en train de réformer votre enseignement supérieur qui est le plus intellectuel de tous, avez-vous toujours tellement peur de desserrer les mailles du filet administratif?

Voilà de quoi je me plains. C'est une maladie qui n'est pas seulement celle des administrateurs de l'instruction publique en France : c'est la maladie de l'esprit français lui-même, et c'est là ce qui me donne le droit d'en parler ici au nom des intérêts généraux du pays.

Il y a deux mots anglais qu'on prononce souvent et qu'on ne comprend guère en France : le *self-government* et le *self-help*, se gouverner soi-même et s'aider soi-même. Entre ces deux choses, la France contemporaine a montré une grande préférence pour la première. Elle s'est montrée beaucoup plus jalouse du *self-government* que du *self-help*, et même, en concentrant ses préférences sur le *self-government*, elle a montré qu'elle le comprenait fort mal. Elle a cru qu'un peuple se gouvernait lui-même quand il se donnait par ses lois une liberté illimitée de tout dire, de tout écrire, de tout insulter, une presse comme celle que nous a faite la loi de 1881, qui peut traîner tout le monde dans la boue, et surtout les autorités. Voilà le comble de la liberté. Et quand le peuple français s'est accordé cette licence, alors il se croit vraiment libre et il trouve que, pour tout le reste, l'administration ne le tient jamais serré d'assez près.

Mais, à côté du gouvernement, il y a la vie, et la vie n'est pas chose collective : elle est avant tout chose individuelle. Elle devient collective par la libre association des personnes; mais, avant tout, il faut que la vie se développe dans la personne, et la vie ne se développe pas, ni dans l'ordre intellectuel ni dans l'ordre économique, sans le grand air de la liberté.

C'est parce que nous manquons de cette estime nécessaire pour le *self-help* que nous nous laissons dépasser par beaucoup de nos voisins sur le terrain industriel, ou agricole, ou économique, et même sur le terrain de l'enseignement.

Car, si la Providence nous envoie heureusement des savants de génie pour empêcher que notre pays ne descende dans l'estime des peuples, il est trop vrai de dire que sur le terrain pédagogique nous ne tenons plus la tête.

Je regrette donc qu'on nous mesure l'autonomie universitaire d'une main si avare; mais enfin, puisqu'il y a là un petit commencement de décentralisation, ou au moins l'annonce d'une bonne intention dans ce sens, je voterai ce projet, quoique je trouve qu'il ne contient presque rien. Je le voterai comme on jette une semence, et je m'en rapporterai à l'avenir pour développer ce germe microscopique et en tirer les réformes plus profondes dont notre pays a besoin.

DISCOURS DE M. RAYMOND POINCARÉ (gauche).

Messieurs, j'ai écouté avec la plus grande attention et avec le plus vif intérêt les observations qui ont été apportées à cette tribune par l'honorable M. d'Hulst, et je tiens à le remercier tout de suite de l'esprit dans lequel il les a présentées.

Je crois que l'accord se fera vite et facilement sur le texte qui vous est soumis. Je me bornerai à répondre en quelques mots aux critiques ou aux réserves formulées par M. d'Hulst, et à expliquer, si je le puis, les raisons qui nous ont déterminé à ne pas combler les lacunes qu'il a signalées.

L'honorable M. d'Hulst déclare que nous sommes encore, M. le Ministre de l'Instruction publique, M. le Président de la commission — M. Goblet — et moi, imprégnés de l'esprit napoléonien. Cette empreinte, je ne l'avais pas trouvée, je l'avoue, en moi-même, et je ne m'attendais à la rencontrer ni chez M. Goblet, ni chez M. le Ministre de l'Instruction publique.

M. Lemire. — On ne se connaît pas toujours bien soi-même.

M. le rapporteur. — Il se peut que nous n'ayons pas toujours, les uns et les autres, la même façon de concevoir la liberté; mais il est déjà très digne et très noble de la chercher les uns et les autres par des voies différentes.

Nous avons à présentation, aujourd'hui, de vous apporter un projet qui, assurément, n'est pas parfait. M. Vigné le qualifiait tout à l'heure de mesquin, et M. d'Hulst le comparait à une petite semence. Je reconnais qu'il est modeste, qu'il est, si vous voulez, médiocre; tout au moins réalise-t-il, par rapport à l'état de choses actuel, un progrès je vous indiquerai tout à l'heure.

M. d'Hulst, comme M. Vigné, estime cependant qu'il aurait mieux valu reprendre purement et simplement le projet de M. Léon Bourgeois, qui créait des universités régionales et sacrifiait un certain nombre des facultés existantes. J'ai expliqué dans le rapport, aussi clairement que je l'ai pu, les raisons pour lesquelles le ministère précédent et le ministère actuel, présidé par M. Bourgeois lui-même, n'ont cru devoir reprendre le projet ancien.

Vous ajoutiez, Monsieur d'Hulst, que, tout au moins, nous aurions pu supprimer quelques-unes des facultés, les plus faibles, les plus humbles, les moins riches, et vous indiquiez celle de Besançon et celle de Clermont.

Vous disiez que ces deux académies étaient les moins riches. Je ne le conteste pas, mais elle ne s'en sont pas moins développées avec un succès à peu près continu.

En 1885, au moment où a commencé le régime nouveau des facultés, — j'expliquerai tout à l'heure l'importance de la réforme réalisée par M. Goblet, — ces deux académies avaient, l'une, celle de Besançon, 87 élèves, l'autre, celle de Clermont, 109. Elles en ont aujourd'hui, au mois de janvier, — c'est sur ce seul point que je rectifie votre statistique, — l'une 187 et l'autre 168, c'est-à-dire presque le double des chiffres de 1885.

Il fallait comparer le tableau de 1885 à celui de 1895; vous n'avez pris que le tableau de 1895, je prends, moi, le progrès par rapport à 1885, c'est-à-dire par rapport à l'année où a été signé le décret organisant la personnalité civile des facultés, et je constate que dans les académies les plus pauvres, les moins bien partagées, ce progrès est encore considérable.

Qu'est-ce à dire, Messieurs, sinon que depuis que la République a pris en main l'œuvre de l'enseignement supérieur, dans les facultés les plus pauvres elles-mêmes, cet enseignement s'est largement développé ?

M. le comte de Lanjuinais (droite). — Croyez-vous que la loi militaire y soit étrangère?

M. le rapporteur. — Nous discuterons cette question si vous voulez, le jour où l'on instituera un débat sur la loi militaire. Mais je crois que la véritable raison de ce développement, ce n'est ni la loi militaire dont vous parlez, ni la création ou l'augmentation du nombre des bourses d'enseignement supérieur, récemment critiquée par mon honorable ami M. Dejean; je crois qu'on peut donner de l'accroissement du chiffre des étudiants une raison plus générale et plus profonde, qui est la diffusion du goût de l'instruction et l'amélioration du mouvement intellectuel dans la démocratie française.

M. d'Hulst a fait une seconde critique. Il a dit que nous aurions dû profiter de l'occasion que nous offrait le projet que nous discutons aujourd'hui pour proposer en même temps aux Chambres une réorganisation administrative des facultés et des corps de facultés.

M. d'Hulst nous dit : « Vous n'avez accordé aucune franchise, aucune liberté, aucune indépendance aux facultés ou aux corps de facultés. »

Je lui en demande bien pardon, et si la Chambre me permet de lui indiquer en quelques mots le résumé du décret de 1885, de la loi de 1893 et du décret qui a suivi cette loi, elle verra que les franchises accordées aux facultés et aux corps de facultés par la République ne sont pas comparables à l'état de choses qui existait avant 1885, et que l'esprit napoléonien, dont on parlait tout à l'heure, a été singulièrement abandonné par nous, depuis quelques années tout au moins.

Au point de vue administratif, on a institué dans chaque faculté un conseil et une assemblée. Le conseil est formé des professeurs titulaires, l'assemblée de tous les maîtres pourvus du grade de docteur. On a institué pour les intérêts communs aux diverses facultés d'un même centre un conseil général des facultés composé, sous la présidence du recteur, de délégués élus par les facultés. Le conseil des facultés et le conseil général des corps délibèrent sur le budget des facultés et sur le budget des corps; et il n'y a pas seulement des délibérations budgétaires, financières, administratives, il y a aussi des délibérations pédagogiques, scientifiques, qui touchent aux plus graves intérêts de l'enseignement.

M. d'Hulst disait : « Vous n'avez accordé aucune franchise au point de vue de l'enseignement et de la science. » Or, Messieurs, jusqu'en 1875 ou 1876, tout professeur de facultés était tenu de soumettre d'abord à l'approbation du ministre le programme de son cours, et, théoriquement, il ne pouvait s'écarter du programme approuvé : aujourd'hui tout professeur est maître de son enseignement.

Vous aviez raison de dire tout à l'heure que l'intelligence ne se gouverne pas. La République n'a nullement l'intention ou la prétention de porter la main sur la direction des études, sur les opinions, sur les consciences. L'enseignement supérieur est libre; on enseigne dans les facultés de l'État les doctrines les plus contradictoires, on les enseigne de la façon la plus libre et la plus indépendante. Ce que nous ne voulons pas, c'est que l'Etat abandonne son droit de réglementer et de contrôler les examens, c'est que les grades ne soient pas alloués par l'Etat. C'est le seul point sur lequel nous soyons en désaccord avec vous, et c'est la seule garantie que nous ayons prise et conservée. En d'autres termes, nous avons essayé de concilier dans les réformes de l'enseignement supérieur la liberté nécessaire au progrès de la science avec l'autorité souveraine et nationale que nous considérons comme indispensable sous tout gouvernement établi.

Par les cours à option,' on a donné dans les facultés de droit, de médecine, de lettres, une indépendance précieuse et féconde non seulement aux maîtres, mais aux étudiants. Aujourd'hui les étudiants ont la faculté de choisir certaines matières en vue des examens, à condition que ces matières soient portées sur le programme d'ensemble. De sorte que cette liberté que vous réclamez, nous l'avons accordée non seulement aux maîtres pour leur enseignement, mais aux élèves eux-mêmes pour la préparation de leur avenir.

La réforme accomplie par les décrets de 1885 et 1893 nous a donc paru suffisante pour que dans le projet actuel nous ne modifions rien de l'organisation administrative. Le conseil général des facultés va s'appeler désormais conseil général de l'université, — c'est l'article 2 du projet, — mais il aura toutes les prérogatives, tous les droits et en même temps tous les devoirs qui appartiennent ou qui incombent aux conseils généraux des facultés.

M. d'Hulst demande le rapprochement de l'enseignement secondaire et de l'enseignement supérieur. Sur ce point, je suis heureux d'être tout à fait d'accord avec lui. Je ne trouve rien de si fâcheux, de si funeste, que cette séparation en trois compartiments distincts, enseignement primaire, enseignement secondaire, enseignement supérieur. Il n'y a pas trois ordres séparés d'enseignement, il y a un enseignement public, un enseignement national, qui se donne à des degrés divers, d'une manière plus ou moins scientifique ou plus ou moins élémentaire ; mais il serait déplorable que les professeurs de l'enseignement supérieur pussent se considérer comme remplissant une 'autre fonction que les professeurs de l'enseignement secondaire, ou que les professeurs de l'enseignement secondaire se crussent autorisés à se désintéresser de l'enseignement primaire.

Les critiques de l'honorable M. d'Hulst me paraissant réfutées, j'arrive au projet et j'en indique d'un mot les deux avantages essentiels.

Cette semence dont parlait l'honorable M. d'Hulst, elle n'est pas si médiocre ni si insignifiante qu'il semblait le croire. Il y a, dans le projet, deux points saillants que j'indique à cette tribune, car je me suis aperçu tout à l'heure, en causant avec quelques-uns de mes voisins, — c'était peut-être une indiscrétion, et je m'en excuse, — que tout le monde n'avait pas apprécié très exactement la portée du projet actuel.

On s'est imaginé, — M. Jourde me fait un signe d'assentiment ; il est précisément un de ceux avec lesquels je causais tout à l'heure, — qu'il n'y avait ici qu'une question de noms. Je dis d'abord que la question de noms n'est pas secondaire, qu'elle n'est pas méprisable, et que ce sera beaucoup pour un corps de facultés, — vous lisiez hier encore les discours prononcés à Lyon, — ce sera beaucoup pour un corps de facultés d'avoir cette consécration légale, officielle, cet état civil régulier, cette reconnaissance solennelle, de pouvoir enfin s'appeler université. Oui, ce sera beaucoup, parce que ce mot d'université a pour le personnel des facultés une signification précise. Université veut dire recherches libres et désintéressées, rapprochement de toutes les branches de la connaissance, solidarité des sciences.

Mais à côté de cette sorte de légitimation, qui, je le répète, n'est pas négligeable, il y a dans le projet un autre avantage beaucoup plus important : la loi que vous allez voter donne, en effet, aux facultés des recettes considérables non pas certes aux deux corps de facultés, dont parlait tout à l'heure l'honorable M. d'Hulst ; celles-là ne recueilleront que des bénéfices assez faibles : l'académie de Clermont ne recevra que 722 francs par an et celle de Besançon que 725 francs. Mais pourquoi ? parce que toutes les académies profiteront des recettes qu'elles produiront. Ce sera un stimulant excellent, un élément de concurrence et d'émulation. Ainsi l'Université de Paris encaissera, en supposant la permanence des recettes actuelles, — et elles augmenteront plutôt que de rester stationnaires, — 646 000 francs par an ; celle d'Aix, 26 000 francs ; celle de Bordeaux, 105 000 francs ; celle de Caen, 19 000 francs ; celle de Dijon, 131 000 francs ; celle de Grenoble, 16 000 francs ; celle de Lyon, 128 000 francs ; celle de Lille,

83 000 francs ; celle de Montpellier, 85 000 francs ; celle de Nancy, 41 000 francs; celle de Poitiers, 20 000 francs ; celle de Rennes, 27 000 francs, et celle de Toulouse, 42 000 francs.

Voilà les bénéfices annuels qui seront accordés à chacune des académies existantes érigées en universités.

M. Jourde (gauche). — Il faudrait y ajouter le bénéfice de leur recrutement autonome.

M. le rapporteur. — C'est une des observations présentées par M. d'Hulst j'en ai dit un mot tout à l'heure. La commission a pensé à l'unanimité et le gouvernement a pensé avec elle qu'il ne fallait pas toucher à l'organisation administrative actuelle, qu'il ne fallait pas mélanger ces questions, qu'il fallait aujourd'hui purement et simplement examiner la question des universités.

C'est pour ces motifs, Messieurs, que nous vous apportons un projet qui, je le répète, a des apparences modestes ; mais nous croyons malgré tout, pour les raisons que je viens de vous indiquer, qu'il réalisera un progrès appréciable, qu'il sera le prélude d'autres progrès futurs, et j'ai confiance dans le vote unanime de la Chambre.

LA RÉFORME DU BACCALAURÉAT

M. Combes a présenté à la Chambre des députés un important projet qui a pour but de rendre les candidats aux baccalauréats à leurs juges naturels, c'est-à-dire aux maîtres de l'établissement dans lequel ils ont fait leurs études. Cette disposition ne s'applique d'ailleurs qu'aux établissements publics, lycées ou collèges de plein exercice; un jury spécial serait institué dans chaque académie pour les élèves de l'enseignement libre et privé.

Un long et remarquable exposé des motifs précède le projet de loi dont nous donnons aujourd'hui le texte, en nous réservant de consacrer à ce grave sujet une étude approfondie. Constatons de suite que la Commission nommée par la Chambre paraît, en majorité, favorable à l'institution d'un nouveau jury d'examen.

PROJET DE LOI

ARTICLE PREMIER. — Le baccalauréat, considéré comme épreuve terminale des études secondaires (enseignement classique et enseignement moderne), est supprimé.

ART. 2. — Il est remplacé par un examen de fin d'études divisé en deux parties : l'une portant sur les matières de la rhétorique ou de la seconde moderne ; l'autre sur les matières de la philosophie ou de la classe de mathématiques élémentaires, ou de la première-lettres, ou de la première-sciences.

A la suite de ces examens, il est délivré, s'il y a lieu, un certificat d'études secondaires (enseignement classique et enseignement moderne — lettres ou sciences).

ART. 3. — Les élèves des établissements de l'État subissent l'examen de fin d'études dans les établissements auxquels ils appartiennent, devant un jury propre à chacun de ces établissements.

Pour les élèves de l'enseignement libre, pour ceux qui auront fait leur éducation secondaire dans la famille ou dans des établissements de l'État dans lesquels un jury propre à un établissement ne pourrait être organisé, il sera institué un jury d'État, dont les pouvoirs s'étendront à toute l'académie.

ART. 4. — Le tarif des droits à percevoir sera fixé dans les formes déterminées par l'article 8 de la loi du 27 février 1880.

ART. 5.' — Seuls les élèves munis du certificat d'études secondaires seront admis à prendre des inscriptions dans les établissements d'enseignement supérieur, sur la présentation de leur diplôme.

ART. 6. — Des règlements d'administration publique rendus en Conseil d'État, après avis du Conseil supérieur de l'instruction publique, détermineront les mesures d'exécution nécessaires pour assurer l'application de la présente loi, notamment l'organisation et les attributions des jurys d'examens.

Projet de décret portant règlement d'administration publique sur l'examen terminal des études secondaires et sur le certificat d'études secondaires.

ARTICLE PREMIER. — Les jurys chargés de l'examen de fin d'études dans les établissements secondaires publics comprennent : 1° un délégué de l'Etat, président ; 2° trois membres au moins, cinq au plus, désignés chaque année par le recteur, parmi les professeurs agrégés ou licenciés de l'établissement.

ART. 2. — Le délégué de l'Etat, président, est nommé par le ministre, sur une liste de trois candidats dressée par le Conseil de l'université de l'académie ; ne peuvent figurer sur cette liste que des agrégés ou docteurs qui remplissent ou ont rempli une fonction d'enseignement secondaire ou supérieur dans un établissement dépendant du ministère de l'Instruction publique.

Le délégué de l'Etat est nommé pour cinq ans. Ses pouvoirs sont renouvelables jusqu'au jour où il est admis à faire valoir ses droits à la retraite.

Il a droit d'inspection dans tous les établissements publics d'enseignement secondaire de l'académie. Suivant le nombre et l'importance des établissements, le ministre pourra désigner un seul délégué pour plusieurs académies ou plusieurs délégués pour une seule académie.

ART. 3. — Le jury chargé de l'examen de fin d'études en dehors des établissements secondaires publics est unique dans chaque académie. Il est nommé par le ministre, sur la proposition du recteur, après avis du Conseil de l'université.

Les membres peuvent en être pris parmi les professeurs émérites ou en exercice de l'enseignement supérieur de l'Etat, ou parmi les professeurs émérites de l'enseignement secondaire public.

ART. 4. — Pour être admis à l'examen de fin d'études secondaires, le candidat doit produire : 1° son acte de naissance ; 2° l'autorisation de son père ou tuteur.

ART. 5. — Pour chaque candidat subissant l'examen dans les établissements secondaires publics, un dossier scolaire est constitué, comprenant : 1° un livret scolaire où seront portées les notes et les places qu'il a obtenues, ainsi que les récompenses qu'il a méritées dans son cours d'études ; 2° les notes qui lui ont été attribuées à chaque examen de passage.

Ce dossier est mis à la disposition du président du jury huit jours avant l'examen. Pendant l'examen, il est tenu à la disposition du jury.

Art. 6. — Le président a droit de véto.

Art. 7. — A l'ouverture de la session, le jury peut, en raison du dossier scolaire de l'élève, l'exempter de toutes les épreuves ou d'une partie des épreuves de l'examen. Cette décision doit être prise à l'unanimité des voix.

Art. 8. — Il y a par an deux sessions d'examen : l'une à la fin, l'autre au commencement de l'année scolaire.

Art. 9. — Chaque année, les présidents des divers jurys adressent au ministre, par l'intermédiaire du recteur, un rapport sur les résultats de l'examen. Les rapports relatifs aux examens subis dans les établissements secondaires publics sont communiqués au Conseil académique et au Conseil de l'université de l'académie. Le rapport relatif aux examens subis en dehors des établissements est communiqué au Conseil de l'université. Ces conseils joignent leurs observations aux rapports qui leur sont communiqués, avant que transmission en soit faite au ministre de l'Instruction publique.

Art. 10. — Un décret, délibéré en Conseil supérieur de l'instruction publique, déterminera les matières, modes et conditions de l'examen subi soit devant le jury propre à chaque établissement secondaire public, soit devant le jury siégeant au chef-lieu de chaque académie.

Art. 11. — Le certificat d'études secondaires est délivré par le ministre. Ce certificat est le même pour tous les candidats, quel que soit le jury devant lequel ils aient subi l'examen. Il peut recevoir les mentions : Très bien, bien, assez bien.

RAPPORT PRÉSENTÉ PAR M. J. TANNERY
AU CONSEIL SUPÉRIEUR DE L'INSTRUCTION PUBLIQUE

SUR LE PROJET D'ARRÊTÉ RELATIF AU CONCOURS D'ADMISSION
A L'ÉCOLE NORMALE SUPÉRIEURE (SECTION DES SCIENCES)

Le projet d'arrêté qui vous est soumis a pour objet d'apporter quelques retouches aux examens d'entrée à l'École normale supérieure, section des sciences. Il est résulté d'une délibération des maîtres de conférences, provoquée par une lettre du Ministre de l'Instruction publique et présidée par le directeur de l'École, délibération dont les conclusions ont été adoptées par l'Administration, puis par la section permanente du Conseil.

Son objet principal est de placer les candidats dans des conditions aussi égales qu'il est possible, soit qu'ils viennent de l'enseignement classique, soit qu'ils viennent de l'enseignement moderne. Jusqu'à ce jour, tous les candidats étaient tenus de faire une version latine. Cette composition, à la vérité, pesait assez peu dans l'ensemble des épreuves pour ne pas empêcher les meilleurs candidats de l'enseignement spécial ou moderne d'entrer à l'École, et ceux qui en avaient désiré le maintien la considéraient surtout comme une indication utile donnée aux familles qui désiraient pousser leurs enfants vers l'École normale : en fait, malgré cette épreuve, les candidats sortis de l'enseignement spécial sont entrés à l'École et y ont fait bonne figure ; mais, d'une part, après la transformation de l'enseignement spécial, après les preuves de vitalité que le nouvel enseignement semble donner, il est permis de désirer que toute trace d'inégalité disparaisse, et, d'autre part, tout le monde est d'accord sur la nécessité d'introduire une épreuve de langues vivantes dans les examens d'entrée.

Si vous adoptez les propositions que votre commission a faites siennes, tous les candidats devront faire deux versions ; on leur remettra trois textes, un texte latin, un texte allemand, un texte anglais ; ils devront traduire à leur choix deux de ces textes. Cette proposition s'adapte exactement aux deux enseignements : dans l'un, en effet, on étudie le latin et une langue vivante ; dans l'autre, on étudie deux langues vivantes ; de plus, les candidats des deux provenances, depuis qu'ils ont passé le baccalauréat, ont laissé de côté, les uns le latin, les autres l'anglais. A la vérité, comme on l'a observé, ceux des candidats de l'enseignement moderne qui ont étudié soit l'italien, soit l'espagnol, resteront dans une situation un peu désavantageuse, mais il n'a pas paru à votre commission qu'il fût désirable de compliquer encore l'épreuve de version, ni possible de tenir compte à tous les candidats de toutes leurs connaissances : personne n'a proposé de tenir compte aux candidats classiques de ce qu'ils peuvent avoir retenu de leurs études de grec. Un membre de la commission a proposé de substituer un examen oral à l'épreuve de version : il est vrai que l'examen oral peut être plus probant, mais on a craint qu'il ne dégénérât en un examen grammatical : la connaissance de la grammaire et de la littérature, la véritable connaissance de la langue est à coup sûr désirable ; mais en demandant trop à des jeunes gens dont on exige, dans une autre direction, des efforts qui sont peut-être excessifs, on risquerait de ne rien obtenir ; nous serons contents s'ils prouvent qu'ils sont capables de puiser dans les livres étrangers des renseignements pour les études : pour cette constatation, une version facile mais un peu longue semble l'épreuve la plus convenable. Plusieurs membres auraient désiré que les versions se fissent sans dictionnaire : pour l'objet qu'on se propose, savoir des mots est l'essentiel et cela suffit presque à des hommes intelligents, aidés par la connaissance générale du sujet sur lequel ils veulent des renseignements plus particuliers ; mais il a paru à la majorité de votre commission que, dans un *concours*, interdire les dictionnaires, c'était exagérer la part du hasard, que cette mesure était peu praticable au moins pour l'une des langues, celle que le candidat ne pratique plus depuis trois ou quatre ans, et que, enfin, pour le latin, elle constituerait une innovation singulière : si vous adoptez cette façon de voir, l'usage des dictionnaires sera autorisé.

On a longuement discuté sur la place de cette composition : doit-elle figurer, comme par le passé, parmi les épreuves après lesquelles se décide l'admissibilité, ou être reportée aux examens du second degré, comme le propose le projet ? Les deux solutions ont été défendues par divers membres qui tous avaient le même désir : relever l'importance de l'épreuve de version. D'une façon générale, il est clair que les compositions éliminatoires ont plus d'importance ; mais, dans le cas particulier, il paraît utile de manifester aux candidats, et de toutes les façons possibles, qu'on entend changer le caractère de cette épreuve, qu'ils s'étaient habitués à traiter avec une légèreté fâcheuse ; les maîtres de conférences ont désiré qu'elle se fit à Paris, sous leur surveillance, et la majorité de la commission s'est rangée à cet avis. D'ailleurs, si la composition de version disparaît des épreuves éliminatoires, son coefficient est porté de 1 à 4, et ce changement dit assez qu'on est décidé à en tenir grand compte.

Le projet qui est soumis à votre approbation propose de donner aussi plus d'importance que par le passé à la composition française. Un membre de la commission aurait voulu qu'on allât plus loin encore, en donnant à cette composition le même coefficient qu'à la composition de mathématiques; tout le monde rend hommage aux intentions qui l'animaient, et, sans doute, rien n'importe plus au futur professeur que de bien penser et de bien savoir exprimer sa pensée; mais, là encore, il a paru que, à vouloir aller trop loin, on risquait de faire trop de place au hasard. Fatalement les candidats sont peu exercés à cette composition. Si même ils ont fait leur rhétorique et leur philosophie, s'ils ont eu jadis l'art de développer avec abondance un sujet qu'ils connaissaient mal, l'étude des sciences précises, qui pendant plusieurs années les a préoccupés presque exclusivement, risque d'avoir un peu desséché leur talent : on peut accorder cela à ceux qui veulent que l'étude des mathématiques rende l'esprit stérile. Tel candidat qui se trouve avoir réfléchi sur le sujet qu'on lui donne à traiter, qui a lu une page, entendu une conversation dont il a été frappé, fera peut-être une excellente composition, tandis qu'un autre qui, lui aussi, a réfléchi, mais sur d'autres sujets, remettra une composition aussi sèche, aussi vague que celle d'un candidat qui n'a rien lu, qui n'a réfléchi sur rien, en dehors de ces études spéciales. Quant à trouver, chaque année, un sujet qui permette de distinguer la foule des candidats de cette dernière espèce, on y renonce. Votre commission, toutefois, a voulu donner satisfaction à notre collègue en stipulant expressément qu'on tiendrait compte de la rédaction pour les compositions de mathématiques et de physique : cela est juste, cela s'est toujours fait; il est bon qu'on le fasse encore davantage, et qu'on le sache. Pour mieux marquer encore ses intentions, la commission a demandé que, dans la composition de physique, les sujets théoriques, ou, comme l'on dit, les questions de cours, tinssent une plus large place, et ce vœu doit être retenu comme une indication pour ceux qui sont chargés de donner ou de contrôler les sujets de composition.

Il me reste, Messieurs, à vous parler d'une innovation heureuse, due à l'initiative d'un de nos collègues, et que la commission s'est empressée d'adopter : elle consiste à élargir celle des épreuves qui, dans le passé, portait exclusivement sur la géométrie descriptive : pourquoi restreindre aux procédés inventés par Monge les applications du dessin au trait? La géométrie pure et la géométrie analytique peuvent fournir des applications variées, tout aussi intéressantes, relatives, par exemple, à la construction de certaines figures, au tracé de certaines courbes. Enfin cette composition pourrait porter, en dehors du dessin, sur des applications numériques, et les candidats seraient ainsi invités à ne plus négliger, comme ils font trop souvent, l'art d'effectuer les calculs. Mais il est bien entendu, par le libellé même du projet de la commission, que les sujets doivent toujours être tirés des matières enseignées dans la classe de mathématiques spéciales. Un membre justement soucieux de l'intérêt des candidats a exprimé la crainte que ceux-ci ne fussent surpris par cette nouveauté : il est entendu qu'elle ne devra être réalisée qu'avec prudence et que l'on s'efforcera d'y accoutumer peu à peu les candidats.

Je me borne à signaler la suppression de la composition de dessin, qui ne donnait pas de résultats, la modification apportée aux coefficients des examens du second degré, qui a pour but de relever un peu l'importance des sciences physiques, enfin la disposition libérale de l'article 1er, en vertu de laquelle n'importe quel diplôme de bachelier suffira pour se présenter à l'École.

Si ce rapport est un peu long, Messieurs, c'est que votre commission de l'Enseignement supérieur a voulu s'arrêter sur ce modeste projet et en discuter avec soin tous les détails. Qu'il me soit permis de remercier ici les membres de cette commission de l'intérêt évident qu'ils portent à tout ce qui touche l'École normale.

LE PRÉSIDENT DE LA RÉPUBLIQUE A LYON

Au cours de son voyage à Nice et dans le Midi de la France, le Président de la République a visité, à Lyon, les nouveaux bâtiments des Facultés des lettres et de droit. Voici le texte de l'allocution prononcée par M. Compayré, recteur de l'Académie, au nom du corps universitaire, en recevant le chef de l'État :

MONSIEUR LE PRÉSIDENT DE LA RÉPUBLIQUE,

Nous vous sommes profondément reconnaissants de l'honneur que vous avez bien voulu faire à l'enseignement supérieur de Lyon — à ce que nous pouvons bien appeler l'Université lyonnaise — en visitant le nouveau palais de deux de ses Facultés.

Les acclamations de nos étudiants, la présence de leurs maîtres vous diront mieux que mes paroles quels sentiments nous animent, de respect pour votre personne, de dévouement à la France et à la République.

Nous sommes fiers de vous présenter, quoique encore inachevés, ces beaux édifices, élevés par des architectes lyonnais, que nous devons à une conspiration de libéralités concertée entre l'État et la généreuse municipalité de Lyon, et qui, en rapprochant, en groupant toutes nos Facultés, viennent compléter un ensemble imposant.

C'est tout un quartier scientifique, toute une cité de hautes études, qui a surgi en vingt ans sur ce quai du Rhône, auquel on a attribué comme un honneur, mais aussi comme un exemple et une leçon, le nom d'un grand Lyonnais d'une des gloires de la science française, le nom de Claude Bernard.

Notre voisinage semble participer lui-même au rayonnement de la vie universitaire : c'est, d'un côté, à quelques pas de nous, la maison des étudiants, où une association, qui n'aspire qu'à grandir, a installé ses salles de réunion; c'est, de l'autre côté, la vaillante École de santé militaire, qui nous envoie quelques-uns des meilleurs élèves de notre Faculté de médecine.

Mais ce sont surtout, au centre, deux groupes de jeunes et puissantes Facultés :

D'une part, derrière la statue de Claude Bernard, qui en symbolise, pour ainsi dire, l'union, la Faculté de médecine et celle des sciences : la Faculté de médecine qui, avec ses cinquante professeurs et ses quatorze cents étudiants, a su conquérir d'emblée la première place parmi les Facultés de province ; la Faculté des sciences qui, comme sa voisine, regorge de travail, étouffe dans des locaux trop étroits, aspire déjà à s'étendre, et qui en trouvera le moyen dans la construction prochaine d'un institut de chimie ;

D'autre part, la Faculté de droit et celle des lettres, réunies ici sous le même toit : la Faculté de droit qui, bien qu'elle ait à peine dépassé sa vingtième année d'existence, a fait brillamment ses preuves, puisque, dans les concours des Écoles de droit, elle rivalise par le nombre des prix et des mentions obtenues, avec la Faculté de Paris ; la Faculté des lettres, dont un ministre que nous sommes heureux de saluer à vos côtés, M. Léon Bourgeois, président du Conseil, disait, il y a quatre ans, après l'avoir visitée, qu'il y avait « trouvé le sentiment de l'universalité des connaissances ».

Le présent est déjà brillant ; l'avenir est certain, dans une grande ville de démocratie et de travail, qui n'oublie pas qu'elle a la même devise que la République des États-Unis, la devise : En avant! et où, de toutes parts, la faveur croissante de l'opinion nous apporte des encouragements précieux.

Je vous signale particulièrement, Monsieur le Président de la République, ceux que nous avons reçus de la Société des Amis de l'Université lyonnaise qui, depuis sept ans qu'elle est fondée, grâce aux hommes généreux et actifs qui la composent, — je ne veux pas citer de noms propres, — nous a donné plus que son amitié : un concours pécuniaire important ; ceux de la Chambre de commerce, qui ne nous refuse pas non plus ses subventions, parce qu'elle sait que notre ambition est de collaborer avec elle, parce qu'elle comprend la portée de nos efforts et que le développement de la science est intimement lié au progrès du travail industriel ; ceux aussi de la commission administrative des hospices qui, pour assurer l'organisation des services de nos études médicales, a puisé à pleines mains dans le trésor de ses richesses séculaires.

Nous nous efforcerons de nous montrer de plus en plus dignes de toutes ces sympathies, et de celle, Monsieur le Président de la République, que vous nous témoignez aujourd'hui. Une Université ne doit pas être un sanctuaire fermé d'études exclusivement spéculatives, et qui serait réservé à quelques privilégiés. Elle doit rayonner de plus en plus au dehors, et s'il est vrai, comme le disait à Lyon même M. Liard, que « toute découverte du laboratoire se répercute dans l'atelier », il faut aussi que les idées enseignées dans les chaires de nos Facultés se répercutent dans les consciences et dans les caractères ; il faut enfin qu'une Université ait de plus en plus son influence sur les mœurs et sur la vie de tout un peuple, et que, par la recherche incessante des applications utiles, comme par la propagation des vérités scientifiques et morales, elle sache exercer une fonction sociale et une mission civilisatrice.

C'est la première fois, Monsieur le Président de la République, que des paroles officielles auront retenti dans cette enceinte. Demain seulement, comme inaugurés sous vos auspices, s'ouvriront ici les cours de la Faculté de droit ; dans huit mois, ceux de la Faculté des lettres. L'écho de vos paroles sera le premier que recueilleront ces murs, encore vides de souvenirs. Ils en garderont la mémoire. Et fortifiés par vos encouragements, maîtres et étudiants s'attacheront, avec une énergie nouvelle, à maintenir, à rehausser l'éclat de l'Université de Lyon, et, par suite, par le progrès et la diffusion de la science, source de prospérité matérielle, comme de grandeur morale, à élever le plus haut possible le rang de la France dans le monde.

Le Président de la République a répondu :

Monsieur le recteur, ce que vous venez d'appeler l'Université lyonnaise n'est pas encore une réalité légale, mais c'est une réalité vivante.

Ces puissants organes de recherches savantes et de haut enseignement dont la cité lyonnaise est fière à juste titre, ce corps de professeurs éminents, cette nombreuse phalange d'étudiants laborieux, cette active collaboration de la science et de l'industrie, tout cela est bien en fait une de ces institutions encore innomées que depuis vingt ans le gouvernement de la République, soucieux des intérêts intellectuels et moraux, comme des intérêts matériels du pays, s'efforce d'organiser sur divers points du territoire.

L'efficacité de cette Université s'accroît de la réciprocité des services entre l'enseignement supérieur et le milieu où il travaille, du concours donné par le département, la ville, la chambre de commerce, l'administration des hospices et diverses sociétés, ainsi que de la faveur unanime que le haut enseignement rencontre dans tous les rangs de la société.

Je suis heureux, Messieurs, d'avoir pu constater combien, à Lyon, l'œuvre est prospère et avancée, et je salue les maîtres comme une des forces, les étudiants comme un des espoirs de la Patrie.

Le projet de réorganisation du Conseil supérieur de l'Instruction publique vient d'être déposé sur le bureau de la Chambre. Il se distingue par les innovations suivantes : 1° adjonction d'un certain nombre de membres élus ou choisis dans le parlement, la magistrature, l'armée, les beaux-arts, l'industrie, le commerce, l'agriculture ; 2° nomination au scrutin de liste des délégués de l'enseignement supérieur d'une part et de ceux de l'enseignement secondaire, d'autre part, à l'exemple de ce qui existait déjà pour l'enseignement primaire ; 3° attribution des affaires contentieuses et de discipline, non plus à l'assemblée plénière, mais à une commission élue par le Conseil.

La 543ᵉ livraison de la *Grande Encyclopédie* renferme une biographie de *Luther*, par M. C. Pfender, et un article sur les *lycées* (histoire, administration et architecture).

BIBLIOGRAPHIE

N.-M. Bernardin, *un Précurseur de Racine.* — Eugène Guillaume, *Essais sur la théorie du dessin.* — *Œuvres de Julien Havet.* — Emerson, *les Sur-humains.* — G. Guénard, *Conférences de la Société d'études italiennes.* — I. Kont, *la Hongrie littéraire et scientifique.*

    Un précurseur de Racine. Tristan L'Hermite, sieur du Solier (1601-1655), *sa famille, sa vie, et ses œuvres,* par N.-M. Bernardin, docteur ès lettres, professeur de rhétorique au lycée Charlemagne. Paris, A. Picard et fils, gr. in-8 de xi-632 pages, avec un portrait, 1895. — « Voilà, dira-t-on sans doute, sur un poète très oublié un livre bien gros. C'est parce que le poète nous a paru injustement oublié que nous avons entrepris d'écrire le livre, et parce que l'on ne savait rien ou presque rien de lui que le livre est si gros : nous avions tout à dire. » Rien de plus véritable que ces quatre lignes par lesquelles s'ouvre l'ouvrage considérable de M. Bernardin. L'oubli dans lequel Tristan était tombé n'était pas sans injustice en effet. Non seulement, les œuvres en vers de cet auteur (*Amours, Lyre, Vers héroïques,* etc.) furent réimprimés après sa mort, ainsi que son roman mi-biographique *le Page disgracié,* ce qui prouve qu'on relut sous Louis XIV un poète de l'âge plutôt Louis XIII, et le fait n'est pas banal : mais la *Mariamne,* qui fut plusieurs mois avant *le Cid* un triomphe presque aussi beau que *le Cid,* conserva durant tout le grand siècle son succès vivace, et se maintint au théâtre jusqu'à la date de 1704; mais son *Parasite,* comédie bouffonne d'un Scarron supérieur, se faisait encore applaudir en 1683; enfin, le souvenir s'était conservé de beaux sonnets et de belles stances qui survécurent de beaucoup, chose rare, aux circonstances qui les avaient fait naître. Tout cela n'était pas médiocrement à la louange d'un poète qui vécut pauvre et mourut pauvre, quoique familier des grands et des cours, et qui joua de malheur presque toute sa vie. La première vraie chance — posthume — de Tristan est d'avoir trouvé en M. Bernardin son biographe. Il est vrai que celle-là peut compenser toutes les mésaventures dont sa misère dorée, traversée de phtisie, fut marquée à foison.

    M. Bernardin avait donc tout à dire, ou à rectifier, sur le compte de son triste Tristan, d'ailleurs si sympathique. Et il a tout dit, et même presque davantage. Ce n'est pas en effet Tristan seul, l'homme et l'écrivain, qu'il a voulu faire revivre. Pendant qu'il y était, il s'est enquis de ses ancêtres, il a tracé l'histoire de sa famille. Véritable besogne de bénédictin, bien faite pour confondre quiconque sait ce que coûtent de telles recherches. On dirait plus facilement quelles archives inédites, quelles plaquettes rares l'auteur n'a pas fouillées, qu'on n'énumérerait celles auxquelles il a eu recours. Croirait-on qu'il a eu la constance d'établir la généalogie complète des L'Hermite du Solier du xivᵉ au

xvii⁰ siècle? Ce qui aurait pu fournir à un autre la matière d'un ouvrage entier, n'est, pour M. Bernardin, que la substance d'une portion
de chapitre. Le reste de l'étude biographique, sans être aussi dense,
n'en est pas moins bondé de documents, si bien que la seule critique
qu'on pourrait à la rigueur adresser à M. Bernardin, c'est d'avoir poussé
l'érudition jusqu'à un luxe de détail qui embarrasse parfois la lecture.
Heureux excès d'ailleurs, et qui se compensera largement par les services qu'un livre aussi plein de choses rendra aux travailleurs.

Analyser ici ce livre est impossible. Disons qu'il se compose de deux
parties à peu près égales, l'une consacrée à l'histoire de l'homme, établie à miracle par les mille et un minuscules rapprochements que
M. Bernardin a patiemment et très habilement réunis; l'autre à l'analyse et à l'appréciation de l'œuvre de vers et de prose, de théâtre et de
roman. La première nous conte l'odyssée lamentable, décousue, brillante, extravagante, qu'était la vie d'un poète de cour, domestique du
roi, ou de Monsieur, ou d'un grand, entre 1620 et 1650 environ. Ce
pauvre Tristan, fut-il assez ballotté! De noble naissance, donné pour
camarade par Henri IV à un de ses bâtards, page espiègle et un peu
fou, trop prompt au coup d'épée et s'enfuyant au hasard par crainte
des suites, d'ailleurs vif d'esprit, prodigieux de mémoire, improvisa-
teur brillant et quelque peu enfant prodige, atteint de très bonne
heure d'un vice qui ne pardonne guère, le jeu, en attendant une affection qui pardonne encore moins, la maladie de poitrine, Tristan
court les routes à la poursuite de la fortune, changeant à chaque instant de maître, passant de Paris en Angleterre, d'Angleterre en Nor-
wège, rentrant en France, arrêté à Bordeaux par le duc de Mayenne,
qui en fait son secrétaire, pardonné par Louis XIII, qui le réintègre à la
cour, attaché à Monsieur, qu'il suit à La Rochelle, en Lorraine et ailleurs, quoique cassé aux gages au bout de peu de temps; désemparé,
en quête d'un protecteur, il rencontre par bonheur des succès littéraires
qui ne l'enrichissent pas; enfin, repris par Monsieur, qui le laisse be-
sogneux avec sa dureté naturelle, il trouve ensuite dans le duc de Guise
un instant, puis dans le chancelier Séguier, des maîtres compatissants,
sinon généreux. Séguier le fait recevoir de l'Académie française, et il
peut enfin, vieux avant l'âge, entouré de son jeune disciple Quinault,
mourir décemment dans un hôtel historique. De telles destinées font
considérer Louis XIV comme un libérateur des gens de lettres, et l'on
sait pourtant ce qu'il s'en fallut.

Ce malheureux n'en avait pas moins rencontré la gloire au théâtre,
et son œuvre mérite de fixer les regards. Rival presque heureux de
Corneille dans le temps où Corneille écrivait des chefs-d'œuvre, il apparaît, historiquement, comme le trait d'union direct entre Hardy et
Corneille; et, chose à noter, ses deux principales œuvres, dont l'une est
presque un chef-d'œuvre, *Mariamne* et *Panthée*, sont des reprises, titre et
sujet, de deux pièces, célèbres aussi, de son prédécesseur Hardy. Mais
le très savant historien de Hardy, M. Eugène Rigal (1), dans un maître
livre qui restera, avait déjà pris position pour l'initiateur Hardy contre
son imitateur Tristan; M. Bernardin a dû défendre à son tour son
auteur. Nous n'aurons garde, entre ces deux plumes expertes, d'insi-

(1) *Alexandre Hardy*, par Eug. RIGAL, Hachette, in-8.

nuer la nôtre. La joute, au surplus, est de celles qui ne laissent ni vaincu ni vainqueur, et qui font honneur au savoir des combattants.

Mais M. Bernardin ne veut pas seulement que Tristan ne soit pas un imitateur de Hardy; il veut encore qu'il soit un précurseur de Racine, et que, intellectuellement, il soit « l'ébauche dont Racine a été le portrait ». Et c'est peut-être là qu'il a voulu trop prouver. Non qu'il faille lui refuser de voir dans Tristan une sorte de novateur heureux et déjà très habile dans la « tragédie de caractère ». Mais on pourrait sans doute lui objecter qu'on peut détacher Racine de Tristan bien plus aisément encore qu'il ne détache Tristan de Hardy; que certains rapprochements qu'il déclare sans signification suffisante pour établir la filiation de son auteur dans le sens de Hardy, sont tels à plus forte raison pour établir une filiation de Tristan à Racine. On pourrait ajouter... mais à quoi bon? Une telle conclusion ne semble avoir été appliquée à l'ouvrage que pour accentuer son caractère de thèse. Et c'est là, certes, la précaution inutile. Car si c'est le bon livre qui fait, *ipso facto*, la bonne thèse, il n'y a qu'un sous-titre à supprimer sur la couverture, et quelques phrases à changer à la fin, pour que le *Tristan L'Hermite* de M. Bernardin soit à la fois une excellente thèse et un excellent ouvrage d'histoire.

Essais sur la théorie du dessin et de quelques parties des arts, par Eugène GUILLAUME, directeur de l'Académie de France à Rome. Paris, Perrin, in-18 de 440 p., 1896. — C'est toujours une bonne fortune pour les profanes de connaître les réflexions des artistes sur leur art, à condition que ces réflexions soient plus explicites que celles que nous livrait naguère M. Jules Breton. De quel prix ne sont point pour nous les remarques d'un Delacroix dans ce *Journal* récemment publié par M. Flat, ou les pages si savantes, si substantielles d'un Fromentin dans ses *Maîtres d'autrefois!* M. Eug. Guillaume, qui est un maître d'aujourd'hui — et de demain — ajoute une contribution notable à ce trésor de la critique d'art faite par les artistes, avec son recueil d'études « sur la théorie du dessin et quelques parties des arts ». L'ouvrage contient des opuscules écrits à plusieurs dates, soit pour l'Académie, soit pour le Dictionnaire des Beaux-Arts, soit en vue de réformes pour l'enseignement du dessin, réformes qui depuis sont en voie d'exécution. Il y a là d'abord et surtout une théorie générale du dessin et de son enseignement qui est d'un maître, par sa simplicité et par son élévation. L'auteur établit que le dessin est *un*, et qu'il est une science à base géométrique. Quand il a ainsi supprimé le préjugé qui a longtemps séparé chez nous l'art de l'industrie, il montre dans l'architecture et le dessin d'architecture la véritable école des formes, l'art fondamental auquel il faut subordonner tous les autres. Les pages où il poursuit cette démonstration sont d'une clarté et d'une beauté vraiment philosophiques. On reconnaît là l'artiste préoccupé, dans toutes ses œuvres, de cette « construction » qui donne aux êtres leurs beaux aplombs, de cette « proportion » antique, laquelle n'était point une simple expression littéraire, mais une « règle » fondée sur l'expérience, une loi fondée sur des chiffres proportionnels. On y reconnaît l'homme qui a étudié longuement le *canon* de Polyclète, et qui s'est certainement rapproché du sculpteur attique dans telle statue que l'on pourrait citer. Lui aussi a essayé de réaliser, non pas précisément le type de l'athlète, mais cette géométrie animée qui représnte le corps de l'homme dans le libre jeu d'organes parfaitement sains. La « géométrie suprême » qu'il reconnaît dans l'univers l'a hanté, lui aussi; et nul n'avait plus qualité pour parler, en toute plénitude de sens, de cet art statuaire qui consiste à « fixer les grands partis de la nature », et à « rechercher le caractère ». Et qu'on ne dise pas que la « régularité » est l'ennemie de l'art. Toute l'antiquité, si expressive dans sa régularité variable, est là pour répondre. M. Guillaume dit à son tour : « Bien qu'elle soit par elle-même dénuée d'expression, la régularité est néanmoins la condition indispensable de toute représentation artistique; elle pose des limites dans lesquelles les formes de l'art avec leur vive signification peuvent, comme les formes de la nature organisée, osciller à l'infini. Néanmoins, plus l'art s'élève, plus les conditions rigoureuses dont nous parlons sont voilées. »

C'est donc un classique et un théoricien profond qui a coulé dans le moule d'un style sobre les principes dont la première partie de ce livre est remplie. Mais c'est un praticien de premier ordre, et un savant dans tous les sens du mot, qui a écrit la deuxième partie. Quels sont les principes du bas-relief et ceux du camée? quelles sont les pratiques de la sculpture en bronze, de la fonte et de la ciselure? de quels principes doit s'inspirer la représentation sculpturale des animaux, et, parmi ces animaux, quelle place faut-il faire au cheval dans les études anatomiques, soit pour le traiter seul, soit pour l'unir à l'homme dans la conception mi-héroïque de la statue équestre? Voilà ce dont traite M. Guillaume avec la dernière précision. On voit dans ces études comment le moindre détail d'exécution s'encadre, chez un grand artiste, dans le réseau des idées générales, et s'approprie exactement à son mode de sentiment. La correspondance intime entre le métier et l'idée maîtresse s'accuse avec la plus expressive logique. A lire ces pages, on sent combien l'art est un langage, et combien la sculpture en particulier est une « langue bien faite ». Et, par surcroît, on trouve la vérification littéraire de l'adage favori de notre auteur : « Les savants sont les maîtres de la forme. »

Œuvres de Julien Havet (1853-1893). Tome Ier, *Questions mérovingiennes*. Tome II, *Opuscules divers*. Deux forts vol. in-8 de xxi-456, et 510 pages. Paris, Ernest Leroux, 1896. « La présente réimpression, dit l'*Avertissement*, comprend tous les travaux d'érudition laissés par M. Julien Havet, excepté deux ouvrages qu'il est aisé de se procurer en librairie : *Les cours royales des îles normandes*, 1878, Champion, et les *Lettres de Gerbert*, parues chez Picard en 1889. »

Entre la mort de Julien Havet et l'apparition des deux gros volumes que nous signalons aujourd'hui, avait paru, en 1894, un recueil intitulé *Mélanges Julien Havet*, sorte d'*in memoriam* que l'érudition en deuil adressait au jeune et impeccable savant qui faisait déjà plus que de promettre un maître. La présente publication, dirigée par M. Louis Havet, et surveillée par M. E.-G. Ledos, se justifie amplement par le nombre, la variété et la sûreté des connaissances dont témoignent les moindres opuscules de Julien Havet. La plupart, d'ailleurs, ne sont pas des articles d'occasion, mais de véritables petites œuvres, voire des traités, où quelque point de la science est élucidé d'une façon définitive.

Le premier volume contient même le principal d'un manuscrit interrompu par la mort, qui devait être le livre de maturité de l'auteur, son « livre de la quarantième année », comme il disait lui-même. Quoique inachevé, il s'élève sur de fermes et durables assises, de la page 271 à la page 417 (*les Actes des évêques du Mans*). Nous voudrions avoir la compétence nécessaire pour en louer l'ordonnance strictement scientifique.

L'esprit scientifique, c'est bien en effet ce qu'il y avait d'éminent chez Julien Havet. C'était là comme un don de famille. Tout avait concouru, dans son éducation, à l'organisation scientifique de son travail, à la direction rigoureuse de la pensée, à la méthode expérimentale du raisonnement. M. Louis Havet, dans une attachante notice, fait ressortir ce point avec beaucoup de force, et, jugeant inutile de louer un frère que ses travaux louent assez, il s'applique à nous faire connaître comment se forma chez lui cet instrument de précision incomparable qui fut la critique de Julien Havet. Ces courtes pages, outre qu'elles nous font connaître l'esprit d'un savant, chose toujours intéressante, offrent encore un intérêt général en ce que M. Louis Havet, préoccupé de détruire un préjugé courant sur l'érudition, montre *la science* partout une, partout applicable, et fait justice de la fameuse distinction entre les sciences et les lettres, qui est pour lui une erreur, une superstition. Il tire de là quelques remarques qui, on le devine, ne vont pas précisément à l'appui de notre système d'enseignement français. Ainsi réduites et condensées, elles prêtent trop ou trop peu à la discussion pour qu'on s'attarde ici à les relever. Mais la touche en est vive, hardie, originale, et il vaudrait la peine que M. Louis Havet les reprît quelque jour pour les développer. Ce jour-là, il aurait sûrement beaucoup de lecteurs, et sans doute aussi quelques déférents contradicteurs.

Les Sur-humains, par EMERSON, traduction par M. IZOULET (avec la collaboration de MM. Adrien Baret et Firmin Roz). Paris, Colin, in-18, 1896.

Cet ouvrage appartient partie à la littérature américaine, partie à cet apocalypse social dont M. Izoulet s'est fait chez nous l'apôtre inspiré. Au fond, on a regret à le dire, il n'est pas clair, pas plus que *les Héros* de Carlyle, dont il forme le pendant, et pas plus que certains autres écrits dont nous préférons ne pas parler. La courte préface, qui semble écrite sur quelque trépied anglo-américain, essaie de nous expliquer la « foi nouvelle » de l'âme française, et cette explication ne nous paraît pas claire non plus. « *Héros* et *Sur-humains!* Entrons dans les voies de ces conquérants mystiques... » Entrer dans ces voies, qu'est-ce à dire? Et ces six portraits, tracés par Emerson, Platon, Swedenborg, Montaigne, Shakespeare, Napoléon, Gœthe, portraits brillants, mystiques, réalistes, incohérents, géniaux et un peu fous, qu'en peut-on tirer pour le lecteur de sang-froid? Mystère. Autre mystère, le titre : Les *Sur-humains,* qui trahit positivement la seule idée claire du livre d'Emerson, à savoir que les grands hommes sont des humains plus grands humains que d'autres humains (*representative men*) et s'élèvent à la hauteur de types généraux *nullement surhumains.* Autre singularité, « Napoléon *homme du monde,* » c'est-à-dire sans doute héros de l'univers. Il est regrettable que M. Izoulet traducteur ne soit guère plus intelligible que M. Izoulet auteur.

S. ROCHEBLAVE.

Conférences de la Société d'études italiennes réunies, par G. GUÉNARD, membre de la Société d'études italiennes. Paris, Fontemoing, 1895. — M. Guénard est un polyglotte. Voilà déjà un titre peu banal. Mais c'est de plus un polyglotte qui ne se borne pas à meubler sa mémoire de mots étrangers : il s'intéresse aux littératures des peuples dont il possède la langue et travaille généreusement à en répandre le goût. C'est ainsi qu'il vient de publier celles des conférences de la Société d'études italiennes qu'on a bien voulu rédiger pour lui et qui, on le remarquera, donnent une image fidèle de la variété des objets que se propose cette Société, puisque les deux premières se rapportent à la littérature, la troisième à l'histoire, la quatrième aux arts, la cinquième aux sciences.

De la première (*La tendresse dans le théâtre d'Alfieri*, par M. Ch. Dejob), j'aurais mauvaise grâce à parler ; mais je suis tout à fait à l'aise pour les autres. M. Durand Fardel, qui a reporté sur Dante l'intelligence passionnée avec laquelle il étudiait jadis les questions médicales et qui, après une traduction libre de la *Divine Comédie*, va nous donner une traduction littérale du *Convivio*, a voulu d'une part présenter un aperçu de l'œuvre et de l'époque de Dante, d'autre part montrer que cet austère théologien, cet âpre batailleur porte plus loin qu'on ne croirait la faiblesse pour l'amour, et ne s'en tient pas à glorifier le chaste amour qui ennoblit le cœur et agrandit l'intelligence : les fautes de la passion lui inspirent plus que de l'indulgence ; il constate plus qu'il ne l'approuve le châtiment de Francesca et il ouvre le Paradis en raison de leur galanterie même à certaines personnes qu'on ne s'attendait pas à y rencontrer. M. Durand Fardel est d'ailleurs indulgent pour les défaillances de jugement ou de conduite qu'on peut relever chez un grand homme dont la vie fut si |rude, l'action si bienfaisante. — M. Rodocanachi raconte d'une façon piquante la vie de Renée de France en Italie, son mariage avec Hercule d'Este, son entrée triomphale dans le duché de Ferrare, ses tentatives pour y introduire le calvinisme (et aussi son intrigue avec Ant. de Pons). Il met en lumière son dévouement quelquefois mal récompensé aux intérêts de la France, sa malicieuse finesse ; il montre combien d'épreuves peuvent traverser la vie d'une fille de roi, d'une souveraine dont les diplomates et les poètes vantent à l'envi la grâce spirituelle, mais qui règle sa conduite sur ses inclinations et non sur ses intérêts. — M. Enlart, partant du fait acquis que le gothique est né en France et non en Allemagne, étudie l'importation que les moines de Cîteaux en firent chez les Italiens. Nos modes artistiques se propageaient alors avec rapidité dans le monde chrétien, sauf que, comme aujourd'hui, ce n'était pas toujours la dernière qui faisait loi à l'étranger, ni le plus habile artiste qui en fournissait les spécimens. Les moines cisterciens se firent les *missionnaires de l'art gothique*. M. Enlart montre que la cathédrale de Sienne, qui a évidemment servi de modèle aux églises de Toscane et qu'on croyait le plus ancien monument gothique d'Italie, a été commencée par trois moines de San-Galgano et imitée de cette dernière église, laquelle est imitée de celle de Casamari bâtie en 1217 dans le style bourguignon. — M. Picavet, qui sait que la superstition d'Aristote n'a jamais été plus intolérante qu'au début du XVIIe siècle, explique comment Galilée l'a ébranlée : Galilée ne s'est pas piqué de métaphysique, il n'a pas élevé de théorie sur la manière de découvrir la vérité, mais ses découvertes ont ruiné la doctrine de l'incorruptibilité des cieux, de la distinction des corps légers et des corps graves, de la région céleste et de la région sublunaire. Il a enseigné par la pratique à substituer l'expérimentation à l'emploi exclusif d'hypothèses parfois divinatrices, mais jamais convaincantes. Il a mis sur la voie de grandes vérités qu'on a depuis aperçues.

CHARLES DEJOB.

La Hongrie littéraire et scientifique par I. KONT, professeur agrégé au collège Rollin, docteur de l'Université de Budapest. — Paris E. Leroux, 1896, VII, 459 p. — La Hongrie fête cette année son millénaire; voilà dix siècles qu'Arpád a pris possession définitivement de l'ancienne Pannonie. Le pays, qui garde le souvenir reconnaissant de cette date, organise une exposition pour montrer à l'Europe ce que la Hongrie a produit dans tous les domaines de l'activité humaine. M. Kont a entrepris, à cette occasion, d'exposer, d'après les sources hongroises, les principales étapes de la civilisation magyare, de dire quels ont été ses poètes, ses penseurs, ses érudits, quelle activité elle a déployée dans ses sociétés savantes, quelle est l'organisation de son enseignement à tous les degrés; de dresser, en un mot, le bilan intellectuel des Hongrois après un séjour de mille ans en Europe.

Le livre se divise en trois parties. La première : *la Vie littéraire* (1-303) est le premier essai un peu développé sur la littérature hongroise qu'on ait écrit en France. Nous ne possédions jusqu'ici sur ce sujet que l'excellent article de M. Sayous dans la *Grande Encyclopédie*, forcément sommaire, quelques études de Saint-René Taillandier sur Petőfi et les poètes lyriques du milieu de ce siècle, et un bon travail de M. Chassin, également sur Petőfi; mais le développement de la littérature hongroise depuis ses origines jusqu'à nos jours n'a pas été exposé. Cette partie comblera donc une lacune. Dans une intéressante Introduction de 60 pages, l'auteur retrace brièvement la vie intellectuelle du pays jusqu'en 1772, date que les Hongrois considèrent comme le renouveau de leur littérature. Il faut signaler surtout dans cette introduction les pages sur la renaissance hongroise sous Mathias Corvin, sur la lutte entre catholiques et protestants qui a créé la prose magyare et sur le premier disciple de Descartes en Hongrie, Jean Cseri, de Apácza, dont l'*Encyclopédie hongroise* date de 1655. — Le premier chapitre étudie la littérature de 1772 à 1830. Pendant cette période, la Hongrie subit des influences multiples. Elle se met d'abord à l'école des Français, imite surtout Voltaire et les écrivains du XVIIIe siècle, traduit presque tous ses chefs-d'œuvre; quelques jésuites, grâce à la culture latine, fort intense alors, imitent Horace; la gloire littéraire de Weimar exerce également son influence et devient même, sous Kazinczy, le Malherbe magyar, prédominante. L'élément populaire est négligé. De ces nombreuses influences se dégage enfin une littérature nationale, dont les précurseurs sont les deux Kisfaludy. Le chapitre II nous montre cette littérature dans son épanouissement. M. Kont consacre un chapitre spécial aux trois coryphées : Vörösmarty, Petőfi et Arany, dont il analyse les œuvres. Petőfi, ainsi placé entre ses deux émules, n'apparaît plus comme une énigme, les sources de son génie et l'influence qu'il a exercée s'expliquent mieux que dans les études où on nous le montre isolé comme un phénomène unique.

Dans le chapitre suivant, nous rencontrons les autres poètes épiques et lyriques jusqu'à nos jours. Le théâtre, complètement sous l'influence française, crée pourtant la pièce populaire magyare et s'élève, mais une fois seulement, avec *la Tragédie de l'homme* de Madách, à une hauteur philosophique presque comparable à celle de Faust. — Puis la riche éclosion du roman et de la nouvelle qui, depuis 1836, ont donné tant de chefs-d'œuvre encore inconnus. Parmi les écrivains politiques, l'auteur insiste surtout sur Széchenyi, Kossuth et Deák, ces trois génies qui ont créé la Hongrie moderne.

Le livre II, *la Vie scientifique*, contient le premier exposé historique que nous ayons sur l'activité de l'Académie hongroise depuis sa fondation (1830) jusqu'à nos jours. On peut y voir quel foyer lumineux possède la Hongrie dans cette création de Széchenyi et au prix de quels efforts cette docte compagnie est devenue la cheville ouvrière non seulement de l'érudition, mais aussi des belles-lettres. Un coup d'œil sur les autres sociétés littéraires et savantes complète ce tableau de la vie intellectuelle de la capitale dont l'influence se fait de plus en plus sentir sur tout le pays.

La dernière partie : *la Vie scolaire*, donne un résumé de tout ce que la Hongrie, devenue maîtresse de sa destinée, a fait pour l'enseignement depuis le dualisme. Les lois organiques de Eötvös et de Trefort sur l'enseignement primaire et secondaire, l'organisation des écoles, l'activité déployée dans les Universités sont rapidement esquissées. *La Revue internationale de l'Enseignement*, à laquelle l'auteur renvoie pour tous les détails, a d'ailleurs, depuis sa fondation, consacré de nombreux articles à ces questions.

On le voit, le livre de M. Kont est une œuvre de vulgarisation vraiment utile, originale même à plus d'un égard et qui vient à son heure. En nous faisant mieux connaître un peuple déjà cher à notre nation, elle nous apprendra encore à le mieux aimer.

D.

avec reconnaissance toutes les communication
des Universités étrangères. Ces informations
comme toutes celles qui seront de nature à intéresser la Revue, seront insérées dans l
Chronique qui accompagne chaque numéro et qui relate tous les faits importants touchant
l'Enseignement.

Le Comité prie aussi ses Correspondants, ainsi que les Auteurs eux-mêmes, de vouloir
le haut Enseignement dans toutes se
ajoutant une note analytique ne dépassant pas 15 à 20 lignes.

Seizième année. — Nº 4.   15 Avril 1896.

REVUE INTERNATIONALE

DE

L'ENSEIGNEMENT

PUBLIÉE

Par la Société de l'Enseignement supérieur

COMITÉ DE RÉDACTION

M. BERTHELOT, Membre de l'Institut, Sénateur,
Président de la Société.

M. E. LAVISSE, de l'Académie française, Professeur à la Faculté des Lettres de Paris, *Secrétaire général* de la Société.

M. L. PETIT DE JULLEVILLE, Professeur à la Faculté des Lettres de Paris, *Secrétaire général adjoint*.

M. ARMAND COLIN, éditeur.

M. G. BOISSIER, de l'Académie française, Professeur au Collège de France.

M. BOUTMY, de l'Institut, directeur de l'École libre des Sciences politiques.

M. BRÉAL, Membre de l'Institut, Professeur au Collège de France.

M. BROUARDEL, de l'Institut, doyen de la Faculté de Médecine.

M. BUFNOIR, Professeur à la Faculté de droit de Paris.

M. DASTRE, Professeur à la Faculté des Sciences de Paris.

M. FERNET, Inspecteur général de l'Enseignement secondaire.

M. GAZIER, Maître de Conférences à la Faculté des Lettres de Paris.

M. P. JANET, Membre de l'Institut, Professeur à la Faculté des Lettres de Paris.

M. LYON-CAEN, de l'Institut, Professeur à la Faculté de droit de Paris.

M. MARION, Professeur à la Faculté des Lettres de Paris.

M. MONOD, Directeur adjoint à l'École des Hautes-Études.

M. MOREL, Inspecteur général de l'Enseignement secondaire.

M. PASTEUR, de l'Académie française.

M. CH. SEIGNOBOS, Maître de conférences à la Faculté des Lettres de Paris.

M. A. SOREL, de l'Académie française.

RÉDACTEUR EN CHEF

M. EDMOND DREYFUS-BRISAC

PARIS

ARMAND COLIN ET Cie, ÉDITEURS

1, 3, 5, RUE DE MÉZIÈRES

—

1896

AVIS

L'Administration de la **Revue Internationale de l'Enseignement** prie ceux de ses *Abonnés* qui n'ont pas encore renouvelé leur souscription pour 1896, de vouloir bien lui adresser le montant de leur abonnement s'ils ne veulent pas éprouver de retard dans la réception des numéros.

En cas de changement de résidence ou de domicile et afin d'assurer la régularité du service, MM. les membres de la Société d'Enseignement supérieur sont priés de faire connaître leur nouvelle adresse aux bureaux de la *Revue,* 5, rue de Mézières, Paris.

La REVUE INTERNATIONALE DE L'ENSEIGNEMENT
paraît le 15 de chaque mois.

PRIX de L'ABONNEMENT : Paris, départements et étranger, Un an, 24 fr.
On s'abonne chez tous les libraires ou par l'envoi d'un mandat de poste.

Toutes les communications relatives aux abonnements et à l'administration de la Revue doivent être adressées à MM. Armand COLIN et Cⁱᵉ, éditeurs, 5, rue de Mézières, à Paris. — Toutes les communications relatives à la rédaction, à M. DREYFUS-BRISAC, 6, rue de Turin, à Paris.

REVUE INTERNATIONALE
DE
L'ENSEIGNEMENT

LES

IMPRUDENCES DE LA CHARITÉ[1]

La charité est aujourd'hui une vertu à la mode et adulée. Tout le monde la préconise : poètes, hommes d'État, hommes du monde ; dépouillés du privilège de la prêcher, les prêtres se dédommagent quelquefois en se faisant novateurs, utopistes, presque démagogues, pour ne pas rester en arrière de quelques-uns de ses prôneurs. Beaucoup de personnes réduiraient volontiers toute la politique à cette vertu ; pour elles, il ne s'agit plus de savoir si la France reprendra son rang dans le monde, si elle réussira à se rouvrir le marché européen ; la France, à leurs yeux, ne se compose plus de diverses classes ayant toutes droit à la protection du gouvernement ; pour elles, il n'y a plus qu'une classe digne d'intérêt, les pauvres ; il n'y a plus qu'une question, le paupérisme. Pour d'autres, la religion elle-même se réduit à la charité : jadis au précepte de s'aimer les uns les autres on ajoutait immédiatement celui d'être modeste, désintéressé, chaste ; aujourd'hui on admettrait sans trop de peine que Dieu n'aura pas le mauvais goût de nous interroger sur la pratique de vertus surannées ; il suffira, pour entrer au paradis, d'avoir beaucoup donné. En un mot, la charité est la reine du jour.

C'est donc le moment de lui dire respectueusement et affec-

(1) L'article qu'on va lire reproduit pour le fond une conférence faite le 23 février 1896 à Bar-le-Duc, dans la salle des fêtes de la mairie, sur la demande du Cercle Barisien gracieusement transmise par l'aimable et habile censeur du lycée, M. Castaigne, aujourd'hui censeur à Bordeaux. J'omets le préambule qui avait surtout un intérêt local, mais je tiens à remercier le nombreux auditoire qui voulut bien ne pas marchander son attention à ce sujet un peu austère.

tueusement ses vérités. Il faut prendre garde en effet, quand on
s'avise de moraliser, à ne pas faire la leçon aux défauts passés,
car ce serait faire la cour aux défauts présents. N'imitons pas les
retardataires plus ou moins candides qui attendent pour censurer
courageusement les défauts d'un régime, d'un système, que sa
chute ait rendu ce courage lucratif, et cherchons si la séduisante
vertu dont l'éloge est en ce moment dans toutes les bouches
échappe à l'obligation du discernement et de la prudence qui
s'impose à toutes les autres. Car enfin, bien que le courage consiste à braver le danger, on n'appellerait pas courageux mais brutal un homme qui se jetterait sur de paisibles passants, fussent-ils
tous taillés en Hercule; il ne suffît donc pas de donner pour avoir
droit au titre d'homme charitable.

Le premier tort que je me permettrai de reprocher à la charité contemporaine, c'est la profusion de ses largesses. Nous donnons au hasard, sans nous inquiéter si la misère que nous secou-
rons est imméritée, si même elle est réelle; un mendiant n'a pas
besoin d'être infirme, vieux, pour nous émouvoir; il suffît qu'il
se dise sans travail. Notre charité, comme la pluie du ciel, tombe
où elle peut. Nous nous disons que peut-être, en effet, ce mendiant qui nous harcèle n'a pas déjeuné, qu'il n'est pas sans
exemple qu'un de nos semblables meure ou se tue faute d'un
morceau de pain; nous ne songeons pas que précisément ceux
qui meurent ou se tuent par misère sont ceux qui n'ont jamais
tendu la main; je ne crois pas qu'on cite l'exemple d'un seul
mendiant parisien qui soit mort de faim : le métier nourrit trop
bien son homme. Qu'importe, disons-nous, qu'une partie de nos
aumônes soit mal placée? Nous ne réfléchissons pas que donner
au hasard c'est d'abord diminuer la part du vrai pauvre de tout
ce que nous donnons au faux. Car, si généreux qu'on soit, on
ne peut avoir toujours la main ouverte; l'homme même qui ne
refuse jamais une aumône ferait plus forte la part des vrais
pauvres s'il cassait les autres aux gages. Prenons garde que l'aumône non seulement ne doit pas être une manière de nous dé-
barrasser d'un homme dont les propos nous importunent, dont
la vue nous dégoûte, dont l'attitude nous inquiète, mais ne doit
pas être un encens brûlé sur l'autel d'un faux dieu en l'honneur
du Dieu véritable, ou un sacrifice fait au profit du premier venu

en l'honneur de la pauvreté. Ce que la fraternité du genre humain exige, ce n'est pas que nous rentrions chez nous chaque soir la bourse plus légère, c'est que nous subvenions à de véritables nécessités.

Ensuite l'argent donné à des sujets indignes encourage la paresse et son cortège de vices. Croit-on que tous les faux pauvres aient la discrétion de ces mendiants thésauriseurs qui amassent des billets de banque dans leur paillasse? Beaucoup d'entre eux sont de joyeux compères qui ne font pas mystère de leurs recettes à leurs amis; et c'est alors une terrible tentation pour ceux de nos ouvriers qui n'ont pas l'âme fortement trempée que d'apprendre qu'avec un peu d'art on peut vivre grassement à ne rien faire; car en général un mendiant gagne par jour bien plus qu'un ouvrier ordinaire (1). Si l'on veut savoir où notre manière d'entendre la charité peut conduire une nation, qu'on regarde l'Espagne; ce n'est pas seulement la politique de Charles-Quint et de Philippe II, ni la possession des mines du nouveau monde qui a ruiné l'Espagne; ce sont aussi les distributions de vivres qui se faisaient à la porte des couvents. Sans doute, la mendicité n'enrichit pas toujours celui qui s'y adonne, mais elle le nourrit dans le *far niente*, et c'est assez pour la nonchalance de milliers d'hommes. S'il se trouve tant de gens qui volent et assassinent au risque de leur vie plutôt que de travailler, combien ne s'en trouvera-t-il pas pour mendier, surtout quand la profession rapporte plus que beaucoup d'autres!

D'ailleurs le mendiant n'est pas nécessairement un paresseux ni surtout un sot. C'est souvent un homme très actif de corps et d'esprit qui a l'horreur du travail réglé, mais qui, pour duper plus fructueusement les bonnes âmes, n'épargne pas ses peines et déploie un esprit de ressources qui lui ferait honneur s'il l'employait mieux. Mettez sur ce chapitre, non pas un sceptique ou un romancier (vous suspecteriez la prévention de l'un, l'imagination de l'autre), mais le visiteur de pauvres le plus résolu à ne pas se laisser décourager par les supercheries : vous serez édifié. Je me bornerai à quelques faits que je tiens de première main : l'Association des anciens élèves de mon lycée procure un jour à un homme d'une excellente famille tombé par sa faute dans

(1) Le soir même de cette conférence, les journaux racontaient qu'on venait d'arrêter à Paris, un mendiant sur qui on avait trouvé 23 francs en billon, montant de sa collecte du jour, et qui, en deux ans, avait amassé, à tendre la main 13 700 francs; il avait 32 ans, était valide et robuste, et toutefois, en un seul jour, plus de deux cents personnes, à mettre chaque aumône à dix centimes, l'avaient encouragé à persévérer dans son métier.

une misère dont il entendait bien ne pas se tirer une place de commis dans un hôpital : il falsifie la lettre d'introduction que lui avait donnée un chirurgien célèbre, et se fait admettre dans l'hôpital, non pas comme employé, mais comme malade, au vin de Bordeaux, à la côtelette ; naturellement on finit par découvrir la ruse et on le chasse ; mais à un gagne-pain modeste, ce déclassé avait préféré quelques jours de paresse avec la certitude d'un affront. Un jour, un homme s'introduit chez moi, me fait un récit touchant ; je le secours, et je vois des larmes qui montent à ses yeux et qu'il refrène par un suprême effort de dignité ; ému de cette noblesse d'âme, je me reproche de n'avoir pas assez donné et j'envoie porter un secours supplémentaire à l'adresse qu'il avait indiquée : l'adresse était fausse ; personne ne le connaissait dans son prétendu quartier. Mais je certifie n'avoir jamais vu au Théâtre-Français un plus habile comédien.

On sait, au surplus, qu'il s'est engagé depuis quelque temps une lutte entre les faux pauvres et des philanthropes qui aimeraient mieux se réserver pour les véritables. Malheureusement il est impossible de dire à qui l'avantage restera. On avait cru obvier aux abus en substituant aux dons en argent des bons de nourriture, de chauffage, mais les faux pauvres ont trouvé moyen de négocier ces bons ; depuis, on s'est avisé de bons de travail sur le vu desquels le mendiant est employé aussitôt, tout en gardant d'ordinaire sa matinée pour chercher ailleurs de l'ouvrage ; mais les nécessiteux font à peine usage du tiers de ces bons ; suivant leur caractère, ils les jettent au nez du donateur ou attendent qu'il ait tourné les talons pour les jeter dans le ruisseau. Aux dernières nouvelles, on essayait pour les bons de consommation un système compliqué que les faux nécessiteux s'étudient sans doute en cet instant à éluder : on donne au mendiant un bon uniquement valable pour le jour même et qu'il doit échanger à la mairie contre un deuxième bon délivré par un employé de la société philanthropique dont il émane ; ce deuxième bon seul donne droit à une portion de nourriture qu'il faut aller réclamer sur l'heure dans un restaurant voisin de la mairie et consommer sur place ; on espère que l'agent de la société distinguera promptement les paresseux qui vivent de la mendicité et qu'on les exclura de cette façon. Espérons-le aussi, sans trop y compter. Mais la crédulité des bonnes âmes offre aujourd'hui aux fainéants de merveilleux appâts, puisqu'ils n'ont même plus besoin de l'apprentissage auquel servait jadis la Cour des Miracles ; quatre petits mots faciles à retenir : « Je suis sans travail, » tiennent lieu de toutes les fausses infirmités. Quant à ceux qui veulent placer ces quatre mots à coup sûr ou qui se sentent capables de les paraphraser éloquemment, mais qui n'ont pas encore assez de relations dans le monde de la philanthropie, deux indicateurs, l'un plus cher, l'autre moins coûteux, les fournissent d'adresses, leur donnent les opinions politiques et religieuses de chaque personne charitable de Paris, leur apprennent la sorte de libéralités qu'on peut tirer d'elle : c'est le mensonge mis à la portée de toutes les intelligences (1). Un fureteur déterrera probablement bientôt un Parfait Secrétaire à l'usage, non plus des cuisinières, mais des faux nécessiteux.

Il est vrai que c'est surtout à Paris que les faux pauvres se mettent en frais d'imagination pour duper la charité publique. Mais il ne faut pas croire qu'en province on puisse davantage donner les yeux fermés. Il y est plus facile de s'édifier sur les pauvres sédentaires ; mais les faux pauvres en sont quittes pour y vivre en nomades, genre d'existence qui ne déplaît pas trop à leur corporation. J'ai entendu raconter par une vieille dame champenoise que tous les ans à une certaine époque elle voyait arriver un pauvre à qui elle faisait l'aumône, puis qui disparaissait pour douze mois ; elle finit par causer avec lui et son client lui raconta, d'un ton de bonhomie peu fréquent chez ses confrères, qu'il avait acheté à crédit un petit bien en Bourgogne et qu'il le payait par annuités avec le produit de ses tournées. Ce faux pauvre était d'une espèce particulière et très rare ; car il travaillait en temps ordinaire et réservait pour la morte saison les quêtes par lesquelles, en madré paysan, il libérait sa propriété ; les gens rangés sont encore moins communs que les avares dans sa confrérie ; mais nous avons vu que tout faux mendiant n'est pas forcément un homme inerte, et celui-ci n'en demeurait pas moins fidèle au principe essentiel de la corporation : surprendre la charité publique. Il y a des endroits où ces tournées sont particulièrement fructueuses, les stations thermales, les plages à la mode ; les souffrances du malade, la gaîté du touriste ouvrent également l'âme à la compassion naïve ; de plus, dans le grand nombre des villas qui reçoivent les baigneurs, il y en a d'isolées où l'on a chance d'intimider une dame âgée demeurée seule ou une domestique ;

(1) J'emprunte ce qui regarde ces indicateurs et ce qui concerne le système du double bon à l'excellent livre de M. Louis Paulian, *Paris qui mendie : mal et remède*. Paris, Ollendorff, 1894 ; j'aurais pu y prendre bien davantage, mais j'aime mieux m'en tenir à mon expérience personnelle, ou à ce qui est de notoriété publique.

je suis arrivé un jour à temps pour adresser quelques observations utiles à un mendiant qui, éconduit par un vieillard, venait de ramasser furtivement un pavé par lequel il allait répondre au conseil de gagner sa vie. Quant aux faux pauvres de province qui tiennent absolument à ne pas se déplacer, la Providence ne les a pas oubliés : les lieux de pèlerinage leur offrent d'abondantes moissons ; en effet, c'est là surtout que les fidèles s'imaginent que toute aumône est agréable à Dieu.

Jusqu'ici je n'ai considéré les exploiteurs de la charité que comme des escrocs. Mais il serait puéril d'ignorer que dans le nombre il y a des repris de justice qui attendent là l'heure de faire un nouveau coup. Au métier de mendiant, ils préfèrent encore, à la vérité, la profession plus divertissante, paraît-il, de souteneur ; mais l'une n'empêche pas l'autre, car la journée est longue, et un métier malhonnête de plus ne les embarrasse pas. On croira peut-être qu'en donnant à cette classe de mendiants, on les détourne du crime ; mais jamais un assassin, fût-il sûr de gagner vingt francs par jour à mendier, ne se refusera l'aubaine que peut lui valoir un coup de couteau placé judicieusement ; l'aumône n'est donc pour lui qu'un traitement d'inactivité qui n'engage à rien. A plus forte raison, la classe des faux mendiants fournit-elle un appoint notable aux émeutes ; quand nous disons que les jours de troubles il sort de dessous terre des figures qu'on n'a jamais vues, c'est en partie parce que beaucoup de nos pauvres ont changé de tête ou d'attitude.

Mais il n'y a de faux pauvres que parce qu'il y en a de vrais ; et puisqu'il y en a de vrais, nous ne devons ni supprimer ni même restreindre nos dons ; mais il faut nous persuader que c'est chose grave et fréquente que de mal donner, par suite se faire une règle de ne jamais donner à une personne valide sans s'être assuré qu'elle est prête à gagner son pain si on lui procure de l'occupation et qu'ainsi elle mérite notre assistance.

Nos bienfaits seront ainsi, non seulement mieux placés, mais plus féconds. Car le plus beau fruit de la charité, c'est la gratitude qui honore et relève l'affligé. Or, quelle sérieuse gratitude peut produire une aumône donnée en passant à un homme qui voit à peine votre visage et n'entend pas le son de votre voix? C'est encore bien pis pour les aumônes distribuées par voie administrative. On n'imagine pas à quel point elles touchent peu ceux qui en profitent. L'an dernier, j'ai fait route quelques instants dans les Pyrénées avec un ouvrier qui était venu prendre les eaux thermales aux frais de sa ville ; on lui avait payé le voyage, les consultations médicales, les bains, et une fondation particulière lui avait permis de vivre fort bien et à très bon compte dans une pension spéciale ; j'essayai discrètement de voir s'il savait quelque gré à ses concitoyens ou au fondateur de la maison hospitalière et ne trouvai pas chez lui ombre de reconnaissance à leur égard ; il n'avait nullement l'air d'un mauvais ouvrier, il s'exprimait en termes convenables ; il était fort heureux d'avoir joui de la commodité offerte, mais simplement comme, après avoir payé de notre argent notre place au chemin de fer, nous nous félicitons que le temps des diligences soit passé. Je sais bien que certaines personnes préconisent précisément l'assistance par voie administrative, parce qu'elle procure ce qu'on a spirituellement appelé l'indépendance du cœur ; mais elles entendent mal l'intérêt de la dignité humaine. C'est la reconnaissance qui rétablit l'égalité entre celui qui donne et celui qui reçoit ; il n'y a point ici-bas de trésor plus précieux que l'affection d'une âme, surtout quand elle est méritée ; l'homme qui nous donne la sienne en échange d'un bienfait ne nous doit plus rien ; il nous a payés ; au contraire, l'homme qui, au moment où il reçoit par les mains de l'État un argent qu'il n'a pas gagné, se prend pour un citoyen qui exerce son droit, est un misérable qui vendra la république à César ; ce sont les distributions de blé présentées au peuple-roi non comme une aumône, mais comme une part de souveraineté qui ont préparé l'établissement du despotisme. L'aumône faite par les associations charitables a bien plus de chances de trouver le chemin du cœur ; pourtant elle ne vaut pas encore celle qui va sans intermédiaire du donateur au pauvre ; car le pauvre discerne fort bien si la personne qui le visite tire ou non de sa poche l'argent qu'elle lui apporte ; il est beaucoup moins touché du bienfait s'il ne voit pas le véritable bienfaiteur, la reconnaissance, comme l'attraction planétaire, diminuant à mesure que la distance augmente. Or, la reconnaissance n'a pas seulement pour heureux effet de relever celui qui l'éprouve ; elle offre au bienfaiteur le moyen de se rendre encore plus utile. Le pauvre, même méritant, a souvent été l'artisan de son malheur ; à tout le moins, puisqu'il est homme, il a des défauts que son bienfaiteur, en fût-il atteint également, peut apercevoir ; il est clair que l'agent de l'État, payé pour distribuer des secours, ou un visiteur qui apporte les libéralités d'autrui n'aura jamais, pour faire accepter ses conseils, l'autorité de l'homme qui donne de sa propre bourse ; le visiteur, s'il est perspicace, gagnera un grand point que l'agent de l'État n'obtiendra jamais : le pauvre se mettra extérieurement en règle ; mais c'est seulement pour plaire à l'homme qui se prive pour lui qu'il réformera son cœur.

Si vous ne connaissez personnellement aucun vrai pauvre, mieux vaut charger de vos aumônes une association charitable, ou mieux encore une personne charitable dont le discernement vous inspirera une pleine confiance. Nous pourrons même, en tout état de cause, en réserver une part pour des œuvres de bienfaisance dont l'utilité nous paraîtra évidente. Mais prenons garde de déclarer trop tôt que personnellement nous ne connaissons pas d'infortunes intéressantes; car ce pourrait être là une défaite inspirée par l'indolence qui se concilie fort bien avec la charité. Ne nous décourageons pas d'avance. Certaines personnes disent : « Si l'on voulait examiner de trop près les pauvres, on ne secourrait personne. » Ne regardons pas *de trop près*, puisqu'il ne faut rien outrer, pas même la justice, mais regardons; soyons indulgents pour le passé, mais non pour le présent; exigeons tout au moins deux conditions, l'une que la misère soit réelle, l'autre que le malheureux veuille travailler pour en sortir. D'ailleurs, méfions-nous des boutades qui, sous une apparence de sévérité, dissimulent l'affaissement de la conscience. Dans *Mercadet*, un personnage dit : « Si l'on n'allait voir que les gens qu'on estime, on ne visiterait personne. » Et l'interlocuteur ajoute : « On ne rentrerait pas chez soi. » Maximes qui ont un air plus que janséniste, mais que les *faiseurs* de la pièce n'émettent que pour autoriser leurs démarches équivoques (1).

En réalité, il y a bien peu de gens qui n'aient sous la main ou ne puissent réussir à découvrir l'occasion de faire directement du bien. Nous y réussirons plus facilement encore si nous voulons bien nous défaire du préjugé qui réserve notre sympathie pour l'homme que nous voyons inoccupé. — L'homme qui travaille, disons-nous, n'a pas besoin de notre secours. — Mais, parmi ceux qui ont le courage de gagner leur pain et la fierté de ne rien demander, ne s'en trouve-t-il pas beaucoup dont l'existence est rude et précaire et qui ne nourrissent leurs enfants que grâce aux privations qu'ils s'imposent? Quelle nonchalante et naïve sensibilité que celle qui garde ses faveurs pour le mendiant de profession et ne s'enquiert point si, près d'elle, un honnête et vaillant ouvrier ne mérite pas bien davantage une assistance qu'il accep-

(1) Il faut en dire autant de cette phrase que, pendant les sessions du baccalauréat, les examinateurs s'entendent répéter tous les jours : « Si vous ne receviez que les candidats qui méritent d'être admis, vous ne recevriez personne. »

terait, si elle était délicatement offerte, comme une marque d'affectueuse estime (1) !

Sans même franchir notre porte, nous trouverons souvent des êtres plus dignes de notre générosité que le mendiant de la rue. Votre domestique ne vous donne pas toute satisfaction : croyez-vous pourtant qu'elle ne vaille pas cent fois mieux que les trois quarts de ceux qui tendent la main? Elle gagne sa vie présentement. Pourra-t-elle toujours la gagner? Si elle ne se marie pas ou si elle est un jour veuve et chargée d'enfants, qu'adviendra-t-il de cette pauvre créature qui a, en somme, vécu de votre vie? Vous la payez exactement, étrennes comprises; vous la traitez doucement, vous lui enseignez le chemin de la caisse d'épargne; ne serait-il pas bien de l'y accompagner, d'ajouter quelque chose à chacun de ses versements, surtout si elle a dû prélever sur ses économies pour subvenir aux besoins de ses parents? La meilleure aumône n'est-elle pas celle qui, en récompensant le travail, prévient la mendicité au lieu de l'entretenir? Et ne vaut-il pas mieux faire envier par le fainéant la condition de l'homme qui travaille que de faire envier par celui-ci la condition du fainéant?

Voici encore un moyen excellent d'exercer notre générosité. Il y a des personnes fort charitables, mais qui, sous l'empire du préjugé qui dépouille de tout droit à l'intérêt l'homme qui gagne sa vie, débattent les prix avec la dernière rigueur quand elles traitent avec de modestes fournisseurs. Certes il est très méritoire, quelque fortune que l'on ait, de ne pas se laisser voler, ne fût-ce que pour épargner une indélicatesse à des marchands peu scrupuleux; mais vouloir qu'à certains jours les fournisseurs travaillent à perte, réduire habituellement à presque rien leur bénéfice parce que nous savons qu'ils aimeront encore mieux gagner très peu que perdre notre pratique, et cela pour nous passer ensuite la fantaisie d'une charité toute gratuite envers des personnes qui n'auront pas travaillé pour nous (ni pour d'autres), c'est mal ordonner notre libéralité. Laissons dans la mesure de nos moyens ces marchands gagner un peu largement leur vie avec nous quand ils appartiennent à cette catégorie de pauvres qui est seule intéressante et dont on s'occupe moins volontiers, les pauvres laborieux.

_____

(1) L'usage s'est établi dans ces derniers temps de donner des pourboires aux ouvriers du bâtiment; cet usage est fâcheux, car ces pourboires ne sont pas une récompense donnée en connaissance de cause, mais une aumône à demi obligatoire donnée indistinctement à tous. Du moins ici ce n'est pas à un paresseux qu'on donne.

II

Les autres imprudences de la charité sont encore plus dommageables ; car elles tendent à corrompre, non plus une partie de la classe populaire, mais la classe populaire tout entière, et à préparer le bouleversement de la société.

En premier lieu, beaucoup de personnes charitables ont l'impardonnable tort de souscrire aux âpres et injustes censures des déclamateurs contre ee qu'on appelle l'égoïsme contemporain, qui, nous dit-on, a porté la misère à un point où elle n'était jamais parvenue. Ce qui rend en effet ces diatribes si dangereuses, c'est qu'elles n'émanent pas seulement de ceux qui en vivent; une erreur ne met la société en péril que quand un certain nombre d'honnêtes gens commencent à la professer. Des personnes très désintéressées, des savants même, en viennent à croire que la misère était moins poignante au moyen âge que de nos jours. Ne citons pas les vivants : un prêtre catholique allemand, un des plus doctes historiens de notre époque, feu Janssen, a soutenu gravement que le peuple était plus heureux au XIVᵉ et au XVᵉ siècle que de nos jours, et que la substitution du droit romain au droit coutumier, surtout la diffusion du protestantisme, ont détruit son bien-être. Une pareille assertion ne supporte pas l'examen. Il faut étudier la vie de l'artisan d'autrefois, non pas chez les publicistes à thèses, mais chez les témoins ingénus du passé; on verra si les souffrances qu'ils décrivent ne furent pas cent fois plus cruelles que celles d'aujourd'hui. Comparez par exemple les effets que produisaient alors les fléaux périodiques qui forment les causes générales de la misère avec ceux qu'ils engendrent maintenant; demandez à Jacques Callot, le célèbre graveur, ce qui se passait autrefois un soir de bataille ou à la prise d'une ville ; et les malheurs que la guerre entraîne encore aujourd'hui vous sembleront légers auprès des atrocités d'autrefois. Qu'est-ce que nos épidémies actuelles comparées à la peste noire qui, d'après Froissard, emporta le tiers des habitants de l'Europe? Qu'est-ce que nos chômages auprès des famines de jadis? Certes il est triste de penser qu'aujourd'hui encore la misère pousse quelques infortunés à mourir; mais regretterons-nous pour cela des siècles où une mauvaise récolte réduisait des provinces entières à se nourrir de racines, où la faim ne faisait pas quelques victimes isolées, mais exerçait presque autant de ravages qu'une maladie contagieuse? Ce que l'évidence crie, ce qu'il faudrait avoir le courage de dire

au peuple, c'est qu'il n'a jamais été logé, vêtu, nourri comme
aujourd'hui. Il faut un étrange aveuglement pour s'imaginer que
c'est d'aujourd'hui seulement qu'il y a des métiers rudes ou mal-
sains. Écoutez le Tyndarus de Plaute après qu'il a goûté du travail
des carrières, et dites si la vie du mineur antique vous paraît avoir
été plus douce que celle du mineur moderne.

D'ailleurs, tout compte fait, l'existence n'est pas plus pénible
pour l'artisan que pour l'homme d'études, le militaire, le marchand; le travail de l'esprit use tout autant que le travail du corps;
les tables de mortalité en font foi, et une autre aberration de
notre sensibilité est d'avoir créé la mensongère expression de
classe laborieuse, comme si le savant, l'industriel, l'homme de
lettres qui poursuivent nuit et jour leurs calculs, leurs combinaisons, ne travaillaient pas au moins autant que l'ouvrier qui
forcément se repose dès qu'il sort de l'atelier. Il est curieux de rencontrer parmi les hommes qui exercent les professions libérales,
comme parmi les ouvriers, l'opinion préconçue que chez les négociants on est riche de père en fils et qu'on n'a qu'à regarder croître
sa fortune, comme si, dans le commerce, il fallait simplement un
peu d'ordre et non pas de l'invention, de la hardiesse, du tact,
l'art de manier les hommes, de prévoir les goûts et les événements
du lendemain, comme si beaucoup parmi nos grands entrepreneurs n'avaient pas commencé par travailler de leurs mains!
On ignore trop les facilités qu'un ouvrier qui inspire confiance par
sa conduite et son intelligence trouve pour s'établir; son patron,
habitué à risquer son argent sur des indices favorables, est souvent le premier à lui offrir les fonds nécessaires; l'artisan qui
demeure tel est en général un soldat qui n'avait pas en lui l'étoffe
d'un officier. Nous l'oublions trop souvent. Quand on nous invite
à réfléchir, nous avouons que puisque beaucoup de négociants
végètent ou se ruinent, il faut bien qu'il ne soit pas plus aisé à
un marchand d'arriver à la fortune qu'à un écrivain d'arriver à la
célébrité; mais un instant après on nous surprend encore à ramener son mérite à vendre cher ce qu'il a acheté bon marché; et
nous ne nous disons même pas que, à une époque de libre concurrence, savoir acheter à bon marché ce que le fabricant essaie
de vendre cher et savoir vendre cher ce que le consommateur
essaie d'avoir à bon marché, c'est déjà un talent peu commun.

C'est notre sensibilité mal éclairée qui calomnie le présent:
nous exagérons à plaisir les souffrances du peuple, et, cela fait,
nous nous taxons d'insensibilité, comme pour provoquer contre
nous, de propos délibéré, d'injustes colères et d'effroyables ven-

geances. Mais ici encore il faut fermer les yeux à l'évidence pour accuser d'endurcissement la société contemporaine. Qui donc fait les frais de l'assistance publique? Quand l'État par les mains de ses représentants divers dépense tant de millions à nourrir, soigner, instruire les pauvres, nous avons bien le droit, je pense, de reprendre le mot de Louis XIV, et de dire : « L'État, c'est nous. » Tous les sophismes du monde n'établiront jamais que de nos jours la société ne fait pas tout ce qu'elle peut en faveur du pauvre ; et au fond le pauvre le confesse par sa conduite, même lorsqu'il le nie sur la foi de nos déclamations, puisqu'il s'empresse si peu d'accepter, dans les plus saines de nos colonies, les terres dont nous lui offrons la propriété ; il aime mieux être journalier, au cœur de la civilisation qu'il accuse, que propriétaire là-bas. Les classes aisées élèvent très mal, de nos jours, le peuple ; elles le traitent en enfant gâté, elles ne lui disent pas la vérité ; mais leur sollicitude à son endroit se marque de mille manières. Je rappelais tout à l'heure que, non contents de multiplier pour nos artisans les dispensaires, les hôpitaux, nous les envoyons aux stations thermales. J'applaudis à cette mesure de fraternité, mais je demande la permission de leur rappeler qu'une foule de gens qu'ils qualifient de bourgeois s'interdisent cette cure comme trop onéreuse. Combien de petits propriétaires, combien d'employés répondent au médecin qui leur conseille d'aller aux eaux comme Hoche répondait au médecin qui lui prescrivait de se reposer : « Ordonnez-moi un autre remède ; je ne peux pas prendre celui-là ! » Nos écoles, que nous ne trouvons jamais ni assez belles ni assez coûteuses, offrent aux enfants des pauvres, non seulement des maîtres, mais des livres gratuits, et ces livres ne nous paraissent jamais assez parfaits ; afin d'y attirer ces enfants, à qui, pour la forme, nous commandons d'y aller, nous les vêtissons au besoin, et, pour une rétribution dérisoire, nous les nourrissons ; nous ne les envoyons pas seulement comme leurs pères dans des maisons de santé, nous les promenons en été à travers toute la France. Endettons-nous, j'y consens, et marchons sans sourciller à la banqueroute ; mais ne nous trompons pas du moins sur le genre de reproche que nous méritons.

Qu'on ne dise pas en effet que c'est la pluralité qui contraint la minorité à ces sacrifices ! La preuve est que cette minorité ajoute à chaque instant en faveur des pauvres les contributions volontaires aux contributions obligatoires. On accuse les riches d'égoïsme : dans toutes les classes, il y a des gens qui ne pensent qu'à eux ; c'est affaire de caractère ; mais, sans compter que l'égoïsme de gens dont les fantaisies font vivre tant de personnes mériterait peut-être quelque indulgence, ce défaut ne se rencontre guère de nos jours parmi les riches, puisque la sensibilité est aujourd'hui une des modes qu'ils suivent le plus fidèlement. Au surplus, la classe aisée tout entière ne demande qu'à donner : les dépenses de bienfaisance composent un article important du bugdet de chaque ménage; nous faisons honneur aux innombrables lettres de change que la charité tire sur nous, et ce n'est pas la vanité, la politesse qui les acquitte, puisque souvent nous nous offrons de nous-mêmes pour des œuvres dont nous ne connaissons pas les promoteurs. A peine en effet une pensée généreuse a-t-elle été portée à la connaissance du grand public, l'argent afflue de toute part; à peine une souscription de bienfaisance est-elle ouverte que cet emprunt à fonds perdus et sans lots est couvert comme les emprunts de l'État. Pour dater d'hier, l'œuvre de l'Hospitalité de nuit, pourtant conçue d'une manière très imparfaite, n'en est pas moins florissante, et cet exemple est pris entre mille. L'Alliance française, qui travaille dans l'intérêt de nos petits employés comme de nos gros négociants, date de quelques années et compte beaucoup plus de trente mille adhérents. Chaque jour presque, on apprend l'existence et la prospérité d'une nouvelle association occupée à un objet utile. Combien de personnes ignorent encore qu'il existe une Société des Amis de l'arbre, qui aide l'État à prévenir, en reboisant nos montagnes, des inondations ruineuses pour les cultivateurs! Cette association n'en a pas moins déjà réuni assez de fonds pour replanter des arbres par milliers. Quant aux sociétés fondées pour l'enseignement du peuple, pour les enfants moralement abandonnés, pour les apprentis, elles pullulent, et le temps qu'y consacrent ceux qui y payent de leur personne est, pour la plupart d'entre eux, un véritable sacrifice d'argent ou de santé. Et cette universelle, cette inépuisable charité des hautes classes, de la bourgeoisie, devrait toucher d'autant plus que la fortune publique a considérablement baissé, que nos blés se vendent mal, que le phylloxera a ravagé nos vignes, que notre commerce d'exportation diminue tous les jours, que les bonnes valeurs rapportent à peine trois pour cent, que nous sommes écrasés d'impôts. Appeler égoïste la société actuelle, c'est, chez les uns, une singulière injustice, chez les autres, tranchons le mot, une étrange ingratitude.

III

Enfin, de nos jours, la charité est imprudente par les espérances qu'elle donne. Beaucoup de gens qui ne sont pas des démagogues s'unissent à eux pour assurer que, si l'on s'en occupait sérieusement, on arriverait à supprimer la misère; ils ne garantissent pas positivement que tout le monde pourrait être riche, mais qu'il pourrait ne plus y avoir de pauvres. C'est soulever gratuitement l'exaspération contre une société qui n'a d'autre tort que de souffrir ce qu'elle ne peut empêcher; car, de même que pour que le maître d'Ésope pût boire la mer comme il l'avait parié, il aurait fallu au préalable intercepter tous les fleuves qui la remplissent incessamment, de même, pour supprimer la misère, il faudrait d'abord supprimer les causes qui la produisent, c'est-à-dire la paresse, l'incapacité, l'inconduite, j'ajoute, pour être loyal, la mauvaise chance. Aussi longtemps que l'humanité ne se sera pas réformée tout entière, que subsistera l'inégalité des intelligences, plus indestructible que l'inégalité d'instruction, que l'homme devra compter avec le hasard et la force des choses, il y aura des pauvres et des riches. Expropriez tous les habitants d'une nation, confiez la fortune publique au plus incorruptible ami du peuple; qu'il la répartisse d'après les lois de la plus scrupuleuse égalité : l'inégalité renaîtra le lendemain. L'hypothèse est d'ailleurs inutile, puisque le fait se passe chaque jour sous nos yeux; un père fait donner à ses trois fils la même éducation et, à sa mort, laisse à chacun une part égale de son patrimoine; bientôt un des fils a doublé son héritage, un autre l'a conservé tel quel, un autre l'a dissipé. Qu'y faire?

Si la misère pouvait être supprimée, il y a longtemps qu'elle serait bannie de la face de la terre; car, dans des temps où elle sévissait bien plus cruellement qu'aujourd'hui, on a tout essayé pour la proscrire. L'antiquité a tenté jusqu'à l'injuste et à l'impossible; elle a traité les créanciers des pauvres avec plus de rigueur qu'on ne propose de notre temps de traiter les créanciers de l'État. Chez les Juifs, à Sparte, à Rome, on a pris des mesures ultra-radicales, et la disproportion des fortunes y reparaissait pourtant bientôt, plus marquée que dans les États modernes. Dans sa manie d'égalité, Athènes, par une disposition dont aucun démagogue moderne ne s'est encore avisé d'orner son programme, finit par décider que certaines fonctions seraient tirées au sort, l'élection ne paraissant plus assez démocratique : cependant nulle part le nivellement n'a pu se produire ou se maintenir. Le christianisme n'a pas davantage supprimé la misère, non que le ciel lui fît oublier la terre, puisque le ton de saint Jean Chrysostome et de bien d'autres à l'égard des riches ressemble fort à celui des tribuns antiques; l'Église a tout autant anathématisé l'opulence que glorifié la pauvreté; et, d'autre part, elle a exercé sur les peuples un étonnant empire; sur un mot d'elle, on subissait le martyre, on courait à la croisade; d'un ancien pâtre élevé par charité dans un couvent, elle faisait avec une mitre l'égal des seigneurs féodaux, avec une tiare l'égal de l'empereur; elle assujettissait le monde à ses abstinences, elle lui imposait le spectacle et la dépense de ses propres scandales : si cette maîtresse absolue des consciences, qui a versé tant de larmes sincères et fécondes sur le sort des pauvres, n'a pas fait disparaître la misère, on n'y parviendra jamais.

Aussi bien, tous les efforts énergiques tentés dans cette intention vont contre le but. La charité est une mère de famille à qui il faut un conseil judiciaire, un législateur qu'il importe de soumettre rigoureusement à l'obligation des trois lectures. Par exemple, en interdisant, au moyen âge, pour protéger les pauvres, le prêt à intérêt, on avait favorisé l'usure, parce que l'élévation du taux de l'argent pouvait seule compenser pour le prêteur la protection déniée à sa créance; en multipliant les fêtes, on avait voulu assurer le repos de l'artisan autant que le culte de Dieu, mais on n'avait pas réfléchi que l'artisan n'est pas nécessairement un serf pour qui une fête est tout bénéfice, et des millions d'ouvriers, de paysans répétaient avec le savetier de La Fontaine :

> ... Le mal est que toujours
> (Et sans cela nos gains seraient assez honnêtes),
> Le mal est que dans l'an s'entremêlent des jours
>   Qu'il faut chômer; on nous ruine en fêtes :
> L'une fait tort à l'autre; et monsieur le curé
> De quelque nouveau saint charge toujours son prône.

On avait voulu protéger le commerce contre l'excès de la concurrence, l'acheteur contre la mauvaise fabrication des objets, et on avait institué les jurandes et les maîtrises; il en était résulté que l'industrie progressait malaisément et que le pauvre ne pouvait s'établir, puisqu'il aurait fallu d'abord payer un fonds en pleine activité. On avait voulu prévenir les famines en interdisant la circulation des grains même à l'intérieur des États, et on l'avait précisément causée par là.

On objectera que la science économique n'était pas née. Mais cette science est encore bien jeune aujourd'hui, et sa démarche est bien moins assurée que le ton des diverses écoles qui, en se contredisant l'une l'autre, prétendent toutes parler en son nom. A ne consulter que ceux qui passent auprès de la pluralité des gens instruits pour ses interprètes les plus habiles, elle s'est donné bien des démentis à elle-même. Elle progresse comme toutes les sciences, mais plus lentement que pas une, pour le motif même qui a retardé sa naissance : les autres sciences procèdent ou par le raisonnement pur, ou par l'observation intérieure, ou par des expériences qu'il est relativement facile d'instituer; au contraire, l'économie politique qui ne peut établir d'expériences sans aventurer la fortune d'une nation, et pour qui l'histoire n'a pas recueilli depuis l'origine, comme pour la politique et la législation proprement dite, des trésors de documents précis, est exposée à chaque instant aux affirmations téméraires. Supposons même que nous prenions patience pour quelques siècles : n'envions pas trop le sort de nos arrière-neveux, elle ne les débarrassera pas de la misère. Il en sera d'elle comme d'une science beaucoup plus vieille, plus indispensable encore, la médecine, qui a fait de surprenants progrès dans notre siècle, qui en fera bien davantage avec le temps, mais qui ne conduira jamais tous les hommes à l'âge de la décrépitude; on guérit maintenant la diphtérie, on va guérir, dit-on, la tuberculose; on prévient la rage; la lèpre a disparu des pays civilisés, et les épidémies, nous le disions tout à l'heure, ne les moissonnent plus ; mais la moyenne de la vie humaine ne s'en élèvera pas sensiblement; il y aura toujours des hommes d'une constitution chétive, des accidents de toute nature, sans compter les maladies nouvelles qui apparaissent de temps en temps; puis, comme l'accroissement du bien-être, en apportant des ressources qui tendent à prolonger la vie, apporte des besoins qui tendent à l'abréger, le progrès, quoique réel, ne sera pas ce qu'on voudrait. Il en est d'ailleurs ainsi de toutes choses; dans l'ordre des lettres, le progrès de la raison s'achète aux dépens de l'imagination et de la naïveté; dans l'ordre de la politique, le système de la paix armée est moins coûteux que les guerres fréquentes d'autrefois, mais il est très coûteux encore, et l'économie, quoique certaine, est moindre en définitive qu'on ne croit.

Donc la misère n'est pas, ne sera jamais de ces abus qu'on supprime par voie législative. La science enfantera des palliatifs, et il faut l'en bénir. Par la création des caisses d'épargne, par les

petits coupons de rentes, par des institutions de toute nature,
on a donné aux artisans le goût et le moyen de préparer des ressources pour leurs vieux jours, tandis que jadis ils ne pouvaient
que cacher dans un meuble quelques louis improductifs; par des
sociétés de toute nature, on a tâché de leur procurer la vie à meilleur marché; on s'applique à mettre à leur portée l'économie,
la prévoyance. On ne saurait trop encourager ces œuvres, mais
d'abord il ne faut y engager les fonds de l'État qu'avec une extrême
prudence, parce que, quand l'État s'obère, l'impôt fût-il uniquement supporté par les riches, les petits sont appauvris d'autant;
la gêne du riche produit leur misère; car Lamartine comparait
spirituellement les grosses fortunes aux nuées qui fécondent la
terre; supprimez les nuées et l'univers devient un immense
Sahara. Ensuite il faut se convaincre que toute la charité, toute
la hardiesse et toute la science du monde réunies ensemble ne
procureront jamais à l'humanité qu'un soulagement très incomplet.
Notre zèle pour alléger ses maux n'en sera pas ralenti : quel est
donc l'homme sans entrailles qui, pouvant diminuer les souffrances d'un frère malade, s'en abstiendrait parce qu'il ne peut
le guérir? Mais si ce malade, s'imaginant que les médecins font
exprès de ne pas le guérir, veut, au péril de sa vie, s'élancer hors
de son lit pour les étrangler, ce n'est plus être charitable que de
le confirmer dans la pensée que la malveillance seule empêche
sa guérison. Stimulons l'activité du pauvre, déployons la nôtre en
sa faveur; mais rappelons-nous que la résignation à la part inévitable de maux que le sort attribue à chacun de nous est souvent
la seule ressource contre l'infortune. Cela ne veut pas dire qu'il
faut se résigner aux souffrances d'autrui, mais cela veut dire qu'il
ne faut pas empêcher étourdiment les autres de se résigner aux
leurs. Une promesse impossible à tenir est, suivant les cas, la
plus perfide ou la plus décevante des consolations.

IV

Néanmoins, la sympathie pour les pauvres n'a, de notre temps,
besoin que d'être réglée. Ce n'est point elle qui fait défaut, c'est,
on l'a dit bien souvent, le courage civil. Ainsi le courage de com-
mander, qui semble si facile, devient de jour en jour plus rare.
Depuis longtemps déjà, chez nous, à quelque parti qu'appartienne
un ministre, son premier mot, quand on lui dénonce un scandale
où il suppose que des personnages importants peuvent être

compromis, est de prétendre qu'il n'est pas armé, que le code n'a pas prévu le cas, alors que presque toujours le cas rentre manifestement dans une catégorie spécifiée, non seulement par notre code, mais par celui de tous les peuples civilisés ; le ministre n'en renvoie pas moins à la décision des Chambres, dans l'espérance que la discussion n'aboutira pas, ou qu'il sera renversé avant le vote, ou du moins que ce vote déchargera sa responsabilité envers des coupables avec lesquels on ne se brouille pas impunément. Dans nos administrations publiques, bien des chefs de service, après avoir recommandé tout haut la vigilance et l'énergie à leurs principaux collaborateurs, ajoutent tout bas le fameux mot : « Mais ne me faites pas d'affaires, » c'est-à-dire : « N'ouvrez les yeux que quand vous êtes sûrs de ne rien voir. » On n'a pas non plus suffisamment dans notre génération le courage de ne point soigner ses relations avec les intrigants ; on s'exerce à dire du bien d'eux en leur absence, pour que quelque chose en revienne à leurs oreilles.

Partem aliquam, venti, Divum referatis ad aures!

ou pour que le jour où il faudra les louer en face, notre flatterie ait aux yeux des tiers l'apparence de la sincérité ; si nous n'osons pas aller jusqu'à vanter leur caractère, nous vantons leur talent.

Notre manque de courage moral se concilie très bien avec notre sensibilité peu judicieuse. En effet, aux époques énergiques, l'homme qui vit dans l'aisance, ou bien ferme l'oreille aux demandes des malheureux, ou n'y accède qu'à bon escient ; mais nous, âmes molles et pourtant éprises de jouissances, nous souhaitons indistinctement à tous les joies pour lesquelles nous vivons ; nous n'avons pas la force de lutter contre nos défauts, et comme il faut cependant faire quelque chose pour sa conscience, nous choisissons une vertu dispendieuse, à la vérité, mais qu'on peut exercer d'une manière commode, quand on ne tient pas à la bien pratiquer ; nous transigeons avec la morale à prix d'argent. C'est aussi la raison pour laquelle nous confondons dans nos réflexions sur les pauvres deux classes d'hommes fort différentes : les gens qui ne sont pas riches, et les gens qui manquent de tout ; nous nous évertuons à prouver aux premiers, qui ne s'en doutent pas toujours, qu'ils sont malheureux. L'artisan qui se porte bien, qui travaille, qui a un peu d'argent d'avance est d'ordinaire fort gai, d'une gaieté même qui jadis faisait envie aux riches. Tous les poètes d'autrefois le proclamaient, et non pas seulement les poètes romanesques, mais les plus fins, les plus compatissants; ils savaient que les pauvres ont plus de chances de ne connaître que les vrais besoins, les plus faciles à satisfaire, et que les faux besoins empoisonnent souvent la vie des riches. Mais, à mesure que nous acceptons moins pour nous-mêmes une existence modeste, nous l'acceptons moins pour les autres, et nous prenons, pour ainsi dire, à tâche de les dégoûter d'une condition dont nous ne pouvons pas les tirer.

Quel remède pourrait donc à la fois donner à notre charité la prudence qui lui manque et retremper notre caractère? Bourdaloue aurait répondu par la pensée de la mort, qui règle nos sentiments et nous fait tout voir sous le véritable jour. Mais nous n'entendons plus trop ce langage. Je répondrai donc de préférence par la pensée de la patrie. Toutes les fois que nous serons tentés, soit comme particuliers, soit comme électeurs, soit comme législateurs, de dissiper un argent dont la France peut avoir un jour besoin, songeons qu'à l'improviste la nécessité peut nous imposer la plus sainte, mais la plus coûteuse des entreprises. Puis, rappelons-nous que le courage militaire disparaît bientôt après le courage civil. L'exception que semble offrir la Rome impériale n'est qu'apparente; elle n'a réussi à tenir longtemps les barbares en échec que parce qu'elle avait dressé à la défendre des sujets moins corrompus qu'elle. En effet, l'orgueil, la chaleur du sang qui peuvent entretenir la bravoure dans quelques individus trop peu soucieux d'ailleurs de leur dignité, n'ont pas assez de prise sur la plupart des hommes pour suppléer à l'énergie véritable, qui n'est autre chose qu'un ardent amour du bien. En général, lorsqu'on a pris l'habitude de trembler pour ses intérêts, on n'est pas loin de trembler pour sa vie; l'homme qui recule habituellement devant le devoir fuira devant l'ennemi.

Charles DEJOB.

LE NOUVEAU RÉGIME

DE LA LICENCE ÈS SCIENCES

Dans le dernier numéro de la *Revue internationale de l'Enseignement*, M. Rayet, doyen de la Faculté des sciences de Bordeaux, critique vivement la nouvelle organisation de la Licence ès sciences. Il estime qu'en la votant, le Conseil supérieur de l'Instruction publique n'a tenu aucun compte des désirs exprimés par les Facultés lors de l'enquête de 1893, qu'il a introduit l'anarchie dans l'enseignement, que la réforme, faite en vue de la Sorbonne, restera lettre morte pour les Facultés de province, et, enfin, qu'elle retardera les améliorations que l'Université appelle de tous ses vœux.

Je me propose d'indiquer ici brièvement quelques-unes des raisons pour lesquelles je ne puis me ranger à l'avis de M. Rayet.

Trois idées principales se dégagent des projets qui ont été mis en avant par les différentes Facultés des sciences, lors de l'enquête de 1893.

En premier lieu, beaucoup de Facultés se sont surtout préoccupées des candidats à l'agrégation, dont on exige aujourd'hui une somme vraiment exagérée de connaissances et à qui on impose des études longues et difficiles qui leur seront absolument inutiles.

En second lieu, plusieurs Facultés se sont préoccupées de cette catégorie très intéressante d'étudiants dont le nombre va en augmentant chaque jour, qui, sans aspirer à une fonction dans l'enseignement, viennent chercher dans nos laboratoires l'instruction théorique et pratique qui leur est nécessaire pour devenir les auxiliaires ou les chefs de l'industrie.

Enfin, on trouve dans l'enquête la constatation de ce fait que la préparation mathématique des élèves sortant du lycée n'est pas celle qui convient à ceux qui veulent étudier d'emblée la physique : le cours de mathématiques spéciales où, par le fait, on prépare surtout des candidats pour l'École polytechnique, est, sur certains points, plus détaillé qu'il n'est nécessaire, et, d'autre part, ne comporte ni assez d'analyse infinitésimale ni assez de mécanique pour permettre d'aborder sérieusement l'étude de la physique.

Tels sont les principaux vœux exprimés plus ou moins explicitement par les Facultés, lors de l'enquête de 1893.

Or, il semble incontestable que le décret du 22 janvier 1896 permet de réaliser aisément le premier et le deuxième et ne s'oppose en rien à la réalisation du troisième.

Pour les agrégations, il suffira en effet de dresser les listes de ceux des certificats que l'on jugera nécessaires en les choisissant de façon qu'ils comprennent seulement les matières vraiment utiles aux futurs professeurs de mathématiques, de physique, ou d'histoire naturelle. Les Facultés seront, du reste, consultées sur ce point lorsque le nouveau Conseil supérieur sera appelé à le · discuter.

Le système des certificats permet, et cela paraît équitable, de ne pas refuser le titre de licencié ès sciences à ceux de nos étudiants qui désirent se livrer à l'étude des applications de la science. Les Universités ne doivent pas avoir pour objet unique de conduire à la *licentia docendi* : il est de leur devoir et aussi de leur intérêt d'accueillir ceux qui veulent acquérir une instruction solide avant d'entreprendre une carrière industrielle ou agricole. Or les cours de sciences appliquées ne sont ni moins longs, ni moins difficiles que ceux qui conduisent actuellement au grade de licencié. A Nancy, par exemple, nos étudiants ne pourront aspirer aux certificats de chimie générale et de chimie appliquée qu'après les trois années d'études sérieuses théoriques et pratiques qui sont actuellement exigées d'eux pour obtenir le diplôme de chimiste.

Il n'est d'ailleurs pas exact de dire, avec M. Rayet, que ces certificats, aptes à conférer la licence, pourront être délivrés à des jeunes gens qui ne sont ¡pas bacheliers, puisque le baccalauréat continue d'être exigé de tout candidat à la licence, d'après le décret même du 22 janvier.

Si certains enseignements industriels ne comportent, comme ceux dont parle M. Rayet, qu'un nombre limité de leçons d'un caractère très élémentaire, où les formules sont exclues d'une façon systématique, ils ne peuvent pas, ils ne doivent pas donner droit à un certificat ; ils ne sauraient, comme le dit fort bien M. Rayet, « être considérés comme des cours de licence ». Ce sera au Comité consultatif et aux représentants des Facultés au Conseil supérieur à juger, sur les programmes détaillés qui leur seront soumis, quels sont les enseignements pouvant donner droit à un certificat.

Reste le troisième vœu, très important, relatif à l'insuffisance généralement constatée des connaissances mathématiques des étudiants qui se font inscrire dans nos Facultés pour suivre d'emblée les cours de physique. Le décret est muet sur ce point ; il y a là une lacune qu'il faut combler ; mais le décret n'empêche en quoi que ce soit les Facultés d'y remédier officieusement dès maintenant, et, espérons-le, plus tard officiellement. Plusieurs Facultés, d'ailleurs, l'ont déjà fait, parmi lesquelles celle de Nancy.

On voit que le Conseil supérieur n'a pas négligé, autant que M. Rayet le dit, de tenir compte des désirs des Facultés.

On ne voit pas davantage qu'il mérite les autres critiques que M. Rayet lui adresse.

Soit, par exemple, le candidat théorique qui aspire à ce que M. Rayet appelle la « licence militaire », qui apprend l'astronomie avant la mécanique, la théorie des fonctions de variables imaginaires avant les dérivées ; M. Rayet sait bien lui-même qu'il sera infiniment rare. D'ailleurs s'il se trouvait, par hasard, un jeune homme qui n'ait pas cru devoir prendre le certificat de mécanique, mais qui ait étudié cette science suffisamment pour suivre avec fruit un cours d'astronomie, M. Rayet ne lui refusera pas le certificat d'astronomie, s'il a fait preuve d'une instruction suffisante dans les interrogations du courant de l'année, dans sa composition finale, dans son épreuve pratique éliminatoire, enfin dans son examen oral de fin d'études.

M. Rayet avance que la connaissance de la minéralogie est indispensable à ceux qui veulent étudier l'optique. En fait, la cristallographie seule est nécessaire pour aborder l'étude de la double réfraction et de la polarisation chromatique ou rotatoire. La classification des minéraux, leur description, le maniement du chalumeau n'ont rien à y faire. L'étude de la minéralogie semble plutôt devoir se rapprocher naturellement, dans l'avenir, de celle de la géologie dont elle était fatalement séparée dans les anciennes licences. D'ailleurs, des notions générales des systèmes cristallins sont données couramment dans les cours de chimie et de physique. Si on n'a pas exigé d'une façon absolue le certificat de minéralogie des licenciés qui doivent enseigner plus tard, c'est que, vraiment, la connaissance de cette science n'est pas indispensable aux professeurs de physique des collèges, ni même des lycées ; elle peut être remplacée souvent, avec avantage, par un

certificat « d'une autre matière de l'ordre des sciences mathématiques, physiques ou naturelles ».

Il est de même inexact de dire qu'avec le nouvel état de
choses « on pourra être licencié, docteur, professeur dans une
Faculté, examinateur, etc., sans avoir les titres nécessaires pour
enseigner dans un collège ou dans une école primaire supérieure ».
En effet, pour être licencié, il faudra trois certificats, et, pour les
posséder, il sera nécessaire d'être bachelier et de passer ensuite
trois examens très sérieux. Pour être professeur dans une Faculté,
il faudra, comme par le passé, être docteur, et avoir obtenu des
certificats dont la liste sera donnée par un règlement spécial
dont les Facultés seront appelées à établir les bases. Que vient
faire ici l'enseignement primaire supérieur?

J'ai déjà répondu ailleurs (1) aux personnes qui insinuaien t
qu'on n'a eu d'autre but, en votant la réforme dont il s'agit, que
d'augmenter le nombre de « ceux qui verront leur service militaire réduit à un an ». M. Rayet dénonce, une fois de plus, cette
prétendue manœuvre à la commission de l'armée et au ministre
de la guerre. Il serait facile, si son avis était suivi, si une in-
terpellation à ce sujet était faite aux Chambres, de démontrer
que la nouvelle licence, qui comprend trois compositions écrites,
trois épreuves pratiques éliminatoires, trois examens oraux, présente des garanties au moins aussi sérieuses que l'ancienne.

E. BICHAT,

Membre du Conseil supérieur
de l'Instruction publique.

(1). *Journal des Débats*, 26 janvier 1896.

LE MUSÉE SOCIAL

La Revue a signalé récemment (numéros du 15 décembre 1895 et du 15 janvier 1896) la création du collège libre des sciences sociales de la rue de Tournon, où les divers systèmes sociaux sont enseignés dans des conditions de grande sincérité, puisque ce sont leurs partisans eux-mêmes qui les exposent. D'autres conférences d'un réel intérêt viennent d'être faites cet hiver au Musée social de la rue de Las-Cases. Il ne sera pas inutile de donner à nos lecteurs quelques renseignements sur cette fondation nouvelle, encore peu connue, mais qui paraît appelée à rendre de grands services, et qui est tout à fait digne d'éveiller les sympathies et les espérances.

Les visiteurs de l'Exposition universelle de 1889 se rappellent sans doute la très intéressante section d'économie sociale qui avait été organisée dans un coin de l'esplanade des Invalides, et qui attirait l'attention non seulement des hommes de science et des « professionnels », mais encore de la foule et des ouvriers. C'était comme une leçon de choses, qui laissait une impression profonde et salutaire, et plus que toute autre, cette partie de l'Exposition parlait au cœur. A la suite de cette première tentative, les membres du jury avaient constitué une association dite du musée social; et les exposants de 1889 ayant généreusement consenti à l'abandon de leurs objets, on essaya d'organiser une exposition permanente dans les galeries du Conservatoire des Arts et Métiers.

Les choses traînaient en longueur, et on se heurtait à beaucoup de difficultés, lorsque surgit un autre projet, qui avait le grand avantage de ne rien coûter à l'État, et procédait uniquement de l'initiative privée. Un homme de bien, connu par son passé parlementaire, par son goût éclairé pour les choses de l'art, et aussi par divers écrits sociologiques, le comte de Chambrun, communiquait à quelques amis, au mois de mai 1894, son projet de fonder un musée social en lui assurant d'amples moyens d'existence. Des statuts furent aussitôt élaborés, et, dès le

31 août 1894, la Société du Musée social était reconnue comme établissement d'utilité publique. Le siège social fut établi dans un hôtel situé 5, rue Las-Cases. La générosité du fondateur assurait à la fondation un budget annuel d'environ 100000 francs.

Depuis cette époque, la Société du Musée social a déployé une remarquable activité et a déjà organisé les services suivants : 1° consultations; 2° enquêtes et missions; 3° circulaires et correspondants; 4° conférences; 5° bibliothèque; 6° exposition d'économie sociale.

Le service des consultations a pour but de remédier à la difficulté que rencontrent tant de personnes s'occupant des questions sociales, d'être renseignées sur les institutions, déjà si nombreuses, qui, soit en France, soit à l'étranger, tendent à améliorer la situation matérielle et morale des travailleurs. A tous ceux qui voudront aujourd'hui s'occuper de créer un syndicat, ou une société coopérative ou une société de secours mutuels, à ceux aussi qui veulent se renseigner sur les perfectionnements que des entreprises de ce genre ont reçus de divers côtés, on donnera — gratuitement, bien entendu — toutes les indications désirables. Pour assurer ce service dans les meilleures conditions, le comité a institué sept sections composées d'hommes connus par leur compétence comme par leur dévouement au bien public. Elles sont présidées respectivement par MM. J. Siegfried, ancien ministre; E. Cheysson, inspecteur général des ponts et chaussées; Ch. Robert, ancien conseiller d'État; E. Grüner, ingénieur des Mines; G. Picot, membre de l'Institut; A. Gigot, ancien préfet de police, et E. Boutmy, directeur de l'École des sciences politiques.

Le service des enquêtes et missions a pour but de répondre à ce besoin essentiel de la science sociale, l'observation. Ce n'est que par une étude patiemment et méthodiquement poursuivie des institutions et des faits sociaux, que la science sociale peut vraiment progresser. Dès cette année, le Musée social a envoyé des représentants aux principaux congrès : congrès coopératif de Londres, congrès de statistique de Berne, congrès des actuaires de Bruxelles, congrès des banques populaires de Bologne, congrès des habitations à bon marché de Bordeaux, congrès des *Trades Unions* de Cardiff, congrès socialiste de Breslau, congrès corporatif de Limoges. Une enquête spéciale a été faite sur la grève de Carmaux. Et, grâce à une libéralité supplémentaire de M. de Chambrun, deux grandes missions d'étude ont été envoyées en Angleterre et en Allemagne. La première dirigée par M. de Rousiers, a étudié l'organisation et l'état actuel des *Trades Unions*, s'attachant, dans chaque variété d'association, aux types caractéristiques. La seconde, sous la direction de M. G. Blondel, a porté son attention sur la condition des paysans, et la question agraire : elle a spécialement étudié le fonctionnement des associations diverses qui jouent un rôle si important dans la vie du peuple allemand, le régime de la propriété foncière, et l'organisation du Crédit agricole.

Les missions ont rapporté de ces enquêtes laborieuses, poursuivies pendant plusieurs mois, une abondante récolte de faits. Leurs rapports seront publiés très prochainement dans une série qui prendra le nom de *Bibliothèque du Musée social*. Le Musée compte envoyer de nouvelles missions à l'étranger en 1896.

Ce sont les membres de ces missions qui ont rendu compte cet hiver, dans le joli hall construit à cet effet, rue de Las-Cases, des résultats de leurs voyages, aidant ainsi la Société dans l'œuvre de progrès et de science qu'elle a entreprise. Ces conférences ont eu un caractère essentiellement documentaire, et les conférenciers ont renseigné le public fort nombreux (composé en partie d'ouvriers et de travailleurs) qui est venu les entendre, sur les faits étudiés par eux.

La Société du Musée social s'est attachée en même temps à la formation d'une bibliothèque qui, déjà très riche en ouvrages étrangers, permet surtout de se renseigner aisément sur l'état des questions sociales dans les divers pays, et sur les tentatives de toutes sortes qui y ont été faites. La bibliothèque comprend plus de 6 000 volumes ou brochures, et un grand nombre de périodiques.

Le Musée social est aussi un véritable musée : on y trouve en effet une exposition permanente de tableaux et de documents répartis méthodiquement dans le grand hall et les salles annexes. On y voit la preuve de ce qui a été fait dans tant d'endroits divers, pour améliorer le sort des petits et des faibles.

En même temps que M. de Chambrun mettait à la disposition de la Société du Musée social, les fonds nécessaires pour organiser deux missions d'études, il affectait une somme de 100 000 francs à des prix à décerner à des ouvriers méritants, et à l'ouverture de deux concours sur des questions relatives à l'amélioration du sort des travailleurs.

Les deux sujets proposés sont la « Participation aux bénéfices » et les « Associations ouvrières et patronales ». Pour chacun d'eux, le prix est de 25 000 francs : cette somme pourra être partagée entre plusieurs concurrents, suivant le mérite des ouvrages.

Les Mémoires doivent être déposés, pour le premier concours avant le 31 décembre 1896, et pour le deuxième avant le 31 décembre 1897.

Le Musée social comble vraiment une lacune de notre outillage social. Il ne fait à aucun titre double emploi avec les sociétés existantes. Comme elles, uniquement préoccupé de l'intérêt public, il a surtout le désir d'être leur auxiliaire, et ne doit sous aucun rapport leur porter ombrage. Il fait appel à tous les concours, ouvre ses portes à tous les hommes de bonne volonté, et se propose de placer loyalement sous les yeux du public toutes les constatations auxquelles ses recherches le conduiront. En procédant à des enquêtes aussi rigoureuses qu'impartiales, sans cesse tenues à jour, sur tout ce qui s'accomplit ou se tente pour relever la situation morale et matérielle de l'humanité, il contribuera à rendre plus général un mouvement qui reste après tout l'honneur de notre temps. Il faut souhaiter qu'il puise dans la confiance populaire la force et le crédit nécessaires à l'accomplissement de la belle tâche qu'il s'est donnée.

LA LITTÉRATURE FRANÇAISE

DANS

L'ENSEIGNEMENT ALLEMAND

Quand MM. Kœrting et Koschwitz fondèrent, il y a quinze ans, pour les études sur la langue et la littérature françaises dans les temps modernes, la *Zeitschrift für neufranzœsische Sprache und Litteratur*, M. Gaston Paris disait en annonçant la nouvelle Revue : « L'entreprise suffit à prouver que l'étude du français va toujours prenant plus d'importance en Allemagne. Les noms des deux directeurs garantissent le sérieux de l'œuvre commencée ; ils nous sont toutefois connus comme ceux de savants versés dans notre langue et notre littérature anciennes, plutôt que dans celles des derniers siècles (1). Et à vrai dire, on citerait peu de noms allemands que des travaux dans ce dernier domaine aient rendus célèbres. »

Si les travaux des savants allemands se sont portés de préférence sur le moyen âge français, c'est qu'il y avait là une place vide à prendre ; tandis que, dans le pays de Sainte-Beuve, on a vu paraître et on continue à publier d'excellents morceaux d'histoire littéraire sur tous les écrivains français, de la Renaissance à nos jours.

Néanmoins, la littérature de la France moderne est naturellement un des objets d'étude qui figurent sur tous les programmes des Universités allemandes, et les étudiants qui se destinent à

---

(1) M. Koschwitz, professeur à l'Université de Greifswald, était connu entre autres par ses travaux sur l'un des plus curieux poèmes de la vieille France : le Voyage de Charlemagne à Jérusalem. Il vient de publier une étude des plus modernes : *les Parlers parisiens*, d'après les témoignages de MM. de Bornier, Coppée, A. Daudet, Desjardins, Got, d'Hulst, le Père Hyacinthe, Leconte de Lisle, Gaston Paris, Renan, Rod, Sully Prudhomme, Zola et autres. C'est une anthologie phonétique.

M. Gustave Kœrting, professeur à l'Université de Kiel, a aussi édité quelques anciens textes français, et il est l'auteur d'une *Encyclopédie de la philologie romane*. — Son frère, feu M. Henri Kœrting, a publié une *Histoire du roman français au xviie siècle*.

l'enseignement de notre langue suivent les cours que font leurs professeurs sur ce sujet. Devenus maîtres à leur tour dans un gymnase, une école réale ou une école supérieure de jeunes filles, les plus distingués et les plus actifs de ces anciens élèves mettent au jour des livres d'étude pour les établissements secondaires où ils sont placés. L'examen de ces livres est un des meilleurs moyens de juger le niveau qui avait été atteint par l'enseignement qu'ils ont reçu à l'Université.

On peut prendre pour guide le catalogue des livres de classe publiés en Allemagne pour l'enseignement des langues française et anglaise (1). Il contient l'énumération de près de quinze cents ouvrages publiés dans les vingt dernières années. Dans le premier chapitre, sont énumérées toutes les éditions allemandes d'auteurs français, à l'usage des classes. A elle seule, la liste de ces auteurs, suivie de l'indication de ceux de leurs ouvrages qui ont été choisis pour les écoles et gymnases allemands, constitue une base déjà large et étendue, et permet de porter un jugement sur le goût qui préside chez nos voisins à l'enseignement de la littérature française.

Chaque génération reçoit l'empreinte de la génération précédente, et en garde quelque chose jusqu'à la fin. Dans un milieu fermé, dans l'isolement de la province allemande, les idées et les préférences peuvent rester longtemps les mêmes; en tout cas, elles mettront beaucoup de lenteur à se rajeunir. On ne s'étonnera donc point de trouver quelques ouvrages vieillis, dans la liste que je vais reproduire. Le seul changement que j'y aie introduit porte sur l'ordre dans lequel les livres se suivent. Le catalogue les classe par ordre alphabétique des auteurs; il y avait lieu de remplacer ce classement par quelque autre plus rationnel; j'ai séparé les œuvres d'imagination, poésies, romans et nouvelles, pièces de théâtre, — et les œuvres d'histoire et de morale, en classant par ordre de naissance les auteurs de chaque série, et en mettant pêle-mêle à la fin quelques recueils d'œuvres diverses, et les œuvres des auteurs trop inconnus pour que les Dictionnaires biographiques leur aient donné place dans leurs colonnes, et nous aient ainsi permis de savoir la date de leur naissance. L'auteur anonyme de notre catalogue — il se désigne simplement comme un *Schulmann*, un homme d'école — a noté d'un point d'interrogation les ouvrages pour lesquels il se demande s'ils ont

---

(1) *Führer durch die französische und englische Schullitteratur, zusammengestellt von einem Schulmann.* Wolfenbüttel, lib. Zwissler, 1892, 208 pages, in-8. — La première édition de ce *Guide* avait paru en 1890.

été judicieusement choisis; j'ai reproduit, sans vouloir toujours l'approuver, ce signe de doute ou de blâme.

Eugène RITTER.

CORNEILLE. Le Cid. — Horace. — Cinna. — Polyeucte. — Nicomède. — Le Menteur.

LA FONTAINE. Fables.

MOLIÈRE. L'Étourdi. — Les Précieuses ridicules. — Sganarelle (?). — L'École des maris (?). — L'École des femmes (?). — L'Impromptu de Versailles (?). — Le Mariage forcé (?). — La Princesse d'Élide (?). — Don Juan (?). — L'Amour médecin (?). — Le Misanthrope. — Le Médecin malgré lui (?). — Le Sicilien (?). — Le Tartufe. — George Dandin (?). — L'Avare. — M. de Pourceaugnac (?). — Le Bourgeois gentilhomme. — Les Fourberies de Scapin (?). — La Comtesse d'Escarbagnas (?). — Les Femmes savantes. — Le Malade imaginaire (?).

PERRAULT. Contes.

BOILEAU. Satires. — Épîtres. — Art poétique. — Le Lutrin (?).

RACINE. Alexandre. — Andromaque. — Les Plaideurs. — Britannicus. — Mithridate. — Iphigénie. — Phèdre. — Esther. — Athalie.

FÉNELON. Télémaque. — Fables choisies.

REGNARD. Le Joueur.

LESAGE. Gil Blas.

PIRON. La Métromanie.

VOLTAIRE. La Henriade. — Zaïre. — Alzire. — Mahomet. — Mérope. — Sémiramis. — Tancrède. — Poésies philosophiques. — Histoire de Jenny.

DELATOUCHE. Iphigénie en Tauride.

BEAUMARCHAIS. Le Barbier de Séville (?).

BERNARDIN DE SAINT-PIERRE. Paul et Virginie (?).

BERQUIN. Le Déserteur. — Le Congé. — Le bon Cœur.

FLORIAN. Fables. — Numa Pompilius (?). — Guillaume Tell (?). — Don Quichotte.

EULOGE SCHNEIDER. Le Songe d'or.

ANDRÉ CHÉNIER. Poésies.

BOUILLY. L'Abbé de l'Épée. — Barthélemy. — L'Étoile polaire. — Mes récapitulations.

XAVIER DE MAISTRE. Voyage autour de ma chambre. — Le Lépreux. — La Jeune Sibérienne. — Les Prisonniers du Caucase.

MADAME DE STAEL. Corinne (?).

CHATEAUBRIAND. Atala (?).

PICARD. M. Musard. — Un Jeu de la fortune. — Les deux Philibert.

MADAME COTTIN. Élisabeth ou les Exilés de Sibérie (?)

COURIER. Choix de narrations.

DUVAL. Une Journée à Versailles.

LECLERCQ. Le Voyage. — Les Interprétations. — L'Humoriste.

ÉTIENNE. La Jeune Femme colère (?).

CHARLES NODIER. Baptiste Montauban. — La Combe de l'Homme mort.

BÉRANGER. Chansons choisies.

MÉLESVILLE. Elle est folle (?). — Michel Perrin (?). — La Berline de l'Émigré. — Le Bourgmestre de Saardam (?).

SCRIBE. Bertrand et Raton. — Le Verre d'eau. — La Camaraderie. — La Famille Riquebourg. — Le Mariage d'argent. — Les Premières Amours. — Mon Étoile. — Une Chaumière et son cœur. — Les Doigts de fée. — Adrienne Lecouvreur. — Bataille de dames. — Les Contes de la Reine de Navarre. — Avant, Pendant et Après. — Partie et revanche.

CASIMIR DELAVIGNE. Marino Faliero. — Les Enfants d'Édouard. — Louis XI. — L'École des Vieillards.

SAMSON. La Belle-Mère et le Gendre.

BAYARD. Le Gamin de Paris.

DUPORT. Casimir.

TÖPFFER. Nouvelles genevoises.

BALZAC. El Verdugo. — La Vendetta. — Mercadet (?).

HUGO. Hernani. — Choix de poésies.

ALEXANDRE DUMAS PÈRE. Les Demoiselles de Saint-Cyr. — Choix de narrations.

GOZLAN. Les Robes blanches. — La Pluie et le beau temps.

MÉRIMÉE. Colomba (?). — Choix de narrations.

MADAME DE GIRARDIN. La Joie fait peur. — Lady Tartuffe.

GEORGE SAND. La Mare au Diable. — La petite Fadette. — La petite Fadette, comédie d'après Mme George Sand, par Anicet Bourgeois et Charles Lafont.

ÉMILE SOUVESTRE. Un Philosophe sous les toits. — Le Mousse. — Au Coin du feu. — Sous la tonnelle. — Les Derniers Paysans. — Le Gardien du vieux phare. — L'Éclusier de l'Ouest. — Confessions d'un ouvrier. — Le Cousin Pierre. — Théâtre de la jeunesse. — L'Apprenti.

LEGOUVÉ. La Cigale chez les fourmis (en collaboration avec Labiche). — L'Ours de la Maladetta. — Blanche et Isabelle.

ALFRED DE MUSSET. Il faut qu'une porte soit ouverte ou fermée. — Margot.

SANDEAU. Mademoiselle de la Seiglière. — Le Gendre de M. Poirier (en collaboration avec Émile Augier).

PONSARD. Lucrèce. — L'Honneur et l'Argent.

GÉRARD. Le Mangeur d'hommes.

AUGIER. La Pierre de touche.

OCTAVE FEUILLET. Le Village. — Le Roman d'un jeune homme pauvre.

ERCKMANN-CHATRIAN. Contes populaires. — Contes des bords du Rhin. — Campagne de Mayence. — Histoire d'un conscrit de 1813. — Waterloo.

DE BORNIER. Nouvelles.

Mme DE PRESSENSÉ. Rosa. — Petite mère.

JULES VERNE. Le Tour du monde en 80 jours. — Cinq semaines en ballon — Voyage au centre de la terre. — Les Forceurs de blocus.

BELOT et VILLETARD. Le Testament de César Girodot (?).

MALOT. Sans famille.

THEURIET. Nouvelles.

DAUDET. Tartarin de Tarascon. — Lettres de mon moulin. — Le Petit Chose. — Contes choisis.

COPPÉE. Choix de poésies.

Paul Arène. Nouvelles.

Gui de Maupassant. Nouvelles.

Mme de Bawr. La pièce de cent sous.

Ferry. Don Blas. — Le Coureur des bois. — Scènes de la vie sauvage au Mexique.

Mme Foa. L'Aveugle de Clermont.

Galland. Histoires de Sindbad, d'Ali-Baba et d'Aladin.

Ch. Pavie. La Peau d'ours.

Th. Reyraud. Donatien de Martinique.

De Saintes. Thérèse ou la petite sœur de charité.

Saint-Hilaire. Courage et bon cœur.

Waflard et Fulgence. Le Voyage à Dieppe.

De Welsh. Le curé de Saint-Lyphar.

i

Descartes. Discours de la méthode.

La Rochefoucauld. Mémoires.

Pascal. Les Provinciales. — Les Pensées (?).

Bossuet. Oraisons funèbres. — Sermons.

Fléchier. Histoire de Théodose le Grand. — Sermons.

Vertot. Conjuration de Portugal. — Morceaux choisis.

. Rollin. Histoire d'Alexandre le Grand. — Histoire romaine. — Histoire de la seconde guerre punique. — Biographie.

Massillon. Sermons.

Saint-Simon. Mémoires.

Montesquieu. Lettres persanes (?). — Grandeur et décadence des Romains.

Voltaire. Histoire de Charles XII. — Histoire de Pierre le Grand. — Siècle de Louis XIV.

Buffon. Morceaux choisis.

Frédéric le Grand. Histoire de mon temps. — Histoire de la guerre de Sept ans. — Correspondance avec Voltaire.

Barthélemy. Voyage du jeune Anacharsis.

Marmontel. Bélisaire.

La Harpe. Discours sur l'état des lettres en Europe.

De Ferrières. Mémoires.

Condorcet. Notices biographiques.

Mme de Genlis. Le Siège de la Rochelle.

Mirabeau. Choix de discours.

Ségur. Histoire ancienne.

Mme de Stael. L'Allemagne (?).

Daru. Histoire de la IVe croisade. — Tableau du commerce et de l'industrie de Venise.

Michaud. Histoire de la Ire, — de la IIIe croisade. — Mœurs et coutumes des croisades. — Influence et résultats des croisades.

Chateaubriand. Itinéraire de Paris à Jérusalem. — Récits de sa jeunesse. — Morceaux choisis.

Cuvier. Les Révolutions du globe. — Éloges historiques.

La Vallette. Mémoires et souvenirs.

Duc de Raguse. Mémoires.

Ségur. Histoire ancienne (?). — Histoire de Napoléon Iᵉʳ.

Barante. Jeanne d'Arc. — Henri V, roi d'Angleterre en France.

Depping. Histoire des expéditions des Normands.

Arago. Histoire de ma jeunesse. — Notices biographiques.

Guizot. Histoire de la civilisation en Europe. — Louis XI. — Henri IV. — Histoire de Charles Iᵉʳ. — Histoire de la Révolution d'Angleterre et de Cromwell. — Histoire du protectorat de Richard Cromwell. — Washington. — Récits historiques.

Villemain. Histoire de Cromwell. — Vies des principaux poètes anglais (?)

Lamartine. Voyage en Orient. — Christophe Colomb. — Captivité, procès et mort de Louis XVI. — Nelson.

Barrau. Scènes de la Révolution française.

Augustin Thierry. Guillaume le Conquérant. — Lettres sur l'histoire de France. — Morceaux choisis.

Salvandy. Jean Sobieski.

Mignet. Vie de Franklin. — Histoire de la Révolution française. — Essai sur la formation territoriale et politique.

Thiers. Expédition d'Égypte. — Campagne d'Italie en 1800. — Quatre-Bras et Ligny. — Waterloo. — Napoléon à Sainte-Hélène.

Amédée Thierry. Histoire d'Attila.

Lamé-Fleury. Histoire de la découverte de l'Amérique.

Paganel. Frédéric le Grand.

Michelet. Précis de l'histoire moderne. — La Mer. — L'Oiseau. — L'Insecte.

Ampère. Voyages et littérature.

Biard. Voyage au Brésil.

Capefigue. Histoire de Charlemagne. — Morceaux choisis.

Alexandre Dumas père. Quinze jours au Sinaï. — Histoire de Napoléon.

Demogeot. Histoire de la littérature française au moyen âge.

Bazancourt. L'Expédition de Crimée.

Duruy. Histoire grecque. — Hommes célèbres de l'histoire romaine. — Histoire de France.

Taine. Les Origines de la France contemporaine.

Sarcey. Le Siège de Paris.

Lanfrey. Histoire de Napoléon. — Expédition d'Égypte et campagne de Syrie. — 1806-1807. — Campagne de 1809.

Victor Cherbuliez. Un cheval de Phidias.

Bruno. De Phalsbourg à Marseille.

G. Dhombres (en collaboration avec Gabriel Monod). Biographies historiques.

Maréchal. Histoire romaine.

Morceaux choisis d'Hérodote(?). — Lettres sur la Révolution française. — Histoire abrégée de la guerre de 1870-1871.

LA RÉFORME

DE L'ENSEIGNEMENT DU DROIT

EN COLOMBIE [1]

Ce qui nous a frappé tout d'abord à notre arrivée à l'École de droit de Bogota, fut de voir qu'il n'y existait qu'un seul grade donnant droit au titre de docteur, et attribué à tous les élèves après trois années d'études.

La première et la plus importante des réformes à effectuer, celle qui nous paraît être la base de toutes les autres, c'est l'établissement de deux grades de valeur différente.

Il nous est agréable de constater que, sur ce point, nous sommes d'accord avec notre éminent collègue M. J.-V. Concha, qui exprime la même idée dans son projet de réformes inséré dans le rapport aux Chambres de M. le Ministre de l'Instruction publique (p. 42).

Tandis qu'un nombre relativement peu considérable d'esprits sont aptes aux mathématiques, la plupart des élèves qui sortent des établis- sements d'instruction secondaire peuvent aborder, avec certaines chances de succès, les études juridiques ; mais tous, cependant, n'y réussissent pas également bien. Si des facultés moyennes suffisent pour acquérir des connaissances générales en droit, il faut, au contraire, des aptitudes spéciales pour y arriver à une culture supérieure.

La plupart des étudiants en droit viennent chercher à l'École un diplôme qui leur ouvrira quelqu'une des carrières réservées aux « gens de loi » : profession d'avocat, magistrature, etc. Nous estimons que l'organisation actuelle de la Faculté, avec les trois années d'études qu'elle comporte, et moyennant quelques modifications, surtout dans la méthode, peut donner satisfaction à cette première catégorie d'élèves.

Mais il en est d'autres, un petit nombre relativement, pour lesquels il faut davantage. Ceux-là, mieux doués pour les abstractions juridi- ques, et animés d'une ardeur généreuse pour la science, désirent pous-

---

[1] Le travail que nous publions a été présenté sous forme de rapport au ministre de l'Instruction publique de Colombie, dans le courant du mois d'octobre 1894, en vue de réformer l'enseignement juridique dans cette république. Son auteur, M. Champeau, ancien élève de la Faculté de droit de Paris, avait été appelé en cette même année à l'École nationale de Bogota, où il professe en espagnol le droit civil et le droit romain.

Un décret de réorganisation, qui donne satisfaction à la plupart des idées de notre distingué compatriote, a été rendu par le gouvernement colombien et a reçu son application à la rentrée scolaire (15 février 1896).

ser aussi loin que possible leurs études, et ne quitter l'École que lorsqu'elle n'aura plus rien à leur apprendre. Intelligents et laborieux, ils sont appelés à devenir, si on leur en fournit les moyens, de véritables savants : c'est pour ceux-là que nous voudrions voir instituer le grade du degré supérieur.

Quel nom convient-il de donner à chacun de ces deux grades? Le plus logique, et le plus conforme aux traditions des peuples latins, serait, sans doute, ainsi que l'indique M. J.-V. Concha, de donner aux élèves du premier degré le diplôme de *licencié*, et de réserver le titre de *docteur* aux diplômes du degré supérieur.

Mais, en cette matière, le nom n'est pas ce qui importe le plus ; s'il y a des inconvénients à supprimer le titre de docteur, dans les conditions où il est actuellement accordé, on pourrait le conserver en donnant au grade du degré supérieur le nom de *doctorat avec honneurs*. C'est au moyen d'une terminologie semblable qu'on a établi, en Angleterre, deux degrés dans le titre de *maître ès arts*. Il y a deux séries d'examens : les examens ordinaires (pass school) et les examens avec honneur (honour school of jurisprudence). Le programme de ces derniers examens est beaucoup plus vaste que celui des examens ordinaires (1).

Quoi qu'il en soit, nous emploierons, pour la facilité du langage, les noms traditionnels, notamment en France et en Espagne, de licence et de doctorat.

En ce qui concerne la licence, plus particulièrement destinée à ouvrir l'accès du barreau et de la magistrature, il est nécessaire de faire tous les efforts possibles pour lui donner une forte organisation ; mais nous croyons qu'il n'est pas moins nécessaire d'ouvrir des horizons plus vastes aux esprits que ne satisfait pas la moyenne ordinaire des études, et de leur fournir les moyens d'acquérir des connaissances plus approfondies.

Nous croyons qu'en trois années on peut arriver à donner à un élève d'aptitudes ordinaires des connaissances générales très suffisantes pour qu'il aborde avec succès les différentes carrières qu'ouvre l'étude du droit.

Mais pour former un véritable jurisconsulte, un savant, qui puisse, par ses travaux personnels, contribuer aux progrès de la science du droit et faire honneur à son pays, ces trois années d'études sont manifestement insuffisantes.

Le niveau de la science juridique dans un pays dépend beaucoup moins de la moyenne de talents professionnels que de la valeur scientifique du petit nombre d'érudits qui consacrent leurs forces à étudier, à commenter la législation nationale, et qui publient le résultat de leurs travaux dans les diverses branches du droit. Pour les étudiants qui sont appelés à faire partie de cette élite, il est bon d'organiser de plus fortes études, et il faut les encourager à les aborder par l'espérance d'obtenir un grade plus élevé que le grade ordinaire, et qui jouira d'une considération d'autant plus grande que la Faculté se montrera plus rigoureuse pour l'accorder.

(1) Voir, sur ce point, un article de M. Antoine Pillet, professeur à la Faculté de droit de Grenoble, dans la *Revue internationale de l'Enseignement supérieur*, numéro du 15 juin 1894.

En d'autres termes, à côté du grade ordinaire, destiné surtout à ouvrir l'accès de certaines professions, il est utile d'instituer un grade plus particulièrement scientifique.

Non pas que, même en ce qui concerne la licence, l'école de droit doive être considérée comme école professionnelle. Nous croyons que même avec les trois années seulement d'études de l'organisation actuelle, et en ce qui concerne la généralité des étudiants, l'école de droit doit conserver un caractère scientifique.

Comme l'a fort bien dit M. Appleton, professeur de la Faculté de droit de Lyon (1) : « Il faut se garder d'assimiler sur ce point les Facultés de droit aux Facultés de médecine. Leur rôle est bien différent. Sauf des exceptions très rares, tous les élèves des Facultés de médecine étudient pour exercer l'art de guérir, pour en faire leur profession. Parmi les étudiants en droit, au contraire, un nombre beaucoup plus restreint qu'on ne le croit d'ordinaire se retrouve plus tard dans la magistrature, au barreau, ou dans les autres professions des *gens de loi*. Beaucoup entrent dans les diverses administrations; un grand nombre ne s'inscriront au barreau que pour la forme; ils apprennent le droit pour mieux gérer leurs intérêts privés, pour se rendre plus aptes à remplir des mandats électifs : on sait combien il y a de licenciés en droit à la Chambre et au Sénat. Un certain nombre, enfin, font leur droit pour faire quelque chose, comme complément d'éducation. Dans la banque, l'industrie, et même le commerce, on rencontre d'anciens élèves de nos Facultés. »

Ce qui est vrai des Facultés de droit françaises l'est aussi en thèse générale, bien que sur un terrain plus restreint, de l'École de droit de Bogota, et le deviendra de plus en plus à mesure que la Colombie verra s'accroître sa population, et se rapprochera des nations européennes les plus prospères.

Si tous les élèves de l'École de droit ne doivent pas suivre une ou deux carrières déterminées, il en résulte que, dans la préparation des programmes d'enseignement, on ne doit pas avoir exclusivement, ni même principalement en vue, la préparation immédiate à une profession. Ce sont des connaissances générales qu'il importe surtout de donner aux étudiants; ce qu'il faut s'efforcer de développer en eux, c'est l'aptitude à exercer toutes les professions pour lesquelles la science du droit est utile. Suivant l'expression de M. Appleton, une École de droit est une école *polytechnique;* ce n'est pas une école d'*application*.

Par conséquent, l'idée fondamentale qui doit nous diriger dans l'élaboration de notre programme, c'est que, pour la licence, comme pour le doctorat, le but à atteindre n'est pas d'entasser dans la mémoire des étudiants la plus grande somme possible de connaissances, mais de former leur intelligence par une bonne méthode appliquée aux matières essentielles qu'aucun jurisconsulte ne peut ni ne doit ignorer.

Comme l'a dit excellemment un de nos maîtres, M. Alix, professeur à la Faculté catholique de droit de Paris et à l'École libre des sciences politiques, dans son rapport à la Faculté catholique sur la question à l'ordre du jour en France de la réforme du doctorat en droit (2) :

(1) *De la Méthode dans l'enseignement du Droit,* p. 9.
(2) Rapport publié dans la *Revue internationale de l'enseignement supérieur,* 15 juillet 1894, p. 14.

« L'enseignement des Facultés de droit doit être fait de principes, de théories, de raisonnements : il doit être avant tout scientifique. »

II

Dès lors, pour établir un programme en vue des études de licence, il faut chercher tout d'abord, comme l'a dit encore M. Alix (1), « à fortifier, le plus qu'il est possible, les parties substantielles de l'enseignement ».

Ces parties substantielles, ce sont nécessairement celles où les principes, les théories générales qui sont le fondement de la science juridique, trouvent le plus naturellement leur place.

Nous ne serons, pensons-nous, démenti par personne, en affirmant que les matières qui répondent au plus haut degré à cette conception sont le droit romain et le droit civil. Nous avons montré d'ailleurs (2) l'importance considérable du droit romain et la nécessité, plus impérieuse encore pour les peuples de race latine, d'en faire la base de l'instruction juridique. Nous ne voulons pas reprendre ici tous les arguments qu'on peut invoquer à l'appui de cette idée, qu'il nous soit permis seulement d'invoquer encore le témoignage de nos maîtres français et de rappeler avec M. Appleton (3) que « le droit romain constitue le bien suprême qui réunit les législations des peuples d'Europe et d'Amérique, la base sur laquelle se construira le droit commun de l'avenir ».

Étant donné que la durée des cours à l'École de droit ne dépasse guère huit mois, il n'est pas trop de deux années à trois cours par semaine, pour faire de cette importante matière une étude sérieuse et profitable.

Plus indispensable encore est l'étude du droit civil national, et nous ne pouvons sur ce point que nous en référer à l'opinion émise par M. Concha dans son projet de réformes, et affirmer avec lui qu'il est impossible au professeur d'enseigner en deux ans, même sommairement, le droit civil, et qu'il est non moins impossible aux élèves de l'apprendre en si peu de temps. Cela est vrai surtout avec la méthode actuelle ; nous aurons à insister plus loin sur ce point.

En France, trois leçons d'une heure par semaine sont consacrées à l'étude du droit civil dans chacune des trois années de licence. Mais il est reconnu que, surtout en deuxième et troisième année, ce temps est un peu insuffisant. Cette insuffisance existerait en Colombie pour les trois années, car les deux premiers livres du Code civil, qu'on étudie dans la première année en France, comprennent dans le code colombien 1 007 articles au lieu de 710 dans le code français.

On pourrait donc fixer à quatre le nombre des leçons ou bien en établir trois seulement, mais en portant à une heure un quart la durée de la leçon, à la convenance du professeur.

On étudierait en première année les livres I et II, comprenant les articles 1 à 1007 ; en deuxième année, les livres III et IV jusqu'au

(1) *Op. cit.*, p. 16.
(2) Conférence d'ouverture du cours de droit romain, publiée dans la *Revue de l'Instruction publique de Colombie*, numéro de mars 1894, p. 142.
(3) *Op. cit.*, p. 34.

titre 22, de l'article |1008 à l'article 1770; en troisième année, la fin du livre IV, de l'article 1771 à l'article 2684.

En dehors du droit civil et du droit romain, une place doit être réservée, en première année, à l'économie politique, à laquelle seraient consacrées trois leçons par semaine pendant l'année entière.

Nous estimons que l'enseignement du droit canonique, indispensable puisque, notamment, le mariage canonique produit en Colombie les effets du mariage civil, doit être placé également en première année précisément parce que c'est en première année que serait étudié le mariage civil; il importe que les explications relatives à cette matière, la plus importante, croyons-nous, de celles qu'on doit étudier en droit canonique, ne soient pas séparées. D'autre part, nous pensons que l'étude du droit canonique, malgré son incontestable utilité, pourrait être réduite, dans le programme de licence, aux parties essentielles, à celles qui sont en vigueur d'après la loi civile, ou en relation intime avec les règles civiles.

On pourrait fixer à un semestre seulement la durée de ce cours, sauf à laisser au professeur une certaine liberté dans la fixation de la durée des leçons, s'il lui paraît que le nombre de trois par semaine, que nous proposons d'adopter en règle générale, soit insuffisant. D'autre part, un cours plus complet et plus approfondi de droit canonique pourrait être établi en doctorat dès que ce sera possible.

Par cette réduction à un semestre du cours de droit canonique, un semestre reste libre dans le programme de première année. Il serait bon, pour les raisons que nous allons exposer, de le consacrer à un cours d'histoire générale et des principes de la philosophie du droit.

Au sortir de la dernière année d'enseignement secondaire où il vient d'étudier l'histoire et la philosophie, l'élève, jeté brusquement dans les abstractions juridiques et au milieu de la sécheresse des textes, se trouve souvent désorienté : il s'égare dans le détail des prescriptions particulières, il n'a pas de vue d'ensemble du mouvement où on l'introduit, suivant l'expression de M. de Vareilles-Sommières, doyen de la Faculté catholique de Lille, « par une porte de côté » (1).

Il est nécessaire, comme le propose M. Alix (2) pour l'enseignement du droit en France, d'établir une transition entre l'enseignement secondaire et l'enseignement purement juridique.

A cet effet, le professeur de la Faculté catholique de Paris propose d'inaugurer les trois années de licence par une introduction générale où domineraient l'histoire et la philosophie du droit.

L'idée de cette introduction générale est aussi adoptée, quoique avec un objet un peu différent, par M. Antoine Pillet, professeur à la Faculté de droit de Grenoble (3), qui propose de la mettre à la charge du professeur de droit civil de première année.

Mais il semble difficile de faire l'étude dont il s'agit avec un développement suffisant dans une simple introduction à la première année de droit civil, et, d'autre part, le professeur de droit civil n'a pas trop de tout son temps pour l'étude complète des deux premiers livres du

(1) *Les principes fondamentaux du droit*, préface, page 1.
(2) *Op. cit.*, p. 11.
(3) *Des modifications qu'il conviendrait d'apporter au programme du doctorat en droit*. (*Revue intern. de l'Enseignement sup.*, 15 juin 1894.)

Code. Ce n'est pas trop d'un cours semestriel pour donner aux élèves, avec quelques indications sur l'histoire générale du droit, une connaissance éclairée des principes généraux de la philosophie du droit, et des vérités essentielles sur lesquelles s'appuie la législation positive.

Même avec cette organisation, on voit que la durée actuelle du cours de philosophie du droit serait réduite de moitié. Ce cours ne comprendrait alors nécessairement que l'étude des principes les plus indispensables ; les divers systèmes en nombre presque infini sur les grandes questions de la philosophie du droit, notamment sur l'origine de la société civile et l'origine du pouvoir, ne pourraient pas, en si peu de temps, être discutés d'une manière complète ; il serait impossible aussi, et plus encore, d'étudier en détail l'application des principes du droit naturel à toutes les théories du droit civil, du droit criminel, du droit constitutionnel et du droit des gens. C'est là d'ailleurs, suivant nous, une étude qui n'est pas sans inconvénients pour des débutants dans la science du droit. Si les principes fondamentaux de la philosophie du droit doivent être la base de l'éducation juridique, nous croyons que l'étude complète et approfondie de cette philosophie et de ses applications en doit être plutôt le couronnement. Il faut avoir l'esprit juridique déjà formé et très affermi dans la connaissance de la législation positive, pour ne pas se laisser entraîner dans la voie des témérités spéculatives ; à vouloir, d'autre part, appliquer le droit naturel à toutes es questions, on arrive facilement à le confondre avec l'équité.

Ce danger du droit naturel, pour des esprits qui n'ont pas encore reçu une éducation juridique suffisante, était déjà signalé en termes excellents, et que nous ne saurions mieux faire que de reproduire, dans un mémoire ancien du comte d'Antraigues *Sur la nécessité d'un enseignement national en Russie* (1) : « Dans cette espèce de science, dit-il, l'expérience nous a appris le danger des principes généraux et vagues dont il est si facile de tirer de si funestes conséquences, et ces principes se multiplient dans l'étude du droit naturel... D'ailleurs l'étude de cette partie du droit est hérissée de tant d'opinions diverses, elle ouvre un champ si vaste aux systèmes erronés que l'on croit facilement hardis, qu'il est de la sagesse d'un roi d'en différer l'enseignement public à ces époques où la force de l'instruction, ayant acquis toute son énergie, présente à l'esprit des moyens de résister à la séduction trop naturelle de ces doctrines, qui semblent élever les idées parce qu'elles les fixent sur des routes inconnues dont l'immensité plaît à l'imagination en même temps qu'elle sert à l'égarer. »

C'est donc aux examens pour le diplôme du degré supérieur qu'il convient de renvoyer l'étude approfondie de la philosophie du droit et du droit naturel, en réservant seulement pour les études de licence les principes strictement nécessaires pour que l'étudiant n'entre pas sans guide dans le dédale des prescriptions de la loi positive.

En deuxième année, entre le droit romain, dont on terminerait l'étude, et le second tiers du droit civil, trouveraient place : le droit criminel, le droit public national et le droit international public, un semestre étant consacré au droit public interne, et un semestre au droit international public.

(1) *Revue internationale de l'Enseignement supérieur*, 15 mars 1894.

Peut-être paraîtra-t-il que la place faite au droit public interne et international est peu considérable. Il est évident que dans un cours semestriel, on ne pourrait étudier de l'un et de l'autre que les grandes lignes, les théories fondamentales. Mais le but des études de licence étant de donner aux élèves des idées générales, des principes, et non pas d'entasser dans leur mémoire toute la variété des connaissances spéciales, il paraît évident, en ce qui concerne le droit international public, que l'étude détaillée des traités, des règles sur le service diplomatique et consulaire, et des règles du droit pénal international, n'y saurait trouver place.

Ces études, quelle que soit leur importance, sont trop spéciales pour qu'elles puissent figurer avec profit dans un programme général auquel tous les élèves doivent se soumettre, quelle que soit la carrière qu'ils aient en vue. Elles pourront être introduites, au contraire, lorsque l'organisation complète du corps professoral le permettra, dans le programme du doctorat, comme matière à option.

En ce qui concerne le droit public interne, d'autre part, il faudrait s'en tenir aux principes essentiels sur les droits publics garantis par la constitution et l'organisation des pouvoirs. Il faudrait négliger, au contraire, les prescriptions qui, bien qu'insérées, à raison des circonstances dans la constitution, n'ont cependant pas, de leur propre nature, le caractère de dispositions de droit public. C'est ainsi, pour ne citer qu'un exemple, que la matière de la nationalité, bien que réglée dans la constitution, est généralement considérée comme appartenant plutôt par sa nature au droit civil; le droit civil détermine quels sont les nationaux, le droit public nous dit quels sont les citoyens. C'est donc le professeur de droit civil qui doit étudier cette matière avec le droit des personnes, plutôt que le professeur de droit public.

En s'inspirant de cette idée, nous croyons qu'on peut arriver, dans un cours semestriel, à faire du droit public interne une étude suffisante pour des élèves de licence.

En troisième année se terminerait le cours de droit civil. Il faudrait y joindre le droit commercial, pour l'étude duquel il n'est pas trop de l'année entière; il nous a paru favorable de réserver ce cours pour la troisième année, alors que les élèves, ayant étudié déjà la plus grande partie du droit civil, possèdent la plupart des principes juridiques dont l'étude du droit commercial suppose très souvent la connaissance.

La procédure, y compris les preuves judiciaires et les voies d'exécution, occupe également les deux semestres de la troisième année. Peut-être paraîtra-t-il que c'est encore trop peu; mais c'est surtout en ce qui concerne la procédure qu'il faut se rappeler que l'école de droit n'est pas une école professionnelle, et que, par conséquent, on doit y étudier les principes et les théories plutôt que les dispositions de détail. Or il n'est pas douteux que ce qui grossit surtout le Code de procédure, ce sont ces dispositions de détail.

Les théories, les principes, n'y sont pas si nombreux qu'on ne puisse en un an en donner une connaissance suffisante aux élèves; c'est surtout par la pratique qu'on peut arriver à connaître les mille variétés de la procédure, et nous croyons qu'il est de peu d'utilité d'en surcharger la mémoire des élèves pendant leurs études théoriques. Il nous reste donc deux semestres seulement dans la troisième année; l'un devrait être

consacré au droit administratif, l'autre au droit international privé.
Ce sont là deux cours qui ne sont pas encore organisés à l'école de
droit. Il est à désirer qu'ils le soient aussitôt que possible, tout au
moins dans la mesure modeste où nous le proposons.

Le droit administratif est une matière très vaste. et que le professeur ne pourrait songer à expliquer en entier et avec tous ses détails
dans le court espace de temps que nous lui assignons. Tout au moins
pourrait-il examiner le fonctionnement des principaux rouages de l'administration, et faire ressortir, de la masse touffue des lois administratives et des règlements, les quelques grands principes qui les dominent.

Quant au droit international privé, c'est une matière facilement
compressible, et on peut penser qu'un cours semestriel est suffisant
pour en établir les théories essentielles et donner aux élèves qui se sen-
tiraient attirés vers ce genre d'études une base solide pour de plus
vastes travaux. En réunissant, dans chacune des trois années de licence
les cours qui y prendraient place, avec l'indication de leur durée, nous
obtenons le tableau suivant :

PREMIÈRE ANNÉE.

1. Droit romain, 2 semestres, 3 cours d'une heure par semaine.
2. Droit civil, 2 semestres, 3 cours d'une heure et quart par semaine.
3. Économie politique, 2 semestres, 3 cours d'une heure par semaine.
4. { Histoire générale et philosophie du droit, 1 semestre. — Droit canonique,
     1 semestre ; 3 cours d'une heure par semaine.
   TOTAL : 12 cours par semaine.

DEUXIÈME ANNÉE.

1. Droit romain, 2 semestres, 3 cours d'une heure par semaine.
2. Droit civil, 2 semestres, 3 cours d'une heure et quart par semaine.
3. Droit criminel, 2 semestres, 3 cours d'une heure par semaine.
4. { Droit public interne, 1 semestre. — Droit international public, 1 semestre ;
     3 cours d'une heure par semaine.
   TOTAL : 12 cours par semaine.

TROISIÈME ANNÉE.

1. Droit civil, 2 semestres, 3 cours d'une heure et quart par semaine.
2. Droit commercial, 2 semestres, 3 cours d'une heure par semaine.
3. Procédure, 2 semestres, 3 cours d'une heure par semaine.
4. { Droit administratif, 1 semestre. — Droit international privé, 1 semestre ;
     3 cours d'une heure par semaine.
   TOTAL : 12 cours par semaine.

Par l'examen final de troisième année, l'élève obtiendrait le titre de
licencié. Nous proposons donc la suppression de la thèse de licence,
pour n'exiger ce travail que des aspirants au doctorat. C'est là une
épreuve peu concluante dans les conditions où elle a lieu actuellement ;
l'élève se contente de lire son travail devant le jury d'examen sans que
les professeurs aient le moyen de vérifier quelle est la part personnelle
qui revient au candidat dans la confection de cette thèse. D'autre part,
exiger de tous les élèves de licence, au moyen d'une autre organisation,
une œuvre qui ait une véritable valeur, serait, dans la plupart des cas,
leur demander plus qu'il ne peuvent donner.

Tous les esprits, alors même qu'ils seraient suffisamment doués pour l'étude du droit, ne sont pas également aptes à faire œuvre originale. Dans le droit, comme dans les lettres et les sciences, le nombre des écrivains est relativement restreint. D'ailleurs nous estimons que les études de licence ne sont pas une préparation suffisante pour des travaux juridiques personnels.

Nous proposons donc qu'à l'exemple de ce qui se passe actuellement en France, la thèse soit exigée seulement des élèves qui, mûris par de plus longues études, aspirent à couronner par un travail sérieux les épreuves du degré supérieur.

Tel est le programme, modeste pour le nombre des matières, que nous proposons pour la licence. Nous nous sommes attaché à ne pas surcharger l'élève d'un trop grand nombre de cours et à maintenir le chiffre de douze par semaine, soit deux par jour.

Il n'importe pas tant, pour les élèves en droit, d'apprendre beaucoup de choses que de bien savoir ce qu'ils apprennent. Or, pour qu'ils puissent bien savoir, mûrir et s'assimiler ce qu'ils apprennent, il ne faut pas que leurs efforts soient dispersés sur un trop grand nombre de matières.

Comme l'a fort bien dit M. Alix (1) : « L'expérience montre suffisamment que la multiplicité des matières a pour conséquence fatale l'abaissement du niveau des études, et que si l'on veut que l'esprit de l'élève se forme, on doit, de toute nécessité, revenir aux programmes courts. »

Si l'on éprouve le besoin, en France, d'alléger les programmes trop lourds qui ont fait naître la question du *surmenage*, tant dans l'enseignement secondaire que dans l'enseignement supérieur, il est sage de profiter de cet exemple et de ne pas se lancer inconsidérément dans l'augmentation indéfinie des programmes.

Il importe aussi de tenir compte de la difficulté actuelle du recrutement du corps professoral, et de ne pas créer un trop grand nombre d'enseignements qu'il pourrait être trop difficile de pourvoir. Mais alors même que cette difficulté n'existerait pas, il serait bon encore de s'en tenir, quant aux matières obligatoires, à un programme peu chargé, et de ne pas sacrifier la qualité des études à la quantité.

Il n'est pas niable qu'en dehors des matières que nous avons fait entrer dans le programme de licence, il en est d'autres qui ont aussi de l'importance, et qu'il est désirable de voir enseigner à la Faculté, notamment la législation financière, la législation des mines, la médecine légale.

Mais ce sont là des études spéciales : on peut s'abstenir de les introduire dans un programme auquel tous les élèves sont obligatoirement soumis. Lorsqu'il sera possible d'établir ces enseignements, il sera préférable de leur donner le caractère de cours facultatifs pour les élèves de licence et de cours à option pour les élèves de doctorat. En effet, si le nombre de matières qui font l'objet des examens de chaque année doit être nécessairement restreint pour maintenir les études à un niveau élevé, le nombre des cours n'en reste pas moins illimité.

On impose un *minimum* de connaissances aux élèves de licence; on ne leur impose pas de *maximum*. Rien n'empêchera ceux d'entre eux à l'activité desquels ne suffira pas l'enseignement ordinaire, de compléter leur bagage scientifique en suivant les cours spéciaux qu'il sera possible

(1) *Op. cit.*, p. 18.

d'instituer. Comme le dit encore M. Alix, dont nous ne nous lassons pas
d'invoquer l'autorité (1) : « Il est à souhaiter que le domaine de l'enseignement s'agrandisse sans cesse, qu'aucune partie de la science ne reste
en dehors, que sur tous les points, même les moindres, l'étude soit
poussée à fond, que les Facultés répondent à tous les besoins, que
toutes les curiosités de l'esprit y reçoivent satisfaction. Il n'y aura
jamais trop de lumière. Mais autre chose, croyons-nous, sont les cours,
autre chose sont les examens. Si l'enseignement est indéfiniment exten-
sible, le programme des épreuves ne l'est pas. Ce programme, en effet,
trouve une double limite dans le temps de la scolarité et dans les forces
de l'étudiant; et dès l'instant qu'il ne peut tout contenir, on doit se résigner à n'y faire entrer que les matières jugées essentielles. »

N'est-il pas évident dès lors qu'avant d'organiser les enseignements
spéciaux dont nous avons parlé, utiles sans doute, mais qu'on peut
appeler, cependant, des enseignements de luxe, il faut songer, tout
d'abord, à compléter les enseignements nécessaires, ceux qu'on doit
rendre obligatoires pour tous les élèves, et sans lesquels ils ne sauraient
acquérir l'ensemble de connaissances générales qu'on est en droit
d'exiger d'eux.

Nous concluons donc que le programme de licence doit rester court,
limité aux matières essentielles dont l'étudiant doit connaître surtout
les principes et les théories générales, de façon à pouvoir aborder
ensuite avec succès l'étude appprofondie et les applications des branches du droit vers lesquelles le pousseront plus spécialement les aptitudes particulières de son intelligence, et les nécessités de la profession
qu'il aura choisie.

III

Tout différent est le but à poursuivre dans l'organisation du doctorat. Dans l'état actuel de l'enseignement en Colombie, le doctorat est,
avant tout, destiné à former des professeurs de carrière. Or c'est un fait
qui paraît être admis sans démonstration, qu'on ne peut avoir de bons
professeurs qu'en ayant des spécialistes pour chacune des matières à
enseigner.

C'est en doctorat surtout qu'il importe, comme nous le disions plus
haut, de ne pas sacrifier la qualité des études à la quantité. Sans doute,
tout homme qui se prise d'avoir fait des études de droit doit avoir une
connaissance générale, plus ou moins approfondie, des principales
sciences juridiques; c'est à donner cette connaissance aussi complète
que possible que l'on doit s'appliquer durant les études de licence.

Mais le doctorat étant un grade plus scientifique, implique une possession plus parfaite, une pénétration plus intime des principes juridiques. Or, on ne peut pas songer à étudier à fond toutes les branches de
la science du droit : il faut nécessairement se restreindre, se spécialiser.
Avec les nécessités de la vie moderne, on ne peut plus songer à former
des savants encyclopédiques : les Pic de la Mirandole ne sont plus de
notre époque.

D'autre part, les études de doctorat exigent des aptitudes spéciales;

(1) *Op. cit.*, p. 13.

on n'en doit permettre l'accès qu'à ceux qui sont suffisamment doués et qui possèdent une puissance de travail assez grande pour pénétrer dans tous ses détails la science juridique qu'ils auront choisie, pour se rendre capables de résoudre toutes les difficultés qui peuvent se présenter à eux dans l'application des principes aux cas concrets, pour prendre part enfin, par leurs travaux personnels, au mouvement scientifique dans leur spécialité.

Notre savant maître, M. Bufnoir, a dit avec raison (1) : « L'objet propre du doctorat, et c'est en ce sens particulièrement qu'il constitue un grade purement scientifique, c'est de montrer l'aptitude à faire, à l'aide des connaissances acquises, œuvre personnelle et originale. »

La première préoccupation que l'on doit avoir, c'est donc de s'assurer que l'étudiant qui aspire au doctorat possède les aptitudes et la puissance de travail nécessaires pour pousser à fond une étude juridique sur un point donné.

C'est à cela qu'il serait pourvu, dans le programme que nous proposons, par le premier examen de doctorat, qui aurait en outre pour but de compléter les connaissances acquises en licence sur les parties les plus essentielles, le droit romain et le droit civil.

A cet effet seraient établis des cours approfondis de droit romain et de droit civil.

Le cours de droit romain approfondi devrait porter sur une des matières importantes de la législation romaine, et, autant que possible, sur une partie restée vivante, notamment sur les obligations. Il serait bon, en outre, que l'examen de fin d'année portant sur ce cours comprît l'explication d'un texte des jurisconsultes classiques, parmi ceux expliqués par le professeur. Il n'est pas de branche du droit dans laquelle on n'ait à se reporter aux textes du droit romain. On ne mérite pas le titre de docteur si l'on ne peut comprendre ces textes, et vérifier par soi-même les citations qui en sont faites dans toute la littérature juridique.

Qu'il nous soit permis, incidemment à ce sujet, de faire des vœux pour qu'on fortifie l'étude du latin dans l'enseignement secondaire, de telle sorte que tout au moins les meilleurs de nos élèves, ceux qui sont appelés à devenir docteurs, nous arrivent avec une préparation suffisante pour n'être pas embarrassés par leur ignorance de la langue latine dans l'explication des textes, d'ailleurs si corrects, des grands jurisconsultes de Rome.

Nous attachons la plus grande importance à ce cours de droit romain approfondi. On ne peut être véritablement savant dans le domaine du droit qu'en se pénétrant, pour ainsi dire, des principes du droit le plus logique, le plus scientifique qui ait jamais existé, le droit romain. Il faut posséder assez ces principes pour en faire des qualités de son esprit, il faut s'assimiler la substance des textes classiques, s'imprégner de la méthode des jurisconsultes romains.

Cette pénétration des principes, cette assimilation de la science des maîtres, cette acquisition de leur méthode, ne peuvent être le résultat que de l'application persévérante de l'esprit, du travail personnel et réfléchi s'exerçant patiemment sur une matière déterminée. Ce travail

(1) *Revue intern. de l'Enseignement sup.*, 15 juillet 1893.

de réflexion ne sera véritablement fécond, croyons-nous, que s'il s'applique à une partie limitée du droit romain ; il ne produira que peu de fruits s'il se disperse sur l'ensemble presque illimité des théories et des textes.

Pour la même raison, il faudrait restreindre, croyons-nous, à l'une des principales matières du Code le cours approfondi de droit civil qui doit former la seconde matière du premier examen de doctorat. Nous citerons, notamment, comme pouvant faire l'objet de ce cours : les obligations, les hypothèques, le régime de la propriété foncière, les donations et les testaments, les successions.

Les explications sur la matière choisie comprendraient non seulement l'étude approfondie de la législation nationale, mais encore l'étude comparée des législations étrangères.

Ajoutons que les examens sur les matières enseignées dans ces deux cours obligatoires du doctorat devraient être particulièrement sérieux, porter moins sur les principes généraux, que l'élève doit connaître depuis la licence, que sur les applications les plus délicates de ces principes, sur les rapports qu'ils peuvent avoir les uns avec les autres dans les mille combinaisons auxquelles donnent naissance les cas concrets. En d'autres termes, il faudrait s'assurer, par les interrogations, que l'élève a acquis, dans ses quatre premières années d'études, un jugement sain, un esprit droit et ferme, une méthode rigoureuse qui lui permettent de conduire habilement un raisonnement juridique, et de suivre avec succès l'interrogateur sur le terrain de la discussion.

Lorsque l'élève aura triomphé dans un examen de ce genre pour lequel il faudra exiger d'excellentes notes, nous pourrons affirmer qu'il aura l'esprit suffisamment formé et mûri pour aborder, dans d'excellentes conditions, les études spéciales vers lesquelles il se sentira porté.

Une nouvelle année serait consacrée à ces études qui auraient pour résultat de former des spécialistes dans les grandes branches du droit.

Nous proposerions de classer ainsi qu'il suit les sciences juridiques et politiques, au point de vue du second examen de doctorat, l'élève choisissant librement la spécialité qui lui plairait.

1. Droit romain et son histoire.
2. Droit civil. (Droit civil national, droit civil comparé sur quelques matières essentielles, droit international privé.)
3. Droit commercial. (Droit commercial national et comparé.)
4. Droit criminel. (Droit pénal national et comparé. Médecine légale.)
5. Droit administratif. (Droit administratif national et comparé. Législation fiscale.)
6. Histoire du droit. (Histoire générale du droit, et histoire du droit national.)
7. Procédure.
8. Philosophie du Droit (et sociologie).
9. Droit canonique.
10. Sciences économiques. (Économie politique. Législation financière.)
11. Droit public (interne et comparé).
12. Droit international public (science diplomatique et législation consulaire).

Il serait bon, d'ailleurs, croyons-nous, de laisser aux élèves une certaine liberté pour se composer à eux-mêmes un programme en vue du deuxième examen de doctorat, en faisant, entre les différentes matières énumérées ci-dessus, des combinaisons autres que celles que nous proposons ; mais alors l'élève devrait soumettre son programme, au commencement de l'année, à une commission de professeurs qui ne l'accepteraient qu'autant qu'il serait logique et suffisant.

C'est ainsi que nous ne verrions pas d'inconvénients à ce qu'un élève prît comme sujet d'études le droit international public et privé, ou l'économie politique et la sociologie.

Enfin l'élève de doctorat ayant passé ce dernier examen, auquel il ne serait admis qu'à la condition d'obtenir un certain *minimum* de points, il achèverait de conquérir son diplôme sur la présentation d'une thèse portant sur la matière spéciale choisie par lui pour le dernier examen.

Rien ne s'opposerait à ce que l'élève commençât la préparation de cette thèse avant de passer son deuxième examen, de façon à pouvoir la présenter quelques mois après.

Nous croyons que l'élève doit choisir librement son sujet, mais en le soumettant au recteur de l'école qui examinerait seulement si ce sujet est purement scientifique, et désignerait au candidat un *président de thèse*. Celui-ci aurait pour fonction d'indiquer si le sujet choisi est susceptible de faire l'objet d'un travail original, sans cependant imposer sa volonté à l'élève, pour lequel l'opinion du président n'aurait que la valeur d'un simple conseil.

Si l'élève persistait à conserver son sujet, le recteur lui indiquerait un autre professeur comme président.

Le sujet accepté, le président conseillerait l'élève, et le dirigerait, autant que possible, dans la confection de sa thèse. Ce travail terminé, l'élève présenterait son manuscrit à une commission de professeurs choisis par le recteur parmi ceux qui s'occupent plus spécialement de la matière choisie. Cette commission, présidée par le président de thèse, examinerait le travail de l'élève au point de vue de la valeur scientifique ; elle pourrait refuser la thèse tant qu'elle ne la trouverait pas suffisante, et imposer à l'élève un travail supplémentaire.

La thèse admise, elle serait imprimée et distribuée aux professeurs de l'école. L'élève la soutiendrait ensuite en séance publique, devant le corps des professeurs ou devant un jury choisi parmi eux. Il devrait être prêt à défendre les opinions par lui émises, et à répondre à toutes les objections. L'élève ne pourrait être refusé à la soutenance qu'en cas d'insuffisance notoire, pouvant convaincre le jury que la thèse n'est pas son œuvre personnelle.

Telle est, suivant nous, la façon dont il serait possible d'organiser le doctorat, pour donner à ce grade une véritable valeur et en faire le prix d'une profonde culture juridique et de travaux sérieux.

IV

Mais il ne suffit pas, nous le comprenons très bien, d'indiquer un programme d'études pour l'École de droit. Il faut montrer encore que ce programme est applicable, et comment il peut être appliqué. Ce n'est pas là la partie la moins difficile, ni la moins délicate de notre tâche.

Tout d'abord, on ne manquera pas de remarquer que nous rédui-
sons de moitié, dans notre programme de licence, le nombre actuel
des conférences sur chaque matière, puisque, aujourd'hui, ces conférences sont au nombre de six par semaine. Dès lors la question se pose
de savoir comment il sera possible de faire des études complètes, alors
qu'actuellement, comme le constate notre honorable collègue M. Concha, le professeur n'arrive pas, tout au moins dans certains enseignements, à étudier dans son année les matières qui lui sont assignées.

Nous croyons cependant qu'avec la durée que nous assignons aux
cours, il est possible de donner un enseignement suffisamment complet,
dans l'esprit que nous avons indiqué, sans rien omettre d'essentiel.
Comment obtenir ce résultat ? Par un changement de méthode.

Prenons comme exemple l'enseignement du droit civil. Aujourd'hui,
si nous sommes bien renseignés, les élèves ont à apprendre, chaque
jour, un certain nombre d'articles, sur lesquels le professeur les interroge au début de chaque leçon et qu'il leur explique ensuite.

Ce procédé ne nous semble pas bon.

Comme nous avons eu l'occasion de le dire déjà plusieurs fois, les
études de droit n'ont pas pour objet d'entasser dans la mémoire des
élèves les décisions législatives dans leur variété infinie ; elles ont pour
but de leur donner des connaissances générales, de leur apprendre les
principes fondamentaux des théories juridiques, de familiariser leur
intelligence avec les abstractions du droit, en un mot, de développer
en eux l'esprit juridique, de façon à leur permettre de trouver toujours
la solution la plus conforme au droit dans les multiples problèmes qui
jaillissent des espèces.

Ce qu'il importe de connaître, quelle que soit la science à laquelle
on consacre ses efforts, ce ne sont pas tant les décisions de détail, les
faits isolés, que les règles permanentes qui dominent ces décisions et
ces faits, ce qu'il y a de constant et d'universel dans l'immense diversité
des phénomènes et des prescriptions particulières : il n'y a de science
que du général.

Dans l'enseignement supérieur, comme déjà, mais à un degré moindre, dans l'enseignement secondaire, ce qu'il faut avant tout, c'est apprendre à penser. Les méthodes, quelqu'un l'a dit déjà, important plus
que le nombre des connaissances.

Si les raisons que nous avons exposées n'ont pas suffi à établir cette
vérité primordiale en matière d'enseignement, nous ne saurions mieux
faire, croyons-nous, que de l'appuyer encore sur le témoignage de
nos maîtres français :

« L'enseignement supérieur, dit M. Lavisse (1), professeur à la Faculté des lettres de Paris et membre de l'Académie française, c'est, en
fin de compte, une méthode ; son objet suprême est d'élever les esprits
au-dessus des connaissances de détail, et de les rendre capables de
cette haute dignité qui est la faculté de juger par soi-même, et de
produire des idées personnelles. »

Et M. Appleton ajoute : « Les connaissances s'appellent légion, leur
dénombrement effraie l'imagination, et sur le moindre détail on a écrit
des volumes. La mémoire, très vite surchargée, devient bientôt un vé-

(1) Cité par APPLETON, Op. cit., p. 8.

ritable tonneau des Danaïdes à travers lequel coule, sans laisser de traces, tout ce qu'on prétend y loger. Au contraire, les méthodes_ demeurent, parce qu'elles constituent des habitudes d'esprit, des aptitudes développées, un instrument bien en main, qui, loin de s'émousser, s'affine et se perfectionne par l'usage. Les professeurs ne sont point des dictionnaires, mais des éducateurs et des guides, faits pour enseigner les méthodes et semer les idées fécondes dont les connaissances sont le fruit. »

Dans l'éducation de l'enfant, c'est presque uniquement à la mémoire que l'on s'adresse : on lui fait apprendre des fables, de beaux passages littéraires, en prose et en vers, l'histoire de son pays, les règles de la grammaire. Mais à mesure qu'il devient homme, c'est son intelligence que doivent cultiver les maîtres, et la mémoire qui était tout d'abord au premier rang des facultés éducatrices, ne doit plus être qu'une auxiliaire. Cela est vrai déjà dans l'enseignement secondaire; ce l'est plus encore dans l'enseignement supérieur.

Qui n'a été témoin, dans sa jeunesse, des efforts infructueux de ces élèves qui, peu doués pour les abstractions, s'obstinent à apprendre par cœur les théorèmes de géométrie? Nous avons la conviction que l'étudiant en droit qui ne s'applique qu'à loger dans sa mémoire la suite interminable des textes, n'aboutit pas à un meilleur résultat que l'élève de mathématiques qui apprend par cœur le problème du carré de l'hypoténuse.

Cicéron nous raconte(1) qu'à Rome on faisait apprendre la loi des XII Tables aux enfants; il ne nous dit pas que ceux qui étudiaient le droit se livrassent au même exercice.

Un homme doué d'une de ces mémoires extraordinaires comme on en rencontre parfois, pourrait savoir le Code en entier, être capable de le réciter depuis le premier article jusqu'au dernier, et même, en sens inverse, du dernier au premier, comme on raconte qu'un de ces phénomènes de mémoire récitait l'*Énéide*, il n'en saurait pas le droit pour cela, et ne mériterait pas le titre de jurisconsulte, pas plus que ne le méritaient les enfants des écoles romaines qui étaient parvenus à réciter couramment et sans faute la loi des XII Tables.

Nous tenons donc pour inutile et funeste l'habitude de faire apprendre et réciter le Code aux étudiants en droit : inutile, parce que nous avons la conviction que, quelques mois après ses examens, l'élève aura oublié tout ce qu'il n'aura appris que de mémoire; funeste, parce qu'elle fait perdre aux élèves et aux maîtres un temps précieux. Ce qu'il faut apprendre, ce n'est pas tant ce qui est dans le Code que ce qui n'y est pas, et ce qu'il faut en faire sortir.

Sans doute, l'élève doit connaître les dispositions principales de la législation de son pays; mais ce n'est pas en les lisant et relisant à haute voix, comme nous voyons les étudiants le faire dans les jardins publics et les couloirs de l'école, qu'il doit les apprendre, c'est en les analysant, en s'appliquant à en pénétrer par la réflexion, le sens, l'esprit et la portée, en les rapprochant pour en faire jaillir l'idée générale qui les domine, en cherchant à découvrir le but dans lequel elles ont été établies; en examinant les conséquences qui en découlent, pour voir si elles produisent bien l'effet qu'on en a espéré.

(1) *De Legibus*, 2, 23.

Ce travail, on le comprend très bien, n'a pas besoin d'être effectué sur chacun des articles du Code pris un à un; il y a des dispositions de détail qu'il suffira à l'élève de lire de manière à savoir qu'elles existent et à pouvoir les retrouver quand il en aura besoin.

En ce qui concerne, au contraire, les dispositions de principes, on peut affirmer que lorsque l'élève les aura bien comprises, lorsqu'il se les sera assimilées par la réflexion, il les saura beaucoup mieux que s'il les eût apprises de mémoire. Les idées qui se seront associées dans son intelligence par l'enchaînement logique, par le raisonnement, il les retiendra beaucoup plus facilement que si elles ne sont liées entre elles que par le rapprochement dans le texte du Code. Il lui suffira de retrouver le principe pour que les conséquences, grâce aux habitudes d'esprit qu'il aura acquises, suivent aussitôt dans leur ordre naturel, et elles éveilleront alors en lui le souvenir des dispositions légales. L'étude intelligente des principes est donc encore le plus sûr moyen d'apprendre et de retenir les textes.

Voilà pourquoi nous pensons qu'il faudrait supprimer l'interrogation sur le texte du Code; et ce que nous avons dit du droit civil et des autres matières codifiées, il faut le dire également des autres branches de l'enseignement où l'élève apprend un traité sur lequel le maître l'interroge.

Par cette suppression d'un exercice indûment transporté de l'enseignement primaire où il est excellent, de l'enseignement secondaire où il est encore bon, à l'enseignement supérieur où il est, croyons-nous, funeste, nous gagnons tout le temps employé par le professeur à l'interrogation des élèves.

Cependant, l'interrogation a un bon côté que l'on ne saurait nier : elle permet au maître de s'assurer du travail de l'élève, et elle est, pour celui-ci, un stimulant précieux. A ce point de vue, nous estimons qu'il pourrait être fâcheux de supprimer purement et simplement l'interrogation, sans chercher à lui trouver un équivalent dans ce qu'elle peut avoir d'utile. Nous pensons qu'il serait bon de la remplacer par une composition écrite, ayant lieu tous les mois ou tous les deux mois, de façon à tenir les élèves en haleine, à les contraindre à repasser les matières enseignées par le professeur d'une composition à l'autre, et à exciter en eux une émulation bienfaisante. Ces compositions périodiques auraient, en outre, l'avantage de permettre d'apprécier les progrès de chaque élève, beaucoup plus exactement qu'on ne peut le faire à l'examen oral de fin d'année, où le hasard des questions, la présence d'esprit de l'élève, sa timidité, jouent un trop grand rôle pour que les résultats n'en soient pas toujours plus ou moins aléatoires.

Un élève médiocre peut passer un examen brillant s'il a la chance de tomber sur une des rares questions qu'il connaît, et un élève brillant peut passer un examen médiocre si sa mauvaise fortune veut qu'on lui pose une des rares questions qu'il ne connaît pas.

La composition écrite, au contraire, est moins soumise aux impressions nerveuses; elle laisse à chaque élève ses moyens; elle permet de voir s'il connaît les principes, s'il sait raisonner et employer le mot juste dans une discussion juridique, s'il a fait des lectures, au lieu de s'en tenir aux textes du Code ou au manuel. Le classement de ces compositions permettrait de juger très exactement la valeur des élèves, et toute surprise serait ainsi évitée aux examens oraux.

Après l'interrogation des élèves, le maître, dans la méthode actuelle, explique la leçon qui vient d'être récitée. Il doit se borner, dès lors, à la méthode analytique pure et simple. Cette méthode ne lui permet que le commentaire du texte, en suivant le Code article par article, il peut en expliquer le sens, et montrer les difficultés auxquelles les dispositions légales peuvent donner lieu dans l'application. Cette méthode a son utilité, mais elle est insuffisante, et surtout elle ne correspond pas au but que l'on doit poursuivre dans l'enseignement. Le professeur est lié par le texte alors qu'il doit le dominer; il le suit pas à pas, il ne peut que difficilement s'élever au-dessus des solutions particulières, qu'il parcourt les unes après les autres, d'une marche seulement plus ou moins rapide, suivant leur importance.

Voilà pourquoi le professeur arrive à la fin de l'année sans avoir pu terminer ses explications, même avec une leçon par jour, et en laissant l'élève s'égarer dans le dédale des solutions particulières sans avoir pu s'élever que rarement et difficilement aux conceptions générales, aux principes qui sont toute la science.

C'est à enseigner ces principes que le professeur doit s'attacher, et pour cela il lui faut nécessairement employer une autre méthode : il ne peut pas se contenter de l'explication du Code. Il doit en faire ressortir par induction les théories générales, exposer ces théories dans une forme personnelle, en faisant aux élèves des conférences, et leur montrer l'application plus ou moins heureuse qui a été faite de ces théories dans la législation.

Dès lors, il lui sera permis de n'expliquer que les textes les plus importants, en laissant à ses auditeurs le soin de lire eux-mêmes ceux qui ne méritent pas de mention spéciale.

Par ce procédé, il sera possible, croyons-nous, d'expliquer le Code civil en trois ans, avec trois leçons d'une heure un quart par semaine, sans rien omettre d'essentiel. C'est ce qui s'est fait en France, jusqu'à ce jour, avec des leçons d'une heure seulement au programme, mais auxquelles les professeurs donnent généralement, en pratique, un peu plus d'étendue.

En ce qui concerne les sciences qui n'ont pas pour objet l'étude des lois positives, la méthode que nous proposons ne présente pas moins d'avantages. Au lieu d'apprendre dans un livre solennellement adopté, et qu'on conserve parfois fort longtemps immobile tandis que la science marche et progresse, les élèves trouvent dans les cours du professeur l'exposé des doctrines les plus récentes; ils sont ainsi au courant des derniers progrès; le professeur lit pour eux les ouvrages et les revues qu'ils ne peuvent lire eux-mêmes à raison de la multiplicité des études qu'ils ont à faire, et leur en donne la substance sur les points intéressants.

D'autre part, et en dehors même des avantages intrinsèques que présente ce système, l'enseignement oral pénètre beaucoup plus profondément l'intelligence; il frappe davantage l'élève attentif, qui retient mieux et avec moins d'effort qu'en apprenant dans un livre.

Enfin s'il s'agit de sciences qui, comme l'économie politique, ne présentent qu'un petit nombre de principes certains, et où les opinions et les systèmes varient à l'infini, qui ne voit le danger qu'il y a à ne mettre entre les mains des élèves qu'un seul livre, adopté comme

« texte », que tous apprennent et récitent ? Quelle que soit la valeur de l'ouvrage ainsi choisi, on ne peut espérer qu'il ne renferme que des vérités, et moins encore qu'il renferme la vérité tout entière : si l'élève, cependant, s'en tient à cet ouvrage qui forme la base à peu près exclusive des interrogations à l'examen, les opinions qui y sont contenues s'imposeront à lui, malgré les restrictions que pourra faire le professeur à ce sujet. Comme des vérités incontestées, elles le pénétreront avec toute la force que produit sur des esprits encore jeunes et malléables la première initiation à la science; elles en feront souvent un homme de parti pris.

Si le professeur, au contraire, donne aux élèves un enseignement personnel, il consultera un grand nombre d'ouvrages sur la matière qu'il enseigne; il prendra dans chacun d'eux ce qu'il contient de meilleur ; il comparera les opinions, il les appréciera, il les passera au crible de la critique, et il ne les exposera aux élèves qu'avec leur valeur réelle, en les accompagnant des remarques nécessaires pour qu'ils en voient le côté faible.

Mais pour que les élèves retirent des conférences ainsi faites tout le profit qu'on est en droit d'espérer, il faut qu'ils les écrivent, en suivant la parole du maître, d'une façon aussi complète que possible. Ce sont ces notes qu'ils doivent relire, étudier, et s'assimiler par la réflexion ; ce sont elles qui doivent former le « texte » qui servira de base à leurs études.

Il est donc désirable que, dès le collège d'enseignement secondaire, les élèves soient habitués à prendre des notes. En tout cas, c'est une habitude qu'ils doivent prendre dès leur entrée à l'école.

Quant aux livres, ils ne doivent servir aux élèves que pour compléter leurs notes, et leur permettre de faire une étude plus approfondie et personnelle des questions les plus importantes.

Le professeur pourra donc conseiller aux élèves l'emploi de tel ou tel traité qui lui paraîtra remplir les conditions d'un bon livre élémentaire, mais l'élève sera invité à ne pas s'en tenir là, et à consulter au besoin, surtout dans les études de doctorat, les ouvrages plus complets.

A cet effet, il nous semble indispensable que la bibliothèque de l'École de droit soit facilement accessible aux étudiants, suffisamment bien aménagée pour qu'ils y puissent travailler à l'aise, et pourvue, tout au moins, des ouvrages qu'on peut appeler classiques, dans chaque branche du droit. Aujourd'hui la bibliothèque est installée dans une petite pièce où l'air et la lumière n'entrent que par la porte, qu'il faut ainsi laisser ouverte sur un couloir toujours bruyant du va-et-vient des élèves. Il ne nous a pas semblé d'ailleurs qu'elle fût très fréquentée. Il est donc très désirable que l'on puisse disposer pour elle d'une salle plus convenable, munie de tables et de chaises pour que les élèves prennent peu à peu l'habitude d'y venir travailler, ne fût-ce que pendant l'intervalle des cours.

D'autre part, la bibliothèque nous a paru bien pauvre en livres, et nous faisons des vœux pour qu'il soit possible de remédier à cet état de choses. Une bonne bibliothèque, suffisamment pourvue, est un des éléments les plus indispensables au progrès dans une Faculté. Il serait souhaitable qu'on pût, dès maintenant, faire l'acquisition des ouvrages les plus nécessaires, et qu'on assurât, pour l'avenir, à la bibliothèque, certaines ressources annuelles permettant de lui assurer l'abonnement aux principales revues de droit, et l'acquisition des ouvrages nouveaux importants. La bibliothèque s'augmenterait ainsi peu à peu, et dans quelques années elle formerait un dépôt juridique assez considérable, qui serait d'un secours précieux non seulement pour les étudiants, mais encore pour tous ceux qui, à Bogota, s'occupent de questions de droit.

Voici le moyen qui a été employé à la Faculté de droit de Paris pour alimenter ce fonds annuel destiné à la bibliothèque : chaque étudiant, au début de l'année, doit verser, en s'inscrivant, outre le droit d'inscription, une petite contribution à titre de droit de bibliothèque. Cette contribution est de dix francs. C'est une somme bien minime pour chaque élève, étant donnés les services que lui rend la bibliothèque, surtout pour la confection de sa thèse ; mais l'addition de ces petites sommes donne cependant un total d'une certaine importance, et le local, déjà vaste, qui est affecté à la bibliothèque, est devenu trop étroit ; on travaille en ce moment à l'agrandir.

Nous pensons qu'une organisation de ce genre appliquée à l'École de droit de Bogota, produirait avec le temps les effets les plus satisfaisants. Ajoutons que le jour où les thèses seraient devenues des travaux importants, il serait possible peut-être, comme cela se fait à Paris, d'enrichir la bibliothèque, par voie d'échange, des ouvrages du même genre publiés dans les Facultés étrangères.

Ainsi organisée, la bibliothèque fournirait aux élèves un moyen de travail sérieux ; elle leur permettrait de compléter par des lectures les leçons du maître, et d'en tirer plus de profit. Si les cours, ainsi que nous les comprenons, sont utiles à l'élève, ils ne le sont pas moins d'ailleurs au professeur lui-même. Tenu d'offrir à ses auditeurs un enseignement qui ne soit pas la simple reproduction des ouvrages qu'ils ont entre les mains, il lui faut se tenir au courant de la littérature juridique, chercher dans les revues étrangères les théories nouvelles, les idées intéressantes avec lesquelles il devra rajeunir chaque année ses conférences, et, d'autre part, se livrer à des travaux personnels, pour essayer de faire, dans la mesure du possible, œuvre originale. Ses conférences deviennent ainsi, tout naturellement, la base d'ouvrages sérieux dont il enrichira la littérature juridique de son pays.

Mais telles étant les obligations, tels étant les devoirs du professeur, il est visible qu'il ne pourra s'en acquitter qu'autant qu'il lui sera permis de se consacrer tout entier à son œuvre, sans souci des exigences de la vie matérielle. S'il est tenu de dépenser son temps et ses forces au dehors, de se livrer à d'autres occupations pour satisfaire à ces exigences, il est évident que, malgré tous ses efforts, il ne lui sera pas possible de se maintenir à la hauteur de sa tâche et de suivre la méthode que nous avons indiquée.

Le professorat doit être une carrière ; et, dans les pays où il est ainsi organisé, c'est une carrière sinon des plus lucratives, du moins des plus honorées et des plus recherchées ; ceux qui l'embrassent doivent y trouver la sécurité du lendemain, qui seule peut donner la tranquillité d'esprit sans laquelle il n'est point de travail intellectuel fécond : le professeur doit donc être, comme le magistrat, suffisamment rémunéré.

Est-il possible d'instituer actuellement en Colombie le professorat tel que nous le comprenons ? Sans prétendre trancher à nous seuls les nombreuses et délicates questions que soulève cette réforme, nous croyons que cela est possible.

Nous ne prétendons certainement pas que, du jour au lendemain, on puisse organiser, à la Faculté de droit de Bogota, un corps complet de professeurs de carrière pour tous les enseignements que nous avons énumérés au cours de ce travail; nous croyons qu'on ne réussira à faire œuvre durable qu'en faisant œuvre de patience et de persévérance, en créant peu à peu les chaires suffisamment rétribuées, en faveur des professeurs qui se trouveraient dans les conditions voulues pour faire les conférences suivant la méthode que nous avons indiquée.

Provisoirement, et tant que les finances du pays ne permettraient pas d'allouer pour une seule chaire un traitement suffisant, on pourrait demander à ces professeurs de faire deux cours. Mais, suivant nous, on ne devrait pas considérer cette situation comme définitive, et il faut aspirer à avoir, dans un avenir plus ou moins rapproché, un professeur spécial pour chaque matière. Bien évidemment, d'ailleurs, il n'y a là qu'un idéal vers lequel on s'achemine avec prudence.

Ce sont les enseignements essentiels, ceux de licence, par conséquent, qu'il faudrait pourvoir tout d'abord. Or, d'après le programme que nous avons présenté, il n'y aurait en licence que douze cours complets obligatoires. Chaque professeur se chargeant de deux cours, il suffirait donc de six professeurs bien rémunérés pour satisfaire aux besoins les plus urgents.

Il ne nous appartient pas de déterminer le chiffre d'appointements qu'il faudrait allouer à chacun d'eux pour que désormais les candidats au professorat se présentent d'eux-mêmes et cherchent à obtenir une chaire, tandis qu'à l'heure actuelle, c'est la Faculté qui cherche les professeurs. Mais ne nous est-il pas permis d'espérer qu'étant donné le nombre restreint, il n'y aurait pas là une charge bien écrasante pour le budget?

S'il est possible d'arriver à constituer ce corps de six professeurs qui formera le noyau d'un corps plus nombreux à établir dans l'avenir, nous croyons qu'on aura réalisé le plus sensible progrès dans l'organisation de l'enseignement supérieur.

Outre les avantages que nous avons signalés plus haut, notamment celui de l'application d'une méthode plus féconde, ce système aurait encore pour inappréciable résultat de donner à l'enseignement une fixité et une régularité dont, ce n'est que trop visible, il est aujourd'hui dépourvu.

Qu'on jette les yeux sur le tableau des cours de la présente année, annexé au rapport de l'honorable recteur de la Faculté (p. 39), et l'on verra que sur onze enseignements, il y en a seulement quatre qui aient conservé le même professeur depuis le début de l'année; la philosophie du droit et le droit international ont été successivement à la charge de deux professeurs; le droit public, l'économie politique, le second cours de droit civil, la procédure, le droit canonique ont été sous la direction de trois professeurs différents. M. le Recteur, dans son rapport (p. 38), se plaint, en outre, qu'à raison des autres occupations que doivent nécessairement avoir les professeurs, les cours n'ont pas toujours été faits avec la plus grande régularité.

Est-il possible qu'avec ces changements perpétuels de professeurs et ces interruptions dans l'enseignement, on puisse obtenir les résultats qu'on est en droit d'espérer d'une Faculté de droit? Nous ne le pensons pas, et nous sommes heureux de nous trouver sur ce point dans la plus parfaite communion d'idées avec notre honorable recteur, qui propose lui-même, dans son rapport, d'allouer aux professeurs de l'École des appointements suffisants pour les décider à se consacrer exclusivement à l'enseignement du droit.

Si l'on parvient à organiser ainsi un corps de professeurs de carrière suffisant pour les trois années de licence, on pourra se préoccuper ensuite de l'établissement progressif des cours spéciaux de doctorat.

Nous croyons qu'il sera possible d'avoir, dès maintenant, les cours préparatoires au premier examen : ceux de droit romain approfondi et de droit civil comparé. Ce sont là des cours généraux obligatoires pour tous les élèves qui voudront aborder les épreuves du grade supérieur, et facultatifs pour les élèves de licence à l'activité desquels ne suffiraient pas les travaux ordinaires, ou qui auraient l'intention d'aborder plus tard les examens de doctorat auxquels ils pourraient ainsi commencer à se préparer dès la licence.

Quant au deuxième examen de doctorat, portant sur l'une des spécialités que nous avons indiquées, il nous paraît évident qu'on ne pourrait instituer les cours nombreux et variés qu'il comporte que peu à peu, et qu'on ne saurait songer à avoir immédiatement un enseignement complet sur ce point.

Mais il faut remarquer qu'un grand nombre des matières que les élèves pourraient choisir comme sujet d'études spéciales, en vue du doctorat, seraient déjà enseignées en licence, et qu'en outre, nous aurions, pour le droit romain et le droit civil, les cours spéciaux du premier examen de doctorat.

Les élèves qui choisiraient l'une des matières enseignées pourraient suivre de nouveau les cours de licence. Ce ne serait pas là un travail inutile. Il est manifeste qu'on apprend beaucoup mieux et avec plus de fruit, ce que l'on étudie pour la seconde fois. C'est ainsi qu'en France les élèves de lettres qui aspirent à la licence redoublent fréquemment la classe de rhétorique après avoir passé avec succès l'examen correspondant à cette classe.

Supposons, par exemple, qu'un étudiant, après avoir passé le premier examen de doctorat, choisisse comme spécialité pour le second le droit civil : cet élève pourrait, dans l'année qu'il consacrerait à cette préparation, suivre de nouveau les trois cours de droit civil, de licence, le cours spécial du premier examen de doctorat, et le cours semestriel de droit international privé. En complétant ces études par des travaux personnels, il nous semble que cet étudiant pourrait devenir un civiliste distingué.

Quant aux matières spéciales qui n'ont point trouvé place dans le programme de licence, comme l'histoire du droit, la législation financière, la médecine légale, il est évident que, parmi les enseignements du doctorat, ce sont ceux-là qu'il faudrait songer à pourvoir les premiers.

En attendant qu'ils soient organisés, les élèves qui voudraient choisir ces matières ne pourraient préparer leur examen que par des travaux personnels. Il est vrai qu'un élève qui en est à sa cinquième année de droit n'a plus un besoin aussi impérieux des leçons du maître ; grâce à la méthode qu'il a acquise, il peut commencer à se diriger lui-même dans ses études, à appliquer à une science nouvelle les qualités' d'esprit qn'on a développées en lui par l'enseignement général, et faire ainsi un emploi judicieux des ouvrages qu'il aurait à sa disposition dans la bibliothèque.

Pour ces sciences spéciales, d'autre part, une difficulté particulière se présenterait : celle des examens. Il ne serait pas facile de faire passer des examens sur des matières qui ne seraient pas représentées dans l'enseignement ; il faudrait faire appel, peut-être, au dévouement de personnes étrangères à l'École, connues comme particulièrement compétentes dans la matière. Il y a là un obstacle sérieux, qui ne disparaîtra que du jour où, soit en licence, soit en doctorat, toutes les matières seront enseignées.

Mais avant de songer à établir ainsi, en vue du doctorat, des enseignements spéciaux qui sont appelés à devenir de plus en plus nombreux, puisque le but à poursuivre est de former des docteurs spécialistes dans toutes les branches du droit, il faut tout d'abord se demander si ces enseignements auraient des auditeurs.

Il nous paraît hors de doute que si, du jour au lendemain, on établissait toutes les chaires nouvelles qui restent à créer, les professeurs risqueraient de faire leurs cours devant des sièges à peu près vides.

Voilà pourquoi nous proposons d'organiser d'abord le professorat complet pour la licence, et de n'ouvrir les chaires de doctorat que peu à peu, au fur et à mesure que le besoin s'en fera sentir, que les circonstances le permettront, et que le nombre des élèves leur assurera un chiffre suffisant d'auditeurs.

Comme on le voit, le plan que nous proposons est un plan d'ensemble très général, et dont la réalisation ne pourrait s'effectuer que lentement, à force de temps et de persévérance.

Il nous paraît hors de doute que si la Faculté de droit possédait un corps de professeurs de carrière consacrés uniquement à leur enseignement, on verrait s'accroître le nombre de ses élèves.

D'ailleurs, nous estimons que le jour où le doctorat serait établi, la Faculté aurait, comme aspirants à ce grade, non seulement l'élite de ses propres élèves, mais encore l'élite des écoles des départements et des écoles libres. On a pu remarquer que les études obligatoires pour les élèves de doctorat, celles de première année, ne comprennent que deux matières, dont l'enseignement doit rester exclusivement scientifique, en dehors de toute polémique et de tout esprit de parti : le droit romain et le droit civil. Cela doit être reconnu surtout si l'on considère que les matières spéciales du droit civil, que nous avons indiquées comme sujets d'étude particulièrement intéressants pour un enseignement approfondi : obligations, hypothèques, régime de la propriété foncière, sont de celles où les discussions philosophiques ne sauraient trouver place.

Tous les étudiants en droit, quelles que soient les tendances de l'enseignement qu'ils aient reçu jusqu'alors, pourraient donc venir demander à l'Université nationale le diplôme supérieur, en choisissant comme matière spéciale une matière de droit positif pur : droit romain, droit civil, droit commercial, procédure, etc.

En dehors des élèves aspirant au doctorat, les cours spéciaux auraient encore pour auditeurs les élèves de. licence qui désireraient suivre ces cours, et les auditeurs bénévoles que ne manquerait pas d'attirer la création d'un enseignement nouveau important, comme celui de la législation financière ou de la médecine légale.

Mais quels avantages trouveraient les élèves laborieux et intelligents à continuer à fréquenter l'École pendant trois années environ après leur licence ? Le seul amour de la science pourrait-il les décider à affronter des épreuves aussi longues et qui doivent être difficiles si l'on veut donner au titre de docteur une véritable valeur ? Nous croyons que, tout naturellement, il y aurait lieu de tenir compte du grade de docteur pour la nomination aux fonctions correspondant aux matières spéciales choisies par l'étudiant.

Le doctorat en droit international public, science diplomatique et législation consulaire, serait une préparation excellente aux emplois du Ministère des affaires étrangères, et aux fonctions de la diplomatie et des consulats.

Le titre de docteur en droit administratif serait une bonne recommandation pour les hauts emplois de l'administration. Les docteurs en droit civil qui entreraient dans la magistrature, devraient, toutes autres choses égales, être préférés aux licenciés.

Enfin, et surtout, c'est parmi les docteurs que l'Université nationale recruterait ses professeurs ; tant que le corps professoral ne serait pas au complet, les chaires à créer seraient attribuées aux premiers élèves qui, ayant obtenu le grade le plus élevé de l'Université, désireraient embrasser la carrière du professorat. On pourrait exiger d'eux seulement que, par une leçon faite devant un jury de professeurs et de magistrats, ils montrent qu'ils possèdent non seulement les connaissances nécessaires, mais encore l'aptitude spéciale à l'enseignement. Lorsque les docteurs sortis de l'École et aspirant au professorat seraient devenus plus nombreux que les places qu'on pourrait leur offrir, un concours serait tout naturellement établi entre eux pour l'attribution de ces places.

Nous avons dit plus haut que les écoles de droit des départements pourraient envoyer les meilleurs de leurs élèves conquérir à la Faculté de la capitale le grade de docteur.

La Faculté de droit de Bogota serait donc une pépinière de professeurs spécialistes, non seulement pour elle-même, mais encore pour les Écoles des départements.

L'enseignement du degré supérieur y acquerrait ainsi une importance considérable, et les bienfaits s'en feraient sentir dans toute la République.

EDMOND CHAMPEAU.

CHRONIQUE DE L'ENSEIGNEMENT

ALGER

Travaux des Écoles supérieures en 1894-95. — I. *Situation générale.* — Les Écoles supérieures d'Alger continuent à manifester leur vitalité par l'accroissement ininterrompu du nombre de leurs étudiants. L'École de droit a compté, en 1894-95, 775 inscriptions, soit 84 de plus que l'année précédente ; durant cette dernière déjà, tant par le total des étudiants que par celui des examens, cette École dépassait sensiblement un certain nombre de Facultés similaires de la métropole. Il est vrai que l'on constate à l'École de médecine un fléchissement dans le chiffre des inscriptions (543 contre 605); mais il n'est pas permis d'inférer de là que le nombre des étudiants en médecine ait baissé ; le surcroît d'inscriptions de 1893 tenait simplement à l'afflux des candidats non pourvus des grades exigés pour le doctorat, qui s'empressaient de s'inscrire pour l'officiat (cours d'études supprimé à partir du 30 novembre 1893), avec l'espoir de faire convertir plus tard leurs inscriptions d'officiat en inscriptions de doctorat. L'École des sciences, avec ses 31 étudiants, n'a pas encore pu sentir les effets qu'est destinée à produire sur sa population scolaire l'application des mesures nouvelles relatives aux études préparatoires à la médecine. L'École des lettres, soit directement soit par correspondance, a distribué son enseignement à 342 étudiants ou auditeurs (contre 287 en 1893-94). Ce nombre s'accroîtra sans doute par l'adjonction des candidats au diplôme d'études historiques, diplôme que l'École d'Alger est autorisée à délivrer dans les mêmes conditions et avec les mêmes avantages que les Facultés des lettres de France.

II. *Travaux des professeurs de toutes les Écoles supérieures.* — I. *Droit.* L'École a continué la publication régulière de la très utile et très importante *Revue algérienne et tunisienne de législation et de jurisprudence.* En outre, 3 professeurs de l'École ont fait paraître 4 travaux ou séries d'articles.

II. *Médecine.* 39 publications diverses ont été données par 14 professeurs; l'honorable directeur de l'École de médecine signale le nombre et la valeur de ces travaux comme éminemment dignes de la sympathie des pouvoirs publics.

III. *Sciences.* Une partie très notable de l'activité de l'École des sciences consiste dans les travaux réguliers du service météorologique algérien, et dans la confection de statistiques rétrospectives du plus haut intérêt, destinées à faire connaître la fréquence mensuelle moyenne des huit principales directions du vent pour toutes les stations de la colonie. Ces statistiques, ainsi que les tableaux et cartes qui y correspondent, terminent une publication entreprise par l'École sous le titre d'*Essai de climatologie algérienne.* Outre ce grand travail, qui est l'œuvre collective de l'École, on signale 26 publications individuelles dues à 15 professeurs.

IV. *Lettres.* La pièce de résistance est ici, comme par le passé, la publication régulière du *Bulletin de correspondance africaine*, recueil intéressant l'archéologie, l'histoire, la philologie et l'ethnographie du nord de l'Afrique. La subvention ministérielle octroyée au *Bulletin* a été portée, en 1894-95, de 1 500 à 2 000 francs. Trois fascicules ont pu, grâce à cette augmentation, être édités en 1894. De plus, 13 professeurs et un élève de l'École des lettres d'Alger ont fait paraître 36 travaux personnels.

Le rapport, rédigé au nom du conseil général des Écoles d'Alger, par M. le professeur M. Colin, conclut légitimement, après l'énumération des preuves multiples d'activité et de progrès données par les Écoles et dont nous venons de tracer le tableau résumé, qu'Alger a désormais sa place marquée dans la liste des Universités futures.

III. *Statistique particulière des Écoles supérieures.* — 1. *Droit.* *Étudiants.* L'École a compté 269 élèves (168 assidus et 101 dispensés de l'assiduité), soit 27 de plus que l'année précédente. 189 ont pris des inscriptions. Le nombre total des *inscriptions* s'est élevé à 775 (contre 691 ; soit 81 de plus). Enfin les *examens* ont atteint le chiffre de 220, soit 19 de plus que dans l'exercice précédent.

Répartition : 1° *des auditeurs :* Capacité, 13 ; licence, 152 ; législation algérienne et droit musulman, 81 ; droit français aux indigènes, 81. Total : 269 ; — 2° *des inscriptions prises en* 1894-95 : capacité, 6 ; licence, 117 ; législation algérienne et droit musulman, 56. Total : 189 ; 3° *des examens :* licence, 34 candidats, 31 admis ; baccalauréat, 117 candidats, 76 admis ; capacité, 5 candidats, 4 admis. Certificat d'études de législation algérienne, 1er examen : 32 candidats, 25 admis ; 2e examen, non-licenciés, 16 candidsts, 13 admis ; licenciés, 10 candidats, tous admis. Certificat supérieur de législation algérienne : 6 candidats, 5 admis. Total des candidats, 220 ; des admis, 164.

2° *École de plein exercice de médecine et de pharmacie. Étudiants :* L'École a compté 159 étudiants qui ont pris 543 *inscriptions.*

Répartition : Doctorat.   308 inscriptions, prises par 92 élèves ;

Officiat .	51	—	—	15 —
Pharmacie, 1re cl. . .	82	—	—	22 —
— 2e — . .	102	—	—	30 —

à joindre 5 auditeurs bénévoles des cours de médecine ; soit, en tout, 174 personnes ayant suivi les cours.

Examens : 1° *Doctorat :* 1er examen, 11 candidats, 6 admis ; 2e examen : 1re épreuve, 23 candidats, 15 admis ; 2e épreuve, 14 candidats, 10 admis. 2° *Officiat :* Examens de fin d'année, 16 candidats, 14 admis ; examens de fin d'études, 8 candidats, 5 admis. 3° *Pharmacie :* 1re *classe,* validation de stage, 16 candidats, 15 admis ; examen de fin d'année, 4 candidats, 3 admis ; examen semestriel, 7 candidats, 6 admis ; 2e *classe,* validation de stage, 9 candidats, 8 admis ; examen de fin d'année, 9 candidats, 6 admis ; examen de fin d'études, 43 candidats, 40 admis ; 4° *Sages-femmes :* 1re *classe,* 15 aspirantes, 14 reçues ; 2e *classe,* 8 aspirantes, toutes reçues. Total général : 183 candidats, 150 réceptions.

3. *Sciences. Étudiants.* 31 étudiants se sont fait inscrire, dont 9 pour les diverses licences. Les cours organisés pour la préparation au certi-

ficat d'études physiques ont été suivis par 7 étudiants qui ont pris 23 inscriptions. Trois d'entre eux se sont présentés à l'examen de fin d'année; un seul a été reçu. *Examens.* L'École ne délivrant que le diplôme de bachelier, la statistique ne peut mentionner que les résultats des baccalauréats d'ordre scientifique. 1° *Complet :* 25 candidats, 17 reçus; 2° *restreint,* 13 cand., 11 reçus; 3° *classique* (*Lettres-mathématiques*) : 31 cand., 24 reçus; 4° *moderne* (*A. Lettres-sciences*) : 17 cand., 13 reçus; (*B. Lettres-mathématiques*) : 19 cand., 12 reçus.

4. *Lettres.* L'École supérieure des lettres d'Alger ne possède point d'étudiants réguliers; elle délivre le diplôme de bachelier (classique et moderne) et des diplômes et brevets d'arabe et de kabyle.

1. *Baccalauréat. Ancien régime,* 2° *partie* : 2 candidats, reçus; *classique,* 1ʳᵉ *partie,* 237 cand., 116 reçus; 2° *partie,* 150 cand., 78 reçus; *moderne,* 1ʳᵉ *partie,* 129 cand., 22 reçus; 2° *partie,* 34 cand., 17 reçus. Le nombre total des candidats a donc été de 551, en augmentation de 40 sur l'année précédente, celui des reçus, de 264 (contre 246); soit une moyenne de 47, 73 p. 100 de réceptions, un peu inférieure à celle de 1893-94. La cause de cet abaissement tient à la faiblesse des candidats à la 2° partie du baccalauréat classique et à la 1ʳᵉ partie du baccalauréat moderne.

2. *Brevets d'arabe et de kabyle.* — *Diplôme d'arabe. A. Brevet d'arabe :* 53 candidats se sont présentés (au lieu de 48 en 1893-94), 21 ont été admis; soit 39 1/2 p. 100 contre 64, 58 p. 100. La différence au détriment de l'année 1894-95 provient de la sévérité des Commissions sur l'arabe parlé, dont la connaissance est indispensable aux fonctionnaires, constamment en rapport avec les Indigènes. — *B. Diplôme d'arabe :* la session de 1894-95 est notée comme la meilleure qui se soit produite depuis la création de l'examen; sur 6 candidats, 5 ont été reçus. *C. Brevet de kabyle :* 8 candidats se sont présentés, 5 ont été admis. Enfin deux candidats ont été préparés, dans une conférence spéciale, au diplôme des dialectes berbères; mais aucun n'a affronté l'examen.

CAEN

Travaux des Facultés de Caen et des Écoles supérieures de Rouen en 1894-1895. — I. *Discours du recteur.* L'honorable M. Zévort, recteur de Caen, rappelle les nombreux et importants changements introduits dans l'enseignement supérieur : modification du régime de la licence et du doctorat en droit, élargissement du programme de la licence ès lettres, organisation, près les Facultés des sciences, du cours préparatoire aux études médicales, sans parler de la préparation de la partie scientifique de l'agrégation d'histoire entièrement remise aux mains des Facultés. L'orateur voit là, avec raison, autant de preuves de « la féconde activité qui continue de présider à la direction de l'enseignement supérieur ». De son côté, le centre universitaire de Caen s'est montré digne des faveurs du pouvoir, et a fait tout le possible pour mériter le titre envié d'Université.

Déjà un million et demi de francs ont été dépensés généreusement par la ville de Caen pour l'extension du haut enseignement, et la libéralité du Conseil municipal de cette ville, qui s'est engagé pour 30 ans à verser une subvention annuelle de 30 000 francs, a permis, avec l'aide de l'État, de créer une chaire d'histoire de la littérature et de l'art normands. Le titulaire de cette chaire est l'honorable M. A. Gasté, dont la haute compétence est universellement connue et appréciée.

L'initiative privée, comme stimulée par de si louables exemples, a répondu à l'appel du recteur, et la création de la Société des amis de l'Université de Normandie a obtenu un succès éclatant; après un an d'existence à peine, cette Société compte déjà 450 membres, parmi lesquels les industriels, les commerçants et les propriétaires de la région forment la majorité. Pour ses débuts, la Société a porté tout son effort sur la Faculté des lettres : non contente de contribuer, dans la proportion d'un tiers, au premier versement fait par la ville de Caen en faveur de la chaire de littérature normande, elle a subventionné seule un cours libre de langue et de littérature anglaises. La Société s'est encore associée au mouvement si touchant de souscription en faveur du vaccin de la diphtérie, qui s'est manifesté dans toutes les communes du département, grâce aux efforts de M. le maire de Caen et de M. le préfet du Calvados. On a vu, du reste, des villes assez éloignées du centre universitaire, prendre, dès la création de la Société des amis de l'Université, un intérêt effectif aux progrès de l'enseignement supérieur : telles, les villes de Lisieux, de Coutances, d'Évreux : cet exemple de solidarité, traduit par des subventions, vaut la peine d'être mentionné.

A peine fondée, la Société a eu la douleur de perdre le plus glorieux de ses membres, l'illustre Pasteur. L'éminent recteur rappelle avec une émotion qu'explique à la fois la gloire du défunt et les liens de famille qui l'unissaient à l'orateur, combien Pasteur aimait les professeurs et les étudiants de Caen, et avec quelle sympathie il s'exprimait sur le compte de ces voisins de ses dernières villégiatures.

II. *Vœux des Facultés.* Nous extrayons du rapport du Conseil général des Facultés de Caen les vœux suivants : 1° *Sciences.* Que le certificat d'études physiques donne le droit de se présenter à l'examen de la licence ès sciences naturelles; — qu'une composition de mathématiques soit ajoutée à la composition de philosophie à la 2e partie du baccalauréat classique (lettres-philosophie); — que les licenciés ès sciences soient admis à bénéficier de certains avantages (à déterminer) dans les concours d'admission des ponts et chaussées, télégraphes et contributions indirectes.

2° *Lettres.* La Faculté des lettres demande un cours complémentaire d'histoire de l'art, et un autre d'archéologie et de paléographie, ce dernier surtout en vue de favoriser la préparation de l'agrégation d'histoire, dont les programmes nouveaux comportent des interrogations sur les sciences auxiliaires, épigraphie, paléographie.

III. *Distinctions obtenues par des professeurs des Facultés de Caen.* M. le professeur et doyen Villey a obtenu le prix Saintour, décerné par l'Académie des sciences morales à son étude sur « le Socialisme contemporain » dans ses rapports avec la morale. M. le professeur Ambroise Colin a obtenu une récompense de 500 francs sur le prix Rossi à la même Académie pour un mémoire sur le *Homestead.* M. le professeur Huguet a été honoré par l'Académie française du prix Saintour pour ses *Pages choisies de Rabelais.* Enfin, M. le professeur Guillouard a été appelé à faire partie du jury qui juge, à Paris, le concours ouvert entre les étudiants de 3e année de toutes les Facultés de droit de la République.

IV. *Statistique particulière des Facultés.* 1. *Droit. Cours publics.* Le rapport de M. le doyen Villey constate le succès obtenu par les cours publics institués depuis un an par la Faculté de droit en faveur des « personnes qui s'intéressent aux choses de l'esprit, et qui ne sont pas tout à fait absorbées par les affaires ». Grâce à la subvention de la Société des amis de l'Université, il a pu être professé un cours sur les institutions anglo-normandes, qui a attiré un grand nombre d'auditeurs; il en a été de même pour les leçons publiques sur la France économique, la formation territoriale des États et leur extension coloniale, enfin sur les règles fondamentales de notre droit public.

Étudiants et inscriptions. Il a été pris en 1894-95 un total de 835 inscriptions; c'est le chiffre le plus élevé que la Faculté ait atteint depuis 20 ans. Ces inscriptions se décomposaient comme suit :

Capacité : 121 (au lieu de 73 en 1893-94); 1re année, 221 (contre 254); 2e année, 259 (contre 164); 3e année, 164 (contre 185); doctorat, 68 (contre 49).

Examens. La Faculté a fait passer 593 examens ou thèses, et prononcé 479 admissions. *Détail :* capacité, 32 candidats, 26 admis; licence, 494 cand., 401 admis; doctorat, 55 cand., 40 admis; thèses, 12. Ces examens ont donné lieu à 1 885 interrogations, jugées comme suit : boules blanches, 412; blanches-rouges, 415; rouges, 683; rouges-noires, 249; noires, 126. Il a été décerné 173 certificats et diplômes, savoir : capacité, 26; baccalauréat, 80; licence, 55; doctorat, 12. Dans un autre ordre d'idées, 2 étudiants de la Faculté de droit de Caen ont obtenu le 2e et le 5e rang dans le concours ouvert entre tous les établissements d'enseignement supérieur par l'Union nationale des Sociétés de tir de France, et la Faculté de Caen, dans l'ensemble, a été classée 7e.

Travaux des professeurs. 4 professeurs de la Faculté de droit de Caen ont fait paraître 5 publications.

2. *Sciences. Enseignement.* Le nouvel enseignement des sciences physiques, préparatoire à la médecine, a fonctionné pour la première fois à Caen l'année scolaire écoulée. 11 étudiants étaient inscrits, dont 9 se destinaient aux études médicales; 6 de ceux-ci ont obtenu le certificat d'études; des deux autres, l'un a été admis à l'École vétérinaire de Lyon, l'autre se destinait à l'industrie, sans se préoccuper de passer un examen.

Étudiants. Le nombre des étudiants qui se préparaient aux diverses licences a fléchi de 25 à 24; 9 étaient candidats à la licence mathématique, 11 à la licence physique, 4 à la licence ès sciences naturelles. Au point de vue de leur origine, ces étudiants se répartissaient ainsi :

3 boursiers de l'État, 3 boursiers départementaux, 9 répétiteurs du lycée de Caen, 1 préparateur à la Faculté, 8 étudiants libres.

Examens. 1. *Licence :* Mathématiques, 6 candidats, 4 reçus; physique, 5 candidats, 1 reçu; sciences naturelles, néant. Au total, 12 candidats, 6 reçus. 2. *Baccalauréats : complet,* 55 candidats, 24 reçus; *restreint,* 29 cand., 20 reçus; *classique* (lettres-mathématiques), 58 cand., 25 reçus; *moderne* (lettres-sciences), 52 cand., 30 reçus; (lettres-mathématiques), 65 cand., 39 reçus. Au total, 259 candidats, 128 reçus, soit 49,42 p. 100.

Travaux des membres de la Faculté des sciences. 51 travaux ont été publiés par 19 professeurs ou préparateurs, et 1 un élève de la Faculté des sciences de Caen.

3. *Lettres. Enseignement.* Il importe de signaler une nouveauté que relève le rapport de l'honorable doyen des lettres : l'enseignement de la Faculté a été suivi, en 1894-95, par quelques élèves de la classe de rhétorique supérieure du lycée de Caen, se destinant à l'École normale. Quatre de ces jeunes gens sont spécialement loués comme ayant suivi les conférences d'histoire moderne avec un zèle particulier.

Étudiants. Le nombre des étudiants proprement dits, tant résidents que correspondants, s'est élevé à 109, dont 8 sont en même temps étudiants en droit. Il n'est fourni par le rapport officiel aucun détail sur la répartition de ces étudiants entre les divers cours.

Examens et concours. Agrégation. 2 élèves de la Faculté ont subi avec succès les épreuves de l'agrégation de grammaire. Un autre a obtenu le diplôme d'Études supérieures d'histoire et de géographie, dans les conditions prévues par l'arrêté du 28 juillet 1894. *Certificats.* 3 élèves correspondants, professeurs dans les collèges du ressort, ont obtenu le certificat d'aptitude au professorat des classes élémentaires de l'enseignement secondaire; un correspondant a conquis le certificat d'allemand, une correspondante le certificat d'anglais.

Licence. 39 candidats se sont présentés; 14 ont été jugés dignes du diplôme, savoir : 9 pour les lettres, 4 pour la philosophie, 1 pour l'histoire.

Baccalauréat. Le rapport de l'honorable doyen des lettres ne contient aucune statistique détaillée des examens du baccalauréat. Il se borne à indiquer la proportion des réceptions, qui a été de 42 p. 100 pour la 1re partie, de 34 p. 100 pour la 2e partie du baccalauréat classique, et de 43 p. 100 pour la 1re partie du baccalauréat moderne.

Enfin 3 étudiants en droit se sont présentés pour obtenir le diplôme d'études supérieures délivré par la Faculté des lettres.

Travaux des professeurs. A côté des travaux honorés de récompenses académiques, dont il a été question plus haut, il importe de noter les nombreuses et importantes publications de MM. A. Gasté, Mabilleau et Büchner. Au total, 6 professeurs ont fait paraître 17 publications.

4. *École de médecine et de pharmacie. Étudiants et inscriptions.* 204 inscriptions ont été prises par 80 élèves. Ces élèves se répartissaient ainsi : 41 étudiants en médecine, dont 33 aspirants au doctorat et 8 à l'officiat; 39 étudiants en pharmacie, dont 5 pour la 1re classe et 34 pour la 2e.

Examens. Doctorat : 2e examen, 1re partie : 10 candidats, 8 reçus; 1er examen, 6 cand., 5 reçus; 2e examen, 2e partie : 9 cand., tous reçus. *Officiat :* 2 candidats, reçus. *Pharmacie :* 1er examen définitif, 15 cand., 14 reçus; 2e examen définitif, 15 cand., 14 reçus; 3e examen définitif, 15 cand., 11 reçus. *Validation de stage :* 1re classe, 21 candidats, 16 reçus; 2e classe, 34 candidats, 17 reçus. *Sages-femmes :* 9 aspirantes, toutes reçues.

En résumé, sur 96 examens probatoires passés en 1894-95, il n'y a eu que 9 échecs.

Travaux des professeurs : 9 travaux ont été publiés par 3 professeurs de l'École de médecine de Caen.

Rouen. — 1. *École préparatoire de médecine et de pharmacie.* — Le rapport de l'honorable directeur de cette école fournit les renseignements statistiques suivants : Nombre des *élèves*, 142; nombre des *inscriptions*, 462; augmentation depuis 1893-94, + 2 élèves, + 7 inscriptions. *Examens. Fin d'année : officiat*, 22 candidats, 19 reçus; *pharmacie*, 43 cand., 37 reçus. *Fin d'études : 1er examen du doctorat*, 8 candidats, tous reçus; 2e examen, 1re partie, 13 cand., 9 reçus. 2e examen, 2e partie : 5 candidats, tous reçus. *Officiat :* 19 admissions, 7 candidats diplômés (20 présentés); 11 *sages-femmes* reçues, 8 diplômées.

Sur 53 candidats pour la validation du stage pharmaceutique, 46 admis, dont 13 de 1re classe.

En résumé : 87 examens de fin d'études, 80 réceptions.

2. *École préparatoire à l'enseignement supérieur des sciences et des lettres. Enseignement.* Les cours de l'École supérieure ont continué à être suivis par un auditoire assidu et attentif; le cours de littérature a joui en particulier d'une grande vogue. Les cours de mathématiques sont fréquentés par les candidats aux examens de conducteur des ponts et chaussées et d'agent-voyer, auxquels viennent se joindre des aspirants à l'École des Beaux-Arts de Paris, quelques instituteurs et quelques industriels.

Certificat d'études physiques. L'École a été investie du droit de préparer les futurs médecins au certificat d'études physiques. Elle a compté, en 1894-95, 16 élèves de cette catégorie, savoir : 4 étudiants de l'ancien régime, 11 du nouveau régime, 1 élève bénévole. Les 4 élèves de la 1re catégorie ont obtenu le certificat d'étude, sur les 11 de la 2e, 8 ont été reçus. Enfin un élève de ces cours a été reçu le 7e, sur 76, à l'École de santé militaire de Lyon.

La ville de Rouen va être dotée d'une École supérieure de Commerce : l'École des sciences et des lettres s'est mise publiquement à la disposition du nouvel établissement auquel elle offre son concours le plus empressé.

Travaux des professeurs. Plusieurs publications intéressantes sont sorties de la plume des professeurs de l'École des sciences et des lettres de Rouen. Signalons d'abord l'ouvrage de M. Bouquet, professeur honoraire, intitulé : « Souvenirs du Collège de Rouen par un ancien élève (1829-1835). » Ce livre a excité, aussi bien dans la région qu'au dehors, une vive et sympathique curiosité. Un autre professeur honoraire, un mathématicien, l'honorable M. Laurens, a obtenu le prix Bordin (Académie des sciences morales) pour un remarquable mémoire sur le positivisme. D'autre part, deux professeurs de l'École en exercice, MM. de Vesly et Quesné, ont mis à profit la subvention qui leur avait été accordée par le Ministère de l'Instruction publique pour poursuivre leurs recherches archéologiques. Les fouilles qu'ils ont dirigées ont amené la découverte d'un petit temple antique, de forme carrée, et d'un grand nombre de médailles romaines.

ALLEMAGNE. — STATISTIQUE DES UNIVERSITÉS EN 1894-1895. — 1° Tableau des professeurs de tout ordre.

SEMESTRE D'HIVER 1894-1895.

UNIVERSITÉS	TOTAL DES MAÎTRES DE TOUT ORDRE	THÉOL. CATH. Prof. ord.	hon.	extraord.	Priv.-Doc.	TOTAL	THÉOL. PROT. Prof. ord.	hon.	extraord.	Priv.-Doc.	TOTAL	DROIT Prof. ord.	hon.	extraord.	Priv.-Doc.	TOTAL	MÉDECINE Prof. ord.	hon.	extraord.	Priv.-Doc.	Maîtres art dent.	TOTAL	PHILOSOPHIE Prof. ord.	hon.	extraord.	Priv.-Doc.	Lecteurs	TOTAL
Berlin	347	»	»	»	»	»	8	1	7	2	18	11	3	4	10	28	14	4	33	69	1	121	51	3	40	82	4	180
Bonn	140	8	»	2	»	10	6	»	3	2	11	9	»	1	2	12	11	1	11	16	»	39	30	»	14	23	2	90
Breslau	142	9	»	2	»	11	6	»	3	2	11	6	»	1	3	10	11	»	14	18	»	44	34	»	10	20	3	67
Erlangen	60	7	2	»	»	»	6	»	1	2	9	7	»	»	»	7	9	»	6	12	»	15	20	»	4	5	1	29
Fribourg	107	11	2	1	1	»	»	»	»	»	»	10	»	2	»	10	13	»	9	12	»	34	18	3	18	12	»	52
Giessen	62	»	»	»	»	»	5	»	1	4	»	5	»	1	»	7	10	»	4	3	»	17	22	1	4	5	»	33
Göttingen	117	»	»	»	»	»	7	1	2	3	12	8	»	1	2	10	9	»	6	7	»	26	38	»	13	14	2	67
Greifswald	85	»	»	»	»	»	6	»	1	3	10	6	»	1	1	8	12	»	10	3	»	22	23	2	7	15	»	45
Halle	135	»	»	»	»	»	7	1	2	1	12	9	2	4	»	12	11	2	10	9	1	31	27	8	16	27	8	80
Heidelberg	125	»	»	»	»	»	6	»	1	2	8	7	»	1	2	11	11	2	8	13	»	34	30	4	28	13	3	72
Iéna	93	»	»	»	»	»	5	»	1	1	8	5	1	1	3	10	10	»	9	4	1	25	17	»	18	11	»	50
Kiel	91	»	»	»	»	»	5	»	1	2	8	6	»	1	6	8	7	»	8	9	1	34	24	»	10	16	2	52
Koenigsberg	106	»	»	»	»	10	8	1	4	2	11	10	»	3	4	9	11	1	10	15	»	52	29	10	9	12	»	52
Leipzig	190	»	»	»	»	11	6	»	2	3	14	7	1	1	6	20	11	1	18	22	1	23	38	»	33	29	2	110
Marburg	96	»	»	»	»	»	6	»	»	5	11	»	»	1	»	12	11	»	3	7	1	53	24	»	11	13	»	50
Münich	172	»	»	»	»	11	»	»	»	»	»	10	2	3	6	17	14	»	»	28	1	»	36	10	12	41	»	94
Münster	43	»	2	2	1	»	»	»	»	»	»	»	1	»	»	5	»	»	5	»	»	»	15	3	11	4	1	32
Rostock	42	»	»	»	»	»	4	1	2	1	4	5	»	2	1	11	8	»	11	11	»	14	12	1	6	1	»	19
Strasbourg	128	»	»	»	1	10	8	1	4	1	11	9	»	1	1	8	12	1	4	4	»	24	31	3	14	22	2	72
Tübingen	83	5	»	1	2	6	5	»	2	»	6	7	»	»	1	7	9	»	6	11	»	17	25	»	10	9	2	46
Wurzbourg	79	7	1	1	»	9	»	»	»	»	»	6	»	»	1	7	9	1	6	16	»	38	18	»	4	9	»	31
TOTAL GÉNÉRAL	2,451	52	3	9	4	68	103	3	31	32	169	150	8	25	41	224	210	13	195	207	6	601	552	38	290	385	34	1,299

UNIVERSITÈS.
Berlin . . . . . .
Bonn. . . . . .
Breslau. . . . .
Erlangen . . . .
Fribourg . . . .
Giessen. . . . .
Göttingen. . . .
Greifswald . . .
Halle. . . . .
Heidelberg . . .
Iéna . . . .
Kiel . . . .
Koenigsberg. . .
Leipzig. . . .
Marburg . . . .
Munich. . . .
Munster. . . .
Rostock. . . .
Strasbourg . . .
Tubingen . . .
Wurzbourg . . .
TOTAL GÉNÉRAL. . . .

SEMESTRE D'HIVER 1894-1895.

UNIVERSITÉS	DROIT.	MÉDECINE.	PHILOSOPHIE					ÉTUDIANTS DE NATIONALITÉ ALLEMANDE			TOTAL DES AUDITEURS DE TOUT ORDRE.
			TOTAL DES ÉTUDIANTS EN PHILOSOPHIE.	Philosophie et Philologie et Histoire.	Mathématiques et Sciences naturelles.	Économie politique et Agronomie.	Pharmacie ou Art dentaire.	TOTAL.	Originaires du ressort universitaire.	Originaires d'autres pays allemands.	
Berlin	1,617	1,166	1,551	764	512	41	234	4,179	3,467	712	8,052
Bonn	773	215	614	153	63	333	65	1,488	1,412	76	1,613
Breslau	326	295	311	109	08	31	103	1,353	1,233	20	1,339
Erlangen	209	385	300	53	137	.	110	1,099	591	508	1,108
Fribourg	253	335	279	71	114	17	77	1,041	510	531	1,216
Giessen	134	389	194	61	64	44	22	522	395	127	556
Göttingen	208	130	230	98	101	28	23	740	611	129	843
Greifswald	93	207	72	32	12	.	28	735	652	83	771
Halle	297	385	485	134	35	277	39	1,404	1,163	245	1,060
Heidelberg	339	249	387	138	249	.	.	851	429	422	1,223
Iéna	133	225	253	96	32	23	100	559	187	372	....
Kiel	77	193	111	36	36	2	37	503	401	104	
Kœnigsberg	207	257	182	5	48	16	68	605	655	10	
Leipzig	985	216	881	349	232	161	139	2,601	1,589	1,132	
Marburg	207	727	267	135	57	1	74	761	651	113	
Münich	1,112	225	1,086	415	285	118	268	3,273	1,809	1,404	
Münster	.	1,125	131	73	32	.	99	450	373	33	
Rostock	88	110	176	19	133	3	21	409	206	203	
Strasbourg	209	313	264	113	151	.	.	853	509	354	
Tubingen	224	223	285	39	60	177	.	1,141	892	249	
Wurzbourg	214	723	252	110	86	.	50	1,291	603	688	
TOTAL GÉNÉRAL	7,395	7,764	8,224	3,051	2,516	1,274	1,483	25,883	18,368	7,515	

UNIVERSITÉS.

Berlin . . . .
Bonn. . . . .
Breslau. . . . .
Erlangen. . . . .
Fribourg. . . . .
Giessen . . . .
Göttingen . . . .
Greifswald . . . .
Halle. . . . .
Heidelberg . . . .
Iéna . . . .
Kiel . . . .
Kœnigsberg . . . . . .
Leipzig. . . . .
Marburg . . . .
Munich. . . . .
Münster . . . .
Rostock . . . .
Strasbourg. . . . .
Tubingen. . . . .
Würzbourg. . . . .

Total général. . . . .

ROYAUME-UNI

IRLANDE

Nous reproduisons, sans d'ailleurs prétendre prendre parti dans la question, le résumé des doléances exprimées récemment par l'Épiscopat d'Irlande au sujet de la situation faite aux œuvres d'enseignement public soutenues par les catholiques de ce pays et à ces citoyens eux-mêmes par les lois et usages acutellement en vigueur dans le Royaume-Uni.

Dans la réunion générale tenue le 16 octobre 1895, les archevêques et évêques d'Irlande ont adopté, à l'unanimité, les résolutions suivantes :

« Nous renouvelons les protestations que les évêques d'Irlande n'ont cessé depuis longtemps d'élever contre la grande injustice avec laquelle les catholiques d'Irlande sont traités en ce qui concerne l'Instruction publique.

« En premier lieu, au sujet de l'enseignement universitaire, nous nous plaignons que, tandis qu'il est donné satisfaction largement et même avec prodigalité aux besoins des autres communions religieuses, nous, qui sommes l'immense majorité de la population, nous sommes condamnés à la déperdition des forces intellectuelles et matérielles que l'absence de culture supérieure entraîne pour une nation, à moins de nous résigner à des conditions que nos consciences réprouvent.

« Cet état d'infériorité est aggravé par le fait que nous, Catholiques d'Irlande, tout en étant numériquement la grande majorité, nous formons la partie la plus pauvre de la population. En Angleterre, la propriété territoriale est entre les mains de ceux qui professent, en général, la même religion que le peuple. Chez nous il n'en est pas ainsi. L'Ile tout entière est entre les mains d'une minorité dont la religion n'est pas la nôtre, et par conséquent il nous est impossible de suppléer par la bienfaisance privée à l'absence des dotations de l'État.

« Cependant les efforts effectués, en dépit de leur pauvreté, par les catholiques de l'Irlande et leur persistance, malgré toutes les causes de découragement et les vicissitudes de la politique, à insister sur ce qu'ils demandent, suffisent à démontrer l'ardeur de leurs sentiments et l'importance qu'ils attachent à ce que la question soit résolue.

« Comme preuve de la persévérance des protestations des évêques d'Irlande et pour exprimer complètement et exactement nos vues actuelles, nous reproduisons les résolutions suivantes, adoptées déjà par nous à diverses reprises :

« En ce qui concerne l'Enseignement universitaire, nous renouvelons les protestations réitérées des évêques, du clergé et de la population de l'Irlande, contre le système injuste et oppressif des dotations accordées par l'État aux non-catholiques, au grave détriment des intérêts sociaux des catholiques.

« Les catholiques réclament l'égalité avec leurs concitoyens noncatholiques dans l'enseignement supérieur, aussi bien que dans l'enseignement secondaire et primaire, en matière d'assistance par l'État. Ils demandent qu'il soit mis fin à leurs griefs en matière d'instruction publique, qui embrassent une période de plus de trois cents ans et ont été une source constante d'amer mécontentement; et ils font appel au Parlement, sans distinction de partis politiques, pour qu'il soit légiféré promptement, et dans un esprit juste et généreux, sur cette matière d'importance primordiale.

« Nous nous abstiendrons de décrire le système universitaire qui nous donnerait satisfaction. Nous dirons seulement que le but serait notablement atteint :

« 1° Par la fondation et la dotation d'un collège exclusivement catholique, ou, dans une Université ouverte à tous, d'un ou de plusieurs collèges dirigés par des principes strictement catholiques, et participant pleinement à tous les privilèges et subventions dont pourraient jouir d'autres collèges, à quelque confession qu'ils appartinssent ou quel qu'en fût le caractère.

« 2° En admettant les étudiants de tels collèges catholiques, dans les mêmes conditions que les étudiants des autres collèges, à concourir pour les honneurs universitaires, les prix et autres avantages.

« 3° En assurant aux catholiques, dans le Sénat ou toute autre autorité suprême d'une Université commune, si ce mode d'organisation était adopté, un nombre approprié de représentants possédant la confiance de la communauté catholique.

II

« En ce qui concerne l'enseignement secondaire, les catholiques ressentent vivement l'injustice résultant du fait qu'ils ne sont qu'une minorité dans le Conseil qui y préside.

« Cette inégalité dont souffre la communauté catholique est d'autant plus frappante et d'autant plus injustifiable que, depuis bien des années, les élèves des écoles catholiques remportent plus de la moitié des bourses, prix et récompenses accordés par le Conseil compétent.

III

« Au sujet de l'instruction primaire, nous devons particulièrement appeler l'attention sur deux sujets de plaintes qui ont été maintes fois exposés et qui sont particulièrement définis dans des Rapports officiels, tels que le Rapports de la Commission Powis de 1879-80, et le rapport fait en 1886-87 sur les donations de l'Instruction publique en Irlande.

« Nous renouvelons la demande que nous avons si souvent exprimée que la recommandation contenue dans le Rapport de la Commission Powis soit adoptée, et que, par suite, on supprime les restrictions mises à l'exercice de la liberté religieuse dans des écoles fréquentées exclusivement par des enfants catholiques ou protestants, là où l'organisation scolaire permet aux uns et aux autres d'avoir des écoles séparées.

« Nous nous plaignons aussi de ce que l'on maintienne des écoles « modèles », que plus d'une Commission Royale a sévèrement condamnées, et que l'État supporte ainsi une lourde charge, pour le principal bénéfice des protestants de la classe moyenne. »

Les résolutions additionnelles suivantes sont aussi unanimement adoptées :

« 1° Nous devons exprimer le profond regret que nous a causé le refus réitéré du Gouvernement de l'Irlande de donner suite aux résolutions adoptées par les Commissaires de l'Éducation nationale et qui avaient pour objet d'éliminer du Code actuel les dispositions restrictives de la liberté religieuse dans des conditions où rien n'en justifie le maintien.

« 2° Nous prenons la liberté d'appeler l'attention du Gouvernement sur les recommandations adoptées par la Commission royale de 1885-89, qu'une somme appropriée soit affectée à l'entretien, dans des institutions confessionnelles, des aveugles, des sourds-muets, des idiots, les trois quarts de la dépense devant être couverts par le Trésor impérial et le reste par des taxes locales. »

PAYS-BAS

Amsterdam. — La Faculté de théologie de l'Université. — L'enseignement de la théologie à Amsterdam offre cette particularité curieuse de s'adresser à la fois, dans le sein d'une même Faculté, aux sectateurs de cultes divers ; c'est ainsi qu'on trouve côte à côte une Faculté protestante (dogme luthérien et dogme calviniste), un séminaire memnonite, et un séminaire israélite-hollandais. Ce dernier jouit d'une haute considération dans la communauté juive ; les étudiants qui veulent y être admis doivent être pourvus du diplôme dit de candidature pour la philosophie classique pour pouvoir se présenter à l'examen de théologie.

Tableau statistique d'ensemble.

		Professeurs de Droit.	Professeurs de Médecine.	Professeurs de Littérature.	Professeurs de Sciences.
Professeurs ordinaires de théologie (Luthériens, Calvinistes, Memnonites) . .	5	3	11	»	»
Professeurs du séminaire israélite	13	»			»
Lecteurs		»	»	»	1
Professeurs extraordinaires. . .		1	3	3	3
Privat-Docenten.		»	12	3	3
		Étudiants en Droit.	Étudiants en Médecine.	Étudiants en Lettres.	Étudiants en Sciences.
Étudiants en théologie. . .	121	113	625	51	152
Auditeurs libres	»	1	3	19	17
Grades décernés dans la dernière année scolaire .	1	25		·	··

Au total : 38 professeurs ordinaires, 13 professeurs du séminaire israélite, 1 lecteur ; 10 professeurs extraordinaires, 18 privat-docenten ; 1 102 étudiants et auditeurs ; 37 grades décernés.

Utrecht. — École vétérinaire : années 1893-94 et 1894-95. — On comptait, en 1893-94, dans cet établissement, 12 maîtres, dont 6 vétérinaires, 1 assistant pour les expériences de philosophie, micrographie, etc., 1 maréchal-ferrant et 1 pharmacien chargés des travaux pratiques. La durée des études à l'École vétérinaire est de 4 années, réparties chacune en 2 semestres distincts ; le plan d'études comporte l'emploi du temps indiqué par le tableau ci-contre :

	THÉORIE. Hiver-Été. Heures.		PRATIQUE. Hiver-Été. Heures.		TOTAL. Hiver-Été. Heures.	
1ʳᵉ année. .	20	26	11	11	31	37
2ᵉ année . .	19	23	15	16	34	39
3ᵉ année . .	10	18	31	20	41	38
4ᵉ année . .	17	10	20	18	37	28

Les étudiants sont répartis en internes et externes; les frais de scolarité sont respectivement, pour chacune des deux catégories, de 350 et de 100 florins par an. L'admission à l'internat est une récompense accordée aux bonnes notes de l'examen d'entrée, au zèle et au progrès dans le cours des études. En 1893-94 on comptait 65 élèves, dont 31 internes (1ʳᵉ année, 14; 2ᵉ année, 12; 3ᵉ année, 16; 4ᵉ année, 23). En 1894-95, il y avait 60 élèves, dont 25 internes seulement. L'espace resté libre dans les bâtiments, qui comportent le logement de 60 internes, a été utilisé pour l'installation d'un « museum ». La bibliothèque de l'École vétérinaire compte 10800 volumes; elle est abonnée à 70 périodiques.

RUSSIE

Université de Saint-Pétersbourg. — La dernière statistique complète publiée pour cette Université porte sur l'année 1894-95, elle a été mise au jour à l'occasion de la fête solennelle du 8 février 1895, célébrée en présence du ministre compétent et d'un grand nombre de personnages notables qui ont jadis appartenu à l'Université. Voici les principaux détails de cette statistique :

Le 1ᵉʳ janvier 1895, le corps enseignant se composait de 195 maîtres, parmi lesquels 66 professeurs ordinaires et extraordinaires, 2 lecteurs pour les langues modernes, 82 privat-docents. Le total des étudiants réguliers (non compris 41 auditeurs libres) s'élevait, en 1894, à 2634. Dans le cours de l'année scolaire, on a inscrit 872 étudiants nouveaux; en revanche, 738 ont quitté l'Université, dont 410 après avoir complètement achevé leurs études, et 328 sans les avoir terminées. Au 1ᵉʳ janvier 1895, on comptait 2768 étudiants réguliers et 36 auditeurs libres. Répartition de ces étudiants : histoire et philosophie, 187; mathématiques, 494; sciences naturelles, 536; droit, 1462; langues orientales,89. Au cours de l'année scolaire, il a été délivré 410 attestations d'études, et 3 diplômes; 89 étudiants ont été autorisés à suivre les cours préparatoires au professorat; 10 personnes ont conquis des grades d'enseignement supérieur (2 docteurs, 8 licenciés). Le budget des dépenses de l'Université s'établissait comme suit, pour l'exercice 1894 : honoraires du personnel enseignant, 239362 roubles; dépenses d'entretien des appareils et du matériel scolaires, 119604 roubles; bourses à 343 étudiants, 93985 roubles; subventions partielles à 476 étudiants, 6604 roubles. La bibliothèque universitaire comptait, en 1895, 229039 volumes.

Tiflis. — La presse de la région du Caucase préconise la création d'une Université à Tiflis. Ce pays, avec ses 8 millions d'habitants, possède 9 gymnases, délivrant en moyenne 200 diplômes de « maturité » par an : on pourrait donc compter sur une population universitaire d'environ 800 à 1000 étudiants. Il faut remarquer que les 10 Universités qui existent en Russie comptent en tout 15000 étudiants. Le vœu de Tiflis n'a donc rien d'excessif.   E. S.

NOUVELLES ET INFORMATIONS

HENRI MARION

Henri Marion a été pour nous, dès la création de la *Revue*, un collaborateur, un guide, un exemple et, dans toute la force du mot, un véritable ami intellectuel ; c'est assez dire la perte que nous faisons personnellement en lui, et combien notre émotion est grande. Mais comment exprimer le deuil de notre Université qui voit disparaître, à l'âge de quarante-neuf ans, celui qui avait donné sa vie entière à la rénovation morale et intellectuelle de notre pays, et qui avait consacré à cette tâche si difficile et si nécessaire l'esprit d'un sage et le cœur d'un apôtre! Partout on retrouve sa trace dans l'œuvre scolaire des vingt dernières années. Comme publiciste d'abord, puis au Conseil supérieur de l'Instruction publique, il a prêté un concours spontané et sans réserves aux réformes de M. Jules Ferry. Sa thèse de docteur sur la *Solidarité* contenait déjà tout un programme d'action. Philosophe et moraliste, — si sa santé, toujours précaire et chancelante, le lui eût permis, — il eût été le chef comme il fut un des initiateurs de cette évolution morale à laquelle nous assistons et qui, si noble et salutaire en elle-même, est trop souvent compromise, faute de direction, par des excès et des divagations de toute sorte. Mais ce n'est pas seulement par ses écrits, c'est aussi par la parole que Marion a pris une part prépondérante à ce mouvement; le premier il a inauguré en Sorbonne — et avec quelle distinction, quelle autorité! — la science de l'éducation. Nous avons eu l'honneur de publier ici sa leçon d'ouverture qui marque une ère nouvelle dans l'orientation de notre enseignement secondaire et supérieur.

Déjà à Fontenay-aux-Roses il avait été l'instituteur éloquent des futures maîtresses de nos écoles de filles, et il avait apporté à cet apostolat une ardeur généreuse qui usa bientôt ses forces. A plusieurs reprises, condamné par la maladie à un repos momentané, il employait ses loisirs de quelques mois à des travaux plus utiles que bien d'autres n'y eussent réussi en pleine santé. Son beau livre sur l'*Education dans l'Université* a été composé de la sorte et il l'a dédié à son excellent ami et médecin de Pau, le Dr Meunier. Cette œuvre venait bien à son heure pour guider l'élite de nos maîtres qui ont l'amour de leur métier, le sentiment de leurs devoirs et le désir éclairé de mieux faire que leurs devanciers. Avouons-le cependant, l'auteur n'a pas donné cette fois toute sa mesure ; dans le but bien naturel de gagner à ses idées le plus d'adhérents possible, de ménager les transitions entre le passé et le présent, de ne pas choquer certains préjugés, d'ailleurs respectables, chez quelques-uns, il se défie trop des solutions hardies, il n'ouvre pas assez l'horizon aux initiatives nouvelles ; soucieux avant tout de produire des résultats pratiques et immédiats, ses judicieux préceptes, ses sagaces enseignements ne sont pas (c'est du moins notre avis) assez coordonnés, ils ne s'étayent pas suffisamment sur des principes bien établis.

Mais hâtons-nous d'ajouter que dans cet écrit comme dans l'Essai sur Locke et les articles rédigés pour la *Grande Encyclopédie*, on goûte jusqu'à l'enchantement les grâces de son esprit, ses qualités exquises de tact, de mesure, de délicatesse, cette éloquence douce et persuasive qui font de lui une sorte de Fénelon laïque, avec moins d'ascendant sans doute, mais peut-être avec plus de simplicité et d'ouverture de cœur. Tel l'écrivain, tel le professeur. On ne pouvait l'entendre sans être séduit par sa parole sans apprêt et de bon goût, qui coulait de source comme une onde rafraîchissante ; cette causerie, faite d'une voix un peu faible, ménagée avec adresse, plaisait par son ton uni et par l'absence même de toute prétention ; on se sentait en présence d'un esprit sincère qui vous disait honnêtement ce qu'il croyait être la vérité ; il ne forçait pas l'admiration, il n'appelait pas les applaudissements par de brillants effets oratoires, mais il parlait à l'âme et à l'intelligence et il y laissait une impression durable et vraiment efficace ; j'en prends à témoin ce nombreux auditoire de jeunes gens et de jeunes femmes qui se pressaient respectueusement autour de sa chaire.

Nous n'entendrons plus, mais nous n'oublierons pas les enseignements de cet homme éminent et bon, de ce loyal citoyen d'une république qu'il aimait pour la liberté de ses institutions, et pour les sentiments de solidarité sociale qu'éveille et développe cette forme de gouvernement, sagement comprise. Dans les incertitudes et les tâtonnements de l'heure actuelle où beaucoup de maîtres, qui ont perdu leur foi dans l'ancienne éducation, cherchent anxieusement à l'horizon l'aurore d'une foi nouvelle, cette perte prématurée laisse un grand vide. Pour l'œuvre que Marion avait entreprise, mais qui n'est pas encore réalisée, il ne faut pas de beaux diseurs, mais des hommes de conviction, d'autorité et d'action qui ressaisissent énergiquement les rênes qu'a dû abandonner sa main défaillante. Aujourd'hui, sachons le reconnaître, c'est moins dans le personnel enseignant de nos Facultés que dans les postes supérieurs de notre administration universitaire que l'on trouverait les candidats les mieux qualifiés pour cette tâche qui demande une préparation toute spéciale et malheureusement encore trop peu répandue. Il appartient à la Sorbonne de faire, en cette circonstance délicate, un choix digne d'elle et du grand éducateur qu'elle vient de perdre.

Ed. Dreyfus-Brisac.

LA RÉFORME DU CONSEIL SUPÉRIEUR DE L'INSTRUCTION PUBLIQUE

Voici le texte du projet de loi déposé par M. Combes, ministre de l'instruction publique, réorganisant le conseil supérieur de l'instruction publique :

DU CONSEIL SUPÉRIEUR DE L'INSTRUCTION PUBLIQUE

Article premier. — Le conseil supérieur de l'instruction est composé ainsi qu'il suit :

Le ministre de l'instruction publique, président ;

Deux sénateurs élus par le Sénat;

Deux députés élus par la Chambre des députés;

Un conseiller d'État en service ordinaire, élu par le Conseil d'État;

Un membre de la Cour de cassation élu par la cour;

Deux membres du conseil supérieur de l'agriculture élus par ce conseil;

Deux membres du conseil supérieur du commerce et de l'industrie élus par ce conseil;

Deux membres du conseil supérieur des beaux-arts élus par ce conseil;

Un officier général de l'armée de terre, un officier général de l'armée de mer, nommés par décret, en conseil des ministres, sur la proposition du ministre de l'instruction publique;

Neuf membres choisis parmi les fonctionnaires ou anciens fonctionnaires de l'enseignement public, nommés par décret, sur la proposition du ministre de l'instruction publique;

Cinq membres de l'Institut élus par l'Institut en assemblée générale et choisis dans chacune des cinq classes;

Un délégué du Collège de France élu par l'assemblée des professeurs;

Un délégué du Muséum d'histoire naturelle élu par l'assemblée des professeurs;

Dix délégués de l'enseignement supérieur public élus au scrutin de liste par les membres des conseils des Universités, parmi les professeurs titulaires des Facultés, à raison de deux délégués pour chacun des ordres des sciences, des lettres, du droit, de la médecine, et d'un pour la théologie protestante et pour la pharmacie;

Douze délégués de l'enseignement secondaire public élus au scrutin de liste par les membres des conseils académiques, parmi les proviseurs des lycées, les principaux des collèges, les directrices des lycées et collèges de jeunes filles, les professeurs titulaires des lycées et collèges de garçons et de filles et les répétiteurs des lycées, à raison de huit pour les lycées de garçons, de deux pour les collèges communaux de garçons et de deux pour les lycées et collèges de jeunes filles;

Six délégués de l'enseignement primaire public élus au scrutin de liste par les membres des conseils départementaux parmi les inspecteurs généraux et inspectrices générales de l'enseignement primaire, le directeur de l'enseignement primaire de la Seine, les inspecteurs d'académie, les inspecteurs primaires, les directeurs, directrices et professeurs des écoles normales d'enseignement primaire, les directeurs, directrices et professeurs des écoles primaires supérieures, les directeurs et directrices des écoles primaires élémentaires;

Quatre membres de l'enseignement libre ou privé, nommés par décret, sur la proposition du ministre de l'instruction publique.

Art. 2. — La durée des pouvoirs du conseil est de quatre ans.

Tout membre du conseil cesse d'en faire partie en perdant la qualité en raison de laquelle il a été appelé.

Art. 3. — Le conseil se réunit en assemblée générale deux fois au moins au cours de chaque année scolaire, aux dates fixées par le ministre.

Art. 4. — Le conseil, en assemblée générale, donne son avis :

Sur le programme d'études des établissements publics d'enseignement;

Sur les règlements relatifs aux examens qui déterminent la collation des grades et des titres prévus par les lois;

Sur les règlements relatifs aux concours requis pour certains emplois de l'enseignement public supérieur, secondaire et primaire;

Sur les créations de Facultés, de lycées, de collèges et d'écoles normales primaires;

Sur les règlements relatifs à la surveillance des établissements libres ou privés;

Sur les livres d'enseignement, de lecture et de prix qui doivent être interdits dans les établissements libres ou privés, comme contraires à la morale, à la constitution et aux lois;

Sur les concessions de locaux et sur les subventions à des établissements libres, prévues par l'article 69 de la loi du 15 mars 1850;

Sur les règlements relatifs aux demandes formées par les étrangers à l'effet d'être autorisés à ouvrir un établissement libre ou privé ou à y enseigner;

Sur toutes les questions d'ordre général qui lui sont soumises par le ministre.

ART. 5. — Les rapports présentés au ministre par les conseils académiques, sur l'état de l'enseignement public supérieur et secondaire, ainsi que les vœux émis par ces assemblées, sont distribués aux membres du conseil supérieur.

Le conseil supérieur, en assemblée générale, peut émettre des vœux sur les questions d'ordre général relatives aux objets de sa compétence.

Le règlement intérieur du conseil, rendu en la forme des règlements d'administration publique, déterminera le mode selon lequel les vœux seront déposés et examinés.

ART. 6. — Il est constitué, dans le conseil supérieur, une section administrative et une section de discipline et de contentieux.

ART. 7. — La section administrative se compose, sous la présidence du ministre, des neuf membres du conseil prévus au paragraphe 12 de l'article 1er de la présente loi, et de six membres nommés par décret, sur la proposition du ministre de l'instruction publique, et choisis parmi ceux des membres du conseil qui procèdent de l'élection.

ART. 8. — La section administrative étudie les projets de programmes et de règlements avant qu'ils soient soumis à l'assemblée générale du conseil;

Elle donne son avis sur les créations, transformations ou suppressions de chaires dans les Facultés;

Sur les livres de classe, de bibliothèque et de prix qui doivent être interdits dans les établissements publics d'enseignement;

Sur les demandes de dispense de stage prévues à l'article 60 de la loi du 15 mars 1850;

Sur les réclamations des inférieurs en cas d'excès de pouvoir des supérieurs,

Et sur toutes les questions d'administration, d'études, de discipline et de scolarité qui lui sont renvoyées par le ministre.

En cas de vacance d'une chaire dans une Faculté, la section administrative présente deux candidats concurremment avec la Faculté dans laquelle la vacance existe.

ART. 9. — La section de discipline et de contentieux se compose de dix-neuf membres du conseil élus par lui pour la durée de ses pouvoirs. Deux, au moins, des membres de l'enseignement libre ou privé en font nécessairement partie.

Elle élit son président et son vice-président.

Le ministre est représenté près d'elle par des commissaires désignés par lui.

ART. 10. — La section de discipline et de contentieux prononce en appel et en dernier ressort :

Sur les jugements des conseils des Universités et des conseils académiques entraînant la suspension pour plus d'une année, le retrait d'emploi, la révocation ou l'interdiction d'enseigner ;

Sur les jugements des conseils des Universités entraînant l'exclusion temporaire ou perpétuelle des étudiants de toutes les Facultés et écoles d'enseignement supérieur ;

Sur les décisions des conseils académiques ou des conseils départementaux touchant les oppositions à l'ouverture d'établissements libres d'enseignement secondaire ou d'établissements privés d'enseignement primaire ;

Sur les refus, par les conseils académiques, des certificats de stage prévus par l'article 61 de la loi du 15 mars 1850 ;

Sur les décisions des conseils des Universités relatives aux recours formés aux fins d'annulation, pour violation des formes prescrites, soit des examens qui déterminent la collation des grades et titres d'enseignement supérieur prévus par les lois, soit des concours institués par les règlements en vue des fonctions, emplois ou titres de l'enseignement supérieur public ;

Sur les décisions des conseils académiques relatives aux recours formés aux fins d'annulation pour violation des formes prescrites, des concours institués par les règlements en vue de fonctions, emplois ou titres de l'enseignement secondaire public.

La section de discipline et de contentieux statue directement et définitivement sur le refus des recteurs de viser les certificats d'aptitude aux grades et titres prévus par les lois.

ART. 11. — Les peines de discipline que peut entraîner pour les professeurs titulaires des Facultés et écoles assimilées, les agrégés de Facultés suppléants des écoles de médecine et autres fonctionnaires de l'enseignement supérieur nommés après concours, les professeurs titulaires des lycées et collèges de garçons et de filles, la violation des devoirs ou des obligations, sont :

La réprimande en présence du conseil de l'Université ou du conseil académique :

La censure en présence du conseil supérieur ;

La suspension de fonctions pour une année au plus avec privation partielle du traitement ;

La rétrogradation de classe ;

La suspension pour plus d'une année, avec privation partielle ou totale du traitement :

Le retrait d'emploi ;

La révocation.

La réprimande, la censure, la suspension de fonctions pour une année au plus et la rétrogradation de classe sont prononcées par le ministre après avis de la section administrative du conseil supérieur.

La suspension pour plus d'une année, le retrait d'emploi et la révocation sont prononcés, suivant les cas, par le conseil de l'Université ou par le conseil académique.

En outre, tout membre de l'enseignement public supérieur ou secondaire peut être déféré au conseil de l'Université ou au conseil académique, aux fins d'interdiction temporaire ou perpétuelle du droit d'enseigner.

DISCOURS

PRONONCÉ PAR M. É. COMBES, MINISTRE DE L'INSTRUCTION PUBLIQUE, DES BEAUX-ARTS ET DES CULTES, LE 22 MARS, A L'OCCASION DE LA POSE DE LA PREMIÈRE PIERRE DU LYCÉE DE JEUNES FILLES, A NIORT

MESSIEURS,

La ville de Niort a désiré que le Ministre de l'Instruction publique vînt poser la première pierre de son lycée de jeunes filles. J'avais trop de raisons de m'associer à cette fête pour ne pas accepter cette invitation aussi cordialement qu'elle m'était faite ; et ce m'est une double satisfaction de présider, dans ce pays auquel tant de liens me rattachent, une cérémonie scolaire qui marque si nettement le progrès de nos idées en matière d'éducation.

C'est la gloire durable de notre temps d'avoir mis au premier rang de ses préoccupations la question de l'instruction et de l'éducation de la jeunesse.

Après avoir été pendant plusieurs siècles le privilège du petit nombre, l'instruction est devenue le droit de tous les citoyens. La Révolution accomplie dans le domaine des faits politiques a eu son retentissement dans le domaine des faits moraux. En même temps qu'elle émancipait les volontés, elle émancipait aussi les intelligences. Et tandis que l'affranchissement des unes se traduisait par la jouissance de la liberté, l'affranchissement des autres se manifestait par un ardent désir d'instruction.

Ce progrès des idées et des mœurs, préparé par la philosophie du XVIIIe siècle et consacré dans ses principes essentiels par les décrets de la Convention, a suivi dans son développement les vicissitudes de la politique. Entravé, sinon arrêté par les régimes absolus, toléré plutôt qu'encouragé par les régimes libéraux, il n'a pris réellement son essor que sous le régime républicain. Mais alors son expansion s'est produite avec une force irrésistible. Ni l'opposition alarmée de certaines classes de la société, ni la perspective fermement envisagée des sacrifices budgétaires, n'ont détourné la République de ses devoirs. Sa sollicitude s'est étendue à tous les ordres d'enseignement. Il serait superflu de rappeler ici ce qu'elle a fait pour la jeunesse des villes et des campagnes. Le pays s'est couvert à la fois d'écoles, de collèges et de lycées qui ont mis l'instruction à la portée de quiconque a paru la désirer.

Pour la première fois, sous le gouvernement de la République, le droit à l'instruction a été reconnu le même pour les deux sexes. En même temps que les établissements d'enseignement secondaire se multipliaient pour les garçons, les villes étaient provoquées, par les offres généreuses de l'Etat, à construire des établissements de même ordre pour les filles.

Messieurs, Niort a eu le mérite et la bonne fortune d'être une des premières cités, la première dans l'Ouest, à s'engager dans cette voie. J'ai assisté de près, comme votre voisin, à la création de votre collège de jeunes filles, création qui a dû paraître singulièrement hardie à ceux qui connaissaient le milieu politique et social où elle s'est opérée. J'ai applaudi de grand cœur à votre initiative, regrettant plus d'une fois, à cette époque et depuis lors, qu'elle n'ait pas suscité d'imitateur dans mon département.

Aussi, Messieurs, suis-je profondément heureux de féliciter la municipalité niortaise d'avoir eu, à la fois, le courage nécessaire pour les sacrifices du présent et la confiance dans les résultats de l'avenir. Vous avez donné là un bel exemple de foi républicaine, vous en recueillez aujourd'hui la récompense. L'institution qui s'épanouira largement dans le bel édifice qui va s'élever ici avait été modestement fondée par vous il y a quelques années. Grâce aux efforts d'un personnel dont le dévouement a été constamment à la hauteur des difficultés, vous l'avez vu grandir et se fortifier d'année en année. Certes, il y avait, lorsque vous avez commencé, mérite à le faire. Il fallait lutter contre les attaques tantôt perfides, tantôt violentes, plus souvent perfides que violentes, qu'une opposition systématique et intolérante ne cessait de diriger contre nos établissements d'enseignement secondaire de jeunes filles.

« L'Etat, disait-on, est puissamment outillé pour dispenser l'instruction, mais l'éducation n'est pas son affaire » ; et si la critique s'adressait avec autant de libéralité que de mauvaise foi à nos établissements en général, combien ne devenait-elle pas plus âpre lorsqu'il s'agissait des lycées et collèges de jeunes filles! Non pas que dans les raisons qu'on nous opposait, il fallût chercher un profond raisonnement ; point de preuves positives, point d'exemples précis, que la sévère direction de nos maisons ne fournissait pas, mais des prétextes, des allégations vagues, le prétendu souci de croyances respectables que personne ne menaçait, le désir très humain, mais bien suranné, de maintenir dans la société des divisions artificielles dont notre démocratie ne sait plus s'accommoder, voilà ce que nous avons trouvé devant nous. La lutte a été d'autant plus difficile qu'elle n'a pas toujours été franche, qu'on a plutôt agi contre nous dans le huis-clos des consciences qu'on ne nous a ouvertement et loyalement combattus.

Notre cause a trouvé des défenseurs. Ce n'est pas qu'elle ait toujours été soutenue, je n'hésite pas à le dire, par ceux-là mêmes qui, devant plus à l'Etat, auraient dû aussi se placer parmi les plus dévoués partisans de l'enseignement qu'il organisait. Il y a eu chez beaucoup d'étranges compromissions, un dédoublement de devoirs et d'intérêts qui s'accorde mal avec un loyalisme sincère, et quelquefois, sous couleur de liberté, des trahisons savamment organisées. Je ne veux me souvenir ici, devant cette assistance amie de notre œuvre républicaine, que de ceux qui ont soutenu avec nous le bon combat et qui ont assuré la victoire définitive de l'esprit démocratique.

Notre enseignement secondaire de jeunes filles est aujourd'hui solidement fondé, il a fait ses preuves. Il a gagné la confiance, je ne dis pas seulement des pères de famille, dont beaucoup ne demandaient qu'à être convaincus, mais celle des mères, auxquelles sans doute on s'était efforcé de démontrer que l'enseignement de l'Etat ne donnerait pas à leurs filles ce je ne sais quoi que personne n'a jamais défini, peut-être parce qu'il n'existe pas, et qu'on était censé rencontrer ailleurs que dans nos établissements. Les mères ont compris qu'elles y trouvaient mieux ; que tout en s'efforçant d'adapter la science aux besoins et à l'intelligence de la femme, en formant des esprits justes, ouverts à toutes les grandes idées qui transforment notre société depuis la Révolution, l'art délicat des maîtresses auxquelles nous confions les jeunes filles savait aussi préparer leurs cœur à ces vertus féminines faites de conscience, de bonne grâce et d'abnégation qui donnent des forces pour le dur combat de la vie et préparent la paix des foyers.

Comment s'assurent ces incomparables résultats, vous le savez comme moi, vous tous qui avez suivi de près le développement de l'enseignement secondaire des jeunes filles dans la ville de Niort. Avec moi, je le sais aussi, vous rendez l'hommage qui lui est dû à la directrice dont le dévouement infatigable, la noble dignité, l'élévation d'esprit, ont servi de guide et de soutien à un personnel toujours disposé à se dépenser sans compter pour le service de la jeunesse. Je tiens à unir dans un public remerciement la directrice de cette maison et tous ceux qui collaborent à son succès.

Le Gouvernement de la République, que j'ai l'honneur de représenter ici, compte l'enseignement secondaire des jeunes filles au nombre des œuvres sociales qui ont un droit éminent à sa protection efficace. Le Parlement témoigne chaque année sa constante sollicitude à cette institution qu'il a fondée lui-même ; les villes, grandes ou petites, rivalisent de sacrifices pour le doter et l'établir largement. Une ère de prospérité s'ouvre devant lui. Il ne dépendra pas du Ministère de l'Instruction publique que de si légitimes espérances ne se réalisent ; il placera toujours au premier rang de ses devoirs celui d'assurer à l'enseignement secondaire des jeunes filles, avec le respect et la sympathie que lui doivent tous les bons citoyens, les larges moyens d'action que réclame justement une institution à laquelle sont attachées les plus chères espérances de la patrie française.

DISCOURS

PRONONCÉ PAR M. E. COMBES, MINISTRE DE L'INSTRUCTION PUBLIQUE, DES BEAUX-ARTS ET DES CULTES, LE 29 MARS, A L'OCCASION DE LA POSE DE LA PREMIÈRE PIERRE DU LYCÉE DE BEAUVAIS.

MESSIEURS,

Mes premières paroles doivent être pour remercier la municipalité de la ville de Beauvais d'avoir bien voulu m'inviter à présider cette cérémonie. Le Ministre de l'Instruction publique ne saurait ménager sa sympathie à une œuvre comme celle que vous entreprenez, et il est de son devoir de vous exprimer avant tout, au nom de l'Université, sa reconnaissance pour les sacrifices que vous avez consentis en faveur de votre futur lycée.

Vous avez compris, Messieurs, qu'il fallait doter largement les œuvres d'enseignement, qu'il importait de leur assurer les moyens de se développer aussi amplement qu'elles le comportent, et si vous réservez dans votre cœur une inaltérable gratitude à l'institution plus modeste qui a rendu, je le sais, tant de services, vous n'avez pas pensé pouvoir lui marquer plus vivement votre reconnaissance qu'en la mettant à même d'en rendre plus encore. Je ne puis trop vous féliciter de ces sentiments, qui prouvent, à la fois, votre grand souci des intérêts intellectuels de cette région et votre légitime désir de contribuer à la prospérité de l'œuvre scolaire qui est la gloire de notre République.

On ne saurait perdre aucune occasion de rappeler l'effort gigantesque accompli depuis vingt ans. Ce que la démocratie française a cherché avec une persévérance dont elle recueille aujourd'hui le fruit, ç'a été de mettre à la portée de toutes les intelligences les moyens de culture qui leur conviennent et d'organiser avec toute la perfection possible les divers ordres d'enseignement. Elle a voulu qu'à chaque degré chacun trouvât un ensemble complet des connaissances nécessaires, mais elle a ménagé les transitions et supprimé les barrières, de telle sorte qu'on pût aller sans peine du primaire au secondaire et du secondaire au supérieur, sans autre passeport que le mérite et le travail. Cette hiérarchie des enseignements, qui correspond à la diversité des esprits et aux exigences mêmes de la vie sociale, n'est, après tout, que la superposition des divers états de la science, et la générosité des pouvoirs publics, comme celle des départements et des communes, a pris soin que nul ne pût se plaindre de n'avoir pas eu à sa disposition les moyens de s'élever jusqu'à la pleine lumière de cette science, qui éclaire même les plus humbles. C'est ainsi que nous voyons l'élite des enfants du peuple, perpétuel afflux de sève jeune et vigoureuse, monter des écoles primaires jusqu'à nos collèges et à nos lycées, pour se répandre ensuite au pied des chaires de nos Universités; et n'est-ce pas, Messieurs, par cette communauté d'études libéralement ouvertes que nous faisons passer de plus en plus dans les idées et dans les mœurs, à côté de l'égalité de droit, l'égalité de fait, à côté de la fraternité inscrite dans les lois la fraternité gravée dans les cœurs?

Je n'entreprendrai pas de tracer ici un tableau des progrès merveilleux de l'enseignement primaire et de l'enseignement supérieur sous le gouvernement de la République. C'est aujourd'hui la fête de l'enseignement secondaire, et la place qu'il tient dans notre organisation scolaire est assez considérable, les autres enseignements lui doivent trop, pour qu'en m'occupant de lui exclusivement je ne risque pas de mériter le reproche d'oublier les autres.

L'enseignement secondaire, Messieurs, a subi depuis trente ans de profondes modifications : sa clientèle s'est étendue; par suite, ses plans d'étude ont dû s'élargir; il lui a fallu répondre à des nécessités nouvelles, s'adapter à des conditions sociales qu'il ne pouvait négliger sans manquer son but. Les familles qui lui confient leurs enfants ont d'autres idées, d'autres besoins que ceux qu'elles avaient il y a cinquante ans. Si elles placent toujours avant toute autre préoccupation le souci de la formation désintéressée de l'intelligence, le goût de la science pour la science, elles ne peuvent oublier que les difficultés de l'existence s'accroissent chaque jour, que chacun de nous doit être plus fortement armé au point

de vue moral et au point de vue intellectuel, et elles n'ont plus pour
premier article de foi en matière d'enseignement, que les seules études
vraiment profitables sont celles que l'on fait avec la conviction qu'elles
n'auront jamais aucune utilité pratique. Or on ne saurait disconvenir
que dans le régime d'études jusqu'alors en vigueur la fiction ne se pré-
sentât partout comme la condition même de l'éducation. Cela est tellement vrai que, pour comprendre l'antiquité, le jeune homme doit se
dépouiller des sentiments qui composent en quelque sorte notre milieu
moral.

L'enseignement secondaire a donc dû se transformer. A côté de la
discipline des langues anciennes, il a été peu à peu obligé de faire place
à celle des sciences, puis à celle des langues modernes; l'histoire, la
géographie, les arts, ont pris chez lui droit de cité. L'antiquité qui y
régnait en souveraine, sans rien perdre des droits que lui garantissent
ses chefs-d'œuvre, a cédé quelque chose à la réalité vivante. On s'est
demandé si, pour préparer des citoyens au xxe siècle, il était bon de ne
les faire vivre qu'à Rome et à Athènes; si une société travaillée comme
la nôtre par un ferment scientifique toujours en activité, obligée de soutenir une lutte incessante contre d'autres sociétés rivales, pouvait impunément compter, pour préparer son avenir, sur le seul commerce intellectuel de sociétés disparues; si enfin il n'était pas dangereux de se
reposer uniquement pour l'éducation de la jeunesse sur des idées et
des sentiments souvent contradictoires avec notre état social.

C'est de ces doutes, Messieurs, qu'est née la réforme de notre enseignement secondaire; ce sont ces besoins nouveaux qui ont donné
naissance à l'enseignement moderne.

L'Université avait un double devoir; elle devait, non seulement par
reconnaissance, mais aussi parce qu'elle ne saurait se priver d'une ressource aussi sûre, sauvegarder l'étude des lettres antiques; elle devait
en même temps introduire dans l'enseignement les études nouvelles
que les besoins de notre temps rendent indispensables et dont il est impossible de méconnaître la féconde influence. La difficulté était de faire
à chaque chose sa place sans encombrer les plans d'études, sans surcharger les programmes, sans écraser les jeunes intelligences sous la
multiplicité des matières. Il était naturel qu'on songeât à diviser le travail et que, de la conception primitive d'un seul type d'études, on passât
à l'établissement d'une double série de classes où certains enseignements seraient poussés plus loin, où d'autres seraient, les uns tout à
fait abandonnés, les autres réduits aux éléments indispensables. C'est
ainsi qu'à côté de l'ancien enseignement gréco-latin, élargi et vivifié,
s'est développé l'enseignement secondaire moderne, qui, renonçant à
faire connaître les langues anciennes sans se priver cependant de la
connaissance de l'antiquité, a demandé aux langues modernes les
mêmes secours que l'enseignement classique trouve dans le grec et
dans le latin.

Que cette séparation ne se soit pas faite sans tâtonnements et sans
résistances, que quelques-uns se soient effrayés du voisinage de ce nouveau venu, qu'ils aient redouté pour l'enseignement classique une concurrence préjudiciable, disait-on de bonne foi, à l'esprit français lui-
même, il n'y a lieu ni de s'en étonner ni de s'en plaindre. Nous avons
tous ressenti trop fortement le charme vivifiant des lettres anciennes

394 REVUE INTERNATIONALE DE L'ENSEIGNEMENT.

pour ne pas comprendre que la pensée d'en priver une partie de notre jeunesse ait douloureusement affecté quelques-uns de nos maîtres.

Mais si honorable et si sincère que fût cette opposition, elle ne pouvait valoir ni contre l'incessant progrès de la science ni contre l'inéluctable nécessité de préparer plus directement à la vie toute une partie des jeunes générations. Il fallait que l'enseignement nouveau vécût côte à côte avec l'enseignement ancien.

Vous savez, Messieurs, qu'ils vivent en effet, et se développent sans se nuire. Entre eux il ne saurait être question d'antagonisme. Leur but est le même, leurs moyens seuls diffèrent. Si, actuellement, l'un des deux avait à se plaindre, ce serait l'enseignement moderne, qui n'a pas encore reçu toutes les sanctions auxquelles il a droit de prétendre. Il s'est cependant, une récente statistique l'a prouvé, montré capable de se mesurer avec l'enseignement classique. Il fait rapidement et sûrement les preuves qu'on lui a demandées. Il ne tiendra pas à moi que le reste ne lui vienne, et, quand il aura conquis la pleine possession de lui-même, quand on aura pesé les résultats qu'il nous promet et qu'il nous donnera, on s'étonnera, sans aucun doute, des craintes que sa naissance a suscitées.

Ainsi, Messieurs, notre enseignement secondaire se trouve actuellement constitué de telle sorte que tous les esprits y trouvent la culture qui leur convient. Mais cela ne suffit pas. Je tiens à dire très haut que l'Université ne sépare pas l'éducation des esprits de l'éducation des cœurs; elle ne croit pas que son devoir se limite à enseigner plus ou moins complètement les lettres et les sciences. Si elle se reconnaît le droit d'attirer l'attention sur leur utilité pratique, elle regarde comme une obligation absolue de les faire servir avant tout à la formation des caractères.

Je n'ignore pas qu'il est de bon ton de refuser à nos maîtres ce sens de l'éducation qu'on accorde généreusement à d'autres. L'esprit de parti, la mode, des raisons très diverses et pas toujours très nobles, imposent cette opinion à beaucoup de gens qui, s'ils rentraient sincèrement en eux-mêmes, s'étonneraient de l'y voir.

L'Université ne s'en effraye pas. Elle continue sans bruit son œuvre de bienfaisante sociale. Par tous les moyens elle s'ingénie à perfectionner ses méthodes d'éducation, et ce n'est pas une de mes moindres espérances pour l'avenir que cette tendance de plus en plus sensible qui porte les jeunes maîtres à fortifier par une solide préparation pédagogique leurs qualités naturelles d'éducateurs. Elle regarde devant elle et non derrière. Ce qu'elle veut donner à la France, c'est non pas des hommes habitués à ne voir le présent qu'à travers le regret du passé, mais, comme disait Bersot, « des hommes de leur temps et de leur pays », vigoureux de corps et d'âme, au jugement droit, au cœur franc, sachant vouloir, également capables de supporter les rudes difficultés du présent et de préparer des temps meilleurs. A cette jeunesse qui est notre espoir elle apprend que l'homme ne vaut que par le bien qu'il fait aux autres, et elle lui inculque, pour qu'elle les répande autour d'elle, ces grandes idées de tolérance et de solidarité qu'un siècle d'efforts n'est pas encore parvenu à rendre universelles.

C'est ainsi, Messieurs, que l'Université prépare des citoyens à la France républicaine. Elle est récompensée amplement de ses efforts par la considération publique et par l'appui qu'elle rencontre partout auprès des municipalités.

Que de lycées et de collèges ou réparés ou construits à neuf depuis vingt ans ! La ville de Beauvais a tenu à honneur, elle aussi, de loger dignement son lycée. Encore une fois, Messieurs, je vous en remercie. Les sacrifices que vous vous imposez ne seront pas perdus. Le passé vous répond de l'avenir, et la cérémonie d'aujourd'hui sera, pour cette maison qui vous est si justement chère, le début d'une nouvelle ère de prospérité. Le grand maître de l'Université n'a pas besoin de vous dire avec quelle ardeur il souhaite au lycée de Beauvais heureux succès et longue vie.

LE TROISIÈME CENTENAIRE DE DESCARTES

A l'occasion du 300° anniversaire de la naissance de Descartes, qui vit le jour, comme on sait, à la Haye, en Touraine, le 31 mars 1896, quelques amis de la philosophie se sont réunis à la Sorbonne sous la présidence de M. Liard, directeur de l'enseignement supérieur et auteur d'un ouvrage classique sur Descartes. On remarquait dans l'auditoire : MM. Gréard, recteur de l'Académie de Paris ; Rabier, directeur de l'enseignement secondaire ; Darboux, doyen de la Faculté des sciences ; Sabatier, doyen de la Faculté de théologie protestante, Boutroux, Brochard, Espinas, Egger, professeurs à la Faculté des lettres, etc. Aux côtés du président étaient assis MM. Charles Adam, professeur à la Faculté des lettres de Dijon, et Paul Tannery, ingénieur des manufactures de l'État, qui se sont chargés de préparer une édition définitive des œuvres du grand philosophe français. M. Liard, dans une éloquente improvisation, a exposé les origines de ce projet.

Il y a deux ans, a-t-il dit, M. Xavier Léon et les jeunes gens qui ont fondé avec lui la *Revue de métaphysique et de morale* songèrent que le troisième centenaire de Descartes était proche et qu'il ne pouvait laisser indifférent quiconque s'intéresse à la science et à la philosophie. Il leur parut que la meilleure façon de servir la gloire d'un homme de pensée, c'est de donner une exposition de sa pensée entière et authentique. Descartes n'avait pas encore une édition digne de lui ; celle de Cousin, qui date de trois quarts de siècle, est incomplète et d'ailleurs épuisée. Ils projetèrent donc d'élever à l'auteur du *Discours de la méthode* le monument que réclame son génie. Ils s'ouvrirent à leurs maîtres de leur idée, qui fut favorablement accueillie, et qui est entrée dans la voie de la réalisation, puisque le premier volume va paraître incessamment.

« Comme construction systématique, continue M. Liard, le cartésianisme est mort sans retour, mais la méthode cartésienne demeure vivante ; elle est la source du développement philosophique de trois siècles, et elle le commande tout entier. Descartes est le maître non seulement du XVII° siècle et d'une partie du XVIII°, avec Malebranche, Spinoza, Leibnitz, Berkeley, mais aussi du criticisme de Kant et même du positivisme d'Auguste Comte. Il est, en outre, un initiateur dans la science et dans les sciences. Il nous a délivrés des dernières entités scolastiques et il a fondé d'une manière définitive la liberté de l'esprit et la prépondérance de la raison. Il a renouvelé les mathématiques. Il a ouvert à la physique des voies inconnues et l'expérimentation moderne retrouve le mécanisme dont il avait créé *a priori* la théorie par l'intuition et la déduction.

« L'édition du centenaire sera matériellement très belle. Elle comprendra 10 volumes in-4° carré, c'est-à-dire du format des éditions princeps, avec des caractères elzéviriens, une double pagination — celle de l'édition nouvelle et celle de l'édition originale — et la reproduction des figures que Descartes avait lui-même jointes à son texte. Ce chef-d'œuvre typographique sortira des presses de M. Léopold Cerf, le maître imprimeur qui se souvient qu'il a été normalien dans la section de philosophie. Scientifiquement, cette édition sera voisine de la perfection; elle sera le produit de la collaboration d'un mathématicien, M. Paul Tannery, et d'un philosophe, M. Charles Adam. Je donne la parole, a dit en terminant M. Liard, au mathématicien d'abord, comme le veut la méthode cartésienne. »

M. Paul Tannery a donné lecture d'une savante étude sur Descartes physicien.

M. Charles Adam a ensuite raconté les recherches qu'il a faites dans de nombreuses bibliothèques, notamment en Hollande, où sont conservés les manuscrits de Descartes. Tous les savants étrangers avec qui il s'est trouvé en rapport lui ont à l'envi facilité sa tâche, et il a vu dans cet empressement un témoignage de l'universalité de la gloire de Descartes.

Ajoutons que le ministre de l'instruction publique a accordé une souscription importante aux éditeurs.

Dans la liste des personnes qui ont bien voulu apporter leur concours et leur patronage à cette belle entreprise, nous remarquons les noms de MM. Berthelot, Joseph Bertrand, Léon Bourgeois, Émile Boutroux, Brunetière, Burdeau, Xavier Charmes, Challemel-Lacour, Fouillée, Gréard, Lachelier, Pasteur, Raymond Poincaré, Henri Poincaré, Ravaisson, Jules Simon, Sully Prudhomme, Vacherot, etc.

Au nombre des savants étrangers qui se sont associés au comité Descartes, nous citerons MM. R. Falkenberg, directeur de la *Zeitschrift für Philosophie und philosophische Kritik*, professeur à l'université d'Erlangen; Ed. de Hartmann, Kuno Fischer, professeur à l'université de Heidelberg; Paulsen, professeur à l'université de Berlin; Wundt, professeur à l'université de Leipzig, directeur des *Philosophische Studien;* Zeller, professeur à l'université de Berlin; Stout, directeur du *Mind*, professeur à Saint-John College de Cambridge; W. James, professeur a l'université de Cambridge (États-Unis); Delbeuf, professeur à l'université de Liège; Land, professeur à l'université de Leyde, éditeur des œuvres de Spinoza; le regretté L. Ferri, directeur de la *Rivista italiana di filosofia;* Wassilief, président de la Société physico-mathématique de Kazan.

En signalant à nos lecteurs, au fur et à mesure de leur apparition, les principaux articles de la *Grande Encyclopédie*, nous croyons devoir attirer leur attention sur la 14e édition, complétement refondue, du *Dictionnaire de conversation* de Brockhaus. C'est la meilleure encyclopédie allemande : elle célèbre cette année son centenaire, la 1re édition remontant à 1796. Et dans un format et un prix très abordables (16 volumes à 10 marks), elle peut rendre en France aussi de grands services aux travailleurs. La plupart des notices, remarquables par la quantité de renseignements qu'on y trouve sous un petit volume ont été rédigées par des hommes très compétents. Et comme on peut le le voir par les articles scientifiques, géographiques, historiques surtout (qui sont excellents), ce répertoire est aussi « au courant » qu'on peut le désirer. Ajoutons qu'il ne renferme pas moins de 10000 gravures, planches, cartes ou plans. Les cartes en particulier formeraient à elles seules par leur réunion un superbe atlas.

———————

Nos lecteurs trouveront dans la 544e livraison de la *Grande Encyclopédie*, une biographie de *Machiavel*, par M. Jeanroy, et une monographie historique et géographique sur *Madagascar*.

———————

Par arrêté du 24 mars, les élections pour le renouvellement du Conseil supérieur de l'instruction publique sont fixées au 30 avril 1896.
Si un second tour de scrutin est nécessaire, il y sera procédé le 15 mai.

ACTES ET DOCUMENTS OFFICIELS

Décret du 22 janvier concernant les aspirants aux fonctions de l'enseignement secondaire public pour lesquelles est requis le grade de licencié ès sciences.

Le Président de la République française, sur le rapport du ministre de l'Instruction publique, des Beaux-Arts et des Cultes; vu le décret en date du 22 janvier 1896, portant réorganisation de la licence ès sciences; vu la loi du 27 février 1880; le Conseil supérieur de l'Instruction publique entendu, décrète :

Article premier. — Les aspirants aux fonctions de l'enseignement secondaire public pour lesquelles le grade de licencié ès sciences est requis doivent justifier d'un diplôme portant un des groupes suivants de mentions :

I. — Calcul différentiel et intégral; mécanique rationnelle; astronomie, ou une autre matière de l'ordre des sciences mathématiques.

II. — Physique générale; chimie générale; minéralogie, ou une autre matière de l'ordre des sciences mathématiques, physiques ou naturelles.

III. — Zoologie; botanique; géologie.

Art. 2. — Il sera tenu compte aux aspirants aux fonctions de professeur dans les collèges ou de chargé de cours dans les lycées des mentions complémentaires obtenues par eux, notamment des mentions de l'ordre des sciences physiques, s'ils justifient du diplôme portant le groupe de mentions n° I; de l'ordre des sciences naturelles, s'ils justifient du diplôme portant le groupe de mentions n° II; de l'ordre des sciences physiques, s'ils justifient du diplôme portant le groupe de mentions n° III.

Art. 3. — Le Ministre de l'Instruction publique, des Beaux-Arts et des Cultes est chargé de l'exécution du présent décret.

FÉLIX FAURE.

Par le Président de la République :

Le Ministre de l'Instruction publique, des Beaux-Arts et des Cultes,

E. COMBES.

Circulaire du 24 janvier relative aux exemptions universitaires dans les lycées.

Monsieur le Recteur, je suis informé que des demandes d'exemption de frais d'études en faveur de fils ou de filles de *fonctionnaires et de professeurs des lycées* décédés, retraités ou en congé pour raison de santé, auraient été écartées par des chefs d'établissements.

Je vous prie de vouloir bien faire savoir à MM. les Proviseurs et à M== les Directrices des lycées de votre ressort que je suis disposé à examiner les demandes de cette nature avec la plus grande bienveillance et à accorder à ces élèves, comme par le passé, la remise universitaire, sous cette réserve toutefois qu'ils sauront s'en montrer dignes par leur conduite et leur travail.

Il y aura lieu, en conséquence, d'inviter les chefs d'établissements à m'adresser d'urgence celles de ces demandes qui auraient été écartées depuis la rentrée dernière.

Il est bien entendu, d'ailleurs, que les dossiers scolaires des élèves de cette catégorie seront joints à ceux des autres élèves qui jouissent normalement de l'exemption universitaire, pour être soumis à l'examen de la Commission centrale.

Recevez, Monsieur le Recteur, l'assurance de ma considération très distinguée.

Le Ministre de l'Instruction publique, des Beaux-Arts et des Cultes,

E. COMBES.

Circulaire du 25 mars relative aux élections pour le renouvellement du Conseil supérieur de l'Instruction publique.

Monsieur le Recteur, par arrêté en date du 24 de ce mois, j'ai fixé au 30 avril prochain les élections pour le renouvellement du Conseil supérieur de l'Instruction publique. Si un second tour de scrutin est nécessaire, il y sera procédé le 15 mai suivant.

Je vous prie de m'adresser, dans le plus bref délai possible, *sur des états distincts :* 1° les listes des électeurs de chaque établissement d'enseignement supérieur de votre ressort; 2° celles des électeurs de l'enseignement secondaire dressées par catégorie. En face du nom de chaque électeur devra être indiqué le nom de l'établissement auquel il appartient; 3° celles des électeurs de l'enseignement primaire dressées conformément à l'article 1er de la loi du 27 février 1880 et à l'article 51 de la loi du 30 octobre 1886. Dès que j'aurai reçu ces états, je vous ferai parvenir les enveloppes nécessaires.

Vous voudrez bien prendre toutes les mesures voulues pour assurer la régularité des opérations électorales, en vous conformant aux prescriptions du décret du 16 mars 1880 et aux instructions qui vous ont été données à plusieurs reprises.

Sur l'avis du Comité du contentieux, j'ai décidé que les délégués dans les fonctions de directeur ou de directrice d'école primaire supérieure qui exerçaient antérieurement à la loi du 10 octobre 1886, en vertu d'une nomination préfectorale, seraient admis à prendre part au vote.

Les agrégés de l'enseignement spécial continuent d'élire un délégué au Conseil.

Dans les Facultés mixtes, il sera établi *deux listes* d'émargement : une pour la médecine et une pour la pharmacie. Après le vote, chacune d'elles sera placée dans une *enveloppe distincte* avec le procès-verbal et les bulletins de vote correspondants.

Pour les lycées et collèges, il sera de même dressé une liste spéciale d'émargement pour chaque ordre d'agrégation ou de licence; les pièces relatives à chacun de ces ordres devront être renfermées dans une *enveloppe distincte.*

Toutes les listes d'émargement porteront en tête *le nombre des électeurs inscrits et celui des votants.*

Les bulletins de vote de l'enseignement primaire seront centralisés au chef-lieu de l'Académie. Vous voudrez bien donner des ordres pour que les bulletins vous parviennent *au plus tard au jour fixé pour l'élection.* Vous émargerez, dans les formes prescrites par les règlements, les noms des électeurs dont vous aurez reçu le vote, et le tout me sera transmis *le soir même* par vos soins.

Les plis des Facultés ou Écoles de pharmacie et des lycées et collèges me seront adressés par MM. les doyens ou chefs d'établissements à l'issue du scrutin.

Si des modifications se produisent dans la composition des corps électoraux avant le jour de l'élection, les listes devront être modifiées en conséquence, soit par vous, soit par MM. les doyens ou chefs d'établissements. Avis me sera donné de toutes les modifications survenues avant le jour du scrutin.

Recevez, Monsieur le Recteur, l'assurance de ma considération très distinguée.

Le Ministre de l'Instruction publique, des Beaux-Arts et des Cultes,

E. COMBES.

Circulaire du 25 mars relative à l'étude du grec.

Monsieur le Recteur, j'ai fait examiner s'il serait opportun de substituer dans l'enseignement de la langue grecque l'usage de la prononciation moderne à celui de la prononciation érasmienne.

Il a semblé que, dans l'état actuel des choses, une réforme absolue pourrait présenter des inconvénients. Mais, il y a certainement intérêt à se rendre compte, par des expériences pratiques, des divers services que peut rendre à bien des égards la connaissance de la prononciation moderne.

Sans prétendre poser de nouveau et encore moins résoudre la question de savoir en quoi la prononciation moderne diffère de la prononciation ancienne, il est certain que la première peut aider à saisir les liens étroits de parenté entre les langues grecque, latine et française, que la seconde employée seule ne suffit pas à dévoiler. De plus, l'importance actuelle de la langue hellénique dans tout le bassin oriental de la Méditerranée est un fait qu'il n'est pas permis de négliger; il n'est donc pas indifférent que l'attention de nos élèves soit appelée sur les rapports du grec ancien avec le grec moderne, et il est impossible de le faire sans les initier à la prononciation moderne.

Il est d'ailleurs reconnu par tout le monde qu'une étude attentive de quelques heures suffit pour acquérir la connaissance de cette prononciation. Il ne saurait y avoir là de difficulté sérieuse pour les professeurs et si les élèves doivent y employer un peu plus de temps, ils n'y trouveront pas un surcroît inutile de travail.

Vous voudrez bien, en conséquence, Monsieur le Recteur, inviter MM. les Proviseurs et MM. les Principaux à s'entendre avec MM. les Professeurs pour mettre facultativement à l'essai, dès la présente année scolaire, l'usage simultanée des deux prononciations. Je suivrai avec un vif intérêt la marche de cette expérience, pour le succès de laquelle je compte avant tout sur la bonne volonté et l'esprit d'initiative du personnel des lycées et collèges.

Afin de faciliter l'étude de la prononciation moderne, je vous fais parvenir un certain nombre d'exemplaires d'un petit traité de prononciation rédigé par M. Émile Burnouf; vous voudrez bien le distribuer à MM. les Proviseurs et Principaux, à MM. les Censeurs et à MM. les Professeurs intéressés.

Je désire que vous m'adressiez, avant le 15 juillet, un rapport sur les efforts qui auront été tentés dans votre Académie pour l'emploi des deux prononciations et sur les résultats obtenus.

Recevez, Monsieur le Recteur, l'assurance de ma considération très distinguée.

Le Ministre de l'Instruction publique, des Beaux-Arts et des Cultes,

E. COMBES.

Circulaire du 26 mars concernant les bourses de séjour à l'étranger.

Monsieur le Recteur, j'ai l'honneur de vous prier de m'adresser, *dès le 1er juin au plus tard,* vos propositions pour la répartition des bourses de séjour à l'étranger, créées en 1894, en vue de la préparation aux examens du certificat d'aptitude à l'enseignement des langues vivantes (allemand ou anglais).

D'après les termes de la loi de finances du 28 décembre 1895, ces bourses ne sont plus exclusivement réservées aux boursiers de l'État; il pourra en être accordé à des élèves libres.

Je vous prie, en conséquence de vouloir bien, après enquête, me signaler, parmi les élèves boursiers ou non boursiers des lycées et collèges de garçons de votre ressort, ceux qui, se destinant au professorat de l'enseignement secondaire, vous paraîtraient le plus aptes à bénéficier de la mesure.

Vous aurez soin de limiter autant que possible vos propositions à deux ou trois candidats; comme il importe qu'ils puissent commencer leur préparation au certificat d'aptitude dès le mois d'octobre, ils devront avoir terminé leurs études secondaires à *la fin de la première année classique* et justifier, par conséquent, de la possession du baccalauréat de l'enseignement classique ou de celui de l'enseignement moderne.

Il est nécessaire que les candidats proposés aient non seulement fait preuve, au cours de leurs études, d'aptitudes toutes particulières pour les langues vivantes, mais aussi qu'ils présentent, au point de vue de la tenue et de l'éducation, de sérieuses garanties; il serait très regrettable qu'on eût à se plaindre d'eux, sous ce rapport, dans les familles ou les institutions étrangères qui les recevront.

Les dossiers produits par les candidats comprendront les pièces suivantes :

1° Une demande de la famille;

2° L'extrait de naissance du candidat;

3° Une déclaration du père de famille faisant connaître sa profession, les prénoms, âge, sexe et profession de chacun de ses enfants vivants, le montant de ses ressources annuelles et celui de ses contributions (même modèle que pour les demandes de bourses);

4° L'engagement de la famille de payer les frais de voyage, d'entretien ou de scolarité qui pourront être laissés à sa charge;

5° Un certificat scolaire, rédigé dans la même forme que ceux qui sont produits à l'appui des demandes de bourses de lycées, et donnant notamment *les appréciations motivées des professeurs*;

6° Les copies des compositions de langues vivantes faites par le candidat pendant les deux années précédentes.

Les boursiers nationaux n'auront pas à produire les pièces 2 et 3.

Les candidats que aurez désignés devront être prévenus, par vos soins, qu'ils pourront être appelés à Paris, dans les premiers jours d'août, pour y passer un examen d'aptitude.

Ceux d'entre eux qui auront été nommés boursiers seront tenus, avant de se rendre à la résidence qui leur aura été assignée, de souscrire l'engagement, ratifié par leurs parents, de se vouer pendant dix ans au service de l'enseignement secondaire public et de s'obliger solidairement, avec leurs père et mère, à rembourser les sommes payées par l'Etat pendant leur séjour à l'étranger, dans le cas où ils ne rempliraient pas en entier leur engagement.

Recevez, Monsieur le Recteur, l'assurance de ma considération très distinguée.

Le Ministre de l'Instruction publique, des Beaux-Arts et des Cultes,

E. COMBES.

Circulaire du 1er avril relative à la licence ès sciences.

Monsieur le Recteur,

Le décret du 22 janvier dernier dispose qu'à dater de la session de juillet 1897, les Facultés des sciences délivreront des certificats d'études supérieures correspondant aux matières enseignées par elles, et que la liste des matières pouvant donner lieu à la délivrance de ces certificats est arrêtée, pour chaque Faculté, par le Ministre, sur la proposition de l'Assemblée de la Faculté, après avis de la section compétente du Comité consultatif de l'enseignement public.

Je vous prie d'inviter l'assemblée de la Faculté des siences à m'adresser ses propositions avant le 5 mai prochain. Il importe, en effet, que les listes de matières prévues par le décret précité soient arrêtées et publiées avant que les Facultés aient à régler l'organisme de leurs enseignements en vue de l'année scolaire 1896-1897.

Le rapport présenté au Conseil supérieur, à la session de janvier et publié au *Bulletin administratif* du 1er février 1896, a déjà fait connaître aux Facultés de quelles idées directrices s'était inspirée la réforme de la licence ès sciences. Avant que les assemblées des Facultés aient à délibérer sur la première mesure d'exécution de cette réforme, il n'est pas inutile de marquer nettement ce qu'on a voulu et pour quelles raisons on l'a voulu.

L'accord était fait depuis longtemps déjà entre les Facultés des sciences que le régime de la licence appelait de profondes modifications. L'enquête ordonnée par un de mes prédécesseurs a révélé cet accord, et sous la diversité des propositions librement produites par les Facultés, elle a mis au jour un certain nombre de vues fondamentales qui ont été, pour mon administration, et pour le Conseil supérieur, un guide précieux dans la préparation du décret du 22 janvier.

Plusieurs points étaient hors de doute. Le premier, c'est que la licence, grade d'enseignement supérieur, doit correspondre à l'état même de l'enseignement supérieur. Il n'en était plus ainsi de nos antiques licences ès sciences, restées au fond les mêmes, depuis 1808, malgré les accroissements reçus depuis vingt ans par la plupart des Facultés des sciences. Groupant chacune trois parties des sciences, le calcul intégral, la mécanique rationnelle et l'astronomie, la physique, la chimie et la minéralogie, la zoologie, la botanique et la géologie, n'admettant rien en dehors de ces groupements, elles laissaient, en dehors de la licence, nombre d'enseignements introduits depuis longtemps déjà dans les Facultés des sciences, par exemple la géométrie supérieure, l'algèbre supérieure, la physiologie générale, la chimie biologique, la chimie industrielle, la physique mathématique, etc. Dans nombre de Facultés, elles ne correspondaient donc plus d'une façon adéquate à l'organisme de l'enseignement.

En second lieu, groupant chacune d'une façon inséparable les trois partie des sciences dont il vient d'être parlé, elles interdisaient, souvent contre les vrais intérêts des étudiants, d'autres groupements, tout aussi rationnels, et plus utiles. L'enseignement supérieur, à ce degré, ne va pas sans une certaine liberté de choix; il faut que chacun, suivant ses goûts, ses aptitudes ou sa destination, puisse organiser ses études avec les éléments divers que lui offre l'enseignement de la Faculté. Que tous aient à faire des preuves sérieuses de connaissances; mais que les mêmes connaissances ne soient pas strictement imposées à tous; par exemple, qu'il ne soit pas interdit à l'ancien élève de l'École polytechnique qui étudie l'algèbre supérieure ou la géométrie supérieure, de les faire figurer dans son examen; au médecin qui poursuit des études scientifiques, de faire ses preuves en physiologie générale ou en chimie biologique; au futur agriculteur, au futur industriel, de choisir parmi les enseignements divers d'une Faculté ceux qui les intéressent le plus et qui répondent le mieux à leurs besoins pratiques.

Par là je me trouve conduit à un troisième ordre de considérations, le plus important de tous, parce qu'il est d'une importance sociale et économique, en même temps que scientifique. Pendant de longues années, et pour des raisons diverses qu'il serait inutile de rappeler ici, on n'a vu, dans la licence ès sciences, qu'un grade professionnel fait pour les futurs professeurs, et tout naturellement on l'a organisée en vue de cette fin unique et exclusive. Cette conception étroite est aujourd'hui élargie. Les Facultés des sciences ont une destination plus ample. Leur objet est l'enseignement théorique et pratique des sciences, de toutes les sciences, d'abord pour la science en elle-même, puis pour les multiples applications qui s'en font dans la civilisation contemporaine. Le professorat n'est qu'un des débouchés offerts à leurs élèves. Elles ne rempliraient que partiellement leur rôle, si elles bornaient là leurs préoccupations et leur action. La société, où chaque jour la science devient plus agissante, attend d'elles d'autres services, et ces services elles sont en état de les rendre. Chaque année, quinze à seize cents candidats sortis des classes scientifiques de l'enseignement secondaire se présentent à l'École polytechnique, à l'École normale et à l'École centrale; quelques centaines seulement peuvent y entrer. Des autres, beaucoup viennent aux Facultés des sciences; mais les examens qu'ils y subissent ne peuvent leur ouvrir que le professorat, et ainsi s'accroît démesurément, hors de toute proportion avec les besoins des services, le nombre des candidats aux emplois de l'enseignement. Et pendant ce temps, nombre de nos industries scientifiques sont forcées de se recruter à l'étranger. Un profit d'ordre social sera certainement réalisé le jour où les étudiants sauront que la Faculté des sciences ne les mène pas seulement, par une voie chaque jour plus étroite, aux fonctions de l'enseignement, mais qu'il dépend d'eux, par le choix de leurs études, de s'assurer d'autres carrières. Et ce sera aussi un profit d'ordre économique. On a remarqué déjà que beaucoup de grandes découvertes scientifiques qui ont révolutionné l'industrie étaient l'œuvre de savants français, mais que souvent les conséquences et les applications en avaient été faites à l'étranger. Il n'est pas inexact de penser que l'orientation donnée jusqu'en ces derniers temps à l'enseignement de nos Facultés des sciences y a été pour quelque chose. Après les grands inventeurs, il faut des metteurs en œuvre nombreux, instruits, inventifs eux aussi, apportant dans l'usine ou l'atelier la science des laboratoires. Ces agents-là, les laboratoires de nos Facultés des sciences ne les ont pas jusqu'ici formés en assez grand nombre.

Telles sont en résumé les idées dont s'est inspiré le décret du 22 janvier. Il les a réalisées par des moyens très simples.

La licence ès sciences comprendra comme auparavant des épreuves de trois espèces : compositions écrites, épreuves pratiques et épreuves orales; comme auparavant, ces épreuves porteront sur trois branches de la Science. Mais, sauf pour une catégorie d'étudiants, les anciens groupements ne seront plus obligatoires. Pour chaque Faculté, il sera dressé, d'après ses enseignements, une liste des matières pouvant donner lieu à la délivrance de certificats d'études supérieurs. Entre ces matières, les étudiants choisiront. La production de trois de ces certificats emportera avec elles le grade de licencié.

De ce mécanisme souple résultent, d'abord la concordance entre la licence et l'état de l'enseignement dans une Faculté donnée, puis la liberté scientifique du maître et de l'élève, enfin les conséquences pratiques que j'ai plus haut signalées, puisque les étudiants qui n'aspireront pas aux fonctions de l'enseignement pourront combiner leurs études en vue des usages qu'ils se proposeront d'en faire.

Exception a été faite et devait être faite pour les aspirants aux fonctions de l'enseignement. L'État emploie des licenciés dans ses lycées et ses collèges. Il est naturel qu'il leur demande ce qu'il estime nécessaire à l'exercice des fonctions qu'il leur confie. De là le second décret du 22 janvier. Il y aura à déterminer prochainement les conditions à exiger des candidats aux agrégations scientifiques et au doctorat ès sciences. Je prie les Facultés d'y réfléchir dès maintenant.

En préparant leurs listes, les Facultés voudront bien remarquer que le décret ne dit pas *les matières enseignées par elles*, mais *les matières pouvant donner lieu à la délivrance des certificats d'études supérieures*. A chaque matière enseignée dans une Faculté ne correspondra donc pas nécessairement un certificat; certaines d'entre elles pourraient n'avoir pas assez d'importance. En assouplissant la licence, en l'adaptant aux besoins de notre société, nous avons entendu la maintenir au degré élevé où les Facultés l'ont placée; le nouveau régime, en faisant des épreuves de chaque certificat particulier un tout qui devra être jugé en soi, la rend même d'un abord plus difficile. Il est essentiel qu'il y ait équilibre entre les diverses matières pouvant donner lieu à la délivrance des certificats.

Recevez, Monsieur le Recteur, l'assurance de ma considération très distinguée.

E. COMBES.

BIBLIOGRAPHIE

G. Lefèvre, *Obligation morale et Idéalisme*. — M. Fouillée, *Tempérament et caractère selon les individus*. — *l'Année philosophique*. — Léopold Mabilleau, *Histoire de la philosophie atomique*. — E. Séguin, *Rapports et mémoires sur l'éducation des enfants normaux et anormaux*. — Maurice Tourneux, *Marie-Antoinette devant l'histoire*. — J. Toutain, *les Cités romaines de la Tunisie*. — P. Boudois, *Napoléon et la société de son temps*. — Léon Cahun, *Introduction à l'Histoire de l'Asie*.

Obligation morale et Idéalisme, par G. Lefèvre, professeur de philosophie au lycée de Laon. — Félix Alcan, éditeur. — Cet ouvrage est une thèse soutenue devant la Faculté des lettres de Paris. Comme l'indique assez clairement le titre, l'objet de l'auteur n'est pas précisément de justifier l'obligation morale ou la métaphysique idéaliste, mais d'établir entre l'une et l'autre une connexion nécessaire. Selon sa propre expression, il veut « simplement montrer des liaisons de concepts, faire voir quelles conséquences se déduisent forcément de certaines thèses ».

Le plan de l'auteur comprend par suite deux démonstrations successives. Il s'agit d'abord de faire voir que le concept d'obligation morale n'est intelligible que dans une métaphysique idéaliste, puis que réciproquement l'adhésion de l'esprit à cette métaphysique emporte la croyance à une obligation morale.

La première démonstration peut se résumer à peu près ainsi : Le devoir n'oblige qu'en tant qu'il est certain. Un devoir problématique est un non-sens. Or, si la réalité n'est pas tout entière posée par l'esprit lui-même; si, par suite, la connaissance est chose essentiellement relative, si nous ne pouvons attribuer aux distinctions morales et aux actes qui en dérivent une valeur absolue, c'en est fait du devoir, de l'obligation morale au sens rigoureux du mot. La réciproque me semble moins clairement établie. Entre le concept d'idéalisme et celui d'obligation, l'intermédiaire paraît être celui d'activité. Pour que l'esprit connaisse les choses comme ses propres accidents, il faut qu'il les produise et que cette activité productrice ait une fin donnée *a priori*, que par suite il y ait un bien que nous soyons obligés de réaliser?

Quelle que soit la valeur intrinsèque de cette thèse inspirée, croyons-nous, de Fichte, elle aurait gagné en clarté à recevoir plus de développements. En particulier le terme d'idéalisme est employé par l'auteur comme s'il était parfaitement clair par lui-même et ne comportait aucune équivoque. Il est vrai qu'au début de l'ouvrage, M. Lefèvre prévoit l'objection et promet que les deux termes dont il se propose d'établir le rapport se trouveront suffisamment déterminés et précisés par le contexte. Mais cette promesse a-t-elle été tenue? Nous l'accordons en ce qui concerne *l'obligation morale*, nous en doutons au contraire à l'égard de *l'idéalisme*.

Tempérament et caractère selon les individus, les sexes et les races, par M. Fouillée. — Alcan, Paris. — Cet ouvrage, que le nom de son auteur suffit à recommander au public, présente un double intérêt. Dans sa partie générale, il est avant tout théorique. M. Fouillée se propose, en effet, non de donner des divers caractères une simple description ou même une classification tout empirique, mais de les définir et de les classer selon les causes qui les produisent et qu'il faut chercher dans la constitution même de l'organisme. La seconde partie est au contraire consacrée à des questions d'ordre pratique et qui intéressent le sociologue et l'homme d'État plus encore peut-être que le psychologue. L'auteur y étudie les caractères psychologiques des deux sexes et de ceux qui distinguent les différentes races.

Il serait trop long d'analyser un ouvrage à la fois si étendu et si plein de faits et d'idées.

Nous nous bornerons à en indiquer les plus intéressantes conclusions.

Dans sa préface M. Fouillée définit le caractère avec une rare précision : « Le caractère, marque propre de l'individu, et sa manière relativement une et constante de sentir, de penser et de vouloir... Il existe chez tous les hommes un caractère inné où l'on peut distinguer deux parties. Il y a d'abord un fond de tendances qui exprime la manière d'être générale de l'organisme, son mode de fonctionnement, le ton, la valeur et la direction de sa vitalité : c'est là ce que nous avons appelé le tempérament. En second lieu il y a dans le caractère inné des traits qui expriment la valeur relative de certains organes particuliers : ce sont les besoins spéciaux et les aptitudes spéciales. Notre caractère inné, c'est notre organisme vu par le dedans; notre organisme, c'est notre caractère inné vu par le dehors. »

Le système nerveux a deux fonctions distinctes quoique inséparables : la sensibilité et l'activité. M. Fouillée distingue deux tempéraments principaux selon que prédomine l'une ou l'autre de ces deux fonctions : le tempérament sensitif et le tempérament actif. Les sensitifs d'ailleurs se subdivisent en sensitifs à réaction prompte et sensitifs à réaction intense. Ces deux tempéraments correspondent à peu près à ce qu'on appelle vulgairement le tempérament sanguin et le tempérament nerveux. Les actifs, au contraire, se partagent en actifs à réaction à la fois prompte et intense et actifs à réaction faible et lente. Les premiers sont communément appelés bilieux et les seconds flegmatiques.

Contrairement à l'opinion de Kant, l'auteur admet l'existence de tempéraments mixtes, et en cela la logique nous semble être de son côté puisqu'en définitive les différences de tempérament sont des différences quantitatives, et, comme telles, ne sauraient être absolues.

Mais si le tempérament est un élément du caractère, il n'est pas le caractère tout entier. Toutes nos facultés concourent à déterminer celui-ci, et l'intelligence, en particulier, en est un facteur important. Sur ce point M. Fouillée se trouve en complet désaccord avec M. Ribot, qui, dans son essai de classification des caractères, exclut systématiquement la considération des aptitudes intellectuelles. En définitive, il est amené à distinguer autant de caractères généraux qu'on distingue ordinairement de facultés dans l'âme humaine : des sensitifs, des intellectuels et des volontaires.

Après cette étude générale du tempérament et du caractère, l'auteur consacre plusieurs chapitres aux différences morales qui distinguent

les deux sexes. Il y a dans ces chapitres une multitude de remarques
ingénieuses et solides. M. Fouillée a su traiter avec intérêt ce sujet si re-
battu en se tenant à égale distance du paradoxe et de la banalité. Il
est ainsi amené à la question si complexe et si embarrassante de l'émancipation des femmes. Depuis l'antiquité classique jusqu'à présent, le
progrès des idées morales a été constamment accompagné d'une amélioration dans la condition des femmes. Mais, de nos jours, la question a
pris un aspect nouveau. Il ne s'agit plus seulement pour les femmes
d'effacer de nos codes les rares vestiges de leur dépendance primitive.
Elles réclament ou l'on réclame en leur nom une complète égalité
sociale entre les sexes ainsi qu'une libre concurrence. Dans certains
États modernes, en Amérique particulièrement, les femmes occupent
déjà un grand nombre d'emplois jusqu'ici réservés aux hommes. Il y a
actuellement dans le monde entier une tendance à faire abstraction,
dans les lois et dans les mœurs, de la distinction essentielle que la nature
a mise entre les créatures humaines. Ce mouvement durera-t-il ou
sera-t-il suivi d'une réaction en sens contraire? C'est-ce qu'on ne saurait encore prévoir. Ce qu'on peut rechercher, c'est jusqu'à quel point
il mérite d'être appelé un progrès; jusqu'à quel point il s'accorde avec
une entente profonde des intérêts sociaux.

Sans partager les préjugés et les partis pris de certains moralistes et
de certains savants; sans condamner *a priori* toute concession aux revendications des femmes, M. Fouillée estime que leur rôle naturel, dans
l'avenir comme par le passé, est d'être épouses et mères de famille, et
que ce rôle n'est guère conciliable avec les fonctions administratives et
politiques que quelques-unes d'entre elles se plaisent à ambitionner.

M. Fouillée passe plus rapidement sur les caractères qui séparent les
différentes races humaines. Il nous donne plutôt quelques aperçus som-
maires qu'une étude approfondie de ce vaste et important sujet. Il se
plaît surtout à l'envisager dans ses rapports avec l'avenir de l'espèce.
Jusqu'à nos jours les races européennes ont cru que leur intelligence
supérieure, manifestée par l'incomparable essor de leur civilisation, leur
conférait un droit éminent à la possession de la planète et leur assurait
une facile domination sur les peuples réputés inférieurs. Aujourd'hui
cet optimisme commence à passer de mode. Notre connaissance plus
étendue des ressources de l'extrême Orient inspire à quelques personnes
de graves inquiétudes. La race jaune, plus nombreuse et plus prolifique
que la nôtre, commence à se familiariser avec notre civilisation. Qui sait
si quelque jour les Chinois, que nous avons troublés dans leur séculaire
quiétude, n'envahiront pas l'Europe avec les armes que nous leur aurons
fournies ou appris à fabriquer? Qui sait si, plus actifs et plus sobres que
nous, dès qu'ils auront adopté l'usage de nos machines, ils ne nous sup-
planteront pas sur tous les marchés du monde? L'avenir n'est pas nécessairement assuré aux plus inventifs si les autres le sont assez pour
s'assimiler leurs inventions. Sur ces graves et redoutables questions
M. Fouillée sait se défendre à la fois d'un optimisme naïf et d'un pessimisme prématuré.

L'avenir des races n'est pas, selon lui, écrit d'avance dans leur constitution physique; il dépend principalement de l'usage qu'elles en sauront
faire. Il serait également dangereux de croire à un progrès fatal qui
s'accomplirait de lui-même malgré nos erreurs et nos fautes ou à une

décadence inéluctable contre laquelle tous nos efforts seraient vains. Notre destinée est entre nos mains et elle sera ce que nous la ferons.

C'est à notre prévoyance, à notre énergie, à notre moralité que nous devons faire appel. C'est par elles et par elles seules qu'il nous sera permis de conserver la place que nos 'races européennes occupent aujourd'hui à la tête de la civilisation.

L'année philosophique (1894), Félix Alcan, Paris. — M. Renouvier, après avoir étudié l'an dernier la doctrine propre de Jésus-Christ, aborde cette fois celle de saint Paul. Avec saint Paul l'idée messianique subit une première transformation. L'apôtre n'identifie pas encore Jésus avec Dieu lui-même : le Christ reste une créature, quoique la plus élevée des créatures, ce n'est pas encore le Logos du quatrième évangile. Mais déjà apparaît l'idée du rédempteur, de la victime qui s'offre volontairement pour sauver les hommes de la mort. Toutefois c'est à tort selon M. Renouvier qu'on prête à saint Paul la doctrine du péché originel. Ce n'est pas de la faute d'Adam que les hommes sont punis, mais des fautes qu'ils ont commises eux-mêmes. Il est vrai que sur ce point la distinction de l'auteur semble un peu subtile. Il reconnaît lui-même que, d'après l'apôtre, le péché devient inévitable pour la créature humaine dans la condition où l'a jetée la faute d'Adam. Pratiquement au moins cette assertion n'équivaut-elle pas à la doctrine du péché originel? L'homme n'a pas péché en Adam, mais il pèche fatalement parce qu'il est le fils d'Adam. Il y a certes, dans ce *distinguo*, de quoi armer l'une contre l'autre deux sectes de fanatiques, mais pour un philosophe la différence est un peu menue.

D'une manière générale les préoccupations dogmatiques et théologiques tiennent peu de place dans l'esprit de saint Paul. Pour lui la fin du monde et le jugement dernier sont des événements imminents auxquels il faut se préparer sans retard. Il s'agit de faire pénitence, de dépouiller le vieil homme, l'Église n'a pas de temps à perdre en controverses savantes sur le Christ et sur sa mission. La théologie de l'apôtre se réduit à l'essentiel, il ne prêche que ce qu'il est indispensable à chacun de savoir pour assurer son propre salut. Il y a néanmoins un point où il se laisse entraîner au dogmatisme absolutiste, c'est sa théorie de la grâce, à laquelle, comme chef du néo-criticisme, M. Renouvier ne saurait souscrire.

M. Dauriac nous entretient cette année du phénoménisme neutre. Que ce terme un peu étrange n'effraie pas trop le lecteur. Il s'agit d'une étude intéressante sur la thèse de M. Boirac et le phénoménisme neutre est celui de cet auteur. Nous avons eu déjà l'occasion de présenter aux lecteurs de cette revue le livre de M. Boirac. M. Dauriac reconnaît comme nous les rares qualités de finesse, de précision et de clarté qui font le mérite de cet ouvrage; comme nous aussi, il lui reproche le vague et l'indétermination de ses conclusions. Mais ce qu'il lui reproche plus particulièrement, c'est de ne pas prendre parti sur les thèses que M. Dauriac et son maître, M. Renouvier, ont associées au phénoménisme; la négation du déterminisme et celle de l'infini. Sans vouloir présumer sur ces deux points la pensée de M. Boirac, il nous semble avoir usé de son droit en circonscrivant le sujet de sa thèse. Où irions-nous si l'on ne pouvait traiter une question philosophique sans appro-

fondir toutes celles qui s'y pourraient rattacher? Il est vrai que les
deux questions dont il s'agit sont pour M. Dauriac les plus intéressantes de toutes, peut-être même les seules intéressantes ; mais il est
permis de penser autrement que lui et c'est peut-être le cas de M. Boirac. En terminant M. Dauriac s'attache à prouver que M. Boirac incline
fortement vers l'empirisme et se rapproche beaucoup plus de Berkeley
et de Leibniz. Il lui reproche enfin d'avoir usé fréquemment, dans ses
discussions, d'arguments empruntés à M. Renouvier et de ne l'avoir
cité que trois fois.

M. Pillon continue ses études sur Malebranche. *Spinozisme et Male-
branchisme*, tel est le titre de son article. Il s'efforce de défendre Malebranche contre l'accusation de panthéisme inconscient dirigée contre
lui par Cousin et fréquemment reproduite depuis. Il n'y a rien de commun entre l'étendue intelligible que Malebranche place en Dieu et qui
n'est qu'une idée dans l'entendement divin et l'étendue de Spinoza,
attribut de la substance divine. La théorie des causes occasionnelles
ne compromet pas la réalité distincte des créatures. Elle s'est peu à
peu substituée à la théorie scolastique de la causalité transitive et
aujourd'hui les savants comme les philosophes n'admettent plus en réalité d'autres causes que les causes occasionnelles de Malebranche.
Avant Leibniz, Malebranche a discerné dans le cartésianisme les principes qui témérairement interprétés pouvaient conduire au spinozisme
et il a su les corriger efficacement. Au même titre que Leibniz, il peut
être appelé un réformateur de la philosophie cartésienne. Les deux
réformes, d'ailleurs indépendantes l'une de l'autre, loin de se contre-
dire et de s'exclure, au contraire s'accordent et se complètent.

Chemin faisant M. Pillon discute l'opinion de M. Pollock qui prétend trouver dans Spinoza une philosophie idéaliste. En résumé le
spinozisme, loin de marquer un progrès de l'esprit humain, n'est qu'un
retour au système de Parménide.

Histoire de la philosophie atomique, par LÉOPOLD MABILLEAU, Alcan;
Paris. — Cet ouvrage composé pour répondre à l'appel de l'Académie
des sciences morales et politiques et couronné par la docte assemblée
est une histoire complète de l'atomisme depuis les temps les plus recu-
lés jusqu'à la philosophie et à la science contemporaine. L'auteur ne
s'est pas borné, comme on l'a fait le plus souvent, à rechercher dans
l'antiquité grecque les origines du système qu'il étudie. Il est remonté
jusqu'à l'Inde et à la philosophie *Vaiseshika*. Ce n'est pas qu'il prétende
trouver dans cette antique doctrine l'origine de l'atomisme grec. Il
se montre en ce cas comme partout très réservé dans ses affirmations
et très sobre de conjectures. D'autre part il consacre une intéressante
étude à l'histoire peu connue de l'atomisme chez les Arabes et à la
doctrine des Motecallemin. La partie réservée à l'atomisme grec est
très complète. On pourrait presque lui reprocher de l'être trop, car
l'auteur y fait indirectement rentrer l'histoire tout entière des physiciens depuis Thalès jusqu'à Démocrite et Anaxagore. Il est au courant
de tout ce qui a été écrit sur ces doctrines si souvent étudiées de
notre temps; il signale et discute toutes les opinions qu'il croit devoir
rejeter. L'histoire de l'atomisme moderne spécialement au XVIIe siècle
est traitée assez longuement et l'auteur s'attache en particulier à

1111111111111111111111111111111

mettre en lumière l'influence un peu méconnue aujourd'hui que les spéculations de Gassendi ont exercée sur les philosophes contemporains et postérieurs. Sans méconnaître la distinction essentielle de l'atomisme hypothèse ontologique et de l'atomisme hypothèse scientifique, M. Mabilleau aperçoit entre ces deux conceptions une liaison historique et soutient qu'en fait la première a conduit à la seconde. Néanmoins le livre V, qui traite des théories modernes sur les atomes et de leur accord possible avec une philosophie spiritualiste nous semble d'une composition un peu hâtive et moins destiné à compléter le plan de l'ouvrage qu'à lui donner une certaine couleur d'actualité.

Quoi qu'il en soit cette histoire de la philosophie atomistique est un livre de sérieuse érudition et mérite l'attention du public philosophique.

Rapports et mémoires sur l'éducation des enfants normaux et anormaux, par E. SEGUIN ; Bibliothèque d'éducation spéciale, préface par Bourneville. Paris, aux bureaux du *Progrès médical*. — Le docteur E. Seguin est un Français devenu Américain et mort à New-York en 1880, après une existence laborieuse spécialement consacrée au traitement et à l'éducation des idiots. Le volume, outre la préface, comprend un long rapport sur l'éducation composé à l'occasion de l'Exposition internationale de Vienne en 1877 et réédité l'année même où mourut l'orateur, et deux courts mémoires sur l'éducation de la main et de l'œil chez les idiots. Ces deux mémoires sont d'une lecture assez facile, malheureusement on n'en peut dire autant du rapport péniblement traduit de l'anglais par un écrivain qui ne semble posséder parfaitement ni cette langue ni la nôtre. Puisque M. Bourneville voulait intéresser à cet ouvrage le public français, il eut bien dû prendre la peine de le traduire lui-même. D'ailleurs, malgré de sensibles défauts de composition, inhérents peut-être à la nature même d'un pareil travail, l'ouvrage présente un certain intérêt. Il contient beaucoup d'idées ingénieuses et solides, gâtées malheureusement par une prêtrophobie quelque peu naïve et démodée.

GEORGES NOEL.

Marie-Antoinette devant l'histoire. — Essai bibliographique, par MAURICE TOURNEUX, Techener, 1895, in-8, VII-87 pp. — L'histoire moderne se traite aujourd'hui scientifiquement. Elle a quitté les allures sentimentales de la légende et du roman; l'historien n'a plus le droit de s'abandonner au gré de sa fantaisie, de son imagination ou de ses préférences. Il doit s'efforcer d'apporter à l'étude de faits même contemporains le sens critique, la rigueur de méthode qui longtemps ont semblé le privilège d'époques plus reculées. Le document authentique, original, seul fait loi.

C'est pour ces raisons que la *Bibliographie sur l'histoire de Paris pendant la Révolution*, de M. Tourneux, a acquis d'emblée dans le monde savant une autorité incontestée : ce nouvel *Essai bibliographique*, qui la complète sur un point spécial, recevra le même accueil.

« C'est d'hier seulement qu'il est enfin possible de juger en parfaite connaissance de cause les actes de la reine Marie-Antoinette et sa part dans les conseils de Louis XVI. Jusque-là tout semblait conjuré pour interdire à l'historien d'entrevoir la vérité. Longtemps travestie par les adulations les plus exaltées et parfois les plus imprudentes, ou souillée par ce que l'imagination la plus déréglée peut mettre au service de la haine la plus implacable, la mémoire de Marie-Antoinette a, comme sa personnalité même, traversé les phases les plus diverses... » M. Tourneux n'a pas voulu aujourd'hui élever sa voix dans ce débat toujours ouvert, jamais épuisé. Ce qu'il nous donne, c'est le catalogue, classé, numéroté, des pièces du dossier : tel un juge d'instruction qui serait un érudit. Grâce à la réunion de tous les documents, rangés à leur date et dans des catégories distinctes, il devient possible à l'historien de rendre une sentence solidement motivée.

Sans doute M. Tourneux avait des devanciers : Quérard et Charles Brunet (1856), puis MM. de Lescure et de La Sicotière (1863). Mais leurs monographies sont devenues très incomplètes depuis que la Bibliothèque nationale a acquis les fonds La Bédoyère et Hennequin, depuis que les archives de France et d'Autriche ont été ouvertes et explorées. Tout était à reprendre en sous-œuvre : car la question depuis 1863 a été renouvelée sur toutes ses faces. Le travail de M. Tourneux était nécessaire : il est en partie original, et la méthode adoptée pour le classement est d'une rigueur inconnue à ses devanciers.

Cet *Essai bibliographique* comprend quatre parties principales :

1. Écrits authentiques et apocryphes de Marie-Antoinette. — 2. Particularités relatives à la personne et à la vie privée de Marie-Antoinette. — 3. Sa vie publique, son règne et sa mort. — 4. Ses historiens. — Chaque titre à son tour se divise en autant d'articles qu'il était nécessaire.

Ce simple aperçu permet de constater le progrès réalisé sur la monographie de Quérard et Charles Brunet. Quant à celle de M. de Lescure, on sait qu'elle rendait moins de services encore : il avait obéi à des scrupules assurément très chevaleresques, mais aussi fort peu scientifiques, en omettant de parti pris les « livrets à titre ordurier et à frontispices obscènes », à seule fin de ne favoriser que les « curiosités chastes », comme si le devoir de l'historien n'était pas d'enregistrer même les « dépositions calomniatrices et vénales, les infamies », pour en faire justice.

M. Tourneux se résigne modestement, en bibliographe qui ne se fait pas d'illusion, à voir son œuvre promptement vieillir à son tour. Sans doute des travaux de ce genre cessent vite d'être au courant des publications nouvelles : c'est la loi inéluctable du temps. Mais son *Essai* est d'une articulation assez solide et assez souple, pour ne pas éclater sous la pression accumulée des ouvrages qui se préparent, des documents qui s'ignorent encore. Tous viendront docilement se ranger à leur place dans les cadres à l'avance tracés : ils les rajeuniront sans les détruire.

Les historiens apprécieront une fois de plus l'érudition sagace et patiente de M. Tourneux : les bibliophiles reconnaîtront son goût fin et délicat au choix qu'il a fait de la couverture mise à cet essai : ses tons pâles et moirés sont d'une coquetterie toute féminine, ils eussent été du goût même de Marie-Antoinette.

Les Cités romaines de la Tunisie. — Essai sur l'histoire de la colonisation romaine dans l'Afrique du Nord, par J. Toutain, ancien élève de l'École normale supérieure, ancien membre de l'École française de Rome, chargé d'un cours complémentaire à la Faculté des lettres de Caen. Thorin, Fontemoing, 1896, in-8, 412 p. — Le touriste ne peut faire un pas en Tunisie — et l'on pourrait ajouter dans la province de Constantine — sans rencontrer des ruines romaines, ruines de villes avec leurs aqueducs, leurs arcs de triomphe, leurs temples, leur forum, leurs bains, leur théâtre, leur curie, ruines de chaussées avec leurs bornes milliaires, ruines de bâtiments d'exploitation et de villas. La vie jadis y était active, la colonisation prospère, le mouvement bruyant et animé : aujourd'hui les mêmes contrées sont vides, en majeure partie incultes ; par endroits seulement la prospérité renaît : partout ailleurs c'est le silence et la mort. La vue du présent contraste tellement avec les vestiges du passé que le moins archéologue des voyageurs se pose irrésistiblement une série de questions : « Pourquoi le même pays si riche autrefois est-il à présent si pauvre? Quelles sont donc les sources et les causes de son antique splendeur? Comment les Romains ont-ils résolu le problème de la colonisation? Nous qui sommes leurs héritiers et leurs continuateurs n'avons-nous rien à apprendre à leur école? Ce qu'ils ont fait ne peut-il se refaire? et par quels moyens? »

C'est à ces questions que M. Toutain répond dans son *Essai sur l'histoire de la colonisation romaine dans l'Afrique du Nord*. Son livre est celui d'un savant et d'un archéologue, c'est aussi un livre d'actualité : l'expérience des peuples peut bien être aussi utile que celle des individus.

Pour résoudre le problème qu'il s'est posé, M. Toutain n'a trouvé qu'une méthode à employer, la méthode synthétique. Les travaux de détail, descriptions de villes, déchiffrements d'inscriptions, études des textes, études d'institutions politiques, les travaux en un mot de minutieuse analyse sont assez nombreux aujourd'hui pour qu'on puisse écrire un livre d'histoire : M. Toutain l'a tenté avec un succès complet. C'est la vie sous toutes ses formes, dans toutes ses manifestations qu'il a étudiée, ramassée dans un tableau d'ensemble. Et ce tableau tire son unité de la géographie aussi bien que de l'histoire.

Les nervures du sujet sont dessinées d'un trait précis ; chaque fait particulier, chaque détail se range sans effort dans le cadre général. Et de la sorte M. Toutain reconstitue tout un monde disparu : son imagination ne s'égare jamais, il la règle sagement sur les résultats incontestés qu'ont établis les sciences auxiliaires de l'histoire.

Dans une première partie, il fixe comme le cadre extérieur de la vie romaine en Tunisie : étude du sol, du climat, répartition par régions de cultures forcément variées, distribution et emplacement géographique des villes, raison de cette situation, alimentation en eau des cités, travaux publics, édifices, maisons particulières, nécropoles, beaux-arts, arts industriels, réseau routier, ports et commerce maritime. Chaque chapitre se superpose à ceux qui précèdent, et l'œuvre s'élève ainsi sur une base fermement établie. Alors une seconde partie décrit la population elle-même : quelle langue était parlée? quelle religion pratiquée? quelles coutumes funéraires observées? De quels éléments se compose cette population? dans quelle proportion les immigrants étrangers se sont-ils fondus avec les indigènes? Comment vivait cette société africaine? Quel était le caractère de la colonisation romaine? Dans un troisième livre enfin, M. Toutain étudie le régime municipal, son progrès, son apogée et sa décadence. Trois siècles de l'empire, d'Auguste à Dioclétien, siècles de paix et de prospérité, se trouvent en fin de compte résumés dans leurs traits essentiels.

En débarquant en Afrique, les Romains, comme nous-mêmes, trouvèrent des villes nombreuses, toute une organisation politique. La Tunisie ne fut pas une colonie d'immigration, la main-d'œuvre se trouvait partout, la population primitive resta sur place. Empereurs et proconsuls ne se donnèrent pas pour mission de civiliser les peuples assujettis; jamais ils ne crurent de leur devoir de démontrer aux Africains la supériorité de la civilisation gréco-romaine sur leurs coutumes traditionnelles; ils ne firent autre chose qu'organiser administrativement la Tunisie, pour en mieux exploiter les richesses. Aussi ne commencèrent-ils pas par se livrer à cette œuvre chimérique de créer de toutes pièces des cadres vides... Ni Romains, ni Italiens, les habitants de la Tunisie étaient des indigènes. Le latin s'apprenait à l'école, il était la langue officielle, la langue du bon ton, mais le punique, le libyque, les dialectes populaires restèrent en usage... Il en fut de même pour la religion : sa physionomie extérieure seule fut transformée, l'antique religion des Africains, punique au temps de la domination carthaginoise, se revêtit de formes romaines... C'est de leurs propres deniers, avec les ressources du budget local, les libéralités des particuliers que les villes s'embellirent : nulle intervention administrative, nulle aide financière de la part du pouvoir central ni même de la province.

Et toujours M. Toutain nous montre dans le passé un exemple à méditer, une expérience dont il est bon de profiter. Ces sortes de comparaisons s'imposent à l'esprit du lecteur, et l'on sent que l'auteur les a toujours présentes, même s'il ne les formule pas. Ces préoccupations du temps présent sont un attrait de plus, elles captivent au même degré que le travail de savante reconstruction auquel se livre M. Toutain. Le plus souvent les matériaux existaient, il suffisait de savoir les réunir, de trouver pour chacun sa place respective. Mais il en est quelques-uns qu'il a trouvés lui-même. Plus d'une solution est originale : je ne citerai pour exemple, car c'est le plus frappant peut-être, que sa classification des cités romaines en types divers, nettement distingués.

Une étude comme celle-ci pourra bien être complétée par des découvertes de détail : ses conclusions ne seront pas ébranlées. Nul archéologue, nul historien ne pourra l'ignorer : resterait à souhaiter qu'elle fût connue toujours de nos administrateurs africains. Bref, ce livre fait honneur à la science et au patriotisme de son auteur; il n'est pas, ce nous semble, de plus bel éloge.

Napoléon et la société de son temps (1793-1821), par P. BONDOIS, professeur d'histoire au lycée Buffon et au lycée Molière. Alcan, in-8°, 1895, p. 445. — Destiné à prendre place dans la *Bibliothèque d'histoire contemporaine*, l'ouvrage de M. Bondois ne prétend pas nous présenter un Napoléon inconnu; l'inédit n'était pas de mise : « C'est une étude d'histoire morale. J'ai cherché à expliquer l'influence de Napoléon sur les Français de la dernière période révolutionnaire, et celle des contemporains de l'Empereur sur son caractère et sur sa personnalité. » C'est en ces termes que M. Bondois présente son livre au lecteur. Il a

condensé dans un exposé clair les idées qui se dégagent d'ouvrages
innombrables, tellement volumineux parfois que les élèves de nos
classes supérieures n'ont pas le loisir de s'y plonger. Point de parti
pris ; ni admiration, ni dénigrement systématiques ; nulle tendance
politique. M. Bondois garde impartialement sa liberté de juger : une
fois que des faits indiscutables, des paroles incontestées lui ont permis
d'asseoir solidement ses opinions, il les exprime en toute sincérité.
Pourquoi faut-il que l'expression soit parfois un peu lâchée, le style trop
familier ? Nous eussions souhaité que l'ouvrage de M. Bondois pùt être
offert en modèle au public scolaire auquel il s'adresse, sans la moindre
restriction. Il est du moins intéressant, utile et il était nécessaire.

    Introduction à l'histoire de l'Asie. Turcs et Mongols, des origines à 1405,
par Léon Cahun, conservateur adjoint à la Bibliothèque Mazarine.
A. Colin, 1896, in-8°, 519 p. — Introduction à l'histoire de l'Asie ? Voilà
un titre qui intrigue le lecteur quand il ouvre le livre et qui l'intrigue
encore quand il le ferme. Car cette introduction va, se prolongeant à
travers les siècles, jusqu'à la mort de Timour ; et de plus elle est
incomplète : c'est l'histoire d'une partie seulement de l'Asie, l'histoire
des Turcs et des Mongols, qui sans rien tirer de leur propre fonds,
apparaissent comme les intermédiaires entre la civilisation des Perses
et celle des Chinois.
    Le premier chapitre est loin de dissiper l'embarras du lecteur. Sans
doute on devine que M. Cahun a voulu expliquer en partie l'histoire par
la géographie : sa tentative ne nous a pas semblé de tout point
heureuse. Dès les premières lignes ce sont des affirmations qui étonnent,
celle-ci par exemple, que, comme l'Europe, l'Asie est profondément
découpée par la mer... Ce sont ensuite des comparaisons factices entre
les deux continents, où l'on reconnaît l'écho atténué de théories surannées. Il apparaît encore que l'auteur ait éprouvé quelque peine à circonscrire d'emblée son étude géographique aux régions où se déroulera
l'histoire des Turcs et des Mongols. Toutes ces pages sont mal conçues
et peu méthodiques. Ce que nous y relevons de plus intéressant, c'est
l'interprétation des termes géographiques de langue chinoise, arabe,
turque et persane : la traduction donne déjà comme une image du sol :
en maint endroit elle nous a paru neuve et très personnelle. Mais, si
vigoureux que soit le talent de M. Cahun, quand il cherche à nous donner une vision exacte des immenses étendues continentales de l'Asie, de
l'empâtement du sol, des changements brusques de climat, ce chapitre
s'adapte mal au sujet. Rien de plus délicat, de plus malaisé à définir *a
priori* que la pénétration, nécessaire pourtant, de l'histoire par la géographie : par l'exemple qu'il a donné, M. Cahun n'aura pas fait avancer
la théorie d'un pas. Pourtant il était très capable d'y réussir : tout le
reste du volume en témoigne.
    La primeur de ces études a été offerte d abord au public restreint
de la Sorbonne, puis au grand public, mais cette fois avec des réserves,
dans l'*Histoire générale* de MM. Lavisse et Rambaud. De longs fragments
du présent volume y composaient déjà un ensemble très remarquable,
d'une touche ferme et robuste.
    Nous nous garderons bien, et pour cause, de juger le fond même du
livre de M. Cahun : les sources chinoises, turques, mongoles, persanes

et arabes ne sont pas accessibles à tous, et de plus, de nombreux documents inédits ont été utilisés : quelques-uns sont traduits ici et donnés par extraits.

Cette réserve faite — elle n'est pas à notre éloge — nous ne croyons pas nous tromper en jugeant cette étude très forte et très originale. Bien volontiers nous souscrivons à cette affirmation, qu'il n'existait pas jusqu'alors, non point en France seulement, mais dans aucune langue, une seule histoire proprement dite de l'Asie au moyen âge. De cette histoire, M. Cahun nous donne aujourd'hui un long morceau : il l'étaie sur une science solide, qu'il sait rendre attachante par ses qualités d'écrivain. Le volume est dédié à M. José-Maria de Hérédia : et c'est bien à M. de Hérédia que fait penser ce style vigoureux qui éclate en images splendides et héroïques ; c'est à lui que M. Cahun emprunte l'habitude de recourir au sens étymologique des mots, pour leur rendre une verdeur qu'ils ont perdue. Les faits ont les contours nets et tranchants : tels les objets se détachent sous le ciel transparent des pays de climat sec dont ils reflètent en été l'embrasement.

Les voici les véritables conquistadores : ils chevauchent d'un galop effréné, depuis les rives de la Corée jusqu'au cœur de l'Europe, et l'Europe résignée, stupide, se reconnaît vaincue à la seule vue de l'étendard mongol que brandissent ces farouches sabreurs. Est-il parmi les Occidentaux un seul capitaine qui approche du grand Souboutaï pour sa science à concevoir les manœuvres de cavalerie, pour sa précision à faire mouvoir d'aussi grosses masses sur une ligne aussi développée ? Ses escadrons, que nous traitons de hordes, sont merveilleusement organisés, merveilleusement armés : et dans tous les pays qu'a foulés le galop de leurs chevaux, s'organise promptement une administration ferme et sage. Légitimement ils pouvaient rêver d'établir par le sabre un empire universel.

Mais avec Timour se marquent les symptômes de la décadence : M. Cahun les indique déjà dans ses dernières pages. Un nouveau volume sans doute viendra soutenir un jour, expliquer le premier et tenir les promesses de l'avant-propos. On y verra complètement « comment l'esprit religieux étouffa chez ces peuples l'esprit militaire, comment l'Islam énerva leurs sociétés par un mysticisme paresseux, comment enfin ces grands empires d'un Gengis-Khan, d'un Timour, perdant le sens de la nationalité, finirent par se désagréger au point de devenir une poussière de peuples ». Cette histoire, nous l'attendons avec confiance du savoir et du talent de M. Cahun.

M. FALLEX.

Le Comité de rédaction recevra toujours avec reconnaissance toutes les communications concernant les Facultés des départements et des Universités étrangères. Ces informations comme toutes celles qui seront de nature à intéresser la Revue, seront insérées dans l Chronique qui accompagne chaque numéro et qui relate tous les faits importants l'Enseignement.

Le Comité prie aussi ses Correspondants, ainsi que les Auteurs eux-mêmes, de vouloir bien signaler à la Revue les volumes intéressant le haut Enseignement dans toutes se branches en y ajoutant une note analytique ne dépassant pas 15 à 20 lignes.

PUBLIÉE

Société de l'Enseignement supérieur

COMITÉ DE RÉDACTION

L, Membre de l'Institut, Doyen de la Faculté de Médecine, Président de la Société.

. M. P. JANET, Membre de l'Institut, Professeur à la Faculté des Lettres de Paris.

M. E. LAVISSE, de l'Académie française, Professeur à la Faculté des Lettres de Paris.

M. BERTHELOT, Membre de l'Institut, Sénateur.

M. LYON-CAEN, de l'Institut, Professeur la Faculté de droit de Paris.

M. MARION, Professeur à la Faculté des Lettres de Paris.

Institut, Professeur

à la Faculté de droit

à la Faculté des

M. PASTEUR, de l'Académie française.

M. L. PETIT DE JULLEVILLE, Professeur à la Faculté des Lettres de Paris.

M. CH. SEIGNOBOS, Maître de conférences à la Faculté des Lettres de Paris.

adjoint à la Fa-

M. A. SOREL, de l'Académie française.

RÉDACTEUR EN CHEF

EDMOND DREYFUS-BRISAC

PARIS

ARMAND COLIN ET Cie, ÉDITEURS

1, 3, 5, RUE DE MÉZIÈRES

—

1896

AVIS

L'Administration de la **Revue Internationale de l'Enseignement** prie ceux de ses *Abonnés* qui n'ont pas encore renouvelé leur souscription pour 1896, de vouloir bien lui adresser le montant de leur abonnement s'ils ne veulent pas éprouver de retard dans la réception des numéros.

En cas de changement de résidence ou de domicile et afin d'assurer la régularité du service, MM. les membres de la Société d'Enseignement supérieur sont priés de faire connaître leur nouvelle adresse aux bureaux de la *Revue*, 5, rue de Mézières, Paris.

La REVUE INTERNATIONALE DE L'ENSEIGNEMENT

paraît le 15 de chaque mois.

PRIX de L'ABONNEMENT : Paris, départements et étranger, Un an, 24 fr.

On s'abonne chez tous les libraires ou par l'envoi d'un mandat de poste.

Toutes les communications relatives aux abonnements et à l'administration de la Revue doivent être adressées à MM. Armand COLIN et Cⁱᵉ, éditeurs, 5, rue de Mézières, à Paris. — Toutes les communications relatives à la rédaction, à M. DREYFUS-BRISAC, 6, rue de Turin, à Paris.

REVUE INTERNATIONALE

DE

L'ENSEIGNEMENT

LA SOCIÉTÉ POUR L'ÉTUDE

DES

QUESTIONS D'ENSEIGNEMENT SUPÉRIEUR

EN 1896

La *Société pour l'étude des questions d'enseignement supérieur* réunie en assemblée générale, le dimanche 26 avril 1896, a procédé au renouvellement de son conseil et de son bureau.

Dans la même séance, elle a décidé qu'il y avait lieu pour elle de reprendre le cours de ses délibérations sur tous les sujets qui intéressent l'enseignement supérieur.

Personne n'ignore l'influence que ces délibérations, celles du groupe parisien et des groupes des départements, ont eue jadis sur les décisions des pouvoirs publics, quand il s'agissait de fonder le régime actuel de nos Facultés. La plupart des réformes demandées alors par la *Société d'enseignement supérieur* et mûrement étudiées par elle ont eu gain de cause. C''est un honneur qui lui impose de nouveaux devoirs.

Aussitôt que les Chambres auront définitivement voté la loi sur les Universités, la discussion pourra s'ouvrir sur les moyens de faire porter à cette loi tous les fruits qu'on peut en attendre, Une idée qui paraît en faveur, et qui semble répondre à un mouvement d'idées qui existe d'ailleurs sur d'autres sujets, fait prévoir que des solutions uniformes ne prévaudront pas dans toute la France. Chaque Université fera sans doute de son autonomie l'usage qui conviendra le mieux à son caractère et aux besoins ainsi qu'aux traditions historiques de la région où elle étendra le cercle de son enseignement. La décentralisation universitaire est peut-être la seule sur laquelle on puisse aisément se mettre d'accord.

D'ailleurs, quelles que soient les diversités qui parviennent à s'établir entre ces différents centres de vie intellectuelle, li ne manquera pas cependant de questions générales et communes à étudier. On peut même affirmer que ce seront les plus nombreuses et les plus importantes. La *Société* avec son organe, la *Revue internationale de l'enseignement*, fera connaître ces organisations autonomes et variées. Mais elle fera plus et mieux, elle deviendra comme la conscience commune de tous ces corps que va désormais animer une vie nouvelle, entretenue par une généreuse émulation. La Constitution des Universités régionales prépare à la *Société d'enseignement supérieur* des tâches et des obligations multiples auxquelles elle ne faillira pas.

On ne saurait oublier, non plus, que l'enseignement supérieur comporte, en France et à l'étranger, d'autres manifestations que celles qui prennent corps dans l'existence de nos Facultés. Les Hautes Écoles sur les différentes branches du savoir humain, dans l'ordre des sciences politiques et sociales dont l'importance grandit chaque jour, comme dans celui des sciences proprement dites, qu'elles soient le produit de la libre association ou la création de l'État, ressortissent aussi d'une manière toute naturelle et pour ainsi dire organique, à notre *Société*. Bien des questions les intéressent qui gagneraient à être traitées librement, dans nos séances générales ou de groupes, par les intéressés unis à tous ceux que préoccupe l'avenir dans notre pays du haut enseignement dans toutes ses directions.

Sans doute l'État a créé en France des corps consultatifs où la plupart de ces questions sont librement débattues par les représentants élus des différents groupes qui forment chez nous l'enseignement public à tous ses degrés. Mais cette représentation officielle, si libéralement organisée d'ailleurs, ne rend pas inutile l'examen des mêmes questions par une réunion de personnes qui ne sont investies d'aucun mandat public et qui par suite peuvent avoir, soit dans les discussions, soit dans les déterminations à prendre, une liberté d'allure qui ne peut se rencontrer au même degré dans des corps officiels.

Notre *Société* peut, sur bien des points, collaborer avec l'État, en étudiant parallèlement les mêmes questions; elle peut aussi servir, comme elle l'a déjà fait maintes fois, d'avant-garde ou d'éclaireur à la pesante armée officielle et lui rendre, ainsi qu'à la cause de l'instruction publique, d'inestimables services.

C'est cette préoccupation qui a principalement guidé ceux des membres de la *Société* qui ont pris l'initiative de la reprise de ses délibérations.

C'est dans ce but qu'ils ont voulu aussi se mettre tout de suite à étudier un sujet qui préoccupe depuis longtemps le public français, mais qui a pris dans ces derniers temps une importance toute particulière, le baccalauréat. C'est la question qui vient d'être mise à l'ordre du jour de nos premières séances. Le groupe parisien a pris les devants, mais nous espérons que les groupes des départements voudront aussi examiner avec toute l'attention qu'il comporte un sujet aussi vaste et aussi complexe. L'activité de la Société ne s'arrêtera pas là d'ailleurs, et nous comptons entreprendre l'examen d'autres questions qui ne le céderont à celle-là ni en importance, ni en intérêt.

C'est qu'en effet l'ère des discussions sur les sujets multiples de l'enseignement public et en particulier de l'enseignement supérieur est loin d'être close. C'est à l'épreuve de l'expérience et des faits que les réformes se jugent, c'est là qu'elles trouvent leur pierre de touche infaillible. Or il est permis de penser qu'il n'en est pas autrement dans l'ordre des questions que soulève le haut enseignement. Bien des innovations y ont été réalisées ou tentées depuis vingt-cinq ans. Il ne serait peut-être pas inutile de provoquer une revue détaillée des résultats qu'elles ont produits.

D'un autre côté, nous ne devons pas négliger de nous tenir au courant des progrès incessants que l'enseignement supérieur réalise dans les pays voisins, même dans ceux où il est parvenu au plus haut degré de perfectionnement. On n'a pas oublié les belles études sur les Universités étrangères par lesquelles notre *Société* a inauguré ses travaux. Il serait peut-être bon de recommencer de temps en temps une enquête qui ne peut être fructueuse qu'à la condition de ne jamais cesser d'être à jour.

La *Revue Internationale de l'Enseignement* que publie la *Société* nous tient au courant de ce qui se passe au delà de nos frontières dans ses brèves et si substantielles notes sur les Universités étrangères. Il serait intéressant de compléter son œuvre par des monographies détaillées. Il ne faudrait pas abandonner non plus la tradition de ces voyages d'études qui, aux débuts de la *Société*, ont produit de si remarquables travaux.

Pour mener à bien toutes ces tâches nous avons besoin du concours éclairé et effectif de tous. Nous faisons donc un pressant appel à nos adhérents de la première heure, aux membres nouveaux de l'enseignement et à tous ceux qui, dans le grand public, ne se désintéressent pas du problème si vital de l'organisation et des destinées de l'enseignement supérieur dans notre pays.

Soit en assistant à nos séances ou à celle des groupes des départements et en prenant part à leurs délibérations, soit en écrivant dans la *Revue* qui est l'organe de la *Société* sur les questions mises à l'étude, soit en proposant des sujets nouveaux à examiner, ils peuvent rendre à l'enseignement supérieur et au pays les plus signalés services.

Ce n'est pas seulement d'ailleurs au personnel ancien et nouveau des Facultés et des Hautes Écoles de la France et de l'Étranger que notre appel s'adresse. Bien des questions intéressent à la fois et l'enseignement supérieur et l'enseignement secondaire. La *Société* sollicite aussi le concours du personnel si éclairé et si dévoué que renferment les établissements d'enseignement secondaire publics ou libres : bien des questions ne peuvent être étudiées avec fruit qu'avec leur collaboration.

Nous demandons aussi le concours de tous ceux qui, bien que n'étant pas enrégimentés dans les cadres de l'enseignement, s'intéressent néanmoins à son avenir, et peuvent nous apporter l'appoint, quelquefois si utile, d'opinions et d'avis non professionnels.

Il faut que les Universités qui vont naître se mêlent largement et hardiment à la vie générale du pays. Il faut qu'elles ne constituent pas des chapelles fermées et trop bien closes où ne pénètre pas le souffle vivifiant du dehors. Il importe donc que le cercle de leurs amis et de leurs fervents soit aussi large que possible. A cette condition seulement elles pourront jouer le rôle considérable qui peut leur revenir dans l'orientation intellectuelle et sociale du pays.

A ce point de vue, la *Société d'Enseignement supérieur* peut devenir entre le grand public et le personnel des Facultés et des Hautes Écoles un trait d'union tout trouvé et qu'il faudrait inventer s'il n'existait pas. Aussi sommes-nous persuadés que notre appel sera entendu, et que, grâce à cette impulsion nouvelle, la *Société* continuera à rendre, à la cause de l'enseignement supérieur des services qui lui attireront la reconnaissance du pays.

LE CONSEIL DE LA SOCIÉTÉ

POUR L'ÉTUDE
DES QUESTIONS D'ENSEIGNEMENT SUPÉRIEUR.

L'ÉCOLE DE STRASBOURG AU XVIᵉ SIÈCLE

DEUXIÈME PÉRIODE (1)

VIII. — COMMENCEMENT DU DÉSACCORD ENTRE L'ÉGLISE
ET L'ÉCOLE

Le Magistrat désigna comme successeur du scolarque défunt son frère Pierre Sturm. Bien qu'il fût moins brillamment doué que celui qu'on a appelé le grand stettmeistre, il avait pourtant des qualités solides qui l'avaient fait nommer tour à tour au Grand Conseil, à celui des Quinze et à celui des Treize, il avait rempli plusieurs fois les fonctions de stetmeistre, et tout récemment, il avait été envoyé avec Frédéric de Gottesheim et l'historien Sleidan en ambassade auprès du roi de France, Henri II, quand celui-ci, après la prise de Metz, de Toul et de Verdun, était venu à la tête de son armée jusque sur les hauteurs de Saverne (3 mai 1552). Pierre Sturm continua l'œuvre scolaire si brillamment édifiée par son illustre frère, et pendant les dix années qu'il put encore consacrer à l'administration de l'École, il rédigea de sa propre main les procès-verbaux des séances des scolarques. Il avait pour collègue Frédéric de Gottesheim, qui avait remplacé Nicolas Kniebis, depuis que celui-ci s'était fait mettre à la retraite (4 octobre 1552), et Jacques Meyer, le seul survivant de la commission nommée en 1526. Les inspecteurs scolaires étaient Pierre Dasypodius, le vice-recteur, Chrétien Herlin, le professeur de mathématiques, et Louis Rab. Ce dernier était prédicateur à la Cathédrale et avait été nommé inspecteur après la mort de Hédion.

L'École souffrait encore des conséquences de l'Intérim ; la section supérieure était retombée dans une situation à peine équiva-

---

(1 Voir les nᵒˢ du 15 février et du 15 mars 1896.

lente à celle de 1539 ; la liste des cours de 155! ne portait plus
que les noms de sept professeurs : il n'y avait plus que deux théologiens ; un seul helléniste, le médecin Günther d'Andernach, un
seul professeur d'hébreu, et ce n'était pas seulement le nombre
des cours qui avait diminué, c'était aussi la qualité et le renom
des professeurs (1).

Cependant, au commencement de l'année 1553, les scolarques
avaient réussi à attirer à Strasbourg, comme remplaçant de Pierre-
Martyr, un autre savant italien, Jérôme Zanchi, qui, après dix-
neuf années passées avec les chanoines dits réguliers de Bergame,
s'était laissé entraîner par ses convictions religieuses à quitter la
vie facile qu'il menait dans son monastère et s'était rendu à
Genève, puis à Bâle et enfin à Strasbourg. Il succéda à Pierre-
Martyr non seulement comme professeur, mais aussi comme
chanoine de Saint-Thomas. Louis Rab, qui fut chargé de quelques
leçons de théologie, était une acquisition moins brillante. Il ne
resta d'ailleurs que peu de temps à Strasbourg.

Les malheurs qui avaient frappé l'Église et l'École avaient été
très profitables à Jean Marbach. Né à Lindau, sur le lac de Con-
stance, il était venu en 1539, à l'âge de quinze ans, à Strasbourg.
Deux ans après, il s'était rendu à Wittenberg, y avait acquis le
titre de docteur en théologie, et après un séjour de deux années à
Isny, il était revenu à Strasbourg, en 1545, appelé par Bucer et
Fagius. Après le départ de ceux-ci, il avait été adjoint à Gaspard
Hédion pour faire les cours supérieurs de théologie, et après la
mort de Hédion, le Magistrat l'avait nommé à la présidence du
Convent ecclésiastique. Il était donc, grâce à un concours de circonstances exceptionnelles, à trente et un ans, chef de l'Église,
chanoine de Saint-Thomas, ministre d'une des sept paroisses de
la ville, professeur de théologie, et il occupait à Strasbourg la
position privilégiée que Bucer s'était lentement acquise par le
prestige de son talent et l'ascendant de son caractère.

Le nouveau président du consistoire était d'une activité infatigable ; son instruction était médiocre, mais il avait une certaine
éloquence naturelle ; âpre dans ses desseins, plein d'ambition et de

(1) Voici la liste des cours de l'année 1551 :
Théologie : Hédion (Épître canonique de saint Jean) ; Marbach (Psaumes).
Droit : Kilian Vogler (Institutes).
Art oratoire : J. Sturm (Cicéron ; — *Démosthène,* περὶ στεφάνου).
Physique ; Günther d'Andernach (Galien, *De re medica*).
Mathématiques : Herlin (1er livre d'*Euclide*).
Hébreu : Michel Délius.

, vanité, il ne reculait pas devant les voies tortueuses pour arriver à ses fins, soit qu'il cherchât à faire triompher les opinions extrêmes qu'il avait adoptées, faire proscrire les croyances contraires et ruiner les institutions qui lui paraissaient hérétiques, soit que par intérêt personnel ou par désir de vengeance il s'acharnât sur ses adversaires.

Au lendemain de la mort de Jacques Sturm, le principal objectif de Marhach, ce qu'il considérait comme une mission sacrée, c'était d'assurer aux idées luthériennes sur la Cène un triomphe complet sur les doctrines qui régnaient non seulement dans l'Église des réfugiés français, mais aussi dans la plupart des familles strasbourgeoises.

Lorsqu'en 1530, l'empereur Charles-Quint avait demandé aux protestants l'énoncé de leurs croyances, Strasbourg et trois autres villes avaient présenté une profession de foi particulière qui, sur le dogme de la sainte Cène surtout, différait de celle de Luther et de Mélanchthon et se rapprochait de celle de Calvin et de Zwingle; on l'appelait la confession des quatre villes, la *tétrapolitaine*. Mais peu de temps après, Strasbourg sentit la nécessité de se faire admettre dans l'Union que les États protestants avaient conclue entre eux à Smalcalde, et après de longues négociations, Bucer réussit à établir avec Luther un compromis sur les points litigieux; ce compromis signé à Wittenberg revenait à un abandon presque complet de la tétrapolitaine et fut admis, non sans de vives protestations, par le convent ecclésiastique et le Magistrat. Officiellement, la ville adhérait à la confession d'Augsbourg; mais chacun restait libre de ses croyances. C'est contre ce venin hérétique que Marbach, maintenant que Bucer, Hédion, Jacques Sturm étaient morts, crut devoir tourner tous ses efforts : aussi tâchait-il de ne laisser nommer que des ministres et des professeurs qui se déclaraient pour la confession luthérienne. Le recteur et ses amis, au contraire, favorisaient les adhérents de la tétrapolitaine que l'on considérait comme la confession véritablement strasbourgeoise.

Les premiers engagements sur ce terrain eurent lieu à l'occasion du retour de Pierre-Martyr et de Trémellius. Les quatre professeurs que l'Intérim avait chassés de Strasbourg n'avaient guère été heureux en Angleterre, malgré l'accueil empressé qu'ils y avaient trouvé. Bucer et Fagius, nommés professeurs à l'Université de Cambridge, moururent tous deux, Fagius le 25 novembre 1550, Bucer le 27 février de l'année suivante. En 1556, sous le règne de Marie Tudor, ils furent condamnés comme hérétiques, et leurs cadavres furent déterrés et brûlés; mais Élisabeth fit casser le jugement prononcé contre eux et réhabilita leur mémoire. Quant à Pierre-Martyr et à Trémellius, ils avaient quitté l'Angleterre immédiatement après la mort d'Édouard VI (1553); ils arrivèrent à Strasbourg le jour même, dit-on, où l'on enterrait le stettmeistre Jacques Sturm, qui leur eût certainement rendu leur chaire. Trémellius se rendit aussitôt auprès de Wolfgang, duc de Deux-Ponts, qui le chargea de l'enseignement de l'hébreu à son école de Hornbach.

Mais dès le 28 novembre 1553, Jean Sturm accompagné de Pierre Dasypodius, et du mathématicien Herlin, vint proposer aux scolarques de confier à Pierre-Martyr la chaire de philosophie restée sans titulaire depuis le départ de Juste Velse, et pour prévenir toute objection, Dasypodius, comme doyen du chapitre de Saint-Thomas, déclara, au nom de ses collègues, qu'un canonicat qui allait devenir vacant lui serait conféré. Rien ne semblait donc s'opposer à la nomination d'un professeur qui avait laissé à Strasbourg le souvenir d'un savant distingué et d'un homme aimable et d'un excellent caractère. Malheureusement il avait, pendant son séjour en Angleterre, publié quelques traités dans lesquels il se prononçait en faveur de la doctrine réformée sur la sainte Cène. Aussi dès que Marbach et Louis Rab eurent connaissance de la démarche du recteur et des deux professeurs, ils protestèrent contre la nomination proposée. Les scolarques, n'osant leur tenir tête tout seuls, consultèrent deux juristes et trois théologiens, et forts de l'appui qu'ils trouvèrent auprès de ces hommes modérés, ils déclarèrent à Marbach qu'ils étaient décidés à retenir à Strasbourg cet illustre professeur, d'autant plus qu'il était connu pour un homme pacifique et qu'il s'était même déclaré prêt à signer la confession d'Augsbourg.

Mais Marbach ne se tint pas pour satisfait. Il rappela que Garnier, le ministre de la paroisse française fondée jadis par Calvin, prêchait ouvertement la doctrine adoptée par l'Église réformée : « si Pierre-Martyr, dit-il, et Zanchi venaient encore se joindre à lui, les plus graves dissentiments ne seraient-ils pas à craindre? » Néanmoins, comme il ne pouvait nier les excellentes qualités de celui dont il combattait la candidature, ou sentant peut-être qu'il ne parviendrait pas à l'écarter tout à fait, Marbach fit une concession inattendue : il proposa de confier à Pierre-Martyr les leçons d'hébreu et l'explication des prophètes, et il démasqua ses batteries en proposant pour la chaire de philosophie un candidat de son choix, Nicolas Cystnerus, professeur à Heidelberg.

Mais les scolarques refusèrent de s'engager dans cette voie. Ils firent au Magistrat un rapport détaillé sur cette affaire, et celui-ci leur adjoignit trois sénateurs des plus considérés, Mathias Pfarrer, George Leimer et Charles Mieg, dont les deux derniers étaient partisans de Marbach, et le célèbre historien Sleidan qui était entré en qualité de juriste au service de la ville de Strasbourg, Après mûre délibération, Sleidan fut envoyé auprès de Pierre-Martyr. Celui-ci déclara qu'il n'avait aucune envie de susciter des querelles religieuses : qu'il avait énoncé ses opinions sans attaquer personne ; qu'il pouvait également admettre la confession d'Augsbourg, «pourvu qu'elle fût dûment interprétée ». Ces déclarations parurent suffisantes aux délégués du Magistrat : Pierre-Martyr fut nommé et chargé des leçons d'hébreu ainsi que du cours de philosophie, et, quelque temps après, reçut un canonicat.

Marbach sortait donc vaincu de cette première escarmouche ; mais il avait pu se rendre compte de sa puissance et de la crainte qu'il inspirait : il n'en fut que plus entreprenant. De violents démêlés éclatèrent entre théologiens et professeurs ; des paroles très vives furent échangées, et les scolarques, craignant que la querelle ne s'envenimât, résolurent d'intervenir. Le lundi de Pâques 1554, Pierre Sturm et Frédéric de Gottesheim, assistés de Sleidan, convoquèrent Jean Sturm, Dasypodius et Herlin ainsi que leurs adversaires, Marbach et Louis Rab. S'adressant à ces derniers, ils déclarèrent qu'ayant eu connaissance des démêlés qui avaient éclaté entre eux et les professeurs de l'école, ils étaient allés aux informations ; qu'ils avaient appris que les professeurs se plaignaient de leurs empiétements et leur reprochaient de se mêler des affaires scolaires beaucoup plus que n'avaient fait précédemment Capiton, Bucer et Hédion qui, loin de les contrarier, avaient secondé leurs efforts et avaient vécu avec eux dans les meilleurs termes.

Les docteurs en théologie déclarèrent, tous deux, qu'ils étaient pleins de respect pour les professeurs et qu'ils n'oubliaient pas qu'ils avaient été leurs élèves. « Nous voyons bien, ajoutèrent-ils, d'où provient la mauvaise humeur des professeurs; nous nous sommes permis de faire des propositions aux scolarques et nous avons fait connaître notre manière de voir dans le convent des professeurs. Mais en agissant ainsi nous n'avons pas outrepassé nos droits; Marbach a été désigné par le Magistrat comme surintendant et chargé d'exercer comme Hédion avant lui, sur tous les établissements scolaires une haute surveillance; de plus, il est professeur de théologie : Rab est inspecteur scolaire. C'est à ces divers titres que nous nous sommes occupés des affaires de l'école; mais nous sommes tout prêts à renoncer à ces fonctions; celles de notre ministère nous suffisent amplement. » Les scolarques considérant ces explications comme mettant fin au conflit, congédièrent les deux parties après leur avoir recommandé d'user de bienveillance mutuelle et de vivre ensemble dans un esprit de concorde. Cette admonestation paraît avoir produit de l'effet, car quelques années se passèrent sans nouvel incident.

IX. — ÉTAT DE L'ÉCOLE VERS 1556.
APERÇU GÉNÉRAL SUR L'ENSEIGNEMENT

L'École se remettait peu à peu du vif émoi que lui avait causé l'Intérim, et grâce au renom de quelques-uns des professeurs, de Pierre-Martyr, de Zanchi, de Günther d'Andernach, de Marbach même et surtout de Jean Sturm les cours publics continuaient à être fréquentés par un assez grand nombre d'étudiants. Dans les classes latines, la composition du personnel enseignant resta pendant dix années environ sans subir de changement notable ; mais la population scolaire n'atteignait plus les chiffres élevés de 1545 et de 1546, quoiqu'elle restât constamment supérieure encore à 400 élèves. Cette diminution d'un tiers s'explique en partie par le nombre des écoles qui s'organisaient sur le modèle du gymnase de Sturm; mais elle tient aussi au fait que l'esprit nouveau qui prenait le dessus à Strasbourg éloignait de l'école la nombreuse clientèle d'élèves venus autrefois de la Suisse et des contrées étroitement unies à Strasbourg par la conformité des croyances religieuses.

Nous possédons sur l'organisation de l'école à cette époque une relation fort intéressante rédigée par Pierre Dasypodius. Elle est courte et précise, et elle a sur les écrits purement théoriques de Sturm l'avantage de nous montrer ce que la pratique et l'expérience avaient fait des idées pédagogiques du recteur. Dasypodius adressa à Michel Han, conseiller du comte de Hanau, en novembre 1556, la lettre suivante (1) :

« La réputation de l'école fondée par le Magistrat de Strasbourg s'est répandue au loin, mais les principes sur lesquels repose son organisation me semblent insuffisamment connus : j'ai donc entrepris d'en retracer les traits les plus saillants, à l'intention de

(1) Statuts et privilèges, n° 2018.

ceux qui désireraient mieux connaître une institution si utile et si sagement ordonnée.

« Disons d'abord que l'administration de l'école a été confiée par le Magistrat à trois hommes justement désignés sous le nom de *scolarques*. Ils ont mission d'entretenir les bâtiments en bon état, de gérer les revenus, d'engager les maîtres et les professeurs. Ajoutons qu'il y a deux sortes d'élèves, ceux qui suivent les cours publics et ceux qui fréquentent les classes latines. Les premiers entendent les leçons des professeurs de théologie, de physique, de droit civil, d'art oratoire, de mathématiques et des trois langues hébraïque, grecque et latine; les seconds forment neuf classes et sont répartis dans des salles séparées, de manière à ne pas se gêner les uns les autres. Mais avant d'entrer dans plus de détails, nous devons dire quelques mots des livres qui sont mis entre les mains des élèves.

« Le but de ceux qui, sur l'ordre du sénat et des scolarques, ont organisé l'école a été d'établir le programme des études de telle sorte que les enfants acquièrent le plus tôt possible la connaissance des arts qui développent la faculté oratoire et sont, pour ce motif, appelés *logiques* : la grammaire, la dialectique et la rhétorique. Mais comme les différents auteurs donnent des préceptes différents et qu'il existe un grand nombre d'ouvrages traitant de ces matières, dont aucun cependant ne convenait à notre établissement, on les a laissés de côté, sans pour cela les désapprouver, et l'on a chargé un homme entendu de condenser en un seul ouvrage les règles essentielles de l'art de s'exprimer correctement. Cet ouvrage comprend trois parties et porte le titre d'Enseignement de l'enfance (*Educatio puerilis*). Un autre ouvrage fait suite à celui-ci, mais il n'a que deux parties et renferme les éléments de la langue grecque. A l'aide de ces livres, les enfants apprennent les règles principales du latin et du grec sans être forcés de passer par de longs détours ni de stationner trop longtemps au seuil du sanctuaire. Jean Sturm, de son côté, a condensé dans quatre dialogues admirables de concision et de clarté toute la science du raisonnement, dont les préceptes sont épars dans différents ouvrages d'Aristote. En outre, il a traité dans quatre autres dialogues des partitions oratoires de Cicéron et y a formulé de la façon la plus précise les règles de l'art de bien dire. Les maîtres font apprendre chaque année l'un de ces livres dans leur classe et, quand la promotion leur amène de nouveaux élèves, ils reprennent la même tâche. Ces livres paraissent tout à fait suffisants pour l'enseignement des arts logiques que doivent posséder ceux qui veulent étudier les lettres, et l'on peut se passer de out autre ouvrage, surtout de ceux qui sont publiés de nos jours.

« Maintenant revenons aux classes et voyons quelles sont les matières que l'on y enseigne et dans quelle suite on les présente. Nous avons déjà dit qu'il y a neuf classes et qu'elles occupent des salles distinctes et séparées. Chacune a son maître particulier dont la tâche consiste à exercer les élèves pendant la durée d'une année, de manière qu'ils soient bien préparés et suffisamment exercés au moment où il les passera au maître de la classe suivante ; car chaque maître prépare le terrain et fraie en quelque sorte la voie à son collègue de la classe supérieure à la sienne.

« En neuvième donc, la classe inférieure, les enfants ignorent encore les lettres. Comme dans une ville d'une si grande étendue ces enfants sont fort nombreux, deux maîtres sont employés dans cette classe : l'un commence par les éléments et mène ses élèves jusqu'à la lecture courante, l'autre leur enseigne à tracer les lettres et les exerce à décliner et à conjuguer des paradigmes ; il ne laisse passer dans la classe qui est au-dessus de la sienne que ceux qui possèdent ces connaissances. C'est là un travail pénible, sans doute, mais d'une incontestable utilité et constituant, comme l'atteste Quintilien, le fondement de tout ce qu'il faudra leur enseigner plus tard. Mais pendant que ces exercices se poursuivent, on ne néglige pas de faire apprendre aux élèves des vocables et leur signification, je veux dire leur équivalent en allemand.

« En huitième, les enfants apprennent déjà les règles du genre des substantifs, la comparaison des adjectifs, la formation des parfaits et des supins des verbes : tout cela d'après le livre mentionné plus haut, la première partie de l'*Educatio puerilis*. Les exemples sont fournis par le premier livre des *Lettres choisies de Cicéron* que le maître interprète textuellement, non seulement dans ce but, mais aussi pour montrer comment les locutions les plus simples peuvent être utilisées. Enfin, les exercices d'écriture commencés antérieurement sont continués chaque jour, de manière qu'avant de quitter cette classe, les élèves possèdent parfaitement toutes ces matières.

« Le maître de la septième, après avoir fait soigneuseusement répéter ce qui a été vu précédemment, enseigne les parties invariables du discours et termine ce qu'on appelle la partie étymologique de la grammaire ; il continue, en outre, l'interprétation des lettres de Cicéron (1re et 2e parties) auxquelles il emprunte de courts passages qu'il dicte en allemand et fait ensuite retraduire en latin. Cet exercice utile et nécessaire permet aussi de juger de l'application et des progrès des élèves.

« En sixième, un plus grand effort est demandé au maître et aux élèves. En effet, après la répétition de la partie étymologique, on passe au régime des verbes, c'est-à-dire à la syntaxe élémentaire que l'on applique en lisant le deuxième livre des *Lettres de Cicéron*, mais dans une leçon spécialement consacrée à cet exercice. Ce livre fournit également la matière de thèmes courts encore, mais pourtant plus longs que dans la classe précédente et comprenant de quatre à six propositions. La syntaxe accommodée aux besoins de notre école se trouve sous une forme très élémentaire dans la 3ᵉ partie de l'*Educatio puerilis;* elle s'achèvera en cinquième, comme nous allons le dire. De plus, les éléments de la langue grecque sont enseignés dans cette classe d'après les livres mentionnés plus haut. Une heure par jour est consacrée à cette étude. Les élèves apprennent à lire, à décliner et à conjuguer; mais il n'est pas possible d'aller plus loin, car la syntaxe est difficile et on n'explique pas encore d'auteur.

« Nous venons à la cinquième. Après la répétition de la syntaxe d'usage, on y enseigne la syntaxe figurée et l'on achève à peu près tout ce qui se rapporte à la grammaire. On traduit le troisième livre des *Lettres de Cicéron*, qui ne renferme que des lettres à Atticus et paraît plus difficile parce qu'il traite des sujets plus sérieux. Aussi donne-t-il souvent l'occasion de montrer les diverses formes de constructions et convient-il davantage à des enfants de cet âge. En grec, on répète et on complète les exercices de déclinaison et de conjugaison, de manière que tout ce qui mérite d'être appris y soit étudié à fond. Car, de même qu'en septième s'achèvent les matières commencées en huitième, de même la cinquième complète la tâche de la sixième. On dicte également un thème chaque semaine et l'on indique les locutions qui peuvent servir à les traduire.

« En quatrième, on répète d'abord tout ce qui a été vu en cinquième, surtout la grammaire grecque et la construction figurée. En outre, on explique les dialogues de Cicéron sur la Vieillesse et sur l'Amitié. On ajoute à tout cela la prosodie et les règles de versification d'après les tables de J. Murmélius, et l'on y joint l'explication de quelques églogues de Virgile. Enfin, comme exercices de traduction grecque, on emploie les fables d'Ésope, celles du moins qui se trouvent dans le recueil de fables choisies. Dans cette classe, comme dans les autres, on dicte des textes qui sont à traduire en latin.

« Les élèves entrent en troisième déjà passablement exercés dans les langues latine et grecque. Aussi, après une courte répétition des matières étudiées précédemment, on explique les discours de Cicéron pour Marcellus, pour Ligarius, pour Archias. On en extrait également des locutions qui serviront à des exercices de thèmes plus longs. Le premier et le deuxième livre de l'Énéide de Virgile sont lus, les particularités du langage poétique sont notées, et des parties du poème sont apprises par cœur. Les élèves doués d'heureuses aptitudes apprennent aussi à faire des vers. En grec, on lit les dialogues de Lucien, les plus spirituels et les moins longs.

« Le maître de la seconde classe enseigne la dialectique, d'après les deux premiers dialogues de Sturm sur les Partitions, dont le premier traite des lieux des arguments et des lieux communs, le second, de l'interprétation et des différentes espèces de syllogismes. Il explique également les discours de Cicéron pour Sextus Roscius, pour C. Rabirius et pour Milon, et il indique sommairement le genre, l'état de la cause et la division du discours. En grec, il explique des discours de Démosthène. Tout comme ses collègues, il donne chaque semaine un thème, mais un peu plus long.

« En première, enfin, on achève l'étude de la dialectique, s'il est vrai qu'après les Topiques, les Catégories et les deux premiers livres des Analytiques, qui tous ont été vus en seconde, en même temps que le livre sur l'Interprétation, il ne se trouve plus dans Aristote d'autre matière relative à cette étude, si ce n'est les deux derniers livres des Analytiques et un livre sur les Sophismes. Ces questions ont été clairement résumées par Sturm dans deux dialogues que l'on étudie après la répétition des lieux communs et des syllogismes. On les fait suivre des partitions oratoires de Cicéron, que Sturm a également traitées dans quatre dialogues d'une façon si claire et si précise qu'on ne trouverait rien à y ajouter. Quant au reste, je veux dire, quant à l'application de ces préceptes, le maître la fait voir pendant qu'il explique les discours de Cicéron et de Démosthène, et les élèves se les assimilent peu à peu en traitant des sujets; car tous les élèves admis dans cette classe composent et exercent leur style dans les deux langues. Parfois aussi un épisode de l'un des poèmes homériques interrompt l'explication de Démosthène; car rien de ce qui peut contribuer à la connaissance de la langue grecque ne doit être négligé.

« Voilà donc comment est réparti sur les neuf classes l'enseignement des trois arts logiques; et ce travail s'accomplit sans trop de peine pour les instituteurs et les élèves. Un enfant, même doué médiocrement, peut s'en rendre maître, ainsi que des deux langues, en peu d'années; car il n'y a que les élèves bornés et absolument incapables qui restent dans une classe au delà d'un an : ils passent, pour le moins chaque année, d'une classe dans une autre, jusqu'à ce qu'ils soient admis aux cours publics, et ceux qui sont doués d'une intelligence dépassant la moyenne sont promus parfois au bout de six mois.

.. « Je ne veux pas oublier de mentionner ici que deux fois par an dans les sept classes inférieures, et une fois au printemps dans toutes les classes, les élèves sont soumis à un examen. Des inspecteurs constatent les progrès des élèves dans les différentes classes, et accordent avec plus ou moins d'éloges la promotion à ceux qui paraissent avoir atteint le degré de connaissances approprié à leur âge.

« Du reste, la promotion qui a lieu au commencement du mois d'avril se fait avec une certaine solennité. En présence de quelques membres du Magistrat et particulièrement des autorités scolaires, devant tout le corps des professeurs et des précepteurs, après que lecture a été donnée des règlements scolaires, le nom des élèves promus est proclamé publiquement, et ceux qui sont les plus instruits reçoivent des prix. Après quoi, l'un d'entre eux prononce un discours composé dans ce but; il remercie d'abord les scolarques et les maîtres, puis recommande l'école et les études littéraires aux membres du sénat et aux personnes de distinction qui se trouvent dans l'assistance. Pendant la fête, les élèves qui font partie du chœur exécutent des chants, et tous les autres expriment leur satisfaction par des applaudissements et des acclamations. ..

« Il n'a pas été, jusqu'à présent, question de la religion, et l'on pourrait s'imaginer qu'elle est complètement négligée, que les langues et les humanités y sont seules enseignées. Il est vrai que ce qui a été dit ne se rapporte qu'à ces matières, mais on ne saurait parler de tout à la fois. Il est incontestable que l'école ne consacre pas moins d'attention à la religion qu'aux autres disciplines, j'entends à la religion pure, primitive et apostolique : les élèves les plus jeunes apprennent à la connaître, les jours fériés, par leur catéchisme, les plus âgés et les plus avancés, par la lecture des Évangiles et des épîtres des apôtres. En effet, ceux qui ont établi cette école avec beaucoup de peine et à grands frais veulent élever une jeunesse non seulement lettrée, mais aussi pieuse. Voilà ce que j'avais à dire des classes qui occupent des salles distinctes et sont divisées chacune en groupés de dix élèves.

« Passons maintenant aux cours publics : nous pourrons en parler d'autant plus brièvement que nous avons déjà donné quelques indications à leur sujet en commençant. La théologie, c'est-à-dire l'étude des Écritures saintes, occupe trois professeurs, dont chacun est versé dans les langues dans lesquelles les livres sacrés nous ont été transmis. Leurs élèves comprennent un certain nombre de jeunes gens que l'on élève aux frais de la République et destinés à la carrière ecclésiastique, ainsi que des étrangers jeunes ou même d'un âge mûr qui viennent dans cette ville poussés par leur zèle religieux. Cette étude, la plus utile et la plus nécessaire de toutes, ayant le plus d'étudiants occupe aussi le plus de maîtres.

« Il y a pour la physique un seul professeur attitré : c'est actuellement Günther d'Andernach, qui explique tantôt d'après Aristote, tantôt d'après Hippocrate ou Galien les faits particuliers à cette science. L'étude du droit civil ne réclame pas plus d'un professeur, car il ne s'agit que d'expliquer à des débutants les Institutes. Il est vrai que le maître chargé de cet enseignement traite aussi d'autres parties de cette science, à cause du nombre restreint des auditeurs. Jean Sturm enseigne l'art oratoire, moins en donnant des règles qu'en montrant leur application, soit d'après les ouvrages grecs d'Aristote et d'Hermogène, soit en expliquant d'une façon brillante les discours de Cicéron et de Démosthène. Le professeur de mathématiques enseigne, chaque année, d'abord le premier livre des Éléments d'Euclide, ensuite l'arithmétique et l'astronomie. Il y a pour chacune des langues hébraïque, grecque et latine un seul professeur. L'hébraïsant, après avoir enseigné la grammaire, explique un livre de l'Ancien Testament; l'helléniste, un ouvrage de Xénophon; le latiniste, un écrit de Cicéron.

« Bien que les étudiants, sortis des classes ou venus d'ailleurs, puissent paraître trop peu occupés et trop libres, ils sont cependant soumis à certaines règles et sont forcés de s'exercer soit en déclamant, soit en discutant entre eux des questions que leur posent les professeurs. Ces exercices se font en présence d'un auditoire plus nombreux qu'à l'ordinaire; car tous ceux qui ont quelque expérience de ces joutes oratoires, et même les élèves des deux classes supérieures qui ont étudié la rhétorique et la dialectique, peuvent y assister.

« Tel est le tableau sommaire des études qui se font à l'école strasbourgeoise dans les classes et dans les cours publics. Pour mettre cette organisation, qui n'a pas été adoptée à la légère, autant que possible à l'abri de toute altération, un recteur a été nommé qui dirige la marche de l'école et soumet au conseil de ses collègues toutes les questions importantes, les cas d'indiscipline ou les modifications à introduire dans [l'enseignement. On a institué également trois inspecteurs ou *visiteurs*, chargés, quand le recteur est absent ou occupé, d'examiner les élèves étrangers qui arrivent journellement et de leur faire promettre obéissance aux règlements scolaires : ils ont reçu des scolarques la mission d'être partout présents, d'activer le travail et de veiller à ce que la marche de l'enseignement se poursuive sans déviation, sans omission et sans négligence. »

Nous pouvons ajouter à cet aperçu général quelques détails empruntés à d'autres documents et qui serviront à mieux marquer les mœurs scolaires de cette époque.

Les heures de classe, bien qu'elles ne fussent pas très nombreuses, prenaient cependant un temps considérable. En été, les enfants venaient a l'école à 6 heures du matin. Après un chant et une prière, la leçon commençait et durait une heure seulement. A 7 heures, les élèves allaient déjeuner, et ce n'est qu'après une interruption de deux heures que se donnait la seconde leçon de 9 à 10. Celle-ci était suivie d'un nouvel intervalle de deux heures pour permettre aux enfants d'assister au repas principal que l'on prenait alors vers 11 heures. Au coup de midi, les classes recommençaient et duraient deux heures consécutives. Bien des réclamations s'élevèrent contre la dure corvée que l'on imposait aux maîtres et aux élèves, en été, aux heures les plus chaudes de la journée, mais elles ne furent longtemps pas écoutées, et ce n'est que dans les statuts de 1604 que nous trouvons la mention de *feria caniculares*, vacances de midi à 2 heures pendant les plus fortes chaleurs. Enfin, après une nouvelle interruption d'une heure, se donnait la cinquième et dernière leçon, qui se terminait à 4 heures. Le jeudi, à l'exception de l'heure de 6 à 7, était jour de congé, et le samedi après midi, il n'y avait qu'une leçon d'une heure consacrée au chant et au catéchisme. Le dimanche même, les élèves étaient tenus de venir à l'école, de répondre à l'appel de leur nom et de se rendre ensuite, sous la conduite et la surveillance des maîtres, dans les temples de leur paroisse, et cela, non seulement le matin, mais aussi le soir. En hiver, la première leçon ne commençait qu'à 8 heures,

les autres leçons ne subissaient pas de changement. Cette singulière distribution des heures n'était pas particulière au Gymnase
de Strasbourg; nous la trouvons déjà dans le plan d'études de
l'école latine de Saint-Pierre-le-Vieux de l'année 1537, et il paraît
probable que c'était un legs du moyen âge que la routine conserva
jusqu'à la fin du XVIᵉ siècle et même plus longtemps. Dans le règlement disciplinaire de 1604, nous voyons que les classes se font
en été, de 7 à 9 heures, de midi à 2 heures et de 3 à 4 heures.

Les vacances n'étaient jamais très longues, mais revenaient
assez fréquemment. Au commencement, c'était le Magistrat, plus
tard les maîtres qui en fixaient la date et la durée; mais des abus
se produisirent, « professeurs et précepteurs étant trop avides de
congé », et il fut établi qu'il y aurait vacances depuis la veille de
Noël jusqu'au lendemain du jour où tous les citoyens répétaient
devant la cathédrale le serment solennel de fidélité à la constitution, dix jours environ ; quinze jours à Pâques; trois à la Pen-
tecôte ; deux jours à la Saint-Adolphe ; trois semaines pendant la
grande foire de la Saint-Jean et trois semaines pendant les vendanges, en septembre. Ces vacances devaient être les mêmes pour
les étudiants et pour les élèves des classes latines, mais ces derniers étaient tenus de se présenter à l'école deux jours plus tôt
à Pâques et à la Saint-Michel afin de permettre aux maîtres de
dresser la liste, « le catalogue », de leurs élèves. Quelques cours
publics se faisaient aussi pendant la grande foire, afin de donner
aux étrangers un échantillon de la science et de l'éloquence des
professeurs ; d'autre part, des savants appartenant à d'autres universités profitaient de leur passage à Strasbourg pour y faire
quelques cours, rétribués d'ordinaire par les scolarques.

Chaque semaine, les maîtres faisaient un classement des élèves
des diverses décuries; le premier prenait le titre de décurion et
était tenu, sous les peines les plus sévères, d'exercer une rigoureuse surveillance sur ses neuf camarades à l'école et à l'église et
de signaler au maître ceux qui avaient commis quelque méfait et
notamment ceux qui s'étaient servis de la langue allemande. Les
verges étaient l'instrument disciplinaire employé de préférence.

Il y avait deux promotions par an, l'une à Pâques, l'autre vers
la Saint-Michel. Les élèves particulièrement bien doués pouvaient
être promus au bout de six mois de séjour dans une classe; ce
n'est qu'en seconde et en première qu'il fallait passer une année
entière. Il y avait donc dans chaque classe deux catégories
d'élèves, ceux qui y étaient entrés à Pâques et ceux qui avaient
été promus en automne; conséquemment aussi, les maîtres étaient

tenus d'achever en six mois la tâche grammaticale qui leur était prescrite. Ces doubles promotions existaient encore au Gymnase de Strasbourg au commencement de ce siècle.

Mais ce n'était que la promotion de printemps qui donnait lieu à la solennité décrite par Dasypodius. Celui-ci n'a pas mentionné pourtant la coutume qui s'était introduite depuis longtemps de faire inviter officiellement le Magistrat à assister à cette fête, par des élèves. La première invitation mentionnée par les procès-verbaux du Sénat est du 6 avril 1545. Deux élèves, appartenant l'un à la famille des Bœcklin, l'autre à celle des Bat de Dunzenheim, se présentèrent devant le Sénat assemblé et l'invitèrent, l'un en latin, l'autre, le plus jeune, en allemand, à honorer de sa présence la fête de la promotion qui devait avoir lieu le même jour à midi. Le Magistrat répondit fort gracieusement qu'il se ferait représenter à la cérémonie et donna à chacun des enfants un florin d'or. Quelques années plus tard, ce furent trois élèves qui portèrent l'invitation de l'école en la formulant en grec, en latin et en allemand : ils reçurent un écu chacun. Mais en 1558, les malheureux délégués de l'école, intimidés, s'embrouillent et restent courts, l'un après l'autre. Les graves sénateurs, flattés peut-être de constater l'effet qu'ils produisaient, leur accordèrent la gratification habituelle en ajoutant qu'ils avaient mieux étudié qu'ils n'avaient récité, qu'avec un peu d'aplomb ils réussiraient mieux. A partir de ce moment, les élèves n'allaient plus seuls : un maître les accompagnait pour soutenir leur courage ou pour aider à leur mémoire.

Les élèves les plus méritants de chaque classe recevaient des prix (*præmia*). Dès la première année, les scolarques avaient fixé la somme à affecter à ces récompenses et avaient décidé de donner trois prix dans chaque classe. En première la valeur de ces prix devait être de 6, 5 et 4 sous; en seconde de 5, 4 et 3 sous, etc. Il est évident que ce n'étaient pas ces modiques sommes d'argent que l'on distribuait; d'autant plus que le dernier prix de la classe inférieure n'était que d'un sou et demi; il est vrai que dès le milieu du XVIᵉ siècle les élèves recevaient une pièce d'argent (1), et plus tard une médaille portant l'inscription : *præmium diligentiæ* et, sur l'autre face, un bouquet de fleurs qu'entourent des abeilles; mais à l'origine, il nous semble probable que, suivant la proposition de Jean Sturm, on distribuait des livres de la valeur fixée par les scolarques.

(1) Michel Bosch. *Actus tres Academiæ Reip. Argentoratensis.* Strasb., Nicol. Wyriot, 1578.

Un heureux hasard a conservé la harangue (*declamatio*) qui fut débitée par un des élèves de la première ou de la seconde classe à l'occasion de la promotion de Pâques de l'année 1558. Quelques extraits suffiront pour donner une idée de ce genre d'exercice. Il renferme d'ailleurs quelques indications au sujet de la transformation qu'avaient subie les mœurs des écoliers :

« Si votre père spirituel, le vénérable Martin Bucer, pouvait revenir dans cette école et qu'il vît de ses yeux l'état actuel de la discipline, n'aurait-il pas raison de vous apostropher ainsi : Eh quoi ! vous avez été initiés aux choses divines, vous vous destinez à diriger les consciences, vous aspirez aux plus hautes dignités ecclésiastiques ! Mais que veulent ces mœurs ? que signifie ce costume ? d'où proviennent ces hauts-de-chausse de forme étrange ? pourquoi ces soins exagérés que vous vouez à votre personne, à votre chevelure ? Dieu m'est témoin que ce n'est pas moi qui vous ai appris cette intempérance ! Ah ! combien il serait préférable de vouer ces années de votre jeunesse aux arts et aux sciences, d'acquérir la pratique du raisonnement et la faculté d'exprimer vos pensées avec élégance ! Ce sont ces deux qualités qui, alors que j'étais votre professeur, vous faisaient le plus défaut. Mais laissons cela. Je vous adjure par le Christ de ne pas vous considérer comme d'habiles théologiens, si vous ne possédez ces connaissances. »

Cette philippique, qui s'adressait aux futurs étudiants en théologie, fut immédiatement suivie d'une seconde partie à l'adresse des élèves nobles. C'est encore une prosopopée ; mais c'est Jacques Sturm que l'élève évoque ; les paroles d'un roturier n'auraient eu aucun effet sur la noblesse : « Quel est cet esprit, s'écrie-t-il, nobles jeunes gens, que je vois régner parmi vous ? Trouveriez-vous du plaisir à ce qui déplaît à tous ? trouveriez-vous gracieuse une mode qui eût inspiré du dégoût à nos ancêtres ? d'où prenez-vous ces bonnets en forme de pyramide ? ces chapeaux semblables à des tours ? ces hauts-de-chausse tailladés et garnis de larges crevés en soie qui en font comme des ballons flottant autour de vos jambes ? pourquoi voyez-vous, de nos jours, un grand nombre d'hommes d'origine obscure prendre part aux délibérations des princes, tandis que la noblesse est tenue à l'écart ? c'est que les nobles méprisent les arts et le savoir, et des gens de basse extraction n'admirent rien tant que les sciences et les connaissances utiles. Ne serait-il pas plus convenable de vous efforcer dès vos plus tendres années d'apprendre à exprimer votre avis dans les réunions des princes, dans les conseils des rois et des

empereurs, non seulement en langue vulgaire, mais aussi en
latin, comme je l'ai fait moi-même, — vous le savez, sans doute, —
dans toutes les diètes qui se sont tenues en Allemagne après l'année quarante. Imitez mon exemple, celui de vos ancêtres, et vous
acquerrez des honneurs, une gloire que plusieurs siècles ne sauraient ternir. »

X. — MODIFICATION DU PERSONNEL SOUS PIERRE STURM
(1553-1563).

Des changements importants se produisirent sous l'administration de Pierre Sturm et de ses collègues, dans la composition
du personnel enseignant, surtout parmi les professeurs des cours
publics.

Le jurisconsulte Kilian Vogler quitta Strasbourg et alla enseigner le droit à Tubingue (1ᵉʳ octobre 1553). Il ne put être remplacé
que dix-huit mois après (25 mars 1555) par François Baudouin, le
célèbre jurisconsulte français, qui avait enseigné auparavant le
droit à Bourges pendant sept ans. Il fut chaudement recommandé
aux scolarques par le recteur et les professeurs pour sa science
profonde et les bonnes dispositions qu'il témoignait pour la religion réformée. Il fut engagé par les scolarques comme professeur
et comme conseil du Magistrat. On lui promit 160 florins par an,
auxquels on en ajouta 20 autres, peu de temps après, comme
indemnité de logement; et il signa de son côté un engagement
de six ans (1). L'année suivante, François Hotman, l'illustre compatriote de Baudouin, vint le rejoindre à Strasbourg. Sorti de France
pour échapper aux recherches de son père qui voulait le contraindre de renoncer au calvinisme, il avait passé cinq ans
comme professeur de grec et de latin à Lausanne. Après la mort
de son père, il se rendit à Strasbourg, et se fit donner le droit de
cité, dans l'espoir que le Magistrat, par ses relations avec la cour
de France, lui ferait obtenir la délivrance de l'héritage paternel
qui avait été mis sous séquestre. Jean Sturm auquel Calvin l'avait
recommandé, aurait voulu l'attacher à l'école, et c'est peut-
être à son instigation qu'une pétition fut adressée aux scolarques,
pour demander la création d'une seconde chaire de droit. Cette
pétition portait trente-trois noms et se terminait par ces mots :
« D'autres jeunes gens en très grand nombre se joignent à nous,
Allemands, Poméraniens, Anglais, Français, dont quelques-uns
sont venus dans cette ville dans l'espoir d'entendre Hotman; leur

(1) *Statuts et privilèges*, nᵒ 2013.

nom n'a pas été porté sur la liste, pour ne pas l'allonger outre mesure, mais peut y être ajouté si on le désire (1). » Les scolarques ne pouvaient faire droit à cette demande, mais ils finirent par autoriser Hotman à faire des leçons privées et lui accordèrent même une subvention de 24 florins. Mais Baudouin fut jaloux du succès de son ancien ami : il rompit son engagement et se rendit à Heidelberg, où il ne resta que peu de temps ; puis il retourna en France et revint au catholicisme, qu'il avait abandonné pendant son séjour à Strasbourg. Le 24 juin 1556, Hotman fut engagé par les scolarques comme professeur de droit et conseil juridique de la république, moyennant 160 florins de traitement annuel, pour une durée de cinq années (2). Pendant qu'il professait le droit, Eusèbe Hédion, fils du réformateur, revenu dans sa ville natale après avoir achevé ses études dans les Pays-Bas et en Italie, offrit ses services aux scolarques ; il lui fut répondu qu'on n'enseignait à Strasbourg que les éléments du droit, et qu'Hotman suffisait à cette tâche. En effet, le nombre des élèves n'était pas aussi considérable que pourrait le faire supposer la liste des pétitionnaires, et Pierre Dasypodius, dans sa lettre à Han, constata qu'en raison du petit nombre des auditeurs, le professeur de droit se voyait forcé d'étendre son programme à l'étude d'autres questions juridiques. Hotman reçut un canonicat et une habitation où il tint des pensionnaires, tous nobles et payant cher. Mais à partir de 1560, il négligea ses cours et se mêla de plus en plus activement aux intrigues qui commençaient à s'agiter en France et préparaient les guerres de religion. Il fut instruit de la conjuration d'Amboise et se hâta d'annoncer de tous côtés le triomphe prochain des calvinistes ; aussi, sa douleur et sa colère ne connurent-elles pas de bornes quand il apprit que cette tentative avait été étouffée dans le sang. Il fit publier clandestinement un pamphlet contre le duc de Guise, sous le titre d'*Épttre au tigre de France*, et il accusa ses amis, surtout Sturm, d'avoir, par leurs indiscrétions, fait avorter le complot. Le recteur indigné se justifia en montrant qu'Hotman, par ses forfanteries, pouvait, à plus juste titre, être accusé d'avoir mis les Guises sur la voie du complot (3). Vers la fin de cette année, les scolarques qui voyaient qu'Hotman, souvent absent de Strasbourg et sans cesse préoccupé des affaires politiques, ne faisait plus son cours, écrivirent à Georges Nessel de revenir de Spire et de donner les leçons de droit. Cependant ce ne fut que

(1) *Statuts et privilèges*, n° 2016.
(2) *Statuts et privilèges*, n° 2017.
(3) R. DARESTE, *François Hotmann*, dans la *Revue historique*, 1876.

l'année suivante (1561) à l'expiration de l'engagement d'Hotman, que Nessel fut définitivement chargé d'expliquer les Institutes. Il reçut un canonicat, mais il mourut dès le 23 mai 1563.

Après ces changements trop fréquents, l'enseignement du droit fut confié à un professeur qui le continua pendant plus de cinquante années de 1563 à 1614, à Laurent Tuppius de Greifswald en Poméranie. C'était un de ces savants, nombreux alors, qui·aspiraient à la science universelle. Après avoir terminé ses études classiques, il étudia la théologie et la philosophie à Wittenberg, le droit à Tubingue, puis en France, à Paris, à Bourges, à Orléans, à Toulouse et à Valence. Mathématicien distingué, il se lia avec le célèbre Nostradamus. Après avoir obtenu à Bourges le titre de docteur en droit romain et en droit canon, il se rendit à Spire pour y apprendre à la cour impériale le droit pratique, et c'est de là qu'il vint à Strasbourg.

Un autre enseignement fort éprouvé, ce fut celui de l'hébreu. Après le départ de Trémellius, il n'y eut, pendant quelques années, qu'un seul professeur pour enseigner cette langue. Plus tard, un jeune Strasbourgeois, boursier de la ville, David Kyber, donna les leçons aux commençants; il reçut un canonicat, mais n'en jouit pas ; la peste l'enleva trois jours après qu'il eut été mis en possession de sa prébende, le 24 janvier 1553. L'année suivante, son maître et collègue, Michel Délius qui avait enseigné la langue hébraïque à Strasbourg depuis vingt-cinq ans au moins, fut obligé par l'âge et les infirmités de donner sa démission. Il supplia les scolarques d'avoir égard à ses longs et fidèles services, de prendre en considération sa pauvreté et sa nombreuse famille, et de lui laisser sa chapelainie et une partie de son traitement. Les scolarques se montrèrent généreux ; mais Délius mourut avant même qu'on eût pu lui notifier la décision qui faisait droit à sa demande (mars 1554). Jean Sturm fait l'éloge de sa simplicité, de sa candeur, de sa tempérance ; il vante aussi sa femme qui parlait le latin avec les membres de sa famille sans la moindre hésitation. Il eut pour successeur Antoine Reuchlin, diacre de la paroisse des Prédicateurs. Celui-ci mourut en 1558 et fut remplacé par Pierre Flégel, un juif converti au protestantisme.

En juillet 1566, Pierre-Martyr, las des querelles théologiques qui ne cessaient d'agiter les esprits et de troubler toutes les relations, accepta une chaire de théologie à Zurich et passa les six dernières années de sa vie dans ce milieu plus paisible et plus sympathique. Il mourut le 12 novembre 1562.

Jean Günther d'Andernach qui, en 1551, expliquait Galien, *De re medica*, et en 1555 les Aphorismes d'Hippocrate, ne faisait plus que rarement ses cours et finit par n'en plus faire du tout. En 1558, les scolarques « considérant que Günther a depuis longtemps cessé de faire ses cours, sans doute à cause des occupations que lui donne sa nombreuse clientèle de bourgeois de la ville et de nobles étrangers; considérant, en outre, que sa femme vient d'entrer en jouissance du riche héritage que lui a laissé son père, décident qu'on lui donnera poliment congé, par la raison surtout que la caisse de l'École est grevée de beaucoup de charges nouvelles », Günther se retira, et c'est alors, sans doute, que Girolamo Massario, que nous avons mentionné antérieurement déjà, commença ses cours de physique ou de médecine; il reçut un summissariat du chapitre de Saint-Thomas (1).

Le 28 février 1559, Pierre Dasypodius termina sa carrière utile sinon brillante. Jean Sturm perdit en lui un auxiliaire dévoué qui avait su mettre en œuvre les théories du recteur et qui avait constamment veillé au fonctionnement régulier de toute l'institution. Ses qualités administratives l'avaient fait nommer doyen du chapitre de Saint-Thomas après le départ de Bucer, et il avait, dans ces fonctions aussi, rendu de grands services à l'école en mettant à la disposition des scolarques toutes les prébendes qui pouvaient être attribuées à des professeurs ou à des précepteurs. Un de ses fils, Conrad, qui s'était voué à l'étude des mathématiques, succéda à Chrétien Herlin, lorsque ce dernier survivant des professeurs qui avaient enseigné à Strasbourg avant l'arrivée de Jean Sturm eut disparu à son tour, le 20 octobre 1562. Conrad Dasypodius joua un rôle important dans l'histoire de l'école de Strasbourg, mais ce qui a rendu son nom populaire dans sa ville natale, c'est qu'il établit en 1570, les calculs qui servirent de base à la construction de la célèbre horloge astronomique de la Cathédrale, horloge qui marcha pendant deux siècles et demi et fut remplacée en 1842 par celle de Schwilgué.

Gérard Finck, plus connu sous le nom de Sévénus qu'il devait à sa ville natale, Séven, située dans l'ancien duché de Luxembourg,

(1) Voici la liste des cours de l'année 1555, pendant le semestre d'hiver.
Théologie : MARBACH (Épître de saint Paul aux Romains); PIERRE-MARTYR (le livre des Juges); ZANCHI (le prophète Isaïe); LOUIS RAB (Lieux communs).
Droit.
Art oratoire : STURM (Démosthène, περὶ παραπρεσβείας).
Physique : ZANCHI (Physica Aristotelis).
Mathématiques : HERLIN (Procli de sphaera).
Philosophie morale : PIERRE-MARTYR (Ethica Aristotelis).
Hébreu : REUCHLIN.
Grec : PIERRE DASYPODIUS (Xénophon, Oeconomica).

après avoir dirigé pendant dix-sept années la classe supérieure,
fut nommé professeur d'éloquence à côté de Sturm, et spécialement chargé, en septembre 1558, de surveiller les exercices 'pratiques de déclamation et d'argumentation (*disputationes*). Mais il ne
remplit pas longtemps ces fonctions : il mourut.le 30 janvier
1561, laissant une veuve et plusieurs enfants, dont Jean Sturm
fut nommé tu!:·ar. Jean Sapidus mourut la même année que
Sévénus et Herlin; mais il y avait longtemps qu'il avait cessé de
faire ses cours de poésie latine et son nom ne se retrouve ni sur
la liste de 1555, ni même sur celle de 1551.

La nomination de Sévénus comme professeur amena aussi
quelques changements dans les classes. Valentin Roth (*Erythræus*) passa en première, et deux ans après, à la mort de Sévénus, lui succéda comme professeur d'éloquence. Léonard Hertel,
un Strasbourgeois, fut rapidement promu de la troisième classe
en première, puis nommé professeur de philosophie et inspecteur.
Après ces changements, le 15 octobre 1563, le personnel des
classes latines était ainsi composé : Théophile Goll (1ʳᵉ classe),
Jean Reinhard (2ᵉ), Michel Bosch (3ᵉ), Laurent Engler (4ᵉ), Jonas
Bittner (5ᵉ), Martin Haemmerlin ou *Malléolus* (6ᵉ), Thiébaud Lin-
gelsheim (7ᵉ) Mathias Hubner .(8ᵉ), Jean Münch et Abraham
Weiss (9ᵉ).

XI. — REPRISE DES HOSTILITÉS.
TRIOMPHE DU LUTHÉRANISME

Sur ces entrefaites, la trêve imposée par les scolarques aux
théologiens et aux professeurs avait été rompue. Non seulement
à Strasbourg, mais dans toute l'Allemagne protestante, les doctrines extrêmes prenaient le dessus. Les théologiens de la nouvelle génération, exagérant la doctrine de Luther, croyaient continuer son œuvre en pourchassant tous ceux qui ne partageaient
pas leurs croyances et même ceux qui se montraient tolérants
pour les doctrines divergentes : Mélanchthon lui-même était un
hérétique aux yeux de ces zélateurs, et ses dernières années furent
remplies d'amertume.

A Strasbourg, le parti de Marbach ne cessait de s'accroître par
la mort ou la retraite des prédicateurs modérés et par leur remplacement par de jeunes prédicateurs aussi fanatiques qu'orthodoxes. Les premiers efforts de l'intolérance ultra-luthérienne
furent dirigés contre la paroisse française fondée par Calvin, pendant son séjour à Strasbourg. Les intrigues de Marbach forcèrent

le ministre de cette paroisse, Jean Garnier, à quitter la ville. Mais·
ce n'était pas à l'homme seulement qu'en voulaient les champions
de l'orthodoxie : le temple même où se prêchaient les doctrines
calvinistes leur était odieux, et ils auraient voulu le faire fermer;
mais une phalange encore nombreuse d'hommes influents, Jean
Sturm, Sleidan, Dasypodius, Hotman, Zanchi, soutenus par un
certain nombre de sénateurs, arrêtait encore leurs fureurs.

La querelle entre théologiens et professeurs éclata à la suite
d'un incident assez insignifiant. Marbach avait fait imprimer clandestinement à Strasbourg, avec une fausse indication de lieu, un
pamphlet rédigé par le théologien Tieleman Hesshus et dirigé
contre Mélanchthon qui venait de mourir (19 avril 1560), contre
les réformés français et suisses et même contre l'électeur palatin
Frédéric III, qui avait introduit le calvinisme dans ses États. Sturm
et Zanchi demandèrent que la vente de ce libelle haineux fût
interdite, et le Conseil des Treize se hâta de leur donner satisfaction. Marbach en conçut contre Zanchi, qui avait découvert la
fraude, une haine implacable. Il fouilla dans les cahiers des étudiants et y découvrit une série de propositions sur la Cène, sur la
prédestination, sur la fin du monde et même sur l'antéchrist qui
lui parurent entachées d'hérésie et qu'il s'empressa de réfuter.
Zanchi riposta; et la querelle s'envenima d'autant plus vite qu'au
fond de ces discussions il y avait des rancunes et des inimitiés
personnelles. Les scolarques crurent devoir intervenir et défendirent à Zanchi de traiter ces questions devant les élèves; il refusa
dès lors de faire ses cours. Jean Sturm essaya d'abord de jouer
entre les deux adversaires le rôle de modérateur et d'arbitre :
mais il se laissa entraîner dans la mêlée et finit par prendre ouvertement parti pour Zanchi, tandis que la majorité des théologiens de Strasbourg et même du dehors se prononçaient avec
passion pour Marbach. L'un d'entre eux, le pasteur Melchior
Specker, un des jeunes, des *pueri*, comme disait Sturm, « un petit
homme roux et camard », selon Hotman, osa même porter le
débat devant le grand public et fulmina en chaire contre les gens
qui, sans mission, se permettaient d'interpréter les mystères de
la foi. Une riposte hautaine de Sturm ne fit qu'exaspérer la colère
du farouche prédicateur de l'église Saint-Thomas. Mais ce qui
mettait les théologiens hors d'eux, c'est que les professeurs leur
faisaient sentir leur supériorité; car, malgré leur titre de docteur
en théologie, leur culture littéraire et philosophique était médiocre, et leurs adversaires ne se faisaient pas faute de leur
reprocher leur barbarie.

La querelle dura plus de deux ans. Les universités voisines, les théologiens les plus autorisés se prononcèrent pour ou contre les thèses incriminées. Enfin le Magistrat soumit les points litigieux à l'arbitrage de quelques théologiens et d'hommes politiques de l'Allemagne et de la Suisse. Cette commission, luthérienne en majorité, se prononça, bien qu'avec une modération relative dans les termes, pour l'acceptation de la doctrine de Luther sur la sainte Cène, donna sur la prédestination une formule vague et recommanda de s'abstenir de discuter publiquement des questions obscures et d'une importance contestable.

Cette sentence, connue dans l'histoire ecclésiastique sous le nom de *Formule de concorde* de Strasbourg, fut approuvée par le Magistrat le 28 mai 1563, et reconnue comme la doctrine officielle sur ces points.Les professeurs et les pasteurs furent invités à la signer : ils le firent tous, même Jean Sturm. Zanchi ne se décida qu'avec peine, en faisant des réserves expresses. Mais ses adversaires l'accusèrent d'avoir abjuré ses opinions et continuèrent à le harceler. Les séances du chapitre de Saint-Thomas, dont Marbach était devenu le doyen depuis la mort de Pierre Dasypodius, furent troublées par des sorties brutales de Specker, que Jean Sturm, le prévôt du chapitre, ne put pas toujours réprimer. Fatigué de ces tracasseries, Jérôme Zanchi quitta Strasbourg vers la fin de l'année 1563,et vécut tranquille,comme simple pasteur, à Chiavenna. Cinq ans plus tard, il fut appelé par l'électeur palatin à l'Université de Heidelberg. Il y mourut le 19 novembre 1590.

Mais la formule de concorde procura aux ultra-luthériens une autre satisfaction encore : le ministre français, Guillaume Houbray, refusa net la signature qu'on lui demandait, malgré la prière de Calvin de faire pour sauver sa paroisse toutes les concessions compatibles avec ses convictions. Il se refusa à cette capitulation de conscience et fut congédié par le Magistrat ; la chapelle Saint-André qui servait au culte réformé fut fermée. La confession d'Augsbourg, selon la pittoresque expression de Calvin, avait été le nœud coulant avec lequel la main de Marbach avait étranglé la paroisse française (1).

---

(1) CHARLES SCHMIDT, *la Vie et les Travaux de Jean Sturm*, p. 113 et suiv. T. W. ROEHRICH, *Geschichte der Reformation im Elsass*, T. III, p. 112 et suiv. R. REUSS, *Notes pour servir à l'histoire de l'Eglise française de Strasbourg*, p. 54 et 55.

XII. — L'ÉCOLE SOUS L'ADMINISTRATION DE CHARLES MIEG.
LES ÉPITRES CLASSIQUES

Après la mort de Pierre Sturm (5 juillet 1563), Henri de Mulnheim, ancien stettmeistre, fut désigné par le Magistrat pour le
remplacer. Il protesta vivement contre cette nomination et déclara
qu'il ne se sentait pas les qualités nécessaires à ces importantes
fonctions ; mais le Magistrat maintint le choix qu'il avait fait ;
on lui promit que ses collègues lui faciliteraient sa tâche et le
déchargeraient de toutes les besognes qui lui sembleraient difficiles ou désagréables. Les collègues de ce scolarque *malgré lui*
étaient Frédéric de Gottesheim qui était en fonctions depuis
onze ans et Charles Mieg, ancien ammeistre, qui avait succédé à
Jacques Meyer, mort le 29 janvier 1562, après avoir rempli les
fonctions de scolarque pendant trente-six années. Depuis la nomination de Henri de Mulnheim, le Magistrat mit également au service des scolarques un secrétaire, Thiébaud Fagius. L'ancien
stettmeistre ne prenait part que rarement aux délibérations de
ses collègues et se contentait de donner son approbation aux
mesures proposées. Ce fut Charles Mieg qui prit en main la direction des affaires scolaires. Il rédigea, pendant les neuf années
qu'il fut en fonctions (1563-1572), des notes qui nous ont été
conservées et qui sont souvent plus complètes que les procès-
verbaux officiels de Fagius. Les inspecteurs scolaires étaient
Conrad Dasypodius, Léonard Hertel et Jean Marbach. Celui-ci
avait succédé à Louis Rab, en 1556, et avait ainsi acquis un droit
de plus de s'immiscer dans les affaires de l'École.

Les trois scolarques étaient gagnés à l'orthodoxie luthérienne.
Aussi, pendant les neuf années que dura l'administration de
Charles Mieg, Sturm fut-il relégué au second plan, et Marbach fut
le maître de l'École, le véritable directeur. A chaque proposition
que faisait le recteur ou l'un des inspecteurs, les scolarques
répondaient qu'avant de se décider, ils voulaient connaître l'avis
de Marbach ; c'était lui que l'on chargeait de prendre des informations sur les personnes qu'on recommandait ; c'était lui aussi
qui entamait les pourparlers avec les professeurs que l'on voulait
engager. Paul Kalwer, de Tubingue, avait été pris à l'essai comme
professeur de poésie ; Marbach vint déclarer aux scolarques que
ses cours n'intéressaient pas les élèves ; Sturm répliqua qu'il savait
que Kalwer était instruit et qu'il ne pouvait approuver la proposition de congédier un professeur, parce qu'il n'avait pas beau-

· coup d'auditeurs ; Dasypodius et Hertel, les deux autres inspecteurs, s'exprimèrent dans le même sens, et cependant Kalwer fut congédié quelque temps après (décembre 1564). Du reste, les affaires intérieures de l'École étaient menées avec vigueur, grâce à l'activité de Marbach et à l'énergie de Charles Mieg. Les cas d'indiscipline étaient réprimés avec décision : les étudiants, nobles ou roturiers, et parfois les bourgeois logeant des étudiants récalcitrants étaient cités devant le tribunal des scolarques, et il n'y en eut aucun qui ne se laissât imposer par la figure austère de Charles Mieg dont les traits durement accentués révélaient l'implacable énergie.

Marbach profita de son influence pour remporter de nouveaux avantages sur le terrain confessionnel. Jusqu'alors les chanoines de Saint-Thomas avaient prêté serment d'être fidèles à la confession d'Augsbourg. Pendant les violentes discussions dogmatiques des années précédentes, Zanchi avait répondu à Marbach qui l'accusait de parjure, qu'il faisait erreur, que la confession d'Augsbourg à laquelle il avait juré fidélité, c'était la tétrapolitaine, qui, tout aussi bien que celle de Luther, avait été présentée à Charles-Quint à la diète d'Augsbourg. C'était une subtilité ; et Marbach, pour enlever aux futurs chanoines la possibilité de recourir à ce subterfuge, fit insérer, avec l'approbation des scolarques, la formule de concorde récemment adoptée, dans les statuts du chapitre (4 janvier 1564). Et la même année encore, il réussit, au vif déplaisir de Sturm, à faire remplacer dans les six classes supérieures le catéchisme libéral de Bucer par celui du théologien saxon David Chytræus, sous le prétexte hypocrite qu'il avait emprunté ses définitions et ses explications à Mélanchthon.

Jean Sturm se sentait de plus en plus isolé et éprouvait une profonde humiliation de se voir supplanté par un homme beaucoup plus jeune et moins instruit que lui. Mais son plus vif chagrin, c'était de voir dans l'école, qui était son œuvre, l'esprit d'étroitesse et d'intolérance remplacer chaque jour davantage les idées libérales qui avaient présidé à son établissement. Déjà pendant la lutte qu'il avait soutenue aux côtés de Zanchi, il avait songé à quitter Strasbourg et à s'établir, comme simple particulier, à Zurich : il y avait renoncé alors. Actuellement, il trouvait une consolation ou une compensation aux humiliations qu'il éprouvait, en voyant grandir son importance politique. Il était en rapports avec beaucoup d'hommes illustres et puissants ; il était le correspondant attitré d'un grand nombre de princes, de plusieurs souverains, et il se mêlait activement, sans aucun succès d'ailleurs, aux négociations entre calvinistes et luthériens d'abord, puis aux démarches que les princes protestants de l'Allemagne faisaient auprès de la cour de France en faveur des huguenots. Lorsque les guerres de religion eurent éclaté en France, Strasbourg redevint un lieu de refuge pour beaucoup de familles; Sturm leur vint en aide avec une grande générosité et même se laissa entraîner à leur fournir des secours qui dépassaient de beaucoup ses ressources. Mme de Roye, la belle-mère de Condé, le jeune prince de Porcian, d'Andelot, le frère de Coligny, d'autres encore, obtinrent de Sturm non seulement tout l'argent dont il disposait, mais aussi des sommes considérables que des négociants de Strasbourg avancèrent aux princes huguenots, sous la garantie du recteur. Mais la paix signée, Mme de Roye quitta Strasbourg en promettant vaguement de s'acquitter plus tard. En attendant, Sturm était obligé de servir les intérêts des sommes pour lesquelles il s'était porté garant; et ce ne fut qu'en 1566, à la suite de lettres pressantes envoyées par Théodore de Bèze, par le Magistrat de Strasbourg et par plusieurs princes allemands, que la plus grande partie de la dette fut réglée.

Malheureusement cette fâcheuse expérience ne servit pas de leçon au recteur. Quand la guerre recommença, il s'engagea pour des sommes encore plus considérables. Plusieurs des princes qu'il avait obligés périrent à la guerre ou furent massacrés dans la nuit de la Saint-Barthélemy; les autres ne purent ou ne voulurent pas se souvenir de la dette contractée, et Sturm, harcelé par ses créanciers, eut à se débattre péniblement dans des embarras financiers qui troublèrent le reste de ses jours. Il était mort depuis plus de trente années, quand la maison de Condé remboursa à ses héritiers le capital qui, avec les intérêts accumulés, s'était élevé à plus de 80 000 livres (1).

En automne 1564, Sturm, malgré les vives inquiétudes que lui causaient alors ses dettes, se rendit à l'appel du duc Wolfgang de Deux-Ponts, qui voulait réorganiser le gymnase qu'il avait fondé à Lauingen, dans le comté de Neubourg en Bavière. Après plusieurs conférences avec le professeur de théologie Jean-Frédéric Célestinus, le mathématicien Léowitz et le juriste Conrad Laetus, il élabora un programme basé sur les mêmes principes que ceux qui avaient été adoptés pour l'école de Strasbourg. Le but était le même, lire le grec, comprendre et parler le latin; mais il fallait y

(1) CHARLES SCHMIDT, *la Vie et les Travaux de Jean Sturm*, pages 129 et suiv.; page 208.

arriver par des moyens plus simples et moins coûteux, à cause du petit nombre des élèves. On créa donc cinq classes seulement dans lesquelles les enfants devaient passer, en général, deux années. Une section supérieure servait, comme à Strasbourg, de complément aux études classiques et de préparation à l'enseignement universitaire.

Ce séjour de Sturm à Lauingen fut de la plus grande importance pour le développement de son système pédagogique. L'étude approfondie des questions scolaires, les discussions avec des hommes instruits sur le but de l'enseignement et sur les méthodes les plus efficaces, fortifièrent les convictions pédagogiques qui avaient inspiré ses premiers écrits, et si, d'une part, elles l'amenèrent à faire quelques concessions dictées par l'expérience, elles lui firent inventer des exercices nouveaux qui devaient plus sûrement conduire au but.

Car Sturm était forcé de convenir lui-même que les résultats ne répondaient pas à son attente, qu'après vingt-sept années d'efforts sérieux, les jeunes Strasbourgeois du XVIᵉ siècle n'avaient pas adopté le langage des Romains contemporains de Cicéron. Les déclamations et surtout les argumentations (*disputationes*) révélaient le vide des idées et l'incapacité de se servir de la langue latine d'une manière correcte et élégante : aussi ces exercices inspiraient-ils aux maîtres comme aux élèves une vive répugnance, contre laquelle il fallait sans cesse réagir, et c'est surtout pour veiller à la pureté du langage, pour servir de *corrector declamationum*, que Sévénus avait passé de la première classe aux cours publics, et après lui Hertel et Erythræus. Malgré cela, le but n'était pas atteint, et Sturm, au lieu de reconnaître qu'il poursuivait un rêve chimérique, s'en prenait de cet insuccès aux maîtres et aux inspecteurs. Après son retour de Lauingen, il se rendit en neuvième et s'aperçut que « la méthode qu'il avait indiquée vingt-sept années auparavant n'avait pas été comprise ». Grave aveu, et qui montre bien quelle idée Sturm et ses contemporains se faisaient des devoirs d'un directeur. « Mais, ajouta-t-il, je veux qu'à l'avenir elle soit comprise et appliquée. »

C'est dans ce but que furent publiées, en 1565, les *Épitres classiques* (1), dans lesquelles Sturm précise les principes pédagogiques formulés jadis dans son traité *De literarum ludis recte aperiendis*, et les présente sous la forme de conseils adressés aux maîtres des différentes classes latines et aux professeurs.

(1) JOAN. STURMII *Classicæ epistolæ, sive scholæ Argentinenses restitutæ*. Strasb. Josias Rihel, 1565, in-8.

Il y avait, à ce moment, dix classes. La dixième ne provenait pas, comme on pourrait le supposer, du dédoublement de la neuvième qui, depuis longtemps, comprenait deux sections et occupait deux maîtres : c'était une classe nouvelle ajoutée aux neuf autres. Et en effet, la nouvelle neuvième, d'après les *Épîtres classiques*, doit avoir le programme qu'avait suivi précédemment la huitième; la syntaxe latine, qui était commencée en sixième, est enseignée maintenant en septième; mais les premiers éléments du grec continuent à figurer seulement sur le programme de la sixième. C'est donc exclusivement au profit du latin que l'école demande aux élèves une année d'études de plus.

Sturm déplore à plusieurs reprises dans les lettres qu'il adresse aux maîtres des classes inférieures, ce qu'il appelle le malheur de ses élèves, qui n'apprennent pas, comme jadis les enfants des Romains, à balbutier, sur le sein de leur nourrice, les premiers mots latins, et qui n'entendent cette langue de la bouche ni de leurs parents, ni de leur entourage. Pour remédier à « cette calamité publique », il exagère les procédés déjà employés précédemment et en introduit de nouveaux. Il demande aux maîtres de faire apprendre à leurs élèves, jour par jour, un nombre de plus en plus grand de vocables latins, depuis quatre en dixième, jusqu'à vingt-quatre en cinquième. Pour éviter la perte de temps qu'aurait occasionnée la dictée des vocables, il fait publier l'*Onomasticon puerile*, dont il ne reste, d'une édition de 1566, que le second volume comprenant les rubriques *Deus, Religio, Mundus et Natura, Terrestria* (1).

Sturm insiste beaucoup aussi sur la formation de recueils de sentences morales, de proverbes, de maximes, ces recueils devront grossir de classe en classe, se grouper sous des rubriques diverses, et former un répertoire dans lequel les élèves trouveront des tournures de phrases, des modèles de périodes, et pourront puiser des pensées fortement exprimées en prose ou en vers, dont ils orneront leurs propres compositions. C'est ce procédé que Raumer a assimilé aux larcins de certains oiseaux qui

(1) H. VEIL, *Zum Gedächtniss Joh. Sturms*, p. 107. Cette étude qui parut en tête du volume *Festschrift*, publié à l'occasion du 350° anniversaire de la fondation du Gymnase de Strasbourg, est jusqu'à présent la dernière, la plus complète et, selon nous, la plus impartiale de toutes celles qui ont paru depuis la publication de l'histoire de la pédagogie, par Raumer.
En 1579 parut, avec une préface de J. Sturm, l'*Onomasticon latino-germanicum in usum scholæ Argentinensis collectum a Theophilo Golio*. Strasb., Josias Rihel, in-8. Ce recueil contient environ 8000 mots groupés sous 137 rubriques.

enlèvent, dit-on, et s'approprient tous les objets brillants qui tombent en leur pouvoir.

A ces exercices qui n'étaient pas absolument nouveaux, Sturm en ajouta un autre dont il se promettait le plus grand succès, la représentation de comédies latines et de tragédies grecques dans les quatre classes supérieures. Pour les élèves des classes inférieures, Sturm composa ou fit composer, à l'exemple d'Érasme et de Vivès, des colloques intitulés *Neanisci*, dans lesquels se trouvait accumulé le plus grand nombre possible de mots et de locutions se rapportant à l'emploi d'objets usuels ou concernant les événements de la vie de tous les jours (1).

XIII. — LE THÉATRE SCOLAIRE DE STRASBOURG

Après la représentation du *Lazarus redivivus* de Jean Sapidus, en 1539, l'École avait renoncé à cette sorte de divertissement. Le traité *De litterarum ludis* n'en fait pas mention, bien qu'avant Sapidus, Othon Brunfels eût fait pratiquer cet exercice à Strasbourg dans son école des Carmes, et que Sturm lui-même eût, dans son jeune âge, joué le rôle de Géta dans le *Phormion* de Térence. Qu'est-ce qui put décider le recteur à recommander en 1565 un exercice qu'il avait dédaigné en 1538 ? En dehors des raisons pédagogiques, il y fut sans doute amené par l'exemple d'autres écoles, de celle de Magdebourg, entre autres, et par une sorte d'engouement pour les représentations théâtrales qui avait gagné ses propres élèves, sans sa participation paraît-il. En effet, dès le 24 février 1557, des élèves du collège des Prédicateurs avaient supplié le Magistrat de leur faire faire une estrade en bois, sur laquelle ils voulaient jouer l'*Eunuque* de Térence. Le Magistrat leur ayant accordé leur demande, d'autres étudiants suivirent cet exemple, et les représentations se renouvelèrent presque régulièrement d'année en année. La représentation organisée en 1564 différait de celles qui l'avaient précédée sous deux rapports : ce ne fut pas en hiver, vers le carnaval, qu'elle eut lieu, ni dans une salle, mais au printemps et dans le jardin du collège. Ce jardin sur lequel s'ouvraient plusieurs salles, était entouré d'un cloître au-dessus duquel se trouvait la grande salle des cours, de sorte que le public restreint que l'on invitait trouvait facilement de la place. Mais le grand public auquel la Réforme avait enlevé un si grand nombre de spectacles, des processions, des mascarades,

(1) H. VEIL, ouvrage cité, p. 106.

sans parler de la pompe du culte, voulait voir aussi jouer la comédie et réussit à s'introduire dans ce théâtre improvisé. Lorsque, au printemps de l'année suivante, les étudiants firent part au Magistrat de leur intention de représenter la décapitation de Jean-Baptiste (*Johannes decollatus*), ils sollicitèrent en même temps la protection de la police contre la populace qui, les années précédentes, avait enfoncé les portes et envahi la scène elle-même (1).

C'est cet exercice qui, jusque-là, n'avait été pratiqué que par des étudiants, que Sturm résolut d'introduire dans les classes latines et qu'il recommanda dans les *Épîtres classiques* avec une ardeur extraordinaire. Il voudrait que toutes les comédies de Plaute et de Térence fussent étudiées dans les quatre classes supérieures, une tragédie grecque ou une comédie d'Aristophane en seconde et en première. Le maître fera traduire une pièce en classe, mais, pour les autres, il se contentera de distribuer les rôles et d'expliquer les passages les plus difficiles, abandonnant ensuite les élèves à leur propre inspiration. « Si chacune des vingt décuries, dit-il, dont se composent les quatre classes supérieures étudie une comédie latine, Plaute et Térence pourront être représentés entièrement en une seule année, voire même en six mois (2).

Voilà, ce semble, de bien grandes exigences. Il convient cependant de considérer qu'à cette époque encore, comme au moyen âge, le développement de la mémoire était regardé comme une des tâches principales de l'enseignement, et semblait à Sturm en particulier indispensable au futur orateur. Aussi dans le programme de 1551, est-il question de la récitation, en troisième, de discours de Cicéron et de chants entiers de l'*Énéide*. D'ailleurs, Sturm n'entendait faire apprendre aux élèves que les six comédies de Plaute qu'il fit publier, la même année que parurent les *Épîtres classiques*, pour l'usage de son école (3). Il faut remarquer, enfin, que Sturm dans ses lettres aux maîtres des classes latines recommande de faire servir la division des classes en groupes de dix élèves à un usage nouveau et peut-être heureux. Même dans les

(1) L'histoire des représentations théâtrales données au Gymnase de Strasbourg fut traitée pour la première fois, par Auguste Jundt dans une étude très intéressante (*Die dramatischen Aufführungen im Gymnasium zu Strassburg*), qui parut avec le programme de cet établissement en 1881. — J. Crüger publia dans le volume qui fut imprimé à l'occasion du 350° anniversaire de la fondation du Gymnase (*Festschrift*) une nouvelle étude (*Die Strassburger Schulkomödie*) qui complète et rectifie sur quelques points de détail le travail de son devancier.

(2) *Epistolæ classicæ*, D V et E II.

(3) *Plauti Comœdiæ sex pro schola Argentinensi*. Strasb., Josias Rihel, 1565, in-8. Avec une préface de Sturm à Barth. Sieffert, 7 octobre 1565.

classes inférieures, il veut que chaque décurie étudie d'autres
mots latins, d'autres locutions ; car il estime que ce que récite
l'un des élèves ou l'une des décuries servira à la classe entière,
à condition que le maître, par des interrogations fréquentes,
sache soutenir l'attention de tous les élèves. Il en sera de même
des représentations dramatiques : chaque décurie étudiera la
pièce que le maître lui aura assignée, mais tous les élèves qui
assisteront à la représentation y trouveront leur profit, en s'habi-
tuant à saisir rapidement le sens des textes latins qu'ils enten-
dront.

Marbach faisait à la représentation de comédies par les élèves
des classes latines des objections d'une autre nature. Il signalait
le danger de faire jouer à des enfants des scènes frivoles, grossières et souvent immorales ; il aurait préféré la représentation de
pièces néo-latines composées dans un esprit plus chrétien ; il avait
même fait la tentative de faire jouer une pièce allemande, à thèse
dogmatique, mais les scolarques et le Magistrat en avaient interdit la représentation. Sturm, dans la préface aux comédies de
Plaute, réfute faiblement les objections de Marbach : il allègue
que, pour aimer la vertu, il faut connaître et détester le vice ;
c'est à quoi doivent tendre les explications des maîtres ; la représentation de pièces modernes n'est pas exclue ; on jouera même
prochainement une pièce qui est le produit de la Muse indigène.
Marbach ne pouvait insister : il n'ignorait pas que Luther, comme
tous les humanistes, avait montré pour Térence et pour tout ce
qui était classique une indulgence extrême ; il ne pouvait se montrer plus sévère que son maître.

Au moment même où les Épîtres classiques s'imprimaient,
Sturm demanda aux scolarques de mettre à la disposition de
l'école la nef de l'ancienne église des Dominicains, « pour y représenter chaque mois une comédie ou une tragédie, afin d'exercer
le style latin des élèves (30 avril 1565) ». Cette demande ne put
être accueillie, mais le Magistrat fit construire dans la cour de
l'école une scène en bois permanente. Dès le 28 août 1565, on y
représenta le Phormion de Térence, et, l'année suivante, le
17 avril, les personnes invitées à la promotion des élèves purent
assister à la première représentation d'une pièce grecque. On
avait fait, sans bien s'en rendre compte, le premier pas dans une
voie qui allait très rapidement transformer des exercices scolaires
en véritables représentations théâtrales. Mais Sturm aimait à
montrer le savoir-faire de ses élèves ; et l'acte solennel de la promotion, qui réunissait des membres du Magistrat, les autorités

scolaires, les parents des élèves, était une occasion qui s'offrait tout naturellement pour une représentation publique. En 1567, les élèves annoncèrent au Magistrat qu'après l'acte de la promotion, on jouerait *quelques* tragédies et comédies grecques et latines. Le programme de Sturm se réalisait donc, mais les inconvénients des représentations publiques commençaient également à se faire sentir : chaque groupe qui avait étudié une pièce voulait la jouer aux promotions; les représentations ne pouvaient se donner toutes le même jour, et il fallait recommencer le lendemain, parfois même le surlendemain. Pendant les dernières semaines, les répétitions se multipliaient et absorbaient toute l'attention des élèves : aussi, le convent scolaire demanda-t-il, en 1568, qu'on laissât aux élèves le temps d'apprendre leur rôle, et que les répétitions n'eussent lieu que les après-midi du jeudi.

Le répertoire fourni par la comédie latine fut bien vite épuisé. D'ailleurs, Sturm avait beau plaider les circonstances atténuantes en faveur de Plaute et signaler à ses contradicteurs les honnêtes petites courtisanes (*bonas meretriculas*) de Térence, ces pièces jouées par des enfants devaient paraître choquantes, même à des spectateurs du xvi° siècle. On eut donc recours à des pièces latines composées par des humanistes ou des auteurs contemporains et qui traitaient des sujets plus intelligibles au public illettré, des sujets bibliques surtout et quelques sujets historiques, comme *Rudolphottocarus* par George Calaminus (1). Ces pièces ne tardèrent pas à supplanter presque entièrement les pièces classiques, du moins dans les représentations données en public, et il fallut rappeler aux maîtres qu'il était désirable qu'ils fissent, de temps en temps, étudier une comédie de Plaute ou de Térence.

Ces représentations accrurent le renom de l'école de Strasbourg. Des étrangers de distinction exprimaient parfois le désir de voir jouer les élèves, et l'on déférait volontiers à leur vœu : on organisait, en leur honneur, une représentation spéciale, en dehors des promotions; on choisissait de préférence l'époque où la foire de la Jaint-Jean, vers la fin du mois de juin, attirait à Strasbourg un grand nombre d'étrangers. Dès lors, ce fut sur ces représentations que se concentrèrent les efforts des jeunes acteurs; toutes les autres en furent éclipsées, et l'institution elle-même perdit encore davantage de son caractère primitif. On jouait encore des

1. *Rudolphottocarus*, austriaca tragœdia nova, Rudolphi I. Habsburgi seculum et res continens, adjunctis notis historicis. Autore GEORGIO CALAMINO Silesio. Anno 1594, 8°.

pièces latines, parfois des pièces classiques et même des tragédies grecques, mais un prologue en allemand expliquait au public illettré le sujet de la pièce, dont une traduction allemande était parfois mise en vente, et un épilogue, également en allemand, donnait les derniers éclaircissements.

Mais les spectateurs préféraient les drames nouveaux, les pièces à grand spectacle, où le luxe des costumes, l'abondance des personnages, l'étrangeté des événements, tenaient l'intérêt en éveil, donnait l'occasion d'admirer, de rire ou de pleurer. Les villes de Sodome et de Gomorrhe, dans le drame de ce nom, s'effondraient dans une superbe conflagration. Au dernier acte du drame intitulé *Héliodore*, la déesse Avaritia ainsi que le veau d'or étaient brûlés sur un bûcher. Le professeur de poésie, Paul Crusius, joua lui-même le rôle de Crésus dans le drame dont il était l'auteur : revêtu d'un superbe manteau broché d'or, il monta sur le bûcher, mais il sauva du feu sa personne et son manteau dont il fit présent à l'école.

Les pièces classiques elles-mêmes, les comédies latines et surtout les tragédies grecques, durent subir des transformations qui les accommodaient au goût des spectateurs. Les entr'actes étaient remplis par des chœurs qui permettaient de grandes exhibitions de costumes et donnaient l'occasion de faire valoir le talent musical des élèves et celui de la musique municipale (*Stadttrompeter*) prêtée par le Magistrat dans les grandes occasions. Les élèves des classes latines, pour lesquels Sturm avait institué ces représentations furent de plus en plus relégués à l'arrière-plan et finirent par n'être plus employés que dans les chœurs. Leur jeu pouvait bien satisfaire un public indulgent composé de maîtres, de parents et de camarades, mais, pour des représentations auxquelles venaient assister des personnages princiers, l'électeur palatin, le duc de Wurtenberg, l'électeur de Brandebourg, il fallait des acteurs plus expérimentés : aussi se forma-t-il parmi les étudiants une sorte de confrérie, une troupe d'acteurs-amateurs qui ne dédaignaient même pas les dons parfois considérables par lesquels les nobles spectateurs exprimaient leur satisfaction. Au commencement, c'étaient les maîtres des classes latines, parmi lesquels Jonas Bittner se distingua, qui organisaient ces représentations : eux aussi furent écartés, car ils n'avaient pas l'autorité nécessaire pour diriger des étudiants, et ce furent le recteur et les inspecteurs auxquels incomba cette charge.

Presque toutes ces transformations s'accomplirent encore sous le rectorat de Jean Sturm, en partie peut-être contre son gré. En

1580, il proposa, de concert avec les visiteurs et les professeurs, d'introduire un nouveau genre de spectacle. Le théâtre en bois était alors hors d'usage, les planches et les poutres étaient pourries par l'effet de la pluie et de la neige, les gradins cassés par les spectateurs et surtout par les élèves. Une pétition fut adressée par le corps enseignant au Magistrat, lui demandant de faire construire dans la cour un théâtre en pierre, et, afin de le décider à cette dépense, Sturm promit de transporter sur la scène les causes célèbres de Rome et d'Athènes; les juges, les accusés et les accusateurs, les témoins et les orateurs y figureraient dans le costume antique. Cette proposition, cependant, ne décida pas le Magistrat à faire les frais d'un théâtre en pierre, et l'on refit un nouveau théâtre en bois. Il fut inauguré le 9 octobre 1583 par une comédie de Plaute, dans laquelle était intercalé un chœur des neuf Muses, en l'honneur de la ville de Strasbourg, un chœur des trois Grâces, en l'honneur des trois scolarques et qui se terminait par une invocation à Jésus-Christ, protecteur de l'École, exécutée par tous les élèves. Ainsi commença la seconde période des représentations dramatiques au Gymnase de Strasbourg; leur succès alla en augmentant jusqu'au delà du XVIe siècle; mais elles cessèrent subitement en 1621, lorsque la guerre de Trente ans eut étendu ses ravages jusqu'en Alsace.

Parmi les drames qui furent représentés à Strasbourg, quelques-uns furent composés par des professeurs de l'École. Paul Crusius, l'auteur de *Crésus*, déjà mentionné, composa aussi un drame intitulé *Héliodore*. Gaspard Brülov fit jouer, de 1612 à 1616, quatre drames de sa composition, *Élie*, *Chariclée*, *Nabuchodonosor* et *Jules César*, et en 1621 *Moïse*, la dernière pièce qui fut jouée sur la scène scolaire de Strasbourg. Enfin, le Silésien George Calaminus était professeur de l'École lorsqu'il composa celui des drames de cette époque qui exprime les sentiments les plus profonds, le *Messie dans la crèche* (*Messias in præsepi*) (1).

Pour donner une idée de la singulière façon dont se représentait sur la scène scolaire une tragédie grecque, nous reproduirons en partie les détails que donne Aug. Jundt sur la représentation de la *Médée* d'Euripide, en 1598.

Cette tragédie grecque avait reçu, comme toutes les autres, la forme d'une pièce romaine : prologue et division en cinq actes. La pièce s'ouvrait par un chœur en latin, chanté par les neuf

---

(1) *Carmius, sive Messias in præsepi, M. Georgii Calamini Silesii Ecloga.* Strasb., Nic. Wyriot, 1576, reproduit par J. Crüger, à la suite du travail déjà cité dans la *Festschrift des prot. Gymnasiums zu Strassburg.*

Muses qui souhaitaient la bienvenue au comte palatin Frédéric IV qui assistait à la représentation. Après le premier acte, le vaisseau *Argo* était poussé sur la scène; il portait Neptune entouré de nymphes et de sirènes; à côté du navire s'avançaient des matelots en costume blanc, et derrière lui marchait une troupe de dieux marins portant des vêtements bleus, tous chantant en grec « le chœur des Argonautes ».

Pendant le second entr'acte, des danses guerrières et des combats de pugilat, exécutés en cadence, étaient suivis des évolutions d'un quadrille formé par six groupes de guerriers, pendant qu'un groupe de jeunes filles chantait une ode de Pindare. Apollon, comme chorège, les neuf Muses, des troupes de jeunes filles et de jeunes gens exécutaient, à la fin du troisième acte, l'épode du même chant de Pindare.

Dans l'entr'acte suivant, Mars faisait exécuter par une troupe de lansquenets et de cavaliers un hymne en l'honneur de Jupiter. « Ce chœur, dit le texte, sera conduit par un cavalier portant un étendard; ce cavalier sera suivi de fantassins armés, les uns de mousquets, les autres de hallebardes, armes empruntées à l'arsenal. Puis viendront des cavaliers armés de javelots ou de hallebardes et couverts de riches costumes. » Une note ajoutée au texte après la représentation nous apprend que l'on avait vu sur la scène deux chevaliers couverts d'armures et trente à quarante chevaux.

Enfin, après le cinquième acte où Médée, après avoir tué ses propres enfants, s'enfuit à travers les airs sur un char attelé de dragons, des troupes de pleureuses, les unes en robes noires, les autres en robes blanches, chantaient un chœur funèbre en s'arrachant les cheveux et en répandant de la cendre sur leur tête. Derrière elles marchaient des troupes d'hommes dans le costume de leur pays, des Souabes, des Saxons, des Autrichiens, etc.

L'*Ajax* de Sophocle fut donné en 1587 et en 1608 d'après la traduction latine de J. Scaliger. La représentation de cette tragédie donna lieu à des remaniements plus profonds et fut entrecoupée d'intermèdes plus singuliers encore que celle de *Médée*, et leur bizarrerie alla en augmentant d'une représentation à l'autre.

XIV. — ALTÉRATION DES RAPPORTS ENTRE L'ÉCOLE ET LE CHAPITRE DE SAINT-THOMAS. — ÉTAT DE L'ENSEIGNEMENT EN 1566.

Après ce rapide aperçu sur l'histoire des représentations scolaires à Strasbourg, revenons, pour un instant encore, aux *Épitres*

classiques. Dans la lettre adressée à Marbach, Sturm précise de
la manière suivante les améliorations que ses lettres aux maîtres
des classes latines avaient, selon lui, amenées dans l'enseignement : « Je crois avoir réalisé dans notre école un quadruple
progrès, en y introduisant un choix abondant de mots; une connaissance plus approfondie de la grammaire, de la dialectique
et de la rhétorique, une interprétation plus détaillée des orateurs, des historiens et des poètes, et enfin la pratique journalière de la langue latine. J'ai rappelé des enfers, pour les faire
parler à nos élèves, Plaute, Térence et Cicéron. Il me semble que
nos maîtres pourront parvenir dans l'art d'écrire, de déclamer et
d'argumenter à ce degré d'habileté qui avait été atteint aux
époques les plus brillantes de Rome et d'Athènes. Si vous riez,
laissez-moi espérer. Que dis-je, espérer? Laissez-moi contempler
le spectacle de grands efforts et d'une noble activité. Mais si vous
craignez que nous ne puissions atteindre notre but, rassurez-vous :
nous obtiendrons des résultats bien supérieurs à ceux de toutes
les années écoulées. »

Dans les lettres adressées aux professeurs des cours publics,
c'est surtout les exercices de déclamation et d'argumentation
qu'il leur recommande; mais il sait également leur donner à
tous des conseils d'une haute compétence sur des points spéciaux de la science qu'ils professent. Ces lettres sont au nombre
de neuf. La première est adressée à Marbach. Dans cette lettre
sont mentionnés deux autres théologiens qui, à défaut de professeurs plus distingués, donnaient des leçons de théologie : c'étaient
Melchior Specker, dont nous avons déjà signalé l'esprit et la tendance, et Jacques Glocker; ils étaient tous deux ministres, l'un de
l'église Saint-Thomas, l'autre de celle de Saint-Nicolas, et tous
deux dévoués à Marbach : faibles successeurs de Zanchi et de
Pierre-Martyr !

Les autres lettres étaient adressées à Laurent Tuppius, le professeur de droit ; à Michel Beuther, le professeur d'histoire ; à un
professeur de physique qui était encore à trouver; à Conrad
Dasypodius, le mathématicien; à Léonard Hertel, le professeur
de logique ; à Valentin Erythræus, le professeur de philosophie
morale ; à Jean Wilvesheim, l'helléniste, et à Élie Kyber, chargé
provisoirement des cours d'hébreu à la place de Pierre Flégel,
décédé le 20 avril 1565. Une dernière lettre, enfin, s'adressait au
professeur de musique, Mathias Stieffelreutter.

Michel Beuther n'avait pas encore définitivement accepté de
venir à Strasbourg, quand les *Épitres classiques* furent écrites.

Né à Carlstadt, en Franconie, il avait fait à Marbourg et à Wittenberg, puis à Paris, à Orléans, à Bourges et à Poitiers de sérieuses
études. Pendant un voyage en Italie, il fut reçu, à Ferrare, docteur en droit romain et en droit canon (1554). Mais il n'était pas
seulement jurisconsulte : déjà avant son départ pour la France,
il avait, pendant deux ans, enseigné à Greifswald l'histoire, les
mathématiques et expliqué les poètes. En 1559, il avait été nommé
bibliothécaire de l'Université de Heidelberg et s'était, depuis lors,
adonné de préférence aux études historiques et archéologiques.
Sturm réussit à attirer à l'école de Strasbourg ce savant que plusieurs universités lui disputaient. Il fut engagé par les scolarques
le 30 mars 1565. On lui demandait neuf leçons par semaine. Il
devait expliquer les historiens latins et les poètes grecs et latins
que lui indiqueraient le recteur et les inspecteurs, aider au recteur à corriger les vers latins des élèves de la seconde et de la
première classe, et remplacer Tuppius, le professeur de droit, en
cas d'absence ou d'empêchement de celui-ci. Il avait également à
se procurer le droit de cité et devait s'engager à ne pas quitter la
ville sans l'autorisation des scolarques. L'École, de son côté, lui
donnait un traitement de 200 florins, une maison d'habitation, et
20 écus comme frais de déplacement. Le 19 mai, Beuther se
présenta devant les scolarques et les informa de son arrivée à
Strasbourg, avec femme et enfants. Il leur annonça qu'il était
tombé d'accord avec le convent des professeurs de commencer
son cours par une introduction générale où il traiterait l'histoire
du peuple juif jusqu'à Ézéchias; qu'il ferait ensuite un résumé
complet d'histoire romaine et passerait enfin à l'explication de
la première décade de Tite-Live. Et, puisqu'il devait également
lire un poète, il commencerait, après la foire de Strasbourg,
l'explication des *Fastes* d'Ovide.

Le professeur de grec mentionné dans les *Épitres classiques*,
Jean Wilvesheim, était issu d'une ancienne famille de Haguenau,
avait étudié à Strasbourg et à Tubingue, et avait rempli à Colmar
et dans les environs des fonctions ecclésiastiques.

Quelques mois après la publication des *Épitres classiques*,
les scolarques engagèrent Ernest Régius, qui revenait d'un voyage
en France et en Italie. Il fut recommandé, le 30 octobre 1565, par
Sturm, Marbach et les deux autres inspecteurs. Il fut engagé
comme professeur d'éthique, et, en attendant qu'on réussît à en
trouver un autre, comme professeur de physique. Il devait donner
six leçons et recevait un traitement annuel de 200 florins et une

indemnité de logement de 25 florins. Son engagement devait durer deux ans.

Ces différentes nominations donnèrent lieu, à différentes reprises, à des difficultés entre les scolarques et le chapitre de Saint-Thomas. Nous avons vu combien ce chapitre avait montré de complaisance vis-à-vis du Magistrat et des scolarques et combien il avait aidé à l'établissement et au développement de l'école en fournissant les ressources nécessaires au paiement des traitements. A l'époque où nous sommes parvenus, le chapitre se composait presque exclusivement de bénéficiaires qui étaient les subordonnés des scolarques, depuis Sturm, le prévôt, et Marbach, le doyen jusqu'aux maîtres des classes latines qui étaient, presque tous chanoines ou vicaires. Cette situation amena les scolarques à élever des prétentions qui peuvent être considérées comme la première des tentatives qui furent faites par les autorités municipales de mettre la main sur les biens du chapitre de Saint-Thomas.

Les scolarques, pour s'assurer de la capacité des professeurs qu'ils appelaient à une chaire, ne prenaient avec eux qu'un engagement temporaire, plus ou moins long. Pendant ces années d'essai, les traitements étaient nécessairement à la charge de la caisse scolaire; car les scolarques ne pouvaient songer à leur faire conférer des bénéfices qui étaient toujours donnés pour toute la durée de la vie, à moins que les titulaires, pour une raison ou une autre, ne consentissent à les résigner. Néanmoins les scolarques essayèrent de ménager les finances de l'école aux dépens de celles du chapitre : ils demandèrent une première fois, à l'occasion de la nomination de Tuppius, en 1563, et, deux années plus tard, après celle de Beuther et d'Ernest Régius, que les revenus des canonicats vacants fussent servis à ces professeurs.

Mais toute corporation, dans des questions où son autonomie ou son existence sont mises en cause, se met sur la défensive ; et malgré les divergences d'opinions qui les divisaient sur tant de points, Sturm et Marbach, professeurs et pasteurs, étaient d'accord pour résister aux exigences hautaines de Charles Mieg et de ses collègues. Dans une réponse énergique, formulée le 22 décembre 1563, le chapitre rappela les services qu'il avait rendus trente ans auparavant et l'attitude qu'il avait prise pendant l'Intérim, alors que tous les autres chapitres avaient pris parti pour l'évêque contre la ville, et il supplia les scolarques de respecter les statuts, qui avaient été faits dans l'intérêt de l'École, avaient reçu l'approbation du Magistrat et portaient la signature

de Pierre Sturm et de ses collègues. Les scolarques cédèrent
alors et présentèrent Tuppius pour le canonicat que Nessel avait
possédé précédemment, mais ils lui demandèrent un acte de
renonciation éventuelle, pour le cas où son enseignement ne
serait pas jugé suffisant. Cependant, ayant reconnu qu'il leur
serait bien difficile de forcer un professeur dont ils ne voudraient
plus, de résigner un bénéfice auquel ils l'auraient eux-mêmes
présentés, ils résolurent de payer les traitements pendant la
période d'épreuve, mais ils demandèrent que le chapitre versât à
leur trésorier toutes les sommes que les bénéfices vacants avaient
rapportées, même pendant le temps où les chaires étaient restées sans titulaires et où la caisse de l'École n'avait eu rien à
débourser. De nouveau, le chapitre protesta contre ces prétentions, comme contraires aux statuts, comme nuisibles à une
bonne administration des biens et à la considération du chapitre
(4 novembre 1565). Mais il avait affaire à forte partie, et Charles
Mieg ne lâchait pas prise facilement. L'affaire traîna en longueur
et ne fut arrangée qu'à la suite de longs pourparlers entre le chapitre et Fagius, le secrétaire des scolarques. Le chapitre consentit
à verser à la caisse de l'École, à titre de don volontaire, les revenus
des bénéfices qu'avaient possédés précédemment Sapidus et Zanchi, depuis le jour où Beuther et Régius étaient entrés en fonctions, mais il demanda avec instance la présentation de ces professeurs aux canonicats vacants. Beuther fut présenté quelques
semaines après cette convention (novembre 1567) (1).

C'est pendant ces débats que fut fixé à nouveau le nombre
des canonicats que les administrateurs du chapitre destinaient au
personnel de l'école. Le chapitre se composait de seize chanoines
et de quatre summissaires ; ces derniers qui, à l'origine, n'avaient
été que les employés des chanoines et n'avaient pas fait partie du
chapitre, avaient été l'objet des libéralités des testateurs, si bien
que chaque summissariat rapportait autant que quatre canonicats.
Sur la demande des scolarques, Sturm et Marbach, le prévôt et le
doyen, déclarèrent que treize de ces vingt bénéfices pouvaient
être attribués à des professeurs et aux précepteurs des quatre
classes latines supérieures ; tandis que les sept autres revenaient
de droit à des ministres de l'Église. D'après le projet élaboré jadis
par Bucer, la part de l'école n'avait été que de dix bénéfices,
aussi les scolarques exprimèrent-ils aux délégués du chapitre leur
vive satisfaction.

(1) Notes de Charles Mieg (dans le premier volume des *Protocoles des scolarques*) et *Procès-Verbaux* de Thiéb. Fagius, aux dates indiquées ci-dessus.

Mais à ces bénéfices majeurs s'ajoutaient encore plusieurs vicariats à Saint-Thomas, à Saint-Martin et aux Toussaints; de sorte que les scolarques n'avaient plus guère de dépenses à effectuer pour le service des traitements, et l'on n'est pas trop étonné de trouver dans les notes de Charles Mieg la mention de sommes avancées à des professeurs et même de prêts hypothécaires considérables faits à des négociants ou à des nobles dans l'embarras.

Au commencement de l'année 1566, l'enseignement dans les classes latines avait pris un nouvel essor, grâce aux *Épîtres classiques*, mais l'enseignement supérieur n'était pas, quant au nombre des professeurs, très différent de celui de 1538, et il était certainement inférieur à celui de 1545. On venait de créer, il est vrai, une chaire d'histoire, mais ce n'était pas une chaire nouvelle, c'était celle de Sapidus et de Kalwer donnée à un historien, et il n'y avait plus qu'un seul professeur de grec, un seul d'hébreu; la chaire de physique n'avait pas de titulaire, et depuis le départ de Zanchi, il n'y avait plus qu'un seul véritable professeur de théologie, Marbach; les deux autres n'étaient nommés que provisoirement, en attendant que les scolarques eussent trouvé des hommes capables, satisfaisant à la fois le recteur et Marbach. On avait fait venir de Worms un docteur en théologie, Paul Unicornius, mais après trois leçons il avait été congédié, Marbach ayant déclaré qu'il avait un défaut d'élocution. Bien des noms furent prononcés : Marbach aurait voulu faire appeler un luthérien déterminé : il proposa Jean Streitberger et même Chytræus, l'auteur du catéchisme introduit dans les classes supérieures contre le gré de Sturm. Celui-ci proposa son ami Jean-Frédéric Célestinus, homme savant et modéré, qui aurait fait honneur à l'école. Toutes ces négociations échouèrent, de sorte que l'intérim de Specker et de Glocker se prolongea indéfiniment.

Aussi, combien l'esprit de l'enseignement théologique était changé! Marbach régnait en maître dans les deux collèges des Prédicateurs et des Guillemites, et il avait dans sa propre maison une sorte de séminaire pour lequel il recevait des scolarques une subvention de cent florins par an; comme professeur, comme inspecteur, comme directeur des internats et surtout comme président du convent ecclésiastique, il avait dans sa main l'avenir des jeunes gens qui se vouaient à la carrière ecclésiastique, et il n'accordait de places ou de recommandations qu'à ceux qu'il savait pleins de zèle pour les doctrines orthodoxes.

Les idées libérales qui s'étaient défendues jusqu'à l'adoption de la formule de concorde étaient définitivement vaincues par le luthéranisme étroit et fanatique. Elles avaient encore quelques défenseurs dans les autres chaires; Tuppius, Beuther, Conrad Dasypodius, Sturm surtout, leur étaient absolument dévoués; mais ces professeurs ne pouvaient exercer que peu d'influence sur les études théologiques.

Du reste, l'école de Strasbourg continuait à être entourée d'un certain prestige, mais elle le devait presque exclusivement à Jean Sturm. Un jeune comte polonais qui avait fait ses études à Strasbourg exprima en ces termes l'admiration que les jeunes gens éprouvaient pour le recteur : « C'est l'homme que la France contemple, que l'Italie admire, que l'Angleterre, l'Écosse, le Danemark, la Hongrie, la Bohême, entourent de respect et d'affection; c'est lui, dis-je, que tant de royaumes réclament, que l'Europe entière se dispute. Demandez aux jeunes gens laborieux des nations étrangères pourquoi ils ont entrepris les fatigues d'un long voyage auquel jamais ils n'auraient songé! Ils diront que c'est pour voir Sturm et pour suivre ses leçons. Demandez-leur qui les a attirés! C'est Sturm, oui, c'est Sturm, répondront-ils tous (1). »

Telle était la situation de l'École de Strasbourg lorsque l'empereur Maximilien II lui conféra le titre d'*Académie*.

Ch. ENGEL.

(*A suivre.*)

---

(1) Ch. Schmidt, *la Vie et les Travaux de Jean Sturm*, p. 217

PÉDAGOGIE ANGLAISE [1]

Nous n'avons pas à présenter aux lecteurs l'auteur de ce volume ; ils connaissent, pour les avoir trouvées dans cette Revue même, les études que M. Parmentier vient de réunir ; ils savent aussi le zèle et la conscience de cet historien de la pédagogie. Par une rare fortune, il s'est trouvé en mesure d'acquérir une expérience exceptionnelle, ayant appartenu tour à tour aux trois ordres de l'enseignement, primaire, secondaire et supérieur. C'est donc un guide sûr et spécialement compétent.

Toutefois, il ne faudrait pas chercher dans son livre l'exposé d'une doctrine pédagogique formellement énoncée : on peut induire des jugements portés par M. Parmentier sur les œuvres et les hommes qu'il étudie son sentiment sur la meilleure éducation à donner à la jeunesse. Mais il s'est renfermé sévèrement dans sa mission d'analyse et de critique, plus soucieux de faire connaître les opinions des écrivains qu'il ramène à la lumière que d'exposer un système qui lui soit propre. Nous ne lui en ferons pas un reproche. La pédagogie théorique a de nombreux et savants apôtres ; ses historiens sont plus rares. S'il fallait, à toute force, exprimer un regret sur l'ouvrage qui nous occupe, nous dirions qu'il nous eût paru souhaitable que M. Parmentier eût présenté, dans une vue d'ensemble et dans un tableau suivi, les annales si curieuses de la pédagogie anglaise depuis ses origines jusqu'à nos jours ; il y a peut-être, dans l'ordre dispersé qu'il a suivi, de quoi embarrasser un peu le lecteur, qui a peine à rétablir dans leur milieu les Vivès, les Ascham, les Locke et tant d'autres, que M. Parmentier fait revivre, j'allais dire qu'il fait vivre ; car un bon nombre d'entre eux étaient, comme n'ayant jamais existé pour le public lettré, non seulement de France, mais aussi, surtout peut-être, d'Angleterre.

C'est une singulière histoire que celle des écoles de ce pays. Florissantes au début, dans les temps antiques qui précédèrent la conquête des Normands, elles semblent disparaître ensuite, ou du moins s'altérer étrangement durant le moyen âge. Ressuscitées par les humanistes de la Renaissance, elles demeurent sans

(1) *Histoire de l'éducation en Angleterre : les doctrines et les écoles depuis les origines jusqu'au XIX⁰ siècle*, par Jacques Parmentier. 1 vol., chez Perrin.

action, non seulement sur les masses profondes de la nation, mais sur une bonne partie des classes élevées, jusqu'à ce que la noblesse anglaise, piquée d'un noble amour-propre, les fréquente avec sérieux, les soutienne et en devienne le plus bel ornement à la fin du xviiie siècle et dans le cours du siècle actuel.

A lire les études de M. Parmentier, on se rend compte de ce qui paraît incohérent, contradictoire et parfois arriéré dans l'état de l'instruction publique en Angleterre.

Dans ce pays de tradition, rien n'achève, en somme, de disparaître ; la prescription n'existe pas pour les institutions vieillies ; si elles se transforment avec le cours des âges, jusqu'à ne ressembler plus que de nom à ce qu'elles furent d'abord, il demeure pourtant toujours quelque trace de l'établissement primitif ; appellation, costumes, mode d'administration, plan des études, l'un ou l'autre de ces détails, par son aspect suranné, rappellera toujours ou la foi des fondateurs, ou l'état social des premiers tuteurs de l'œuvre, ou les dogmes éducatifs des époques antérieures. Ces vestiges des temps disparus semblent vénérables à nos voisins ; à nous parfois ils paraissent surannés, et nous déroutent ; un Anglais n'en est point choqué.

Nous n'essaierons point de tracer, d'après M. Charpentier, l'histoire complète de l'éducation en Angleterre depuis ses origines : aussi bien serait-ce forcer le lecteur, qui n'a point oublié les articles parus ici même, à les repasser de nouveau, amoindris et gâtés par la sécheresse d'un résumé. Ce qu'il est permis seulement de tenter, c'est de se rendre rapidement compte de l'idéal éducatif esquissé par les grands pédagogues anglais qui se sont succédé du xve au xviiie siècle, et de noter en quoi cet idéal diffère du nôtre ou s'en rapproche.

Pour nous, Français, Locke, grâce à Rousseau et à Rollin, est le seul Anglais d'autrefois qui ait tracé les règles et critiqué les méthodes d'éducation les plus appropriées à la formation de l'honnête homme et de l'homme cultivé. Nous nommons ensuite, non pour l'approuver ni le suivre — à Dieu ne plaise! — mais pour sourire de son esprit et nous égayer de son cynisme, le trop fameux lord Chesterfield, et peut-être ne nous déplaît-il pas de pouvoir citer cet éducateur sans foi ni mœurs comme un des plus réputés parmi ceux de la pudique Albion. L'anglican Stanhope, convié par son aristocratique père à s'abandonner au scepticisme, sinon à l'athéisme, mais à baiser pourtant la mule du pape avec toutes les apparences de la componction, c'est là un régal piquant pour notre malice, et une merveilleuse illustration du *cant* britannique.

N'allons pas croire cependant ni que Locke ait été le seul Anglais qui ait raisonné sur l'éducation, ni, moins encore, que Chesterfield ait jamais représenté le type de l'homme bien élevé chez nos voisins. M. Parmentier nous apprend que ceux-ci n'ont manqué ni de théoriciens austères et profonds, ni de maîtres dévoués et vénérables : la listes de ces éducateurs est suffisamment longue pour nous apprendre qu'en Angleterre, à toutes les époques, des hommes de science, qui furent aussi des hommes de bien, se sont souciés de la meilleure manière d'élever la jeunesse.

Sur tous pèse une même préoccupation : comment faire des hommes à la fois savants et utiles à l'État? De vrai, le problème, pour être ancien, n'est pas plus aisé à résoudre. Oserai-je dire qu'il n'est pas encore résolu, ni en Angleterre ni ailleurs? C'est qu'il est bien difficile, sinon impossible, de faire abstraction des habitudes et des engoûments du passé lorsqu'on veut réformer le présent; malaisée en tout domaine, l'entreprise l'est au premier chef en matière d'éducation et d'instruction, pour autant que l'école où le père étudia semble à ce père la meilleure école, et que, si les temps ont changé depuis, et les goûts et les besoins, ce même père le sent moins que ses fils et regimbe à leur laisser suivre une carrière qui ne fut pas la sienne.

Voyez l'éducation publique, dirons-nous en Angleterre ou dans toute l'Europe chrétienne? D'où sort-elle? De l'Église? Que veut-elle faire à l'origine? Des fidèles de l'Église? Qu'apprendra-t-elle à ses adeptes? La langue de l'Église. De là l'universelle prépotence du latin. La langue vulgaire n'est rien; mieux, elle est une gêne, et l'écolier sera puni, qui en fera usage, même en dehors des études. D'autre part, quelle science, quel art, quelle industrie sont dignes d'attention, à côté de la science maîtresse, la théologie; plus tard, à la théologie se joindront les classiques latins sortis de la poussière avec la Renaissance; cela fera deux Évangiles, dont un laïque, à peine moins vénérable que l'autre. Et la Réforme ne changera rien, du moins en Angleterre, à cet état des esprits : humaniste intransigeante, la Réforme méconnaîtra là, comme en Allemagne avec Sturm, les droits de la vie et de la science modernes. Latines étaient les écoles, latines elles resteront avec un peu de grec pour embellir le curriculum; Milton, après ou d'après Rabelais, y joindra l'hébreu et le syriaque; pour l'érudit, tout va bien; que reste-t-il pour l'homme?

Regardez, chez M. Parmentier, les maîtres de l'ancienne éducation anglaise : ce sont des penseurs, et non pas seulement des savants : aussi laissent-ils échapper pas mal de hardiesses, jusqu'à s'aviser qu'il serait peut-être bon d'apprendre et de savoir l'anglais, lorsque l'on est Anglais. Mais tous, pour point de départ, prennent le latin ; et, lors même que leur type idéal de l'homme instruit est, comme pour Milton, une sorte de Pic de la Mirandole, les connaissances dites réelles, la science pratique, en un mot, ne vient à l'élève que par le canal des Pomponius Mela, des Pline, des Aristote, auxquels c'est grande nouveauté et presque paradoxe de joindre les fruits de l'expérience, de l'enseignement par l'aspect, puisé dans la vue directe de la nature et de l'industrie humaine. A vrai dire, la tournure d'esprit des pédagogues anglais des trois derniers siècles ne semble pas leur donner une physionomie bien accentuée ni qui diffère sensiblement de celle de nos maîtres français, par exemple Rabelais, Montaigne, Ramus : de part et d'autre, on critique le mode d'études adopté, sans oser proposer d'en révolutionner absolument l'économie : tout au plus essaie-t-on d'y infuser plus de vie, de lui donner une base plus large. Pareillement entre Locke et Rousseau, la ressemblance souvent est grande, alors même que Jean-Jacques commence par combattre les opinions de son illustre émule. Notre Rollin, lui aussi, a bien des points de vue identiques à ceux de Locke, qu'il copie parfois (M. Parmentier le montre), tout en l'ayant au préalable condamné. Ce procédé-là, nous apprend M. Faguet (article des *Débats* sur le livre qui nous occupe), c'est proprement le procédé classique !

Mais où la pédagogie anglaise se distingue nettement de la nôtre, c'est par le souci de l'éducation physique dont la tradition, là-bas, remonte vraiment à une vénérable antiquité. Il faut lire dans notre auteur la jolie scène de la course à cheval des disciples de l'évêque Jean de Beverley (686-718 ap. J.-C.). Cette jeunesse fougueuse cherche dans la course de ses chevaux un repos de l'étude, et l'évêque paternellement souscrit à ce *raid*. Il est vrai qu'il veut garder près de lui le plus cher de ses élèves ; mais celui-ci ne peut se tenir de suivre les rapides écuyers ; il part ; il tombe, se fend la tête, et le bon prélat, devenu chirurgien, soigne de ses mains le cavalier maladroit, jusqu'à ce qu'enfin, ouvrant les yeux, le jeune homme s'écrie : « Je vous reconnais, vous êtes mon évêque que j'aime ! »

L'illustre Montalembert n'avait pas tort de citer avec complaisance l'aimable page de Bède qui retrace cette aventure. Nous ne la relevons ici que pour y montrer la première trace de ce goût des exercices du corps qui semble avoir été, de tout temps, inhérent au tempérament même des Anglo-Saxons.

Nous ne serons donc pas étonnés de voir Vivès préconiser, à côté de la propreté et d'une bonne nourriture, les jeux décents et joyeux destinés à donner aux écoliers la fameuse « *mens sana in corpore sano* »! Les Anglais n'ont jamais cessé, on le voit, d'aimer les jeux ; félicitons-les d'avoir eu de bonne heure, en la personne de Vivès, un apôtre de la propreté, qui est demeurée, elle aussi, une de leurs vertus. On nous raillera peut-être d'insister ainsi ; mais que l'on veuille bien songer à ce qu'a été, à ce qu'est encore, hélas! la propreté d'un interne de lycée français, pour ne point parler de celle d'un soldat ou d'un étudiant même! Et pourtant, un vigoureux effort a été tenté chez nous pour réagir contre les mauvaises habitudes de la race ; mais nous avons encore, en ce point, plus d'une leçon à prendre en Angleterre.

Il paraît aussi qu'aux temps des Vivès, des Mulcaster, des Elyot, la nourriture des écoliers était un des moindres soucis des éducateurs : lésine des chefs d'institutions, ou seulement instinctif et inconscient dédain des nécessités vulgaires du corps, et excès d'ascétisme? On peut choisir entre les deux interprétations. Même mépris de l'hygiène scolaire. Vivès appuie sur le choix des locaux les mieux appropriés à l'installation des écoles. Ses contemporains, ses successeurs, et Locke après tous les autres, se préoccuperont à leur tour dela bonne santé des élèves. Il y a là tout un courant d'idées raisonnables, venu de loin, jamais complètement arrêté, où n'auront qu'à puiser les pédagogues modernes. Honneur aux Anglais de lui avoir donné naissance!

L'originalité véritable des écrivains dont M. Parmentier résume et analyse les idées, c'est d'avoir courageusement préconisé la nécessité de faire commencer les études de l'enfant par celle de sa langue maternelle. Il peut paraître étrange de relever spécialement une conception aussi simple comme une sorte de titre de gloire : rappelons-nous cependant que Fénelon se plaint, dans l'*Éducation des Filles*, qu'encore de son temps l'on apprenne à lire en latin aux enfants ; rappelons-nous que Rollin s'excuse, en sa préface, d'écrire dans sa langue maternelle le *Traité des Études*; rappelons-nous enfin, et confessons avec humilité que plus d'un de nos distingués professeurs regarde le latin comme la base indispensable de toute connaissance du français, et qu'il existe une série de livres élémentaires où la langue française s'enseigne d'après le titre même, comme *introduction à l'étude du latin*.

Au reste, voici Roger Ascham qui, tout en voulant relever l'anglais de la proscription dont le frappent les programmes scolaires de son temps, veut que cette langue serve d'auxiliaire au latin. Son élève doit traduire en anglais le *De Amicitia*, puis retraduire en latin sa version : et je ne dis pas du tout que l'idée d'Ascham soit mauvaise, surtout si l'on admet avec lui que le latin doit rester la base de toute instruction digne de ce nom. M. Parmentier a cent fois raison de recommander la méthode de la double traduction comme expéditive et salutaire.

Le même Ascham déplorait l'état des études latines de son époque ; « tout le savoir des élèves était sur leur langue et sur leurs lèvres sans jamais monter jusqu'au cerveau ou entrer dans la tête ». C'est pourquoi il réclamait plus de raison, plus de bon sens, plus de méthode, et cela dans l'intérêt même de cette latinité dont il était un admirateur résolu.

Brinsley tient, lui aussi, à la pureté du langage chez les écoliers ; il y veut arriver, non seulement par la méthode, mais par la pratique des manières qui conviennent à un gentleman. Et nous devons remarquer combien tous ces pédagogues anglais, pourtant engagés à fond dans le train des études, soit comme « lecteurs » dans les collèges universitaires, soit comme précepteurs de princes (Ascham eut pour élève la reine Élisabeth, dont l'érudition était renommée), soit comme simples maîtres de grammaire, gardent le contact avec la vie réelle ; quelle juste et haute idée ils conçoivent de la culture nécessaire à un homme du monde et de l'utilité d'une telle culture pour le bien de l'État. Non, ces gens de bon sens et de grand cœur ne furent point simplement des savants en *us ;* ni leur latin, ni leur grec, ni leur philosophie, ne les avaient rendus « crottés et enfumés », pour parler comme notre Montaigne.

Aussi bien, comme Montaigne, comme Rollin plus tard, tous s'accordent à vouloir modérer la sévérité féroce des châtiments anciennement infligés dans les écoles. Ici encore, la protestation se recommande d'une antique tradition nationale. Saint Anselme de Cantorbéry, fait, au rapport de M. Parmentier, une belle réponse sur le sujet des punitions, à un de ses abbés. « Les enfants confiés à nos soins, dit le prêtre, sont méchants et incorrigibles. Jour et nuit, nous ne cessons de les frapper, et ils empirent toujours. » — « Voilà une belle éducation, s'écrie le saint, qui d'hommes fait des bêtes ! Si tu plantais un arbre dans ton jardin et si tu l'enfermais de toute part, de telle sorte qu'il ne pût étendre ses rameaux, tu trouverais au bout de quelques années un arbre aux branches courbées et tordues, et ne serait-ce pas ta faute, pour l'avoir ainsi resserré immodérément ? »

Mais, hélas ! ni l'exemple d'un saint, ni les protestations des pédagogues, n'ont pu complètement extirper des écoles anglaises l'usage des coups. L'illustre Arnold, en ce siècle même, ne craignit pas de prendre la défense des punitions corporelles; évidemment, les cerveaux anglais ne sont point conformés comme les nôtres, en ce qui touche cette matière, et le noble orgueil habituel à nos voisins se plie à des accommodements devant lesquels se raidit notre chatouilleuse vanité gauloise. Raison de plus pour louer et pour admirer même les pédagogues britanniques qui n'ont pas craint de protester contre les verges dans la mesure où le leur permettaient les idées de leur pays et de leur temps.

Il n'entre pas en notre pensée (on l'a assez vu) d'étudier le détail des réformes préconisées par les pédagogues anglais, ni de tenter de tracer un tableau d'ensemble des écoles anglaises en suivant M. Parmentier. Nous essayons seulement de consigner au passage les impressions les plus saillantes que nous a laissées la lecture d'un livre excellent. Nous ne voudrions point le quitter sans dire deux mots des idées de deux hommes éminents, chacun en son genre, Milton et Locke, sur l'éducation de la jeunesse.

On n'est pas accoutumé à considérer l'immortel auteur du Paradis Perdu sous l'angle de la pédagogie. On peut dire qu'en ce domaine il a porté la puissance entière de son génie inventif : poète aux vastes conceptions, aux images hardies, Milton rêve pour la jeunesse un programme de géants. Son Académie idéale détiendra de 12 à 21 ans les jeunes gentilshommes avides de s'instruire; et certes, la nourriture ne manquera pas à leur appétit de science, si vaste qu'il puisse être. Grammaire, langues mortes, y compris les idiomes bibliques, hautes études d'astronomie, de géométrie, de physique; le tout couronné par la logique, la rhétorique, la poétique; tout ce bagage complété encore par l'enseignement religieux comme base et par des exercices chevaleresques comme dérivatif, telle est le copieux programme proposé à qui veut devenir un homme bien élevé, un serviteur utile de la République. « Cette éducation ferait d'autres hommes que celle que donnent *the Monsieurs of Paris* appelés en Angleterre, pour transformer les jeunes gentilshommes en comédiens ou en singes! » Pauvres messieurs de Paris! mais pauvres jeunes Anglais aussi, si jamais on eût eu l'idée de mettre en pratique cette pédagogie, digne de l'auteur de Pantagruel, de qui certes elle dérive!

Il est curieux de voir combien l'ivresse du savoir, puisée aux sources de la Renaissance, a fait tourner de têtes, parmi les plus solides des plus grands hommes du XVIᵉ et du XVIIᵉ siècle! Certes le but est louable; et surtout, il faut le répéter sans relâche, l'honneur des pédagogues de ce temps est d'en revenir sans cesse à la noble parole de Rabelais que « science sans conscience n'est que ruine de l'âme ». Mais aussi quelles illusions sur la capacité normale d'assimilation des jeunes intelligences ! Sommes-nous guéris en tous pays savants, de telles illusions? et tout était-il vain dans la campagne menée naguère, trop bruyamment peut-être, mais non pourtant sans motifs, contre le surmenage?

Locke, dont il faut dire un mot en finissant, est certes plus modéré dans ses exigences. Nous ne nous attarderons pas à résumer son système, trop connu pour y insister, et où Rousseau et Rollin ont puisé plus d'une inspiration. Un seul détail semble utile à relever, c'est l'antipathie décidée du philosophe pour les écoles publiques. Tous les autres pédagogues anglais dont les noms ont été rappelés plus haut déplorent, sans doute, les vices de ces écoles, y proposent des remèdes; mais n'en écartent point leurs élèves : tout au plus les veulent-ils voir accompagnés d'un sage précepteur, qui les sauve des risques et des écueils de l'éducation en commun. Locke est plus radical : discipline d'esclaves, exemples de mollesse et de dépravation, ruine de la patrie par la perte du vieux crédit militaire de l'Angleterre, tels sont ses griefs contre l'éducation publique. Il n'en est point de plus graves; et si l'on songe que Locke a parlé de la sorte après avoir passé lui-même par les écoles, et qu'il a vécu sa théorie, comme le remarque excellemment M. Parmentier, on ne peut s'empêcher de penser que ses objections ont bien quelque poids.

Discuter sur les mérites respectifs de l'enseignement à domicile et de l'enseignement public n'est point de notre sujet; et, d'ailleurs, tout a été dit pour et contre depuis Quintilien jusqu'à Rollin, depuis Pline jusqu'à Herbert Spencer. Mais, comme, après tout, en matière de pédagogie, on ne peut raisonner purement *in abstracto*, et qu'il faut, bon gré mal gré, faire retour sur soi-même, sur le temps où l'on vit, sur l'économie des écoles qui vous entourent, ayons le courage de dire qu'il y a du vrai dans les reproches adressés par Locke à l'éducation publique. Et quand nous disons *éducation*, nous parlons anglais : en France, c'est *instruction* qu'il faut dire; quoi qu'on ait dit, écrit et tenté, l'*éducation publique* n'est qu'un mot; chez nous, l'éducation appartient entièrement à la famille. Que ne peut-on ajouter que cela est un bien, et que la famille s'acquitte de sa tâche à la plus grande satisfaction de la morale, au plus grand bénéfice de la chose publique? Hélas ! si, pour Vivès et ses émules du xv⁰ et du xvi⁰ siècle, « la famille, la société entière comptaient comme facteurs essentiels de l'éducation; si chacun devait, aux yeux de ce digne maître, prêter son concours à la formation des jeunes générations aux bonnes mœurs », oserons-nous affirmer qu'un tel devoir soit compris aujourd'hui autour de nous, et la famille, loin d'aider l'école, ne l'entrave-t-elle pas souvent? Si cela est vrai (et cela est trop réel!) si l'école, d'autre part, n'est qu'un lieu d'instruction, de *bourrage* (*craving*) parfois, sans assez de points de contact avec la famille, avec la vie sociale, blâmerons-nous Locke de sa sévérité?

Heureux l'Émile de Rousseau, si mal élevé que d'aucuns le prétendent, qu'un précepteur zélé dirige dans la voie du bien par une méthode souvent paradoxale, mais tient en revanche à l'écart des lieux communs, de la banalité soporifique, de l'inutile étalage de superficielle érudition qui étaient l'ornement principal de l'éducation publique de son temps!

Mais malheureuses les familles modestes, peu rentées, dont se composent nos sociétés démocratiques : elles auront peine, dans les écoles de tout ordre, à trouver la voie pratique qui conviendrait peut-être à leurs enfants.

Trop d'écoliers soumis à la direction d'un seul maître, trop de matières dans les programmes, peu de chose pour le cœur, tout pour le brillant du langage et la culture superficielle de l'esprit, voilà ce que les écoles offrent en tout pays; ce qui n'empêche pas les éducateurs officiels de répéter avec conviction la vieille et excellente parole : « *Non scholæ, sed vitæ discimus!* »

Plût au ciel que cette devise devint une vérité universelle!

Ils ont travaillé à produire un si heureux résultat, tous ces illustres pédagogues anglais, dont M. Parmentier nous entretient avec tant de conscience et de sympathie; ils ont voulu le bien de leurs concitoyens, l'avancement de leur patrie. Sans doute, enlisés dans les traditions d'autrefois, ils n'ont pas su toujours dominer leurs souvenirs classiques et sont retombés souvent dans l'ornière de la « *suffisance pure livresque* ». Toutefois, tous, ils ont proclamé la nécessité de donner pâture à la conscience par l'enseignement de la religion, de la morale, des bonnes manières; de rendre du jeu à l'activité des nerfs et du sang par la pratique des exercices corporels. Ils ont donc été de bons ouvriers dans le champ du progrès; ils nous ont laissé des leçons utiles à méditer encore aujourd'hui. Remercions encore une fois leur savant historien de les avoir proposés à notre attention et à notre étude.

E. STROPENO.

LE MAROC INCONNU[1]

PREMIÈRE PARTIE

Le Maroc, qui touche notre frontière algérienne, nous est à peu près aussi inconnu que le centre de la Chine. Et pourtant des raisons politiques, économiques et même scientifiques de premier ordre nous commandent de sortir de cette ignorance. Entre autres avantages, le remarquable livre de M. Mouliéras aura le mérite d'appeler vivement l'attention sur cette question marocaine, une des plus pressantes de l'heure actuelle, et qu'il faut être prêt à traiter pratiquement dès que l'occasion favorable, et imminente peut-être, se présentera.

Laissons à ceux que l'auteur appelle des *hypercritiques* le soin de soupeser la valeur exactement scientifique de ce livre. Nos modernes saints Thomas voudront sans doute chicaner l'auteur sur sa carte du Riff dressée en pas de derviche, sur son exploration du Maroc faite par procuration, sur sa foi robuste au témoignage du Kabyle mendiant dont les récits et les voyages lui ont fourni presque tous les matériaux du travail qu'il publie.

Laissons encore aux Brelingandus et autres Trouillogan le souci de calmer l'enthousiasme de notre docte arabisant, qui nous montre dans une éclatante vision « trois cent mille épées musulmanes » étincelant au premier rang de notre armée et précédant les deux millions de Berbères arabes armés et disciplinés à la française « qui pourraient un jour faire de notre patrie la maîtresse du monde ». Restent peut-être quelques vieux *tousseux* qui voudraient objecter que l'Arabe, d'après M. Mouliéras lui-même, est avant tout un prêtre, un missionnaire ardent, visant uuiquement à *musulmaniser*, qu'il a pour qualités essentielles le mensonge, l'incurie et le gaspillage, que le Riffain, plus laborieux et plus sincère, —

---

(1) *Exploration du Riff* (Maroc septentrional), avec cartes inédites du Riff et de chaque tribu (hors texte) au 1/250 000, par Auo. MOULIÉRAS, professeur à la chaire de langue et de littérature arabes à Oran (J. André, dépositaire, rue Bonaparte, 27, 204 p., in-8e).

car il est Berbère — meurt rarement, nous dit-on, de mort naturelle, et que le conquérant du Riff serait exposé à rencontrer devant lui cent mille fusils. Notre auteur n'a cure de leur froide logique : il entend braver quelques apparentes contradictions pour montrer la vérité sous ses aspects les plus opposés. Peut-être enfin, quelque pédant à sang-froid, grattant des syllabes loin du beau soleil de l'Algérie, prétendra-t-il qu'on ne saurait sans hyperbole, au siècle des Livingstone, des Brazza, des Monteil, traiter « de sublime déguenillé, de cerveau prodigieux, d'homme providentiel » le mendiant vagabond dont notre auteur a été le perspicace et heureux truchement, on lui répondra que sous le ciel d'Afrique, on ne redoute pas les épithètes flamboyantes.

Et d'ailleurs, il est vraiment original, admirable même en un sens, ce Mohammed ben Tayyeb, qui fait allègrement ses 40 kilomètres par jour en pays inconnu, voyage à pied, à cheval et même en chemise, par tous les temps, qui voit tout et retient tout, fait face à tous les périls, et, son exploration finie, vient confier à son ami le trésor de ses souvenirs, en attendant que son humeur mobile et aventureuse le pousse à braver d'autres dangers et à découvrir de nouveaux pays. Dans la force de l'âge, avec sa face pâle et amaigrie de Christ blond, son air de doux illuminé, son corps émacié aux attaches délicates émergeant de guenilles artistement drapées, ce primitif, aux yeux perçants, à l'esprit fin et à la mémoire impeccable, mène tout seul, et la matraque en main, une émouvante expédition. Il est vrai qu'en s'enfonçant dans les pays les plus inconnus, il a la douce satisfaction de quitter la mégère qu'il a épousée à Oran par l'intermédiaire d'obligeants amis. Mais aussi pourquoi ce brave Mohammed ben Tayyeb en est-il à son quatrième ou cinquième mariage? Une pareille vocation matrimoniale doit s'expier.

Suivons-le rapidement dans cette intéressante exploration d'une province de l'*Occident*, nom sous lequel les indigènes désignent leur pays, qu'ils divisent en neuf provinces formant trois régions : septentrionale, méridionale, centrale. Le Riff, sur les bords de la Méditerranée, s'étend depuis l'Oranie jusqu'à la tribu maritime de R'Mara, non loin de Tit't'aouin (Tetuan). C'est une région qu'aucun Européen n'a encore traversée. M. Mouliéras, d'après le derviche kabyle dont le témoignage lui paraît digne de foi et dont il connaît parfaitement la langue, nous donne de cette contrée une description curieuse et attachante.

Malgré son fanatisme, — le Maroc est le pays le plus fertile en saints, — son caractère ombrageux et querelleur, le Berbère riffain des Béni-Ben-Necer, avec sa djellaba rayée de blanc et de noir, son fusil damasquiné (mouk'h'ala) de Tar'zouth, son long couteau-poignard, son air grave et sérieux, présente un aspect vraiment martial. Il a le culte de l'hospitalité, l'amour de l'indépendance, et, qualité rare chez l'ignorant, le respect du savoir. Dans le Riff, l'étudiant, grassement nourri à la mosquée, n'a rien à craindre de personne ; comme le soin de ses études coranniques ne l'empêche pas de professer le métier lucratif de tailleur, il mène une vie fort enviable. Les femmes, vêtues de gros haïc, ne se voilent pas, portent de lourds bijoux, et chez les Kzennaya « assistent aux délibérations des djemaa, où elles prennent souvent la parole sans quitter leur inséparable fusil dont elles se serven très adroitement ».

Mais le savon, paraît-il, est complètement inconnu chez les Béni-Ben-Necer. Dans la tribu mthiouienne, une épouse coûte 4 000 à 5 000 francs, plus le trousseau, les bijoux, les six bœufs du repas de noce avec accompagnement de couscous et de crêpes baignant dans un océan de miel. Les laides, elles-mêmes, valent jusqu'à 500 francs. Il est vrai que la vie ne coûte pas cher. Au ravissant pays des Zerketh, enfoui dans la verdure des jardins fleuris, une belle poule vaut 20 centimes et on a deux douzaines d'œufs pour un sou. Les dames peuvent acheter leurs provisions sans être exposées à d'ennuyeuses rencontres : elles ont des marchés à elles d'où les hommes sont sévèrement exclus. Mais le Riff est le pays de tous les contrastes. L'homme des Benni Khennous, perdu au milieu des rochers énormes, est un véritable sauvage, qui gîte en compagnie de singes et de sangliers dans d'immenses tannières. Il ne sort jamais de sa forêt. Sans être toujours aussi barbare, le Riffain semble peu gouvernable. Les Beni-Gmil, qui seraient au nombre de 15 000, « nomment et destituent leurs caïds avec une facilité merveilleuse. Il leur arrive souvent de rester sans chef pendant plusieurs années consécutives ». Quant aux caïds, ils ne sont pas accablés de besogne, pour cette raison très concluante qu'il n'existe dans le Riff aucune autorité reconnue ; on n'y est pas non plus ennemi d'une douce gaieté. Si vous voulez voir les Riffains festoyer, ne vous attardez pas chez les Béni-Bou-Frah', malgré leur nom d'Enfants du père la joie, mais allez droit chez les Temsaman, la plus aimable des tribus du Riff et une des plus importantes, puisqu'elle pourrait lever 20 000 fusils. Arrêtez-vous à un quart d'heure de la mer, dans le gros bourg de Sidi-Daoud, entouré de riches cultures : vous assisterez au spectacle le plus étonnant. Ces Riffains ne se contentent pas d'un carnaval, ils le célèbrent trois fois par an, et il faut lire dans l'ouvrage de M. Mouliéras la description des cinq personnages qui composent la mascarade, depuis le cadi escaladant son tas de fumier jusqu'au Ba-Chikh, une outre rigide sur la tête, le visage enfoui dans une citrouille, une crinière de cheval tombant sur la nuque, deux feuilles de figue aux oreilles, une peau de hérisson sous le menton, un fusil de bois sur l'épaule, des espadrilles trouées aux pieds. Le chef de famille est accompagné de sa femme, de son âne et de son juif couvert d'horribles oripeaux. On se bat, on s'injurie, on se barbouille de goudron, et nos cinq grotesques, montés sur un tas d'ordure, achèvent cette scène de folie repoussante en parodiant la prière musulmane et en substituant aux formules du Coran les paroles les plus grossières. Ces saturnales riffaines sont d'autant plus curieuses qu'on ne trouve rien de semblable dans aucune partie de l'Afrique du Nord, sauf au Maroc et on en signale d'analogues jusque chez les Berbères des Djebalas, comme les volumes suivants doivent nous l'apprendre. Un autre usage, très fréquent dans tout le Riff, est celui des collations au clair de la lune avec accompagnement de flûtes, de tambourins et de fantasias, dont M. Mouliéras nous fait une vivante peinture en ce style aisé, limpide et coloré de vives images qui donne à son livre un charme particulièrement captivant.

Si les Riffains ne sont pas ennemis des fêtes, il est certaines plaisanteries qu'ils ne sont guère disposés à goûter : ils ne badinent pas avec la vertu conjugale. Voulez-vous savoir comment se terminent, dans le Riff, les procès passionnels. Lisez, dans la traduction littérale et vivante que nous en donne M. Mouliéras, l'horrible « histoire d'un homme marié surpris avec une femme mariée dans le village des Beni-Sidal, dans la tribu des Galiyens ».

Les atroces représailles qu'on nous décrit font ressortir l'état d'anarchie et de sauvagerie où sont encore plongées la plupart des tribus riffaines, et pour les en sortir, il ne faut guère compter sur les Espagnols de Mliliya. M. Mouliéras, qui est décidé à tout dire, nous rapporte ici certains détails qui nous expliquent pourquoi les Arabes peuvent être à bon droit écœurés, au propre et au figuré, des façons d'agir de leurs ennemis héréditaires. Les Espagnols ont une manière vraiment étrange de présenter aux Berbères la civilisation européenne : on comprend qu'ils n'aient su fonder sur la terre africaine que des bagnes et qu'ils n'inspirent aux musulmans que la haine. Leurs voisins les Galiyens se plaisent tout particulièrement à conter les hauts faits qu'ils ont accompli dans la dernière campagne contre Themrirth (Mliliya).

On devine comment de pareils hommes sont disposés à recevoir les méthodistes occupés dans les rues de Mliliya à distribuer des bibles aux Riffains. L'un d'eux rapporte à son père un de
ces opuscules ; celui-ci ouvre le livre, et, comprenant qu'il y est
question d'une autre religion que la sienne, il fait séance tenante
allumer un immense bûcher. « Quand les flammes montèrent
bien haut, éclairant comme en plein jour les quatre murs de la
maison, perçant jusqu'au zénith l'épaisseur des ténèbres de
la nuit, il jeta dans l'ardent foyer, en les accompagnant d'horribles malédictions, les présents de l'Anglais. Tandis que l'innocent autodafé consumait saint Matthieu et saint Jean, les huit
frères et sœurs du taleb dansaient autour du bûcher, rabachant à
satiété les paroles paternelles : « Que Dieu maudisse la religion
de leurs aïeux infidèles ! » Tel est, conclut M. Mouliéras, le sort
réservé à toutes les tentatives de conversion en pays musulman.

Par ces quelques citations, butinées au courant d'une lecture
agréable autant que fructueuse, on peut pressentir l'intérêt que
présente ce curieux ouvrage où abondent les scènes de mœurs,
les descriptions imagées d'un pays primitif et inconnu, enfin les
remarques suggestives semées à chaque page par un écrivain qui
a son opinion faite et raisonnée sur toutes les questions qui touchent à son sujet, — ainsi que sur beaucoup d'autres encore.

Et nous avons à dessein omis les détails de géographie, de nomenclature, de statistique, les considérations économiques, les
renseignements ethnographiques, l'étude de la flore et de la
faune, — tout l'appareil scientifique dont il appartient aux spécialistes de faire ressortir l'importance et la valeur. On se sent en
présence d'un travail considérable, mené avec une patience à
toute épreuve et un désintéressement bien rare par un arabisant
émérite et un ardent patriote qui finit, à force de science et de
bonne foi, par faire partager à son lecteur la conviction profonde
qui l'anime.

Du cap Milonia au cap Takmout, cette vaste région, qui mesure
de l'est à l'ouest 230 kilomètres, et à peu près 100 du nord au sud,
compte trente tribus qui sont pour la première fois, étudiées et
nommées, vingt-trois villages importants, et plus de douze cent
mille habitants : fortifiée de tous côtés par la nature, elle nourrit
une des races les plus vigoureuses du globe, qui n'a encore supporté la présence d'aucun Européen sur la terre inconnue qu'elle
défend avec un patriotisme jaloux et que Mohammed ben Tayyeb
n'a parcourue, tout musulman qu'il est, qu'au péril de sa vie.
Ce taleb, qui a consacré vingt-deux années de son existence à

courir à travers le Maroc, est un témoin d'autant plus autorisé que M. Mouliéras, qui parle couramment sa langue, a pu vérifier ses dires en interrogeant des Marocains eux-mêmes, en lui posant mille questions et en lui inspirant une confiance telle que le brave taleb, émerveillé de l'inépuisable science de son interlocuteur, considère M. Mouliéras comme un musulman berbère.

Ajoutons que deux cartes du Riff sont annexées au livre de notre auteur : on y trouve, très clairement indiquées, les limites des tribus et fractions de tribu, les villages et hameaux, les gîtes métallifères, les souks, l'orographie, l'hydrographie et jusqu'aux productions économiques et cultures diverses du pays. Quant aux noms propres, ils sont écrits en français et en arabe. On comprend qu'une pareille œuvre impose le respect, et les éloges que lui accorde un africaniste tel que le commandant Demaeght (1) prouvent que sa valeur scientifique est indéniable, bien que l'auteur n'ait pas vu le pays dont il parle et se réfère surtout au témoignage d'un taleb kabile.

Quoi qu'il advienne des discussions que pourront soulever au point de vue scientifique l'authenticité de cette description du Riff ainsi que la méthode adoptée par M. Mouliéras et détaillée dans une copieuse préface, il restera toujours que notre auteur aura eu le talent d'écrire un ouvrage qu'on lit avec infiniment de plaisir, et l'heureuse idée de nous renseigner sur un pays au sort duquel nous ne pouvons demeurer indifférents et d'ouvrir la voie à de nouvelles et définitives explorations pour lesquelles le travail considérable qu'il a entrepris le désigne tout particulièrement. Il est encore un dernier renseignement que nous donne l'ouvrage du savant arabisant. Les résultats qu'il a obtenus ne sont pas seulement l'effet d'un travail persévérant joint au talent de l'écrivain et à une curiosité scientifique, inaccessible au découragement : ils prouvent aussi qu'à moins de courir le risque de tomber dans « des erreurs colossales », nos futurs explorateurs en pays arabe doivent être capables d'interroger eux-mêmes les indigènes. L'ignorance de la langue arabe est la raison qui explique comment nous connaissons à peine un pays qui a plusieurs centaines de kilomètres de frontières communes avec nous et comment nous n'y exerçons presque aucune influence. « L'effet que produit sur les mahométans une connaissance un peu approfondie de la littérature et de la langue arabe est réellement magique, irrésistible. Le musulman le plus futé (ils le sont tous) se confessera

(1) *Bulletin trimestriel de la Société de Géographie et d'Archéologie de la province d'Oran*, fascicule de Mars 1896, p. 162-168.

comme un enfant au *taleb* européen qui *saura* l'interroger. »
Voilà pourquoi M. Mouliéras a dû, avant d'entrer au Maroc, se
livrer à des études longues et ardues, conquérir lentement les
connaissances indispensables à quiconque voudra percer le mystère qui nous cache encore ce pays, entrer enfin en relation d'amitié
avec de nombreux Marocains qui, le croyant musulman, l'ont souvent engagé à quitter les N'cara (chrétiens) pour émigrer dans
cet Eldorado de l'Islam. Né à Tlemcen, à deux pas des limites
marocaines, il a grandi sous l'empire de deux idées : « connaître
notre mystérieux voisin et le faire entrer dans la sphère d'influence de la France. » S'il est vrai de dire « qu'une vie bien
remplie doit réaliser dans l'âge mûr une belle idée conçue pendant
la jeunesse », M. Mouliéras a déjà en grande partie atteint le but
que bien peu ont le privilège de toucher, et si, comme nous le
souhaitons, le succès de cette première publication l'engage à
terminer complétement sa description détaillée du Maroc, il aura
pleinement rempli sa tâche et en même temps enrichi notre littérature africaine d'une œuvre considérable.

Eugène BLUM.

LA RÉFORME DU BACCALAURÉAT

SOCIÉTÉ D'ENSEIGNEMENT SUPÉRIEUR

Séance du 3 mai 1896.

Présidence de M. Brouardel président, assisté de M. Hauvette, secrétaire
général adjoint.

Présents : MM. Dastre, Vélain, Boutmy, Blondel, Henry Michel, Alix,
Bufnoir, Tranchant, Pontal, Gérardin, Thaller, H. Bernès, Gazier,
Bertin, Picavet.

M. Brouardel donne lecture du questionnaire préparé par MM. Vélain,
Hauvette, Bernès, Picavet, et propose de suivre, dans la discussion,
l'ordre indiqué par la commission. L'assemblée examine la première
question :

*Faut-il maintenir, à la fin des études secondaires, un examen donnant
accès aux Écoles d'enseignement supérieur ou faut-il laisser à celles-ci
le soin d'examiner, chacune pour son compte, leurs futurs élèves ? (Suppression complète du baccalauréat.)*

M. Picavet dit que la commission a tenu à signaler la solution la
plus opposée à l'état actuel : les professeurs de l'enseignement supérieur décideraient, comme le font déjà les maîtres de l'École pratique des Hautes-Études, si les étudiants sont en état de suivre avec
fruit les cours et conférences.

M. Thaller propose de supprimer le baccalauréat uniforme, pour
placer au début de toutes les carrières, à l'entrée de toutes les Écoles,
un ensemble d'épreuves qui remplaceraient celles que l'on subit en ce
moment à la fin des études secondaires. Ainsi, par exemple, pour un
jury composé de professeurs de lettres et de droit, les futurs étudiants
feraient une version latine; puis ils seraient interrogés sur l'histoire,
la philosophie, etc. Un tel jury n'aurait-il pas plus de compétence
pour délivrer les diplômes qui ouvriraient les Écoles de droit et pour
arrêter les incapables ? Au cours de la discussion, M. Thaller précise
sa pensée. Il n'entend pas diminuer la part des connaissances générales ni contester qu'il soit nécessaire de fortifier l'enseignement secondaire. Mais il ne croit pas que le baccalauréat actuel puisse être considéré comme un examen probant, capable de doter le pays d'hommes
remarquables. Il veut se borner aux privilèges que le baccalauréat
concède pour l'enseignement, sans s'occuper des carrières auxquelles
il permet d'aspirer, mais en indiquant qu'il y aurait lieu, sur ce point,
à une entente entre l'Instruction publique et les autres Ministères.

M. Charles Tranchant se place à un point de vue plus général. Le baccalauréat, qui est une forme nouvelle de l'ancienne maîtrise ès arts, est bien plus le couronnement des études secondaires que le premier grade de l'enseignement supérieur. L'enseignement secondaire intéresse tous les services publics. Non seulement les écoles d'enseignement supérieur, mais les administrations publiques ont besoin à la base d'une sorte de marque de fabrique. Les examens spéciaux sont, pour la plupart, d'un niveau forcément peu élevé et, par suite, ne donnent pas de garanties très complètes. Les administrations trouvent, dans le baccalauréat, un point de départ de recrutement véritablement très utile. Le baccalauréat offre plus de garanties qu'on ne le dit d'ordinaire : les professeurs des facultés, même lorsqu'ils sont surchargés de travail, apportent grand soin à ses épreuves. Enfin rien ne s'oppose à ce qu'on leur adjoigne, pour alléger leur tâche, des auxiliaires pris dans l'enseignement secondaire.

L'enseignement secondaire, dit M. Gazier, apprend un petit nombre de choses indispensables et les méthodes nécessaires pour aller plus loin. Les jeunes gens le quittent de bonne heure, sans savoir ce qu'ils feront par la suite. Dix ou quinze ans plus tard, après avoir passé par des écoles spéciales, comment seraient-ils en état de satisfaire à ces examens, qui leur seraient alors imposés pour entrer aux Écoles de droit et de médecine?

M. Bernès soutient, qu'avec le système proposé par M. Thaller, on maintiendrait le baccalauréat actuel, mais en le faisant passer par des jurys qu'il serait assez difficile d'organiser dans les facultés de médecine et les administrations. Puis la culture spéciale prendrait le pas sur la culture générale. L'examen final, comme cela arrive pour les Écoles, occuperait seul les professeurs et les élèves : les lycées ne feraient plus que préparer à des carrières spéciales.

Cet examen, qu'on veut substituer au baccalauréat, porterait-il, demande M. Alix, sur des connaissances spéciales ? Mais ces connaissances, c'est la faculté qui doit les donner. Portera-t-il sur des connaissances générales ? Ce sera l'ancien baccalauréat. Mais il ne faut ni le restreindre, ni lui enlever aucune des garanties qu'il présente actuellement, car les jeunes gens qui sont entrés à l'École des sciences politiques avec un baccalauréat spécial ont montré qu'ils manquaient d'idées générales et qu'ils ne savaient pas composer.

M. Vélain rappelle que la médecine et la pharmacie ont eu leur baccalauréat restreint et qu'on a dû le faire disparaître.

M. Brouardel est heureux de dire « feu le baccalauréat restreint », car l'expérience lui a appris que les licenciés en lettres ou en droit, dispensés du restreint, étaient les meilleurs étudiants en médecine. Il y a grand intérêt, ajoute-t-il, à ce qu'un jeune homme se livre, pendant une certaine période, à des études désintéressées dont il bénéficiera toute sa vie. En outre, il serait fort difficile aux Facultés de médecine de constituer le jury chargé de l'examen qui remplacerait le baccalauréat, et elles perdraient peut-être ainsi des étudiants excellents, qui leur viennent après avoir passé par d'autres écoles.

L'assemblée demande qu'on donne plus de force à l'enseignement secondaire et que les connaissances générales y tiennent la plus grande place. À l'unanimité, moins deux voix, elle décide qu'on maintiendra un examen à la fin des études secondaires.

On passe alors à la seconde question :

Faut-il conserver le régime actuel, avec ou sans modifications? (Organisation de l'examen et jury.)

L'assemblée admet qu'il y a des modifications à introduire et passe à la 3ᵉ question :

JURY. — *Sa composition. A, formé de professeurs de facultés ; B, avec adjonction de professeurs des lycées ; C, jury spécial, mixte (proportion à déterminer pour les membres de l'enseignement secondaire et pour ceux de l'enseignement supérieur) ; jury entièrement composé de membres de l'enseignement secondaire (en activité ou non). Dans les deux cas, les membres seront-ils pris en dehors de l'Académie? Devra-t-on leur adjoindre, pour chaque établissement, un ou plusieurs professeurs des élèves examinés? Faut-il un jury uniquement composé de ces professeurs? (Présidence du jury, contrôle de l'État sur les études et cet examen lui-même.) Et, dans ce cas, peut-on étendre la même règle aux établissements libres?*

M. Brouardel demande si l'examen sera fait par des professeurs de l'enseignement supérieur ou par des professeurs de l'enseignement secondaire.

Actuellement, dit M. Bufnoir, le principe est qu'il est fait par les professeurs de facultés, auxquels on adjoint parfois des professeurs de lycées.

Il y a, selon M. Bernès, deux principes. Pour l'enseignement classique, ce sont des professeurs de facultés ; pour l'enseignement moderne, ce sont des professeurs de lycées, présidés par un professeur de faculté.

M. Hauvette fait remarquer que, pour l'enseignement classique, ce sont des docteurs et non simplement des professeurs de lycées, qu'on adjoint aux facultés ; M. Blondel, que le jury actuel est, en principe, composé autant que possible, de professeurs de facultés.

La question, dit M. Brouardel, est donc de savoir s'il faut conserver, le jury pris dans les facultés ou y introduire des membres de l'enseignement secondaire?

Il est nécessaire, d'après M. Gazier, de laisser à l'enseignement supérieur le soin de contrôler l'enseignement secondaire, car si les professeurs décernaient à leurs élèves le diplôme de fin d'études, il en résulterait des intrigues de toute espèce et une foule d'inconvénients pour les lycées et leur personnel. Mais si les Facultés, secondées, si l'on veut, par d'anciens professeurs, doivent rester juges, on pourrait tout à la fois alléger leur travail et stimuler les élèves. Chaque année, en juillet, un délégué de l'État irait dans les classes supérieures, les inspecterait, verrait les carnets scolaires, les cahiers de textes, consulterait les notes et les compositions, interrogerait certains élèves. Cela fait, il pourrait dispenser de tout examen les élèves excellents, déclarer admissibles ceux qui, bons pour l'écrit, pécheraient en quelque matière. Ces derniers présenteraient leurs livret, mais tous les autres viendraient à la faculté sans livret. Les bacheliers, dispensés de tout examen ou de l'examen écrit, seraient nommés à la distribution des prix et on en ferait mention sur leur diplôme.

Les établissements libres pourraient être traités de même : 1° si leurs professeurs, dans les classes supérieures, étaient agrégés ; 2° s'ils adoptaient les programmes officiels ; 3° s'ils étaient ouverts, en toute occasion, à l'inspection de l'État.

M. Charles Tranchant rappelle qu'en critiquant l'épreuve du baccalauréat, qui prête tout naturellement un peu à l'aléa, on a déjà précédemment proposé d'y substituer une appréciation directe, faite d'après les notes des établissements d'instruction secondaire. Très séduisant en théorie, ce système offrirait à la pratique une véritable impossibilité, à raison de la différence de niveau des divers établissements. M. Gazier présente le système sous sa forme la plus acceptable, mais même sous cette forme, les inconvénients restent très considérables. La publicité est chose précieuse. On pourrait quelquefois incriminer des décisions ayant un caractère personnel.

En outre, dit M. Bernès, on refuse à presque tous les établissements libres le privilège accordé à ceux de l'État. Puis ce serait une commission et non un délégué qu'il faudrait envoyer dans les classes supérieures, si l'on voulait être exactement renseigné. Enfin on ferait difficilement comprendre aux professeurs que l'inspection ne porte pas sur eux autant que sur leurs élèves. Et n'y aurait-il pas à craindre, en ce cas, un conflit entre les inspecteurs extraordinaires et les inspecteurs ordinaires?

Il faut, selon M. Dastre, laisser venir tous les élèves à la faculté. Mais le jury sera souverain et, d'après le livret, pourra délivrer le baccalauréat sans examen. On conciliera les deux systèmes : l'examen restera public et le même pour tous ; mais les épreuves inutiles seront supprimées.

On obtiendra ainsi, dit M. Vélain, ce qu'on doit attendre d'une réforme de ce genre : compétence, égalité, équité.

M. Brouardel estime que la situation du délégué serait difficile à l'égard des professeurs, des familles, des villes, des conseils municipaux ou généraux, tandis que jamais on n'a mis en doute l'impartialité du jury actuel. Ni son indépendance, ajoute M. Dastre.

Le projet de M. Gazier n'est pas adopté, mais l'assemblée se réserve d'en reprendre à son compte certaines dispositions.

M. Dastre propose de composer le jury de professeurs de l'enseignement supérieur, indépendants relativement aux chefs d'établissement et aux familles; d'y adjoindre des professeurs d'enseignement secondaire qui, plus rapprochés des élèves, empêcheront qu'on ne pose des questions trop difficiles. Le jury aura ainsi indépendance et compétence. Mais il faudra que les professeurs d'enseignement secondaire ne soient pas chargés d'interroger leurs propres élèves.

M. Alix insiste pour qu'on n'oublie pas l'enseignement libre. Un jury de l'enseignement secondaire ne paraîtrait pas impartial et semblerait porter atteinte à la loi de 1850, qui a établi la liberté de l'enseignement. Si l'on conservait, pour les établissements publics, le jury des professeurs de facultés, en constituant un jury mixte pour les établissements libres, on détruirait l'unité de l'examen. Donc il faut maintenir le jury accepté par tous et poser, en principe, que l'examen reste entre les mains des professeurs des facultés.

Après observations de MM. Brouardel, Vélain, Bernès, Gazier, M. Blondel fait les propositions suivantes :

1° Le jury est pris par moitié dans l'enseignement supérieur et dans l'enseignement secondaire;

2° Une liste est dressée, dans chaque Académie, des professeurs agrégés de l'enseignement secondaire, qui pourront être appelés à faire partie du jury; elle porte un nombre de noms double de celui que réclament les exigences du service;

3° Le Ministre décide quelle moitié sera affectée à l'Académie voisine, par exemple, quels professeurs de l'enseignement secondaire, dans l'Académie de Dijon, seront adjoints aux professeurs des Facultés de Besançon, pendant les examens du baccalauréat.

M. Hauvette. — En ce cas, les élèves de l'enseignement libre seront dans les mêmes conditions que ceux des lycées et collèges. Le projet revient à admettre que les Facultés restent maîtresses du baccalauréat, mais qu'on mettra à leur disposition des professeurs de lycées, empruntés à l'Académie voisine.

M. Blondel. — Non seulement les professeurs des lycées n'auront pas à examiner leurs élèves, mais l'entente sera plus facile entre professeurs de deux Académies différentes.

M. Alix insiste encore pour que rien ne soit changé en principe; pour qu'on ne semble pas porter atteinte à la liberté d'enseignement, en risquant de renouveler une guerre qui est depuis longtemps terminée.

MM. Tranchant et Gazier proposent, pour répondre aux préoccupations de M. Alix, de déclarer qu'on prendra des professeurs, agrégés ou docteurs, dans l'enseignement secondaire, public ou libre.

M. Picavet demande qu'on distingue, dans le vote, la question de principe et la question de fait; car si l'on se prononçait pour la seconde solution, on ne ferait que décharger les Facultés de Paris et quelques Facultés de province, sans rien changer pour celles où le nombre des candidats ne réclame pas l'adjonction d'examinateurs nouveaux.

M. Brouardel résume la discussion et propose de voter sur la question suivante :

Des professeurs de l'enseignement secondaire, agrégés ou docteurs, *devront* ou *pourront* être adjoints aux professeurs des Facultés.

L'assemblée donne un nombre égal de voix aux deux rédactions : le vote de M. Brouardel décide l'adoption de la mention *pourront.*

Puis on admet qu'on ne limitera pas le nombre des professeurs de l'enseignement secondaire; qu'ils pourront être en activité ou non, mais qu'ils seront pris à l'Académie voisine.

M. Dastre fait remarquer que, pour Paris, où la nécessité d'une réforme s'impose absolument, on sera fort embarrassé d'emprunter des examinateurs aux Académies voisines.

L'Assemblée décide, en dernier lieu :

Aux professeurs des Facultés *pourront* être adjoints des professeurs de l'enseignement secondaire, docteurs ou agrégés ; l'organisation devra être telle que les professeurs n'interrogent pas leurs propres élèves.

La séance est levée.

Le Secrétaire,
F. PICAVET.

(*A suivre.*)

CHRONIQUE DE L'ENSEIGNEMENT

Enseignement supérieur libre : l'Institut catholique de Paris **en 1894-95.** — Nous résumons ici les renseignements fournis sur l'Institut catholique par le compte rendu autorisé de sa séance de rentrée, publié dans le *Bulletin* de l'œuvre du 25 décembre dernier. S'il s'y rencontre quelque lacune, et que, notamment, la statistique des étudiants des diverses facultés libres paraisse parfois trop peu précise, le lecteur voudra bien s'en prendre au *Bulletin*, dont nous suivons fidèlement les indications.

Lettres. — Le nombre des étudiants et auditeurs libres s'est élevé à 160, contre 135 l'année précédente ; 137 de ces élèves doivent être considérés comme étudiants réguliers, poursuivant un grade académique : 32 cultivaient plus spécialement la philosophie, 24 l'histoire, 8 les langues vivantes ; 73 s'adonnaient à la littérature proprement dite. 50 étudiants étaient des ecclésiastiques. 32 candidats ont passé avec succès l'examen de la licence, dont 26 pour les lettres, 4 pour la philosophie, 2 pour l'histoire. Un ancien élève, M. l'abbé Bousquet, a préparé en un an et affronté avec succès le concours de l'agrégation des lettres, où il a obtenu le troisième rang. Enfin 4 candidats, sur 20 admis à l'École des Chartes, étaient d'anciens élèves de l'Institut catholique.

L'enseignement dans la faculté des lettres, a été donné par 18 professeurs ou maîtres de conférences. Les travaux de plusieurs de ces maîtres méritent d'être signalés : M. l'abbé Lejay dirige avec succès le *Bulletin* de l'Institut catholique ; M. l'abbé Rousselot, professeur de phonétique expérimentale, a vu croître la notoriété de ses remarquables travaux. Il a construit des appareils nouveaux, dont un nouvel inscripteur de la parole construit sur le modèle de l'oreille humaine ; un nouvel explorateur du larynx ; un appareil destiné à enregistrer les mouvements de la langue. Ce savant a été récompensé de ses efforts, d'abord par la présence à ses cours de délégués de la faculté des lettres de Rennes et de l'Université de Louvain, puis par son élection à la présidence de la Société de linguistique de Paris pour l'année 1895.

A signaler encore la collaboration de M. l'abbé Beurlier au *Dictionnaire des antiquités* et au *Dictionnaire de la Bible ;* la publication de la *France chrétienne dans l'histoire*, par le R. P. Baudrillart, la part distinguée prise par M. l'abbé Klein au *Summer Meeting* d'Édinbourg, la mise au jour d'éditions classiques justement appréciées du théâtre choisi de Racine, par M. le Bidois, et des œuvres d'Horace, par M. l'abbé Le Chatellier.

Droit. — Nous ne trouvons, sur l'activité de la faculté libre de droit, d'autres données précises que la mention de 9 études portant sur le droit canonique, le droit romain, le droit civil et le droit commercial, publiées par 7 professeurs.

Sciences. — 6 candidats pour la licence mathématique, 8 pour la licence physique, ont conquis le diplôme.

Nous regrettons de ne pouvoir fournir des renseignements plus détaillés sur les travaux de l'Institut catholique de Paris, mais force nous est de nous contenter de ceux que les allocutions publiées dans son *Bulletin* nous font connaître.

L'Institut semble satisfait des progrès qu'il a réalisés : le discours remarquable prononcé par son recteur, Mᵍʳ d'Hulst, montre dans quel esprit l'œuvre entreprise doit être poursuivie. Il nous a semblé qu'on ne lirait pas sans intérêt les passages les plus caractéristiques de la harangue rectorale :

> Quelques-uns d'entre nous ont pu rêver, à certaines heures, d'une conquête collective, par l'influence, du pouvoir. Dieu ne l'a pas permis. Ce n'est pas là le procédé rédempteur. Et, de fait, supposons que, il y a vingt ans, tous les ressorts de l'autorité eussent passé pour longtemps aux mains d'hommes partageant nos croyances; qu'auraient-ils pu faire? Ils auraient disposé du corps de la nation : l'esprit leur eût échappé. Or, c'est l'esprit qu'il faut atteindre; et pour atteindre l'esprit, il n'est pas nécessaire d'avoir à son service les ressources de la puissance publique; les apôtres ne les ont pas eues. Il ne nuit pas d'être persécutés; les apôtres ont subi des persécutions que nous ne connaîtrons jamais. Ce qui est nécessaire, ce qui suffit, c'est de communiquer à des âmes choisies un principe de vie divine et de faire de ces âmes transformées des agents propagateurs de la vérité et de la grâce.
>
> ... Telle est, conclut l'orateur, l'espérance qui nous anime... Elle nous a conduits jusqu'aux résultats honorables que nous plaçons aujourd'hui sous vos yeux. Elle ne nous abannonnera pas en chemin.
>
> Une statistique officielle constate que sur 27 000 clients de l'enseignement supérieur en France, l'enseignement *libre et chrétien* n'en peut encore revendiquer que 1,500. C'est trop peu, j'en conviens. Mais je remarque d'abord que, sur ces 1 500, plus de 600 appartiennent à notre œuvre. Et j'ajoute : ces 1 500 étudiants catholiques, oh! sans doute ils disparaissent dans la masse; mais attendez, c'est le ferment évangélique : une fois introduit dans cette masse, il la soulève et la transforme!

DIJON

Tableau des conférences et cours organisés sous le patronage de la Société des amis de l'Université de Dijon pour l'année scolaire 1895-96. — Il nous paraît intéressant d'enregistrer, avant même que l'ordre alphabétique amène ici le compte rendu des travaux des facultés de Dijon, une preuve nouvelle de la vitalité provinciale en matière d'enseignement supérieur, et un heureux exemple des services que nos facultés s'efforcent de plus en plus, avec l'aide généreuse de l'initiative locale, de rendre aux régions où elles ont leur siège. — La Société, — jeune encore, — des amis de l'Université de Dijon, subventionne depuis quatre ans des conférences faites au profit du grand public par les professeurs des facultés et de l'école de médecine de cette ville. Organisées par les soins du Conseil général des facultés, elles ont lieu une fois par semaine dans le grand amphithéâtre de la Faculté des lettres. En voici le tableau pour l'année scolaire 1895-96 :

1° *Des Jeux et des Sports en éducation* (M. le docteur Collette, professeur à l'École de médecine); — 2° *les Sociétés coopératives de production* (M. Mongin, professeur à la Faculté de droit); — 3° *la Défense nationale en 1793; Carnot et Prieur de la Côte-d'Or* (M. Gaffarel, doyen honoraire de la Faculté des lettres); — 4° *le Diamant* (M. Collot, professeur à la Faculté des sciences); — 5° *l'Occupation des territoires sans maître et le partage de l'Afrique par les États européens* (M. Moulin, chargé de cours à la Faculté de droit), — 6° *le Rôle de l'eau dans l'hygiène* (M. Zipfel, chef des travaux anatomiques à l'École de médecine); 7° *les Niebelungen* (M. Laurent, chargé de cours à la Faculté des lettres); — 8° *la Photographie des couleurs* (M. Brunhes, chargé de cours à la Faculté des sciences); — 9° *Souvenirs de l'École normale* (M. d'Hugues, professeur à la Faculté des lettres); — 10° *la Mendicité, l'Assistance par le travail* (M. Tissier, professeur agrégé à la Faculté de droit); — 11° *la Rotation de la terre* (M. Dupont, professeur à la Faculté des sciences); — 12° *Descartes, à propos de son troisième centenaire* (M. Adam, doyen de la Faculté des lettres).

La Société subventionne en outre deux cours de vulgarisation ayant pour objet, l'un l'histoire contemporaine, l'autre la physique industrielle.

Tous ces cours, d'un intérêt et d'une variété considérables, ne manqueront pas de réunir, comme ils l'ont fait les années précédentes, un grand nombre d'auditeurs.

AIX — MARSEILLE

Travaux des facultés en 1894-95. — Le rapport adressé au Ministre par le Conseil général des facultés d'Aix ne signale aucun fait nouveau, et se borne à constater la continuation d'un état des études suffisamment prospère. Aucun vœu important n'est émis par le Conseil. Il ne reste donc à faire connaître que le détail des travaux des diverses facultés.

I. *Droit (Aix). Étudiants et inscriptions.* — 1157 inscriptions ont été prises par 289 étudiants; parmi ceux-ci sont compris seulement ceux qui, dans le cours de l'année, on fait acte de scolarité, abstraction faite de ceux qui, à une époque quelconque, ont pris des inscriptions non encore périmées; si l'on faisait acception de cette dernière catégorie, on atteindrait un total de 350 étudiants. — Les 1157 inscriptions se sont réparties de la façon suivante : capacité, 45; licence, 1re année, 374; 2e année, 353; 3e année, 285; doctorat, 100. — *Examens.* Il a été passé 663 examens, savoir : capacité, 17; 1er de baccalauréat, 242; 2e, 191; licence, 178; doctorat 31; thèse, 4. L'unanimité des boules blanches a été obtenue par 18 étudiants pour la licence, par 1 pour le doctorat; ce dernier a été honoré de la médaille d'or offerte chaque année par le Conseil municipal d'Aix pour la meilleure thèse de doctorat.

La majorité ou tout au moins l'égalité des boules blanches a été accordée à 149 étudiants; 179 n'ont eu qu'une minorité de blanches; 39 seulement ont eu des boules rouges en totalité. Le reste offre une déplorable combinaison de rouges, de rouges-noires et de noires, qui a entraîné l'ajournement de 109 candidats; c'est une proportion de 17 p. 100 d'échecs, contre 13 p. 100 l'année précédente.

La Faculté de droit d'Aix a eu l'honneur de voir un de ses élèves de

3ᵉ année obtenir le 1ᵉʳ prix au concours général de toutes les facultés de France; pareille distinction avait déjà été accordée à Aix en 1879.

Aucun détail n'est fourni sur les travaux particuliers des professeurs de la Faculté de droit d'Aix.

II. *Sciences (Marseille)*. — *Étudiants*. La Faculté a compté 112 étudiants régulièrement inscrits et présents aux leçons, se répartissant ainsi : *Doctorat*, 8 (mathématiques, 1; physique, 2; sciences naturelles, 5); *agrégation*, 13 (mathématiques, 5; physique, 7; sciences naturelles, 1); *licence*, 54 (mathématiques, 10; physique, 28; sciences naturelles, 16); *certificat d'études physiques*, 37. — *Examens*. *Doctorat :* 2 thèses, déposées à la Faculté des sciences de Paris par des candidats originaires d'Aix ont été admises à la soutenance. *Licence :* 29 candidats se sont présentés, 13 ont été reçus. Détail : *mathématiques*, 9 cand., 5 reçus; *physique*, 11 cand., 4 reçus; *sciences naturelles*, 9 cand., 4 reçus. *Certificat d'études physiques*. 25 élèves se sont présentés à la session de juillet 1895; 17 ont été admis, dont 2 ont obtenu la mention *très bien*, 3 la mention *bien*, 5 la mention *assez bien*. Tout en se félicitant du résultat satisfaisant du nouvel examen, l'honorable doyen de la Faculté des sciences de Marseille fait quelques réserves en ce qui concerne la physique. « Les jeunes gens, dit-il, qui sortent des classes de rhétorique et de philosophie et qui n'ont étudié que les programmes de ces classes, sont insuffisamment préparés, au point de vue mathématique, pour comprendre certaines parties de la physique; ils n'ont, par exemple, aucune notion de trigonométrie, et le programme du certificat comporte l'étude de la réfraction, des interférences lumineuses, de la polarisation. Il serait utile d'instituer, du moins au commencement de l'année, un cours de mathématiques sur les points spéciaux dont la connaissance est nécessaire pour l'étude de la physique expérimentale. »

Baccalauréat. 358 candidats ont été examinés, 164 admis, soit 45, 8 p. 100. Détail : *Complet*, 149 cand., 62 reçus; *complémentaire*, 1 cand., refusé; *restreint*, 71 cand., 34 reçus; *classique, lettres-mathématiques*, 80 cand., 40 reçus; *moderne*, lettres-mathématiques, 31 cand., 14 reçus; lettres-sciences, 26 cand., 14 reçus.

Travaux des professeurs. 10 professeurs de la Faculté des sciences de Marseille ont fait paraître 10 publications. A joindre, 4 travaux publiés dans le 4ᵉ fascicule du Tome IV des *Annales* de la Faculté.

III. *Lettres (Aix)*. *Enseignement*. —Il importe de signaler la création, à la Faculté des lettres d'Aix, d'une chaire départementale des langues et littératures de l'Europe méridionale, due à la générosité du Conseil général des Bouches-du-Rhône.

Étudiants. 32 étudiants étaient inscrits à la Faculté, savoir : 12 candidats à la *licence*, ainsi répartis : répétiteurs, 5; boursiers, 4 (État, 2; département, 2); 6 candidats à *l'agrégation*, suivant plus ou moins régulièrement les conférences; 9 candidats habitant Marseille, 5 professeurs des collèges autorisés à suivre les cours préparatoires à l'agrégation. — *Examens*. La Faculté d'Aix n'a eu aucun admissible aux diverses agrégations.

Licence : 16 candidats se sont présentés, 11 ont été reçus : ces derniers se décomposent en 2 licenciés en philosophie, 7 ès lettres, 2 en histoire.

Baccalauréat. Sur 1,537 candidats, 640 ont obtenu le diplôme, savoir :

baccalauréat classique, 1,297 cand., 536 admis; — moderne, 276 cand., 114 admis. *Détail : classique :* 2ᵉ partie (ancien régime), 12 candidats, 8 reçus; 1ʳᵉ partie, 902 cand., 520 reçus; 2ᵉ partie, 383 cand., 247 reçus; *moderne,* 1ʳᵉ partie, 255 cand., 143 reçus; 2ᵉ partie, 21 cand., 14 reçus. *Travaux des professeurs.* 5 professeurs ont fait paraître 11 travaux.

IV. *École de plein exercice de médecine et de pharmacie (Marseille).* *Situation générale.* L'installation de l'Ecole dans le palais du Pharo s'est poursuivie durant l'année scolaire écoulée; toutefois l'Institut anatomique n'est pas encore en possession de tous les services qui lui sont nécessaires; la construction et l'installation des salles d'opérations pour les cliniques chirurgicales, promises par la municipalité, ne sont pas achevées. En revanche, la bibliothèque de l'Ecole, grâce aux achats et à la générosité de nombreux donateurs, s'accroît de jour en jour.

A côté de l'enseignement officiel, l'Ecole a donné son approbation à des cours libres qui réunissent assez peu d'auditeurs : elle a inauguré enfin un service ce consultations gratuites aussi précieuses pour l'instruction des élèves que pour le soulagement des malades.

Inscriptions. Il a été pris 972 inscriptions, au lieu de 1088 l'année précédente, soit une diminution de 116 unités, due à la fois à la suppression de l'officiat de santé et à l'organisation des cours préparatoires au certificat d'études physiques réservés à la Faculté des sciences. Ces 972 inscriptions étaient réparties comme suit : doctorat, 462; officiat, 207; pharmacie, 1ʳᵉ classe, 101; 2ᵉ classe, 202. Comparaison avec 1893-94 : doctorat, + 41; officiat, — 73; pharmacie, 1ʳᵉ classe, + 14; 2ᵉ classe, + 2.

Examens. — 1º *Fin d'études. Doctorat :* 1ᵉʳ examen, 25 examinés, 18 admis; 2ᵉ examen, 1ʳᵉ partie, 30 cand., 24 reçus; 2ᵉ partie, 26 cand., 24 reçus. *Officiat :* 1ᵉʳ examen, 21 cand., 10 reçus : 2ᵉ examen, 12 cand., 10 reçus; 3ᵉ examen, 8 cand., 6 reçus. *Sages-femmes,* 2ᵉ classe (ancien régime) : 15 aspirantes, 7 reçues; 1ʳᵉ classe (nouveau régime), 10 aspirantes, toutes admises; 2ᵉ classe (nouveau régime), 3 aspirantes, toutes admises. *Pharmacie,* 2ᵉ classe, 90 cand., 60 reçus. *Validation de stage :* 1ʳᵉ classe, 28 cand., 21 reçus; 2ᵉ classe, 39 cand., 24 reçus. *Herboristes,* 2ᵉ classe, 7 cand., 4 reçus. — 2º *Fin d'année et semestriels : Officiat,* 60 cand., 43 reçus; *pharmacie,* 1ʳᵉ classe, 24 cand; 17 reçus; 2ᵉ classe, 59 cand., 21 reçus. *Sages-femmes,* 1ʳᵉ examen de fin d'année, nouveau régime, 17 aspirantes, 10 admises.

Travaux des professeurs. — 44 travaux ont été publiés par 15 professeurs de l'École de médecine de Marseille.

CHAMBÉRY

Travaux de l'École préparatoire à l'enseignement supérieur des sciences et des lettres. — Le discours prononcé, à la séance solennelle de rentrée de l'École, par l'honorable M. Margottet, recteur de l'Académie de Chambéry, fait connaître les progrès réalisés dans l'enseignement et les améliorations qui peuvent encore y être introduites.

Lorsqu'au mois de novembre 1894, l'École de Chambéry s'installait dans les bâtiments neufs et élégants qui lui sont définitivement attribués, l'éminent directeur de l'enseignement supérieur, inaugurant le nouveau local, félicitait le Conseil municipal d'avoir fait créer à l'École un cours d'agriculture et un laboratoire d'analyses et de recherches chimiques. L'honorable M. Liard attendait de cette création d'heureux résultats; son espoir n'a pas été trompé. Les agriculteurs de la région sont venus en foule suivre le cours de M. le professeur Perrier de la Bâthie; presque tous les auditeurs appartenaient au Syndicat agricole ou à la Société centrale d'agriculture de la Savoie. Le professeur, en qui l'érudit se double d'un praticien consommé, a exposé la formation du sol arable, ses propriétés, la manière d'en faire l'analyse, d'en améliorer la constitution physique et chimique; il a ensuite abordé l'étude des plantes en général, puis la culture des céréales, des plantes fourragères et des plantes industrielles; enfin, il a terminé par une étude complète de la vigne, de sa culture, de ses maladies et des traitements qu'il convient d'y appliquer.

Le laboratoire, complément nécessaire du cours d'agriculture, a pu, grâce aux subventions du Conseil général et du Conseil municipal, exécuter, dans des conditions exceptionnelles de bon marché, les analyses et recherches qui lui ont été demandées; depuis le mois de février 1895 jusqu'à la fin de l'année scolaire, le laboratoire a eu à faire 400 dosages et 4 analyses bactériologiques.

C'est du côté des recherches bactériologiques que le laboratoire pourrait, de l'avis de l'honorable recteur de Chambéry, rendre les services les plus importants, grâce surtout à l'exceptionnelle compétence de M. Hollande, directeur de l'École préparatoire, qui s'est familiarisé, par un récent séjour dans les laboratoires annexés aux hôpitaux de Lyon, avec les méthodes qui permettent de caractériser avec précision le bacille de la diphtérie.

A côté des services nouveaux, les enseignements anciennement installés à l'École préparatoire n'ont pas été négligés; « ils entretiennent et complètent la première culture intellectuelle que les jeunes gens ont reçue dans le temps de leur scolarité obligatoire... L'enseignement professionnel donné à l'École, en inculquant aux futurs ouvriers des notions scientifiques exactes, artistiques même, leur inspire le goût et l'amour du travail; il perfectionne leur savoir en même temps qu'il sauvegarde leur moralité ». Telle est la juste conclusion de l'honorable recteur de Chambéry, qui exprime, en finissant, le souhait de voir les cours techniques de l'École recevoir une extension toujours plus considérable.

Cours publics. — La moyenne mensuelle des auditeurs des cours publics s'est élevée, en 1895, à 559, soit 52 auditeurs de plus qu'en l'année 1892, qui fut une des plus brillantes de l'ancienne École. Les cours professés ont été les suivants : Chimie. Le professeur a étudié les métalloïdes, en insistant sur leurs applications pratiques. Physique. Le programme comportait l'étude de l'électricité et de ses applications. Botanique. Le professeur a pris pour texte de ses leçons le programme du certificat des sciences physiques, chimiques et naturelles de la première année de médecine : des herborisations ont eu lieu pendant le semestre d'été et pendant les vacances. Ce cours a été suivi principalement par des élèves stagiaires en pharmacie; à la fin de l'année scolaire, deux d'entre eux ont été reçus à l'examen de validation de stage par la Faculté de Lyon, avec la mention bien.

Géologie. Le cours a été consacré à l'étude de la vallée de Chambéry, en recherchant son origine et celle des montagnes qui la limitent. *Agriculture.* Nous avons déjà donné le résumé du programme de ce cours d'après le discours rectoral. *Géométrie descriptive et dessin géométrique.* Ces cours, surtout ceux de dessin, ont été fréquentés assidûment par une quarantaine d'élèves. *Mathématiques.* Les leçons de mathématiques ont été suivies par plusieurs maîtres-répétiteurs se préparant à la licence. *Modelage et stéréotomie.* Les jeunes ouvriers d'art, élèves de ce cours, ont pris part, en mai 1895, au concours ouvert pour obtenir la dispense de 2 ans de service militaire. Trois élèves ont été reçus avec les numéros 1, 2 et 5. *Histoire.* Le sujet du cours était : « Le rôle et l'influence des femmes dans l'histoire de France. *Littérature.* Le professeur a continué l'étude, entreprise par lui en 1890, des origines du drame romantique ; la période exposée en 1894-95 s'étendait de 1791 à 1819.

Travaux des professeurs. — 2 professeurs de l'École de Chambéry ont fait paraître 4 publications.

Enfin 25 récompenses, dont 9 médailles, ont été distribuées aux élèves des cours de dessin, de modelage et de stéréotomie.

ALLEMAGNE

Le livre de M. Liard sur l'enseignement supérieur apprécié par M. Paulsen. — La *Deutsche Litteraturzeitung* publie, dans son numéro du 11 avril dernier, un article des plus intéressants et des plus approfondis sur l'ouvrage capital publié par l'éminent directeur de l'enseignement supérieur, et dont beaucoup de chapitres ont paru ici-même. La valeur des idées exprimées par l'auteur de cette critique, le savant docteur et professeur Paulsen, aussi bien que l'importance du livre analysé nous font un devoir de signaler à nos lecteurs le travail du critique allemand, dont nous résumons les passages essentiels.

L'histoire de l'évolution de l'enseignement supérieur en France, depuis 1789 jusqu'à nos jours, est de nature à solliciter l'attention des Allemands, surtout parce qu'elle leur offre l'occasion d'une comparaison perpétuelle avec le développement de leurs propres universités durant la même période. Si ce parallèle est de nature à satisfaire le plus souvent l'amour-propre de nos voisins, il n'en reste pas moins que, de l'aveu même de M. Paulsen, « la nation française a maintenu, sur plus d'un domaine de la culture intellectuelle, son ancienne supériorité. » Mais le véritable intérêt de la comparaison réside « dans la grande expérience instituée par l'Histoire elle-même, sur la valeur relative de deux principes, celui de la réglementation de l'État et celui de la liberté ». A l'opposé de la conception napoléonienne de l'Université de France, « corps politique marqué du caractère administratif et militaire, les Universités allemandes sont des établissements corporatifs, libres, dotés seulement par l'État ; les Écoles supérieures de France sont des institutions techniques (Fachschulen), pourvues d'un cours d'études strictement délimité ; les Universités allemandes sont des écoles de libres recherches scientifiques, de libre culture philosophique ; dans les Universités allemandes, la faculté de philosophie, dont la vocation spéciale est la libre investigation scientifique, possède une incontestable prépondérance ; en France, la même faculté était tombée presque à rien. Rarement, ajoute notre docte critique, une expérience a été aussi limpide et aussi probante. Le principe allemand s'est montré si prépondérant qu'en France, depuis vingt-cinq ans, les efforts des hommes clairvoyants se sont concentrés sur ce but unique : réformer leurs institutions d'enseignement supérieur en se modelant sur le principe germanique. »

Parmi les personnes éminentes qui se sont consacrées à cette œuvre, M. Paulsen place, avec grande raison, au premier rang, notre directeur de l'enseignement supérieur. Ce serait presque une banalité d'insister sur la vérité de cette constatation : nos facultés françaises savent bien et proclamant hautement qu'elles doivent à l'honorable M. Liard, à sa persévérante énergie, à son incessant labeur, à sa foi jamais découragée en son œuvre, le relèvement de leur situation matérielle, la résurrection du sentiment de la parenté des hauts enseignements et de la nécessité de leur action combinée et fraternelle, l'autonomie tempérée seulement par la nécessité de maintenir la concordance des efforts et l'unité nationale, qui va se traduire incessamment par le rétablissement du nom et d'une partie des privilèges des anciennes Universités.

Ces vieilles Universités, mourantes ou mortes à la veille de la Révolution, Napoléon ne voulut pas essayer de les faire revivre. M. Paulsen retrace à grands traits, d'après les documents énumérés et commentés dans un ordre lumineux par M. Liard, le tableau des lycées, des facultés isolées, des écoles spéciales conçus et réalisés par l'impérieux restaurateur de la société française. En face du grand Napoléon, il dresse la haute et sereine figure de W. de Humboldt, qui créa l'université de Berlin, de 1806 à 1809, et qui fut non l'exploiteur d'un *Instrumentum regni*, mais à la fois un savant, un chercheur, un philosophe, un homme d'Etat qui, lui, malgré la difficulté des temps, malgré le vent de réaction qui déjà soufflait en son pays, ne craignit pas de fonder son œuvre sur les bases solides de la liberté académique et de l'indépendance de l'investigation scientifique.

Il y a certainement quelque chose de saisissant dans l'opposition de ces deux grandes figures historiques : nous sommes bien obligés de convenir que le Humboldt de M. Paulsen est, universitairement parlant, un autre personnage que notre Empereur. Celui-ci, comme le savant critique le remarque après M. Liard, veut fonder un « ordre de jésuites laïque », subordonné à l'État, comme la Compagnie de Jésus l'est au pape. Au reste, l'assimilation est faite par Napoléon lui-même; et nous savons que l'obéissance passive à l'État, l'admiration, la déification même du prince sont donc imposées à l'Université impériale, tout comme la soumission du vrai jésuite à son Général : *perinde ac cadaver*, le mot d'ordre est identique de part et d'autre. Écoutons, au contraire, Humboldt : « Les Universités, écrit-il, ne peuvent atteindre le but qui leur est assigné, si elles ne vivent dans l'idée pure de la science; » l'individualité et la liberté sont donc les principes essentiels de leur institution. A leur égard, les devoirs de l'État se résument ainsi : concentrer dans les universités, les chercheurs, maîtres et élèves, les pourvoir des moyens indispensables de vivre et de travailler; obligations purement extérieures; dans l'organisation intérieure des universités, l'État est incompétent. Il doit rester convaincu qu'il n'est qu'un trouble-fête sitôt qu'il s'avise de s'immiscer dans les affaires intimes des universités; que les choses iraient infiniment mieux sans son intervention... » qu'il joue donc le rôle d'un corps étranger troublant les fonctions de l'organisme, et ne peut que diminuer l'élément intellectuel en le rabaissant aux vulgarités des réglementations matérielles. Et le savant homme d'État poursuit (n'oublions pas qu'il fut un des ministres de la Sainte-Alliance!) avec une hardiesse propre à confondre si l'on songe à son rôle officiel. « La science est quelque chose d'incomplètement découvert encore, d'impossible à découvrir jamais complètement;... or, la source de l'investigation scientifique, c'est le mouvement de la pensée philosophique, mouvement que l'État est impuissant à diriger, qu'il essaierait même en vain de diriger, car il constitue le penchant naturel et instinctif de la pensée nationale en Allemagne ». Il suit de là que l'État n'a droit d'exiger des établissements d'enseignement supérieur que la réalisation de leur mission propre, qui consiste à former des élèves susceptibles, au sortir de l'Université, « d'être abandonnés à la conscience de leur liberté et de leur responsabilité, capables, une fois livrés à eux-mêmes, de se défendre de la tentation de la paresse, de résister à l'abaissante séduction d'une vie toute pratique, mais portant, au contraire, en eux-mêmes, la passion de s'élever aux sommets de la science que, jusqu'alors, ils n'ont aperçue, pour ainsi parler, qu'à l'horizon. »

A coup sûr, nous n'avons pas lieu de nous enorgueillir à la pensée que de telles paroles ont pu être prononcées par Humboldt dans le temps même où l'Empereur déclarait à Fourcroy « que si l'on n'apprend, dès la jeunesse, si l'on doit être républicain ou monarchiste, catholique ou athée, l'État ne sera jamais une nation, et reposera sur des bases peu sûres, sans cesse exposé au désordre et aux révolutions. » Il n'est que trop vrai : l'Université impériale fut un « Institut d'État », et tel elle demeura, jusqu'à nos jours, en dépit des modifications successives apportées à la forme du gouvernement français. Aujourd'hui même encore, les tenants de l'ancien monopole universitaire n'ont pas désarmé; et l'heure n'est pas près de sonner où tous les partis politiques accepteront de bon cœur la liberté de l'enseignement supérieur. Rendons grâce du moins à la troisième République, qui a permis à des hommes comme M. Liard de réaliser, dans la limite du possible, la liberté *dans* l'enseignement. Désormais, s'il plaît à Dieu, les historiens des universités françaises n'auront plus à s'étonner, comme le fait M. Paulsen, de lire dans nos annales « non point des noms de grands professeurs, à moins que ceux-ci n'aient été en même temps des hommes politiques, comme Guizot, Cousin, Paul Bert; mais des noms d'hommes d'État, de ministres, de parlementaires et de prélats. » Bientôt aussi, et en grande partie grâce aux efforts de M. Liard, il ne sera plus permis d'écrire: « Avant 1789, la France avait des universités, qui n'étaient universités que de nom; aujourd'hui, elle possède des universités en réalité, moins le nom. »

Le savant professeur de Berlin attribue la rénovation de notre enseignement supérieur à notre désir de rivaliser avec l'Allemagne; et l'on ne peut nier que ce ne soit là une cause essentielle, si non prépondérante, de nos progrès. Mais, sans nous arrêter à ce qu'un tel jugement, si on l'accepte dans toute son étendue, peut avoir de pénible pour nos justes susceptibilités, empruntons à M. Paulsen sa conclusion, qui nous semble faire le plus grand honneur à son impartialité tout autant qu'à son libéralisme : « Ce fut sous une forme cruelle que les deux peuples

ALLEMAGNE.— STATISTIQUE DES ÉCOLES TECHNIQUES (MAITRES ET ÉLÈVES) EN 1894-1895. — SEMESTRE D'HIVER 1894-95.

1° Maîtres.

ÉCOLES TECHNIQUES	TOTAL GÉNÉRAL	ARCHITECTURE					ARCHITECTES INGÉNIEURS					CONSTRUCTION DES MACHINES					CHIMIE TECHNIQUE					SECTIONS DIVERSES					SECTION DES ÉTUDES GÉNÉRALES				
		Prof. ord.	Prof. extraord.	Priv.-Doc.	Assist.	TOTAL	Prof. ord.	Prof. extraord.	Priv.-Doc.	Assist.	TOTAL	Prof. ord.	Prof. extraord.	Priv.-Doc.	Assist.	TOTAL	Prof. ord.	Prof. extraord.	Priv.-Doc.	Assist.	TOTAL	Prof. ord.	Prof. extraord.	Priv.-Doc.	Assist.	TOTAL	Prof. ord.	Prof. extraord.	Priv.-Doc.	Assist.	TOTAL
Aix-la-Chapelle	59	5	2	1	2	10	5	»	»	2	7	6	1	»	4	11	7	1	»	9	17	»	»	»	»	»	6	3	3	2	14
Berlin-Charlottenburg	323	9	11	14	72	106	6	3	4	28	41	6	9	9	59	83	6	6	11	13	36	»	»	»	»	»	6	8	20	25	59
Brunswick	113	13	7	»	»	20	15	4	»	»	19	17	3	»	1	21	10	5	4	2	21	5	»	4	1	10	8	10	4	»	22
Darmstadt	61	5	2	1	»	8	3	3	»	1	7	4	»	1	3	8	3	1	4	4	12	2	»	»	2	4	8	4	6	3	22
Dresde	69	5	3	»	1	9	4	3	»	2	9	6	»	»	6	12	5	»	1	7	13	»	»	»	»	»	9	1	5	5	26
Hanovre	70	7	3	2	2	14	6	»	1	5	12	5	1	»	4	10	12	1	4	9	19	»	»	»	»	»	15	7	1	2	15
Karlsruhe	79	8	1	4	2	15	5	2	»	2	9	7	1	1	6	15	2	3	»	6	11	3	2	»	»	5	5	7	1	6	21
Munich	86	7	1	2	4	14	5	»	1	5	11	5	2	1	5	13	4	1	2	8	15	3	2	»	4	9	10	2	5	6	24
Stuttgart	78	5	1	1	»	7	5	»	2	1	8	5	3	1	3	12	2	2	2	3	9	7	2	6	3	18	11	15	6	»	24
TOTAL	**940**	**64**	**31**	**25**	**83**	**203**	**54**	**15**	**8**	**46**	**123**	**61**	**20**	**13**	**91**	**185**	**41**	**20**	**28**	**61**	**153**	**20**	**6**	**10**	**10**	**46**	**73**	**57**	**51**	**49**	**230**

ALLEMAGNE. — STATISTIQUE DES ÉCOLES TECHNIQUES (MAÎTRES ET ÉLÈVES) EN 1894-1895. — SEMESTRE D'HIVER 1894-95.

2° Étudiants.

ÉCOLES TECHNIQUES	RÉSUMÉ DE LA STATISTIQUE HIVER 1894-1895					ARCHITECTURE				ARCHITECTES INGÉNIEURS				CONSTRUCTION DES MACHINES				CHIMIE TECHNIQUE				SECTIONS DIVERSES				SECTION DES ÉTUDES GÉNÉRALES			
	ALLEMANDS de la région	ALLEMANDS d'un autre pays	ÉTRANGERS	TOTAL DES ALLEMANDS	TOTAL DES ÉTUDIANTS	Étudiants	Auditeurs	de passage	TOTAL	Étudiants	Auditeurs	de passage	TOTAL	Étudiants	Auditeurs	de passage	TOTAL	Étudiants	Auditeurs	de passage	TOTAL	Étudiants	Auditeurs	de passage	TOTAL	Étudiants	Auditeurs	de passage	TOTAL
Aix-la-Chapelle	230	15	60	245	305	27	21	»	48	31	3	»	34	90	27	»	117	65	29	»	94	»	»	»	»	»	12	»	12
Berlin-Charlottenburg	24	14	218	2,414	2,632	324	»	180	504	451	»	21	472	988	»	300	1,288	140	»	31	171	»	»	»	»	»	»	»	»
Brunswick	133	208	29	341	370	31	9	»	40	45	5	»	50	88	63	»	151	40	22	»	62	21	»	»	21	6	»	40	46
Darmstadt	252	412	79	664	743	63	»	14	77	80	»	7	87	181	»	21	202	66	»	16	82	237	»	20	257	21	»	17	38
Dresde	278	101	139	379	518	56	24	»	80	129	3	»	132	150	25	»	175	93	13	»	106	»	»	»	»	22	3	»	25
Hanovre	586	138	90	724	814	63	13	41	117	154	3	10	167	196	3	58	257	132	39	60	231	»	»	»	»	4	37	1	42
Karlsruhe	370	532	»	902	902	99	»	16	115	90	»	1	91	380	»	37	417	125	»	11	136	41	»	»	41	19	»	2	21
Munich	847	322	246	1,169	1,415	143	83	23	249	311	5	5	321	380	47	11	438	96	14	31	140	22	7	9	38	59	14	156	229
Stuttgart	356	123	91	479	570	66	69	»	135	85	10	»	95	129	69	»	198	58	13	»	71	2	16	»	18	46	7	»	53
Total	3,052	1,851	952	7,317	8,269	872	219	274	1,365	1,376	29	44	1,449	2,582	234	427	3,243	814	190	169	1,093	323	23	29	375	177	73	216	466

ALLEMAGNE. — STATISTIQUE DES ÉCOLES TECHNIQUES (MAÎTRES ET ÉLÈVES) EN 1894-1895. — SEMESTRE D'ÉTÉ 1895.

1° Maîtres.

ÉCOLES TECHNIQUES	TOTAL GÉNÉRAL	ARCHITECTURE					ARCHITECTES-INGÉNIEURS					CONSTRUCTION DES MACHINES					CHIMIE TECHNIQUE					SECTIONS DIVERSES					SECTION DES ÉTUDES GÉNÉRALES				
		Professeurs ordinaires	Professeurs extraordinaires	Priv.-Doc.	Assistants	TOTAL	Professeurs ordinaires	Professeurs extraordinaires	Priv.-Doc.	Assistants	TOTAL	Professeurs ordinaires	Professeurs extraordinaires	Priv.-Doc.	Assistants	TOTAL	Professeurs ordinaires	Professeurs extraordinaires	Priv.-Doc.	Assistants	TOTAL	l'Professeurs ordinaires	Professeurs extraordinaires	Priv.-Doc.	Assistants	TOTAL	Professeurs ordinaires	Professeurs extraordinaires	Priv.-Doc.	Assistants	TOTAL
Aix-la-Chapelle..	61	5	2	1	2	10	5	»	»	2	7	6	1	»	4	11	7	2	»	10	19	»	»	»	»	»	6	3	3	2	11
Berlin-Charlottenburg.	265	9	11	»	55	75	6	3	3	20	32	6	9	10	47	72	6	7	10	14	37	»	»	»	»	»	6	8	22	13	49
Brunswick.	114	3	7	»	»	20	15	4	»	»	19	13	7	»	1	21	10	6	4	2	22	5	»	4	1	10	8	10	4	»	22
Darmstadt.	61	5	2	1	»	8	3	3	»	1	7	4	»	1	3	8	3	1	4	4	12	2	»	»	2	4	9	4	6	3	22
Dresde	69	5	3	»	1	9	4	3	»	2	9	6	»	»	6	12	5	»	1	7	13	»	»	»	»	»	15	1	6	4	26
Hanovre.	75	8	4	4	3	19	6	»	1	5	12	5	1	»	3	9	5	2	4	9	20	»	»	»	»	»	5	7	1	2	15
Karlsruhe.	77	8	1	4	2	15	5	2	»	2	9	7	1	1	5	14	»	3	»	6	11	3	2	»	»	5	9	7	1	6	23
Munich.	85	7	1	2	4	14	5	»	1	4	10	4	2	1	5	13	3	1	2	8	14	3	2	»	5	10	11	2	5	6	24
Stuttgart	80	5	1	1	»	7	5	»	2	1	8	5	4	1	3	13	2	2	2	3	9	7	2	7	4	20	3	14	6	»	23
TOTAL..	**887**	**65**	**33**	**13**	**67**	**177**	**54**	**13**	**7**	**37**	**112**	**57**	**25**	**14**	**77**	**178**	**43**	**21**	**27**	**63**	**157**	**20**	**6**	**11**	**12**	**49**	**72**	**56**	**54**	**36**	**218**

ALLEMAGNE. — STATISTIQUE DES ÉCOLES TECHNIQUES (MAÎTRES ET ÉLÈVES) EN 1894-1895. — SEMESTRE D'ÉTÉ 1895.

2e Étudiants.

ÉCOLES TECHNIQUES	ARCHITECTURE				ARCHITECTES INGÉNIEURS				CONSTRUCTION DES MACHINES				CHIMIE TECHNIQUE				SECTIONS DIVERSES				SECTION DES ÉTUDES GÉNÉRALES				RÉSUMÉ DE LA STATISTIQUE ÉTÉ 1895				
	Étudiants	Auditeurs	de passage	TOTAL	Étudiants	Auditeurs	de passage	TOTAL	Étudiants	Auditeurs	de passage	TOTAL	Étudiants	Auditeurs	de passage	TOTAL	Étudiants	Auditeurs	de passage	TOTAL	Étudiants	Auditeurs	de passage	TOTAL	ALLEMANDS de la région	ALLEMANDS d'un autre pays	ÉTRANGERS	TOTAL DES ALLEMANDS	TOTAL DES ÉTUDIANTS
Aix-la-Chapelle	30	19	»	49	35	3	»	38	92	26	»	118	64	20	»	91	»	»	»	»	2	»	15	17	238	20	58	258	316
Berlin-Charlottenburg	320	»	135	455	423	»	20	443	895	»	287	1,182	129	»	27	156	»	»	»	»	»	»	»	»	2,214		182	2,214	2,396
Brunswick	30	8	»	38	46	3	»	49	95	55	»	150	55	21	»	76	19	»	»	19	5	»	29	34	138	196	34	334	368
Darmstadt	66	»	7	73	93	»	5	98	191	»	20	211	67	»	13	80	256	»	20	276	25	4	7	32	251	436	83	687	770
Dresde	70	24	»	94	152	3	»	155	166	28	»	194	96	16	»	112	»	»	»	»	21	4	»	25	318	115	147	433	580
Hanovre	73	14	50	137	186	3	14	203	218	4	71	293	161	41	82	284	»	»	»	»	5	41	1	47	696	168	100	884	984
Karlsruhe	95	»	12	107	87	»	1	88	351	»	37	388	122	»	9	131	34	»	7	41	20	»	»	20	332	502	»	834	834
Munich	157	68	18	243	301	4	4	309	373	43	14	430	89	14	19	121	15	4	11	30	67	9	137	213	783	343	230	1,126	1,356
Stuttgart	58	49	»	107	65	11	»	76	116	70	»	186	50	12	»	62	2	16	»	18	42	3	»	45	306	122	66	428	491
TOTAL	899	162	222	1,303	1,398	27	44	1,469	2,477	226	429	3,132	832	134	150	1,116	326	20	38	384	187	57	189	433	3,062	1,902	900	7,178	8,078

voisins se donnèrent une mutuelle instruction : il fallut, pour les éclairer, les écrasantes défaites de 1806 et de 1870. La leçon n'en a été que plus salutaire. On reconnut, dans les deux cas, « que la puissance d'un peuple ne réside pas seulement dans ses armées, mais aussi dans ses écoles scientifiques » (*M. Liard*). Puisse-t-il n'être plus besoin de leçons de cette sorte !... Puisse le clair et net esprit de W. de Humboldt, qui présida aux débuts de nos Universités, leur demeurer étoile polaire, et tenir à jamais écarté de nous l'esprit bonapartiste, l'esprit de défiance politique et de préoccupations utilitaires à courte vue ! »

Ce souhait nous est applicable autant qu'à l'Allemagne, et nous avons la ferme confiance que nos universités françaises continueront de plus en plus à être des « réalités » dignes de la considération des hommes de science de tout pays. Elles n'oublieront certes jamais quelle grande part le directeur actuel de notre enseignement supérieur a droit de revendiquer dans leur heureuse renaissance. Oserons-nous dire, en finissant, que l'un des moindres services rendus par l'honorable M. Liard à la cause qu'il est en voie de faire triompher n'aura pas été d'inspirer, par la lecture de son remarquable ouvrage, des appréciations d'une valeur aussi haute que celle de M. le professeur Paulsen ?

Répartition de l'impôt scolaire par tête d'habitant en Allemagne, et comparaison avec l'impôt sur le revenu. — On sait qu'en l'état présent de la législation allemande, il est prélevé sur les citoyens des villes, provinces, etc., de l'Empire une contribution spéciale pour l'entretien des écoles primaires (Volksschulen) : cet impôt ne laisse pas d'être relativement considérable. Une statistique officielle assez curieuse permet de se rendre compte de la proportion atteinte par cette cote par rapport à l'impôt sur le revenu : les charges respectives, par tête d'habitant, se répartissent comme suit :

	Impôt sur le revenu. Marks	Impôt scolaire. Marks
Moyenne pour la totalité de l'Empire.	3,78	4,89
— par tête d'habitant, dans les campagnes.	1,64	4,49
— — dans les villes.	6,94	} 5,48
dans les cercles urbains.	9,74	
à Berlin spécialement.	14,42	7,02

Il résulte de là que chaque habitant de la campagne paie, pour l'entretien des écoles, environ trois fois le montant de l'impôt dont est frappé son revenu ; tandis que l'habitant des villes ne paye que les cinq seizièmes, et le Berlinois, en particulier, les sept onzièmes de l'impôt sur le revenu. Des projets sont à l'étude devant le Parlement pour obtenir une répartition plus équitable : ils semblent rencontrer dans l'opinion une faveur médiocre.

L'article de M. Parmentier sur Lorenz Kellner devant la critique allemande. — Nous trouvons avec satisfaction, dans la *Katholische Schulzeitung für Nord Deutschland* (mars 1896), un compte rendu élogieux dû à la plume de M. E. Huckert, de l'article publié par notre savant collaborateur, M. Parmentier, sur le pédagogue allemand Kellner dans le n° de janvier 1896 de la *Revue Internationale*. Le critique est fler de l'importance accordée par M. Parmentier à la figure trop peu connue à l'étranger de Lorenz Kellner : il se félicite, comme il est naturel, de l'hommage rendu à la foi catholique de ce pédagogue, qui resta foncièrement tolérant dans sa conduite et ses écrits, sans rien sacrifier de ses croyances personnelles ; il est heureux aussi de voir proposer Kellner comme un digne sujet d'étude pour les amis de l'éducation en tout pays, et conclut que M. Parmentier « non seulement connaît Kellner, mais encore sait lui rendre justice. »

AUTRICHE-HONGRIE

Budapest. Les femmes à l'Université. — Sur la proposition du Ministre de l'Instruction publique, S. M. l'Empereur et Roi a octroyé aux femmes la permission de se faire inscrire aux cours de médecine, de pharmacie et de philosophie. Toutefois le ministre devra prononcer spécialement sur chaque demande d'immatriculation émanant d'une personne du sexe féminin. A été prise également en considération la proposition tendant à établir des cours de langue latine dans les écoles secondaires de jeunes filles, en vue de préparer les élèves à l'enseignement de l'Université.

Cracovie. — En novembre 1895 a été inauguré le bâtiment nouveau qui doit abriter la Faculté de médecine de Cracovie (*Collegium medicum*). A ce collège sont annexés 5 instituts consacrés respectivement à l'anatomie pathologique, à la physiologie, à la pathologie générale et expérimentale, à la pharmacologie et à la médecine légale.

Prague (*Université bohême*). — Plusieurs jeunes filles pourvues du certificat de maturité délivré par le gymnase Minerva, se sont vu refuser l'immatriculation à l'Université, qui ne consent à les admettre qu'à titre précaire et comme étudiantes de passage (*Hospitantinnen*). Un certain nombre des professeurs de l'Université sont opposés à cette solution, considérant l'impossibilité d'astreindre aux règles ordinaires et indispensables de la discipline scolaire de simples étudiantes de passages.

L'extension universitaire à Prague. — 9 professeurs, appartenant soit à l'Université, soit aux écoles techniques allemandes de Prague ont fait modifier les statuts d'une ancienne Société d'études d'histoire naturelle existant depuis cinquante ans sous le nom de *Lotos*, de telle sorte qu'elle ait désormais pour objet principal l'organisation de cours populaires de vulgarisation, qui seront professés tant à Prague même que dans les villes de Bohême désireuses de prendre part à ce mouvement d'extension universitaire.

Vienne. Extension universitaire. — L'Université de Vienne est le premier des établissements d'enseignement supérieur de langue allemande qui se soit engagé dans la voie ouverte par l'Angleterre de l'extension universitaire. La direction du mouvement est centralisée dans les mains d'un comité, choisi par le sénat universitaire et les facultés, et comprenant des professeurs et des privat-docents. C'est surtout à ces derniers qu'est remis le soin de répandre et de vulgariser le haut enseignement. Toutes les questions contentieuses touchant à la religion et à la politique sont exclues du programme. La liste des cours de l'Extension est affichée sur les voies publiques ; ces cours sont accessibles à toute personne qui consent à payer une couronne (60 pfennigs en monnaie allemande), à titre de droits d'inscription pour une série

498 REVUE INTERNATIONALE DE L'ENSEIGNEMENT.

de 6 leçons coordonnées; celles-ci ont lieu les jours de semaine. Des
interrogations ou conférences, auxquelles tous les auditeurs sont invités
à participer, ont lieu après chaque leçon. Le programme, pour l'année
dernière, comprenait les sujets suivants : Histoires de Rome, de la
Grèce, de l'Allemagne, de l'Autriche, de la France; — le drame grec; —
le *Faust* de Gœthe; — Shakespeare; — la peinture italienne; — l'anatomie, la physiologie, la bactériologie; — les premiers secours à donner
aux malades; — les maladies nerveuses, l'aliénation mentale; — la botanique, la chimie; — la construction des machines, la géométrie descriptive; — le droit national autrichien, le droit civil, le droit des gens.
L'enseignement donné par l'Extension s'étend non seulement à Vienne,
mais aux principales villes de la Basse-Autriche. L'Université de Vienne
veut bien accorder aux auditeurs qui en feront la demande le droit
d'emprunter à sa bibliothèque les livres nécessaires à la préparation
des examens et certificats. Les cours de l'extension ont été, en 1895,
très assidûment fréquentés, surtout par des auditeurs appartenant à la
classe ouvrière. Dans la première semaine de l'ouverture des leçons, on
n'a pas compté moins de 1 916 inscriptions pour 24 cours. Celui d'anatomie, en particulier, a réuni jusqu'à 200 ou 300 personnes des deux
sexes.

ÉCOSSE

Le Summer-Meeting d'Édimbourg en 1895. — Nous recueil-
lons ici quelques détails complémentaires relatifs au Summer-Meeting
d'Édimbourg, dont il a été déjà question dans cette Revue. Cette curieuse réunion, qui semble désormais entrée dans les mœurs de nos
amis d'Écosse, est une transformation des anciennes excursions botaniques organisées pendant les vacances de 1887, pour quelques groupes
d'étudiants par MM. G. T. Scott-Elliot et J. Arthur Thompson.

On sait quelle est aujourd'hui l'affluence de maîtres et d'élèves qui
se pressent aux meetings annuels d'Édimbourg. Il est à remarquer que
ces meetings n'ont rien de commun avec le mouvement d'extension
universitaire qui a provoqué, par exemple, les meetings non moins
connus d'Oxford.

Sous l'impulsion de MM. les professeurs Patrick Geddes et Thomson,
le meeting d'Édimbourg est devenu un véritable centre pour l'étude de
l'évolution contemporaine de la question sociale. Autour de ce sujet
capital se groupent des leçons de biologie, de géographie, de géologie
et de chimie; les beaux-arts ne sont pas oubliés, et au premier rang,
figurent la musique, l'architecture et les arts décoratifs. On doit attribuer à la reconstitution des antiques liens historiques qui unirent la
France et l'Écosse universitaires (Collège des Écossais autrefois, à Paris;
patronage réciproque des étudiants aujourd'hui) la prédominance de
l'élément français parmi les étrangers qui fréquentent les Summer-
Meetings. En 1895, nos compatriotes formaient les 20 p. 100 du total des
participants étrangers, au rapport de l'*University Extension Journal*.

Aussi bien, ajoute ce journal, le Summer-Meeting d'Édimbourg est-
il plus connu à Paris qu'à Londres. Parmi les maîtres français qui ont
donné des cours à la réunion de 1895, notons le fameux géographe
Élisée Reclus, qui a été l'objet d'un grand enthousiasme. Relevons aussi
la présence de M. l'abbé Klein, de l'Institut catholique de Paris, qui a
parlé avec succès de la littérature française.   E. S.

NOUVELLES ET INFORMATIONS

Par décret du 29 avril, M. Rambaud, sénateur, est nommé Ministre de l'Instruction publique, des Beaux-Arts et des Cultes, en remplacement de M. Combes, dont la démission est acceptée.

SOCIÉTÉ D'ENSEIGNEMENT SUPÉRIEUR

Dans sa séance du 26 avril 1896, l'assemblée générale de la *Société pour l'étude des questions d'enseignement supérieur* a procédé au renouvellement du Conseil de la Société et à l'élection du Bureau.

Conseil.

Membres de droit. — MM. Berthelot, Boutmy, Bufnoir, Lavisse.

Membres élus. — MM. Alix, Bernès, Bischoffsheim, Blondel, Boutroux, Brouardel, Brunetière, Daguin, Darboux, Dastre, Desjardins, Edmond Dreyfus-Brisac, Dʳ Dreyfus-Brisac, Egger, Friedel, Gérardin, Hauvette, Himly, Jaccoud, Janet, Larnaude, Luchaire, Lyon-Caen, Mascart, Monod, Poincaré, Perrier, Perrot, J. Reinach, Al. Ribot, E. de Rothschild, Marc Sée, Tranchant, Vélain, Vidal-Lablache.

Bureau.

Président, M. Brouardel; *secrétaire général,* M. F. Larnaude; *secrétaire général adjoint,* M. Am. Hauvette; *secrétaire-trésorier,* M. M. Caudel.

Dans la même séance, la Société décide de reprendre la tradition interrompue de ses délibérations et d'inviter ses membres à discuter, dans des assemblées réunies à intervalles réguliers, les questions d'enseignement que leur importance spéciale, la nécessité d'une réforme ou seulement les avantages d'un remaniement possible signaleraient à leur attention. Le projet de transformation du baccalauréat est immédiatement adopté comme sujet d'étude. L'assemblée confie à une commission de quatre membres, MM. Bernès, Am. Hauvette, Picavet et Vélain le soin d'élaborer un plan de discussion sur ce sujet. Avant de se séparer, elle exprime le désir de voir les groupes de province reprendre leur activité et joindre leurs efforts aux siens.

QUESTIONNAIRE PRÉPARÉ PAR LA COMMISSION DE LA SOCIÉTÉ D'ENSEIGNEMENT SUPÉRIEUR, POUR LA RÉFORME DU BACCALAURÉAT.

1° Faut-il maintenir, à la fin des études secondaires, un examen donnant accès aux Écoles d'enseignement supérieur — ou faut-il laisser à celles-ci le soin d'examiner, chacune pour son compte, leurs futurs élèves? (Suppression complète du baccalauréat.)

2° Faut-il conserver le régime actuel, avec ou sans modifications? (Organisation de l'examen et jury.)

3° Organisation de l'examen : compositions écrites et épreuves orales; livrets scolaires; certificats d'études; nombre et date des sessions; bénéfice de l'admissibilité; limitation du nombre des échecs.

4° Jury. — Sa composition : A. formé de professeurs de Facultés; B. avec adjonction des professeurs de lycées; C. jury spécial; mixte (proportion à déterminer pour les membres de l'enseignement secondaire et pour ceux de l'enseignement supérieur); jury entièrement composé de membres de l'enseignement secondaire (en activité ou non). — Dans les deux cas, les membres du jury seront-ils pris en dehors de l'Académie? Devra-t-on leur adjoindre, pour chaque établissement, un ou plusieurs professeurs des élèves examinés? Faut-il un jury composé uniquement de ces professeurs? (Présidence du jury, contrôle de l'État sur les études et cet examen lui-même.) Et dans ce cas, peut-on étendre la règle aux établissements libres?

5° Étant donnée la composition de ce dernier jury, quel droit un tel examen donnerait-il pour entrer dans les Facultés et écoles d'enseignement supérieur?

6° Y aurait-il lieu d'établir simultanément l'examen intérieur pour certains établissements (publics et libres), et un jury spécial pour d'autres?

7° En ces cas divers, conserverait-on le nom de baccalauréat?

8° Les diverses formes du baccalauréat actuel, classique et moderne. — En particulier doit-on maintenir la suppression du baccalauréat ès sciences?

9° Y aurait-il lieu de modifier les programmes actuels?

10° La question des sanctions.

HAUVETTE, VILAIN, BERNÈS, PICAVET.

ÉLECTIONS AU CONSEIL SUPÉRIEUR DE L'INSTRUCTION PUBLIQUE

Le 6 mai a eu lieu le dépouillement du scrutin pour le renouvellement des membres élus du conseil supérieur de l'instruction publique. Voici le résultat des élections :

Institut (5 membres). — MM. Jules Simon (Académie française); Jules Girard (inscriptions et belles-lettres); Faye (sciences); le comte Delaborde (beaux-arts); Ravaisson (sciences morales et politiques). Ces cinq membres ont été élus par 81 voix sur 81 votants.

Collège de France (2 membres). — MM. Gaston Paris; Berthelot. Ces deux membres ont été élus par 25 voix sur 26 votants.

Muséum (1 membre). — M. Milne-Edwards, élu par 13 voix sur 14 votants.

Facultés de théologie protestante (1 membre). — M. Bruston, élu par 17 voix sur 18 votants.

Facultés de droit (2 membres). — Il y a eu 188 votants et 3 bulletins nuls; la majorité absolue étant de 93, il y a lieu à ballottage. Les voix se sont ainsi réparties :

MM. Bufnoir, 77 voix; Drumel, 76; Glasson, 51; Villey, 44; Caillemer, 36; Bonfils, 21.

Viennent ensuite MM. Baudry-Lacantinerie, 11 voix; Lederlin, 8; Garsonnet, 7; Lyon-Caen, 7; Vigier, 5; Thézard, 4; Gide, 3; Girard, 3; Leveillé, 3; Paget, 3.

MM. Blondel, Esmein, Flurer, Gérardin; Gueymard, Lecoq, de Loignes, E. Renault ont obtenu chacun 1 voix.

Facultés de médecine et Facultés |mixtes (2 membres). MM. Pitres et Brouardel élus, le premier par 197 voix, le second par 171, sur 202 votants.

Écoles supérieures de pharmacie (1 membre). M. Planchon, élu par 49 voix sur 51 votants.

Facultés des sciences (2 membres). MM. Darboux et Bichat, élus par 174 et 169 voix, sur 198 votants.

Facultés des lettres (2 membres). Il y a 152 votants; la majorité absolue étant de 76 voix, il y a lieu à ballottage. Les suffrages se sont ainsi répartis :

MM. Janet, 70 voix; Benoist, 64; Jullian, 64; Croiset, 57.

Viennent ensuite MM. Angellier, 5 voix, Joret, 4; Charaux, 2; Guibal, 2; Loth 2.

MM. Adam, Aulard, Bouché-Leclercq, Crouslé, Gachon, Gaffarel, Gébelin, Pingaud, Roger, Roy, Sayous, Stapfer et Tessier ont obtenu chacun une voix.

École normale supérieure (2 membres). MM. Gaston Boissier et Violle élus par 26 et 24 voix sur 27 votants.

École des chartes (1 membre). M. de Rozière élu par 8 voix sur 10 votants.

École des langues orientales vivantes (1 membre). — M. Scheffer, élu par 9 voix sur 11 votants.

École polytechnique (1 membre). — M. Mercadier, élu par 50 voix sur 58 votants.

École des beaux-arts (1 membre). — M. Thomas, élu par 16 voix sur 19 votants.

Conservatoire des arts et métiers (1 membre). — M. Laussedat, élu par 8 voix sur 9 votants.

École centrale des arts et manufactures (1 membre). — M. Buquet, élu par 17 voix sur 18 votants.

Institut agronomique (1 membre). — M. Duclaux, élu par 16 voix sur 18 votants.

LYCÉES.

Agrégés de grammaire (1 membre). — M. Clairin, élu par 233 voix sur 408 votants.

Agrégés des lettres (1 membre). — MM. Bernès, élu par 165 voix sur 210 votants.

Agrégés de philosophie (1 membre). — M. Charpentier, élu par 64 voix sur 99 votants.

Agrégés d'histoire (1 membre). — M. Chalamet, élu par 91 voix su 142 votants.

Agrégés de mathématiques (1 membre). — M. Amigues, élu par 146, voix sur 185 votants.

Agrégés des sciences physiques et naturelles (1 membre). — M. Mangin, élu par 99 voix sur 184 votants.

Agrégés de langues vivantes (1 membre). — M. Sigwalt, élu par 85 voix sur 159 votants.

Agrégés de l'enseignement secondaire spécial (1 membre).—M. Lhomme, élu par 193 voix sur 302 votants.

COLLÈGES COMMUNAUX

Licenciés ès lettres (1 membre). — Votants, 726; bulletins nuls, 27; majorité absolue des suffrages exprimés, 350. Il y a ballottage.

Les suffrages se sont ainsi répartis :

MM. Fournier 152 voix; Godfernaux 129; Arrousez 119; Carrère 79; Encoignard 66; Renesson 29; Béraud 6; Gassies 6;

Licenciés ès sciences (1 membre). — Votants, 381; bulletins nuls, 13; majorité absolue des suffrages exprimés, 185. Il y a ballottage.

Les suffrages se sont ainsi répartis :

MM. Barthélemy, 183 voix; Humbert, 110; Pillet, 40; Rigollage, 22; Davidou, 3; Bouchon, 2.

Enseignement primaire (6 membres). — Votants, 1 277; bulletins nuls, 20; majorité absolue des suffrages exprimés, 629.

Mlle Saffroy, élue, 841 voix; MM. Comte, élu, 798; Devinat, élu, 769; Jost, élu, 682.

Il y a ballottage pour deux sièges, viennent après les élus :

MM. Quénardel, 581; Plâtriers, 482; Biétrix, 382; Cuir, 342; Delapierre, 309; Bareilhes, 273; Tisserand, 233; Lamourère, 204; Dilhac, 191; Carriot, 149; Boisdé, 140; Verdier, 95; Lacabe, 48; Mme Kergomard, 33; MM. Lenient, 26; Loridan, 20, etc.

En somme il y a donc lieu à un deuxième tour de scrutin pour l'élection des représentants des corps suivants : facultés de droit, facultés des lettres, collèges (licenciés ès lettres), collèges (licenciés ès sciences), enseignement primaire (deux membres).

DISCOURS

PRONONCÉ PAR M. E. COMBES, MINISTRE DE L'INSTRUCTION PUBLIQUE, DES BEAUX-ARTS ET DES CULTES, LE 5 AVRIL, A L'OCCASION DE LA FÊTE FÉDÉRALE DE GYMNASTIQUE, A ALGER.

Messieurs,

La fête qui nous réunit aujourd'hui est de celles qui méritent au plus haut point la sollicitude attentive du gouvernement de la république. Depuis vingt-cinq ans, un effort considérable a été fait pour rendre à la gymnastique, trop longtemps négligée par nous, la place qui lui revient dans l'éducation. Ce grand mouvement, qui a poussé tant d'hommes de cœur à se mettre à la tête des sociétés de gymnastique, a eu sa source dans le désir de préparer à la patrie des générations saines et fortes et de procurer à la jeunesse un divertissement physique qui fut en même temps un profit pour l'esprit.

Les anciens, Messieurs, avaient admirablement compris la nécessité des exercices physiques. A Athènes, à Sparte, à Rome, ils formaient la base même de l'éducation. On croyait alors que le développement du corps humain était en étroite harmonie avec le développement de l'intelligence. Soit qu'ils fussent passionnés, comme les Grecs, pour la beauté plastique et qu'il leur fût impossible de séparer la pureté de la forme physique de l'élévation intellectuelle et morale; soit que, comme les Romains, ils voulussent former des soldats vigoureux, capables de porter les lourdes armures, et que se préparer à défendre ou à fortifier la patrie leur apparût comme le premier devoir du citoyen, les anciens soumettaient leur jeunesse à une éducation physique qui donnait à leurs membres la vigueur avec la souplesse, l'endurance avec la grâce. Telle était pour la race hellénique l'importance sociale des exercices physiques de toute sorte, que les cérémonies où on les célébrait réunissaient la Grèce entière, que les poètes rivalisaient ¡de génie pour chanter les vainqueurs et que les lieux où se tenaient les jeux, revêtus d'un caractère sacré, se couvraient à la fois des temples des dieux et des statues des athlètes.

Il est curieux de remarquer que pendant des siècles nous nous sommes contentés d'approuver théoriquement le culte des Grecs et des Romains pour les exerces physiques et d'en vanter les résultats sans songer à nous en approprier le principe même. Longtemps nous avons cru que le développement physique pouvait être abandonné au hasard, et nous nous sommes si complètement absorbés dans le souci du développement intellectuel que nous avons négligé d'assurer l'équilibre entre l'un et l'autre. Nous avons fini par comprendre qu'il y avait péril à développer exclusivement le cerveau, et que la prédominance du système nerveux sur le système musculaire, si elle était dangereuse au point de vue physique, ne valait pas mieux au point de vue intellectuel et moral.

S'il arrive que de fortes volontés animent des corps débiles, ce n'est pas sur des exceptions que l'on peut baser l'éducation d'un peuple, et il est impossible d'oublier que, d'une manière générale, la résistance morale est en raison directe de la résistance physique. Des organismes bien préparés, capables de mesurer leurs forces et de s'en servir méthodiquement, sont plus propres que d'autres à endurer les épreuves que la vie sociale peut leur apporter, et il est impossible de méconnaître que trop souvent l'impuissance à supporter quelques privations physiques, le souci exagéré d'un bien-être inutile, ont été la cause des pires défaillances du caractère.

Il n'est plus douteux pour personne, Messieurs, que la gymnastique et tous les exercices, quelle que soit leur forme, qui s'y rattachent, sont un élément nécessaire d'une éducation complète. Si nous sommes venus tard à cette idée, nous ne l'abandonnerons plus; le spectacle que je viens d'avoir sous les yeux en est la meilleure preuve.

Comme les anciens Grecs, nous avons pris l'habitude de réunir tous les ans la jeunesse française pour l'exercer en commun, pour nous encourager par un mutuel exemple, pour nous donner dans cette fédération qui vous lie le spectacle consolant de la cohésion des forces françaises. Et c'est par un sentiment de fraternité dont on ne saurait trop louer l'élévation que vous avez répondu cette année à l'invitation de la ville d'Alger, marquant ainsi, par votre empressement à vous rassembler sur le sol de cette France d'Afrique, l'étroite union des idées et des cœurs partout où flotte le drapeau de la patrie.

Jeunes gens qui, de tous les coins de la France, vous êtes groupés ici, gardez de cette fête l'inoubliable souvenir. Qu'elle imprime fortement dans vos esprits, avec le sentiment nettement perçu de l'expansion française, la conscience des devoirs que vous aurez à accomplir dans l'avenir? Dites-vous que la France a besoin d'hommes énergiques, prompts à l'action, hardis dans l'initiative, durs aux épreuves de la vie, entreprenants et honnêtes, courageux et bons, et soyez ces hommes-là.

Sur cette terre algérienne où tant d'énergies françaises se sont dépensées, où il reste tant de place pour les activités intelligentes, je salue en vous l'avenir de la France et de la République!

SOCIÉTÉ FRANCO-ÉCOSSAISE

Les réunions que les journaux ont annoncées sous le titre de *Meeting franco-écossais*, et qui ont eu lieu à la Sorbonne les 16, 17 et 18 avril, ont offert un vif intérêt, tant à cause des questions traitées devant un auditoire d'élite, qu'en raison des résultats déjà obtenus pour établir des relations d'étude et d'amitié entre le haut enseignement français et les Universités d'Écosse.

En deux mots, le groupe de professeurs écossais qui nous a été présenté par le *Comité de patronage des étudiants étrangers* nous apportait le projet, fort bien conçu, d'une *Société franco-écossaise*, destinée à encourager et à faciliter les relations scientifiques et littéraires des deux pays : de part et d'autre on s'efforcera de se voir et de se connaître, soit en instituant des conférences périodiques en France et en Écosse, soit en s'adressant réciproquement des étudiants; on fera mieux : on entreprendra en commun des travaux sur l'histoire de l'Écosse et de la France dans leurs rapports séculaires.

Ce projet a trouvé le plus favorable accueil parmi les membres de l'enseignement français qui s'étaient joints à MM. Jules Simon, Gréard, Bréal, Lavisse, etc., pour recevoir les délégués étrangers. A l'unanimité la fondation de la *Société franco-écossaise* a été votée : il ne reste plus qu'à en organiser en France le fonctionnement.

En attendant, deux séances, tenues dans la belle salle des actes du Conseil académique, à la Sorbonne, ont été consacrées à l'examen des questions suivantes : *De la part à faire à l'hellénisme dans l'éducation*, et: *De la part à faire aux sciences politiques dans l'enseignement des universités*. La première de ces conférences nous a valu une admirable causerie de M. Alfred Croiset. Sans la moindre phrase, et en écartant même tout d'abord les développements faciles sur la beauté du génie grec, M. Croiset nous a dit pourquoi l'étude du grec est indispensable à toute éducation classique, et comment il faut entendre cette étude au lycée et dans les facultés. Cette charmante leçon de pédagogie paraîtra, nous l'espérons bien, dans notre *Revue internationale*. A leur tour, les délégués écossais nous ont mis au courant de la question du grec dans leur pays. Depuis trois ans seulement l'étude du grec n'est plus obligatoire pour les candidats au grade qui répond à notre licence ès lettres; elle peut être remplacée par l'étude d'une langue moderne, romane ou germanique. Ce nouvel état de choses n'a pas encore eu le temps de porter ses fruits. Cependant deux courants d'opinion ont paru se manifester à ce sujet parmi les délégués écossais. Les professeurs de grec, entre autres MM. Donaldson et Burnet, ne se plaignent pas trop, au contraire : ils trouvent aujourd'hui leurs élèves plus zélés, plus ardents que jadis, et c'est tout naturel, ils n'ont plus que des étudiants volontaires. Mais d'autres membres des universités écossaises s'inquiètent : l'enseignement des langues romanes, par exemple, est-il possible devant des étudiants qui n'ont pas une forte culture classique? Il faut se rappeler, en effet, que l'enseignement secondaire n'existe pas en Écosse, au sens que nous donnons à ce mot, et que les élèves peuvent arriver à l'Université sans avoir même cette instruction générale que représente encore chez nous le baccalauréat.

Le rapport de M. Bufnoir sur l'enseignement des sciences politiques dans les universités françaises a provoqué aussi dans l'assistance un échange fort curieux d'idées. Mais on s'est, à vrai dire, moins préoccupé de cet enseignement même que des moyens à prendre pour développer dans le pays, en dehors des écoles, la pratique de ces sciences. C'est sur ce point qu'a insisté M. Bardoux, en rappelant comment l'éducation politique des citoyens doit se faire d'abord dans les assemblées muni cipales et départementales. M. Larnaude voudrait aussi que les revues, les journaux fussent plus ouverts qu'ils ne le sont à des articles sérieux sur ces matières. M. Ch. Benoist apporte à l'appui de la même opinion des arguments décisifs. A ce propos, le professeur Baldwin Brown fait connaître l'importance qu'ont en Écosse, pour l'éducation politique du pays, les conférences, les associations de jeunes gens, où les questions les plus variées se discutent librement, en dehors de tout enseignement dogmatique. M. Gréard signale en France le rôle considérable que jouent des associations analogues, comme la conférence Molé. Avec M. Gabriel Monod, la réunion revient à l'objet propre de sa délibération : reprenant une idée exprimée par M. Campbell sur le caractère historique que doit avoir l'enseignement des sciences politiques, M. Monod fait valoir à ce sujet les considérations les plus justes et les plus élevées. Lord Reay, qui présidait cette dernière séance, a résumé la discussion avec le tact, l'esprit, la courtoisie, et, ajoutons, la compétence, dont il n'a pas cessé de faire preuve pendant toute la durée du congrès.

AM. HAUVETTE.

A signaler dans la 546ᵉ livraison de la *Grande Encyclopédie*, la biographie du célèbre philosophe juif *Maimonide*, par M. Th. Ruyssen, et celle de Madame de *Maintenon*, par M. Hauser.

BIBLIOGRAPHIE

Émile Grucker, *Lessing*. — Henri Lion, *les Tragédies et les théories drama-tiques de Voltaire*. — Henry Jouin, *Jacques Saly, sculpteur du roi de Danemark*. — André Le Breton, *Rivarol, sa vie, ses idées, son talent*.

Lessing, par Émile Grucker, professeur à la Faculté des Lettres de Nancy. — Paris et Nancy, Berger-Levrault, éditeur, in-8° de XVI-664 pages, 1896. — Nos lecteurs connaissent déjà M. Emile Grucker. Il y a quelques années, ce distingué professeur publiait un premier volume, œuvre de longue haleine, qui obtint auprès des lettrés de France et d'Allemagne le succès qu'il méritait : *Histoire des doctrines littéraires et esthétiques en Allemagne*, tome I (*Opitz, Leibniz, Gottsched, les Suisses*. Berger-Levrault, in-8° de 547 pages.) La suite et la conclusion de ce travail devait naturellement être Lessing : grand sujet, redoutable par sa variété et sa complexité, et qui demandait pour être bien traité autant de solidité que de souplesse et de tact. Le difficile était surtout de se borner. Pour cela il fallait une possession parfaite des alentours du sujet, une distribution sage qui négligeât l'accessoire pour ne mettre en relief que l'essentiel, et enfin une maturité de jugement, et une équité plus malaisée à conserver ici qu'ailleurs. M. Grucker, capable plus que personne de satisfaire à ces diverses exigences, a composé son œuvre à loisir. Depuis des années il n'a pas cessé de s'occuper de Lessing : il l'a tourné et retourné sous toutes ses faces. Des fragments importants de son travail, ont, à des dates diverses, paru dans l'excellente revue les *Annales de l'Est;* nous les avons signalés ici même (n° de janvier 1895.) Enfin le grand ouvrage est terminé. Il est tel que le faisaient espérer les fragments déjà publiés : nourri, substantiel, d'une ordonnance lumineuse, parfaitement net et littéraire de forme, et d'une très haute impartialité, — très méritoire surtout.

Car enfin, ce Lessing, qu'il est difficile de goûter médiocrement là où il est excellent, ce Lessing est un homme peu aimable, au demeurant ; il n'inspire guère la sympathie. Il va même, s'il faut l'avouer, jusqu'à provoquer en nous une irritation généreuse, tant il y avait peu de cœur dans son esprit. A ne le voir que d'un certain côté, il serait déplaisant. L'ami paraît avoir été assez sec, et resta toujours un critique, témoin le jugement qu'il porte sur Mylius après sa mort. Dans son affaire avec Voltaire, Lessing s'est conduit comme un impertinent, cela n'est pas niable. Manieur de férule, amateur de coups bien assénés, on peut trouver d'abord que, s'il voit juste en général, il frappe aussi trop fort : mais on peut remarquer aussi qu'il ne voit pas tout dans les œuvres qu'il juge, et que son assurance de « jugeur » est souvent faite d'étroitesse et de dureté. Dans Klopstock, il distingue encore assez bien ce qui comporte l'éloge et ce qui réclame la critique ; le tout du reste sans sympathie : avec Wieland, il est déjà injuste ; il donne la mesure de son esprit limité. Excessif dans ses attaques comme dans sa défense, il rudoie Gottsched vraiment plus que de raison, et Mme Gottsched par-dessus le marché. C'est l'homme qui aime à donner des coups. Même quand le théoricien parle, le batailleur se montre : écrit-il sur la fable, il faut qu'il ferraille contre La Fontaine. L'apologie de la fable « ésopique » ne pouvait s'écrire, paraît-il, sans que le « bonhomme » fût remis à sa place. Lessing n'est-il pas assez jugé par ce jugement? Et ainsi du reste. Ses démêlés avec ses contemporains sont célèbres, et par leur violence, et par la virtuosité triomphante que Lessing déploie contre des adversaires visiblement trop faibles pour lui. La contradiction lui est intolérable. Lui-même se compare à un moulin qui saisit au passage « les méchants gamins » qui veulent arrêter le mouvement de ses ailes, et qui les lance en l'air ; s'ils retombent meurtris, tant pis pour eux : pourquoi touchaient-ils au moulin? Il en sut quelque chose, le pauvre Klotz, que Lessing traîna, piétina sans merci, et qui mourut en partie de ses blessures. Et de même aussi Göze, si malmené dans les derniers écrits de Lessing, et qui méritait, comme Klotz, plus de ménagement pour sa personne, et plus d'égard pour ses idées. Que l'on s'étonne après cela de voir Lessing ne rien comprendre à *Polyeucte*, s'engouer d'Aristote et raisonner à sa suite jusqu'à déraisonner, s'exalter dans son dogmatisme jusqu'à nier des choses aussi évidentes que les qualités de la tragédie française, bref, apporter la froideur de l'abstraction et la roideur de la critique jusque dans les œuvres qui prétendent peindre la vie, jusqu'au théâtre, lui qui adora le théâtre, et qui lui dut les seuls instants heureux de son existence tourmentée!

Telle est l'impression générale dont on a peine à se défendre quand, à travers les pages si mesurées que M. Grucker consacre à la vie de Lessing, on entrevoit ce que dut être l'homme, et de quelle rançon il paya son talent.

Mais aussitôt, en considérant l'œuvre accomplie, sa fécondité, sa portée en quelque sorte indéfinie, on se reprend à être juste envers Lessing : toutes les restrictions que l'on fait d'un côté semblent ne faire que mieux ressortir la puissance et l'originalité de ce génie critique. Car Lessing ne fut pas un critique, il fut, il demeure par excellence le génie critique. Il en reste le type; et c'est pourquoi on ne se lassera jamais de l'étudier, même si son nom n'était pas étroitement uni à cette grande chose qu'il facilita et qu'il provoqua en quelque sorte : la naissance d'une littérature nationale. Qu'est l'Allemagne littéraire avant Lessing? Une lourde pâte qui ne peut pas monter. Lessing bat cette pâte, y dépose son ferment, et ce simple germe de critique, fécondateur prodigieux, met en travail toute la matière. Et Gœthe paraît tout aussitôt. Il n'est qu'un grand homme pour être aussi bien servi par d'exceptionnelles circonstances.

C'est qu'en effet Lessing, avec un coup d'œil admirable, a choisi trois ou quatre champs de bataille décisifs pour y livrer le bon combat du nouvel esprit allemand. Avec le *Laocoon*, il émancipait la poésie de la mortelle « description », et lui assignait, ainsi qu'à l'art plastique, son terrain propre; avec la *Dramaturgie*, il faisait épeler aux Allemands l'a-b-c aristotélique d'un théâtre national; il essayait (nouvelle et singulière entreprise!) de provoquer, à la lumière et au tapage de la rampe, l'éclosion de cette âme allemande dormant encore en ses obscurs pensers d'un sommeil de moyen âge; pour la faire sortir des limbes, il écrivait *Minna de Barnhelm*, et *Emilia Galotti*, cet exemple d'algèbre dramatique. S'il fouaille rudement ses compatriotes avec sa fameuse férule, c'est qu'il s'est fait réellement instituteur, l'instituteur d'un peuple amorphe, auquel il faut inculquer les éléments de la vie. Qu'importe, après cela, que les vérités du *Laocoon* soient devenues sujettes à caution, et que les critiques adressées à Corneille l'aient toujours été! La grandeur de Lessing est dans son ambition littéraire, qui se doublait d'une fièvre de beau patriotisme. Et le patriotisme est injuste; c'est son vice; que dis-je, c'est sa vertu. Que l'on se rappelle ce cri de dépit, échappé à travers les colères de la *Dramaturgie* : « O la naïve idée de vouloir donner aux Allemands un théâtre, alors que nous autres Allemands nous ne sommes pas encore une nation! » Lessing touchait juste. Le premier tressaillement auquel l'Allemagne a pris conscience de son unité intellectuelle date peut-être de ce cri. Après cela, le culte de l'Allemagne moderne pour son créateur ne saurait paraître excessif.

Nous avons d'autres raisons d'admirer cet homme de ce côté-ci du Rhin. D'abord parce que son injustice envers la France était en quelque sorte de l'amour retourné. Il nous devait trop, il était trop des nôtres par les qualités critiques de son esprit, cet Allemand, pour ne pas nous dénigrer. Il se défendait de nous comme de l'envahisseur. Sa haine est un hommage. Et c'est, malgré tout, la France qu'il a implantée en Allemagne; ce sont quelques-unes de nos meilleures qualités, celles qui étaient assimilables aux successeurs de Gottsched, qu'il a germanisées. Lui-même portait Voltaire et Diderot dans les moelles. C'est un frère ennemi, un frère pourtant.

Et s'il nous a beaucoup pris, il nous a aussi donné. Dans le domaine de la pensée philosophique et religieuse, il a conquis un monde, ou presque. Le « libéralisme chrétien » est sorti de son *Anti-Göze;* sa critique théologique a été aussi féconde en fruits intellectuels que sa critique dramatique, esthétique, l'a été en œuvres littéraires. Cette action capitale du génie de Lessing, trop peu connue en France malgré deux belles études de M. Fontanès et de M. Cherbuliez, est mise dans son plein jour par M. Grucker, avec une fermeté et une justesse d'aperçus très remarquables. Entre les orthodoxes entêtés et les adversaires de la foi, la position que prend Lessing est celle d'un croyant qui maintient son droit de critique, et qui n'a garde de confondre la lettre avec l'esprit. En ruinant l'infaillibilité des Écritures au point de vue historique et critique, il frayait la voie aux grands travaux qui ont illustré ce siècle; il anéantissait, en Allemagne du moins, ce qu'il appelle la « bibliolâtrie ». Et, par contre, en maintenant énergiquement la morale chrétienne, en faisant de la nécessité de l'« action » le pivot de la religion, en soutenant les devoirs de tolérance dans son *Nathan le Sage*, et les droits souverains de la philosophie un peu partout, il proclamait non pas la « religion naturelle », mais, cette sorte de « christianisme naturel » vers lequel semble se hâter le siècle qui finit. En cela, si sa façon de s'exprimer fut allemande, sa façon de sentir méritait de devenir européenne.

C'est sur le testament philosophique de Leibniz que se ferme l'excellent livre de M. Grucker, et à notre sens, ni lui ni son auteur ne pouvaient mieux finir.

Les tragédies et les théories dramatiques de Voltaire, par Henri Lion, docteur ès lettres, professeur au lycée Janson-de-Sailly. — Paris, Hachette, in-8° de XI-474 pages, 1896. — Voltaire poète tragique, et Voltaire théoricien dramatique sont appréciés, par fragments, un peu partout. On ferait une petite bibliothèque avec ce qui a été écrit pour, contre, autour de ses tragédies. Au fond, la question n'était pas encore vidée. Nul n'avait pris jusqu'ici le soin d'étudier le théâtre de Voltaire avec la suite, la patience du critique qui voit là le sujet d'un livre. Au fait, y avait-il la matière d'un livre très instructif? Les conclusions valaient-elles la peine d'être laborieusement recherchées? Il semble bien que beaucoup d'auteurs se soient méfiés. Je me méfiais aussi, *a priori*, avant d'avoir lu le livre de M. Lion. Et sans doute je n'affirmerais pas que ce livre dût conquérir beaucoup d'admirations nouvelles à Voltaire : mais ce livre était certainement à faire, on s'en aperçoit en le lisant; et, comme il est bien approprié à la matière qu'il traite, comme son plan ne saurait guère être différent, et que l'information en est copieuse, il est à croire qu'il ne sera pas recommencé. Cet ouvrage sera utile, et même nécessaire à tous ceux qui s'intéressent au théâtre du xviii° siècle ; et il éclaire d'un jour plus complet tout un côté de la vie de Voltaire, non pas sa vraie vie d'homme d'action, mais sa vie un peu factice d'homme d'imagination, celle-ci moins tournée vers le jour que vers les chandelles.

Mais d'abord, comment mettre de l'ordre dans une matière aussi abondante, et aussi contradictoire parfois? Car il y a plusieurs Voltaires dans le théâtre de Voltaire ; il y a le classique, il y a le moderne (M. Lion dirait volontiers le romantique), il y a le shakespearien, il y a l'auteur romanesque; et il y a aussi, et surtout, le philosophe, le polémiste, sans parler du théoricien qui ne se met pas toujours d'accord avec ses propres principes. On sait aussi que Voltaire n'est pas seul l'auteur de ses pièces : un Corneille, un Racine, ne mettent qu'eux dans leurs tragédies ; ou, s'ils y mettent leurs contemporains, c'est à dose homœopathique, et, en quelque façon, inconsciente. Pour Voltaire, on sent qu'il a pour collaborateur « tout le monde »; et dans l'espèce, ce « tout le monde » n'a pas toujours plus d'esprit que M. de Voltaire. Ses pièces sont le produit d'une connivence, parfois d'une complicité entre l'auteur et son public. De là la difficulté de savoir par quel bout les prendre.

M. Lion s'en est tiré par une habileté très simple, la meilleure vraiment. En suivant une à une la construction de ces pièces, dont l'éclosion graduelle avait l'univers pour confident, il s'est vite aperçu que leur succession n'était pas fortuite, que leurs tendances variables leurs zig-zags, se liaient dans la vie de Voltaire aux pointes générales que cet esprit toujours en mouvement poussait dans tous les sens. Si bien que, pour les grouper ou les classer, il n'a eu en quelque façon qu'à les suivre. Voici le premier jet, la tragédie classique et traditionnelle, aussitôt suivie de la tragédie-drame imitée de Shakespeare; voici le type de *Zaïre* appliqué ensuite à des sujets nationaux, ou chrétiens. Viennent après les pièces à prédication, coupées net (quitte à être reprises), par le long duel de Voltaire avec Crébillon; et ainsi de suite. Il est très intéressant de suivre à la piste toutes les modifications et toutes les retouches que Voltaire fait subir tantôt à sa théorie, et tantôt à sa pratique du théâtre. Les pièces les moins bien venues nous attachent, à être ainsi partie intégrante de sa vie de penseur ou de lutteur ; autour d'elles nous voyons ces amis qui conseillent ou dissuadent, ce public qu'il faut servir au goût du jour, ces ennemis qui guettent la pièce nouvelle, ces pamphlets qui la poursuivent : bref nous apercevons à travers elles tout ce qui n'est pas elles, et toutes ces circonstances sans lesquelles les pièces n'existeraient pas. Avais-je tort de dire que le livre était à faire, et qu'à étudier ces tragédies sans les replonger dans le milieu auquel elles doivent leur naissance, on s'expose à ne les point comprendre ?

Le malheur, — et ceci n'est point la faute de M. Lion, — c'est que l'envers de ces pièces est plus intéressant que l'endroit. A connaître tous les ressorts extérieurs de ce théâtre, on se convainc bien réellement que les personnages manquent du premier don qui fait l'auteur dramatique, la vie. Ce sont d'ingénieux mannequins, montés avec assez d'adresse, mais qui parlent avec une voix et des gestes d'emprunt. Un succès très vif de mode et même de siècle, en tant qu'ils reflètent l'esprit général de leur temps, voilà ce qu'ils peuvent obtenir ; des effets scéniques, de beaux cris (parfois un peu trop préparés), des « scènes à faire » bien faites, et d'une habileté incontestable, voilà ce qu'il faut leur reconnaître ; enfin un intérêt de mouvement, çà et là de document, soit. C'est beaucoup, et c'est peu. Cette espèce de « Kinétoscope » qu'est le théâtre de Voltaire donne bien l'idée, si l'on veut, d'un Sardou supérieur qui aurait écrit en vers. Mais du Sardou supérieur, en tragédie, est-il rien de plus inférieur ?

Si cette conclusion se dégage du livre de M. Lion en dépit de lui-même, et malgré le chapitre considérable de la fin où il fait la synthèse de son sujet après en avoir fait l'analyse, encore un coup on n'en doit pas tirer argument contre l'auteur : et plutôt je lui en ferais un éloge, puisque malgré tout il n'a pu présenter ce théâtre autrement qu'il n'était, et que, en nous le faisant mieux comprendre, il a permis à tout lecteur de le mieux juger, je veux dire sans naïve indulgence.

Jacques Saly, sculpteur du roi de Danemark, par Henry Jouin, secrétaire de l'Académie des Beaux-Arts. — Mâcon, Protat frères, in-8 de 194 p., avec 4 planches hors texte, 1896. — Jacques Saly, artiste français, né le 20 juin 1717 à Valenciennes, mort à Paris le 4 mai 1776, était jusqu'ici un de ces disparus comme l'art du dix-huitième siècle en compte une foule. Parmi les sculpteurs de ce temps, il en est d'éminents, comme Lemoyne, qui sont à peu près des naufragés. M. Henry Jouin s'est fait la providence du pauvre Saly. Il lui a paru qu'il valait la peine d'étudier un artiste, membre de notre Académie de peinture, que le roi Louis XV avait « prêté » au roi de Danemark Frédéric V, pour ériger à Copenhague sa statue équestre, et qui, semble-t-il, aurait dû à cette gloire son obscurité, puisqu'à dater de ce moment on n'en parle plus en France. Avec une patience et un scrupule sans égal, M. Jouin a scruté nos archives, fouillé ou fait fouiller celles de Copenhague, poursuivi de ses investigations sagaces la trace des œuvres de Saly, dont quelques-unes, comme son célèbre *Faune*, sont demeurées introuvables. Néanmoins l'ensemble de la poursuite n'a pas été vain, et le biographe abonde en documents. — Grâce à lui, nous savons maintenant que Jacque Saly, élève du sculpteur Pater dont il a exécuté un buste remarquable, se fit connaître d'abord par une statue pédestre de Louis XV destinée à sa ville natale. Estimé ensuite pour divers travaux qui le classèrent très honorablement parmi les grands sculpteurs d'alors, à la suite de Bouchardon et de Pigalle, il alla en Danemark pour y ériger le monument que nous avons dit. L'affaire traîna des années. L'opération de la fonte suscita mille longueurs et des difficultés pratiques sans nombre, dans un pays où l'Académie des Beaux-Arts était de très fraîche date. Un instant, il ne se trouva pas un seul fondeur en Europe pour couler le Frédéric V. Enfin, Bouchardon envoya le sien, un certain Gor, homme cupide et brutal, qui exploita la situation. Saly l'avait exploitée aussi déjà, mais avec plus de formes. C'est tout une aventure héroï-comique que l'histoire de cette malheureuse statue. Finalement, elle coûta aux souscripteurs ou à la couronne plus d'un million et demi, et les figures accessoires ne furent jamais exécutées! Saly, s'il gagna de l'argent à l'affaire, y perdit son talent ; il ne produisit presque plus ; diminué comme artiste, et quelque peu cravaché par cette brute de Gor, il ne lui restait qu'à gagner la France pour y mourir. Ce qu'il fit. Arrivé en 1774, mort deux ans après, il ne resterait guère de lui qu'un nom gravé au bas du buste de Pater, si M. Jouin ne nous avait révélé sa vie, qui fut en somme à plaindre, et ses œuvres, dont la disparition partielle excite plus d'un regret. Du moins peut-on espérer que, sur les indications précises de M. Jouin, plus d'une se retrouvera qu'on croyait perdue. Et ce sera un nouveau service à inscrire à l'actif, déjà très fourni, de l'érudit secrétaire de l'École des Beaux-Arts.

S. ROCHEBLAVE.

Rivarol, sa vie, ses idées, son talent d'après des documents nouveaux, par ANDRÉ LE BRETON. — Hachette. 1896. — Rivarol méritait-il une thèse en Sorbonne? Et le public de la fin du XIXᵉ siècle demandait-il un si bel in-8°, en si beau papier, en son honneur ? — La docte Sorbonne a répondu à la première question en acceptant thèse et candidat, et quant à la seconde, l'heureux docteur, M. Le Breton enlèvera également les suffrages des lettrés et des curieux de nos jours.

Oui, même après les pages brillantes que les maîtres de la critique littéraire ont accordées à Rivarol, il faut lire le livre de M. A. Le Breton : son travail rassemble, résume et complète tout ce qui a été dit sur la personne, sur l'œuvre si dispersée, nous pouvons dire si dissipée, d'un écrivain qui est le type accompli d'un genre tout particulier de l'esprit français.

Le volume de M. Le Breton décrit, dépeint, analyse son auteur en six chapitres consciencieux, compacts et bien distincts.

D'abord l'homme, sa naissance, sa personne physique et morale, sa vie privée et publique. — Puis son œuvre et sa signification générale, hymnes et écrits en l'honneur des arts, des sciences, des lettres, de la langue française, et son caractère d'homme de tradition et de progrès, aussi ennemi de la routine et des fades imitations que des révolutions, on ne disait pas encore *réformes* absurdes. — Ensuite ses idées littéraires, son esthétique. — Après cela ses idées politiques sur les États généraux et sur les fautes de la cour ; ses prophéties malheureusement réalisées. — Enfin ses idées philosophiques et religieuses. — Pour couronner le tout, une étude approfondie sur son talent, qui, parfait dans la phrase, dans le détail, dans le mot, est incomplet dans l'ensemble faute de suite, de méthode et de concordance ; et sur son genre de style toujours le même, toujours ironique, plein d'étincelles et de clinquant, plus capable d'éblouir un lecteur de passage que d'arrêter et de satisfaire le penseur attentif et réfléchi.

Comme on le voit, ces divisions, qui embrassent tout l'auteur, sont celles adoptées pour la collection des « Grands écrivains français » de la librairie Hachette, avec cette différence que le volume, plus grand et plus fort, n'est pas borné à deux cents pages et forcément condamné ainsi à des limites parfois regrettables.

Une autre différence, conséquence de la première, donne encore une valeur particulière a l'œuvre de M. Le Breton, c'est que toutes ses assertions, idées, opinions, conclusions indulgentes ou sévères sont justifiées au fur et à mesure par des citations qui mettent à tout instant en relief ce satirique brillant, cet épigrammatiste de profession et qui par là le font relire et reprendre quand même. Car si l'épigramme à jet continu peut paraître trop appliquée à une circonstance présente, trop circonscrite au moment et au personnage donné, il faut se dire que, multipliée longtemps et sans relâche, tombant toujours drue sur tout et sur tous, elle finit par peindre une époque, une société, un peuple ; elle devient par là précieuse pour l'histoire. Et si l'on élargit la question, si l'on constate que l'homme ne change guère, quels que soient l'époque et le pays, qu'on soit dans la Grèce antique ou en France, au temps d'Aristophane ou de la Fronde, ou encore de l'impunité absolue de la presse, on reconnaîtra que l'épigramme est toujours dans le goût de l'humanité et que le satirique qui paraît être le plus de son temps pourrait bien n'être au fond qu'une moraliste éternellement universel et vrai.

La thèse de M. A. Le Breton mérite l'attention des lecteurs auxquels leur goût ou les hasards de leurs lectures auront déjà fait connaître Rivarol, et elle n'appelle pas moins celle des lecteurs nouveaux, avides de connaître un talent, un esprit éminemment français et parisien, bien qu'issu de famille méridionale et italienne.

Ajoutons en finissant que ce volume est précédé d'un charmant portrait de Rivarol dans toute la grâce et la distinction de sa jeunesse. mais avec le regard déjà fixe d'un observateur, avec une bouche déjà amère. Qu'on juge par là du portrait effrayant que nous verrions, si nous avions celui de Rivarol mourant tristement, à cinquante ans, en pays étranger, loin de cette société française dont il avait été l'ornement, de cette société disparue comme lui dans la tourmente révolutionnaire, mais dont il demeure le fidèle, disons avec ses critiques et ses biographes, l'immortel représentant.

M. F.

Le Comité de rédaction recevra toujours avec reconnaissance toutes les communications concernant les Facultés des départements et des Universités étrangères. Ces informations comme toutes celles qui seront de nature à intéresser la Revue, seront insérées dans l[a] Chronique qui accompagne chaque numéro et qui relate tous les faits importants touchant l'Enseignement.

Le Comité prie aussi ses Correspondants, ainsi que les Auteurs eux-mêmes, bien signaler à la Revue les volumes intéressant le haut Enseignement dans [ces] branches en y ajoutant une note analytique ne dépassant pas 15 à 20 lignes.

AVIS

L'Administration de la **Revue Internationale de l'Enseignement** prie ceux de ses *Abonnés* qui n'ont pas encore renouvelé leur souscription pour 1896, de vouloir bien lui adresser le montant de leur abonnement s'ils ne veulent pas éprouver de retard dans la réception des numéros.

En cas de changement de résidence ou de domicile et afin d'assurer la régularité du service, MM. les membres de la Société d'Enseignement supérieur sont priés de faire connaître leur nouvelle adresse aux bureaux de la *Revue,* 5, rue de Mézières, Paris.

La REVUE INTERNATIONALE DE L'ENSEIGNEMENT
paraît le 15 de chaque mois.

PRIX de L'ABONNEMENT : Paris, départements et étranger, Un an, 24 fr.

On s'abonne chez tous les libraires ou par l'envoi d'un mandat de poste.

Toutes les communications relatives aux abonnements et à l'administration de la Revue doivent être adressées à MM. Armand COLIN et Cie, éditeurs, 5, rue de Mézières, à Paris. — Toutes les communications relatives à la rédaction, à M. DREYFUS-BRISAC, 6, rue de Turin, à Paris.

REVUE INTERNATIONALE

DE

L'ENSEIGNEMENT

LE

MEETING FRANCO-ÉCOSSAIS

Bien que la Revue ait déjà signalé, avec sa courtoisie accoutumée, l'arrivée à Paris des délégués des Universités écossaises, venus pour témoigner des souvenirs qu'ont laissés les vieilles relations entre la France et l'Écosse, peut-être n'est-il pas inopportun, puisque M. Croiset et M. Bufnoir ont bien voulu permettre au Comité de publier leurs deux conférences, de profiter de l'occasion pour revenir sur ce qui s'est passé il y a quelques semaines en Sorbonne et en donner un bref résumé.

Certes ce n'est point la première fois que des Universités et des Écoles sont visitées par des étrangers; le fait est même devenu fréquent depuis plusieurs années, et les réceptions académiques qui ont eu lieu à Bologne, à Montpellier, à Paris, à Lille, à Nancy marquent d'un trait particulier le caractère international de la nouvelle vie qui tend à se développer à l'ombre des écoles. Il n'y a plus d'inauguration ou de fêtes universitaires auxquelles ne soient conviés les étudiants et les professeurs de tous les pays et cela au grand avantage de la science et des rapports de peuple à peuple. En apprenant à se mieux connaître, on apprend à s'estimer davantage et partout on aide à la formation de cette opinion publique européenne qui, se dégageant des préjugés nationaux, sera un jour comme le tribunal arbitral devant lequel seront portés les différends et les querelles. Mais ce qui est nouveau, c'est la spontanéité qui a marqué la venue à Paris de nos amis d'Écosse.

Il est fort probable que l'action des Comités de patronage

créés déjà en 1889 n'a pas été étrangère à ce résultat, et on peut présumer que s'ils n'avaient point existé, les sympathies du peuple écossais auraient peut-être tardé davantage à se produire ; mais il n'en reste pas moins vrai que c'est d'Écosse même, du milieu des professeurs et des étudiants que l'impulsion est venue, et que nous, à Paris, nous n'avons fait que répondre à l'appel qui nous était adressé. Or c'est précisément le côté nouveau et curieux des réunions qui ont eu lieu en Sorbonne. Des professeurs, des étudiants, des délégués des centres d'études les plus réputés, de Glascow, de St-Andrews, d'Édimbourg, d'Aberdeen, des savants, des hommes appartenant aux carrières libérales, des représentants de la haute banque, des généraux, des personnalités considérables, comme lord Reay, se sont rendus dans notre pays pour étudier, de concert avec les hommes qui sont groupés autour de l'œuvre des Comités de patronage des Étudiants étrangers, les moyens les plus propres à renouer les anciennes relations, qui existaient à l'époque où les jeunes Écossais venaient verser leur sang sous les ordres de Jeanne d'Arc pour la défense de la patrie française, ou bien encore étudier et enseigner dans l'Université de Paris ; et c'est là un hommage dont nous ne pouvons être que très fiers.

Le Comité de patronage des Étudiants étrangers ayant précisément pour but de provoquer au dehors par l'établissement de Comités universitaires, des sympathies françaises, s'est trouvé tout naturellement désigné pour représenter le côté français de l'œuvre projetée ; mais s'il a réussi dans la tâche qui lui incombait il le doit surtout à la très active et très efficace bienveillance dont M. Gréard, vice-recteur de l'Académie de Paris, lui a déjà donné tant de preuves et au concours de tous ceux qui, par l'autorité de leur nom et de leur parole, ont si puissamment contribué à rehausser l'éclat de ces réunions. Il n'est pas jusqu'à la Sorbonne qui, par le cadre imposant de ses belles lignes architecturales, n'ait aussi contribué au succès d'une fête que nous avions voulu faire cordiale, mais modeste et simple, et qui par le fait des circonstances, a dépassé nos espérances et l'attente de nos hôtes.

Le premier jour, le jeudi 16, c'est dans le salon Carnot que lord Reay a présenté aux membres français les délégués écossais. M. Jules Simon a pris la parole pour leur souhaiter la bienvenue, et évoquant les souvenirs des grands érudits dont les autres ombres planent sur les murailles de la vieille Sorbonne, il a rappelé tout ce que la France devait à la philosophie écossaise.

Les jours suivants, c'est M. Gréard, c'est M. Bréal, c'est lord Reay qui, tour à tour, ont présidé les réunions et parlé des emprunts que mutuellement, dans le cours des âges, la France et l'Écosse se sont faits pour enrichir leur pensée, et faire progresser la science.

Dans la séance du vendredi, M. Bréal rappelle le nom du grand orientaliste John Muir et place la réunion sous le patronage d'un grand souvenir, celui de George Buchanan qui enseigna si long-temps à Paris et à Bordeaux. « Cela nous force à remonter, ajoute-t-il, trois siècles en arrière, à l'époque où il y avait une unité de culture intellectuelle entre les nations, unité qui n'existe plus aujourd'hui, et que des accords du genre de celui-ci doivent rétablir. »

Après lui, M. Alfred Croiset, de l'Institut, prend la parole, et dans une langue admirable de clarté et de précision, revendique pour l'hellénisme une part dans l'éducation nationale. Il est inu-tile d'essayer d'en donner un résumé nécessairement imparfait, puisque le lecteur a la bonne fortune de pouvoir lire un peu plus loin la conférence de l'éminent professeur, et de partager le plaisir délicat que nous avons tous goûté en l'écoutant.

Plusieurs professeurs de Saint-Andrews, d'Édimbourg, M. Bur-net, M. Sarole lui répondent ; ils disent que, bien que l'étude du grec ne soit plus obligatoire et puisse être remplacée par celle d'une langue moderne romane ou germanique, pour les candidats au grade de maître ès arts, le péril signalé par le rapporteur est moins grand en Écosse qu'ailleurs, et que l'étude du grec y résiste très bien aux assauts des tendances modernes. M. Donaldson, principal de Saint-Andrews, le répète dans un langage plein d'humour, et en donne pour preuve le nombre toujours plus considérable de jeunes filles qui se vouent à l'étude d'Homère.

Le jour suivant, M. Bufnoir, sous la présidence de lord Reay, traite avec sa haute compétence la question de la part à faire à l'enseignement des sciences sociales dans les universités ; une dis-cussion s'engage et les délégués écossais, qui le matin avaient visité l'École des sciences politiques et avaient suivi avec tant d'intérêt tout ce qu'on leur avait dit de son organisation, de son fonction-nement, de ses méthodes d'enseignement, se trouvent tout pré-parés pour prendre part à un débat dont l'intérêt est encore rehaussé par la présence de M. Bardoux, de M. Larnaude, de M. Monod, et d'autres hommes éminents.

Le soir, un grand banquet a été offert par le Comité de patro-nage. M. Jules Simon le présidait. Plus de quatre-vingt-dix per-sonnes avaient trouvé place autour des tables dressées pour la première fois dans la belle salle à manger de la Sorbonne.

Grâce au jeu d'une lumière tamisée qui s'épandait sur les larges surfaces ornées des peintures de nos plus grands maîtres, le décor était d'un effet saisissant, et quand M. Jules Simon, dans un discours d'une haute élévation morale, a porté un toast aux femmes françaises et a accusé nos romanciers de faire de la pathologie et non de la psychologie, l'émotion était générale. Lord Reay, M. Léon Bourgeois président du Conseil, M. Donaldson, ont pris ensuite la parole, tandis que de jolis dessins représentant Jeanne d'Arc entourée de sa garde écossaise, étaient remis de la part de leurs amis d'Édimbourg à tous les convives français, et qu'une musique militaire jouait le *God save the Queen* et la Marseillaise.

La soirée s'est terminée au bal de l'Association générale des étudiants où les délégués écossais ont été présentés à M. le Président de la République, qui leur a fait l'accueil le plus aimable et les a entretenus en anglais des choses de leur pays.

L'avenir dira quels seront les résultats pratiques de cette première réunion et si tous les projets qui ont été élaborés se réaliseront. Une chose pourtant est d'ores et déjà certaine, c'est que de cette première rencontre sont sortis le ferme désir et la volonté bien arrêtée de mieux se connaître et de se rapprocher toujours davantage.

Paul MELON.

LE ROLE DE L'HELLÉNISME DANS L'ÉDUCATION

MESSIEURS,

La question que vous avez à discuter dans cette séance et qui a été proposée par quelques-uns de nos collègues écossais, est celle de la place qui appartient à l'hellénisme dans l'éducation.

Mon rôle de rapporteur me paraît être de poser les termes du problème le plus nettement possible et d'indiquer les solutions proposées ou essayées. Je ne dissimulerai pas mes préférences, mais j'ai surtout, si je ne me trompe, à vous faire connaître des faits, et en particulier les faits qui se sont produits en France. Si j'ajoute cette dernière réserve, c'est que le problème ne se pose peut-être pas partout de la même manière. Dans l'état de solidarité intellectuelle des nations européennes, les questions qu'elles ont à résoudre se ressemblent sans doute quant à l'essentiel, mais il peut arriver que les circonstances en modifient quelque peu les termes. Il peut se faire aussi que, dans une même nation, le problème change d'aspect en quelques années. C'est ce qui s'est passé en France pour le problème de l'hellénisme : la question ne se pose plus pour nous avec la même acuité, ou du moins elle ne se discute plus avec la même vivacité qu'il y a quinze ou vingt ans. Pourquoi? C'est que nous avons aujourd'hui un enseignement moderne qui donne en grande partie satisfaction aux adversaires du grec et du latin. Je n'ai pas à examiner si cet enseignement moderne, nécessaire en principe, est tel qu'il devrait être : j'aurais peut-être sur ce point les plus graves réserves à exprimer. Mais là n'est pas la question : je constate seulement que les adversaires de la culture classique, depuis qu'on ne les oblige plus de s'y soumettre, nous laissent beaucoup plus libres de l'organiser à notre gré. Nos collègues écossais peuvent nous dire ce qui se passe à cet égard chez eux. Pour moi, je le répète, c'est surtout de la France que je vous parlerai, avec d'autant moins de scrupule d'ailleurs qu'au fond, comme je l'indiquais tout à l'heure, toutes les nations européennes sont solidaires, et qu'un peu plus tôt ou un peu plus tard, sous une forme ou sous une autre, ce sont les mêmes difficultés qu'elles ont à résoudre et les mêmes principes dont elles ont à s'inspirer.

L'hellénisme (et par ce mot j'entends la civilisation grecque envisagée dans toutes ses manifestations diverses) nous offre un double intérêt : 1° un intérêt esthétique d'abord, car la Grèce est un des plus parfaits exemplaires de l'humanité : dans l'ordre de l'art, elle a trouvé le secret d'une beauté qui donne à l'imagination les plus vives jouissances sans inquiéter jamais la raison; dans l'ordre pratique, elle a conçu et réalisé souvent le développement individuel le plus libre, le plus riche, le plus harmonieux; — 2° un intérêt historique ensuite, s'il est incontestable que notre vie moderne dérive pour une large part de la Grèce : non seulement notre vie artistique et littéraire, mais aussi notre vie philosophique, morale, politique, scientifique.

S'il en est ainsi, comment refuser une place d'honneur à l'hellénisme dans tout système d'éducation qui se propose à la fois de former les esprits et les âmes par le commerce habituel des meilleurs représentants de l'humanité, et de donner aux générations contemporaines l'intelligence la plus complète de leur vie présente par celle de leur passé? D'une manière générale, la question semble résolue d'avance, mais, quand on entre dans le détail, on s'aperçoit qu'elle ne l'est pas pour tout le monde, et que, même pour ceux qui sont d'accord en principe, bien des difficultés de méthode se présentent encore, soit en ce qui regarde l'enseignement

secondaire, soit pour l'enseignement 'supérieur. Examinons tour
à tour ces deux degrés de l'enseignement classique.

Les adversaires de l'hellénisme dans l'enseignement secondaire sont de deux sortes : les uns sont hostiles à toute étude des
langues anciennes, du latin aussi bien que du grec ; les autres ne
repoussent que le grec seul.

Les premiers ont eu pour organe, il y a une quinzaine d'années, Raoul Frary, dont le livre, intitulé *La question du latin*, a
fait beaucoup de bruit. Raoul Frary supprimait le grec et le latin
de nos collèges et les remplaçait par la géographie, devenue une
sorte de science universelle. Il n'admettait même pas l'existence
simultanée de deux enseignements, l'un classique et l'autre moderne : pour mieux assurer le triomphe du second, il demandait
la mort sans phrases du premier ; c'était le plus sûr moyen de prévenir une concurrence dangereuse. Le paradoxe était soutenu
avec un rare talent, mais il était un peu fort. On n'en parle plus
guère aujourd'hui. La création de l'enseignement moderne a
calmé les hostilités les plus ardentes. Disons donc, sans y insister,
que supprimer toute culture fondée sur la connaissance des langues anciennes, ce serait mutiler de la façon la plus barbare l'esprit moderne et nous condamner à nous ignorer nous-mêmes en
nous imposant l'ignorance de nos origines.

L'autre thèse consiste à soutenir que le latin suffit dans un enseignement classique bien organisé. Le meilleur de l'hellénisme,
dit-on, a passé dans la culture latine ; Rome s'est assimilé la Grèce ;
en étudiant les Romains, on apprend sur les Grecs tout ce qu'il
importe d'en savoir. En fait, d'ailleurs, l'étude du grec dans nos
lycées aboutit à des résultats nuls ; la supprimer officiellement ne
serait rien détruire de vivant ; ce serait consacrer simplement un
état de fait. Cette opinion n'est pas très répandue, mais elle compte
dit-on, en ce moment même, dans une commission de notre Chambre française des députés, au moins un défenseur convaincu. Elle
est, je le crains, très fausse, et d'autant plus dangereuse peut-
être qu'elle a une apparence plus modérée.

Prétendre que Rome est, pour ainsi dire, une contre-épreuve
de la Grèce et que la connaissance de la première dispense d'étudier la seconde, c'est une théorie qui pouvait se soutenir au siècle
dernier, avant que l'esprit historique eût pénétré l'étude des littératures, et quand on concevait sous ce nom : les *Anciens*,

l'image assez vague et incohérente d'une antiquité où Achille, Léonidas, Plutarque et Cicéron semblaient à peu près des contemporains et se coudoyaient. Aujourd'hui, sous le règne de l'histoire, après les travaux des archéologues, avec notre goût d'exotique pittoresque et précis, avec notre curiosité pour les formes diverses de l'âme humaine, il est difficile de confondre Homère et Virgile. On est obligé de reconnaître qu'un Grec et un Romain sont deux hommes fort différents. Le Romain, sans doute, a été le disciple du Grec, mais non pas son sosie. S'il a eu, beaucoup plus que son maître, le sens de l'action sérieuse, forte, suivie, s'il l'a emporté par toutes les qualités que lui-même résumait sous ce mot si fréquent de *gravitas*, en revanche il a laissé échapper, dans l'imitation laborieuse qu'il faisait des œuvres grecques, ce qu'elles renfermaient de plus subtil et de plus exquis. On ne trouve à Rome ni un Homère, ni un Sophocle, ni un Platon, ni même un Démosthène, malgré Cicéron. Il y a un charme d'imagination à la fois rationnelle et précise, de grâce dans la force, de subtilité rigoureuse sans raideur, de souplesse et de vigueur dialectique, dont les modèles sont en Grèce et non à Rome. A moins de soutenir que ce sont là des qualités superflues, et que l'esprit moderne n'a rien à gagner à se familiariser avec elles, on ne peut sérieusement affirmer que le latin dispense du grec. Même au point de vue de nos origines, on ne saurait comprendre à fond ni notre renaissance du xvi° siècle, ni un Racine, un La Bruyère, un Fénelon, un Chénier, si l'on ne sait la part que l'hellénisme a tenue non seulement dans leurs œuvres, mais aussi, chose plus importante et plus délicate, dans la formation de leur esprit.

Soit, répondent nos adversaires; mais, pour entendre toutes ces finesses, il faut savoir véritablement le grec; or, le fait est qu'on ne le sait pas en sortant du lycée; nos bacheliers l'ignorent à peu près complètement, et que leur en reste-t-il vingt ans ou même dix ans plus tard? L'objection n'est pas aussi forte qu'elle peut le paraître au premier abord. Tout le monde dit et répète qu'au lycée on n'apprend pas le grec, et que le peu qu'on en a su est oublié presque aussitôt. En est-on bien sûr? Si l'on veut dire par là qu'un bachelier moyen n'est pas capable de lire Sophocle ou même Xénophon couramment, et que la plupart des hommes de trente ans qui ont passé par le lycée en sont encore beaucoup moins capables, on a raison. Mais combien de bacheliers et combien d'hommes de trente ans, en dehors des spécialistes, sont capables de résoudre un problème de géométrie élémentaire ou de donner exactement une formule chimique? Faut-il conclure de là que ni la chimie ni la géométrie qu'ils ont pu apprendre au lycée ne leur ont rien laissé dans l'esprit et qu'ils auraient mieux fait d'employer leur temps d'autre façon? Cette conclusion paraîtrait absurde, non sans raison, à la plupart de ceux qui appliquent le même raisonnement à l'étude du grec. Osons dire bien haut que nos élèves, malgré la légèreté de leur bagage en ces matières, savent plus de grec qu'on ne le croit et qu'ils ne le croient eux-mêmes. En fait, voici ce qui se passe. Dans les classes de grammaire,[1] on leur apprend le matériel de la langue d'une manière à peu près satisfaisante. En troisième, ils expliquent Homère et Hérodote assez convenablement, et ils y trouvent souvent un vif plaisir, parce que ce sont des auteurs qui conviennent à leur âge, des représentants d'une littérature jeune, des écrivains dont les idées et les sentiments ressemblent à ceux qu'ils ont eux-mêmes. Plus tard, il est vrai, la connaissance et le goût du grec semblent faiblir chez nos élèves : la prépondérance des travaux de composition, un certain dédain de la grammaire, une année entière donnée à la philosophie, la préoccupation des examens, font qu'ils n'acquièrent pas autant qu'on serait en droit de le désirer dans ces dernières années d'études secondaires. Le mal est certain, mais il ne faut pas l'exagérer. Les souvenirs d'enfance sont tenaces et gardent un certain charme qui les aide à vivre. De plus, ils entrent profondément en nous et s'insinuent dans notre substance même. L'homme fait, sans doute, ne saurait plus conjuguer un verbe grec ni lire une page d'Homère. Mais il sait ce que c'est qu'Homère et il est en état de s'y intéresser. Une visite aux salles grecques de nos musées le touche d'autre façon qu'une visite aux monuments assyriens ou égyptiens. Dans une page de Leconte de Lisle, de Hérédia, de Renan, il retrouve l'écho d'une voix qu'il se rappelle avoir entendue jadis et qu'il reconnaît. S'il lit ou écoute une tragédie de Racine, Agamemnon n'est pas pour lui un étranger au même titre que Tamerlan ou Manco-Capac. Il a conservé au fond de sa mémoire un idéal de beauté un peu vague sans doute, mais qu'il ne confond cependant pas avec un autre. Il a oublié beaucoup de faits, mais il lui reste un sentiment, une sorte d'aspiration vivace qui est devenue partie intégrante de sa nature. En d'autres termes, son âme s'est enrichie. Or n'est-ce pas là le but suprême de l'éducation, et peut-on dire d'un enseignement qu'il ait été stérile s'il a laissé dans les esprits des germes de cette valeur?

Notre conclusion sur ce point sera donc très nette : oui, cet enseignement du grec est utile dans nos collèges ; oui, cet enseignement est nécessaire, et l'on ne saurait le supprimer sans mutiler le système de notre éducation.

Suit-il de là que cet enseignement, tel qu'il existe, soit parfait de tous points et qu'il n'y ait rien à faire pour l'améliorer ? En aucune façon. Sur la meilleure manière d'étudier le grec, sur le moment où cette étude doit commencer, sur les méthodes à suivre, beaucoup d'opinions se sont fait jour dans ces derniers temps. Sans entrer dans des détails qui ne seraient pas ici à leur place, rappelons du moins les principales.

Une idée souvent exprimée, c'est qu'on passe trop de temps à étudier le grec. D'excellents esprits sont convaincus que trois ou quatre années bien employées suffiraient. Au lieu d'en aborder l'étude à douze ans, qu'on la commence à quatorze : l'esprit des élèves, plus mûr, mieux préparé par leurs études antérieures, s'assimilera plus vite et mieux ce qu'ils ont aujourd'hui tant de peine à apprendre. On cite des exemples : des enfants sortis de l'enseignement primaire, abordant le grec et le latin à quatorze ans, sont devenus bacheliers et licenciés tout comme d'autres, et au même âge. Cette théorie a la vie dure : toujours combattue et réfutée, elle revient toujours à la charge ; on la croit morte : elle sommeille et se cache, prête à reparaître. Elle a déjà remporté des succès partiels : grâce à elle, on a reculé de deux ans les débuts du latin et d'un an celui du grec. Qu'en est-il résulté ? Ce qu'il était facile de prévoir : un affaiblissement des études anciennes. Si l'on reculait encore d'un ou deux ans l'étude du grec, c'en serait la ruine définitive. C'est une erreur singulière, en effet, que de raisonner comme on le fait sur des exemples individuels, sur des exceptions. Un jeune homme bien doué, armé d'une volonté ferme, soutenu par une vocation opiniâtre, peut commencer une étude nouvelle à un âge quelconque. Mais un système d'enseignement ne se règle pas sur des faits isolés : il ne peut s'appuyer utilement que sur des lois générales. Or la loi générale, en matière de psychologie scolaire, est aujourd'hui la même qu'au temps de La Bruyère (1): l'enfance est l'âge qui convient le mieux à l'étude des langues. « Si l'on remet, dit-il, cette étude si pénible à un âge un peu plus avancé, et qu'on appelle la jeunesse, ou l'on n'a pas la force de l'embrasser par choix ou l'on n'a pas celle d'y persévérer : et, si l'on y persévère, c'est consumer à la recherche des langues le même temps qui est consacré à l'usage que l'on en doit faire, *c'est donner à la science des mots un âge qui veut déjà*

_____
(1) *De quelques usages.*

aller plus loin et qui demande des choses, c'est au moins avoir perdu les premières et les plus belles années de sa vie. Un si grand fonds ne se peut bien faire que lorsque tout s'imprime dans l'âme naturellement et profondément, que la mémoire est neuve, prompte et fidèle, que l'esprit et le cœur sont encore vides de passion, de soins et de désirs, et que l'on est déterminé à de longs travaux par ceux de qui l'on dépend. » Chaque mot, dans cette admirable page, exprime une vérité solide et profonde. On peut la commenter, l'analyser, la justifier : il est impossible d'y rien ajouter d'essentiel. Quant à ceux qui la méconnaissent ou qui l'oublient, on peut affirmer qu'ils font de détestable pédagogie, parce que leur psychologie ne vaut rien.

Une autre théorie, toute contraire à la précédente, a été jadis soutenue par Beulé d'abord, puis par Charles Bigot. Elle consiste à dire que l'étude de grec, bien loin d'être ajournée le plus tard possible, devrait être la première qu'on demandât aux enfants, avant même celle du latin. Cette théorie, à vrai dire, n'a plus guère qu'un intérêt historique. Brillamment défendue par ses promoteurs, elle est aujourd'hui singulièrement oubliée. Comme elle ne semble pas près de retrouver des partisans, il est inutile de nous y arrêter. Bornons-nous à dire qu'elle ne tient pas un compte suffisant des faits. Si le grec pouvait s'apprendre comme une langue vivante, par l'usage et par la parole plus que par les livres, la théorie serait admissible. Mais si le grec doit être appris comme une langue morte, à l'aide de la grammaire et des textes, il ne faut pas oublier que le latin, beaucoup plus facile pour de jeunes Français, doit tenir la place d'un intermédiaire naturel entre leur langue maternelle et cette autre langue si compliquée. Mais ceci nous amène à la question même de la méthode, dont nous venons, en passant, de rencontrer un des problèmes.

Nous avons supposé admis, conformément à la pratique traditionnelle, que le grec était une langue morte et devait être appris par l'analyse plus que par l'usage. Mais on est en droit de se demander si cette hypothèse est juste. Il existe une langue grecque moderne, assez voisine en somme de l'ancienne, au moins dans certaines de ses productions. N'y aurait-il pas avantage à fonder l'étude du grec ancien sur celle du grec moderne, à passer de la plus récente des deux langues à la plus ancienne, et à prononcer celle de Platon comme on la prononce aujourd'hui encore en Orient ? L'idée est séduisante et peut-être un jour sera-t-elle applicable. Pour le moment, elle ne l'est pas. Les Hellènes sont les premiers à reconnaître que leur langue moderne est encore en voie de formation: elle se cherche elle-même; elle ne présente pas ces caractères de fixité et d'universalité relatives qui constituent une langue vraiment littéraire et classique; elle attend toujours la consécration que donnent à une langue des chefs-d'œuvre indiscutés. Avant d'apprendre le grec moderne comme l'anglais ou l'allemand, attendons que son évolution soit plus avancée. En fait, d'ailleurs, les moyens d'exécution nous manqueraient: le personnel enseignant ferait défaut. Aussi longtemps que le grec moderne ne pourra pas être appris au lycée pour lui-même, pour sa beauté propre et pour ses œuvres, il sera vain de songer à faire prévaloir, dans l'étude du grec ancien, la prononciation moderne, qui n'a qu'un rapport lointain avec celle de l'antiquité, et dont l'introduction, pratiquement fort difficile, compliquerait sans profit appréciable la tâche des maîtres et des élèves.

Si le grec est une langue morte et s'il ne faut pas songer à le parler, du moins faut-il le savoir et le lire. Dans quelle mesure et comment? Depuis une vingtaine d'années, des préoccupations philologiques mal dirigées ont souvent fait dévier la méthode. On a quelquefois confondu le rôle du savant et celui du professeur. On a oublié que si le professeur avait le droit d'être un savant dans son cabinet, il devait, dans sa chaire, n'être que professeur. En outre, c'est une vieille et toujours délicate question que de savoir suivant quelles proportions il faut doser, dans la pratique de l'enseignement, les théories et les applications, la grammaire et les textes, la curiosité des faits et le goût littéraire. Vous n'attendez pas de moi, Messieurs, que j'entre ici dans l'examen de toutes ces questions et que, sous prétexte de vous faire connaître l'état de notre enseignement, je compose un nouveau *Traité des Études.* Permettez-moi seulement de vous indiquer ce que je crois être l'essentiel, c'est-à-dire les idées directrices qui inspirent la plupart de nos maîtres. Nous sommes assez généralement d'accord sur deux points : le premier, c'est que l'enseignement des langues anciennes, et du grec en particulier, tout en étant forcément grammatical et théorique, doit tendre à réduire la théorie grammaticale au minimum, pour arriver le plus tôt possible à l'exemple concret, au texte. Le second, c'est que l'étude du texte, sans exclure le souci des faits, doit être littéraire, c'est-à-dire porter sur l'homme et l'artiste qu'est l'écrivain, aussi bien que sur les choses dont il parle; en d'autres termes, sa personne et sa pensée nous intéressent autant que la matière dont il traite.

Sur le premier point, nous disons encore avec La Bruyère (1) : «L'étude des textes ne peut jamais être assez recommandée : c'est le chemin le plus court, le plus sûr et le plus agréable pour tout genre d'érudition. » A ce sujet, l'unanimité est complète, et les instructions ministérielles sont entièrement d'accord avec le sentiment des maîtres. Avouons cependant que la pratique laisse à désirer. On ne risque guère d'être contredit si l'on affirme que, dans beaucoup de nos classes, on ne lit pas encore assez. C'est de ce côté qu'il y a des progrès à faire. Choisir des textes faciles, habilement gradués, intéressants pour les élèves, appropriés à leur âge, voilà la première tâche de l'éducateur ; mais il ne suffit pas d'en effleurer quelques pages, pendant un petit nombre de quarts d'heure péniblement arrachés à la correction des devoirs : il faut les lire et les relire, les « manier et les remanier », comme dit encore La Bruyère, les « apprendre de mémoire », « en pénétrer le sens dans toute son étendue et dans ses circonstances ». La lecture ainsi pratiquée, joue, à l'égard des langues mortes, le même rôle que la conversation à l'égard d'une langue vivante : elle en donne l'habitude familière ; mais c'est une conversation plus précise, plus relevée, plus instructive aussi à beaucoup d'égards. Quand la lecture des textes, sagement combinée avec les exercices écrits indispensables, aura pris, dans toute la durée des études, depuis la sixième jusqu'à la philosophie inclusivement, la place à laquelle elle a droit, on s'apercevra que l'étude du grec peut être poussée fort loin sans difficulté, mais à la condition de faire pour elle ce qu'on ferait pour toute autre étude qu'on voudrait poursuivre avec succès, c'est-à-dire de reconnaître que, pour savoir le grec, il faut l'apprendre.

J'ai dit aussi que l'étude du grec, en France, était généralement conçue comme devant être *littéraire*. C'est là un sujet qui ne manque pas d'importance, mais qui trouvera naturellement sa place quand j'aurai à considérer le même problème du point de vue de l'enseignement supérieur.

Arrivons donc au rôle de l'hellénisme dans l'enseignement des Universités.

II

Ici toute science a sa place, quel qu'en soit l'objet. Personne ne pouvait donc songer à en exclure l'hellénisme, pour lequel d'ailleurs

(1) Suite du passage cité plus haut. Toute la page, dont j'indique seulement le début, est à lire ; elle est pleine de sens et de saveur.

ses adversaires mêmes n'ont jamais manqué de paroles gracieuses. La première question à résoudre est donc simplement celle-ci : le grec doit-il avoir dans les Universités une place analogue à celle de l'égyptologie ou du sanscrit, c'est-à-dire la place d'une science réservée par sa nature propre à un petit nombre d'adeptes ? Ou bien doit-il continuer d'être enseigné comme une science fondamentale, sans laquelle il n'est point de véritable culture supérieure dans l'ordre des lettres ? La solution donnée précédemment à la question de l'hellénisme au lycée suffirait à résoudre celle-ci : comme la fonction de l'enseignement supérieur est, pour une part au moins, de former les maîtres de l'enseignement secondaire, il est clair qu'il est obligé de faire au grec une place analogue à celle qui lui est réservée dans l'enseignement secondaire. Mais il y a plus : à supposer que l'étude du grec vînt, par impossible, à disparaître de nos lycées, on ne comprendrait guère, en principe, que des maîtres chargés de donner aux enfants une culture classique même exclusivement française n'eussent pas été pour leur propre compte puiser à la source première de cette culture. Dans la réalité, si le grec n'était plus enseigné au lycée, il est probable qu'il ne garderait à l'Université qu'une vie précaire. Mais ce serait là une conséquence de fait très fâcheuse, non une conséquence logique et rationnelle. Quoi qu'il en soit, laissons de côté cette hypothèse, puisque aussi bien rien ne fait prévoir qu'elle soit sur le point de se réaliser. Dans l'état présent des choses, le seul problème vraiment intéressant est de savoir comment l'hellénisme sera enseigné dans l'Université.

Sur ce point de méthode, la différence entre les deux ordres d'enseignement est capitale ; je ne crois pourtant pas qu'elle aille jusqu'à une complète opposition. Ici, le professeur doit être d'abord un savant, et il n'a pas à craindre de le montrer, même dans sa chaire. Mais peut-être ne doit-il pas oublier non plus qu'à côté des faits grammaticaux, philologiques, archéologiques, il y a des faits littéraires, c'est-à-dire des questions d'art et de goût, qui méritent également de l'occuper.

La cause de la méthode scientifique dans l'enseignement supérieur n'a pas besoin d'être défendue : elle est gagnée d'avance. Tout le monde est prêt à reconnaître que les recherches les plus techniques, les plus minutieuses, les plus particulières, y sont nécessaires, même si elles ne paraissent pas d'abord de nature à produire des fruits très riches et très savoureux. Toute recherche bien conduite est utile en soi. Elle peut d'ailleurs aboutir à des résultats imprévus. La Bruyère avait peut-être tort de railler le savant qui voulait savoir laquelle des deux mains d'Artaxercès Longue-Main était la plus longue ; ou du moins, il avait tort de choisir un exemple ridicule pour condamner en général toute science dont on ne voit pas d'abord l'objet utile. Il aurait dû songer surtout, lui qui aimait les langues anciennes pour les littératures dont elles sont l'organe, que l'étude des littératures doit reposer sur un fondement philologique très solide. La philologie est l'étude complète de l'antiquité, méthodiquement étudiée sous tous ses aspects, et même dans ses parties les plus arides. Elle a donc, au premier chef, droit de cité dans l'enseignement supérieur.

Mais la littérature a droit aussi d'y revendiquer sa large place, car elle a pour objet un des aspects les plus importants de la vie antique, et elle est un instrument de recherche d'une précision extrême. L'objet propre de la littérature, c'est l'étude des œuvres écrites considérées comme œuvres d'art, c'est-à-dire comme des œuvres où des hommes qui ont réellement vécu ont mis, avec leur conception de la beauté, le fond le plus intime de leur être ; où ils se sont peints eux-mêmes à nous, sans y penser, avec une ampleur et une finesse de traits qu'on ne trouverait pas au même degré dans les autres manifestations de leur activité. L'esprit littéraire est essentiellement le sens de la vie et de la beauté dans les œuvres écrites que le passé nous a léguées. Non seulement le style et la composition d'un ouvrage deviennent, à la lumière d'une observation dirigée par cet esprit, des documents capables de nous apprendre beaucoup sur l'âme d'un individu, sur celle d'un temps ou d'un pays ; mais la grammaire même, surtout dans la syntaxe, prend aussi, grâce à l'esprit littéraire, la valeur d'un témoignage psychologique sur le peuple qui l'a faite. On a dit de l'histoire qu'elle était une résurrection. L'histoire littéraire est peut-être la plus merveilleuse des résurrections ; car, au delà des actes, elle pénètre jusqu'au principe de tous les actes, jusqu'à la source secrète des pensées et des sentiments. L'enseignement supérieur en France a toujours fait à l'histoire littéraire ainsi entendue une place que quelques-uns peut-être seront disposés à trouver exagérée. Je crois que ce reproche serait mal fondé. L'héritage des Sainte-Beuve et des Taine ne doit pas être abandonné. L'enseignement supérieur n'a pas le droit d'y renoncer. Son devoir est seulement d'y porter de plus en plus ces habitudes de curiosité patiente et méthodique, cette science rigoureuse et précise qui rentrent dans sa définition même, et par lesquelles la véritable histoire littéraire se distinguera toujours des vains jeux de la sophistique ou du bel esprit.

Si j'ai rempli ma tâche à peu près comme je la concevais, je vous ai montré, Messieurs, pourquoi l'hellénisme était une partie essentielle de toute culture vraiment classique, quelles objections, quelles difficultés il avait parfois rencontrées parmi nous, comment il en avait triomphé partiellement, comment il pouvait arriver à les surmonter plus complètement encore, et enfin dans quel esprit, à la fois scientifique et littéraire, il devait puiser la force dont il a besoin pour acquérir toute sa fécondité.

Alfred CROISET.

RAPPORT DE M. BUFNOIR

DE LA PART A FAIRE AUX SCIENCES POLITIQUES
DANS L'ENSEIGNEMENT DES UNIVERSITÉS

MESSIEURS,

La question que j'ai accepté d'introduire dans cette réunion a été souvent agitée en France depuis un demi-siècle. Elle l'a été avec une acuité particulière depuis quelque vingt ans. Une tentative sérieuse vient d'être faite pour lui donner une solution qui n'est peut être pas définitive, mais dont il peut être intéressant de montrer les origines et d'exposer à grands traits l'économie. C'est sans doute la part que les circonstances m'ont appelé à prendre aux décisions intervenues qui m'a valu l'honneur d'ouvrir ici l'entretien auquel nous sommes conviés sur l'enseignement des sciences politiques dans les Universités.

Il ne m'échappe pas que la question posée a un caractère général et universel, mais elle a aussi ses côtés locaux ou nationaux, et dans l'adaptation qui en est faite à un pays déterminé il y a à tenir compte des conditions particulières de l'éducation nationale et de l'organisation universitaire. Je vais sans doute l'exposer dans sa généralité, mais plus particulièrement au point de vue français, avec quelques échappées sur quelques-uns des pays dont je puis parler sans courir la chance d'erreurs trop graves. Je pense que nos hôtes voudront bien nous dire comment elle se pose chez eux, et à quel point en est arrivée la solution.

Avant tout, il convient de donner aux expressions « sciences politiques » un sens précis. On ne saurait avoir la pensée d'entendre par là l'ensemble des connaissances qui sont nécessaires à un homme d'État. A ce compte, les sciences politiques formeraient une vaste encyclopédie dont la possession ne pourrait pas être l'objet d'un régime spécial d'études localisées dans quelque compartiment de l'enseignement universitaire. Elle ne pourrait être que le résultat d'une éducation générale dont les éléments doivent se trouver répartis à tous les degrés et dans toutes les branches de l'enseignement. On ne concevrait pas qu'elle pût être constatée par un brevet ou diplôme délivré par un jury quelconque. En fait, l'usage a donné à ces expressions un sens plus restreint qui permet de faire des sciences politiques une catégorie d'études spécialisées qui peuvent être réunies en un groupe distinct. En ce sens les sciences politiques sont celles qui intéressent la Cité (πολις), ou, pour prendre l'expression moderne, l'État dans son organisation, ses attributions, son fonctionnement et le règlement de ses intérêts moraux et matériels. En un mot cela comprend le droit public dans son sens le plus large et les diverses branches de l'économie politique.

Droit public et sciences économiques, tel est donc le domaine propre des sciences politiques qui sont une partie des sciences sociales, comme le droit lui-même dans toutes ses branches ; et c'est aussi la portée que l'on donne en Allemagne, à quelque chose près, en plus ou en moins, à l'expression correspondante, sciences d'État (*Staatswissenschaften*). Même avec cette définition restrictive, on a pu encore dire avec raison que les sciences politiques ne constituent pas « un ordre défini de sciences », mais du moins, elles ont une unité marquée comme se référant à un ordre d'idées commun, et plus encore comme tendant à un but commun, savoir l'éducation spéciale des hommes appelés par vocation scientifique ou par les besoins de leur carrière à s'occuper des intérêts généraux de la Cité, c'est-à-dire de l'État.

Qu'il soit d'une utilité urgente de faire une place à l'enseignement des sciences politiques, ainsi définies, dans les études supérieures, cela est d'évidence, surtout en France, où un régime absolument démocratique appelle chaque citoyen à participer à la direction des intérêts généraux du pays. Qu'il soit opportun de distribuer cet enseignement de manière, sinon à le faire pénétrer dans les masses profondes, du moins à mettre le plus grand nombre possible d'hommes en mesure de discuter utilement devant ces masses les questions redoutables qui se posent de notre temps dans l'ordre politique et dans l'ordre économique, c'est ce qui n'est pas moins évident à l'heure actuelle.

En conformité avec ces idées, le Congrès international de l'enseignement supérieur et de l'enseignement secondaire tenu à la

Sorbonne même, en août 1889, avait émis l'avis « qu'il y a lieu de donner, aux sciences économiques et politiques, une place plus large que par le passé dans l'enseignement supérieur ». Notre étude présente a pour objet de rechercher sous quelle forme il peut être donné satisfaction au vœu ainsi émis par le Congrès international de 1889.

Les termes mêmes dans lesquels la question a été formulée impliquent qu'il s'agit uniquement ici du rôle qui doit être assigné dans cette mission considérable aux Universités, c'est-à-dire à l'enseignement supérieur organisé en Universités de l'État ou libres. Il va de soi, d'ailleurs, que nous n'entendons aucunement contester à des établissements constitués en dehors des Universités, en vertu du principe de la liberté de l'enseignement supérieur, le droit de donner à leur gré l'enseignement des sciences politiques. Nous rendons sincèrement hommage aux efforts qui ont été faits à cet égard par l'initiative privée : pour une œuvre d'une telle importance tous les concours, sous quelque forme qu'ils se produisent, sont bienvenus. Mais ici nous nous plaçons exclusivement sur le terrain universitaire.

En France, jusqu'à une époque très récente, les sciences politiques n'avaient obtenu, dans l'ensemble des études supérieures, aucune place spéciale comme formant un groupe particulier d'enseignement. Même on put remarquer qu'à l'origine de la reconstitution de nos Facultés, elles n'y étaient pas représentées du tout, même à titre d'études isolées. Dans ces Facultés, cantonnées chacune dans un domaine nettement circonscrit, aucune n'avait reçu la mission d'enseigner l'économie politique, et le droit public lui-même ne figurait dans les programmes des Facultés de droit que sous la forme d'une énonciation vague à laquelle il ne semble pas qu'on ait attaché en fait aucune importance pratique : c'est que les Facultés de droit étaient alors bien plutôt, conformément à la rubrique de la loi du 22 ventôse an XII, et sont restées en fait pendant longtemps des écoles de droit, c'est-à-dire des établissements ayant pour objet exclusif la préparation professionnelle aux fonctions judiciaires et aux professions considérées comme auxiliaires de la justice.

Petit à petit cependant, l'enseignement des Facultés de droit s'élargit pour faire place à un certain nombre de disciplines appartenant au droit public ou s'y rattachant. Tel fut le droit administratif introduit successivement dans toutes les Facultés de droit, puis, plus lentement et plus parcimonieusement suivant les Facultés, le droit constitutionnel et le droit des gens ou droit international public. C'était là un développement timide et bien insuffisant de la mission naturelle des Facultés de droit, et on ne peut nier qu'elles se soient acquittées à leur honneur de cette nouvelle tâche. Il ne saurait être question de les en déposséder aujourd'hui. C'est donc une partie des sciences politiques qu'elles se sont annexée, non par droit de conquête, mais, sinon par droit de naissance, au moins par la loi naturelle de leur développement. A l'étranger comme en France, très généralement et sauf le cas exceptionnel où il existerait une Faculté spéciale des sciences politiques, l'enseignement du droit public est ainsi réuni à celui du droit privé. La place qui lui est faite est plus ou moins grande, mais cette place est à la Faculté de droit. C'est donc un point que l'on peut considérer comme jugé et comme consacré par l'expérience.

La diversité est beaucoup plus grande, en ce qui concerne cette autre partie des sciences politiques, qui forme le faisceau des sciences économiques. Leur entrée dans l'enseignement universitaire, en France, a été plus tardive encore que celle de certaines branches, au moins du droit public ; c'est en 1864 qu'une chaire d'économie politique fut créée à la Faculté de droit de Paris, et en 1878 seulement que l'enseignement en fut institué dans toutes les Facultés de droit.

Évidemment, ce rattachement des enseignements économiques aux études juridiques était une extension du domaine propre des Facultés de droit ; il n'avait rien de nécessaire, puisque, dans presque toutes les Universités de l'empire d'Allemagne, ces enseignements constituent une dépendance de la Faculté de philosophie qui est censée embrasser la synthèse du savoir humain, à l'exception des branches qui en sont exceptionnellement détachées. Mais nous n'avons rien de pareil en France : chaque Faculté y a reçu des attributions délimitées, et quand on s'est avisé qu'un ordre d'études avait été oublié, auquel il convenait de faire sa part et sa place dans l'enseignement, on avait en quelque sorte le champ libre pour lui assigner le siège qui paraîtrait le mieux approprié.

Ce qui a déterminé le choix de la Faculté de droit, comme siège de l'enseignement économique, ce ne sont point, autant qu'on peut le croire, des raisons d'ordre scientifique, tirées des affinités de cet enseignement avec les études déjà installées dans le milieu où il était ainsi introduit ; c'est, principalement au moins, une raison d'ordre pratique, tirée du but que l'on se proposait d'atteindre. Ce que l'on voulait, c'était répandre la connaissance de l'économie politique, le plus largement possible, dans les classes de la population où elle pouvait faire sentir le plus utilement son influence. Il fallait donc aller là où se trouverait cette clientèle spéciale, à qui l'on pût au besoin imposer, par la sanction des examens, des études jugées nécessaires dans l'intérêt général. Or cette clientèle se trouvait toute prête dans les Facultés de droit, et on peut dire qu'elle ne se trouvait pas ailleurs. Cela est bien prouvé par ce qui se passe en Allemagne même, où l'on a constaté que les neuf dixièmes de l'auditoire d'un professeur d'économie politique, dans les Facultés de philosophie, proviennent de la Faculté de droit.

Ce n'est pas que les raisons théoriques eussent manqué, pour justifier le rapprochement et la combinaison des études juridiques et des études économiques. Ces deux ordres d'études s'éclairent et se complètent l'un par l'autre. On a bien pu dire que, par ses origines, l'économie politique est une branche de la philosophie morale : mais, sans rompre absolument avec cette conception qui a sa part de vérité, l'économie politique a toujours tendu à devenir moins spéculative et à s'établir sur l'observation des faits. Par ce côté, elle a avec la législation des liens plus intimes qu'avec aucune autre science. Si les institutions juridiques ont souvent des origines historiques et ethniques étrangères aux considérations économiques, elles n'en subissent pas moins dans leur évolution l'influence de l'économie politique, qui devient prépondérante en toute la partie de la législation qui touche au crédit et qui, même quand elle ne peut pas donner le principe de solution, doit intervenir pour signaler les conséquences fâcheuses que peut entraîner l'application rigoureuse des doctrines juridiques. Il y a souvent à opérer des transactions qui supposent de part et d'autre la connaissance exacte des termes entre lesquels il faut opérer la conciliation.

L'influence utile de cette pénétration réciproque du droit et de l'économie politique n'est peut-être pas encore universellement admise. Dans les Facultés de droit en particulier, plus imprégnées des traditions et plus lentes à s'ouvrir aux innovations, on trouverait peut-être encore des hommes qui persistent à ne voir dans la science du droit qu'une construction doctrinale, tendant à systématiser l'interprétation et l'application des textes législatifs. Ceux-ci ne se cachent pas de regretter l'intrusion de l'économie politique dans l'enseignement des Facultés de droit et de lui attribuer une influence préjudiciable à la bonne éducation juridique. Mais je ne crois pas que personne parmi les économistes se refuse à reconnaître que l'économie politique ne peut que gagner à s'associer aux études de droit. Et je parle, ici, même et particulièrement du droit civil, qui comprend le régime de la propriété, le régime des successions et le régime hypothécaire, toutes matières si intimement liées à la production et à la bonne utilisation de la richesse. Il y a quelques années, un de nos économistes les plus éminents, ayant dressé le tableau des enseignements économiques ou auxiliaires de l'économie politique, n'avait mentionné comme rentrant dans cette deuxième catégorie, parmi les cours professés dans les Facultés de droit, que le droit commercial. Je pris la liberté de lui faire remarquer qu'il aurait dû mentionner également le droit civil, et il ne fit aucune difficulté de reconnaître que j'avais pleinement raison.

Assurément si la question s'était, dès l'origine, posée sur des bases plus larges, sur l'institution en bloc de l'enseignement des sciences économiques joint à celui du droit public, on aurait pu se demander si ce n'était pas le cas de lui donner asile dans une Faculté créée *ad hoc*, ayant son existence propre et son recrutement spécial. C'est une opinion qui a été défendue. Mais la question ne s'étant tout d'abord posée que pour l'enseignement en quelque sorte isolé de l'économie politique dans les conditions expliquées plus haut, la solution devait être ce qu'elle a été. Après quelques hésitations, les Facultés de droit firent bon accueil à la nouvelle venue et montrèrent promptement qu'elles avaient pu sans témérité en prendre la charge et la responsabilité. En effet, un mouvement scientifique indépendant ne tarda pas à se produire sous l'influence de cette jeune école.

Dès lors le pas était franchi : c'est par la porte des Facultés de droit que les sciences économiques devaient pénétrer dans l'enseignement universitaire en y apportant le complément nécessaire pour constituer l'ensemble des sciences politiques. Pour le principe, c'est le système établi en Autriche où l'enseignement du droit privé, du droit public et des sciences économique est concentré dans les Facultés dites de droit et des sciences politiques.

En France, deux choses restaient à faire pour que l'œuvre ainsi ébauchée reçût son plein développement : il fallait d'abord compléter l'enseignement lui-même, trop maigrement doté, plus particulièrement dans l'ordre des sciences économiques ; il fallait ensuite former le groupement des sciences politiques, les réunir dans un ensemble d'études combinées pouvant conduire à la délivrance d'un diplôme correspondant.

Le complément des enseignements s'est opéré d'un mouvement

un peu lent peut-être mais ininterrompu; il s'est accentué en 1889, époque à laquelle un document officiel expliquait que jusque-là les Facultés de droit n'avaient pas reçu les mêmes accroissements que les autres. Aujourd'hui on enseigne dans les Facultés de droit toutes les branches essentielles du droit public et à côté de l'économie politique, par adjonctions successives, la science financière la législation industrielle, l'histoire des doctrines économiques, l'économie industrielle, l'économie coloniale et dans quelques Facultés en attendant mieux, la législation et l'économie rurales.

Quant au groupement de ces études diverses dans un ensemble donnant lieu à la délivrance d'un diplôme, il y a eu des tâtonnements qui se sont prolongés jusqu'au récent décret du 30 avril 1895, qui a créé à cet effet le grade de docteur en droit avec mention *sciences politiques*. J'ai hâte d'ajouter immédiatement que ce diplôme ne confère aucun avantage professionnel en dehors de l'enseignement. Sous cette réserve il n'a qu'une valeur scientifique : c'est une constatation d'études, rien de plus.

Parmi les tentatives qui avaient été faites avant le décret de 1895 pour aboutir à l'organisation universitaire de l'enseignement d'ensemble des sciences politiques, il en est une dont j'avais pris l'initiative et dont je crois devoir dire un mot. Il s'agissait non plus seulement d'un groupement d'enseignements dans le sein d'une Faculté, mais d'un groupement d'enseignements empruntés aux diverses Facultés appelées à concourir en commun, chacune avec ses ressources propres au nouvel ordre d'études. Cette combinaison avait été favorisée par la concession accordée aux conseils généraux des Facultés du droit général d'organiser des « cours, conférences et exercices pratiques communs à plusieurs Facultés. » (Décret du 9 avril 1893, article 5). A la Faculté de droit il était naturellement réservé de fournir le contingent principal; chacune des autres Facultés aurait pu fournir quelque complément utile ou même nécessaire pour arriver à embrasser l'ensemble des sciences sociales. Dans chaque ressort académique il aurait appartenu au conseil général de juger si les besoins régionaux justifiaient la mise en mouvement du système et si les ressources locales permettaient d'y pourvoir. Le principe avait été admis par le Conseil général des Facultés de Paris; il avait été approuvé également dans une délibération formelle de la Faculté de droit de Paris, et le mécanisme du système avait été expliqué par M. le doyen Beudant, qui lui donnait pleine approbation, dans le rapport fait au Ministre de l'instruction publique au nom du Conseil général, sur la situation de l'enseignement supérieur à Paris pen-

dant l'année scolaire 1892-1893. L'idée était conforme au sentiment, qui tend à prévaloir, de la nécessité de tenir compte de l'influence réciproque exercée par des études que séparent arbitrai-
rement les cadres rigides de l'enseignement des Facultés de chaque
ordre. La tentative rencontre au point de vue de l'application
des obstacles qui l'ont empêchée d'aboutir, mais il est resté quelque chose de l'idée qui l'avait inspirée dans le décret de 1895, qui
admet en effet la coopération possible des autres facultés à la collation d'un grade conféré par la Faculté de droit : c'est une innovation qui n'a surpris que parce qu'on en a oublié l'origine.

Le système consacré par ce dernier décret avait été, dans une
enquête préalable sur la réforme du doctorat en droit, recommandé,
quant au principe au moins, par le plus grand nombre des Facultés
compétentes. Exposé à la tribune à l'occasion de la discussion du
budget, il avait reçu de la Chambre des députés un chaleureux
accueil. Il semble cependant que son application sous sa forme
définitive suscite dans le sein même des Facultés des regrets et
des appréhensions. Pour l'établir il a fallu briser l'unité du doctorat
en droit et beaucoup pensent que le doctorat avec la mention
sciences politiques, moins austère, plus attrayant, que le doctorat
en droit proprement dit, pourra diminuer la clientèle de celui-ci
et amoindrir ainsi les études juridiques traditionnelles. Ils se demandent d'ailleurs s'il est bon de séparer au degré supérieur des études
qui empruntent à leur association une valeur particulière. On ne
l'a pas pensé en Autriche où la question a été agitée il y a quelque
dix ans et où le projet de distinguer le doctorat en droit et le
doctorat ès sciences politiques n'a pas abouti. Personnellement
j'ai eu quelque peine à me résigner à cette séparation. Mais il ne
faut pas oublier qu'en France le doctorat se superpose à un premier grade qui est la licence et que même divisée ses deux parties
conservent une base commune. C'est cette base qu'il faudra fortifier pour permettre ensuite à chacun suivant les tendances ou les
aptitudes de son esprit, de suivre dans un développement plus
rigoureux l'une ou l'autre des deux branches ainsi greffées sur
un même tronc. Au degré supérieur les études ne peuvent demeurer quasi encyclopédiques qu'en se condamnant à ne donner que
des résultats de surface.

A l'organisation nouvelle des études dans les Facultés de droit
j'aperçois pour mon compte des difficultés d'un autre ordre, particulièrement la difficulté que des habitudes invincibles nous imposent de la faire fonctionner à la fois dans tous les Facultés de droit.
Peut-on espérer qu'il sera possible de créer partout le personnel

de professeurs indispensable et qu'on trouvera partout une clientèle suffisante d'élèves sérieux pour le nouveau doctorat? Peut-être eût-il convenu d'aller moins vite. On s'expose ainsi à compromettre par trop de hâte une tentative qui, prise en soi, peut être féconde en résultats. Il y a donc là comme un point noir dont je ne veux pas exagérer le danger, mais qu'il convient de signaler à l'attention de l'administration de l'instruction publique dont les efforts doivent tendre à le dissiper tout au moins en donnant au plus tôt à l'enseignement dans toutes les Facultés le développement nécessaire ; quant au développement de la clientèle d'étudiants, on peut espérer qu'il sera provoqué par la création même du nouveau doctorat qui, par l'attrait de nouvelles études, retiendra dans les Facultés un plus grand nombre de licenciés.

Pour conclure, je dirai simplement qu'en France on a fait et qu'on y poursuit un effort sérieux pour donner aux sciences politiques une large place dans l'enseignement universitaire. On y est arrivé non par une sorte de conception *a priori*, mais par le mouvement insensible des faits. Ces résultats ont encore besoin de la consécration de l'expérience. Mais l'expérience a déjà prouvé l'aptitude des Facultés de droit à développer leur enseignement dans cette direction. On est donc autorisé à croire que le régime institué par le décret du 30 avril 1895 est, de tous ceux qu'on aurait pu proposer, celui qui offre les garanties de succès les plus sérieuses.

Il ne me reste plus qu'à vous remercier, Messieurs, de la bienveillante attention que vous m'avez accordée et à laisser la parole à nos hôtes qui voudront bien sans doute nous faire connaître l'état de la question dans leur pays.

OBSERVATIONS DE M. LARNAUDE

MESSIEURS,

Je veux d'abord rendre l'hommage qu'il mérite au rapport si complet, si substantiel de notre éminent rapporteur. Je ne crois pas qu'on puisse mieux justifier qu'il ne l'a fait la place qu'occupe l'enseignement des sciences politiques dans nos Facultés aujourd'hui. Je ne crois pas non plus qu'on puisse trouver ailleurs un exposé aussi précis et aussi impartial des efforts qui ont été faits pour réaliser une réforme, qui ne date d'ailleurs que d'hier, dans notre enseignement supérieur. Mais vous me permettrez d'ajouter tout de suite que cette question de l'enseignement des sciences politiques (auxquelles il faut joindre les sciences sociales, qui les touchent de si près) dépasse de beaucoup les bornes d'une question ordinaire d'enseignement, même d'enseignement supérieur. Les sciences sociales et politiques ne doivent pas seulement être étudiées dans l'Université ou dans des écoles libres réunissant un public scolaire plus ou moins étendu. Elles ont une autre importance, une autre portée que celles qui se rapportent à l'instruction générale ou professionnelle. Dans les pays dotés de libres institutions, comme le sont les deux pays dont il y a ici des représentants, les sciences sociales et politiques doivent être enseignées, apprises, cultivées partout et partout le monde, parce qu'elles ont pour tous une importance croissante, parce que de leur connaissance, de leur extension, dépend en grande partie la bonne ou la mauvaise direction que subit la politique générale du pays et l'action même des pouvoirs publics. On demande à grands cris aujourd'hui que la France pratique le *self government*, que les Français s'habituent à faire leurs affaires publiques eux-mêmes, qu'ils apprennent à administrer, à juger, au lieu de faire faire ce travail à des fonctionnaires. Je doute qu'on arrive à changer sur ce point des habitudes qui me paraissent être une conséquence inéluctable du développement social et économique. Le régime du *selfigovernment* est un anachronisme dans la complexité et la difficulté croissante des fonctions de l'État. Mais si le citoyen doit renoncer de plus en plus à s'occuper personnellement d'administration et de justice et laisser ce soin à des fonctionnaires de carrière, ce qu'on peut lui demander tout au moins, c'est de ne jamais cesser de s'occuper des problèmes sociaux et politiques, c'est de ne jamais cesser de s'y intéresser. Il faut qu'il puisse accorder son vote en connaissance de cause aux candidats qui sollicitent ses suffrages, et pour cela il faut qu'il puisse juger leurs professions de foi. Il y a longtemps que des affirmations et des revendications encore plus ridicules que dangereuses auraient disparu des programmes électoraux si l'éducation politique et sociale des électeurs était un peu plus avancée. Mais comment se fera cette éducation politique de tous les jours qui seule peut permettre à un pays de pratiquer de libres institutions?

Le livre a été longtemps un instrument d'éducation politique. Puis il a été remplacé par la brochure, le pamphlet. Enfin le journal est venu qui règne aujourd'hui sans conteste et n'a pas encore dit, quant à son extension et son rayonnement, le dernier mot. Est-ce suffisant? Je ne le crois pas. Le journal quotidien, il n'y a plus que celui-là qui compte aujourd'hui, est, passez-moi le mot, trop affairé et trop pressé pour pouvoir traiter certains sujets avec toute l'ampleur qu'ils comportent. On a dit d'un grand journaliste qu'il avait une idée par jour. Vous m'avouerez que c'est beaucoup trop, ou trop peu si l'idée est fausse! Il n'est pas possible de résoudre au pied levé les problèmes les plus ardus, les plus délicats de la politique et de la législation. Le journal est certes un instrument incomparable d'éducation politique, mais il ne suffit pas.

Et puisque des représentants de la nation anglaise assistent à nos débats, je leur dirai que j'envie beaucoup à leur pays l'usage très répandu chez eux de traiter les grandes questions politiques et sociales dans les « Revues » et les « Magazine » si nombreux qu'ils possèdent. On n'a qu'à ouvrir un numéro quelconque de leurs grandes Revues, de la *Contemporary Review*, de la *Nineteenth Century*, etc., pour y trouver de nombreux articles, signés souvent de noms de professeurs de leurs Universités, et traitant les grands problèmes de la politique d'une manière plus calme, plus scientifique et avec plus de compétence aussi que leurs journaux.

Pourquoi donc nos grandes Revues françaises n'en feraient-elles pas autant? Je sais bien que quelques-unes et non des moindres s'y essayent. Et j'aperçois justement ici un de nos plus brillants écrivains politiques, M. Benoist, qui s'est attaqué dernièrement dans la plus ancienne et la plus importante de nos grandes Revues, au problème le plus difficile peut-être de la science politique, à l'organisation du suffrage universel. Mais il m'accordera bien que ce genre d'articles n'est pas celui qui domine. On trouve dans nos grandes Revues avant tout des romans, des études d'histoire, des mémoires, des voyages. L'article de politique vraiment scientifique y est rare.

C'est cependant l'article utile par excellence. On peut se passer de littérature, on ne saurait se désintéresser de l'étude des problèmes qui nous touchent par ce que nous avons de plus précieux au monde, qui regardent notre liberté, notre bourse!

Il faut réagir contre ces mœurs si nous voulons pratiquer sans danger les institutions de liberté que nous nous sommes données. Il faut que l'instruction politique se répande et elle ne le peut que si cette partie de la Presse consent à ne pas s'occuper exclusivement de romans, de littérature ou de beaux-arts!

Est-ce à dire que l'Université n'ait pas de rôle à jouer en pareille matière? Ce n'est certes pas ma pensée!

Je crois au contraire qu'elle est ici la grande éducatrice et que sur ce point son rôle peut singulièrement grandir encore.

Mais l'éducation politique qu'elle donnera sera autre que celle qui se fera par la Presse et surtout elle s'adressera à un autre public.

C'est évidemment dans les Universités que doit être donné l'enseignement proprement dit, l'enseignement didactique et dogmatique des sciences politiques et sociales. J'ajoute que cet enseignement est au premier chef de l'enseignement supérieur et ne peut s'adresser utilement qu'à des esprits suffisamment formés, suffisamment mûris, capables de réflexion, en état de discuter, car la discussion est ici un des éléments mêmes de l'instruction à recueillir. C'est donc à l'Université ou dans les hautes écoles fréquentées par des jeunes gens ayant reçu une instruction secondaire suffisamment développée que l'enseignement doit être fourni. Il n'y a pas, je crois, grand profit à atteindre des notions qu'on a introduites en France dans l'enseignement primaire et dans l'enseignement secondaire sur certaines parties des sciences sociales et politiques. Je ne sais pas si l'essai qu'on a fait ne pourrait pas être comparé à celui, déjà abandonné, de donner l'instruction militaire aux élèves de nos écoles primaires. La science sociale et politique constitue une nourriture trop forte pour être facilement assimilée par des enfants.

Dans l'Université, c'est donc dans les Facultés que cet enseignement doit être donné. Mais dans quelles Facultés et sous quelle forme ?

Je crois que sur ce point on ne peut vraiment pas être d'un autre avis que notre rapporteur. Il n'est pas possible que les Facultés de droit (qu'on devait bien, par parenthèse, appeler aussi, comme dans d'autres pays, Facultés des sciences politiques) donnent avec leurs seules ressources l'enseignement complet des sciences sociales et politiques. L'initiation des professeurs des Facultés de droit n'est pas (et il faut s'en féliciter) suffisamment encyclopédique pour leur permettre d'enseigner les très nombreuses disciplines qui se rattachent à cet ordre de connaissances. Parmi les sciences sociales et politiques, il en est qui gravitent autour de la philosophie, d'autres qui supposent des connaissances très étendues en histoire ; quelques-unes touchent de très près à des sciences qui ont leur siège principal à la Faculté de médecine. Ce serait folie, et l'entreprise serait condamnée d'avance, que de prétendre faire rentrer cet ensemble complexe dans une seule Faculté. Les Facultés voisines doivent donc nous aider ; sans elles, nous ne pourrions organiser qu'un enseignement très incomplet ; avec elles, au contraire, nous ne laisserons aucune place vide dans le vaste programme qui s'ouvre devant nous. N'est-ce pas là d'ailleurs une manière et peut-être la meilleure d'affirmer l'union, disons mieux la haute unité qui reliera les divers corps de nos futures Universités ?

Toutefois, vous me permettrez d'ajouter que dans l'enseignement des sciences politiques et sociales la Faculté de droit pourra jouer un rôle très particulier et des plus importants que je vous demande à développer en quelques mots.

Je vous avoue que je redouterais beaucoup un enseignement des sciences sociales et politiques qui serait uniquement historique, ou strictement philosophique.

J'aurais des craintes très vives sur la formation intellectuelle d'un législateur que n'aurait pas quelque peu assagi l'étude du Droit, qui aurait, par exemple, une instruction exclusivement philosophique, fût-elle des plus intenses et des plus développées. Le Droit a cet avantage inappréciable de faire toucher du doigt les difficultés, souvent inaperçues du théoricien, auxquelles se heurte quelquefois irrémédiablement l'application d'un prétendu principe. Le Droit est la pierre de touche des réformes. Toutes celles qui ne peuvent pas se mouler en quelque sorte dans le creuset de ses formules sont des réformes vaines. Le Droit donne de la précision aux idées souvent trop vagues du théoricien. Il rend applicables, pratiques, réalisables les réformes obscurément désirées ou vaguement pressenties. Mais il ne sert à rien, on ne saurait le répéter trop haut, de proclamer ou de voter une réforme en principe. En législation, il y a des principes sans doute, mais ces principes ne sont rien sans les textes qui les organisent. Voter ou proclamer un principe est sans doute bien plus facile que de le faire entrer dans la pratique par la loi. Mais il n'est vraiment pas digne d'un législateur, d'un homme politique, de se borner à des formules vaines et plus ou moins sonores. Il faut, c'est là qu'est vraiment sa tâche, il faut qu'il ne demande rien qu'il ne soit prêt à faire entrer immédiatement dans la loi par une formule dont on a le droit de lui demander de développer toutes les conséquences.

Eh bien, Messieurs, si nous voulons dans les Universités, donner le véritable enseignement social et politique, un enseignement qui aura une base solide, ne bannissons pas le droit public ou privé de cet enseignement, donnons-lui même une place prépondérante, contrôlons à son contact les lois et les principes que prétendent découvrir des sciences plus ambitieuses sans doute, mais certainement moins fécondes en résultats positifs. C'est à cette condition seulement que nous formerons des hommes politiques vraiment utiles à leur pays, ne se payant pas de mots et de phrases, réalisant peu à peu le progrès politique et social, mais ne risquant jamais de le compromettre par des réformes prématurées ou insuffisamment étudiées.

OBSERVATION DE M. CHARLES BENOIST

M. CHARLES BENOIST dit que, venu à la séance pour écouter, il n'est nullement préparé à prendre la parole. Il est très touché de l'honneur que lui font lord Reay et ses collègues, mais il en veut un peu à M. Larnaude d'avoir dénoncé sa présence, et il éprouve, avec une reconnaissante émotion, un très grand embarras. Il va se borner à une simple observation quant à l'éducation politique, dont M. Bardoux à si heureusement parlé.

Il faut, à son sens, distinguer entre l'éducation politique des citoyens et celle des publicistes ou des hommes politiques eux-mêmes. Des deux, la seconde n'est certainement pas la moins importante, et c'est à l'enseignement supérieur qu'il appartient de la faire, mais à l'enseignement supérieur de tout genre ou de tout école : Facultés des lettres comme Facultés de droit, établissements libres comme établissements officiels. A cet égard, il y a sans doute beaucoup à faire, mais on ne saurait dire qu'il n'y ait rien de commencé. La tâche toutefois est si vaste et si difficile que plus on créera de foyers d'enseignement, plus on y appellera de talents et de bonnes volontés, plus l'initiative privée secondera l'effort public, mieux cela vaudra ; de ces foyers, on doit prendre garde d'en éteindre aucun, on n'en allumera jamais trop.

Quant à l'éducation politique des citoyens, on peut l'entreprendre de trois ou quatre côtés, à l'aide de trois ou quatre instruments : par l'école, par les associations, par la presse. — Par l'école ; évidemment par l'école primaire. Mais l'essentiel n'est pas tant d'apprendre à lire que de savoir ce qu'on lira. Savoir lire n'est pas tout, et c'est même assez peu de chose, au point de vue de l'éducation politique. Pour ce que l'on appelle l'éducation civique, il faut veiller à ce qu'elle ne devienne pas une arme aux mains des partis que les hasards de la politique font se succéder aux pouvoirs. Et de même des associations, dont quelques-unes font un grand bien et qui, toutes, seraient utiles, s'il n'y avait point de danger de les voir tomber à la discrétion d'intrigants ou d'ambitieux vulgaires et devenir, ainsi, d'hypocrites succursales des comités électoraux. La presse aussi pourrait beaucoup, mais elle ne veut pas toujours et, du reste, n'est pas maîtresse de vouloir, obligée qu'elle est de se conformer au goût du public, qui ne paraît plus être aux discussions touchant de près ou de loin aux doctrines et seules capables de faire avancer l'éducation politique du pays.

Tout cela n'est guère consolant, mais tout cela ne fait pas une raison de se décourager. Si l'éducation, soit des hommes politiques, soit des citoyens est une tâche ardue et difficile; si les organes manquent pour la tenter efficacement, ce n'est au contraire qu'une raison de plus pour créer ou multiplier ces organes et une raison de plus pour y travailler d'un commun esprit et d'un commun cœur. Et la conclusion est sans doute celle-ci : dans une démocratie, l'éducation de tous, étant l'intérêt de tous, est le devoir de tous et il y a là de l'ouvrage pour tous...Appliquons-nous à y faire concourir, que ce soit le gouvernement qui l'y dirige ou non, pourvu que ce soit en vue du bien de l'État, toutes les forces vives de la nation.

OBSERVATIONS DE M. MONOD

Mesdames et Messieurs,

Je demande la permission d'ajouter quelques mots à ce que viennent de dire MM. Bufnoir, Larnaude et Campbell, en m'appuyant sur des indications qu'ils m'ont eux-mêmes données. M. Bufnoir a rappelé les tentatives qui ont été faites dans certains de nos centres universitaires, pour créer des liens entre la Faculté de droit et la Faculté des lettres, en dressant des tableaux d'enseignement communs aux deux Facultés, tableaux où les cours de sociologie et d'économie politique figuraient au premier rang. Il a aussi rappelé que plusieurs Facultés des lettres ont porté au programme de la licence ès lettres des matières enseignées à la Faculté de droit, entre autres l'histoire du droit et l'économie politique. M. Larnaude a fait remarquer que M. Bufnoir avait peut-être trop restreint le domaine des sciences politiques, en y faisant figurer seulement l'économie politique et le droit public, et qu'il est impossible de séparer l'économie politique et le droit public de l'ensemble des sciences sociales. Enfin M. Campbell a fait très justement observer que les sciences politiques étaient essentiellement des branches de la science historique, et que pour les étudier avec impartialité et avec fruit, il fallait les étudier au point de vue historique.

Je me félicite avec M. Bufnoir de voir les sciences politiques servir de trait d'union entre les Facultés des lettres et celles de droit. Je demande avec M. Larnaude qu'on ne les conçoive pas d'une façon trop étroite, et qu'on y joigne l'étude des sciences sociales dans leur sens le plus large. Je crois enfin avec M. Campbell que pour les étudier et les enseigner avec fruit, c'est sur le terrain de l'histoire qu'il faut se placer.

Je ne voudrais pas que mes collègues de la Faculté de droit s'imaginassent que je voudrais leur enlever les cours de sciences politiques qui ont été joints dans ces dernières années aux cours plus spécialement juridiques de leurs écoles. Il y a de très bonnes raisons pour les avoir créés, et il est très heureux que ces cours soient mis à la portée des innombrables jeunes gens qui suivent nos Écoles de droit, et dont beaucoup entreront plus tard dans les carrières administratives ou dans la vie politique. En ajoutant l'enseignement des sciences politiques à celui du droit, on a répondu à nos besoins les plus urgents, et j'applaudis à cette réforme. Je demande seulement à nos collègues de ne pas se réserver exclusivement cet enseignement des sciences politiques; et surtout de les enseigner eux-mêmes à un point de vue plus historique que juridique. Je n'ignore pas les grands progrès accomplis durant ces dernières années par nos Facultés de droit; je sais que l'esprit et les méthodes historiques jouent un rôle de plus en plus grand dans leur enseignement. L'histoire du droit y est professée avec plus d'éclat et d'autorité que par le passé. Mais les Écoles de droit sont obligées de donner une très large place à des préoccupations purement professionnelles. Ces préoccupations deviennent de plus en plus pressantes, et l'on entend avec étonnement aujourd'hui des hommes politiques et même des juristes demander qu'on relègue le droit romain au rang des études d'érudition, pour permettre aux bacheliers de l'enseignement moderne d'entrer dans les Facultés de droit. D'autre part, nos Facultés de droit ont été habituées pendant de longues années à suivre dans leur enseignement une méthode purement logique et scolastique d'explications et de commentaires. Tandis qu'ailleurs, en Angleterre ou en Allemagne, on est absolument obligé de donner à l'histoire du droit la première place, en France la Révolution a fait comme une coupure dans toutes nos traditions. On est habitué à considérer le code Napoléon comme une loi absolue révélée sur un Sinaï, dont il n'y a plus qu'à développer les conséquences; et si on se permet de le critiquer, c'est moins au nom de l'histoire qu'à celui de la raison abstraite dont il semble émaner. Combien y a-t-il de nos élèves en droit qui sachent ce qui dans le Code Napoléon provient de la coutume de Paris et peut être rattaché aux lois germaniques? Bien loin de protester contre l'introduction des sciences politiques dans le programme des Écoles de droit, j'y vois un moyen d'y faire pénétrer de plus en plus l'esprit historique.

C'est à la fois au point de vue des études historiques et des études économiques et sociales que je réclame leur étroite union. Les sciences sociales ont un très vaste domaine, qui d'un côté, par la sociologie, touche à la philosophie, et se confond même avec elle, qui, de l'autre côté, par le droit public, le droit des gens, le droit constitutionnel, etc., se confond avec la jurisprudence. En France, nous sommes habitués à confier l'enseignement des sciences sociales aux philosophes d'une part, aux juristes de l'autre. La sociologie est professée avec éclat dans nos Facultés des lettres par quelques-uns de nos plus éminents collègues de philosophie, et l'économie politique est enseignée dans nos lycées par le professeur de philosophie. C'est, d'autre part, les professeurs de droit qui sont chargés dans notre haut enseignement de professer l'économie politique.

Philosophes et juristes font, je le sais, œuvre d'historiens dans leurs cours; mais je ne puis m'empêcher de craindre qu'ils ne laissent parfois l'esprit métaphysique ou l'esprit purement logique et juridique l'emporter sur l'esprit historique. Je voudrais que les historiens sentissent qu'ils ont aussi leur part, et une part très importante, à prendre dans l'étude et l'enseignement des sciences sociales. On est trop habitué en histoire à s'attacher surtout aux manifestations brillantes, retentissantes et éphémères de l'activité humaine, grands événements ou grands hommes, et à indiquer superficiellement les grands et lents mouvements des institutions, des conditions économiques et sociales qui sont la partie vraiment intéressante et permanente de l'évolution humaine, celle qui peut être analysée avec quelque certitude, et dans une certaine mesure ramenée à des lois. Les événements et les personnages vraiment importants le sont surtout comme des signes et des symboles des divers moments de cette évolution, mais la plupart des *faits* dits *historiques* ne sont à la véritable histoire humaine que ce que sont au mouvement profond et constant des marées les vagues qui s'élèvent à la surface de la mer, se colorent un instant de tous les jeux de la lumière, puis se brisent sur la grève sans rien laisser d'elles-mêmes. De même, si l'on étudie les faits sociaux exclusivement dans leurs principes philosophiques ou dans leurs expressions juridiques et constitutionnelles contemporaines, on est tenté de leur attribuer une valeur rationnelle et un caractère de permanence et d'immutabilité qu'ils n'ont pas en réalité. Les lois elles-mêmes ne sont que l'expression temporaire des relations sociales ; elles sont des conséquences avant d'agir comme causes, et elles subsistent souvent encore, quand les relations qui leur ont donné naissance se sont déjà modifiées. Il importe donc, d'une part, de pousser les historiens à donner une grande place dans leurs préoccupations à l'histoire sociale, économique et politique qui est le vrai but de leurs recherches ; d'autre part, d'étudier toujours les faits sociaux économiques et politiques dans leurs racines et leurs développements historiques, et les lois elles-mêmes comme des faits sociaux qui font partie de l'évolution humaine tout entière.

J'ajouterai que si l'on donne ainsi à l'étude de l'histoire à la fois une portée philosophique en l'invitant à la recherche des lois de l'évolution humaine, et une portée pratique en lui permettant d'éclairer par la connaissance du passé la politique d'aujourd'hui et peut-être même de prévoir celle de demain, on enlève en même temps à l'étude des sciences sociales tout ce qu'elle peut avoir de dangereux pour de jeunes esprits. Si on les envisage en effet au point de vue historique, on ne sera tenté ni de croire que rien est immuable dans les relations économiques et sociales, ni de croire que rien peut être créé de toutes pièces sans relations avec le passé. On se convaincra que tout change constamment, mais lentement, que les révolutions mêmes ne sont des révolutions qu'en apparence, et sont en réalité des formes violentes et douloureuses d'une évolution graduelle. On ne sera ni révolutionnaire ni réactionnaire ; on étudiera le passé avec respect, le présent avec sympathie ; on y cherchera les moyens d'aider l'éclosion d'un avenir qu'on attendra avec espérance.

Je suis frappé de voir que dans un pays jeune, où l'on n'a été gêné par aucune tradition du passé, et où l'on a le vif sentiment de la réalité, aux États-Unis, on a partout cherché à pratiquer cette association des études historiques et des études sociales et politiques. A l'Université John Hopkin de Baltimore, l'admirable séminaire dirigé par M. Herbert Adams est consacré à la fois à l'histoire et à la science politico-sociale. Il publie une série de *Studies in historical and political Sciences.* L'Université de Wisconsin vient de créer une collection historique, économique et politique. Il en est de même au *Columbia College* de New-York. A l'Université Cornell d'Ithaca, un legs considérable du président White a permis de créer une École de sciences historiques et sociales, où l'enseignement de l'histoire ancienne, médiévale, moderne et américaine est associé à des cours de politique, de sociologie, de statistique, de droit, d'économie politique et de finances.

Je rêverais, je l'avoue, que quelque chose d'analogue pût être créé en France par le concours des Facultés des lettres et de droit. Il y a trente ans, un grand ministre de l'Instruction publique, dont presque toutes les idées ont été justes, pratiques et fécondes, M. Duruy, en créant l'École des Hautes Études, avait projeté d'ajouter à la section des sciences historiques et philosophiques une section des sciences économiques. Nous pouvons espérer qu'un jour on reprendra ce beau projet, qui n'a pas trouvé, en 1868, dans notre haut enseignement, l'accueil qu'il méritait. Depuis lors, c'est l'initiative privée qui a créé dans l'*École des sciences politiques* un enseignement des sciences politiques et économiques très complet et très élevé, où l'histoire et les méthodes historiques tiennent une large place. C'est à l'esprit historique qui anime cette École, dirigée avec une main si ferme et un tact si sûr par M. Boutmy, que j'attribue les résultats remarquables qu'elle a atteints. Non seulement elle attire à elle beaucoup des meilleurs élèves de notre École de droit, non seulement elle fournit à notre administration et à notre service diplomatique des recrues excellentes, mais ses élèves ont montré plus d'une fois dans nos examens universitaires la solidité de la préparation qu'elle leur a donnée. L'an dernier, le premier agrégé d'histoire et le candidat au diplôme d'études supérieures d'histoire qui a obtenu la plus haute note étaient des élèves de l'École des sciences politiques. Je rappellerai aussi que M. Funck-Brentano a récemment créé à Paris un *Collège libre des sciences sociales,* où je remarque qu'un cours d'histoire sociale figure parmi les cours de méthode.

Tels sont, Mesdames et Messieurs, les motifs pour lesquels je m'associe au vœu formé par M. Bufnoir, de voir des liens se créer entre nos Facultés des lettres et de droit, en s'unissant pour enseigner les sciences politiques et sociales. Grâce aux sciences sociales, la philosophie et le droit pourront se donner la main sur le terrain de l'histoire, ou plutôt de la méthode historique; car l'histoire, à mes yeux, est encore plus une méthode qu'une science. Elle n'a pas de domaine défini et limité. Elle est une méthode qui s'applique à l'étude de toutes les manifestations de l'activité humaire, la guerre, la diplomatie, la législation, les arts, la littérature, la vie sociale. On peut sans doute envisager ces diverses manifestations à divers points de vue : technique, pratique, spéculatif ou esthétique. Mais, si on veut en faire une étude scientifique, c'est au point de vue historique qu'il faut se placer.

G. MONOD.

Lord Reay, président, clôt la discussion en rappelant en termes élevés l'importance du débat. Il remercie M. Bufnoir d'avoir répandu sur la question une lumière toute française. Il croit avec M. Monod que l'histoire est une méthode plus encore qu'une science, et que c'est sur le terrain de l'histoire que doit se former l'alliance de la philosophie et du droit pour l'avancement des sciences sociales. Il espère qu'à ce titre le meeting qui a ouvert les conférences internationales franco-écossaises contribuera à l'expansion des enseignements plus que jamais nécessaires aujourd'hui à l'éducation de l'esprit moderne.

LES

UNIVERSITÉS DE FRANCE ET D'AMÉRIQUE

Il se produit en ce moment un mouvement important dans le monde universitaire français pour encourager les étudiants américains à venir en France. Actuellement presque tous les Américains, qui cherchent à l'étranger un complément d'études se rendent en Allemagne. D'où vient cette préférence? quelles sont les raisons qui ont écarté jusqu'à présent les Américains des centres universitaires français et par quels moyens serait-il possible de lever ces obstacles? En me plaçant à ce point de vue, j'ai pensé qu'il ne serait pas inopportun de dire quelques mots de nos Universités, et d'esquisser aussi quelques impressions d'un étranger ayant fait ses études dans une Université américaine sur l'enseignement supérieur en France.

On me permettra de dire d'abord que je suis tout à fait sympathique à la tentative qui se fait en ce moment, et qu'à mon avis c'est en France que l'étudiant américain doit venir. Du reste, je suis sûr qu'il le fera si les Français lui offrent les ressources d'instruction dont il a besoin, et lui ménagent le même bon accueil qu'il reçoit toujours en Allemagne.

Si je ne me trompe, tout annonce à présent une réaction en Amérique contre les méthodes allemandes trop exclusivement suivies jusqu'à ce jour. Nous commençons à nous apercevoir que nous sommes presque entièrement germanisés, et que ce fait est fâcheux. Nous commençons à nous révolter contre des méthodes qui paraissent souvent ne pas distinguer l'or des scories, qui donnent à tous les faits la même importance, pourvu qu'ils soient nouveaux et qui ne tiennent aucun compte de la nécessité de présenter ces faits d'une manière claire et attrayante. L'Allemagne a fait de nous des esprits scientifiques, c'est-à-dire sérieux, patients, exacts, impartiaux, profonds. Nous avons reçu de bonnes leçons et nous en avons beaucoup profité. Mais en même temps les Allemands ont exercé sur nous quelques influences fâcheuses, et nous nous tournons vers les Français pour nous aider à les combattre. Ce qui nous manque, c'est l'esprit de discernement, la clarté et la limpidité du style, l'ordre qui subordonne l'accessoire à l'essentiel, l'art de la mise en œuvre, — toutes qualités, qui contribuent tant au charme et à l'utilité des livres français, et qui, lorsque vient s'y ajouter la maîtrise du sujet, les rendent incomparables.

Or, si l'on demande pourquoi les étudiants américains de lettres et de sciences sont peu nombreux en France, la cause n'en est pas très difficile à expliquer.

Dans le passé les Universités françaises n'offraient guère de ressources à l'étudiant avancé, et il lui fallait aller en Allemagne, où l'enseignement supérieur était mieux adapté à ses besoins. Aujourd'hui la situation est quelque peu changée et en France et en Amérique. En France, un vrai système d'enseignement supérieur a été établi ; en Amérique, le désir de venir ici commence à se manifester, surtout dans les Universités de l'est. Pour prouver ma dernière assertion, je puis dire qu'en ce moment trois des étudiants qui ont été envoyés à l'étranger par l'Université de Harvard passent leur année à Paris et travaillent sur des sujets aussi différents que la philosophie, l'histoire et la philologie romane ; et il y a beaucoup d'autres anciens étudiants de Harvard qui s'occupent ici de sciences politiques, etc. Je dois ajouter — ce qui est la chose la plus importante — que tous sont contents de ce qu'ils ont trouvé, et dans quelques cas, au lieu de passer ici un semestre seulement, comme ils en avaient d'abord l'intention, ils ont décidé de rester au moins deux semestres, et peut-être plus.

On ne peut pas espérer, bien entendu, que l'exode en Allemagne cesse tout d'un coup. N'y eût-il pas d'autre cause, l'exemple du passé suffirait pour empêcher pendant quelque temps qu'il s'établisse un grand courant vers la France. Il y a si longtemps que les Américains vont en Allemagne qu'ils se tournent instinctivement vers ce pays comme vers la terre promise de la science ; ils sont encouragés aussi par leurs professeurs, qui savent eux-mêmes ce qu'on peut y gagner, et qui ont pris l'habitude de regarder l'enseignement supérieur en France comme superficiel, ou non existant.

J'ai sous la main un livre qui donne la carrière académique de 850 professeurs américains qui enseignent dans dix-neuf *Graduate Schools* (c'est-à-dire : écoles des Hautes Études, où personne n'est admis sans avoir étudié auparavant quatre années dans une Université) ; et je trouve qu'il y en a 155 qui ont le doctorat allemand.

Autrement dit, parmi les maîtres qui dirigent les hautes études de nos Universités, on en compte au moins un sur six qui possède le diplôme allemand, et il s'en faut de beaucoup qu'ils représentent tous ceux qui ont passé une année ou deux en Allemagne et qui sont revenus chez eux prendre leurs grades (1). Vraiment l'influence de l'Allemagne sur le monde savant en Amérique est énorme.

En revanche, j'ai beau chercher l'influence de la France. Parmi ces 850 professeurs j'en trouve à peine huit qui ont un diplôme français inférieur; encore n'occupent-ils pour la plupart que des situations peu importantes dans l'enseignement du français; dans aucune Université, si je ne me trompe, il ne se rencontre de docteur ès lettres français.

Quelques lecteurs ne manqueront pas d'objecter : « Si les Américains vont en Allemagne, c'est que le diplôme de docteur s'y obtient facilement; » mais nous aurons bon marché de cette objection. On aurait tort de croire que l'Américain cherche partout les épreuves les plus faciles. Tout au contraire, les difficultés le stimulent plutôt, et il se met de tout son cœur, avec un enthousiasme plus rare dans le vieux monde, à tout ce qu'il entreprend. Un Américain qui va en Allemagne va toujours là où il peut trouver le professeur le plus célèbre dans sa spécialité, et là, par conséquent, où le doctorat est le plus difficile. Il va là où il peut recevoir la meilleure instruction, et si la France ne l'a pas attiré dans le passé, la raison la plus forte en est que l'enseignement qu'on lui offrait ne répondait pas à ses besoins.

Pourtant, à n'en pas douter, le fait qu'il a pu rapporter d'Allemagne un certificat attestant une certaine érudition et la capacité de continuer des recherches scientifiques, et que ce certificat était presque impossible à obtenir en France, a, en partie, déterminé son choix. Mais ce n'était pas la seule raison ; — cette considération a peu de poids auprès des étudiants sérieux qui poursuivent des études désintéressées et ne cherchent pas seulement à se créer une situation. Il y a d'ailleurs un grand nombre d'Américains qui vont à l'étranger sans le moindre désir d'obtenir un diplôme; beaucoup d'entre eux ont le doctorat américain qu'ils croient, avec un orgueil pardonnable, sinon meilleur que le doctorat étranger, du moins équivalent.

La vérité est que dans l'état actuel des choses il est presque impossible à un étranger de passer le doctorat français. Beaucoup d'Américains, cependant, seraient heureux d'avoir le titre de docteur d'une des Universités de France ; et les autorités universi-

(1) D'après mes calculs, 270 ont le Ph. D. américain.

taires ici reconnaissent ce fait. Il y a deux moyens de remédier à la situation présente : 1° supprimer les obstacles qui rendent le doctorat actuel inabordable ; 2° établir un nouveau diplôme.

Pour moi, en ma qualité d'Américain qui sait ce qui l'aurait attiré il y a quelques années et qui connaît aussi les opinions de ceux qu'une telle réforme intéresse, c'est la seconde solution que je préfère. A mon avis, on devrait établir un nouveau doctorat (le titre de docteur est indispensable), accessible à tous, Français et étrangers. On devrait exiger une thèse de longueur moyenne, qui fût un apport important à la science, et, de plus, des examens écrits et oraux, prouvant certaines connaissances érudites qui ne sont pas nécessaires dans le doctorat actuel. On devrait tenir compte des études du candidat dans une autre Université accréditée, américaine, anglaise ou allemande, et une résidence en France de plus de deux années ne devrait pas être exigée. Il y aurait bien des avantages à adopter le titre de « docteur de philosophie », car tout le monde en Amérique sait ce que ce titre veut dire ; mais si l'on ne l'accepte pas, je ne vois pas d'objection à celui qu'on a déjà proposé, c'est-à-dire « docteur de l'Université » (de Paris, de Lyon, etc.), avec l'indication, au-dessous, des études spéciales du candidat (lettres, philosophie, histoire, etc.). On augmenterait aussi la valeur du diplôme en faisant accompagner la thèse des signatures des professeurs responsables du permis d'imprimer.

On n'ira pas s'imaginer, je pense, que je veuille dicter une ligne de conduite au gouvernement français. Je n'ai pas cette présomption. Seulement, j'ai grande envie de voir réussir cette nouvelle tentative, et j'ai pensé qu'il pourrait être utile de faire connaître ce que désirent les Américains. Il serait très inutile en effet de créer pour eux un nouveau diplôme qui ne saurait les attirer. Il est trop évident que si l'on change les règlements actuels, les changements doivent être faits en vue d'atteindre des résultats.

Je crois nécessaire, à ce propos, d'exposer les différences qui existent entre le doctorat français et le doctorat américain, car il faut absolument en tenir compte si on veut comprendre nos besoins.

C'est une opinion générale en France que le doctorat ès lettres français est un diplôme beaucoup plus élevé que le doctorat de philosophie américain. C'est aussi ce que je croyais avant de venir à Paris. Depuis, j'ai essayé d'étudier la question en toute impartialité. J'ai lu attentivement plusieurs thèses dans ma spécialité ; j'ai assisté à la soutenance d'autres ; j'ai discuté sur ce sujet avec des docteurs et avec des agrégés qui préparaient leurs thèses ; j'ai comparé avec grand intérêt la situation telle qu'elle est ici avec celle qui existe en Amérique, car, ayant moi-même subi les épreuves du doctorat, je connais bien les exigences d'une Université américaine, tout au moins celle de Harvard. Il est vrai que le diplôme de Ph. D. varie en valeur et en estime avec les universités et quelquefois aussi avec les divers départements d'une même Université ; mais je prends, par exemple, le meilleur doctorat ès lettres et le meilleur doctorat de philosophie. Eh bien, je suis arrivé à cette opinion que les deux diplômes ne représentent pas du tout la même chose et que l'un ne peut être placé au-dessus de l'autre.

Le doctorat français consiste exclusivement dans la présentation de deux thèses, dont l'une du moins, il faut l'admettre, est ordinairement un ouvrage beaucoup plus étendu, mieux écrit, que la dissertation ordinaire du Ph. D., et montre aussi une maturité de jugement critique souvent absente de celle-ci. Néanmoins il faut tenir compte d'une différence très importante que presque personne en France ne remarque : c'est que le doctorat américain *exige* une érudition qui *peut* manquer tout à fait dans le doctorat francais.

Je me borne, pour le moment, à ma spécialité, et je compare les conditions du doctorat en France et à Harvard en ce qui concerne l'anglais.

Après la licence, ou du moins après l'agrégation, l'étudiant français n'a plus aucun examen à passer. Tout ce qu'on exige de lui pour être docteur, c'est de préparer les deux thèses, et de les « soutenir », c'est-à-dire, d'écouter patiemment pendant six heures les observations orales et publiques de quelques professeurs, et d'essayer, si on lui en donne le temps, ce qui n'est pas toujours le cas, de répondre à leurs objections. Un Français peut passer le doctorat avec des thèses de littérature ou de langue anglaise sans savoir un seul mot d'anglo-saxon, de gothique, d'ancien islandais, ni même (ce qui est plus étonnant) d'ancien français. Sa connaissance de notre vieille littérature se réduit ordinairement à presque rien, et il peut n'avoir pas étudié l'histoire des origines de notre langue.

A nous, il nous semble étrange qu'on accepte un étudiant avec une telle préparation comme candidat au doctorat. A Harvard il n'obtiendrait jamais le diplôme. Nous n'exigeons pas, bien entendu, que tous ceux qui s'occupent de littérature anglaise fassent leur étude spéciale des plus anciens monuments littéraires et de la philologie ; mais chez nous le titre de docteur est toujours une garantie que celui qui le porte est capable d'enseigner la vieille littérature aussi bien que la littérature moderne. Il faut absolument que notre docteur soit familier avec la langue et la littérature anglo-saxonnes, avec le gothique et avec l'ancien français; il doit avoir étudié à fond la littérature anglaise du moyen âge; et, sauf de rares exceptions, on exige de lui une connaissance approfondie de l'ancien islandais. Il passe des examens difficiles sur tous ces sujets et doit être prêt à répondre devant tous les professeurs des langues modernes, sur toute question de littérature anglaise, depuis Béowulf jusqu'à Browning, c'est-à-dire, depuis les époques les plus reculées jusqu'à présent. Ainsi le doctorat en anglais à Harvard exige une érudition étendue, et on n'exige rien de tout cela du candidat français. Dans ces conditions, il n'est pas étonnant que l'Américain n'ait pas le temps d'écrire une thèse aussi longue et aussi importante que le Français, car il lui faut acquérir beaucoup plus de connaissances érudites.

Que l'anglais ne fasse pas exception à cet égard, dans les soutenances de la Sorbonne, j'en ai la preuve dans ce fait que je connais des agrégés, préparant leurs thèses sur des questions de littérature française qui m'ont avoué franchement qu'ils ne savent rien de l'ancien français. Ils me disent qu'il y a quelques années ils avaient lu quelques pages de la *Chanson de Roland* et de la *Vie de saint Louis*, de Joinville, mais qu'ils les avaient presque entièrement oubliées. Quant à Chrétien de Troies, ou Marie de France, ce ne sont guère pour eux que des noms. Ils se moquent de la nécessité de savoir déchiffrer un manuscrit, et s'étonnent de ce que moi, étudiant de littérature anglaise, je m'occupe de la littérature française du moyen âge. C'est l'affaire du philologue, disent-ils, et ils se vantent de leur ignorance. Quand je leur demande pourquoi ils ne savent ni l'anglais, ni l'allemand, ni l'italien, ils haussent les épaules, et c'est tout. « Ce n'est pas nécessaire; » et la licence et l'agrégation les ont tellement habitués à ne rien faire de plus qu'il n'est nécessaire, que trop souvent ils négligent ce qui est important.

Il y a quelques jours, je demandais à un ami qui prépare sa thèse sur un sujet anglais pourquoi on n'exigeait pas les études que j'ai déjà mentionnées (anglo-saxon, etc.), et il me donnait ces deux raisons importantes : 1° qu'il n'y a pas à l'Université de cours sur ces matières (et l'Université ne peut exiger la connaissance de ce qu'elle n'enseigne pas), et 2° que de telles études seraient presque inutiles au docteur une fois le diplôme obtenu.

En Amérique, le docteur est appelé à préparer des candidats au doctorat. En France, c'est bien rarement que l'occasion lui en est offerte; il reste généralement professeur dans les écoles secondaires, où, quelle que soit d'ailleurs sa carrière, l'érudition lui est inutile.

Aux deux raisons ci-dessus données, mon ami en ajoutait une autre : c'est qu'en France on n'aime pas la philologie. Bien entendu, il y a beaucoup d'exceptions évidentes à cette assertion par trop générale. Il y a en France des philologues aussi éminents que nulle part ailleurs; mais il est vrai aussi que les Français sont plutôt attirés par les idées générales et par l'étude des mouvements littéraires modernes, où ils peuvent montrer cette délicatesse de perception, cette finesse de pensée, ce style brillant, qui les a rendus à juste titre célèbres.

Je dois signaler une autre particularité dans la préparation du doctorat. Ici le candidat est presque toujours livré à lui-même. Il ne se consacre pas exclusivement à ses études spéciales. Ordinairement, une fois agrégé, il devient tout de suite professeur dans un lycée, et l'accomplissement de devoirs de sa charge ne lui laisse que peu de loisirs. Ceci explique pourquoi le titre de docteur ès lettres s'obtient ordinairement assez tard, et pourquoi la thèse révèle en général une maturité de jugement qui manque souvent dans la dissertation américaine.

Il en est tout autrement chez nous. L'étudiant entre à l'Université en moyenne à l'âge d'à peu près dix-neuf ans. C'est du moins ce que montrent les statistiques de Harvard. Il consacre les quatre premières années à la culture générale, et se rend maître des outils dont il se servira plus tard. Avant la fin de cette période, il a choisi le genre d'études qui lui convient le mieux, et c'est à celui-là désormais qu'il s'attache. Le plus souvent il enseigne pendant deux, trois ou quatre années; puis il se démet de sa fonction, et retourne à son Université, ou en choisit une autre qui offre de plus grands avantages pour sa spécialité, et continue ses études sans interruption pendant trois ou quatre années encore avant de pouvoir obtenir le titre envié de docteur. Ainsi l'étudiant américain reste plus longtemps à l'Université que l'étudiant français et consacre à ses travaux scientifiques tout son temps, sans restriction.

Il est, d'ailleurs, je crois, inutile de dire que pour l'obtention du titre de docteur le temps ne sert de rien. Le candidat doit faire preuve avant tout d'une préparation solide : il subit, comme je l'ai dit, des examens difficiles, écrits et oraux, et présente une thèse de longueur moyenne (1), d'une réelle valeur scientifique, qui

(1) On ne doit pas croire que toutes nos thèses sont seulement de courts

montre que l'auteur est un investigateur compétent, capable de faire honneur à l'Université par ses recherches personnelles.

Il est clair alors que les deux doctorats sont entièrement différents. L'étudiant français *peut* être docteur (en anglais, français, etc.) sans être érudit, sans connaître la philologie ni la vieille littérature. L'étudiant américain *peut* être docteur sans avoir un style littéraire, et sans avoir produit une très longue étude sur une question importante. La thèse française est surtout un ouvrage littéraire. La thèse américaine est surtout un ouvrage scientifique.

Naturellement ce n'est pas à moi de décider quel système est le meilleur. S'il faut choisir l'un ou l'autre, je suis porté à croire que le système français est le meilleur pour les Français, et le nôtre pour nous; mais je voudrais bien voir s'opérer leur union. A mon avis, il est très malheureux que nos dissertations manquent souvent de tout mérite littéraire, car dans notre horreur pour les dissertations remplies de choses aussi bien exprimées autre part, et où les idées un peu neuves sont perdues au milieu des opinions d'autrui répétées *ad nauseam*, nous allons à l'extrémité contraire et nous nous contentons souvent d'une forme sèche et fruste. J'admire extrêmement les meilleures thèses françaises (quoiqu'on puisse leur reprocher quelquefois du remplissage) et elles devraient nous stimuler à faire les nôtres aussi intéressantes, claires et complètes. Néanmoins, je tiens beaucoup à nos exigences d'érudition, et à aucun prix nous ne devrions les abandonner.

. Avant d'en finir avec le sujet du doctorat, je crois nécessaire d'insister sur un point que j'ai touché en passant, à savoir qu'on se présente au doctorat plus tard en France que chez nous. La raison en est que le doctorat ici n'ouvre pas une carrière. Il est vrai que c'est un grade sans lequel personne ne peut être professeur à la Sorbonne, mais il n'est pas nécessaire de l'obtenir de bonne heure; il ne donne presque jamais une situation. Il paraît même qu'un agrégé a plus de chances d'être bien placé qu'un docteur. Le jeune professeur dans le lycée, très occupé par sa classe, n'a aucune raison de se hâter : il travaille autant que possible à ses moments de loisir et pendant les vacances; après un certain nombre d'années, quand il y a en perspective une place de professeur dans une Université, il présente ses thèses et reçoit son diplôme.

Chez nous, au contraire, l'étudiant prépare son doctorat le plus

---

mémoires. La dernière que j'ai vue est un in-quarto de 245 pages, où l'auteur a essayé de ne rien répéter de ce qui avait été bien dit auparavant, sauf ce qui était absolument nécessaire à l'argumentation.

tôt possible, et y consacre tout son temps pendant plusieurs années. Certes, nous ne commettons pas la faute de croire que c'est
le titre qui fait le professeur. Quelques-uns de nos professeurs les
plus distingués ne sont pas docteurs, et nous ne songerions jamais à les exclure de nos Universités, pas plus que l'on n'a considéré Renan et d'autres hommes célèbres comme indignes de
professer au Collège de France. Pourtant, il devient de plus en plus
de règle d'exiger le doctorat des professeurs de nos Universités, et
bientôt un jeune homme trouvera difficilement une situation sans
cette qualité. Ainsi consacre-t-il toute son énergie et tout son
temps aux études nécessaires. Si donc, on prend le titre de docteur plus tard en France qu'en Amérique, ce n'est pas à cause des
différences constitutives des deux grades, c'est pour des raisons
extérieures, par nécessité de se conformer aux circonstances. Je
pourrais citer l'exemple d'un jeune Français reçu docteur à vingt-.
cinq ans, quoique ayant enseigné sans interruption après l'agrégation, ce qui arrive très rarement chez nous.

Peut-être ai-je parlé trop longuement de ces différences entre
le doctorat américain et le doctorat français, mais je l'ai fait à
dessein parce que j'ai été souvent piqué au vif des remarques superficielles faites sur ce sujet par des hommes distingués qui
auraient dû être mieux informés. Du reste, on ne peut pas comprendre notre système d'enseignement supérieur sans se rendre
compte de ces différences fondamentales; c'est là que se manifeste l'esprit différent des deux nations.

J'espère avoir montré qu'il est tout à fait injuste de juger de
la valeur des deux diplômes seulement par la comparaison des
thèses, qui cependant sont les seuls éléments matériels d'une
enquête. Dans l'un des cas, les thèses sont tout; dans l'autre, la
thèse n'est qu'une (quoique la plus importante) des conditions
exigées. On admettra aussi, je pense, que si l'on passe le doctorat
français plus tard, ce n'est pas par suite d'une nécessité dépendante du caractère même du diplôme.

II

Un Américain a peine à croire qu'en France les Universités
souffrent de la pénurie d'étudiants et qu'il fut un temps où on sollicitait les jeunes gens d'accepter des bourses.

Je ne parlerai pas des études professionnelles (dans les écoles
de médecine, de droit, etc.), car cela est en dehors de mon sujet.
Je m'occupe spécialement des études historiques, littéraires et

philologiques. Je puis dire, cependant, que chez nous on se fait une idée différente de la culture générale nécessaire pour exercer les professions libérales. On le comprendra quand j'aurai dit que personne n'est admis à l'école de droit à Harvard sans avoir étudié auparavant quatre années à l'université et obtenu le diplôme qui correspond à la licence en France. L'étudiant continue ses études spéciales de droit pendant trois ans. A l'École de médecine aussi, où l'étudiant reste quatre ans, on a décidé d'exiger les mêmes connaissances à partir de 1900. Ce sont là des exigences qu'on ne veut pas ou qu'on ne peut pas avoir en France.

Je viens de recevoir les statistiques de neuf de nos Universités les plus importantes, et je trouve que, dans les lettres et dans les sciences seulement, Harvard a 2 383 étudiants; Yale en a 1 924; Michigan, 1469; Cornell, 1385; Princeton, 1092; Pennsylvania, 1007; Chicago, 901; Columbia, 767; Johns Hopkins, 456; en somme, 11 384 étudiants de lettres et de sciences dans ces neuf Universités seulement; et je puis ajouter qu'ils ne représentent qu'une petite proportion de ceux qui font ces études en Amérique. Il y a au moins vingt Universités possédant des cours complets, et décernant le diplôme de Ph. D. Il y en a une centaine d'autres qui, bien que n'ayant pas d'École des Hautes Études, offrent les ressources ordinaires d'une Université (comme celles de province en France) (1).

Faisons remarquer aussi que, sur ce nombre d'étudiants, 1 651 ont été déjà de quatre à sept ans à l'Université, car personne n'est admis dans nos Écoles des Hautes Études sans un diplôme. De plus, dans les chiffres donnés ci-dessus (du moins dans quelques cas), les étudiantes ne sont pas comprises. Ainsi les chiffres de Harvard ne donnent que le nombre des hommes. *Radcliffe College* (le collège réservé aux femmes à Harvard), qui n'est fondé que depuis peu, a déjà 344 étudiantes, dont 44 ont reçu leur diplôme.

On se fera une idée du développement rapide des Universités des États-Unis en lisant ces quelques lignes du numéro de décembre de la *Harvard Graduate Magazine* : « Il ne semble pas exagéré de prédire que d'ici à dix ans, à Harvard, il sera nécessaire de pourvoir à 5 000 étudiants réguliers, sans compter les 1 000 étudiants des cours d'été et de Radcliffe College; et qu'il faudra un personnel de 600 personnes pour l'enseignement et l'administration de l'Université. »

(1) Je dois mentionner ici les Universités du Canada. Elles n'ont pas d'écoles des Hautes Études, mais il y en a deux ou trois qui méritent d'être placées à côté des meilleures du nouveau monde.

Cela étonnera peut-être l'habitant du vieux monde, qui ne se rend pas compte que les Américains marchent à grandes enjambées vers la suprématie en science comme en richesse. Ces chiffres, du reste, deviendront plus significatifs quand j'aurai ajouté que ces étudiants sont presque tous sérieux et suivent leurs cours avec la plus grande régularité. La vie à l'Université coûte très cher, et les étudiants (du moins la plupart) ne veulent rien perdre de l'enseignement qu'ils reçoivent. Chaque étudiant à Harvard paie 750 francs par an, seulement pour avoir le droit de suivre les cours ; et chaque jeune fille à Radcliffe paie 1 000 francs pour avoir le même droit. De cette façon, l'Université a de grands revenus ; mais l'instruction qu'elle donne lui coûte par étudiant trois fois autant qu'elle reçoit : aussi n'a-t-on pas lieu de se plaindre. Sans ce revenu, les professeurs seraient moins nombreux ; il y aurait moins de livres dans la bibliothèque, moins d'instruments dans les laboratoires, et l'étudiant sait bien que c'est lui qui en souffrirait.

L'Université ne cherche pas à gagner d'argent. Tout ce que les étudiants et tout ce que ses bienfaiteurs lui donnent est consacré à son expansion et à son amélioration (1). Nulle part ailleurs, que je sache, il n'existe un plus grand amour de la science ; nulle part les étudiants ne sont plus sérieux, et nulle part il n'y a la perspective d'une plus riche moisson.

III

L'Américain ne comprend pas les cours publics de la Sorbonne. Il n'est pas habitué à voir les salles de ses Universités fréquentées par des auditeurs de toute espèce, visiteurs et amateurs. Il n'est entouré que de ceux qui, comme lui, veulent travailler, sont bien préparés et ont payé cher le privilège d'assister à ces cours.

Nous pensons que les cours publics sont également mauvais pour le professeur et pour les élèves. Si tout le monde peut assister à ses cours, le professeur devient presque toujours un vulgarisateur. Il s'abaisse au niveau de ses auditeurs. Comme il s'agit de son amour-propre et de sa réputation, il essaie naturellement de rendre ses leçons attrayantes. Que les cours de la Sorbonne plaisent au grand public, nous en avons la preuve quand nous voyons les auditeurs nombreux qui souvent s'y assemblent, au risque peut-être de rester assis plus d'une heure dans une position

(1) Harvard, Yale, Chicago, Johns Hopkins et beaucoup d'autres Universités ne reçoivent rien de l'État.

peu confortable, sur un banc sans dossier, dans une salle où la ventilation est très mauvaise. Ces cours sont attrayants, souvent même brillants. Ils sont faits par des professeurs qui ont une connaissance magistrale de leur sujet, et qui le présentent admirablement ; mais on ne saurait appeler cet enseignement « supérieur », au sens étroit du mot. En Angleterre ou en Amérique, on considérerait ces cours comme relevant de l'*University Extension*, bien que faits dans l'Université même.

Rien n'est plus décourageant pour le professeur que de savoir qu'il n'aura jamais deux fois le même auditoire, qu'un grand nombre de ceux qui l'écoutent ne sont là que par curiosité, d'autres pour se chauffer, et que d'autres encore sont des étrangers (surtout les jeunes filles) qui viennent prendre une leçon de français à bon marché.

Pour l'étudiant sérieux, ce voisinage doit être insupportable. Je m'habituerai peut-être avec le temps à voir les assistants entrer quand il sont prêts et sortir quand ils s'ennuient ; j'arriverai peut-être à ne plus remarquer les signes d'ennui de la part de ceux qui ne comprennent pas : mais pour le moment tout cela m'impatiente et m'empêche d'écouter.

Les cours et les conférences de l'École des Hautes Études sont admirables et méritent les plus grands éloges. Là le professeur peut choisir ses étudiants et n'est pas réduit au rôle de vulgarisateur ; mais même à l'École des Hautes Études les cours publics sont funestes. J'ai vu, par exemple, l'éminent phonéticien, M. Paul Passy, faire son cours devant des auditeurs dont plus de la moitié, de leur propre aveu, n'étaient là que pour apprendre à prononcer le français. Ils ne prenaient aucun intérêt à la linguistique comme science, et je suis sûr qu'ils gênaient les vrais étudiants.

IV

En Amérique, nous avons encore lieu d'être fiers des bibliothèques de nos Universités, qui sont beaucoup mieux fournies et beaucoup mieux disposées que celles des Universités françaises. A Harvard, par exemple, nous possédons une bibliothèque qui contient environ 800 000 volumes de choix (brochures incluses) mis à la disposition des étudiants, et d'où ils peuvent emporter et garder pendant un mois trois volumes à la fois. La bibliothèque est, à vrai dire, le centre de toute la vie universitaire, et 95 p. 100 des étudiants usent largement de ses ressources. Pour chaque cours, il y a un certain nombre de livres importants, rangés dans une petite salle spéciale, qui est munie d'une grande table, et où les étudiants doivent aller vérifier les références indiquées régulièrement par le professeur. Celui-ci veut que ses élèves apprennent à travailler par eux-mêmes. Le temps où l'étudiant se contentait d'apprendre par cœur le contenu d'un manuel est passé pour toujours à Harvard. Celui qui ne fréquente pas la bibliothèque et ne donne pas un travail personnel ne réussit pas aux examens.

Toutes les revues littéraires et scientifiques de l'Amérique et de l'étranger sont placées bien en vue dans la salle de lecture, où se trouvent aussi les ouvrages de référence (dictionnaires, etc.), et cette salle est pleine de lecteurs à toute heure de la journée, car la bibliothèque est éclairée à l'électricité et reste ouverte de neuf heures du matin jusqu'à dix heures du soir.

Les étudiants avancés, qui font des recherches importantes, jouissent encore d'un très grand privilège : comme aux professeurs la réserve leur est ouverte. Ils peuvent s'installer à une petite table, au milieu même des livres dont ils ont besoin, les prendre eux-mêmes, et les conserver jusqu'à ce qu'ils aient fini leurs recherches. De plus, la bibliothèque achète immédiatement tout livre qui leur est nécessaire pour leurs travaux.

Mais Harvard n'est pas la seule Université à posséder une grande bibliothèque. Chicago a 485 000 volumes ; Pennsylvania, 320 000 ; Yale, 220 000 ; Columbia, 200 000 ; Cornell, 189 000 ; Princeton, 171 000 ; Michigan, 116 500 ; Johns Hopkins, 120 000 ; et elles ont aussi à leur disposition les grandes bibliothèques des villes et des États. Quand on compare ces bibliothèques avec celles des Universités françaises, la comparaison n'est pas flatteuse pour celles-ci. M. Ferdinand Lot, dans son livre intitulé : *l'Enseignement supérieur en France, ce qu'il est et ce qu'il devrait être*, p. 108, dit : « C'est faute d'une bibliothèque convenable que les professeurs de province ne peuvent travailler sérieusement et soutenir la concurrence des savants étrangers... En France, on a beaucoup fait pour les bibliothèques universitaires si l'on considère qu'il y a quinze ans elles n'existaient pas. Mais combien il reste encore à faire ! Telle Université de premier ordre comme Lyon ou Montpellier, après avoir payé revues, reliures, périodiques, etc., dispose de 500 francs (*sic*) pour les acquisitions de la Faculté des lettres. Nancy, une des plus importantes Universités françaises, a une bibliothèque de 20 000 volumes, pas un manuscrit, 15 000 francs de budget. » M. Liard parle autre part à peu près dans les mêmes termes du mauvais état des bibliothèques, et je ne m'en étonne pas après avoir vu la bibliothèque de la Sorbonne, qui est, sans doute, de beaucoup supérieure à celles de province.

On me dit qu'un professeur d'une Université de province continue ses recherches avec la plus grande difficulté. Les grandes bibliothèques de Paris n'écoutent pas ses prières. Les Universités allemandes consentiraient à lui prêter leurs livres ; mais c'est humiliant de les leur demander, et on choisit l'alternative la plus facile : on renonce à ses études, ou on s'occupe de choses pour lesquelles une bibliothèque n'est pas nécessaire.

On se fait l'idée ici que les bibliothécaires doivent justifier leur nom et être des « conservateurs » de livres, ne laissant jamais sortir les volumes confiés à leur garde. Nous croyons, au contraire, que les bibliothèques sont faites pour s'en servir, et toutes les facilités sont données pour qu'on puisse en user largement. Les bibliothèques de nos différentes villes ou Universités prêtent leurs livres l'une à l'autre quand besoin est. De Harvard on en expédie même à San-Francisco, qui est à 3 000 miles, ou au Canada, ou en Angleterre. On n'a jamais regretté cette libéralité. Si par accident un livre est perdu, l'emprunteur le remplace. Bien entendu, si le livre ne peut être remplacé, il ne quitte pas souvent la bibliothèque.

J'ai la plus grande admiration pour les collections magnifiques de la Bibliothèque Nationale. J'ai trouvé tous les bibliothécaires et les employés extrêmement obligeants et aimables, et j'y passe mes journées avec la plus grande satisfaction ; mais je regrette souvent les avantages de celles de Harvard. Je m'impatiente des délais ; je souffre de l'absence d'un catalogue ; je suis gêné de ne pouvoir faire mettre de côté plus de deux volumes (souvent même cela m'a été refusé, quand les rayons étaient pleins) ; je suis déçu de ne pas trouver nombre de livres étrangers récents que j'avais employés régulièrement en Amérique ; et jusqu'ici je n'ai pu comprendre ce qu'on fait des périodiques scientifiques des deux dernières années, qui sont cependant nécessaires à l'étudiant pour se tenir au courant de son sujet. On ne peut pas dire non plus que la Bibliothèque Nationale soit un substitut de la bibliothèque de l'Université, où tous les étudiants puissent aller travailler, et dont ils puissent emprunter les livres. Il est très difficile pour un étudiant d'être admis à la salle de travail, aujourd'hui trop petite pour ceux qui la fréquentent. Du reste, elle n'est ouverte que dans la partie de la journée où les cours ont lieu, et sa distance de la Sorbonne l'exclut de toute participation active à la vie intellectuelle des étudiants. Chez nous aussi, les étudiants ont accès à de très bonnes bibliothèques, en outre de celles de leur Université. A côté de l'Université de Johns Hopkins se trouve la grande bibliothèque « Peabody » à Baltimore. La Bibliothèque Nationale de Washington est proche de Johns Hopkins et de Pennsylvania. Les Universités de Chicago et de Columbia ont les bibliothèques de Chicago et New-York. Quant à Harvard, elle a non seulement la bibliothèque de Cambridge, mais aussi les deux bibliothèques de Boston : l'Athæneum, et surtout la grande bibliothèque de la ville, installée récemment dans des conditions qui en font la première du monde. Les dispositions prises pour assurer la rapidité du service sont aussi complètes que possible. Un catalogue de fiches est mis à la disposition du lecteur. Le bulletin de demande est envoyé par transmission électrique dans la réserve : en moins de cinq minutes le livre arrive dans un petit chariot électrique et est remis au lecteur. On a pour principe d'acheter tous les livres importants qui paraissent, et des commandes sont faites d'avance chez les libraires étrangers pour qu'il n'y ait pas de retard dans la réception. A Harvard, beaucoup des livres nouveaux sont exposés dès leur arrivée pendant quelque temps, afin que chacun se tienne au courant des nouvelles publications dans sa spécialité. Par arrangement aussi avec les grandes librairies américaines et anglaises, un exemplaire de tous les livres qu'elles publient est expédié à la bibliothèque. Les professeurs les examinent et gardent ceux qui leur semblent utiles.

V

Une des conditions de la prospérité de nos Universités, c'est leur indépendance. Nous n'avons pas d'Université nationale. Nos Universités sont toutes rivales, et il n'y en a pas une qui soit à l'Amérique ce que l'Université de Paris est à la France, ou ce que Oxford et Cambridge sont à l'Angleterre. J'ai beaucoup parlé de Harvard parce que c'est celle que je connais le mieux. C'est la plus ancienne et la plus fréquentée ; elle jouit ainsi d'une suprématie reconnue par tous ; mais il lui faut lutter pour la conserver. Elle date de 1636 (on remarquera que tous nos collèges ne sont pas très jeunes), et Yale lui tient compagnie depuis 1701 ; mais aujourd'hui ces aïeules se trouvent en face d'une jeune génération d'Universités qui semblent avoir poussé en une nuit, et qui, comme l'enfant de la ballade, nées grandes et fortes, battent leur nourrice.

Il y a moins de quatre ans, l'Université de Chicago ouvrait ses portes pour la première fois, et déjà elle a reçu des dons s'élevant jusqu'à la somme énorme d'environ 55 000 000 de francs. L'année dernière, elle avait 950 étudiants et 214 professeurs. Grâce à sa richesse, elle a pu attirer des professeurs éminents d'autres pays, car on y regarde à deux fois avant de refuser un traitement annuel de 35 000 francs, dût-on trouver ailleurs un entourage plus agréable. Il y a quelque chose d'étonnant, même pour les Américains, dans une croissance aussi rapide ; encore n'est-ce que le début. De temps en temps, on apprend qu'une donation énorme vient d'être faite par un riche bienfaiteur à cette nouvelle institution. Certainement elle va exercer une influence toujours grandissante dont on peut à peine prévoir les limites.

Il est réconfortant de constater la générosité de nos millionnaires. Le sentiment public exige qu'un millionnaire fasse œuvre de philanthrope, et il semble s'y prêter avec plaisir. Nos riches ont compris que les Universités sont un élément de prospérité pour leur patrie, et ils font tout leur possible pour les mettre au moins sur le pied d'égalité avec leurs rivales du monde entier. Il est incontestable que notre suprématie matérielle est une des sources de notre puissance. Si nos Universités ont de l'argent, elles pourront munir leurs laboratoires des meilleurs instruments et les pourvoir de toutes les commodités ; elles pourront enrichir leurs bibliothèques de tous les livres qui paraissent partout, et construire pour les conserver des bâtiments où ils seront bien disposés, complètement catalogués, et faciles à obtenir sans délai ; elles pourront publier les travaux de leurs professeurs et de leurs étudiants, et par là donner un stimulant à la recherche personnelle ; et, de plus, l'argent leur permettra d'établir constamment de nouvelles chaires, d'attirer des hommes célèbres de l'étranger, et de donner à tous leurs professeurs un traitement suffisant pour leur éviter toute sorte de besognes désagréables et inutiles.

VI

Il me reste à parler d'un désir que j'ai formé bien souvent, et qui, je l'espère, se réalisera bientôt. C'est de voir des relations réciproques s'établir entre les Universités de France et d'Amérique. Si les Français espèrent voir nos étudiants en France, nous autres Américains espérons voir les leurs en Amérique. Il n'y a rien d'étrange dans cette idée, si l'on y réfléchit. Prenons un seul exemple.

Je suis d'avis que l'Université de Paris est le meilleur endroit du monde pour étudier la langue ou la littérature françaises. Je suis aussi d'avis que l'Université de Harvard est le meilleur en-

droit du monde pour étudier la langue ou la littérature anglaise.
Naturellement l'enseignement supérieur de l'anglais en France ne
supporte pas de comparaison avec le nôtre. Il n'y a pas dans toute
la France, si je ne me trompe, un seul cours de littérature anglo-
saxonne, ou de littérature anglaise du moyen âge. On pourra se
faire une idée du nombre des autres cours quand j'aurai dit qu'il
n'y a que six professeurs d'anglais dans les seize Universités de
France. Nous autres Américains trouvons cela à peine croyable.
Dans les dix-neuf écoles des Hautes Études chez nous, dont j'ai
parlé ci-dessus, il y a quatre-vingts professeurs d'anglais, et on se
rendra compte du nombre total de ceux qui enseignent l'anglais
dans ces dix-neuf Universités seulement en apprenant qu'il y a
vingt-cinq personnes (professeurs, maître de conférences et assistants) qui s'occupent de l'enseignement de l'anglais à Harvard,
et qu'il n'y en a que huit à l'École des Hautes Études.

À Paris, M. Beljame a fait beaucoup; il a réussi à éveiller
l'intérêt pour l'étude de la littérature anglaise, là où avant lui il
n'existait pas. Il y a vingt ans, un seul professeur enseignait à la
Sorbonne toutes les langues et les littératures étrangères. Aujour-
d'hui il y en a quatre (1). C'est un progrès important; et quand on
pense à ce qu'est l'enseignement de l'anglais dans les Universités
anglaises elles-mêmes, on peut féliciter les Français du fait qu'il y
a deux professeurs qui s'occupent d'anglais à la Sorbonne. Mais
il leur est impossible, à eux seuls, de faire tout ce qu'ils voudraient. Il y a forcément beaucoup de lacunes dans un enseignement ainsi organisé. On le comprendra en le comparant avec
celui de Harvard.

Il me semblerait même étonnant qu'on pensât à aller autre part
qu'en Amérique pour étudier l'anglais. Tout le monde sait que
l'Angleterre n'offre aucune ressource sur ce point. Jusqu'à ces
derniers temps, on affectait de mépriser l'étude des langues modernes dans les Universités anglaises, et encore aujourd'hui, il n'y
a pas beaucoup de cours qui conviennent à un étudiant étranger. Il ne peut guère apprendre qu'à parler anglais, et encore
moins bien qu'à Harvard, où il serait au centre de la vie intellectuelle d'un grand pays, en contact avec des hommes éminents, —
à l'Université de Longfellow, de Lowell, de Holmes, de Parkmann
et d'Emerson. À Harvard, il serait le bienvenu; en Angleterre
personne ne le regarderait.

Ainsi, si on doit encourager les Américains à venir en France

(1) A Harvard, il y a vingt professeurs des langues et des littératures étrangères.

étudier le français, on doit aussi encourager les Français à aller en Amérique étudier l'anglais. Ce sera l'occasion pour les Français d'entrer dans des relations plus directes avec les États-Unis. Je suis sûr qu'après deux ou trois ans le Parisien reviendrait à Paris avec autant de faits et de points de vue nouveaux qu'il regretterait de ne pas avoir acquis, qu'aujourd'hui en remporte aux États-Unis le Bostonien qui a passé le même temps en France.

C'est aussi l'opinion d'un Anglais éminent qui a étudié les méthodes de Harvard. Dans son livre intitulé : *Harvard College, by an Oxonian*, M. Birkbeck Hill, D. C. L. (d'Oxford), l'éditeur de la *Life of Samuel Johnson*, par Boswell, a dit (pp. 328, 329) : « Dans toutes les branches de la science l'Université [de Harvard] est riche en professeurs ; et, de plus, il y a certains départements de l'École des Hautes Études où nos meilleurs étudiants pourraient beaucoup profiter. Mais le plus grand profit qu'ils en tireraient sera de résider au milieu d'un peuple si semblable, et pourtant si différent. Ici l'étudiant d'histoire, de sciences politiques et d'économie politique, pourrait étudier, pour ainsi dire, à la grande école de la vie... Ici aussi, le jeune étudiant d'Oxford ou de Cambridge verrait une puissante Université puissamment dirigée. » D'ailleurs nous ne saurions donner une plus forte impression des sentiments de M. Birkbeck Hill qu'en citant l'épigraphe qu'il a choisie pour son livre : *There is a world elsewhere (Coriolanus)*.

Je sais bien que la grande objection sera qu'il coûte cher de traverser l'océan ; à cet égard, on s'effraie plus que de raison. Aussi bien, à notre avis, on ne devrait pas se contenter d'une instruction moins complète, dût-on dépenser quelques centaines de francs de plus. Mais il y a une considération qui écartera, je crois, cette objection, c'est qu'en général les bourses et les bénéfices des Universités des États-Unis sont ouverts à tous, Américains ou étrangers. Il y a un an, Johns Hopkins donnait cinq de ses bénéfices à cinq Canadiens. Cette année, on a nommé trois Canadiens bénéficiaires de Harvard, et on a alloué à chacun de 2 500 jusqu'à 3 750 francs par an, tandis qu'il y en a beaucoup d'autres qui ont reçu des bourses de 750 jusqu'à 1 500 francs. Des bourses ou des bénéfices ont été reçus aussi par des Russes, des Allemands et des Japonais. J'ai même entendu exprimer l'opinion que les étrangers ont un avantage sur les Américains, car l'Université veut attirer les étudiants sérieux de toutes les parties du monde, et par eux étendre son renom.

De plus, il y a bien des situations dans nos collèges qui pourraient être occupées par de jeunes Français bien préparés, s'ils voulaient demeurer quelque temps en Amérique ; car, tout au contraire des Français, nous ne tenons pas compte de la nationalité d'un professeur, s'il est capable de donner un bon enseignement et de prendre part à la vie intellectuelle et sociale de l'Université. Faute de cette ressource, on peut gagner largement sa vie en Amérique en donnant des leçons particulières, qui sont toujours bien payées (1).

VII

Comme je l'ai dit, l'apprentissage des étudiants du nouveau monde est terminé. Nous sommes capables maintenant pour toutes les choses essentielles de nous suffire à nous-mêmes. Pourquoi donc venons-nous en Europe ? Il y a à cela bien des raisons. D'abord il n'y a pas longtemps que nos Universités sont dans la situation actuelle. A proprement parler, un enseignement supérieur n'existait pas en Amérique il y a vingt-cinq ans, et nos professeurs étaient dans l'obligation d'aller faire leurs études à l'étranger. La coutume s'en est établie, et maintenant tout le monde croit de son devoir de rester au moins un an au dehors. D'ailleurs un Américain n'est pas tout à fait satisfait tant qu'il n'a pas passé quelque temps dans le vieux monde. Nos étudiants peuvent être persuadés qu'après avoir suivi les cours qui leur sont offerts chez nous, ils ne trouveront rien de très neuf ou d'essentiel dans les Universités de l'étranger. Néanmoins ils veulent s'en assurer par eux-mêmes. Ils savent bien les grands avantages qu'on peut retirer d'un séjour dans un pays étranger. Ils sont désireux de parler français et allemand ; ils veulent voir les œuvres d'art et les monuments historiques qui se trouvent partout en Europe ; ils ont besoin peut-être de consulter les manuscrits dans les grandes bibliothèques, qu'ils ne peuvent jamais avoir chez eux ; mais, avant tout, il désirent étudier les méthodes et connaître les personnalités des grands maîtres dans leur spécialité, et recevoir d'eux l'enthousiasme qu'ils

(1) Il y a quelque temps, j'ai écrit à Cambridge pour savoir si Harvard ne voulait pas accorder aux étudiants français la même hospitalité qui est accordée aux étudiants étrangers par l'Université de France. Eh, bien, je viens de recevoir une lettre où le président Eliot dit que, selon toute probabilité, les autorités universitaires ne demanderaient pas aux Français les 750 francs qu'il faut à tous autres étudiants pour payer le droit de suivre les cours, surtout si ceux-là venaient à l'Université comme boursiers du gouvernement français. Du reste, je suis bien content d'entendre qu'un professeur d'anglais dans un des collèges de Paris a décidé de donner sa démission pour aller continuer ses études à Harvard l'année prochaine. Son exemple sera suivi, j'en suis sûr, par beaucoup d'autres avant longtemps.

communiqueront à leur tour à ceux qu'ils auront plus tard l'honneur de diriger dans leurs études.

Toutes ces considérations amèneront toujours les Américains à Paris. Il est certain, cependant, que, de plus en plus, ils ne viendront pas avant d'avoir déjà étudié quelque temps dans nos écoles des Hautes Études. Plus ils seront avancés dans leur spécialité, plus ils demanderont des cours élevés, techniques, spéciaux, et non pas seulement des leçons intéressantes et brillantes.

On ne peut dire d'aucune Université du monde qu'elle est la meilleure en tous points. Chacune a sa supériorité dans quelque département, et les études particulières auxquelles un jeune homme se livre déterminent son choix. Il ira toujours là où se trouve le professeur le plus célèbre. Un jour, un département d'études peut être fort; le lendemain, il peut être faible. Tant que M. Gaston Paris, par exemple, fera des cours d'ancien français, tout étudiant de langues romanes voudra venir à Paris pour se pénétrer avec lui de l'enthousiasme scientifique, étudier les méthodes et recevoir la direction de ce grand savant, dont la renommée semble être même plus répandue à l'étranger qu'en France. Mais le jour, qui, je l'espère, est encore éloigné, où la France serait privée de cet homme éminent, sera-t-on attiré en France pour y étudier l'ancien français? N'ira-t-on pas suivre les cours de M. Tobler à Berlin, de M. Suchier à Leipzig, de M. W. Foerster à Bonn, ou de M. Meyer-Lübke à Vienne? C'est à quoi il faut penser. Si la France veut conserver sa prééminence, il lui faudra préparer sans cesse des jeunes gens capables de prendre la place de ceux qui disparaissent, et il faudra que les nouveaux venus soient au courant du mouvement scientifique des autres pays.

Aux Français je demande enfin : Voulez-vous que nos Universités soient envahies par les méthodes allemandes, les sympathies allemandes? L'Amérique regardera-t-elle à l'avenir votre pays comme le foyer de l'activité intellectuelle et scientifique? A vous d'agir avec prévoyance et persévérance au mieux de vos intérêts. Nos sympathies vous suivent dans vos efforts pour atteindre le but que je signalais au commencement de cet article.

William Henry SCHOFIELD.

LES

PROFESSEURS DE LANGUES VIVANTES

ET L'ENSEIGNEMENT MODERNE

Depuis deux ans se poursuivent dans l'enseignement moderne des essais appelés dès maintenant, semble-t-il, à un large développement : les classes de français y sont confiées à des professeurs agrégés d'allemand ou d'anglais.

Pour avoir été menée avec une extrême réserve, — à cause de cela peut-être, — la tentative n'en est pas moins en très bonne voie. En dépit de la défiance avec laquelle cette nouvelle répartition du service dans quelques établissements a été accueillie, les avantages du système se sont affirmés d'une manière éclatante ; le zèle et le talent des professeurs qui se sont offerts à l'épreuve n'ont d'ailleurs pas été étrangers à ces premiers succès. Administrateurs, collègues, élèves s'accordent à reconnaître l'excellence de cette pratique : les classes dans lesquelles un professeur d'allemand ou d'anglais adjoint le français à sa spécialité et devient le professeur principal sont de beaucoup supérieures à celles où la direction générale de l'éducation demeure éparpillée entre plusieurs maîtres. Seules des préoccupations intéressées, les préventions nées d'un attachement aveugle à de longues traditions permettront encore de contester les résultats obtenus.

Au reste, s'il est une chose qui puisse surprendre, c'est que l'essai ait été si tardif. L'organisation même de l'enseignement moderne amène nécessairement le professeur de langues vivantes au centre de l'enseignement. L'attrait d'une vaine symétrie ne suffit pas à expliquer l'opposition d'un professeur de grammaire ou de lettres modernes au professeur de grammaire ou de lettres classiques. Les besoins de l'éducation exigent que l'on groupe les divers maîtres des mêmes élèves autour d'un maître plus spécialement chargé de conduire la classe, d'entretenir les bonnes volontés, d'initier les nouveaux venus aux habitudes du lycée, de former les caractères. N'est-ce pas à l'absence de professeur central qu'ont été dus en grande partie et le manque de solidité de l'ancien enseignement spécial et les hésitations du nouvel enseignement moderne? Mais cette lacune une fois constatée, ce n'est pas aux professeurs de langues vivantes qu'on a eu d'emblée recours. On ne s'est adressé à eux qu'après avoir épuisé toutes les combinaisons possibles, après avoir fait appel à des professeurs de l'enseignement classique, agrégés de grammaire ou des lettres, voire d'histoire et de philosophie.

Il y a pourtant de solides raisons pour attribuer aux professeurs d'allemand ou d'anglais les fonctions de professeurs principaux dans l'enseignement moderne. Avant de les examiner, il n'est pas inutile d'indiquer sommairement l'importance de ces mêmes fonctions, ne serait-ce que pour écarter par avance les objections de certains pédagogues habitués à considérer les choses de trop haut ou de trop loin, c'est-à-dire — dans un sens ou dans l'autre — en raccourci.

C'est un fait dûment constaté par tous ceux qui ont été appelés à promener un enseignement particulier dans une série de classes: l'attention, la régularité dans les efforts, l'application aux devoirs, la vivacité des réponses, l'ardeur de l'émulation, bref la vie d'une division d'élèves dépend, avant tout, de l'autorité possédée par le professeur titulaire de la classe. Tant vaut sa discipline, tant les professeurs chargés des cours « complémentaires » rencontrent de difficultés dans le gouvernement de leur petit empire. Les pédagogues allemands (1) consacrent tous de longs chapitres à l'étude de ce qu'ils appellent le centre de la classe; et de fait, les professeurs des gymnases sont à la fois directeurs ordinaires d'une division et professeurs complémentaires dans une ou plusieurs autres. Toujours est-il que les élèves, s'ils ont profit à recevoir les leçons de maîtres différents, se sentent tiraillés en tous sens et gênés lorsqu'ils ne sont pas guidés d'une manière continue : ils ne savent qui consulter pour les mille incidents de leur vie scolaire ou même pour les problèmes de leur vie morale. Au milieu de tous ces maîtres qui passent trois ou quatre fois par semaine devant eux au maximum, lequel choisir pour confident? Lequel sera le grand ami à qui l'on soumet un différend; auprès de qui l'on

(1) Qu'il nous soit permis de remarquer, en passant, que les pédagogues d'Allemagne sont, à de rares exceptions près, des « hommes d'école »; ils ne perdent pas de vue les écoliers, prennent *de visu* leurs observations et font eux-mêmes l'application de leurs théories. Nos pédagogues au contraire conservent d'ordinaire peu ou prou de rapports avec les lycées et les collèges. Il est vrai que leur influence n'a pas été jusqu'ici bien considérable; ils vivent en dehors du personnel enseignant.

« réclame » pour un abus de pouvoir dont on est victime, pour une « injustice »; dont on escompte la bienveillance s'il s'agit d'intercéder auprès de l'administration, d'un maître d'études, parfois, dans les circonstances graves, auprès de la famille? Sera-ce le professeur d'histoire, de lettres, de mathématiques? Le professeur titulaire de la classe est l'homme désigné. Les plus timides, les plus réservés s'adressent à lui sans hésitation. En outre, il y a la tenue des cahiers, l'art de prendre des notes, la méthode dans le travail et la répartition des heures d'étude, l'équilibre à garder parmi les diverses matières des programmes, le choix des lectures, tous ces détails dont aucun n'est sans importance en ce qui touche aux bonnes habitudes de l'esprit. Les spécialistes ont fort à faire à surveiller les progrès des écoliers dans la branche qu'ils ont pour mission d'enseigner, d'établir et de maintenir l'homogénéité de la classe pendant le développement des cours. Aucun d'eux n'a plus que les autres qualité pour prendre la direction effective de la classe. L'un ou l'autre d'ailleurs le voulût-il, que la tâche serait singulièrement ardue, surtout si les classes sont nombreuses : comment conquérir l'ascendant nécessaire sur des écoliers avec lesquels on n'est guère en contact que trois ou quatre heures par semaine? comment les bien connaître individuellement, lorsque toutes les deux heures, souvent toutes les heures, on se trouve en présence d'autres élèves? C'est à peine si, dans certains cas, avec la meilleure volonté, on ne confond pas les noms!

Dans l'enseignement classique, le professeur de lettres est appelé par la nature de son service au rôle de professeur principal. Dans l'enseignement moderne, on n'avait guère eu jusqu'alors que des cours juxtaposés. Ce n'est pas qu'on n'eût cherché toutes sortes de combinaisons. Les matières susceptibles d'être confiées à un même maître et de composer un service assez important pour qu'on pût y attacher le titre et les fonctions de professeur principal ont bien été successivement ou simultanément groupées; lettres et histoire; français et morale; histoire naturelle, physique et mathématiques, toutes les réunions ont été et sont encore plus ou moins mises en pratique. Mais aucune ne satisfait pleinement les professeurs ni les élèves.

Restait la combinaison français et langues vivantes, la plus logique avec les trois ou quatre heures d'allemand, les trois ou quatre heures d'anglais, les quatre ou cinq heures de français que comportent les programmes. Pourquoi avait-elle été purement et simplement écartée? Pourquoi la tentative est-elle considérée comme une hardiesse? Sans chercher les raisons accessoires et pour dire les choses sans détour, personne ne songeait aux professeurs de langues vivantes, parce que personne n'avait en eux la moindre confiance.

Les origines de ce préjugé sont aisées à découvrir. Les professeurs de langues vivantes sont les derniers venus dans l'Université. D'aucuns ne peuvent se résoudre aujourd'hui à les ranger ailleurs que parmi les représentants de ce qu'on appelle dédaigneusement les arts d'agrément. Ils leur reprochent d'avoir eu des débuts difficiles, d'avoir compté au nombre de leurs prédécesseurs immédiats des étrangers peu au courant de nos mœurs scolaires ou malhabiles à parler le français, et des Français dont les études spéciales avaient été faites au détriment de la culture générale. Ils oublient que le recrutement des premiers maîtres souffrait précisément de l'indifférence témoignée universellement pour un genre d'études mal apprécié. Ni la sincérité des efforts dans les Facultés et les lycées, ni les progrès accomplis dans les méthodes, ni l'autorité acquise ne les désarment. La similitude ou la parité des titres et des grades, l'organisation de classes dûment distribuées dans le cadre des heures régulières de l'enseignement, l'égalité des professeurs par rapport à leurs collègues tant en ce qui concerne les traitements qu'au sujet des égards auxquels ils ont droit, il y a eu là toute une série d'étapes péniblement franchies grâce à des poussées vigoureuses, à des énergies persévérantes, à des revendications courageuses, à des dévouements mal reconnus. Si la période des luttes ouvertes semble heureusement terminée, il est souvent encore nécessaire de chercher des appuis dans l'opinion publique en dehors de l'Université. Car les champions de l'enseignement classique ancien se plaisent à dénoncer les modifications apportées à l'enseignement secondaire au profit des langues vivantes comme des concessions regrettables, bien plus, comme des atteintes portées au génie national (1).

La plupart des personnes qui ont reçu une solide éducation classique, à plus forte raison les maîtres chargés de dispenser cette éducation, ont une tendance fâcheuse à considérer l'état de leurs connaissances générales comme la norme *ne varietur* de toute culture développée. C'est une des formes de la stagnation intellectuelle. Car l'histoire même des humanités est là pour prouver que chaque génération apporte en matière d'enseignement et

(1) Voir entre autres la collection de la Revue de l'Enseignement secondaire, depuis un an. Il n'y a presque pas de numéro qui ne contienne des cris d'alarme et des attaques contre ceux qui cherchent à élargir les voies de l'enseignement secondaire.

d'éducation le même besoin de nouveau, d'appropriation aux mœurs et aux nécessités du moment qu'en matière d'idées politiques, d'art, de mode. La querelle des anciens et des modernes renaît à chaque génération. « L'honnête homme » du XVIIᵉ siècle ne jouerait-il pas un piètre personnage dans notre société ? On lui reprocherait à juste titre une conception trop étroite de ses devoirs à l'égard de ses semblables, des vues bien courtes sur « l'homme », sur le « monde », sur « la politesse ». L'admiration exclusive de Périclès, d'Auguste, de Louis XIV et de leurs contemporains où s'est confinée naguère toute une génération, n'est plus suffisante pour permettre aux jeunes hommes de demain de s'orienter dans la mêlée où ils vont se trouver, bon gré mal gré, précipités ; et, à vouloir se retrancher dans une tour d'ivoire on risquerait fort de la voir assaillie, sinon rasée, avant de s'y être à son aise installé. Au fur et à mesure que des découvertes nouvelles se produisent ou simplement que des aspirations autres se font jour, nous sommes bien obligés d'en tenir compte. Or la mémoire a ses limites ; les cerveaux, surtout les cerveaux d'écoliers, sont loin d'être compressibles à l'infini : force est bien de changer les cadres de l'enseignement, tout au moins d'alléger d'un côté lorsqu'on charge de l'autre, sous peine de voir les cadres rester vides, le contenu s'en échappant par bribes.

Loin de nous l'intention de médire de l'enseignement classique, de lancer contre lui la plus bénigne des insinuations. Nous savons trop que les études de l'antiquité ont besoin d'être entretenues. D'ailleurs la citadelle est trop bien gardée pour que les plus audacieux se croient en mesure d'exposer leurs troupes sur les brèches. Il est convenu, jusqu'à plus ample informé, que deux systèmes d'enseignement doivent coexister. Nous admettrons aussi (encore que ceci ait besoin d'être démontré et que tous les arguments apportés en faveur de cette thèse, même par des hommes considérables (1), soient plutôt d'ordre sentimental que d'ordre logique) que l'éducation classique demande des intelligences mieux préparées, et en même temps donne plus de finesse au jugement et au goût. Il n'en est pas moins vrai que l'enseignement moderne en est encore réduit aux tâtonnements : s'il a des chances de prospérer, c'est surtout s'il est remis aux mains des professeurs qui, par leur tour d'esprit et leurs convictions, ne lui soient pas en grande majorité foncièrement hostiles.

Les grades réservés aux titulaires de l'enseignement spécial

(1) Voir notamment diverses études de M. Fouillée dans la *Revue des Deux Mondes* et les derniers ouvrages de M. Bréal relatifs à la pédagogie.

ayant disparu, l'ancien personnel est appelé à se fondre de plus en plus parmi les professeurs de lettres, d'histoire, de philosophie, et, comme tel, à se renfermer dans un domaine délimité plutôt fait pour se prêter à des services de professeurs complémentaires qu'à des services de professeurs principaux ; il n'y aura bientôt plus, tout au moins dans l'ordre des lettres, de spécialistes autour desquels on puisse grouper les différents maîtres. Seuls les professeurs actuels d'anglais et d'allemand apparaissent désormais comme capables de réunir plusieurs branches qui marchent de pair, le français et les langues vivantes. Aussi bien ils donnent depuis longtemps déjà leurs leçons dans toutes les catégories de classes existantes ; ils ne sont inféodés à aucune théorie absolue ; ils n'ont eu à prendre position dans aucune querelle d'école ; ils sont exempts de parti pris : avantages appréciables lorsqu'il s'agit de ménager les transitions entre l'enseignement classique ancien et l'enseignement moderne qui cherche à devenir classique, mais suivant une autre direction. Le caractère fondamental et la valeur d'un enseignement ne résident-ils pas, d'ailleurs, beaucoup moins dans le genre des exercices pratiqués que dans l'esprit qui préside à ces exercices? Il s'établit à la longue entre les professeurs, les élèves, les administrateurs et le public une sorte d'entente. C'est de cette entente que se dégage l'esprit particulier à chaque type d'école. Par une sorte de contrat tacite, chacun se tient d'avance pour satisfait d'une moyenne d'exigences réciproques. Dans cet ensemble, les professeurs représentent si l'on veut la partie chantante, la partie active par excellence. Comme l'importance de leur rôle varie suivant leur talent, leur autorité suivant leur succès, ils ne sont presque jamais tentés de rien changer à l'ordonnance générale d'un système où ils peuvent se tailler la part de besogne qui leur convient. Aussi n'est-ce jamais de leur corporation que s'élèvent les mouvements d'opinion en faveur des modifications profondes à introduire. Ils sont les derniers à sentir les dissonances. Tant qu'un enseignement déterminé existe, ce sont donc eux qui en conservent le plus fidèlement l'esprit. C'est par eux qu'on peut le mieux se rendre compte de ce qu'un enseignement est ou doit devenir. Les tendances des professeurs dans l'enseignement classique sont suffisamment connues. On nous saura peut-être gré d'essayer de dégager celles de professeurs relégués jusqu'ici à l'arrière-plan, et probablement appelés à marquer de leur empreinte l'enseignement moderne de demain.

Afin d'éviter toute chicane au sujet des garanties offertes par les titres universitaires, nous nous restreindrons à l'exemple des professeurs d'allemand ou d'anglais pourvus d'une licence littéraire et d'une agrégation. La licence les met sur le même pied que les professeurs de collèges et nombre de chargés de cours dans les grands lycées. Quant aux agrégations de langues vivantes, elles attestent, outre des connaissances précises, une situation intellectuelle et morale un peu à part parmi les membres de l'Université (1).

Pour se préparer à leurs concours spéciaux (certificat d'aptitude à l'enseignement de l'anglais ou de l'allemand, de l'italien ou de l'espagnol, agrégation d'allemand ou d'anglais) (2), ils ont été obligés de séjourner pendant un temps plus ou moins long à l'étranger, et cela, au cours même de leurs études. Ils ont donc été amenés à envisager le cycle entier des travaux littéraires sous un autre angle que leurs camarades, gardiens plus jaloux d'une discipline qui les a exclusivement façonnés. Ils ont été incités à faire des comparaisons constantes, non seulement en matière d'études et de questions scolaires, mais encore en matière de mœurs, d'idées, de théories sociales. Astreints à se débrouiller parmi les mille détails de la vie journalière, à l'âge où leurs futurs collègues n'ont eu qu'à suivre l'ornière d'une route peu accidentée, ou à se laisser tenir en lisière, bien loin de toute agitation, ils rapportent un sens plus aiguisé des nécessités de l'existence. Enfin, forcés de pénétrer aussi avant que possible dans une civilisation différente de la nôtre, de se mettre en contact direct avec des hommes à certains égards très peu semblables à nous, parfois diamétralement opposés, ils s'habituent à l'idée que les choses peuvent être autres, sans pour cela être meilleures ni pires. Alors, ils appliquent aux études littéraires, aux problèmes d'éducation, à tout ce qu'ils abordent un tour d'esprit plus indépendant, plus dégagé des préjugés universellement adoptés, plus défiant des affirmations absolues, des doctrines autoritaires. Pour peu qu'ils aient le goût de la réflexion, ils passent au crible une foule de faits qui ne les avaient pas choqués antérieurement et qui ne leur paraissent plus marqués au coin de la perfection. Et dans les

(1) Il va sans dire que nous ne tenons pas compte des cas exceptionnels pour les professeurs qui subissent des épreuves dans les autres ordres d'agrégation. Nous essayons d'établir ce qu'on est en droit d'attendre *a priori* d'un agrégé d'allemand ou d'anglais.

(2) Il n'existe pas encore d'agrégation pour les langues méridionales. Les professeurs titulaires d'anglais et d'allemand sont les premiers à signaler cette lacune regrettable. Lors des récentes élections pour le renouvellement du Conseil supérieur de l'Instruction publique, l'un des candidats portait ce desideratum au nombre des vœux qu'il croyait devoir formuler. Quant au russe et à l'arabe, ils sont encore rangés parmi les curiosités.

crises par lesquelles ils passent fatalement, leur vocation d'éducateurs s'affirme et se fortifie. Mais ils la dégagent des classifications
mesquines, ils se débarrassent des œillères que la routine est toujours prête à nous attacher de chaque côté de la tête. Ils ne comprennent plus, par exemple, ces discussions subtiles entre grammairiens et littérateurs, persuadés, que ces vieilles distinctions
sont plus factices que réelles. Tous les littérateurs ne « font »-ils
pas de la grammaire, comme M. Jourdain faisait de la prose, lorsqu'ils expliquent le sens exact d'un mot, d'une phrase, d'un texte,
les origines d'une locution, et la composition d'un vocable, et le
pourquoi d'une forme de langage ou d'une prononciation ? Et les
grammairiens les plus intransigeants n'agissent-ils pas en purs
littérateurs lorsqu'ils cherchent à déterminer la place d'un écrivain au milieu de ses contemporains, ses affinités intellectuelles,
les sources de ses œuvres, la nature de son talent, son influence,
son style ? Et tous deux ne « font »-ils pas de la philosophie lorsqu'ils
pèsent la valeur morale des pensées étudiées ? Ils s'étonnent de
voir des hommes hautement et justement estimés s'escrimer pour
prouver qu'il n'existe plus de Pyrénées entre la littérature et l'histoire ou la philosophie, ou qu'avant de juger un texte, il n'est pas
mauvais d'en saisir le sens. Comme si toute espèce de document
humain ne pouvait pas servir de base à n'importe quelle espèce
de considération, selon la voie suivant laquelle on a aiguillé son
attention ! Dans un autre d'ordre d'idées, ils sont stupéfaits de la
passion avec laquelle certains ratiocinent pour déterminer si telle
matière, tel procédé appartient « au primaire » ou « au secondaire », si ceci est, à proprement parler, du ressort « de l'instruction » et cela, plus exactement, « de l'éducation ». Ils croient, pour
l'avoir appris ailleurs, que la pédagogie est un art exigeant à la
fois, comme tous les arts, des aptitudes et une part de métier, et
qu'en fait de méthodes il y a surtout lieu de distinguer entre les
fécondes et les stériles, les attrayantes et les rébarbatives. Ils ne
pensent pas que les intelligences se classent en catégories, mais
qu'elles se ressentent de toutes les impressions reçues et enregis-
trées. Il leur semble qu'un professeur doit avant tout s'inquiéter
du temps dont il dispose et des résultats qu'il peut normalement
obtenir, et, dût quelque classique leur reprocher de s'immiscer
dans une question étrangère à leur stricte spécialité, ils considèrent qu'un homme instruit est un homme préparé à la vie, ou,
selon une formule plus moderne, armé pour la lutte, et un homme
« éduqué » un homme élevé, dirigé par des guides, apparemment
en vue de l'existence. Ce qui les surprend moins, étant données

les préventions courantes, tout en les attristant un peu, c'est l'opposition systématique qu'ils rencontrent chez plus d'un personnage marquant dans l'enseignement public : entourés, par suite de leur origine, de leurs études personnelles, de leurs amitiés, de gens qui appartiennent à des cénacles où l'épithète de classique est devenue quelque chose comme un mot de ralliement, dénué de tout sens par lui-même, il arrive à des universitaires de faire grise mine aux nouveaux venus. On les traite de frondeurs, lorsqu'ils n'acceptent pas les yeux fermés des assertions sujettes à contestation ; on les accuse de bouleverser la maison lorsqu'ils demandent simplement à l'agrandir et, dans la mesure de leurs moyens, à la mieux éclairer : tels de bons serviteurs qu'on blâmerait de chercher à se pénétrer de leurs devoirs avant de commencer leur besogne !

Certes, si ces indications ne sont pas de pure fantaisie, il n'est pas téméraire de prétendre que les professeurs de langues vivantes apporteront dans les fonctions de professeurs principaux de sérieuses qualités : la pondération dans les jugements, la défiance des idées toutes faites, l'esprit critique, la tolérance, toutes tendances qui n'excluent pas l'amour du génie national et qui, pour avoir leurs sources ailleurs que dans l'admiration de l'antiquité, ne paraissent pas de trop mauvais aloi. Mais, dans la pratique, une double difficulté se présente : ces professeurs n'ont-ils pas délaissé depuis trop longtemps les études de français pour pouvoir diriger avec fruit les exercices de lecture, d'explication et de composition dans les classes ? s'en rencontre-t-il qui soient en état d'enseigner à la fois l'anglais et l'allemand, ou, si l'enseignement des deux langues reste séparé, ne retombe-t-on pas dans le morcellement exagéré des services ?

Pour répondre à l'une et l'autre objection, il est bon de séparer nettement ce qui est actuellement de ce qui se produira nécessairement si l'essai prudemment commencé se généralise.

Un licencié, muni du diplôme que conféraient les Facultés d'après les programmes des dix ou des vingt dernières années se mettra sans peine, on l'admettra, au courant des plus récents travaux qu'il lui importe de connaître pour conduire une classe de français en toute connaissance de cause. Il apportera devant ses élèves une fraîcheur de souvenirs qui ne sera pas pour priver ses leçons de vivacité. De plus, habitué à une perpétuelle comparaison avec un idiome autre que le nôtre, il présentera des aperçus auxquels les grammairiens et les littérateurs français, jusqu'ici cantonnés dans une même tradition, n'ont pas encore, croyons-nous, prêté leur attention. L'enseignement du français, historique ou dogmatique, repose surtout sur des considérations tirées de la filiation directe du latin et du grec. Cela est tout naturel. On s'est d'abord attaché à déblayer le grand courant des influences primitives. Mais si les rapprochements étymologiques ou syntaxiques avec le latin et le grec sont essentiels pour les premières périodes de notre langue, ne pense-t-on pas que le peuple français commence à avoir derrière lui un passé assez long pour qu'on le traite un peu plus en personne émancipée, qu'on le consulte directement sans toujours jeter un premier coup d'œil sur ses vénérables ancêtres ? Les hommes faits ont pourtant pour coutume de prendre conseil auprès de leurs contemporains, non moins que de leurs parents. Or ouvrez les livres scolaires les plus répandus et voyez si l'on souffle mot de problèmes assurément dignes d'être résolus comme ceux-ci : pourquoi employons-nous l'article dans tel cas et ne l'employons-nous pas dans tel autre, alors que nos voisins font tout le contraire ? pourquoi disons-nous « je vais » quand d'autres peuples disent « je veux » ? pourquoi plaçons-nous ici plutôt qu'ailleurs nos adjectifs, nos adverbes, nos pronoms, et pour quelles raisons d'autres suivent-ils d'autres principes ? Ne croit-on pas avec nous qu'il y a là des mines inexplorées et que les professeurs de langues vivantes pourraient être appelés à en exploiter quèlques filons ? Quant aux lectures et aux leçons apprises par cœur, il est à peine inutile d'indiquer le profit qu'on tirerait à varier les anciens choix. Certes, on a déjà fait beaucoup en ce sens. Mais il est bon qu'à côté de jeunes gens imbus de Bossuet et de Racine il y en ait pour qui Rousseau, Voltaire, Mérimée, Augier, Alexandre Dumas fils représentent autre chose que des noms vagues, des distractions plus ou moins permises, des récréations réservées aux veilles de congés. Inutile d'ailleurs d'effrayer les familles par la peinture des prétendus dangers qui feraient courir aux jeunes imaginations des livres trop modernes, trop passionnés, trop immoraux. Le danger ne réside pas dans les livres, mais dans la manière dont ils sont lus. Faudra-t-il perpétuer à l'infini les traditions léguées par les jésuites, nos devanciers ? La franchise dans les paroles est préférable aux sous-entendus et à l'expurgation des textes. Il n'est pas indispensable que les mots amour, mariage, adultère provoquent chez des écoliers des demi-sourires. Il est plus sain de parler sans détour et naturellement des choses naturelles et d'appeler laide une chose réprouvée, que d'avoir recours à des circonlocutions, quitte à disserter sans broncher sur les courtisanes antiques, les idylles entre bergers et autres lieux communs auxquels la banalité n'enlève rien de leurs principes pernicieux.

Quant aux langues vivantes, le personnel actuel n'est pas préparé à enseigner deux langues vivantes ; c'est à titre d'exception que se rencontreront des professeurs capables de mener de front l'anglais et l'allemand. Force sera donc, pour le moment, d'alterner les services principaux de lettres et anglais, lettres et allemand en les complétant avec des heures d'anglais ou d'allemand dans d'autres divisions, notamment dans l'enseignement classique.

Mais des personnes très autorisées émettent des doutes sur la possibilité de recruter jamais des professeurs sachant bien deux langues étrangères. Peut-être ces doutes partent-ils d'un point de vue inexact. On raisonne d'après le corps de professeurs tel qu'il a existé autrefois, plutôt que d'après les nouvelles recrues. On prend pour types des Alsaciens, des fils d'Anglais, des jeunes gens ayant eu par le hasard des circonstances, pour ainsi dire, deux langues maternelles. Ce qu'il importe de savoir, c'est si des étudiants élevés dans nos écoles peuvent s'assimiler autant qu'il convient plus d'une langue étrangère. Ils arriveront bien, pense-t-on, à lire et à écrire avec aisance plusieurs langues ; mais les parleront-ils ? leur prononciation ne sera-t-elle pas défectueuse ? Ces craintes nous semblent vaines. En fait, — l'expérience le montre tous les jours, — les lycéens de l'enseignement moderne qui réussissent le mieux dans une langue sont presque toujours aussi parmi les plus forts dans l'autre. La raison s'en conçoit sans peine : quiconque a l'oreille assez fine pour distinguer les nuances de sons qui séparent deux prononciations, les organes de la voix assez souples pour les reproduire et se fixer à volonté sur l'échelle des tonalités qui différencient deux accents, n'éprouve pas plus de difficultés à recommencer plusieurs fois la même épreuve. C'est affaire d'entraînement, partant de volonté et de temps. Du reste, on ne s'est pas encore appliqué à déterminer un minimum dans l'ensemble des connaissances requises pour un bon professeur d'une langue étrangère. On a passé d'un excès à l'autre. Autrefois, les Français se souciaient peu de parler une langue étrangère d'une façon qui ne fût pas grotesque. Aujourd'hui, on exige du polyglotte ou du spécialiste qu'il parle une langue au point de tromper les indigènes dans leur propre pays : coquetterie fort louable, au demeurant presque irréalisable, mais coquetterie, c'est-à-dire superfluité. On sait bien une langue et on peut l'enseigner admirablement dès qu'on la comprend et qu'on exprime sa pensée en termes convenables sans être importun pour un interlocuteur. Cette vérité s'est si bien fait jour que les licences actuelles de langues vivantes comportent des épreuves sur une langue désignée sous le nom de langue secondaire et qu'aux agrégations, les candidats au titre de professeur d'allemand expliquent un texte anglais, et *vice versa*.

Quoi qu'il en soit, les expériences tentées jusqu'à ce jour ont paru suffisamment concluantes (1) pour que l'administration supérieure songeât à organiser le nouveau service des professeurs de lettres et langues vivantes sur une base moins flottante. Une commission réunie au Ministère a été chargée d'élaborer un avant-projet d'agrégation conférant le titre de professeur de lettres modernes et comportant des épreuves en français et des épreuves en langues vivantes. Si nos renseignements sont exacts, cette commission a émis les avis suivants :

I. Il serait prématuré de créer un concours où l'on demanderait aux candidats de justifier une égale connaissance de deux langues vivantes ; il y a donc lieu de laisser subsister la séparation actuelle entre l'anglais et l'allemand ;

II. Les épreuves comprendraient :

a) Pour l'écrit :

1° Une composition en langue étrangère ;

2° Une composition de grammaire française (consistant en un certain nombre de questions, les unes d'ordre historique et théorique, les autres d'ordre pratique);

3° Un thème et une version ;

4° Une composition française sur un sujet de littérature ;

b) Pour l'oral :

1° Explication commentée d'un texte français, tiré d'un auteur du programme, après trois heures de préparation ;

2° Traduction commentée d'un texte allemand ou anglais tiré d'un auteur du programme, après trois heures de préparation ;

3° Thème allemand ou anglais, pris dans un auteur moderne après une demi-heure de préparation ;

4° Épreuve sur une seconde langue : traduction improvisée d'un texte allemand, anglais, italien ou espagnol, avec interrogations ;

5° Leçon en langue étrangère après vingt-quatre heures de préparation ;

6° Après trois heures de préparation, exposé en français, suivi de questions, d'un point choisi par le jury et relatif à un mémoire remis par le candidat.

---

(1) M. le vice-recteur de l'Académie de Paris s'est, dans son rapport au Conseil académique au début de la présente année scolaire, loué des essais faits aux lycées Voltaire et Carnot et au lycée de Reims.

A la composition écrite en langue étrangère et à l'exposé sur le mémoire sont affectés des coefficients doubles; le thème et la version réunis sont cotés par une simple note.

Ce projet ne diffère des deux agrégations existantes que par l'addition d'une composition de grammaire française et par la disparition de la composition désignée sous la rubrique mal définie de composition sur une « question de langue ». Quant à l'introduction du mémoire, nul doute que cette institution ne donne pour les futurs professeurs de « lettres modernes » les mêmes résultats heureux qu'on constate unanimement pour les candidats à l'agrégation d'histoire. Le danger, si ce projet est ratifié par le Conseil supérieur de l'Instruction publique et sanctionné par un décret, c'est qu'il ne semble bien chargé à plus d'un candidat. Avoir en tête, le jour de l'examen, l'histoire de la littérature française, l'histoire d'une littérature étrangère, l'histoire de la langue française, être assez rompu à la pratique des langues étrangères pour faire à intervalle de quelques heures, une leçon en français, une leçon en allemand ou en anglais et subir une interrogation sur une autre langue, c'est risquer d'être uniformément médiocre et de rabaisser le niveau d'un concours dont personne n'était tenté de contester la valeur.

Peut-être eût-il mieux valu réserver la question de l'agrégation, fractionner les matières que l'on croit nécessaires à un professeur de lettres modernes, et commencer par établir une licence de langues modernes comportant des épreuves sur la grammaire française et la littérature française, deux langues vivantes au choix et les éléments du latin. On n'en aurait évidemment pas moins continué à bien accueillir aux épreuves de l'agrégation les candidats pourvus de la licence classique. Cette variété d'origine serait un avantage. Aussi bien les récentes réformes apportées dans le régime des licences ès lettres donnaient-elles l'occasion de créer un examen qui aurait ouvert, concurremment aux élèves de l'enseignement classique, la carrière du professorat aux élèves de l'enseignement moderne et aurait permis de constater chez ces jeunes gens un fonds solide de connaissances générales, digne du grade de la licence. Mais, pour cela, il eût fallu la coopération des Facultés des lettres, et l'on s'imagine le tollé provoqué par la proposition d'une licence sans grec et presque sans latin. Autant demander à un villageois si la première condition pour « être savant » n'est pas d'en connaître « aussi long » que le curé ! Toutefois les Facultés des lettres ne sont pas isolées du monde : en dépit qu'elles en aient, il faut qu'elles subissent les influences du dehors, et le temps est peut-être moins éloigné qu'on ne suppose où les Facultés des sciences et les Facultés de médecine exerceront une forte pression sur leurs sœurs littéraires pour les décider à faire, elles aussi, une place plus large aux études modernes.

Mais les programmes d'examen et le genre des épreuves sont, à le bien prendre, de médiocre importance. Là surtout nous pourrons dire que la lettre n'est rien, qu'il faut considérer l'esprit. Les concours et les examens ne portent que sur les côtés théoriques d'une profession, sur les apparences. Malgré tous les efforts réalisés pour donner aux examens qui confèrent le droit d'enseigner quelque ressemblance avec la pratique dans la carrière, toutes les appréciations sont entachées d'inexactitude. C'est devant les élèves qu'on peut juger un maître. C'est lui qui les anime, ce sont eux qui l'inspirent. C'est donc à l'œuvre seulement qu'il sera bon de juger les professeurs de langues vivantes dans leurs fonctions de professeurs de lettres modernes. L'essentiel, c'est que le principe soit admis. A eux d'en hâter l'application. Ils auraient tort de laisser échapper cette occasion de contribuer pour une large part à l'évolution de l'enseignement moderne. Depuis trop longtemps ils étaient tenus en tutelle. Ils aspiraient à mieux qu'aux rôles d'utilités. Les circonstances s'offrent à eux de jouer les personnages de premier plan. Pour réussir, ils n'auront qu'à remplir en toute conscience leur nouvelle tâche. Ils seront soutenus par une force que personne ne saurait leur enlever, car ils la puisent dans la conscience qu'ils ont d'être utiles à leur pays, dans la foi en l'avenir et dans l'amour de leur profession.

Louis WEILL,
Professeur au lycée Voltaire.

LA RÉFORME DU BACCALAURÉAT

SOCIÉTÉ D'ENSEIGNEMENT SUPÉRIEUR

Séance du 10 mai 1896.

Présidence de M. Brouardel, président, assisté de M. Larnaude, secrétaire général. — *Présents :* MM. Charles Tranchant, Henry Michel, Vélain, Gazier, Ernest Lavisse, Blondel, Bertin, Gérardin, Alfred Croiset, Henri Bernès, Lionel Dauriac, Victor Egger, A. Puech, E. Lelong, Dastre, Picavet.

L'assemblée adopte le procès-verbal de la réunion précédente et passe à l'examen de la question suivante :

Organisation de l'examen : compositions écrites et épreuves orales ; livrets scolaires ; certificats d'études ; nombre et date des sessions ; bénéfice de l'admissibilité, limitation du nombre des échecs.

M. Bernès propose d'augmenter le nombre des épreuves écrites. On éviterait ainsi tout à la fois les inconvénients d'un examen oral, où les candidats sont obligés de répondre immédiatement à des questions parfois difficiles et ceux qui résultent, pour l'enseignement, de ce que les élèves négligent les matières non représentées à l'examen écrit.

A cette réforme, objecte M. Gérardin, il y aurait un grave danger, la multiplication des copies pour des examinateurs déjà surchargés.

L'Université de Londres, dit M. Croiset, exige des compositions écrites pour la plupart des exercices de l'enseignement secondaire, mais elle leur donne peu d'étendue. Cette façon de procéder offrirait de grands avantages, surtout si l'on trouvait le moyen de ne pas augmenter la charge des examinateurs.

Si l'on décidait, fait remarquer M. Picavet, que les examinateurs peuvent proclamer bacheliers, sans examen écrit ou oral, les candidats dont le carnet scolaire offre toute garantie, il leur resterait plus de temps pour se rendre compte de la valeur des autres.

La composition latine, exclue du baccalauréat, ajoute M. Bernès, a presque disparu des classes ; l'enseignement des langues vivantes baisse depuis qu'on n'exige plus l'épreuve écrite pour l'admissibilité. On relèverait l'enseignement scientifique, dans les classes de lettres, en obligeant les candidats à répondre par écrit à une interrogation sur les mathématiques. L'Allemagne multiplie les examens écrits. Dans notre régime actuel, où l'on veut constater le talent plus que les connaissances, il arrive que le talent fait absolument défaut. On est obligé de se contenter d'épreuves lamentables, qui n'apprennent que très peu de chose sur le savoir de l'élève examiné.

On éviterait toute surcharge pour les examinateurs, dit M. Lavisse, si chaque épreuve était très courte. Actuellement il n'y en a qu'une, la version latine, par laquelle on puisse juger; car la composition française, sauf exception, est banale et médiocre.

Les épreuves écrites, conclut M. Larnaude, prendraient, en ce cas, la forme d'interrogations analogues à celles qui sont posées actuellement à l'examen oral.

Ce seraient, dit M. Croiset, des interrogations très précises. Depuis un an, on fait pour les langues vivantes un petit thème, anglais ou allemand, que l'examinateur a sous les yeux pendant qu'il interroge. Les résultats sont excellents, comme M. Croiset l'a constaté lui-même par expérience : l'examinateur ne perd pas de temps et il est absolument sûr de son jugement. On appliquerait le même système à des facultés différentes.

Mais si l'on substitue aux épreuves actuelles une série d'interrogations écrites, objecte M. Brouardel, ne se mettra-t-on pas en opposition avec le Conseil supérieur, qui a manifesté l'intention de simplifier les épreuves? Et n'y aura-t-il pas d'inconvénient, ajoute M. Puech, à faire disparaître la composition française?

La composition française, répond M. Croiset, ne serait pas exclue. Mais comme elle ne donne que rarement l'occasion de constater le talent ou la nullité du candidat, on lui adjoindrait des interrogations écrites qui permettraient à l'élève de faire preuve de connaissances, à l'examinateur, de juger avec plus de certitude.

Ainsi, dit M. Gazier, après avoir fait le matin une composition française, on ferait le soir une version et un thème latins.

La correction des dissertations philosophiques, affirme M. V. Egger, se fait avec une parfaite sûreté, en dehors des cas où le candidat a pu copier. Mais les réponses orales dépendent de son état physique et mental : souvent il arrive que de très bons élèves ne peuvent rien dire ou ne disent que des choses sans rapport avec les questions posées. Autant l'épreuve écrite est sûre, autant l'examen oral a peu de valeur.

C'est, selon M. Vélain, l'avis de bon nombre de professeurs de sciences.

Mais, dit M. Dastre, la valeur de l'individu, dans les examens et les concours, se juge au tableau. Quant au baccalauréat, dont on a souvent signalé l'influence néfaste, il faudrait surtout y voir le régulateur de l'enseignement secondaire : simplifier l'un, c'est abaisser l'autre.

Ce que nous demandons pour l'examen de rhétorique, dit M. Bernès, peut fort bien ne pas être réclamé pour les autres : rien n'empêche d'admettre que si l'enseignement littéraire se fait par écrit, celui des sciences a surtout lieu au tableau.

A Berlin, on emploie, ajoute M. Blondel, un système mixte, qui ne surcharge pas les correcteurs et qui les met à même de juger beaucoup mieux. On donne 20 minutes à chaque candidat pour préparer la question qui lui est posée. Et ce système a produit d'excellents résultats dans certaines écoles supérieures de commerce.

Il faut remarquer, selon M. Egger, que la préparation aux examens oraux des sciences exige, dans certaines classes, une culture intensive. Par conséquent, on devra recourir aux épreuves écrites partout où cette préparation n'a pas lieu.

M. Brouardel fait observer à son tour que les Facultés de médecine n'ont pas supprimé les épreuves écrites, comme on l'affirme souvent. En thérapeutique, on laisse un quart d'heure au candidat pour écrire une page sur une question déterminée ; on lui demande un rapport pour la médecine opératoire. Ce qui est vrai, c'est qu'on a mis une épreuve écrite partout où cela était possible. Mais l'enseignement est surtout oral, à l'amphithéâtre, à l'hôpital, à la Faculté. En ce qui concerne le baccalauréat, il faudrait charger quelques-uns des membres de la Société de préparer, pour les lettres et pour les sciences, une organisation qui se rapproche de ce qui existe pour l'allemand et pour l'anglais.

De tout cela, il ressort, conclut M. Larnaude, que l'examen a pour objet de constater si le candidat a acquis des connaissances et s'il sait les mettre en œuvre ; que l'on peut se demander si l'épreuve du tableau vaut mieux pour les sciences, et l'interrogation écrite pour les lettres.

Il faut, selon M. Gazier, distinguer entre l'examen de rhétorique qui consacre six années d'études, et les examens qui suivent, où il n'y a d'interrogation que sur le travail d'une année.

M. Lavisse propose de faire rédiger, pour chaque partie, un programme, qui servirait de point de départ aux discussions de l'Assemblée. M. Croiset s'occuperait des lettres, M. Egger de la philosophie, M. Dastre des sciences.

Comme M. Dastre objecte qu'il faudrait surtout avoir en cette matière l'opinion d'un mathématicien, l'Assemblée charge M. Picavet d'inviter M. Darboux à lui faire connaître ce qu'il pense sur une question dont il s'est tout récemment occupé.

Puis M. Dastre, auquel se joint M. Lelong, voudrait qu'on décidât si l'examen du baccalauréat doit rester encyclopédique ou n'être, comme le dit M. Gazier, qu'un dernier examen de passage.

La question, selon M. Charles Tranchant, a déjà été examinée. Un bon élève n'éprouve aucune difficulté à se rappeler le résultat de ses études. Il est déplorable de rencontrer des jeunes gens qui, après avoir fait leurs classes, ne savent pas les choses les plus élémentaires. Sans doute ceux qui n'apprennent qu'en vue d'un examen très prochain, oublient fort vite ce qu'ils ont ainsi appris, et par conséquent il ne faut pas surcharger les programmes. Mais il ne faut pas non plus supprimer une partie notable des études secondaires : le baccalauréat doit garantir qu'elles ont été complètes.

En fait, dit M. Bernès, les candidats pour le latin, le grec, le français, sont interrogés sur toutes leurs études antérieures. Si, pour l'histoire et la géographie, ils n'ont à répondre que sur ce qu'ils ont appris en rhétorique, on accordera à M. Ch. Tranchant que les résultats sont mauvais.

. Il faudrait, d'après M. Dastre, un certain nombre d'examens de passage pour constater si l'élève a successivement digéré tout ce qui lui a été enseigné. Actuellement obligé de tout revoir, il ne peut rien digérer. Et cependant on tend partout à substituer une série d'examens à l'examen unique. Ainsi la licence ès sciences naturelles, à laquelle n'ont jamais voulu se présenter MM. Claude Bernard et Marey, parce qu'il fallait savoir au même moment une multitude de choses, a été transformée en une série de certificats. Si la division du travail est nécessaire pour des esprits déjà formés, comment ne serait-elle pas

indispensable pour des enfants? Aussi M. Dastre demande-t-il des
examens de passage pour constater les connaissances positives, et un
examen final qui renseigne sur l'intelligence des candidats comme sur
les résultats définitifs de leurs études.

M. Charles Tranchant fait remarquer qu'on ne peut, au moins d'une
façon aussi nette, scinder les épreuves dans l'enseignement secondaire
comme on le fait dans l'enseignement supérieur. Comment s'y prendra-
t-on, dans l'enseignement secondaire, pour procéder à ces examens
partiels? A chaque classe, si l'enfant manque un examen, sera-t-il entravé jusqu'à ce qu'il l'ait passé à nouveau ou portera-t-il à l'examen
final le souvenir des examens partiels manqués?

On revient ainsi, dit M. Brouardel, aux carnets scolaires et à la valeur
qu'il convient de leur attribuer.

Mais, objecte M. Larnaude, peut-on conclure de ce qui a lieu pour
les Facultés à ce qui doit se passer pour le baccalauréat?

En outre, dit M. Lavisse, il n'est pas possible d'assimiler des examens
de passage qui ne concernent qu'un petit nombre de personnes à ceux
qu'il faudrait faire subir à tous les élèves des établissements, libres ou
publics, d'enseignement secondaire. D'un autre côté, si le programme
universel pour l'histoire et la géographie revenait en rhétorique, il y
aurait un grand danger, car l'ignorance, qui peut maintenant porter
sur un point, s'étendrait à tout. Il vaut mieux savoir peu et savoir bien
ce que l'on sait. Ainsi un élève est refusé aux écoles des Arts et
Métiers parce qu'il ne peut exposer la politique d'Alcibiade. Les écoles
primaires supérieures de Paris sont obligées, pour répondre à ce programme universel, d'enseigner, en une année, toute l'histoire jusqu'au
xve siècle; en une autre année, toute l'histoire jusqu'à nos jours. Il y a
toujours eu des gens qui ne savaient pas l'histoire; ce que nous pouvons demander d'obtenir, c'est qu'on sache quelque chose sur une
période d'une modeste étendue.

M. Gazier voudrait qu'on distinguât entre l'étudiant et l'enfant :
pour le premier, les constatations sont faciles; pour le second, il a su,
mais il a vite oublié.

M. Lavisse maintient qu'il faut toujours se préoccuper des examinateurs, dont l'influence est considérable sur les études.

M. Vélain propose d'examiner si les livrets scolaires ne fourniraient
pas le moyen de donner satisfaction aux partisans des deux systèmes.

Séance du 17 mai 1896.

Présidence de M. Charles Tranchant, assisté de M. Larnaude, secrétaire général.

Présents : MM. Vélain, Henry Michel, Henri Bernès, Lionel Dauriac,
G. Blondel, Gazier, Jules Tannery, A. Croiset, Am. Hauvette, Dastre,
Alix, Lelong, Darboux, Puech, Picavet. M. le président Brouardel, retenu
aux obsèques de M. Sée, s'est fait excuser, ainsi que M. Scheurer-Kest-
ner, vice-président du Sénat.

L'assemblée adopte le procès-verbal de la réunion précédente.

M. Alfred Croiset expose le projet qu'il a été chargé de préparer avec
M. Bernès pour l'examen de rhétorique :

1º On maintiendra la composition française, malgré les critiques qui en ont été faites, parce qu'en ,la supprimant de l'examen, on en provoquerait la disparition des classes. Mais elle se rapprochera du type discours ou lettre, au lieu de précipiter les jeunes gens dans la critique littéraire ou la critique des idées.

2° Pour la version latine, les élèves se serviront, non plus d'un lexique, mais d'un dictionnaire qui, aux difficultés du texte, n'ajoute pas des énigmes insolubles.

3° On ne changera rien à ce qui se fait pour les langues vivantes : l'interrogation écrite, jointe à l'examen oral, permet de se faire une idée exacte de la valeur des candidats.

4° On ajoutera un thème latin de quelques lignes pour s'assurer que le candidat sait sa grammaire et une version grecque, très courte, tirée d'un auteur facile, de Xénophon par exemple. Afin de ne pas modifier l'ensemble de l'examen, une seule note serait attribuée aux deux épreuves qui compteraient pour l'admissibilité. Les élèves seraient avertis que ces deux exercices ne doivent pas être négligés ; les examinateurs ne seraient pas surchargés par ces épreuves nouvelles, puisqu'on leur adjoindrait des auxiliaires.

5° MM. Croiset et Bernès n'ont pas résolu la question de savoir si, pour ces deux épreuves, on permettra l'usage de dictionnaires. Les candidats n'en usent pas, pour l'anglais et l'allemand : ils laissent un blanc pour le mot qu'ils ignorent. Ils sont donc obligés d'apprendre le vocabulaire et de lire beaucoup. En certains pays, où l'on est plus occupé d'acquérir des connaissances pratiques que de s'exercer à créer une œuvre d'art, cette méthode a donné des résultats intéressants. M. Bernès craint que la suppression des dictionnaires dans les interrogations écrites sur les langues anciennes, n'incite les professeurs à attribuer une place trop grande à l'étude des listes de mots. M. Croiset souhaiterait au contraire des exercices faits sans dictionnaires, qui montreraient l'acquis des élèves et les exciteraient à lire les textes.

Sur la proposition de M. le président, l'assemblée adopte à l'unanité la substitution du dictionnaire au lexique pour la version latine.

En ce qui concerne le choix des sujets pour la composition française, M. Ch. Tranchant appuie les propositions de MM. Croiset et Bernès.

Si l'on fait traiter des sujets de critique littéraire, dit M. Lelong, les élèves liront des cours ou des manuels qu'ils se borneront à reproduire. On se rendra plus aisément compte de ce qu'ils valent avec des sujets d'imagination. Mais maintiendra-t-on le choix entre trois textes de composition?

M. Croiset n'y voit pas d'inconvénient. Ce qui l'a surtout frappé, ce sont les questions trop littéraires ou trop philosophiques. C'est pourquoi il demande au moins un sujet qui se prête à la forme oratoire ou dramatique, au lieu de dissertations pédantes, où l'élève dépose les formules vides qu'il s'est mises dans la tête.

M. Bernès irait plus loin. Il ne tient pas au maintien des trois textes ; mais il réclame la suppression des dissertations littéraires ou morales, qui dépassent les élèves et ne sont que des exercices de mémoire. On les remplacerait par des sujets qui exigent un effort de réflexion personnelle et de composition. C'est une tâche essentielle de l'enseignement secondaire d'apprendre à réfléchir et à composer : c'est peut-être de ce côté qu'il s'est le plus affaibli, puisque les professeurs de droit, de sciences et de lettres se plaignent sans cesse que leurs élèves ne savent pas mettre des idées en ordre. En 1884, le Conseil académique, à plusieurs reprises, le Conseil supérieur ont insisté sur la nécessité de réagir en ce sens.

M. L. Dauriac, en corrigeant à Montpellier des compositions françaises, a remarqué que les meilleures étaient celles qui avaient la forme de discours. Celles qui étaient les plus émaillées d'incohérences et d'absurdités étaient les dissertations littéraires. Il les a retrouvées dans des livres, où sont réunies les opinions de MM. Lemaître, Faguet, etc., qui exposent le correcteur à déclarer absurde ce qui était parfaitement justifié chez le critique, mais ce qui n'a plus de sens dans la copie.

M. A. Hauvette demande qu'on ne supprime pas cependant les sujets tirés de l'étude des littératures.

Ne pourrait-on pas, dit M. Larnaude, indiquer que la composition sera une narration ou une description ?

M. Bernès accepterait la narration, mais non la description, car on verrait bientôt apparaître un manuel de descriptions.

M. Dauriac fait remarquer en outre qu'il y a des élèves impropres à la description comme au dessin, parce qu'ils manquent d'imagination visuelle, tandis qu'ils peuvent être fort capables de lier des idées.

M. Tannery rappelle que la commission chargée d'opérer la dernière réforme avait une autre façon d'entendre l'examen. Au lieu de faire porter l'effort sur l'écrit, elle aurait voulu qu'un examen facile d'admissibilité fût suivi d'un examen plus sérieux. Depuis lors, on n'a pu réagir suffisamment contre l'ancienne tendance. M. Tannery serait favorable à la continuation de l'œuvre tentée, mais non réussie. C'est pourquoi il demande que l'assemblée décide expressément si la version latine sera la seule épreuve écrite.

Après observations de MM. Gazier et Charles Tranchant, l'assemblée refuse de réduire à la version latine la première partie de l'examen.

Dans tous les concours spéciaux, dit M. Alix, la seconde épreuve est presque nulle. On ne juge bien que sur des épreuves écrites. Il faut, au baccalauréat, voir si le candidat est formé, par conséquent renforcer l'examen écrit et rendre presque nulle la seconde épreuve.

M. Croiset met le baccalauréat à un rang plus modeste et ne croit pas qu'on puisse demander à tous les élèves de l'enseignement secondaire d'être des esprits déjà formés. En principe, il ne serait pas hostile à la proposition de M. Tannery. Mais, pratiquement, c'est chose impossible à cause du grand nombre des candidats.

Et pour cette raison même, ajoute M. Darboux, la version unique conduirait à des dénis de justice. Aussi le Conseil supérieur y a-t-il joint la composition française; le maintien de l'épreuve de langues vivantes, obligatoire pour l'admissibilité, n'a même tenu qu'à une voix.

Du moment où l'on change le système, dit M. J. Tannery, il y a intérêt à multiplier les épreuves.

M. Lelong propose d'instituer, comme pour Saint Cyr, deux épreuves d'admissibilité : les candidats qui ne traduiraient pas, d'une façon satisfaisante, une version latine assez longue, ne seraient pas admis à continuer l'examen.

L'Assemblée décide : 1° que l'on continuera à donner le choix entre trois sujets pour la composition française; 2° qu'ils seront tous choisis de manière à exiger un effort de réflexion personnelle et de composition.

La dissertation, fait remarquer M. Hauvette, n'est donc pas exclue.
Puis l'assemblée accepte l'adjonction *d'un thème latin et d'une version grecque de quelques lignes, comportant une seule note.*

En ce qui concerne l'usage des dictionnaires, M. Larnaude estime qu'il y a avantage, pour les langues vivantes, à multiplier la connaissance des mots. Mais il n'en est pas de même pour les langues anciennes. On épouvanterait les candidats et les familles en décidant en particulier que la version grecque sera faite sans dictionnaire. Il faut donc établir, en ce sens, une distinction entre le thème et la version.

Il le faut d'autant plus, ajoute M. Ch. Tranchant, qu'on ne s'assimile jamais, dans les études, le grec comme le latin.

M. Croiset demande qu'on ne distingue pas entre les deux langues : l'assemblée décide *que l'on emploiera les dictionnaires pour la version grecque et le thème latin,* exigés comme interrogations écrites.

M. Darboux propose une interrogation écrite pour les sciences à l'examen de rhétorique : les mathématiques servent, comme le grec, à former l'esprit.

M. Tannery rappelle que l'enseignement des mathématiques a lieu dans des conditions précaires : elles le seraient plus encore si l'épreuve restait orale, alors qu'on donne une importance plus grande aux épreuves littéraires. L'interrogation écrite en mathématiques devrait porter sur une question de cours ou une application immédiate.

M. Croiset n'est pas opposé à la proposition de MM. Darboux et Tannery. Mais il y a des esprits extraordinairement fermés aux mathématiques, qui peuvent avoir fait de bonnes études. Il faudrait donc qu'un zéro en mathématiques ne fût pas une cause d'exclusion; qu'il y eût toujours possibilité d'établir une compensation par les autres épreuves. En outre, les questions ne devraient pas être trop difficiles.

On choisirait, dit M. Darboux, un théorème dans le cours. Le zéro en mathématiques ne serait pas plus éliminatoire que dans le système actuel; mais on exigerait une compensation. On n'admettrait pas un candidat médiocre en tout, parce qu'il est nul en mathématiques.

M. Tannery voudrait, en outre, que, pour les futurs candidats aux écoles, une bonne composition en mathématiques pût compenser certaines épreuves médiocres de l'examen littéraire.

Cela est d'autant plus nécessaire, selon M. Darboux, qu'on a supprimé les mathématiques préparatoires et qu'on a dû instituer, en vue de la préparation scientifique aux écoles, des conférences supplémentaires pour les élèves de seconde et de rhétorique.

M. Larnaude trouve fort avantageuse l'introduction d'une interrogation écrite de mathématiques à l'examen de rhétorique, car elle appellera l'attention des candidats sur cette partie autrefois trop négligée du programme, à cause de la place très petite que tenaient les mathématiques à l'examen oral. M. Vélain appuie les observations de M. Larnaude. M. Alix demande que la question soit prise au programme de rhétorique. MM. Darboux et Picavet rappellent que le programme de rhétorique comporte la revision de ceux de seconde et de troisième.

M. Tannery fait remarquer qu'il y a dans le programme de troisième des théorèmes assez difficiles d'arithmétique, qu'on s'occupe en rhétorique de la cosmographie et du complément aux équations du second *degré.* On conviendra donc qu'il ne faut pas poser des questions trop difficiles.

M. Lelong propose, MM. Tannery et Darboux admettent qu'on laissera le choix entre différentes questions. L'assemblée décide : 1° *adjonction d'une interrogation écrite relative aux mathématiques; 2° choix laissé aux candidats entre trois questions faciles, empruntées au cours.*

Elle examine ensuite la seconde partie du baccalauréat. En premier lieu, y aura-t-il, avec la philosophie, une composition scientifique?

Le jugement serait plus sûr, selon MM. Dauriac et Darboux, si l'on avait une composition de sciences à joindre à la dissertation.

MM. Bernès et Tannery demandent qu'on laisse les candidats opter entre les mathématiques, la physique et la chimie ou les sciences naturelles.

Ce serait, dit M. Darboux, chose bien utile aux futurs étudiants en médecine d'avoir fait des mathématiques en philosophie, d'y avoir vu ou revu les éléments du calcul, de la géométrie, comme on les étudie dans les classes primaires.

L'assemblée décide qu'on ajoutera une *interrogation écrite de sciences à l'examen de philosophie et que les candidats auront le droit d'opter entre les différents ordres de sciences qui seront enseignés.*

Quant aux épreuves orales de la première et de la seconde partie, M. Gazier dit qu'elles sont réduites au minimum et qu'il faut les laisser telles qu'elles sont. L'assemblée est de l'avis de M. Gazier.

A propos du baccalauréat lettres-mathématiques, M. Picavet, au nom d'un certain nombre de professeurs, propose qu'on adjoigne aux compositions· scientifiques une interrogation écrite de philosophie. On a institué un concours général en philosophie pour la classe d'élémentaires réunie à la première sciences : pourquoi n'y aurait-il pas pour ses élèves une interrogation écrite au baccalauréat?

M. Tannery, qui a demandé en élémentaires plus de philosophie qu'on n'en fait actuellement, estime que les élèves ont prouvé suffisamment, par l'examen de rhétorique, la solidité de leurs études littéraires.

Il faut, répond M. Bernès, représenter à l'examen toutes les parties du programme pour attirer l'attention des élèves sur l'enseignement. Cela est d'autant plus important, en ce qui concerne la philosophie, que le baccalauréat lettres-mathématiques ouvre les Facultés de droit, et il semble d'ailleurs que l'adjonction de l'interrogation écrite de philosophie devrait être acceptée par ceux qui demandent que ce baccalauréat ouvre les Facultés de médecine. Après observations de M. Blondel, de M. Darboux, qui insiste sur la nécessité de se spécialiser de bonne heure pour se préparer aux carrières scientifiques, de M. Larnaude, qui croit suffisantes les épreuves littéraires de rhétorique, l'assemblée décide *qu'il n'y a pas lieu de joindre aux épreuves scientifiques du baccalauréat lettres-mathématiques une interrogation écrite de philosophie.*

L'assemblée s'occupe des carnets scolaires.

M. Darboux veut qu'on en tienne compte, mais on ne peut établir de coefficient. On prendra une décision spéciale pour chaque cas particulier : par exemple, on admettra sans examen un élève qui aura obtenu des succès au Concours général.

Nous sommes trop satisfaits, selon M. Dastre, du système actuel. Ce qu'il faudrait, ce serait ramener le baccalauréat à l'enseignement secondaire. A un examen encyclopédique, on substituerait des examens successifs, on donnerait plus d'importance au livret scolaire, et le baccalauréat ne serait plus qu'un examen final. On fait intervenir l'enseignement libre; on soulève la question sociale et politique; mais on pourrait tenter d'organiser un système où, dès la cinquième, les élèves passeraient devant une commission d'enseignement secondaire, composée de professeurs agrégés et docteurs, publics ou libres, empruntés aux Académies voisines. Et l'on obtiendrait peut-être des résultats tels qu'on s'étonnerait ensuite d'avoir redouté une transformation qui délivrerait les Facultés et ne laisserait rien de négligé dans les études.

M. Croiset rappelle qu'il s'agit d'une question considérable, qu'elle provoque de grosses difficultés au point de vue politique et social. Il serait d'ailleurs hostile à tout système qui mettrait, dès 12 ans, les enfants en face d'un examen. Non seulement il y aurait dans ces examens, que nous pouvons reculer maintenant jusqu'à 15 ans, une cause d'affaiblissement pour les études dirigées exclusivement en vue de l'examen annuel, mais encore l'esprit des enfants ne se développe pas régulièrement : tel est à 15 ans un esprit sérieux, qui ne sera à 30 qu'un esprit superficiel, ou inversement tel qu'on jugeait un enfant inintelligent ou paresseux deviendra plus tard un homme remarquable. A cet examen prématuré, qu'il soit sérieux ou non, M. Croiset est absolument hostile. Et nous ferons œuvre plus utile, dit-il, en proposant des modifications qui n'entraînent pas à leur tour des conséquences nuisibles pour l'enseignement.

Le jury devrait, dit M. Tannery, avoir le droit de décerner sans examen le baccalauréat lorsqu'il se trouve en présence d'un élève dont le carnet scolaire est excellent ou qui a été admissible aux grandes écoles. Ainsi le jury serait déchargé, les enfants seraient excités à travailler d'une façon régulière et plus désintéressée.

M. Dastre admet qu'on se contente du carnet scolaire. Mais il faut en apprécier la valeur. Pourquoi ne pas s'en rapporter à des jurys très simples, qui fragmenteraient l'examen et attesteraient l'exactitude des assertions portées chaque année sur le livret ?

M. Tranchant insiste sur les difficultés que présente le système des examens successifs. Il fait remarquer que, dans la discussion, on a posé deux questions très distinctes : 1° quelle importance faut-il attribuer au livret scolaire ; 2° déclarera-t-on équivalente au baccalauréat l'admission à certaines écoles.

L'assemblée se sépare en décidant qu'elle reprendra, à la prochaine séance, la discussion sur les carnets scolaires.

Le secrétaire, F. Picavet.

CHRONIQUE DE L'ENSEIGNEMENT

Conseil général des Facultés : séance du 19 mai. — Nous relevons, dans le compte rendu de la dernière séance du Conseil général des Facultés de Paris, les renseignements suivants :

L'Université de Paris sera officiellement représentée au jubilé de lord Kelvin, qui aura lieu à Glasgow les 15 et 16 juin ; une adresse sera lue au nom de l'Université. La députation comprendra MM. les professeurs Bonnet-Maury (théologie), Lipmann et Picard (sciences), Moissan (École supérieure de pharmacie).

Le Ministre de l'Instruction publique a autorisé le rattachement au budget ordinaire du corps des Facultés de la subvention de 20,000 francs allouée par MM. de Rothschild frères, en faveur des étudiants en histoire de la Faculté des lettres, pour la création de bourses de voyages.

M. le doyen de la Faculté de médecine a reçu, à titre de subvention, de M. Lépine, préfet de police, agissant tant en son nom propre que comme représentant d'un groupe d'amis du haut enseignement, la somme de 2 000 francs, en vue d'initier au diagnostic et à la thérapeutique de la diphtérie les étudiants en médecine parvenus au terme de leur scolarité, et les jeunes docteurs désireux de compléter leur éducation pratique.

Le Conseil général a voté unanimement, conformément aux conclusions de la Faculté des lettres, le maintien de la chaire de science de l'éducation, devenue vacante par la mort du très regretté M. Marion.

Enfin, il a été rendu compte au conseil du stage d'application fait, du 27 avril au 2 mai, dans les classes des lycées de Paris par 38 élèves des Facultés des lettres et des sciences, candidats à l'agrégation. Ce stage, accompli sous la surveillance et la direction de MM. les professeurs des lycées, a donné des résultats fort satisfaisants.

CLERMONT

Travaux des Facultés en 1894-95. — I. *Discours du recteur.* — Dans la séance solennelle de rentrée des Facultés de Clermont, l'honorable recteur, M. Micé, a résumé à grands traits les événements intéressant soit le groupe clermontois, soit l'ensemble des Facultés et grandes écoles de France. Il a rappelé, en première ligne, la visite du président de la République à Clermont et la bienveillance témoignée par le premier magistrat du pays à tous les éducateurs de la jeunesse française, bienveillance qui s'est traduite par l'attribution d'un grand nombre de récompenses honorifiques à des membres du corps enseignant de Clermont : en particulier, deux croix de la Légion d'honneur ont été données, l'une au maire de la ville, qui est en même temps professeur au lycée de Clermont, l'autre à l'honorable M. Raynaud, sorti de l'École normale primaire de Clermont *en 1834*, qui n'a pas cessé d'enseigner depuis soixante ans passés avec dévouement et distinction.

Parlant ensuite du centenaire de la fondation de l'École normale, M. le recteur attire l'attention de l'auditoire sur la bonne grâce avec laquelle l'école a invité à ses fêtes non seulement, ses anciens élèves, mais les chefs de toutes les Académies, issus ou non de l'école; l'honorable M. Micé a été heureux de répondre à cette invitation fraternelle, bien qu'il n'ait pas été élève de l'école. Un autre centenaire, celui de l'Institut, a ensuite attiré les représentants officiels du groupe des Facultés de Clermont; celles-ci enfin se sont associées aux honneurs funèbres rendus à M. Pasteur.

Dans un autre ordre d'idées, le recteur de Clermont, assisté des doyens et d'un des professeurs de la Faculté des sciences, a été chargé de provoquer et de recueillir dans la région des souscriptions en vue d'élever un monument à Lavoisier; il n'a pas été versé moins de 4,000 francs dans les six départements du ressort.

Clermont a été, en juin 1895, le siège du 62ᵉ Congrès archéologique de France, auquel se sont empressés de prendre part beaucoup de professeurs et de savants du pays. En septembre 1896 sera tenue dans cette même ville une réunion fort importante, elle aussi : ce sera le Congrès international d'hydrologie, de géologie et de climatologie, pour lequel l'Auvergne semble le théâtre le plus admirable qui se pût choisir.

L'honorable recteur termine son allocution par un hommage ému à deux universitaires dont la perte fut cruelle, à des titres divers, pour l'enseignement et la patrie : Burdeau et Pasteur.

II. *Rapport du Conseil général des Facultés. — Situation générale.* — Le groupe des Facultés de Clermont n'a point cessé de faire preuve de vitalité : les élèves des diverses Facultés ont atteint le nombre total de 211; les examens, non compris le baccalauréat, celui de 200, suivis de 145 réceptions; enfin, 1,293 candidats se sont présentés aux épreuves du baccalauréat et 503 ont été reçus.

L'activité du personnel de l'enseignement supérieur s'est manifestée, en dehors du labeur normal des cours et conférences et de la publication de divers ouvrages, par l'organisation de neuf conférences publiques données, dans le cours du semestre d'hiver, devant un public nombreux et attentif.

III. *Statistique particulière des Facultés. 1. Sciences. Enseignement.* — La Faculté des sciences a été appelée à inaugurer, en 1894-95, le nouvel enseignement pour le certificat des sciences physiques, chimiques et naturelles. Il y a eu 9 élèves inscrits dès le début, mais 5 seulement ont suivi les cours jusqu'à la fin de l'année scolaire et se sont présentés à l'examen; tous les cinq, d'ailleurs, ont réussi. Ces résultats sont encourageants pour l'avenir; au reste, les inscriptions pour l'année 1895-96 sont au nombre de 35. Il y a lieu, dès lors, pour la Faculté de se préoccuper d'assurer à ses nouveaux élèves les moyens de travail indispensables, et surtout les locaux nécessaires aux manipulations de chimie. L'État a pourvu, par une augmentation des crédits et par l'accroissement du personnel, aux besoins de l'enseignement proprement dit; il faudra que la municipalité de Clermont, dont, au reste, les preuves de bienveillance ne sont plus à faire, s'efforce de procurer ou d'agrandir les salles indispensables aux travaux pratiques.

Étudiants. La Faculté des sciences de Clermont a compté 33 étudiants, dont 5 boursiers. Ces étudiants étaient répartis comme suit : licence mathématique, 9, dont 1 boursier; licence physique, 12, dont 4 boursiers; licence naturelle, 12. *Concours et examens.* 1. *Agrégation :* Un élève de la Faculté a été admissible à l'agrégation des sciences naturelles. 2. *Licence :* 20 candidats se sont présentés, 3 ont été admis. *Détail : mathématiques,* 9 cand., 1 admis; *physique,* 9 cand., aucun admis; *sciences naturelles,* 4 cand., 2 admis. 3. *Baccalauréat :* Le nombre total des candidats a été de 222; celui des admis, de 96. *Détail des examens : complet :* 70 cand., 29 reçus; *restreint :* 21 cand., 16 reçus; *classique* (lettres-mathématiques) : 39 cand., 13 reçus; *moderne :* A, lettres-mathématiques, 67 cand., 25 reçus; B, lettres-sciences, 25 cand., 13 reçus.

La Faculté, tout en regrettant le caractère trop encyclopédique des programmes du baccalauréat, se déclare opposée à toute tentative de supprimer cet examen.

Travaux des professeurs. — 8 professeurs de la Faculté des sciences de Clermont ont fait paraître 13 publications. Signalons aussi le succès obtenu par M. le professeur Guichard (*Mécanique*), qui a mérité une mention très honorable dans le concours du grand prix des sciences mathématiques.

2. *Lettres. Enseignement.* — Le rapport de l'honorable doyen de la Faculté des lettres de Clermont, M. le professeur des Essarts, s'étend avec une complaisance justifiée sur la transformation du régime de l'agrégation d'histoire et de la licence ès lettres; le droit désormais acquis à chaque Faculté de dresser son programme d'enseignements spéciaux et sa liste d'auteurs à l'usage des futurs licenciés paraît avec raison au savant doyen « un succès remporté sur la routine et le *statu quo*, ces ennemis de toute institution qui veut vivre ». Le nouveau diplôme d'études supérieures historiques et géographiques, délivré par les Facultés des lettres, et obligatoire pour les candidats à l'agrégation d'histoire, a été déjà obtenu à Clermont par un élève des conférences du jeudi, chargé de cours au lycée de Montluçon. Pour ce qui est de la licence réorganisée, l'honorable M. des Essarts estime qu'elle attirera dans l'avenir nombre d'étudiants qui ne se destinent pas à l'enseignement; et ce sera là un grand bien, car ainsi s'accroîtra l'influence des Facultés des lettres sur le rehaussement du niveau moral et intellectuel de la jeunesse française. Rien ne contribuera plus à cet heureux résultat que le choix libéral des auteurs inscrits au programme de la licence. Malgré la dissemblance des listes dressées jusqu'ici par les diverses Facultés, il est remarquable que toutes ces listes renferment les noms des plus éminents écrivains de notre siècle, ainsi promus officiellement à la dignité d'auteurs classiques. Notons, en passant, un curieux renseignement fourni par M. des Essarts, au très grand honneur de la Faculté des lettres de Clermont et des hommes cultivés de ce centre universitaire : parmi les anciens élèves de licence de la Faculté, on compte un nombre assez considérable d'avocats des barreaux

de Paris et de Riom, des écrivains, des magistrats. « D'ici à vingt ans, — écrit l'honorable doyen, en cela peut-être un peu optimiste, — l'administration, la magistrature, le barreau, la diplomatie, le Conseil d'État, qui renferment déjà tant de licenciés, en compteront bien davantage, au grand profit de notre pays. »

Étudiants. — Le nombre des élèves de la Faculté des lettres de Clermont s'est élevé au chiffre respectable de 78, se décomposant ainsi : Agrégation, 20 ; certificats d'allemand et d'anglais, 12 ; licence, 44 ; examens divers, 2.

Concours et examens. 1° *Agrégation :* 2 élèves de la Faculté ont été reçus agrégés, l'un des lettres, l'autre de grammaire. (Il est à remarquer que la Faculté de Clermont n'a point de boursiers d'agrégation, et que 3 professeurs ont porté à eux seuls tout le poids de la préparation des heureux candidats reçus aux lettres et à la grammaire. D'autre part, Clermont a eu autant de candidats reçus aux lettres et à la grammaire que Lyon et Montpellier, et plus que Bordeaux ; Lille seule a dépassé le nombre de deux agrégés dans les spécialités ci-dessus mentionnées.)

2° *Licence :* 13 candidats ont obtenu le diplôme, savoir : lettres, 9 ; philosophie, 2 ; histoire, 3. (La faculté de Clermont peut, en outre, revendiquer le succès d'un de ses élèves, reçu, à Paris, à la licence des langues vivantes.)

3° *Baccalauréats.* 1 071 candidats se sont présenté ; 407 (soit 38 p. 100) ont été reçus. *Détail : classique* 1re partie : 548 cand., 177 reçus ; 2e partie, 218 cand., 107 reçus ; *moderne,* 1re partie, 215 cand., 115 reçus ; 2e partie, 52 cand., 8 reçus. La Faculté se plaint de la faiblesse d'un grand nombre d'élèves ; des erreurs extraordinaires sont signalées par le rapport : des candidats attribuent les pièces de Corneille à Racine, et réciproquement ; d'autres donnent à Chimène le nom de Célimène et *vice-versa.* Il en est un qui a « attribué *aux Jésuites* la chute et la mort d'Athalie » !

Travaux des professeurs. 14 publications d'importance diverse, dont plusieurs études suivies ou séries d'articles, ont été données par les professeurs de la faculté des lettres de Clermont.

3. *École préparatoire de médecine et de pharmacie. Étudiants.* — On a constaté une diminution, d'ailleurs prévue et annoncée dès l'année scolaire précédente, dans le nombre des élèves de l'École de médecine, qui s'est élevé à 100. Il a été pris 358 *inscriptions* ainsi réparties : doctorat, 210 ; officiat, 20 ; pharmacie, 1re classe, 64 ; 2e classe, 64.

Examens. Doctorat. 1er examen, 20 candidats, 17 admis ; 2e examen 1re partie (anatomie et physiologie) : 20 cand., 18 admis. (A propos de cet examen, l'honorable directeur de l'école se fait un plaisir de rappeler que M. le Dr Tourneux, professeur à la Faculté de médecine de Toulouse et président de la session, a adressé sur le résultat des épreuves un rapport fort élogieux à M. le Ministre de l'Instruction publique. Il est permis d'affirmer, d'après ce rapport, que l'enseignement de l'anatomie à l'école de Clermont ne le cède en rien à celui d'une Faculté de médecine.) — 2e. *Examen du doctorat* (2e partie) : 12 candidats, 10 admis. — *Examens de fin d'année : officiat :* 1re année, 1 candidat, admis ; *pharmacie,* 1re *classe,* 1re année, 6 cand., admis ; 2e année, 9 cand., admis ; 2e *classe,* 1re année, 3 cand., 2 admis ; 2e année, 3 cand., 2 admis ; validation de stage, 21 cand., tous admis. *Herboristes :* 2 cand., 1 admis. *Sages-femmes :*

diplômes de 2° classe (examen définitif), 18 aspirantes, 16 reçues; examen de fin de 1ʳᵉ année, 14 aspirantes, 11 admises; 1ʳᵉ classe, fin de 1ʳᵉ année : 2 aspirantes, reçues.

Travaux des professeurs. 4 professeurs de l'école préparatoire de médecine de Clermont ont fait paraître 8 travaux.

DIJON

Travaux des Facultés en 1894-95. — I. *Discours du recteur.* — L'honorable M. Bizos, recteur, rappelle les hommages particulièrement émus que rendit à la mémoire de Pasteur la ville de Dijon, où ce grand savant inaugurait dès 1848, l'ère depuis si féconde de ses utiles découvertes. — Un hommage du même genre a été porté, au nom de l'Université, par M. le recteur à la noble veuve du président Carnot, à l'occasion de l'inauguration du monument que la ville de Nolay a élevé à l'illustre mort. Des souvenirs moins lugubres sont ensuite évoqués par l'orateur officiel, qui salue avec respect le général Duchesne, le vainqueur de Madagascar, qui, né à Sens, fut un des plus brillants élèves du lycée de cette ville, auquel il garde une filiale affection. — Puis, rappelant les distinctions accordées aux membres de l'enseignement à propos du centenaire de l'École normale, l'honorable recteur s'incline devant le vénérable M. Lodin de Lalaire, professeur de littérature française à la Faculté des lettres de Dijon : né en 1797, entré à l'École normale en 1806, ce doyen de tous les normaliens n'a reçu qu'en 1895 la croix de la Légion d'honneur, pour laquelle il était proposé quand il prit sa retraite, en 1859, après 45 ans de loyaux services.

L'histoire actuelle des établissements d'enseignement supérieur |de Dijon s'est enrichie, dans l'année scolaire de 1894-95, d'une page importante : l'école de médecine et de pharmacie a obtenu le titre d'école *réorganisée*, grâce aux sacrifices consentis par la Ville et à la bienveillance de M. le directeur Liard. Désormais les étudiants en médecine de Dijon pourront, sur place, faire leurs trois premières années d'études, et passer les deux premiers examens du doctorat devant un jury composé de leurs propres maîtres, sous la présidence d'un professeur de la Faculté de médecine de Lyon. — Ainsi se trouvent réunis à Dijon, les éléments indispensables à une vie universitaire officiellement complète et réellement active.

II. *Rapport du Conseil général des Facultés.* — Le rapport, dû à la plume de M. le professeur Viallanes (école de médecine) s'ouvre par un préambule digne d'attention, dans lequel sont rappelées les difficultés qui semblaient s'opposer au développement du groupe des Facultés de Dijon : ces difficultés étaient mises en pleine lumière, dès 1890, dans le rapport présenté au Conseil général par le regretté doyen des lettres, M. Bougot. Les conseils du rapporteur d'alors ont été suivis : le directeur de l'enseignement supérieur, les représentants de la région au Parlement, les corps élus, et surtout la Société des Amis de l'Université, n'ont cessé d'unir leurs efforts, et n'ont reculé devant aucun sacrifice pour conserver à la Bourgogne sa vieille Université, rajeunie et fortifiée. A cette conspiration de bonnes volontés sont dues notamment la *Revue Bourguignonne de l'enseignement supérieur*, celle du *Bulletin des Amis de l'Université*, la création de cours supplémentaires pratiques, de conférences publiques appréciées, de fêtes où se font entendre chaque année les maîtres de la parole, la fondation d'une Association des étudiants; enfin, toutes ces libéralités sont un gage certain de succès dans l'avenir. « Nous n'aurons sans doute pas, conclut l'honorable rapporteur, de palais universitaire, nous ne compterons jamais, peut-être, nos élèves par milliers; mais nous avons la certitude de voir sortir de notre Université des élèves remarquables; car nous avons confiance en cette généreuse terre de Bourgogne, toujours aussi féconde en hommes illustres qu'elle a été prodigue du sang de ses fils aux jours glorieux ou néfastes de la patrie. »

Parmi les actes et travaux du Conseil général des Facultés de Dijon en 1894-95, il est juste de noter l'organisation de nombreuses conférences publiques, subventionnées par la Société des Amis de l'Université. On a pu voir récemment, ici même, la liste des conférences de 1895-96. En outre, et grâce aux mêmes subventions, il a été créé un cours d'histoire contemporaine et un cours de vulgarisation des sciences commerciales.

Des mesures ont été prises, avec l'approbation du Conseil, pour donner plus d'extension à la *Revue Bourguignonne de l'enseignement supérieur :* le Conseil a autorisé, sur l'avis favorable de la Faculté des lettres, l'ouverture d'un cours libre de numismatique professé par l'honorable et savant conservateur du Musée archéologique de Dijon.

Vœux. La Faculté de Droit demande de nouveau la réinstallation de la bibliothèque universitaire, vu l'insuffisance absolue des locaux actuellement en service. Même insuffisance des locaux de la Faculté des sciences, qui sollicite un prompt remède, sous peine d'être impuissante à organiser utilement l'enseignement préparatoire au certificat des sciences physiques, chimiques et naturelles. La Faculté des Lettres, pourvue d'un nombre insuffisant de maîtres, demande la création d'une conférence d'histoire et de géographie. Enfin, au point de vue pédagogique, la Faculté de droit émet un vœu en faveur de l'assimilation de la licence en droit aux licences ès lettres et ès sciences en ce qui concerne l'exemption partielle du service militaire.

III. *Statistique particulière des Facultés. —* 1. *Droit. Enseignement.* La Faculté se félicite des bons résultats donnés par les cours de notariat et d'enregistrement, subventionnés par la ville de Dijon : les auditeurs de ces deux cours se recrutent en majorité parmi les aspirants au notariat et les fonctionnaires de l'enregistrement.

Un cours de vulgarisation, ayant pour objet la législation commerciale, a été professé avec grand succès, si lourde que fût la tâche d'initier, en quelques leçons, des personnes étrangère à la science juridique, aux questions les plus importantes de notre droit commercial.

Trois professeurs de la Faculté de droit ont prêté leur concours aux conférences publiques créées par la Société des Amis de l'Université : ils ont parlé devant un auditoire aussi nombreux qu'assidu.

Étudiants. La Faculté a compté 301 étudiants réguliers contre 261 ; en 1893-94; ils se répartissaient ainsi : capacité, 42; 1re année, 106; 2e année, 54 ; 3e année, 46; doctorat, 53. De ces étudiants, 246 ont fait acte de scolarité : 134 ont pris des inscriptions et passé des examens, 57 ont pris des inscriptions sans passer d'examens; 55 ont passé des examens sans prendre d'inscriptions. Enfin, 55 élèves en cours d'études n'ont pas fait acte de scolarité.

Inscriptions. Il a été pris 706 inscriptions, soit 88 de plus que l'année précédente ; savoir : capacité, 90 ; 1re année, 269 ; 2e année, 183 ; 3e année, 132 ; doctorat, 32. Il y a augmentation sur l'exercice précédent pour la capacité et la licence, diminution pour le doctorat. Les cours de licence et de doctorat ont été suivis par plusieurs auditeurs bénévoles, parmi lesquels se trouvait un étudiant luxembourgeois.

Examens. La Faculté a fait subir 383 épreuves, suivies de 303 admissions. Celles-ci se répartissent en 261 admissions simples, 34 avec éloge, 8 avec éloge spécial. La proportion des ajournements a passé de 19 à 21 p. 100 ; les échecs ont été surtout nombreux en 1re année (25 p. 100).

Détail des examens : Capacité, 23 épreuves, 18 réceptions ; baccalauréat (4 examens) : 236 épreuves, 178 admissions ; licence (2 examens) : 91 épreuves, 90 réceptions ; doctorat (3 examens) : 28 épreuves, 22 réceptions ; thèses : 5.

Travaux des professeurs. 7 professeurs et aggrégés de la Faculté de droit ont publié 18 travaux.

2. *Sciences. Étudiants.* Il y a lieu de compter séparément les élèves de la Faculté des sciences résidant à Dijon et les élèves correspondants.

1o *Résidant à Dijon :* Boursiers, 3 (État, 1 ; département, 1 ; ville, 1) ; répétiteurs, 10 ; préparateur, 1 ; élèves libres, 40. Total, 54 étudiants. Ces 54 étudiants se divisaient en candidats à la licence mathématique, 6 ; à la licence physique, 20 ; à la licence ès sciences naturelles, 7 ; au certificat d'études physiques, 20 ; à l'agrégation de physique, 1.

2o *Correspondants :* Candidats à la licence mathématique, 3 ; à la licence physique, 3 ; à la licence ès sciences naturelles, 1. Total : 7. Total général des élèves de la Faculté des sciences : 61.

Examens. 1o *Licence :* 33 candidats se sont présentés, 10 ont été reçus. *Détail :* mathématiques, 9 candidats, 3 reçus ; physique, 22 cand., 6 reçus ; sciences naturelles, 2 cand., 1 reçu. — 2o *Certificat d'études physiques :* 20 élèves ont suivi les cours ; 15 se sont présentés à l'examen, 10 ont été admis. — 3o *Baccalauréat : Complet,* 97 cand., 39 reçus ; *restreint,* 36 cand., 25 reçus ; *classique,* lettres-mathématiques, 70 cand., 26 reçus ; *moderne,* lettres-sciences, 24 cand., 11 reçus ; lettres-mathématiques, 38 cand., 15 reçus.

La proportion des candidats reçus est respectivement, pour chacun des baccalauréats, et dans l'ordre suivi ci-dessus, de 40, 69, 37, 46 et 39 p. 100.

Travaux des professeurs. 9 professeurs de la Faculté des sciences ont fait paraître 24 publications.

3. *Lettres.* (Le rapport de l'honorable doyen des Lettres ne fournit aucune indication sur le nombre des élèves réguliers de cette Faculté ; il donne seulement la statistique des examens.)

Concours et Examens : 1o *Agrégation :* 2 élèves de la Faculté ont été reçus agrégés, l'un de grammaire, l'autre d'histoire.

2o *Diplôme d'études supérieures d'histoire et de géographie :* 4 candidats se sont présentés, tous ont été reçus.

3o *Licence.* Philosophie, 7 candidats, 4 reçus ; histoire, 9 cand., 3 reçus ; lettres, 3 cand., aucune admission. Au total, 19 candidats, 7 admissions.

4o *Baccalauréats : A. classique.* Ancien régime, 2e partie : 5 candidats,

2 reçus; nouveau régime, 1re partie, 569 cand., 285 reçus; 2e partie, 294 cand., 170 reçus. *B. moderne :* 1re partie 178 cand, 79 reçus; 2e partie, 17 cand., 7 reçus.

Travaux des professeurs. 17 travaux ont été publiés par 6 professeurs de la Faculté des lettres de Dijon.

4. *École de médecine et de pharmacie. Étudiants.* L'école compte 76 étudiants, ainsi répartis : doctorat, 34; officiat, 8; pharmacie : 1re classe, 8; 2e classe, 26. *Inscriptions.* 267 inscriptions ont été prises, savoir : doctorat, 120; officiat, 22; pharmacie : 1re classe, 30; 2e classe, 95. *Examens. Doctorat :* Sur 13 candidats au 1er examen du doctorat, 10 ont été reçus à Lyon; 3 étudiants, internes à l'hôpital, ont subi avec succès, à Paris, le 2e examen de doctorat. (A signaler aussi la réception d'un élève de Dijon comme interne provisoire à Paris, et celle d'un autre élève à l'École de santé militaire de Lyon.) *Officiat.* Aux examens définitifs, 2 candidats de Dijon ont obtenu le diplôme. *Pharmacie :* Validation de stage : 38 candidats, 21 reçus; examens définitifs, 14 candidats, tous reçus. *Sages-femmes* 1er examen (nouveau régime), 3 aspirantes, reçues; 1er examen (ancien régime). 13 aspirantes, reçues; 2e examen, 16 aspirantes, également toutes reçues. — En résumé, 92 examens ont eu lieu à l'école de Dijon, et 7 seulement ont été suivis d'ajournement.

Travaux des professeurs : 11 professeurs de l'école de médecine de Dijon ont publié 14 travaux.

ALLEMAGNE

Berlin. Réglementation officielle de l'admission des femmes aux cours de l'Université. — On sait que l'admission des femmes aux cours des Universités allemandes est encore entourée de toutes sortes de difficultés; ce serait exagérer que d'affirmer qu'elle est impossible, mais la présence d'élèves du sexe féminin paraît encore si peu acceptable à bien des professeurs que la presse allemande se permet parfois, sans s'attirer trop de démentis, d'étranges récits à ce sujet. N'a-t-on pas conté que l'éminent professeur von Treitschke aurait pris par le bras une dame, indûment présente à une de ses leçons, puis, après l'avoir expulsée « *manu militari* », aurait fait une scène violente à l'appariteur, coupable d'avoir admis l'intruse? Un autre professeur, l'honorable M. Erich Schmidt, a été accusé de même, par des journaux pleins d'imagination, d'avoir fait appel aux foudres ministérielles contre l'invasion des dames. Il est vrai que des démentis ont réduit ces incidents à des proportions très humbles; mais la réalité de la répugnance du corps enseignant de l'Université de Berlin pour les étudiantes paraît toutefois indéniable, et nous n'en voulons pour preuve que la circulaire rectorale envoyée à tous les professeurs de cette Université, il y a peu de mois. L'honorable recteur rappelle que « l'autorisation d'immatriculation à l'Université de Berlin n'a été, jusqu'à ce jour, accordée à aucune personne du sexe féminin par le Ministre compétent ». Il ajoute que l'autorisation de suivre les cours comme étudiantes de passage (*Hospitantinnen*) doit toujours être sollicitée du même ministre par les intéressées. Celles-ci doivent préciser, dans leur demande, le nombre, la nature des cours qu'elles désirent suivre. Une fois munies de l'autorisation ministérielle, elles sont tenues de la présenter au recteur, ainsi que les différentes pièces, diplômes, etc., exigés pour l'inscription. Le recteur peut alors, après entente avec les professeurs compétents, accorder la permission d'assister à des cours déterminés. Cette permission sert de titre à la « questure » (secrétariat-comptable) pour réclamer les droits et honoraires fixés par les règlements. Alors — et seulement alors — la postulante doit solliciter l'agrément du professeur dont elle veut suivre les cours. (Les termes de la circulaire sont ici d'une précision un peu rude. : « *Sich die Erlaubnis der Herrn Docenten zuerbitten.* ») Pour éviter tout abus et prévenir l'opinion erronée que les cours universitaires sont librement ouverts à tout venant, « *même aux dames,* » ajoute le recteur, un contrôle doit être organisé de temps à autre. L'étudiante sera donc requise de porter toujours sur elle l'autorisation écrite à elle délivrée par le recteur.

Il est réellement peu vraisemblable que l'Université de Berlin soit près d'être exposée à voir forcer par les femmes les barrières qu'elle a ainsi dressées pour se défendre de l'invasion qu'elle paraît redouter.

Gœttingen. Les femmes à l'Université. — Durant le dernier semestre d'hiver, on a constaté la présence de 31 étudiantes à l'Université de Gœttingen; il n'y en avait eu que 14 dans le semestre d'été précédent. La plupart de ces étudiantes suivaient les cours scientifiques de la Faculté de philosophie (mathématiques, histoire naturelle), ou ceux de langues vivantes et d'histoire. Pour la première fois, on signale, en outre une étudiante en médecine.

Préparation aux fonctions de directeur d'école primaire. — Sous le contrôle et avec l'autorisation de la Faculté de théologie de Gœttingen, M. le professeur Knoke vient d'ouvrir un séminaire destiné à préparer de jeunes théologiens aux fonctions de directeurs d'écoles primaires (*Volksschulrektoren*). Les candidats en théologie qui ont passé l'examen exigé pour l'exercice du ministère pastoral sont admis à devenir maîtres des écoles moyennes sans examen spécial, et peuvent être autorisés à subir les épreuves qui confèrent le titre de directeur d'école primaire sans être préalablement soumis à l'examen pour l'enseignement du degré supérieur, ni au stage de trois ans dans une école publique. Ce sont là des privilèges considérables, et qui ne sont pas sans provoquer les protestations légitimes des maîtres des écoles primaires et supérieures d'origine non théologique. On assure que le ministère prussien voit d'un œil favorable le séminaire du professeur Knoke, et il faut bien le croire, puisqu'il souscrit aux faveurs dont vont jouir les élèves de ce séminaire. Quoi qu'il en soit, l'honorable professeur entend consacrer un semestre à la préparation de l'examen de directeur. Son enseignement embrasse l'histoire et la psychologie de la pédagogie, la méthode appliquée aux diverses branches des études, la législation scolaire. Les séminaristes trouveront en outre l'occasion de faire des stages d'application dans diverses branches de l'enseignement.

Ces études sont sans doute sagement combinées; mais on persiste à protester, dans les cercles intéressés, contre cette tentative détournée de la théologie de mettre la main sur la direction de l'enseignement primaire, et de s'en instituer la surveillante, en y introduisant un nombre disproportionné de maîtres formés uniquement par ses soins.

Tübingen. Le doctorat d'honneur du prince de Bismark. — L'Université de Tübingen a fêté, à sa manière, le quatre-vingtième anni-

versaire du prince de Bismark ; elle lui a décerné, *honoris causa*, le diplôme
de docteur ès sciences naturelles. Nous donnons ici le texte latin de ce
diplôme, tel qu'il est publié par l'*Akademische Revue* de Munich. On remarquera sans doute l'accumulation des formules surannées dont ce
document est surchargé ; on sera surtout bien aise d'apprendre que
l'Université de Tübingen s'est avisée avec une véritable ingéniosité de
préciser les titres particuliers du célèbre homme d'État à la dignité qui
lui est attribuée. Nous trouvons en effet, dans le diplôme, la mention des
aptitudes géologiques, botaniques, zoologiques du prince, une allusion
plutôt obscure (aussi bien la chose était-elle malaisée à exprimer en
un latin suffisant!) aux fabriques établies par M. de Bismarck dans son
domaine, enfin le juste éloge de ses talents de forestier. Le tout fait de
l'illustre chancelier de l'empire allemand l'enfant chéri de la mère
nature (ipsi almæ rerum naturæ dilectissimum).

« Clementissime indulgente augustissimo et potentissimo domino
Guilelmo II rege Würtembergiae, rectore Universitatis magnifico Ferdi-
nando de Martitz, cancellario Universitatis magnifico Carolo de Weiz-
saecker... decano Lothario de Meyer... ordo physicorum in regia Univer-
sitate Eberhardina Carolina Tubingensi dominum serenissium Ottonem
Principem de Bismarck, imperii Germanici cancellarium primum, qui,
hominum rerumque naturam incomparabili acumine perspiciens, ad
populi nostri concordiam instaurandam, potentiam augendam, quae
fieri possent certis mathematicorum rationibus computavit ; quomodo
fierent physica quadam arte exploravit, ut fierent chemicorum methodo
elementis disparatis in unum coactis dies noctesque elaboravit ; atque
tot tantisque negotiis distentus, agri pecorisque colendi et silvae curandae
disciplinis majorum more inter peritissimos studuit studetque ; geolo-
gum, botanicum, zoologum ipsi almae rerum matri naturae dilectissimum
et pium silvae cultorem inter arbores silvae Saxoniae natalem octoge-
simum celebrantem, scientiae naturalis doctorem honoris causa creat
atque hoc ipso diplomate sollemniter renuntiat, diem universae Germaniae laetissimum ex animo congratulans. »

ITALIE

Situation des privatim docentes des Universités italiennes. —
Il résulte d'un article publié par un professeur d'Université dans l'*Unione
universitaria* que les privat-docenten jouissent en ce pays d'avantages au
moins singuliers et, en tous cas, fort onéreux pour le budget de l'État.

C'est par l'État, en effet, que ces maîtres sont rétribués, et leurs
honoraires sont proportionnés au total des inscriptions prises auprès
d'eux par les étudiants. Ce système peut se défendre ; toutefois il se
trouve vicié par l'étrange liberté laissée, en matière d'inscriptions et
d'assiduité, aux étudiants italiens. Ceux-ci ont le droit absolu de se faire
inscrire chez le maître qu'il leur plaît de choisir ; mais aucune mesure
n'est prise pour les obliger à fréquenter les cours qu'ils ont préférés. Il
va sans dire que beaucoup de ces jeunes gens en prennent fort à leur
aise, encouragés qu'ils sont, pour ainsi parler, par la loi elle-même à
déserter les salles de cours. D'autre part, aucune disposition réglementaire ne limite l'option des disciplines, du moins en ce qui concerne
l'enseignement privé (*insegnamento libero*, c'est le terme officiel). D'où il

résulte qu'un privat-docent d'une Faculté est libre de recueillir des inscriptions dans *toutes* les Facultés. Les conséquences financières d'un pareil abus sont faciles à déduire; nous apprenons, par exemple, qu'il en est résulté, pour l'Université de Naples, un surcroît de dépenses de 250 000 francs pour l'exercice 1892-93. L'administration centrale du royaume a essayé d'un palliatif, elle a décidé que le nombre des inscriptions particulières prises par un étudiant devait être proportionnel aux droits d'inscription réguliers qu'il paie pour l'enseignement normal et obligatoire de la Faculté à laquelle il appartient. Mais il s'entend qu'une telle proportion ne peut guère être établie dans la pratique.

L'honorable M. Baccelli, Ministre de l'Instruction publique, a pensé remédier aux abus que nous venons de faire connaître par l'adoption de mesures dont on va voir l'analyse, et qui ont excité, en leur temps, de vifs ressentiments dans le corps des privat-docenten de l'Université de Rome. Voici les principales dispositions de l'arrêté ministériel : 1° La *venia legendi* ne peut être obtenue que deux ans au moins après que le postulant a conquis le grade de docteur.

2° L'admission d'un privat-docent sera prononcée par une commission centrale, siégeant à Rome, et composée, par moitié, de professeurs et de privat-docenten.

3° Les cours de chaque privat-docent seront, suivant la nature et l'étendue du sujet traité, adjoints à la chaire officielle correspondante.

4° Les étudiants seront astreints à un minimum d'inscriptions aux cours libres.

5° Le privat-docent qui aura fait un cours adjoint et concordant avec les cours du professeur ordinaire sera appelé, à côté de ce dernier, à siéger dans les jurys d'examen, avec des droits pareils à ceux du titulaire. Il jouira également d'un droit de priorité, toutes choses égales d'ailleurs, pour la présentation à une chaire vacante.

Nous n'avons pas reproduit les dispositions de l'arrêté qui n'ont point un rapport direct et nécessaire avec la répression de l'abus de la liberté des inscriptions aux cours libres.

La question du grec en Italie. — *La Rassegna Scolastica* de Florence publie une intéressante étude de M. Ferdinand Martini, ancien Ministre de l'Instruction publique, sur l'enseignement du grec. L'auteur constate que cette langue s'apprend et s'enseigne avec une faiblesse croissante dans les établissements d'instruction secondaire du royaume.

Il ne saurait être question d'augmenter le nombre des heures consacrées au grec, sans troubler toute l'économie des programmes et sans se heurter à la résistance des écoliers. Au reste, en présence de la surcharge du plan des études, d'où il résulte qu'après avoir passé leur examen de maturité, les élèves n'ont plus l'idée d'ouvrir un livre de leur vie, des sacrifices s'imposent : le grec, sans être une inutilité, est devenu une surcharge; c'est, dit notre auteur, le moins nécessaire des enseignements du collège. Il faut donc sinon jeter le grec par-dessus bord, du moins en faire une matière facultative, et dispenser, par exemple, les candidats au baccalauréat qui se feront examiner pour le grec de tout ou partie de l'épreuve mathématique. Quant aux bacheliers qui entrent dans les Facultés des lettres (philosophie-philologie), le grec doit rester pour eux obligatoire.

Au reste, si M. Martini semble faire bon marché du grec, ce n'est point par haine ou mépris de cette langue ni des études classiques en général. Il sent les langues mortes menacées par les aspirations utilitaires auxquelles la poussée de la masse démocratique donne plus de force chaque jour. Il sacrifierait donc le grec pour sauver le latin, qui commence déjà à être battu en brèche dans le Parlement italien. L'éminent écrivain rappelle ingénieusement que le latin a pu survivre à la tourmente du xviii° siècle parce que des hommes éminents ont su persuader à la crédulité populaire que « latin et république allaient ensemble ». Il serait difficile, à coup sûr, d'essayer d'un argument de cette sorte pour défendre le grec contre la désaffection dont il semble être l'objet auprès des élus du suffrage universel, inspirés en cela par les dédains de leurs commettants pour toute culture supérieure. Nous ignorons si l'honorable M. Martini aura jamais l'occasion, remonté au pouvoir, de préserver les restes de l'enseignement classique en immolant le grec sur l'autel utilitaire ; son point de vue, en tout cas, est ingénieux et digne d'attention.

E. S.

NOUVELLES ET INFORMATIONS

JULES SIMON

M. Jules Simon est mort, le 8 juin, à l'âge de quatre-vingt-deux ans. Le nom sous lequel il devint célèbre n'était pas le sien. Il s'appelait en réalité Jules-François Suisse et était né le 27 décembre 1814 à Lorient.

Ce n'est pas en quelques lignes qu'on peut résumer cette illustre carrière de professeur, d'écrivain et d'homme d'État. Essayons cependant d'en indiquer les principaux traits.

La première partie de sa vie fut consacrée à l'enseignement. Écolier à Lorient et à Vannes, maître répétiteur à Rennes, élève de l'École normale supérieure, agrégé de philosophie, il suppléa pendant plusieurs années, à la Faculté des lettres, son maître, Victor Cousin, qu'il n'aimait pas, mais qu'il admirait, et dont il resta le fidèle disciple.

Élu comme député libéral par le département des Côtes-du-Nord, c'est après la Révolution de 1848 qu'il prit véritablement rang dans la politique. Représentant du peuple et conseiller d'État, il fut un des défenseurs les plus éloquents de la loi Carnot sur l'instruction obligatoire et gratuite que les passions réactionnaires de cette époque devaient empêcher d'aboutir.

Le lendemain du coup d'État il refusa le serment et donna sa démission de professeur. Après un assez long exil en Belgique, il rentra en France et fit au régime impérial une opposition acharnée, dans la presse, dans les conférences et au corps législatif où il fut élu député, en 1863, par la 8ᵉ circonscription de la Seine, à une forte majorité.

C'est dans les derniers jours du second empire que sa popularité avait atteint son apogée. Son talent, moins puissant sans doute, mais plus souple que celui de Jules Favre, se déployait alors à l'aise dans les milieux les plus divers; en intitulant un de ses livres *la Politique radicale*, il montrait que certains mots ne l'effrayaient pas; la véhémence et l'habileté de ses discours lui concilièrent l'unanimité de tous les suffrages hostiles à l'empire. Un moment il parut prendre la direction du parti républicain, après les élections générales de 1869, où il fut nommé à la fois dans la Seine et dans la Gironde; mais alors surgit l'astre de Gambetta qui devait bientôt effacer toutes les constellations rivales.

La guerre de 1870 éclata.

On sait le rôle qu'il joua sous le gouvernement de la Défense nationale. Il fut ensuite le collaborateur dévoué de M. Thiers, qui devait être son maître en politique comme Victor Cousin l'avait été en philosophie.

Les événements qui suivirent sont trop près de nous pour qu'il soit utile de rappeler sa présidence du Conseil en 1876, sa lutte ouverte avec Gambetta, le congé brutal qu'il reçut du maréchal de Mac-Mahon au 16 mai. Son attitude à cette époque fut diversement interprétée.

Le groupe républicain, dirigé par M. Gambetta, l'accusa dans ces circonstances graves de n'avoir su ni prévoir, ni pourvoir; imputations sans doute partiales, exagérées, mais qui firent impression. On crut pouvoir mettre M. Jules Simon à l'écart, mais on eut bientôt à regretter cette ingratitude. La colère de cet autre Achille retiré sous sa tente fut terrible. Aux approches de la période boulangiste, M. Jules Simon vit le premier qu'il avait dépassé le but, le vieux combattant libéral se réveilla en lui, et il retourna ses armes contre le césarisme menaçant.

En somme, c'est moins au pouvoir que dans l'opposition, avant 1870 et après le 16 mai, que M. Jules Simon a déployé toutes les ressources et le prestige redoutable de sa parole et de sa plume.

En ce qui concerne l'instruction publique, son action fut toujours contrariée par les circonstances, aussi bien sous la République de 1848 que sous le consulat de M. Thiers. Les principales réformes qu'il méditait pour les divers ordres d'enseignement, ce fut son vieil ami Jules Ferry qui eut l'honneur et la bonne fortune de les réaliser. Mais il a laissé dans deux ouvrages d'un grand intérêt, *l'École* et *la Réforme de l'Enseignement secondaire*, un monument durable de ses idées et de ses projets (1). Sa lutte contre l'article 7, dans laquelle il triompha, est restée mémorable ; elle ne fut pas inspirée, il faut le constater, par les ressentiments politiques, mais par d'anciennes convictions.

De tout temps il avait été le partisan, sinon l'apôtre, de la liberté d'enseignement, qu'il considérait dans les hautes études comme nécessaire à la découverte de la vérité et dans l'école du peuple comme un *corollaire* de l'instruction obligatoire.

Car M. Jules Simon était un libéral, dans le sens que nous donnons en France à ce mot, où il s'applique à une catégorie d'esprits modérés, bienveillants, un peu timides, qui poursuivent une conciliation difficile et parfois chimérique entre la tradition et le progrès. Il y avait chez lui deux hommes : — un philosophe (comme il aimait à s'appeler lui-même) dont la clairvoyance était affranchie de tout préjugé, — et un politique qui, reconnaissant dans telle institution du passé, comme la religion, un élément d'ordre et un agent de moralité, eût répété volontiers avec Voltaire :

« Si Dieu n'existait pas, il faudrait l'inventer. »

En politique, comme en philosophie, il ne fut rien moins qu'un novateur. Ses ouvrages ne sont pas profonds. Ils sont écrits pour persuader le grand public et en vue de résultats immédiats et pratiques.

On vante beaucoup son éloquence qui était en effet merveilleusement souple, adroite, insinuante, ingénieuse et parée de toutes les grâces; mais cette rhétorique si admirable causait parfois à l'auditeur autant d'inquiétude que de plaisir : on se demandait si cet orateur parfait ne saurait pas défendre avec la même puissance de séduction la thèse diamétralement opposée. Dans ses livres, au contraire, ce qui gagne tout d'abord la sympathie, c'est l'évidente sincérité de l'écrivain : son style net, vif, d'une transparente limpidité, va droit au but sans viser à l'effet; c'est une conversation animée avec le lecteur, qui plaît par sa simplicité même et par l'absence de tout artifice et de toute prétention. Ce qu'on relira toujours avec profit, dans ces nombreux écrits, ce sont les vues philanthropiques et humanitaires, dans lesquelles,

(1) Sa circulaire sur les méthodes de l'Enseignement secondaire, que l'opposition de MM. Dupanloup et Patin a fait échouer, et un chef-d'œuvre de pédagogie.

à la date déjà éloignée de leur publication, il se montrait véritablement précurseur.

Dans ces dernières années, son grand âge le plaçait au-dessus et en dehors des polémiques; mais ce qui ajoutait à la gloire du patriarche, — outre l'estime qu'inspirait à tous la dignité intègre de sa vie, — c'est que jamais il ne s'était montré plus jeune que dans sa vieillesse, toujours attentif aux moindres mouvements de l'opinion contemporaine, ni plus original que dans ces articles de presse et ces discours de circonstance qui paraissent le plus voués à la banalité et au lieu commun. Aujourd'hui que sa carrière est terminée à jamais, on peut dire qu'en somme elle fut plutôt heureuse. S'il n'a pas connu la pleine satisfaction de ses ambitions légitimes, il s'éleva, un moment au moins, sur tous les sommets. Il eut son heure de popularité; il brilla à la Sorbonne et au Parlement; il parvint aux premiers emplois. Professeur émérite, orateur politique incomparable, chef de gouvernement, membre influent de deux sections de l'Institut, ami de Victor Hugo et de nombre d'hommes éminents, sa carrière s'est écoulée dans les plus nobles travaux et dans la société des plus grands esprits. Un beau jour fut celui où il fut élu, presque à la même heure, sénateur inamovible et membre de l'Académie française. De telles fortunes sont rares, et une douce mort couronna son existence privilégiée; il s'est éteint au milieu des siens, entouré, comme d'une auréole, de l'estime universelle.

Tous les partis désarment devant sa tombe. Un vote presque unanime du Parlement lui a décerné des funérailles nationales. Ne le plaignons pas, envions plutôt la belle unité de sa vie, cherchons-y, à côté des défaillances presque inévitables, de généreux exemples et apprenons de lui à aimer dans l'État ce qu'il considérait, nous le croyons sincèrement, comme les biens suprêmes, la Patrie et la Liberté.

E. D. B.

LE 25ᵉ ANNIVERSAIRE DE L'ÉCOLE DES SCIENCES POLITIQUES

L'École libre des sciences politiques vient de célébrer le 25ᵉ anniversaire de sa fondation. C'est en effet en 1871, au lendemain même de nos désastres, que M. Émile Boutmy conçut l'idée de cette institution.

La réunion a eu le caractère d'une fête de famille. Il y avait là les membres du conseil d'administration et du conseil de perfectionnement, les professeurs, parmi lesquels M. Rambaud, Ministre de l'Instruction publique, les élèves et anciens élèves de l'école.

Dans le grand amphithéâtre, où l'on s'est d'abord réuni, M. Aucoc, membre de l'Institut, a pris la parole au nom du Conseil d'administration. Il a rappelé les origines, d'abord modestes, de l'école, et a retracé les développements qu'elle a pris, l'augmentation du nombre des cours et des élèves; ceux-ci ont atteint aujourd'hui le chiffre de quatre cents.

M. Albert Sorel a parlé ensuite, en qualité de doyen des professeurs. Il s'est attaché à définir la nouveauté de l'enseignement créé par M. Boutmy.

Vous avez été frappé, a-t-il dit, de ce qu'il y avait de vain dans l'enseignement oratoire, de desséchant dans l'enseignement livresque et d'engourdissant pour l'esprit dans l'enseignement dogmatique et déductif, leçons mornes des choses mortes. On n'enseigne bien, c'est-à-dire on n'exprime de soi-même et on ne transmet aux autres en paroles animées que les pensées directement recueillies de la vie, les choses vues et éprouvées, les préceptes tirés de l'expérience des faits. Je ne veux point médire de l'enseignement qu'on distribuait dans ma jeunesse ; j'ai rencontré, après le collège où j'avais eu des éducateurs parfaits et qui ne seront pas dépassés, j'ai rencontré, dis-je, des maîtres, un entre autres : Quicherat, à qui je demandais des notions sur l'art du moyen âge, et qui m'a révélé la grande méthode d'exposition historique, montré comment on suit le développement de la pensée et de la vie humaine à travers les monuments de l'humanité. J'entrevoyais dès lors une étude des choses sociales qui ne fût point un manuel de géométrie politique, aussi différent de la vie que la libre course le long des grèves, dans les forêts, la montée vers les sommets où se découvrent les grands horizons, et ces conversations à l'infini où l'homme se donne la joie de penser en même temps qu'il éprouve la joie de vivre dans le grand air — différent de la promenade du collège à pas comptés, trois à trois, sous l'œil du maître, monotone et assujettie, traversant le long des mêmes rues la foule des hommes qui passent, travaillent, souffrent, et que l'on ne connaît pas.

Quelle surprise et quel intérêt lorsque j'entendais un banquier parler de finances, un commerçant de protection et de libre-échange, un avocat traiter une question de droit, un ingénieur expliquer ses constructions, un diplomate raconter les négociations et les hommes : je sortais des formules, je voyais la vie humaine, le travail humain, la lutte intelligente, je comprenais, je me sentais vivre moi-même, et, m'échappant de la cage des programmes, je devinais la réalité au delà de l'examen et au-dessus des diplômes, je ne me contentais plus de forger ma pensée en la forme voulue pour donner à la question banale la réponse commandée, je voulais travailler à mon tour par moi-même, agir, et je me disais : il faut être quelqu'un comme ces hommes-là.

Vous l'avez ressenti et vous en avez conclu — c'est là votre supériorité et ce qui vous a fait notre directeur — qu'il y avait, au moins pour cette partie de l'éducation nationale qui concerne la vie publique, le bon exercice des droits du citoyen, le sain emploi de la liberté et le bon service de l'État, il y avait une sorte de révolution à faire dans l'enseignement et que le vrai professeur dans l'école que vous rêviez d'instituer serait celui qui, ayant commencé par apprendre et pratiquer par lui-même les choses de la vie, apprendrait ensuite à les enseigner à autrui.

M. Sorel passe ensuite à l'action morale de l'école, où l'on se préoccupe moins de distribuer des diplômes que de former des hommes d'action.

Comprendre et savoir est beaucoup. Vouloir est davantage, et c'est le degré supérieur de toute éducation politique, la condition sans laquelle le reste est inutile. Veut-on encore en France ? Oh ! sans doute on veut arriver, tout le monde, partout, très vite, par tous les moyens, non à la fois, ce qui est impossible, mais au moins en se pressant, se chassant, se culbutant les uns les autres. Arriver, pourquoi ? Pour être là, rien de plus la plupart du temps. Ceux qui se pressent, sans autre vouloir et sans autre dessein, le présent s'en soucie trop, la postérité s'en vengera et ne s'en souciera plus. Le flux de la mer apporte à chaque marée sur la grève des coquilles et des algues ; le reflux les y laisse, elles s'y dessèchent et il n'en reste ensuite qu'un peu de sable dont les enfants construisent leurs forteresses.

Le vrai vouloir, le grand vouloir humain, celui sans lequel il n'y a ni peuples forts, ni peuples prospères, ni peuples gouvernables, ni hommes de gouvernement, ne connaît point cet égoïsme et cette âpreté. C'est à celui-là qu'il faut s'exercer.

Après avoir appris à connaître le bien de son pays, il faut apprendre à vouloir ce bien et à y contribuer. Le corps social n'est point un être ayant une vie propre, indépendante de la vie des hommes qui le composent, il ne vit que par le concours des volontés individuelles. C'est pourquoi la science politique est une branche des sciences morales et se confond souvent avec la science des bonnes mœurs. C'est la grandeur de l'homme, mais aussi sa responsabilité lourde, d'être condamné à vouloir son propre bien. Rien ne peut le dispenser de cet effort. Toute défaillance de sa volonté n'est pas seulement coupable chez l'individu, elle est funeste à tout le peuple. J'aperçois de ce côté le principal péril de demain et, par suite, pour nous le principal devoir d'aujourd'hui.

La science n'est qu'une lumière; qu'importe qu'elle éclaire mon chemin, si je n'y veux pas marcher? Qu'importe que les lois me donnent la liberté d'action si je ne veux pas agir? Je n'aurais à m'en prendre de ma propre défaillance ni à une science que je n'aurais point su comprendre, ni à une liberté dont je n'aurais point su profiter. Et si, lassé de mon inertie, désespéré de moi-même, je me fais de mon infirmité une sorte de loi de salut public et me réfugie, comme on dit, dans le principe d'autorité, c'est-à-dire que de ma volonté débile, j'en appelle aveuglément à la volonté d'un autre homme, je n'échapperai point encore par cet expédient à ma condition humaine, car ce qu'on appelle autorité n'est, en soi, qu'un mot vide, il n'est rien et ne peut rien. Il n'y a d'autorité efficace que celle que crée la volonté commune et que soutient cette volonté. L'autre, celle qui procède de l'abdication de tous, n'est qu'un fantôme, un épouvantail, une armure qui sonne creux quand on la touche, qui chancelle, se disloque et s'écroule quand on la frappe.

S'il y a une science politique, j'oserai dire que c'en est le principal précepte et, pour revenir à vous, mon cher directeur, c'est ce que vous avez appris à enseigner dans les commencements critiques de cette école, ce que nous devons continuer encore d'enseigner dans les jours heureux; car la vie sociale n'est qu'une alerte continuelle et le soleil y porte la mort. Si donc nous avons fait quelque chose, nous l'avons fait par là, et si, après nous, un jour, dans la France apaisée, libre et prospère, donnant au monde de beaux exemples de liberté et de justice, continuant de peupler la terre de chefs-d'œuvre, quelque historien des temps difficiles cherche la trace des bons ouvriers qui, sans jamais désespérer de l'intelligence et du cœur de la jeunesse française, ont obscurément, modestement creusé le sillon et ensemencé le champ, il trouvera cette médaille, il y lira votre nom, il personnifiera en vous toute notre école; nous aurons ainsi notre part collective dans l'honneur qui vous sera rendu, mais vous aurez la première, la plus belle et ce sera justice.

M. D. Zolla, président de la Société des anciens élèves, a offert à M. Boutmy, au nom de l'école, une médaille commémorative due au graveur Roty, dont une face est le portrait de M. Boutmy, et l'autre représente la Patrie déposant une palme sur la chaire de l'école.

M. Boutmy a prononcé quelques paroles émues de remerciements, et la fête s'est terminée par une garden-party des plus brillantes.

LE CONSEIL SUPÉRIEUR DE L'INSTRUCTION PUBLIQUE

ÉLECTIONS (*deuxième tour*)

Le dépouillement des votes qui a lieu le mercredi 20 mai a donné les résultats suivants :

FACULTÉS DE DROIT

Nombre de Facultés, 13. Électeurs inscrits, 202. Votants, 188.
Sont élus : MM. Drumel, avec 119 ; Villey, avec 109 voix.
Ont obtenu ensuite : M. Bufnoir, 81; M. Glasson, 51; M. Caillemer, 13 voix. 15 suffrages se sont égarés sur divers noms.

FACULTÉS DES LETTRES

Nombre de Facultés, 15. Électeurs inscrits, 180. Votants, 144. Bulletins nuls, 8.

Sont élus : MM. Croiset avec 104, et Jullian avec 68 voix.

Ont obtenu ensuite : M. Benoist, 56 ; M. Janet, 12 voix. 19 voix se sont égarées sur divers noms.

M. Janet, qui touche à l'âge de la retraite, avait retiré sa candidature.

COLLÈGES COMMUNAUX. — LICENCIÉS ÈS LETTRES

Électeurs inscrits, 814. Votants, 756. Bulletins nuls, 22.

M. Fournier est élu par 346 voix.

Ont obtenu ensuite : M. Arrousey, 190; M. Godfernaux, 156.

COLLÈGES COMMUNAUX. — LICENCIÉS ÈS SCIENCES

Électeurs inscrits, 402. Votants, 380. Bulletins nuls, 13.

M. Barthélemy est élu par 226 voix.

Ont obtenu ensuite : M. Humbert, 110; M. Pillet, 23 voix, etc.

ENSEIGNEMENT PRIMAIRE

Nombre des Académies, 17. Électeurs inscrits, 1 355. Votants, 1 183.

Sont élus : MM. Quenardel par 569; Cuir par 499 voix.

Ont obtenu ensuite : M. Bietrix, 467 ; Platrier, 304 ; Carriot, 153 ; Bareilhes, 39 ; Lamourere, 24 ; Delapierre, 20 voix, etc.

Bulletins nuls et voix égarées sur divers noms : 129. MM. Devinat, Comte, Jost, M¹¹ᵉ Saffroy, déjà élus au premier tour, ont eu le premier 3, les autres 1 voix.

Le Conseil supérieur de l'Instruction publique étant constitué par les élections qui ont eu lieu récemment, le Ministre de l'Instruction publique vient de compléter ce Conseil en désignant les membres qui sont à sa nomination.

Sont nommés, pour quatre ans, membres du Conseil supérieur de l'Instruction publique et de la section permanente de ce conseil :

MM. Bouchard, professeur à la Faculté de médecine de Paris ; Buisson, directeur de l'enseignement primaire; Esmein, professeur à la Faculté de droit de Paris; Gréard, vice-recteur de l'Académie de Paris ; Liard, directeur de l'enseignement supérieur; du Mesnil, directeur honoraire de l'enseignement supérieur, conseiller d'État; Pécaut, Félix, inspecteur général de l'Instruction publique, chargé de la direction des études à l'École normale supérieure d'enseignement primaire de Fontenay-aux-Roses; Perrot, professeur à la Faculté des lettres de Paris, directeur de l'École normale supérieure; Rabier, directeur de l'enseignement secondaire.

Sont, en outre, nommés, pour quatre ans, membres de la section permanente du Conseil supérieur de l'Instruction publique, les membres élus du Conseil dont les noms suivent :

MM. Brouardel, doyen de la Faculté de médecine de Paris, délégué des Facultés de médecine; Charpentier, professeur au lycée Louis-le-Grand, délégué des agrégés de philosophie; Croiset, professeur à la Faculté des lettres de Paris, délégué des Facultés des lettres; Darboux, doyen de la Faculté des sciences de Paris, délégué des Facultés des sciences; Drumel, professeur à la Faculté de droit de Lille, délégué des facultés de droit; Lhomme, professeur au lycée Janson-de-Sailly, délégué des agrégés de l'enseignement secondaire spécial.

D'autre part, M. le Ministre a nommé pour quatre ans membres du Conseil supérieur de l'Instruction publique les membres de l'enseignement libre dont les noms suivent :

M. Boutmy, membre de l'Institut, directeur de l'École libre des sciences politiques; Mlle Salomon, directrice de l'école Sévigné, à Paris; MM. Émile Girard, directeur d'institution secondaire libre, à Vincennes; Josserand, en religion frère Joseph, supérieur général de l'Institut des frères des écoles chrétiennes.

Enfin, sont nommés pour l'année 1896 : Vice-président du Conseil supérieur de l'Instruction publique: M. Boissier, membre du Conseil; Secrétaire : M. Liard, membre du Conseil.

M. DAUBRÉE

Il nous faut annoncer la mort de M. Daubrée, le savant géologue, membre de l'Académie des sciences.

Né à Metz le 25 juin 1814, il avait été admis en 1832 à l'École polytechnique, d'où il était sorti deux ans plus tard comme élève ingénieur des mines. Nommé ingénieur ordinaire en 1840, il était devenu ingénieur en chef en 1855 et inspecteur général en 1872. M. Daubrée s'était surtout consacré à l'étude de la minéralogie et de la géologie et à leur enseignement, et avait été nommé successivement professeur à la Faculté des sciences de Strasbourg en 1839, doyen de cette Faculté en 1852, professeur au Muséum d'histoire naturelle en 1861, professeur à l'École supérieure des mines en 1862, directeur de cette école en 1872. Il avait été admis à la retraite en 1884.

M. Daubrée avait été élu en 1861 membre de l'Académie des sciences dans la section de minéralogie. Élevé en 1881 à la dignité de grand-officier de la Légion d'honneur, il faisait partie du Conseil de l'ordre, et en sortit l'année dernière en même temps que le général Février.

Les découvertes de M. Daubrée et les méthodes d'expérimentation qu'il a préconisées ont fait faire de grands progrès à la géologie et à la minéralogie; ses principaux travaux sont consignés dans plus de cent cinquante mémoires; il avait réuni, tant au Muséum qu'à l'École des mines, de précieuses collections.

Le Sénat a nommé dans ses bureaux la commission chargée de l'examen du projet de loi des Universités déjà adopté par la Chambre. Les commissaires sont unanimement favorables. M. Wallon a été élu président et M. Bardoux, rapporteur.

Dans la 548e livraison de la *Grande Encyclopédie*, on lira un article curieux sur le poète *Malherbe*, de M. F. Brunetière.

BIBLIOGRAPHIE

GUSTAVE LARROUMET, *Etudes de littérature et d'art*. — RENÉ DOUMIC, *Études sur la littérature française*. — A. LANG, *Mythes, cultes et religion*. — LÉON MARILLIER, *La sensibilité et l'imagination chez George Sand*. — PAUL ROBIQUET, *Discours et opinions de M. Jules Ferry*. — CAMILLE SÉE, *Lycées et collèges de jeunes filles*. — *Congrès international de l'Enseignement supérieur de Lyon*. — ALBERT MAIRE, *Manuel pratique du bibliothécaire*.

Études de Littérature et d'Art, par GUSTAVE LARROUMET, membre de l'Institut. *Quatrième série*. Paris, Hachette, in-12 de 398 p., 1896. — M. G. Larroumet continue la série de ses études mi-parties, dont nous avons déjà entretenu le lecteur. A de courts intervalles, ses ouvrages se succèdent, semblables par l'égalité et l'amabilité du talent, nouveaux par les sujets traités. Art et littérature se mêlent heureusement sous sa plume ; et le passage de l'un à l'autre s'accomplit avec aisance, avec bonheur même. Ceci prolonge et complète cela. A vrai dire on sent bien que ce n'est pas seulement un littérateur qui se souvient d'avoir « dirigé » les Beaux-Arts, mais un critique qui de bonne heure a passé la frontière littéraire pour voir ce qu'il y avait de l'autre côté. En cela, il a été fort avisé, ce qui ne surprendra personne. Je ne crois pas en effet qu'à aucune époque le mariage entre la littérature et l'art (d'autres diraient le concubinage) ait été plus complet que de notre temps. Ce n'est pas l'art d'hier,. ni celui d'aujourd'hui, ni celui de demain, tel qu'on peut le prévoir d'après nos Salons de 1896, qui démentent une telle assertion. C'est en ce moment une frénésie littéraire poussée jusqu'à la folie chez les sculpteurs eux-mêmes (voir le Champ de Mars). Ce mot de Sénèque : *Intemperantia litterarum laboramus*, est surtout vrai de nous. Il est difficile, en cet état, si l'on veut bien comprendre le retentissement de la littérature sur l'esprit contemporain, de n'en point suivre l'écho jusqu'en dehors d'elle-même ; et, *vice versa*, d'expliquer par les arts plastiques un certain nombre de réactions ou de mouvements littéraires. Chez d'autres nations, il y a un mur entre les écrivains et les peintres ; quand ces derniers essaient de le franchir, ils tombent le plus souvent d'une chute balourde. On peut voir, au musée de Berne, un tableau vraiment grotesque : une sorte de phoque ou une gigantesque sardine, orné d'une tête de femme à cheveux rouges, arrondissant sur vous des gros yeux bêtes et cernés, le tout juché sur un rocher, la mer au fond. Böklin, illustre de l'autre côté des Alpes, a figuré là le *Silence de la mer* ; et sa toile est toujours entourée d'une foule allemande et suisse qui se pâme, où un Français éclate de rire. Nos artistes, à nous, sont autrement adroits ; le mur n'est plus chez eux qu'un voile, ou une démarcation indécise entre deux arts fraternels ; toutes les définitions de Lessing auraient tort en France dans beaucoup de cas heureux ; il faut un manque de goût, une erreur d'adaptation vraiment trop choquante pour nous faire apercevoir qu'il est bon que chaque art soit maître chez soi. En réalité, plus d'un a fait comme ces singuliers insectes marins qui s'installent dans une coquille d'emprunt après en avoir pompé l'habitant. Il faut admettre à tout le moins, des communications constantes, et le mot de M. Larroumet n'est pas trop fort : « L'art, en France, a suivi dans un exact parallélisme les directions de la littérature (p. [132). » Ceci me ramène à son livre.

La littérature *pure* (si ce mot peut s'appliquer à celle d'aujourd'hui) y est représentée par des morceaux — moitié articles, moitié études — sur MM. Edmond de Goncourt, Alph. Daudet, Pierre Loti, Paul Hervieu, G. d'Annunzio, etc. L'auteur y a joint quelques impressions d'Italie et de Hollande, sobres, instructives. Tout cela se lit fort agréablement. En voyant la constante bienveillance du critique pour des auteurs aussi dissemblables, les grincheux (il y en a toujours) pourraient croire à du parti pris, et craindre, comme Alceste, que M. Larroumet ne préférât tout le monde. A y regarder de près, cette crainte est peu fondée. Cette bienveillance a l'air trop naturelle pour ne pas être chez le critique une qualité de plus; et, après tout, on y remarque des nuances. Si M. Larroumet fait à M. Edmond de Goncourt plus que la bonne mesure, c'est qu'on devient injuste aujourd'hui envers cet initiateur; quelques-uns se montrent même féroces. M. Loti s'entend dire la vérité, avec bonne grâce, il est vrai, mais enfin la vérité vraie sur ses derniers romans, qui relèvent surtout du commerce. Et quant à M. Alph. Daudet, si le critique ne cache point son faible pour [cette brillante planète méridionale, bien qu'elle soit aujourd'hui loin de son zénith, il n'en a pas moins sur la *Petite Paroisse* de plaisantes réflexions : « M. Daudet croit-il vraiment qu'une église comme celle qui donne son titre au livre, une paroisse de Sganarelles, soit possible en pays de France, en Seine-et-Oise ? Il n'y viendrait personne, l'étiquette une fois connue, et les plus empressés à la fuir seraient ses paroissiens désignés. »

L'art a fourni au même livre trois études, vraiment importantes celles-là (sans parler des pages peut-être un peu laudatives sur M. Jules Breton); l'étude sur M. *Gustave Moreau*, parue dans la *Revue de Paris*, et les études sur l'*Art réaliste et la critique* (Thoré et Castagnary), parues dans la *Revue des Deux Mondes*.

La première est très méditée, très délicate, remarquable en un mot. Elle arrive en son temps, pour nous expliquer un des artistes les plus exquis, mais aussi les plus cachés, les moins publics qui soient aujourd'hui. M. Larroumet, qui a eu la bonne fortune de visiter les sanctuaires où se dérobent ces toiles d'un art rare et précieux, nous démêle les origines de ce talent subtil et compliqué. « Nature méditative, âme religieuse et préoccupée du mystère, éducation classique, longue étude des maîtres vénitiens, parenté avec les maîtres flamands et *allemands* (ceci, je crois, n'avait jamais été dit, et combien c'est juste!), influence du romantisme finissant et du réalisme commençant... » Voilà bien, en résumé, les éléments que l'on découvre par l'analyse chez ce petit-fils de Venise et d'Albert Dürer.

Thoré et Castagnary, à côté de Gustave Moreau, occupent une place disproportionnée avec leur mérite (132 pages!); mais en rapport avec celle qu'ils ont tenue dans la critique durant un demi-siècle environ, sinon davantage. Si bien qu'on serait tenté de reprocher à M. G. Larroumet l'excès d'honneur qu'il leur fait (par exemple lorsqu'il prend la peine d'expliquer à Castagnary la suite de la *tradition* dans l'art français), si, d'autre part, il ne fallait le louer d'avoir, une fois pour toutes, criblé l'œuvre de ces apologistes du réalisme, pour voir ce qu'il en faut retenir. Pour Thoré, il y a de la glane, et beaucoup. Thoré est un hybride; sa critique a deux faces, comme sa vie eut deux noms, Thoré avant 1848, et Bürger après 1848. Romantique d'abord, puis réaliste, Thoré-Bürger est, sous les deux espèces, un connaisseur en art, exact et pénétrant dans l'appréciation des œuvres particulières, mais dupe, en théorie, de ses creuses déclamations sur le rôle social de l'art. Là-dessus, il se gonfle; le voilà maintenant dégonflé. Mais Théodore Rousseau reste sa découverte, et un peu son œuvre. C'est beaucoup. — Castagnary, lui, est l'homme de Courbet; et Courbet, c'est quelque chose de très inférieur à Th. Rousseau. M. Larroumet consacre à cette borne qui eut du talent une petite ligne qui fait plaisir : « C'était un bon peintre et un sot. » Nous ne dirons pas de Castagnary qu'il fut aussi un sot, parce qu'après tout il avait des parties d'écrivain. Mais son laïcisme en peinture! mais son patriotisme d'hôtel-de-ville! Malgré une verve authentique, ce prodigieux ignorant, qui mena le chœur de la critique réaliste, est loin de mériter les adjectifs que lui décerne son bienveillant ami, M. Spuller. Le vrai connaisseur d'art, de Castagnary ou de Thoré, c'est Thoré. Aussi a-t-on dressé un buste à Castagnary.

Études sur la littérature française, par RENÉ DOUMIC. — *Première série.* Paris, Perrin, in-12 de 316 p., 1896. M. René Doumic, dont l'autorité s'accroît de mois en mois à la *Revue des Deux Mondes* — et ailleurs — nous donne, presque au lendemain des *Jeunes,* un pendant aux *Jeunes.* Son nouvel ouvrage, le premier d'une série, contient des études sur la littérature d'hier, et même d'avant-hier, puisque, aboutissant à Mérimée, elles remontent jusqu'à Froissart. Autrefois, aujourd'hui, telles sont les deux faces de la critique qui veut être vivante. Il lui faut être de son temps et de tous les temps. C'est bien ainsi que l'ont comprise les maîtres du genre, un Sainte-Beuve et, plus récemment, M. Brunetière.

C'est sur les pas de ce dernier que s'avance M. Doumic, d'un pas d'ailleurs mesuré, avec son allure propre, non pas en imitateur, mais évidemment en continuateur. S'il a choisi cette voie, c'est qu'elle s'ouvrait à lui dans la direction que prenaient ses convictions naturelles. On pourrait, en effet, imaginer difficilement deux tempéraments plus opposés que celui de M. Brunetière et celui de M. Doumic, mais ils sont d'accord, au fond, sur les mêmes principes. Tous deux font œuvre de conservation, défendant la tradition, le bon sens, et cette vulgaire morale qui devient aujourd'hui tout ce qu'il y a de plus rare et de plus méritoire, tant le sens moral a fini par s'oblitérer chez nous. M. Doumic a pour qualité plus particulière de demeurer calme, sain et fixe dans ses principales idées. Il les déduit bien, les ordonne avec netteté, avec goût. Écrivain sobre, qui s'est corrigé d'une certaine sécheresse en prenant graduellement de l'étoffe, il semble avoir pris pour devise de son style comme de sa pensée le *ne quid nimis.* Peut-être, en certaines occurrences, ce « rien de trop » est-il un peu court : mais cet exemple de tempérance dans la débauche générale des talents a son prix, et donne à M. Doumic sa marque. Il en a une qu'il tient à la fois de sa nature et de son métier. Comment serait-il assez peu avisé pour en vouloir changer? Aussi bien voyons-nous que, sans être abondant, il est fécond ; et, sans être luxuriant, il est ferme. Le professeur, chez lui (qui est aussi éloigné que possible du pédant), ne perd pas non plus ses droits, et c'est justice dans les questions d'histoire. Ainsi, dans le volume d'aujourd'hui, M. Doumic dit justement, à propos de saint François de Sales : « Avec d'Urfé, commence l'étude des problèmes de l'amour et des mouvements du cœur, c'est la veine qu'on retrouvera dans toute la littérature profane du siècle, et qui aboutira à la tragédie de Racine. Avec saint François de Sales, la matière théologique entre dans la littérature ; c'est la veine qui se continuera par les écrits des Jansénistes, pour aboutir aux *Traités* de Bossuet et aux *Lettres spirituelles* de Fénelon. La littérature classique, en deux de ses principales manifestations, s'annonce et se prépare dans ce coin de Savoie. »

Beaucoup de clairs aperçus sont ainsi semés dans ces *Études*, écrites le plus souvent à propos d'ouvrages récemment parus, sur Montaigne, l'Opéra, Diderot, Chamfort et Rivarol, etc. La netteté du sens critique, et la justesse du sens pratique s'y retrouvent partout. Si, concluant sur Mérimée, M. Doumic écrit : « La suprême ironie et *la sagesse véritable*, c'est de savoir n'être dupe, — c'est d'être des autres et de soi, » on sent assez que, comme critique, il entend n'être pas dupe, et qu'il s'applique à ne pas l'être. Remettre les choses au point paraît sa principale préoccupation, si bien qu'il a toujours raison ; il n'a même pas la coquetterie de se donner légèrement tort quelquefois, ne fût-ce que pour flatter le lecteur. Tout artifice est inconnu à sa sincérité. La grâce de M. Stapfer, dans son dernier et charmant livre sur Montaigne, ne l'empêche pas de se séparer sensiblement de lui dans la conclusion. Cette conclusion, qui divise l'humanité en deux groupes, les Épicuriens et les Stoïques, n'est-elle pas d'ailleurs un peu sommaire, sinon tranchante ? Deux groupes, pas plus, affirme M. Doumic. C'est commode : mais qui sait, comme dirait l'autre, s'il n'y en aurait pas trois, ou davantage ? Il se pourrait que l'on trouvât ainsi, parfois, une question à poser à M. Doumic. Mais comment ne pas lui donner les mains quand, à propos de Rivarol, il constate combien l'insolence put, à certaines époques, passer pour élégance ? Et cet autre élégant de l'esprit, Benjamin Constant, ne fut-il pas un inélégant de l'âme ? De tout cela notre auteur juge fort bien, comme de ce Mérimée auquel toute la séduction de M. Filon ne le convertit pas. Il n'a pas cru devoir admirer, par bon ton, un homme que l'on sent dans ses écrits être sans cœur. Par le temps qui court, c'est du courage. Et c'en est encore, pour qui connaît bien les idées de M. Doumic, que cette ferme conclusion sur Joseph de Maistre : « Quand on lit un livre de Joseph de Maistre on songe moins à un traité de Bossuet qu'à une préface d'Alex. Dumas fils. Au surplus, ce qui diminue la portée de l'œuvre du penseur pourrait bien être ce qui par ailleurs a contribué à l'originalité de J. de Maistre et qui a fait de lui, au lieu d'un simple Bonald, un grand écrivain. Plus il est irritant, et plus il échappe au reproche d'être banal ou médiocre. Un théologien gâté, ou, si l'on préfère, égayé par un styliste, tel semble bien avoir été de Maistre. Il est de ces brillants avocats qui compromettent les meilleures causes. Il est de ces orateurs qui contribuent puissamment à nous détourner du parti qu'ils nous recommandent. Il est de ces éloquents apologistes qui rendent la religion méconnaissable. Et je ne dis pas qu'il n'ait pas fait école. »

Mythes, cultes et religion, par A. Lang, traduction française précédée d'une Introduction, par Léon Marillier. Paris, Alcan, grand in-8° de xxviii-685 pages et un Index, 1896. — *La Sensibilité et l'Imagination chez George Sand,* par Léon Marillier, plaquette de 117 pages, Paris, Champion, 1896. — Le nom de M. A. Lang est bien connu de quiconque s'est occupé de mythologie comparée, d'ethnographie, de sociologie ou d'histoire religieuse générale. On sait que le principal effort de sa vaste érudition a été dirigé contre les conclusions de Max Müller et de ses disciples. L'école de Max Müller, ou « l'école philologique », prétendait trouver dans les déviations du langage, dans l'oubli des sens primitifs de certains mots, la cause unique des « phénomènes si complexes et si variés qui forment la chatoyante trame des mythologies et des religions ». Curieuse dans ses procédés, ingénieuse dans ses trouvailles, cette méthode naguère encore très en faveur a perdu peu à peu son autorité. On a vite remarqué que cette étrange école de mythologie *comparée* péchait surtout par l'absence de comparaison ; le champ étroit de l'aire indoeuropéenne, où elle prétendait s'enfermer, l'a fait soupçonner à bon droit d'arbitraire et d'absence d'esprit scientifique. Parmi les adversaires de Max Müller, nul n'a montré plus de sagacité critique, de science dialectique et polémiste que M. A Lang. Une nouvelle école s'est ainsi fondée, « l'école anthropologique », dont il est en quelque sorte le chef. Et de là ce livre plein de faits, *Mythes, cultes et religion,* qui, malgré huit ou neuf années écoulées, n'a pas encore vieilli. M. Léon Marillier, maître de conférences à l'école des Hautes Études, présente au lecteur français une traduction de ce grand ouvrage, en le faisant précéder d'une belle *Introduction* où il marque d'un trait précis ce qui lui manque pour fonder la science nouvelle. Si M. Lang prouve jusqu'à l'évidence les erreurs de l'ancienne exégèse fondées sur la philologie comparée, il se borne à la partie négative du problème ; il ne pose pas, il ne résout pas les problèmes de psychologie que soulèvent en dernière analyse les études de mythologie. Ce que sont ces problèmes, surtout en ce qui concerne l'évolution religieuse et la morale, auxquels sont consacrées les vingt dernières pages de cette belle, large et très philosophique *Introduction*.

C'est signe de curiosité d'esprit et d'aptitude délicatement variées, que de trouver signée du même nom, L. Marillier, une jolie plaquette récemment parue chez Champion, et consacrée à George Sand. Sensibilité et imagination sont au fond de tous les mythes antiques et modernes, et forment la matière première de toute mythologie ; sensibilité et imagination forment aussi presque tout George Sand. Nul écrivain n'a été plus *agi* par des influences ambiantes, par des hérédités mystérieuses, par des communications sympathiques avec la nature animée ou inanimée. Étant données cette sorte d'imagination et cette nature de sensibilité, l'œuvre de G. Sand s'organise aussi logiquement dans notre milieu, que celle d'un rhapsode antique dans le sien. M. Marillier trouvait là comme un *cas* d'application des théories fécondes auxquelles se consacre son enseignement. La deuxième partie de sa brochure attirera l'attention par ce côté en quelque sorte panthéistique de son analyse. Nous croyons toutefois qu'il va trop loin en parlant de la *passivité* de G. Sand. C'est une nature active, au contraire, mais qui élabore, comme l'abeille, une matière cueillie au dehors d'elle-même. Au fond, peut-être n'y a-t-il là qu'une querelle de mots : l'essentiel est que la physionomie intérieure de ce génie, si l'on peut dire, ait été dépeinte avec justesse ; or, parmi tant de pages écrites récemment sur G. Sand, nous en connaissons peu qui aient la pénétration de celles-ci.

S. ROCHEBLAVE.

Discours et opinions de M. Jules Ferry, publiés avec commentaires et notes par PAUL ROBIQUET, 4 vol, in-8°. Armand Colin, édit. 1893-1896. — L'idée de ce recueil vient de M. Paul Robiquet, mais elle avait été approuvée par M. Jules Ferry dans une lettre du 10 novembre 1891 ; l'éminent homme d'État avait même réuni de nombreux matériaux pour cette publication, « écrits, brochures, lettres, journaux, dispersés un peu partout ou conservés par des mains fidèles, écartant tout ce qui semblait de nature à blesser même des adversaires qui ne l'avaient pas ménagé et cherchant uniquement à dégager les grandes lignes de sa politique pour l'histoire et la postérité. » Le premier volume devait être précédé d'une étude de M. Jules Ferry sur la *Jeunesse de l'Empire comparée à la Jeunesse contemporaine;* mais sa mort, presque subite, nous a privé de ce travail. M. Robiquet a poursuivi tout seul, avec le dévouement de l'amitié, la tâche si laborieuse qu'il avait assumée. Après une brève notice biographique, nous faisons connaissance tout d'abord avec Jules Ferry avocat, journaliste et député de l'opposition sous le second Empire. Le premier document reproduit est le discours qu'il prononça comme secrétaire de la conférence des avocats stagiaires, le 13 décembre 1855 et qui a pour titre : *De l'influence des idées philosophiques sur le barreau au XVIII⁰ siecle*. Viennent ensuite les articles du *Courrier de Paris*, les polémiques avec Peyrat sur la révolution, les comptes fantastiques d'Haussmann, publiés d'abord dans le journal *le Temps*, etc. Toute l'activité littéraire et politique de Jules Ferry avant 1870 est dans ce premier volume. Les deux volumes suivants et la plus grande partie du tome IV reproduisent intégralement les discours qu'il a prononcés comme Ministre de l'Instruction publique dans les deux Chambres, à l'occasion des célèbres lois scolaires dont il fut l'initiateur et qui marquent l'apogée de sa carrière si brillante et si féconde. Tous ces chefs-d'œuvre d'éloquence parlementaire sont reliés entre eux par des commentaires précis et substantiels dans lesquels M. Robiquet renoue en quelque sorte à notre usage le fil des événements et nous permet de replacer dans leur milieu naturel toutes ces discussions et manifestations oratoires. L'éditeur a su s'acquitter à merveille de ce travail délicat, grâce à une sûreté d'informations et à un tact d'écrivain qui lui font honneur. Les volumes suivants seront consacrés à Jules Ferry, Ministre des Affaires étrangères, et formeront avec ceux que nous venons de signaler un recueil des plus précieux pour l'histoire de notre troisième République.

D.

Lycées et collèges de jeunes filles, documents, rapports et discours à la Chambre des députés et au Sénat, décrets, arrêtés, circulaires, etc. Tableau du personnel des lycées et collèges par ordre d'ancienneté, avec carte figurative, préface et avant-propos, par M. CAMILLE SÉE, conseiller d'État, 6⁰ édition, un volume in-8⁰ de 788 pages. Léopold Cerf, éditeur, Paris, 1896. — Le titre que nous avons tenu à reproduire intégralement suffirait à nous montrer, s'il en était besoin, le très haut intérêt de la présente publication. M. Camille Sée, qui suit, avec une sollicitude toute paternelle, les applications successives de la célèbre loi dont il est l'auteur, nous fait connaître cette fois une statistique fort complète et, en grande partie inédite, sur les divers établissements affectés depuis 1882 à l'enseignement secondaire des jeunes filles. Ces écoles sont au nombre de 65 : l'École normale de Sèvres, 32 lycées, 3 lycées provisoires, 27 collèges, 1 collège provisoire et, dans le protectorat de Tunisie, le lycée de Tunis.

Parmi les lycées, 15 sont ouverts aux externes, aux externes surveillées, aux demi-pensionnaires et aux internes.

Tous les collèges à l'exception de 5 sont pourvus d'internats.

L'École de Sèvres compte 73 élèves.

La population des lycées est de 7163, celle des collèges de 3250 élèves.

La sixième année, qui est organisée dans 23 lycées, figure dans le chiffre général pour 373 jeunes filles. Dix collèges sont dotés d'une sixième année qui y est suivie par 44 jeunes filles.

Le personnel des lycées comprend 35 directrices (21 agrégées, 2 licenciées, 2 pourvues du certificat d'aptitude à l'enseignement secondaire des jeunes filles, 1 bachelière, 9 possédant un brevet primaire); 161 professeurs femmes (86 agrégées des lettres, 54 agrégées des sciences, 23 agrégées des langues vivantes); 83 maîtresses chargées de cours, 17 professeurs et 14 maîtresses chargés du cours de dessin, 19 maîtresses de travaux à l'aiguille, 13 maîtresses de chant, 13 maîtresses de gymnastique, 35 économes, 137 maîtresses répétitrices dont 4 chargées de la surveillance générale et 29 stagiaires à l'économat.

Les internats municipaux ont de plus à leur tête des sous-directrices qui ont sous leurs ordres un certain nombre de maîtresses surveillantes.

Le personnel des collèges compte 26 directrices (9 agrégées, 11 pourvues du certificat d'aptitude, 2 bachelières, 4 munies d'un brevet primaire); 123 professeurs femmes, 20 maîtresses chargées de cours, 74 institutrices primaires, 42 maîtresses surveillantes de l'internat, 2 professeurs et 9 maîtresses chargées de cours de dessin, 1 maîtresse de chant, 1 maîtresse de gymnastique.

Nous ne pouvons ici entrer dans le détail des crédits de diverses origines, attribués aux lycées et collèges des jeunes filles depuis leur création. On trouvera ces renseignements dans le livre de M. Camille Sée. L'auteur, entrant ensuite dans des considérations générales, estime que l'équivoque entre le système des *cours* et celui des lycées et collèges persiste toujours. L'autorité supérieure n'a pas encore retiré les subventions de l'État à des organisations provisoires qui font obstacle en maintes localités à l'établissement d'instituts tels que les prévoyait la loi du 21 décembre 1880. Cette fâcheuse condescendance pourrait à la longue avoir pour résultat d'altérer la clientèle des lycées et des collèges. En développant les cours, qui dans un assez grand nombre de villes sont primaires, on court risque d'en faire une sorte d'institution préparatoire pour les brevets et les écoles normales du degré d'études le moins élevé. Tel n'était pas certainement le but de la réforme dont M. Camille Sée a été l'ardent et heureux initiateur. L'enseignement secondaire des jeunes filles ne doit pas viser à faire des graduées, « mais à créer des intelligences libres et à hausser le niveau des sentiments, les notions des devoirs de société. » Le surmenage du [baccalauréat ou de tout examen analogue doit être écarté à tout prix de ces établissements qui doivent former des maîtresses de maison habiles, des mères de famille éclairées, mais non des femmes savantes dans le mauvais sens du mot. **D.**

Congrès international de l'enseignement supérieur tenu à Lyon les lundi 29 et mardi 30 octobre 1894; 1 volume grand in-4°. Lyon, Storck, imprimeur de l'Université, 1896. — « Mieux vaut tard que jamais : » ce dicton est bien justifié par le beau volume, que nous adresse le Conseil général des Facultés de Lyon, avec une introduction du savant doyen de la Faculté de droit, M. Caillemer, vice-président de ce Conseil pour l'année 1896. Les nombreux professeurs français et étrangers qui ont pris part au Congrès seront heureux de retrouver dans ce recueil un aperçu de débats fort intéressants, quoique un peu abrégés et le récit de fêtes charmantes qui, elles aussi, ont paru trop courtes à ceux qui avaient la bonne fortune d'y assister. Ces pages seront d'ailleurs consultées avec profit par tous ceux que préoccupent les questions d'enseignement supérieur, et qui désirent voir se poursuivre et se renouveler cet amical échange d'idées entre les représentants des corps universitaires des divers pays. Pourquoi faut-il que le souvenir des jours heureux et utilement remplis qu'évoque cette magnifique publication soit attristé par la perte prématurée de M. Raulin, qui avait pris une part si active à la préparation du Congrès ? **D.**

Manuel pratique du bibliothécaire, par ALBERT MAIRE, 1 vol. in-8, 591 p. Paris, Alphonse Picard, 1896. — L'ouvrage que vient de publier M. Maire, ancien élève de l'école des Hautes Études et sous-bibliothécaire à la Sorbonne, s'adresse d'une façon générale à tous les amis des livres, mais plus spécialement à ceux qui, comme l'auteur lui-même, sont chargés, à un titre quelconque, de la conservation et de l'administration de nos grandes bibliothèques. Après une courte introduction historique sur la création des grandes collections publiques et sur les titres de capacité requis de leur personnel dans le passé, une série de chapitres sont consacrés à l'organisation actuelle : examens professionnels, local et mobilier des bibliothèques, acquisition et mise en place des volumes, rédaction des catalogues, service intérieur, budget et comptabilité. Citons parmi les questions à l'ordre du jour qui ont été l'objet d'une étude particulière et d'aperçus nouveaux et intéressants, celle des *échanges universitaires internationaux* et le problème délicat et encore mal résolu du meilleur *système bibliographique*. Il est certain que le classement de Brunet a vieilli et qu'il ne répond plus à l'état actuel de nos connaissances. Mais on se heurte à de grandes difficultés pratiques lorsqu'il s'agit de trouver une méthode susceptible de rallier une adhésion universelle, et de s'adapter, sans de trop profonds bouleversements, aux cadres établis par un usage séculaire. Si l'auteur ne résout pas toutes ces questions, il les pose du moins avec netteté, et il en montre l'importance et la complexité. Un lexique des termes du livre, utile, mais un peu sommaire, et le texte des principaux règlements relatifs aux bibliothèques universitaires complètent cet excellent manuel, qui sera consulté avec fruit par tous les bibliophiles amateurs ou de profession. **D.**

TABLE DES MATIÈRES

CONTENUES

DANS LE TOME I⁰ʳ DE LA SEIZIÈME ANNÉE

ARTICLES DE FOND

ACTES ET DOCUMENTS RELATIFS
A L'ENSEIGNEMENT SUPÉRIEUR

CORRESPONDANCE INTERNATIONALE

CHRONIQUE DE L'ENSEIGNEMENT
Par M. E. STROPENO

NOUVELLES ET INFORMATIONS

ACTES ET DOCUMENTS OFFICIELS

BIBLIOGRAPHIE

Par M. Samuel Rocheblave

--- -

Paris — Typ Chamerot et Renouard, 19, rue des Saints-Pères. — 34371

Le Comité de rédaction recevra toujours avec reconnaissance toutes les communications concernant les Facultés des départements et des Universités étrangères. Ces informations comme toutes celles qui seront de nature à intéresser la Revue, seront insérées dans la Chronique qui accompagne chaque numéro et qui relate tous les faits importants touchant l'Enseignement.

Le Comité prie aussi ses Correspondants, ainsi que les Auteurs eux-mêmes, de vouloir bien signaler à la Revue les volumes intéressant le haut Enseignement dans toutes ses branches en y ajoutant une note analytique ne dépassant pas 15 à 20 lignes.

LA

REVUE INTERNATIONALE DE L'ENSEIGNEMENT

Paraît le 15 de chaque mois. — Un an : 24 fr.

ON S'ABONNE : EN FRANCE, CHEZ TOUS LES LIBRAIRES
A L'ÉTRANGER, DANS LES LIBRAIRIES SUIVANTES :

ALSACE-LORRAINE
Strasbourg, Ammel, Treuttel et Wurtz.

ALLEMAGNE
Berlin, Asher et Cⁱᵉ, Le Soudier, Mayer et Muller, Nicolaï, G. Schefer.
Bonn, Strauss.
Breslau, Trevendt et Garnier.
Dresde, Pierson.
Erlangen, Besold.
FribourgenBrisgau,Fehsenfeld
Gœttingue, Calvœr.
Greifswald, Bamberg.
Giessen, Ræcker.
Halle, Lippert.
Heidelberg, Kæster.
Iéna, Frommann.
Kœnigsberg, Bor.
Kiel, Hæseler.
Leipzig, Twietmeyer, Le Soudier, Eckstein, Max-Rûbe, Brockhaus.
Marbourg, Elwert.
Munich, Finsterlin.
Rostock, Stiller.
Stuttgard, P. Neff.
Tubingen, Fues.
Wurtzbourg, Stuber.

AUTRICHE-HONGRIE
Vienne, Gérold, Frick, Mayer et Cⁱᵉ.
Agram, Hartmann.
Budapesth, Révai, Kilian.
Gratz, Leuschner.
Inspruck, Rauch.
Klausenbourg, Demjén.
Lemberg, Gubrynowicz.
Prague, Calve.

ANGLETERRE
Londres, Hachette, Williams et Norgate, D. Nutt, Relfe brothᵉ.
Aberdeen, W. Lindsay.
Cambridge, Macmillan et Cᵒ, Deighton Bell et Cᵒ.
Dublin, Mac Gleshen et Gill, Hodges, Figgis et Cᵒ.
Edimbourg,John Menzies et Cᵒ.
Glasgow, John Menzies et Cᵒ.
Oxford, Parker.

BELGIQUE
Bruxelles, Lebegue et Cⁱᵉ, Decq, Rozez, Mayolez, Castaigne, Merzbach.
Gand,Host,Vuylsteke,Engelke.
Liege, Gnusé, Desoer, Grandmond-Donders.
Louvain, Peeters, Van Linthout et Cⁱᵉ.

COLONIES FRANÇAISES
Alger, Jourdan, Chéniaux-Franville, Gavault St-Lager.
Saïgon, Nicolier.
St-Denis-Réunion, Lamadon.
Fort-de-France, Déclémy.

DANEMARK
Copenhague, Host.

ÉGYPTE
Alexandrie, Weill, Sanino.
Le Caire, Mᵐᵒ Barbier.

ESPAGNE
Madrid, Fuentès-y-Capdeville, Maugars.
Barcelone, Piaget, Verdaguer.
Juan Oliverès.
Valencè, P. Aguilar.
Salamanque, E. Calcon.

GRÈCE
Athènes, Wilberg.

ITALIE
Rome, Paravia, Bocca, Molino.
Florence, Bocca, Lœscher.
Milan, Dumolard frères.
Naples, Detken, Marghieri.
Padoue, Drucker et Tedeschi.
Palerme, Pedone-Lauriel.
Pavie, Pezzani.
Pise, Hœpli.
Turin, Paravia, Bocca.

MEXIQUE
Mexico, Bouret.
Guadalajara, Bouret.

PAYS-BAS
La Haye, Belinfante frères.
Luxembourg, Heintzé.
Leyde, Brill.
Amsterdam, Van Bakkenes.
Utrecht, Frænkel.

PAYS DANUBIENS
Belgrade, Friedman.
Bukharest, Haimann.
Craiowa, Samitca frères.
Galatz, Nebuneh et fils.
Jassy, Daniel.
Philippopoli, Commeno.

PORTUGAL
Lisbonne, Pereira.
Coimbre, Melchiades.
Porto, Magalhaès.

RUSSIE
Sᵗ-Pétersbourg, Mellier, Wolf, Fenoult, Ricker.
Dorpat, Karow.
Kharkoff, de Kervilly.
Kiew, Vᵉ Idzikowski.

Moscou, Gautier
Odessa, Rousseau.
Tiflis, Baerenstamm.
Varsovie, Gebethner et Wolff.

SUÈDE ET NORVÈGE
Stockholm, Bonnier.
Christiania, Cammermeyer.
Lund, Gleerup.
Upsal, Lundstrœm.

SUISSE
Bâle, Georg.
Fribourg, Labastrou.
Berne, Kœhler.
Genève, Vᵉ Garin, Georg, Stapelmohr.
Lausanne, Benda, Payot.
Neuchatel, Delachaux et Niestlé.
Zurich, Meyer et Zeller.

TURQUIE
Constantinople, Papadis.
Smyrne, Bocca.

ÉTATS-UNIS D'AMÉRIQUE
New-York, Christern, W. R. Jinkims, Courrier des Etats-Unis.
Baltimore, John Murphy et Cⁱᵉ.
Boston, Carl Schœnhof.
Nouvelle-Orléans, H. Billard.
Philadelphie, A. Lippincott et Cⁱᵉ.
Saint-Louis (Missouri), F.-H. Thomas.
Washington, James Anglin et Cⁱᵉ.

CANADA
Québec, Lépine.
Montréal, Rolland et fils.

AMÉRIQUE DU SUD
Buenos-Ayres, Jacobsen, Jolly.
Caracas, Rojas hermanos.
Lima, Galand.
Montevideo, Ybarra, Barreiro et Ramos
Santiago (Chili), Cervat, A. Pesse et Cⁱᵉ.
Valparaiso, Tornero.

BRÉSIL
Rio-Janeiro, Garnier, Lembaerts, Nicoud.
Bahia, C. Koch.
Sao-Paolo, Garraux.

CUBA
La Havane, M. Alorda.

INDE ANGLAISE
Bombay, Atmaran, Sayoon.

AUSTRALIE
Melbourne, Samuel Muller.